Stephan Pejaković

Aktenstücke zur Geschichte des kroatischslavonischen Landtages

Und der nationalen Bewegung vom Jahre 1848

Stephan Pejaković

Aktenstücke zur Geschichte des kroatischslavonischen Landtages
Und der nationalen Bewegung vom Jahre 1848

ISBN/EAN: 9783743674806

Hergestellt in Europa, USA, Kanada, Australien, Japan

Cover: Foto ©ninafisch / pixelio.de

Weitere Bücher finden Sie auf **www.hansebooks.com**

Aktenstücke

zur Geschichte

des kroatisch = slavonischen Landtages

und der

nationalen Bewegung vom Jahre 1848.

--

Mit einem Anhange,
enthaltend:
Die wichtigsten Landtags-Akten vom Jahre 1861,
und das
Programm von O. Ostrožinski
aus dem Jahre 1848.

Nebst Porträt des Ban Jellačić.

Herausgegeben
von
Stephan Pejaković,
Landtagsabgeordneten aus der Militärgrenze im Jahre 1848.

Wien, 1861.
Mechitharisten-Buchdruckerei.

Vorwort des Herausgebers.

Die kroatisch-slavonische Frage verdient in der gegenwärtigen Zeit, ihrer großen Wichtigkeit wegen, mit Rücksicht auf die noch in der Schwebe befindlichen Beziehungen der Königreiche Kroatien und Slavonien, sowohl dem Königreiche Ungarn wie auch der österreichischen Gesammt-Monarchie gegenüber, unverkennbar eine große Aufmerksamkeit Aller, denen an dem Wohle des Kaiserreiches und dessen einzelner Länder ernstlich gelegen ist.

Wir glauben daher einen nicht unwesentlichen Dienst jedem Vaterlandsfreunde zu erweisen, wenn wir ihm eine genauere Kenntniß von dem wahren Geiste des denkwürdigen kroatisch-slavonischen Landtages im Jahre 1848, wie auch der damaligen nationalen Bewegung der Kroaten und Slavonier überhaupt zugänglich machen, und auf diese Art nicht nur zur Geschichte der jüngsten Vergangenheit einen lehrreichen, das Bild jener Zeit scharf kennzeichnenden Beitrag liefern, sondern auch, bei der Analogie der Zeitverhältnisse, nicht minder den südslavischen Patrioten, als den Staatsmännern Oesterreichs, manches, vielleicht auch in der Gegenwart brauchbare, Material bieten.

In dieser wohlgemeinten Absicht übergeben wir, nach Vorausschickung einiger, die dem erwähnten Landtage vorhergegangene Situation des Landes klar darstellender, ämtlicher Aktenstücke, hiermit der Oeffentlichkeit die, im Landtags-Protokolle enthaltenen, Beschlüsse des Landtages vollinhaltlich, sammt den bezüglichen, aus demselben Landtage, oder aus den Landtags-Ausschüssen hervorgegangenen Addressen, oder sonstigen Schriften und Gesetz-Entwürfen, nebst mehreren anderen, damit im Zusammenhange stehenden wichtigen Urkunden aus den Jahren 1848 und 1849, so viel als möglich in chronologischer Reihenfolge, so wie sie uns entweder im ursprünglich deutschen Texte, oder in der deutschen Uebersetzung auf verläßlichem Wege zukamen, oder von uns selbst aus dem Kroatischen in's Deutsche übersetzt wurden.

Am Schluße fügen wir bei die im Jahre 1850 erfolgte a. h. Erledigung der erwähnten Landtagsbeschlüsse.

Wiewohl wir uns übrigens schmeicheln, durch die Veröffentlichnng dieser Sammlung die gute Sache einigermaffen zu fördern, so gestehen wir doch gerne, daß noch mancher, für die Geschichte der Südslaven in jener bewegten Zeit beachtungswerther Akt in dieselbe hätte aufgenommen zu werden verdient, wenn wir in den Besitz desselben noch rechtzeitig gelangt wären. Das Fehlende kann indeß in der Folge, falls eine zweite vollständigere Ausgabe veranstaltet werden sollte, leicht nachgetragen werden.

Wir erachten auch, den Lesern dieses Buches ein Vergnügen zu machen, indem wir demselben das Portrait des unsterblichen Ban Jellačić im Nationalkostume voranstellen, da er der eminente Träger jener wahrhaft nationalen Richtung war, die sein Volk, so lange es die Umstände gestatteten, unerschütterlich verfolgte. —

Als wir im Monate Juli d. J. an die Drucklegung dieser Akten-Sammlung gingen, da hegten wir noch die Hoffnung, daß der diesjährige kroatisch-slavonische Landtag, so wie er am 13. Juli 1861 in der Frage des Verbandes mit Ungarn einen, dem Geiste des 1848ger Landtages entsprechenden, Beschluß faßte, auch hinsichtlich der Beziehungen zur Gesammt-Monarchie von der Richtung desselben Landtages nicht zu sehr abweichen werde.

Zu unserem Leidwesen müssen wir jedoch bekennen, daß wir uns in dieser Hoffnung gewaltig getäuscht haben; denn die, inzwischen zum a. h. Throne gelangte Landtags-Addresse erscheint uns geradezu als ein Gegensatz von den, durch den Landtag des Jahres 1848 feierlich verkündeten, für den Bestand des Kaiserthums Oesterreich höchst wichtigen, und mit den neuesten Staatsgrundgesetzen wesentlich übereinstimmenden Prinzipien, welche wir in der jetzigen Landtags-Addresse ganz vermissen

Die bedauerlichen Folgen dieses Vorganges, da derselbe eine glückliche praktische Lösung der obschwebenden, die Zukunft der südslavischen Länder Oesterreichs eben so wie des Gesammtstaates nahe berührenden, Lebensfragen äußerst erschwert, und offenbar nur aus dem unfruchtbaren Geiste der Negation entsprungen ist, mögen diejenigen verantworten, durch deren Zuthun am 5. August 1861 mit Verwerfung des, einen Ausgleich der beiderseitigen Intereffen anbahnenden, vom Abgeordneten Prica ausgearbeiteten Minoritätsantrages, der verhängnißvolle Landtags-Beschluß, und beziehungsweise in der Ausführung desselben die, jede Verständigung mit den anderen Ländern des Kaiserreiches in Bezug auf die gemeinsamen Reichsangelegenheiten ausschließende, Landtags-Addresse zu Stande kam.

Uns bleibt bei unserer Absicht: aus der neuesten Geschichte der Kroaten und Slavonier die belangreichsten Akte zu verzeichnen, nichts anderes übrig, als die oberwähnte Landtags-Adresse sammt den darin bezogenen

Beilagen und dem vorberührten Minoritäts-Antrage, so wie auch das betreffende a. h. königliche Reskript in den Anhang zu dieser Sammlung nachträglich aufzunehmen.

Obschon wir aber Jenen, die sich zur Aufgabe machen, die wichtigen Fragen der Gegenwart im Wege der freien Presse zu diskutiren, mit einem Kommentare über den, jedenfalls an und für sich anziehenden Gegenstand dieser Sammlung nicht vorgreifen wollen, so glauben wir doch die geehrten Leser noch mit einem interessanten, von dem südslavischen Publizisten O. Ostrožinski in allgemeinen Umrissen im Jahre 1848 veröffentlichten, Programme zur Konstituirung des österreichischen Kaiserstaates nach dem Prinzipe der konstitutionellen Freiheit und der nationalen Gleichberechtigung, und einem, der Gegenwart angemessenen Epiloge desselben Verfassers bekannt machen zu sollen, weil dieses Programm füglich als ein treuer Ausdruck der, die ganze österreichisch-slavische Bewegung damaliger Zeit beherrschenden Idee betrachtet werden kann.

Dieses Programm hatte im Jahre 1848 nicht nur bei den Slaven, sondern auch selbst im deutschen Lager Freunde, wie dieß insbesondere aus der Augsb. Allgem. Zeitung vom 21. Dezember 1848 zu entnehmen ist, wo ein hervorragendes Mitglied des Frankfurter Parlamentes, ein unzweifelhaft gutgesinnter Oesterreicher, sich hierüber beifällig äußert, und unter Anderem sagt: „Uebrigens athmet diese Schrift einen hohen philosophischen Geist, wahre Philantropie, und indem der Verfasser die Nationalität als eine potenzirte Individualität auffaßt, trifft er den Nagel psychologisch und moralisch auf den Kopf. Möchten dies die Männer des Polizeistaates doch endlich verstehen lernen!" — Bekannt ist es auch, daß später Palacký diese Idee ebenfalls im ähnlichen Sinne bearbeitete.

Wien, im Monat Oktober 1861.

Der Herausgeber.

Inhalts-Verzeichniß.

I.

Proklamation des Ban Jellačić,

womit er seine Ernennung bekannt macht, und sein politisches
Programm aufstellt.

Der kroatischen und serbischen Nation im dreieinigen Königreiche Dalmatien, Kroatien und Slavonien herzlichen Gruß.

Seine Majestät unser allergnädigster König und Kaiser von Oesterrreich
geruhten in Uebereinstimmung mit dem Willen der Nation mich zum Banus
von Dalmatien, Kroatien und Slavonien, zum geheimen Rathe, und zugleich zum
Kommandirenden Generale in der ganzen kroatischen Militärgrenze zu ernennen *). — Innerhalb 14 Tage bin ich vom Grenzobristen zur erhabenen Würde
eines Banus, Feldmarschall-Lieutenants und Kommandirenden Generals erhoben
worden. — Wenn in dieser Auszeichnung meiner Person durch die Gnade
des Königs einer der Wünsche unserer Nation erfüllt worden ist, so habe ich
dieses einzig und allein jener besonderen Liebe und jenem brüderlichen Vertrauen zuzuschreiben, welches diese ruhmvolle Nation in mich setzte. — Es wird
meine Sorge sein, Vertrauen mit Vertrauen und durch die That zu erwiedern.

Meine Gedanken, meine Gefühle und meine Grundsätze sind aufrichtig,
deshalb enthülle ich dieselben ohne jeden Rückhalt. Die Wünsche, die die Nation
kundgab und dem königlichen Throne unterbreitete, wiederhallen auch in meinem Herzen. — Das Wohl der Nation und des Vaterlandes: dieß ist mein

---

*) Das Ernennungsdiplom hätte behufs chronologischer Ordnung den ersten Platz in die-
sem Buche einzunehmen. Da jedoch dasselbe ohnehin in dem Landtagsprotokolle sub. XII.
Seite 25 abgedruckt erscheint, so erachtete man nicht für nothwendig, es auch hier ab-
zudrucken.   Anmerkung des Herausgebers.

Wunſch und mein Hauptziel. — Ich wünſche, daß unſere Nation eine kräftige und freie Nation werde, und daß dieſelbe unter den Nationen jenen Ehrenplatz erringe, welcher ihr ſowohl vermöge der Wichtigkeit ihrer geographiſchen Lage, als auch vermöge ihres kräftigen Geiſtes, und ihres hiſtoriſchen Geſchickes gebührt. — Dieß iſt auch der Wille und der Wunſch der Nation, und ich, als der vom Könige eingeſetzte Chef derſelben, will in allen meinen Gedanken und Werken der wahre Ausdruck des nationalen Willens und Gedankens ſein. — Derowegen gedenke ich einen ſolchen Weg zu betreten und zu wandeln, welcher unſere Nation dem Glücke und Ruhme zuführen ſoll.

Die Revolution erſchütterte und ſtürzte die alten Grundlagen des ſocialen Lebens, der nationalen und ſtaatlichen Beziehungen, namentlich aber unſerer Beziehung zu unſerem alten Bundeslande Ungarn, — deshalb ergiebt ſich für uns die Nothwendigkeit, mit Rückſicht auf unſeren uralten Verband mit der Krone Ungarns ſelbſt, dahin zu wirken, daß unſer Verhältniß zu derſelben auf neue, dem Geiſte der Freiheit, Selbſtſtändigkeit, und Gleichheit entſprechende, alſo einer freien und heldenmüthigen Nation würdige Grundlagen baſirt, bis dahin aber unſererſeits jede Beziehung zu der gegenwärtigen neuen ungariſchen Regierung abgebrochen werde. — Es gilt das große Werk der ſtaatlichen Wiedergeburt der Nation zu vollführen, und zwar auf dem natürlichen und geſetzlichen Wege, d. h. auf dem unſeres nationalen Landtages, auf welchem der Wille der geſammten Nation kundgegeben und vernommen werden wird. — Es wird alſo eine meiner Hauptſorgen ſein, daß der nationale Landtag je eher einberufen, und auf Grundlage nationaler Vertretung dergeſtalt zuſammengeſetzt werde, daß durch denſelben, ohne Unterſchied des Standes, der wahre nationale Wille der geſammten Nation ſich kundgebe.

Unſer nationale Landtag wird das geeignetſte Feld für die Nation ſein, die Kraft und Stärke ihres tüchtigen Geiſtes zu entfalten. — Auf dieſem Landtage ſollen alle nationalen Wünſche und Beſchwerden vorgebracht werden, ſie mögen was immer für eine Gegend betreffen; Alles wird nach Möglichkeit und nach dem Willen der Nation ſeine Erfüllung und Abhilfe finden.

Ich bin von Seiner Majeſtät unſerem Könige auch zum Banus von Dalmatien ernannt worden: ich hoffe daher mit Zuverſicht von der Gerechtigkeit unſeres Königs und von dem kräftigen Willen der Nation, daß dieſe meine Ernennung nicht beim bloßen Titel verbleiben werde. — Das ruhmreiche Dalmatien war einſt unſer Bundesgenoſſe, und zwar nicht nur nach der Geſchichte, ſondern auch nach der geographiſchen Lage, nach dem Blute, nach der Brüderlichkeit, und nach dem Titel, welchen ſeit altersher bis auf den heutigen Tag die Bane Kroatiens führen.

Wir haben eine große Aufgabe, die der Wiedergeburt der Nation zu voll führen. Dieses große Werk jedoch werde ich zu vollführen nicht im Stande sein, wenn mich die Nation — die eifrigen und einsichtigen Patrioten — mit ihrem aufrichtigen Rathe, einträchtigen und vereinten Streben, und ihrer patriotischen Aufopferung nicht unterstützen, und wenn uns selbst, den Söhnen einer Mutter, Friede, Eintracht, Liebe und Brüderlichkeit mangeln werden! — Es thut uns jetzt kräftiger Wille noth; ohne einem kräftigen Willen aber gibt es keine Eintracht. — Darum möge Eintracht und Brüderlichkeit unter uns herrschen, ohne Unterschied der Religion; der Bruder möge sich dem Bruder nicht entfremden: es hat ja jede Ursache des bisherigen Hasses und Zwistes zwischen den Brüdern eines Blutes aufgehört. — Der Unterschied des Glaubens und der Kirche bildet im socialen und staatlichen Leben zwischen den Brüdern und Gliedern einer Nation keine Scheidewand mehr: die Gleichheit ist ausgesprochen. Schutz und gleiche Wohlthat seien daher im socialen und staatlichen Leben jedem rechtschaffenen Bewohner unseres dreieinigen Vaterlandes ohne Unterschied der Religion und des Standes gewährleistet.

Mein brüderlicher und herzlicher Gruß unserer ganzen Nation, der Geistlichkeit beider Kirchen, den Offizieren und Beamten, und jedem einzelnen Bruder, der dieses gewahr wird, und dem das allgemeine Wohl der Nation am Herzen liegt. Desgleichen mein herzlicher Gruß allen Bewohnern und Patrioten in unserem dalmatinischen und kroatischen Küstenlande, so wie auch im freien Gebiete Fiume's; meinen Brüdern in den tapfern Grenzregimentern der kroatisch-slavonischen Militärgrenze aber mein besonderer militärischer und brüderlicher Gruß; und endlich allen übrigen Bewohnern unseres Vaterlandes und den stammverwandten slavischen Nachbarbrüdern, auch außerhalb des dreieinigen Königreiches, Liebe und Gruß.

Gott erhalte unseren König, und unsere Nationalität! Es lebe Eintracht, Freiheit und Brüderlichkeit unter uns!!

Jellačić m/p.
Ban.

II.

Offenes Banalschreiben des Ban Jellačić,

womit derselbe den herrschaftlichen Unterthanen die Aufhebung
der bestandenen Urbarialleistungen gewährleistet.

Wir Freiherr Josef Jellačić von Buzim,

Ban der Königreiche Kroatien, Slavonien und Dalmatien, Sr. apostolischen
Majestät Ferdinand des I. Kaisers von Oesterreich, Königs von Ungarn,
Böhmen, Lombardei, Venedig, Dalmatien, Kroatien, Slavonien, Galizien, Lodomerien und Illyrien u. s. w., wirklicher geheimer Rath, Feldmarschalllieutenant
und Kommandirender General der gesammten Armee im Königreiche Kroatien
und der Militärgrenze, der gesammten kroatisch-slavonischen Nation Beistand
Gottes und Gruß.

Indem ohngeachtet der in den Königreichen Kroatien und Slavonien
bereits erfolgten Kundmachung, daß jede wie immer geartete Urbarialleistung, die Robot und der Kirchenzehent aufgehoben worden sind, Ihr dennoch
bezüglich dieser Euerer neuerworbenen Gerechtsamen Zweifel hegen und
Befürchtungen Raum geben könntet, und zwar aus der Ursache, weil Ihr
darüber bis jetzt noch keine Schrift in Eueren Händen habet, so ertheilen Wir,
Ban von Kroatien, Slavonien und Dalmatien, als Euer von dem durchlauchtigsten Könige ernannter und eingesetzter oberster Chef und Vertheidiger Euerer
Gerechtsamen, von dem Wunsche Euerer Beruhigung und Sicherstellung beseelt,
Euch allen, Kroaten und Slavoniern, die Ihr bis nun herrschaftliche Unterthanen
gewesen seid, dieses offene Banalschreiben, mittelst welchem Wir Euch Euere
neuerworbenen Gerechtsamen und Freiheiten, wornach Ihr und Euere gesammte
Nachkommenschaft auf ewige Zeiten von der herrschaftlichen Robot und von
jeder Urbarialleistung, so wie vom Kirchenzehent befreit seid, kraft und vermöge
unserer Banal-Würde und Autorität gewährleisten, und Euch versichern, daß
Euch Niemand diese Euere nunmehr nach dem Gesetze zugestandenen und vom
allergnädigsten Könige bestätigten Gerechtsamen und Freiheiten in alle Ewigkeit
nehmen kann und darf.

Worüber Wir Euch und Eueren Nachkommen beiderlei Geschlechtes
dieses von Uns eigenhändig unterfertigte und mit Unserem großen Banalsiegel
bekräftigte offene Schreiben ausstellen und ertheilen zu Agram am heil. Mar-
kustage, das ist, am fünf und zwanzigsten April des Jahres Eintausend achthundert vierzig acht.

Baron Jellačić m/p.   (L. S.)
Ban.

III.

Verordnung des Ban Jellačić,

womit derselbe im Umkreise der Königreiche Kroatien und Slavonien für einige Verbrechen das Standrecht publizirt.

Wir Freiherr Josef Jellačić von Buzim,

von Sr. Majestät Ferdinand dem I. Kaiser von Oesterreich, König von Ungarn,
Kroatien und Slavonien, Böhmen und Galizien u. s. w. eingesetzter Ban des
dreieinigen Königreiches Kroatien, Slavonien und Dalmatien, Sr. Majestät
geheimer Rath, Feldmarschalllieutenant und Kommandirender General der
gesammten Armee im Königreiche Kroatien, geben als oberster Chef und Sicher-
heitswächter der Gesammtheit der unter Unserer Autorität befindlichen Nation
kund und zu wissen, wie folgt:

Mit Betrübniß mußten Wir vernehmen, wie einige schlechte und böswillige
Menschen, namentlich aber diejenigen, welche auch bisher ihre feindlichen Gesinnungen wider das kroatisch-slavonische Vaterland und die Nationalität bei jeder
Gelegenheit kundgaben, benützend die Umstände der jetzigen stürmischen Zeit,
unser Volk, die Edelleute, die Unterthanen und die Bauern unter allerlei Lügen
zur Unruhe und Aufruhr ermuntern. — Deshalb erachten Wir als nothwendig,
zuerst die Edelleute und Unterthanen von dem wahren Sachverhalte, wie denn
diese neuen Gerechtsamen entstanden sind, zu belehren, und hierauf wider diejenigen, welche diese Sache anders auslegen, und dadurch das Volk zum Aufruhr reizen sollten, das strengste Verfahren anzuordnen.

Die Anordnung, daß von nun an die Magnaten, Geistliche und Edelleute
Steuern zahlen, und alle Lasten gleich den Unadeligen tragen werden, kam am
Landtage zu Stande, d. i. auf dem allgemeinen großen ungarischen Landtage,
auf welchem alle Ablegaten Ungarn's, so wie jene der Nebenländer versammelt
waren, und mit deren Aller Einwilligung jenes Gesetz geschaffen und vom
Könige sanktionirt worden ist. — Dieser Beschluß oder dieses Gesetz ist daher
nicht von irgend einer Partei, sondern vom gesammten Landtage geschaffen
worden.

Die Anordnung, daß die Unterthanen nicht mehr Robot und Zehent
leisten werden, ist desgleichen am großen ungarisch-kroatisch-slavonischen Landtage, also mit Willen und Einwilligung der gesammten kroatisch-slavonischen
Magnaten, Geistlichen und Edelleute geschaffen worden. — Wäre aber diese
Anordnung dort auch nicht geschaffen worden, so hat die große in Agram im

Nationalgebäude am 25. März d. J. abgehaltene außerordentliche kroatisch-slavonische National-Versammlung unter anderen neuen nationalen Gerechtsamen und Freiheiten für die Unterthanen auch jene sub. Nr. 14 beschlossen, und behufs Bestätigung derselben eine zahlreiche Deputation zum Durchlauchtigsten Könige nach Wien gesendet. — Deßhalb ist nicht zu befürchten, daß in Kroatien und Slavonien die Robot je wieder eingeführt werden wird, indem, wie oben erwähnt, auch die kroatisch-slavonischen Grundherrschaften ihre Einwilligung hiezu gegeben haben. Gleichwie also diese neuerrungenen Gerechtsamen allen Unterthanen lieb und theuer sind, und denselben, in so lange sie sich rechtschaffen und ruhig verhalten werden, Niemand mehr nehmen will und darf: eben so dürfen auch dieselben fremdes, d. h. herrschaftliches Eigenthum nicht angreifen und dasselbe sich aneignen, sondern haben dasjenige, was ihnen gehört, im gesetzlichen Wege geltend zu machen.

Ohngeachtet dessen vernahmen Wir von mehreren Seiten, daß sich allerhand böse Menschen bei unserem Volke herumtreiben, demselben die Sache gänzlich verkehrt darstellen, und solchermaßen das Volk demoralisiren, Eintracht und Ruhe untergraben, und dasselbe gegen fremdes Eigenthum und gegen Personen aufwiegeln. Aus dieser Ursache

Verordnen Wir:

daß im gesammten Königreiche Kroatien und Slavonien ohne jeden Aufschub das Standrecht publizirt werde.

Standrechtmäßig sind demnach abzuurtheilen:

1. Räuber, Usurpatoren fremden Vermögens, Brandstifter und Brandleger, so wie auch diejenigen, welche Andere zu solchen Gewaltthaten und Verbrechen bereden.

2. Aufwiegler, ohne Unterschied des Standes. Unter Aufwiegler aber sind unter den gegenwärtigen Verhältnissen in unserem Vaterlande diejenigen zu verstehen:

a) welche das Volk gegen unseren gesetzlichen König Ferdinand und gegen die Banal-Autorität in diesen Königreichen aufwiegeln;

b) welche die gemeinen Edelleute dadurch aufwiegeln, daß sie ihnen vorspiegeln, daß gewisse Leute, oder die sogenannten Illyrier Schuld seien, daß sie von nun an Steuern zahlen und anderweitige Lasten zu tragen haben werden;

c) welche die Bauern oder die Unterthanen aufwiegeln, indem sie ihnen vorspiegeln, sie wären Magyaren und keine Kroaten; oder: sie seien blos durch die magyarischen Grundherrschaften von der Robot befreit, und die kroatisch-slavonischen Grundherrschaften beabsichtigten dieselben wieder der Robot zu unterwerfen; und welche Lügen ausstreuen, daß zu diesem Behufe die Illyrier nach Wien zum Könige gegangen sind; und ferner welche Lügen verbreiten, diese Gerechtsamen und Freiheiten wären dem Volke bereits vor mehreren Jahren gewährt, von den Herrschaften jedoch nicht kundgemacht worden.

Deßhalb verordnen Wir ferner, wie folgt:

1. Zur Jedermanns Richtschnur habe eine jede Obrigkeit in Kroatien und Slavonien ohne Aufschub und unter eigener Verantwortung dem Volke diese Unsere Verordnung in ihrem Bezirke kundzumachen, dieselbe in jeder Richterschaft und in jeder Gemeinde an die Kirchenthür, auf das Gemeindehaus, auf die Schank- und Gasthäuser, auf jedem Kreuzwege, und an allen wichtigen öffentlichen Plätzen anzuschlagen. Bezüglich des Agramer Komitates verordnen Wir insbesondere, und befehlen, daß die Stuhlrichter dieses Standrecht in Gegenwart zweier Zeugen dem Volke ungesäumt publiziren, und sogleich ihre durch die betreffenden Zeugen mitunterfertigten Relationen dem zuständigen Vicegespann einschicken. Die Vicegespäne und ihre Vorgesetzten haben im Sinn des von Uns erhaltenen Auftrages diese Berichte unverzüglich Uns einzusenden. —

2. Die Obrigkeiten sind unter eigener strengster Verantwortung gehalten, derartige, in ihren Bezirken auftauchende Verbrecher und Aufwiegler alsogleich zu ergreifen, und vor das zuständige, im Agramer Komitate aber vor das zu diesem Behufe von Uns eigens ernannte Gericht nach Agram oder Karlstadt zu stellen. —

3. Kraft der Uns von Unserem apostolischen Könige ertheilten Banal-Autorität tragen Wir den Geistlichen der einen und der anderen Kirche auf, daß sie, eingedenk ihrer Pflichten, als Lehrer und Väter des Volkes dasselbe von dem wahren Sachverhalte, wie nämlich dasselbe auf die oben dargestellte Art diese neuen Gerechtsamen erlangt hat, belehren, und in Unserem Namen versichern, daß Niemand mehr demselben seine neuerlangten Gerechtsamen und Freiheiten nehmen dürfe und könne, d. h. wenn die Unterthanen diese ihre neuen Gerechtsamen und Freiheiten ohne jeden Aufruhr genießen, und als freie Männer ruhig und rechtschaffen sich verhalten und benehmen, und daß sie das Volk unter dieser Versicherung zur Befolgung und Einhaltung dieser Unserer Verordnung zu ermahnen nicht aufhören.

Agram den 27. April 1848.

Jellačić m/p. (L. S.)
Ban.

IV.

Allerhöchstes Handschreiben an Se. kaif. Hoheit den Erzherzog Stephan Palatin,

womit demselben aufgetragen wird, einen königl. Kommiffär nach Kroatien zu entfenden.

Lieber Herr Vetter Erzherzog Stephan! Nachdem feparatistische Beftrebungen in meinem Königreiche Kroatien an mehreren Orten auftauchen follen, die in ihren Folgen der gefetzlichen Vereinigung mit Ungarn und Meiner Gefammtmonarchie höchst gefährlich werden könnten, trage Ich Euer Liebden auf: nöthigenfalls ein Ihnen geeignet fcheinendes Individuum als königlichen Kommiffär mit der nöthigen Vollmacht nach Kroatien zu ermittiren, daß dort die geeigneten Maßregeln zur Unterdrückung ähnlicher Anfinnen mit aller Strenge zu ergreifen haben wird.

Wien, am 6. Mai 1848.

Ferdinand m/p.

V.

Allerhöchstes Handschreiben an den Ban von Kroatien Freiherrn von Jellačić,

womit demselben aufgetragen wird, den Anordnungen des königl. ung. Statthalters und des verantwortlichen ungarischen Ministeriums pünktlich Folge zu leisten.

Es ist mein fefter und unerfchütterlicher Wille, die Einheit der Regierung der unter der Krone Ungarns vereinigten Länder Meinem königlichen Worte und Krönungseide gemäß im Sinne der Gesetze zu erhalten, und werde es nie erlauben, daß der gefetzliche Verband der Länder ungarifcher Krone durch eigenmächtige Verordnungen oder einfeitige Befchlüffe gelockert werde; Ich weife Sie demnach dahin, daß Sie den Befehlen Meines königlichen Statthalters und den Anordnungen des durch Mich ernannten ungarifchen verantwortlichen Ministeriums, dem Ich durch den III. Artikel 1848 die gefetzliche Regierung von Ungarn und der damit vereinigten Länder anvertraut habe, in allen Zweigen der Verwaltung pünktlich Folge leisten und die Erfüllung diefes Meines königlichen Willens in Ihrem amtlichen Wirkungskreife in jeder Hinficht überwachen.

Wien, am 7. Mai 1848.

Ferdinand m/p.

VI.

Verordnung des Ban Jellačić,

über die Einberufung und Vertretung des am 5. und den folgenden Tagen des Monats Juni 1848 in Agram abzuhaltenden dalmat. kroat. slavonischen Landtages. (Ausgearbeitet in der Banalkonferenz am 8. und den folgenden Tagen des Monats Mai 1848.)

I. Von denjenigen, welche zur Theilnahme an dem nächsten Landtage dieser Königreiche berufen sind.

§. 1.

In den nächsten am 5. Juni 1848 hier in Agram zu eröffnenden Landtag dieser Königreiche werden durch Banalschreiben berufen und haben persönlich und nicht durch Kredenzionalisten zu erscheinen:

a) Der Karlowitzer Metropolit und die Diözesan- und Titular-Bischöfe dieser Königreiche der einen und der andern Kirche;

b) Der Vicekapitän dieser Königreiche;

c) Alle großjährigen Magnaten, d. i. Fürsten, Grafen und Barone, welche in diesen Königreichen wohnhaft sind, oder daselbst Güter besitzen und durch das Gesetz unter die Söhne unseres Vaterlandes eingereiht sind;

d) Der Gouverneur von Fiume;

e) Alle Obergespänne oder Obergespannsstellvertreter des dreieinigen Königreiches;

f) Die beiden Kameralgüter-Administratoren in Agram und Fiume;

g) Der Vice-Ban, Protonotär und die Assessoren der Banaltafel;

h) Der Präsident der k. Gerichtstafel in Agram und die Wechselgerichts-Präsidenten in Karlstadt und Fiume;

i) Der Comes von Turopolje.

§. 2.

Jedes Komitat hat für jeden seiner Distrikte einen Vertreter in den Landtag zu wählen und zu senden.

Hiernach entfallen Vertreter:

auf das Kreuzer Komitat	7
„ „ Warasdiner „	10
„ „ Agramer „	16
„ „ Požeganer „	7

Den Komitaten Syrmien und Verovitic, deren große Bevölkerungszahl zu der Zahl ihrer Distrikte in keinem Verhältnisse steht, wird gestattet, eine größere Anzahl Abgeordnete zu wählen, und zwar hat Syrmien statt 6, 8 Abgeordnete, und Verovitic statt 7, 10 Abgeordnete zu wählen. Hiernach entfallen

auf das Syrmier Komitat · · · · · · · · · · 8

„ „ Veroviticer „ · · · · · · · · · · 10

§. 3.

Die kroatischen und slavonischen Grenzregimenter haben jedes 4 Abgeordnete, somit zusammen · · · · · · · · · · · · 44 zu wählen.

§. 4.

Die königl. Freistädte, dann der Turopoljer-, Fiumaner-, Buccarer- und Vinodoler-Distrikt, wie auch die mit ordentlichen Magistraten versehenen Städte, freien privil. Märkte und Gemeinden des Provinzial- und Militärgrenzgebietes, endlich alle Regimentsstabsorte und jene größeren Gemeinden in Slavonien, welche nach der Bevölkerungszahl, durch den Handel und durch die Intelligenz ihrer Einwohner eine hervorragende Stelle einnehmen, haben bei einer Bevölkerung von weniger als 3000 Einwohnern je einen Vertreter, bei einer Bevölkerung von mehr als 3000 und weniger als 5000 Einwohnern je zwei Vertreter, bei einer Bevölkerung zwischen 5000 und 8000 Einwohnern je drei Vertreter, endlich bei einer Bevölkerung von mehr als 8000 Einwohnern je vier Vertreter zu wählen und in den Landtag zu senden. Es haben demnach zu wählen und zu senden:

Buccari, freie Seestadt sammt dem Distrikte gleichen Namens · · · 3

Belovar, priv. freie Militär-Communität · · · · · · · · 1

Brod „ „ „ „ · · · · · · · · 2

Djakovo · · · · · · · · · · · · · · · · 1

Glina, Stabsort · · · · · · · · · · · · · · 1

Gospić „ · · · · · · · · · · · · · 1

Neugradiska, „ · · · · · · · · · · · · · 2

Irig, priv. Gemeinde · · · · · · · · · · · · 2

Festung Ivanić, priv. freie Militär-Kommunität · · · · · · · 1

Jastrebarsko, priv. freie Gemeinde · · · · · · · · · 1

Kapitelstadt in Agram mit der Vorstadt Neudorf und der Lachischen Gasse 1

Karlobago, priv. freie Militär-Kommunität · · · · · · 1

Karlstadt, königl. Freistadt · · · · · · · · · · · 3

Karlovitz, priv. freie Gemeinde · · · · · · · · · · 3

Kopreinitz, königl. Freistadt · · · · · · · · · · 2

Koftanjica, priv. freie Militär-Kommunität · · · · · · · 1

Krapina, könig. pr. fr. Markt · · · · · · · · · 1

Kreuß, könig. Freiftadt · · · · · · · · · · 2

Mèrkopalj, Ravuagora und Vèrbovsko, priv. fr. Märkte · · · ·

Mitrovica, Stabsort · · · · · · · · · · · 2

Ogulin,   · · · · · · · · · · · · · 1

Ofiek (Effek), könig. Freiftadt · · · · · · · · · 4

Otočac, Stabsort · · · · · · · · · · · · 1

Petrinja, priv. freie Militär-Kommunität · · · · · · · 2

Požega, könig. Freiftadt · · · · · · · · · · 2

Rieka (Fiume), könig. Freiftadt fammt ihrem freien Diftrikte · · 4

Ruma · · · · · · · · · · · · · · 3

Samobor, priv. fr. Markt · · · · · · · · · · 2

Senj (Zengg), könig. Freiftadt · · · · · · · · · 2

Sifek, priv. fr. Markt · · · · · · · · · · · 1

Turopolje, fr. Diftrikt · · · · · · · · · · · 2

Varadin (Peterwardein), pr. fr. Gemeinde · · · · · · · 2

Varasdin, könig. Freiftadt · · · · · · · · · · 4

Vinkovci, Stabsort · · · · · · · · · · · · 2

Vinodol, d. i. das kroatifche Küftenland mit feinem Diftrikte · · 2

Vukovar · · · · · · · · · · · · · · 2

Verovitica · · · · · · · · · · · · · · 1

Zemun (Semlin), · · · · · · · · · · · · 4

Zagreb (Agram), · · · · · · · · · · · · 4

§. 5.

Die katholifchen und griechifchen Kapitel oder Konfiftorien haben je
einen, die griechifchen Klöfter, welche unbewegliche Güter befißen, zufammen
einen Abgeordneten zu wählen und zu fenden. Diefem zufolge haben zu fenden:

Das Diakovarer Kapitel · · · · · · · · · · · 1

 „ Karlovißer Konfiftorium · · · · · · · · · · 1

 „ Karlftädter · · · · · · · · · · · · 1

 „ Kreußer Kapitel · · · · · · · · · · · 1

Die griechifchen Klöfter zufammen · · · · · · · · · 1

Das Modrußer oder Kèrbaver Kapitel · · · · · · · · 1

 „ Pakracer Konfiftorium · · · · · · · · · · 1

 „ Fiumaner Kapitel · · · · · · · · · · · 1

 „ Zengger   · · · · · · · · · · · · 1

§. 6.

Die Agramer Akademie der Wissenschaften hat zu wählen und zu senden · 1

§. 7.

Alle diese Bestimmungen, mit Ausnahme jener der §§. 1 und 2, beziehen sich auch auf Dalmatien, wenn die dortige Bevölkerung bereit ist, von ihrem Rechte schon an diesem Landtage Gebrauch zu machen. Der Wahlmodus wird ihrer Bestimmung überlassen.

§. 8.

Außer den hier erwähnten Einberufenen und Vertretern wird auch den Vertretern der österreichisch-slavischen Provinzen, wenn dieselben unsern Land-tag mit ihrer Gegenwart erfreuen wollen, ein anständiger Platz eingeräumt werden.

II. Von der Vornahme der Wahlen.

§. 9.

Die Wahl der Vertreter hat in jedem Komitate in folgender Weise zu geschehen:

a) In jeder Gemeinde oder Richterschaft eines Distriktes haben die Aeltesten oder Hausväter für ihre Gemeinde oder Richterschaft nach Verhältniß der Größe einen oder zwei Wähler zu ernennen, welche dann im Vereine mit den übrigen Wählern für den betreffenden Distrikt einen Abgeordneten wählen werden.

b) Befindet sich in einem Distrikte eine königl. Freistadt, oder ein priv. freier Markt oder Gemeinde, welche nach §. 4 mit einem besonderen Wahlrechte versehen sind, so ist ein solcher Ort bei der Vornahme der Distriktswahlen von denselben auszuschließen.

c) Die Wahlen in den Distrikten sind unter der Aufsicht der betreffenden Ko-mitatsbehörde vorzunehmen.

§. 10.

Die Abgeordneten der Städte und Gemeinden sowohl im Provinziale, als auch in der Militärgrenze können nur von denjenigen ständigen Einwohnern gewählt werden, welche in dem betreffenden Orte ein unbewegliches Vermögen besitzen oder das Bürgerrecht genießen; außerdem sind zu diesen Wahlen auch die in dem betreffenden Orte bleibend domizilirenden diplomirten Personen und öffentlichen Beamten berufen.

§. 11.

In Betreff der Wahlen der Vertreter der Grenzregimenter wird ange-ordnet, daß jede Compagnie, mit Ausnahme derjenigen Orte, welchen als Ge-meinden nach §. 4 ein besonderes Wahlrecht zusteht, alle in derselben Compagnie befindlichen Hausväter zu dem Ende zusammenzuberufen hat, damit sie für je 500 Seelen Wähler ernennen; diese Wähler haben dann am bestimmten Tage bei dem Stabe zusammenzutreten und für jedes Regiment 4 Vertreter zu wählen.

III. Von den Eigenschaften der Vertreter.

§. 12.

Vertreter kann ohne Unterschied des Standes oder der Geburt jeder Sohn dieses Vaterlandes sein, er mag der einen oder anderen Kirche angehören, wenn er nur schriftkundig ist und das 24. Jahr zurückgelegt hat.

IV. Von der Abstimmung am Landtage.

§. 13.

Auf dem bevorstehenden Landtage dieser Königreiche wird jedem Ver-treter und jedem Einberufenen das Virilvotum zustehen.

§. 14.

Die Vertreter haben ihre Stimmen in jenen Fällen, in welchen sie keine besondere Weisung haben, nach ihrer inneren Ueberzeugung abzugeben.

V. Von der Dauer des Mandats der Vertreter und der Wirk-samkeit dieser Verordnung.

§. 15.

Das Mandat der Vertreter hat bloß für die Dauer des nächsten Land-tages zu gelten.

§. 16.

Diese Verordnung hat als eine provisorische nur für den nächsten Land-tag dieser Königreiche Kraft und Giltigkeit.

Herausgegeben durch

Karl Kušlan m/p.
Schriftführer der Banalkonferenz.

VII.

Adresse der Banalkonferenz an Se. k. k. apost. Majestät,

womit um Abhilfe gegen die magyarischen Uebergriffe und um Ertheilung der nöthigen Vollmachten an den Ban Jellačić gebeten wird.

Euere Majestät!

Der Lauf der heurigen Weltereignisse führte auch über die Völker Oesterreichs einen großen Tag herauf. Es war der Tag, an dem das alte System vor dem gewaltigen Drange der jungen Zeit zusammenfiel, und hiermit eine neue Ordnung der Dinge geschaffen wurde. Damit fiel auch vollkommen die Scheidewand, die zwischen dem Herrscher und seinem treuen Volke früher bestand. Liebe und Vertrauen öffneten den Völkern den Weg zum Throne, zum väterlichen Herzen ihres Monarchen. Nun eilten die Völker Oesterreichs mit ihren lang verhaltenen Bitten, Wünschen und Beschwerden an die Stufen des Thrones; in dieser Absicht erschienen vor dem Throne Euerer Majestät aus allen Theilen, und von allen Völkern der österreichischen Monarchie zahlreiche Deputationen, die ihre Bitten vortrugen, und zumeist Erhörung fanden. Die slavische Nation der drei vereinten Königreiche Kroatien, Slavonien und Dalmatien folgte auch diesem Beispiele. Sie beeilte sich, ihre langgehegten, gerechten Wünsche, die sie in der, am 25. März d. J. zu Agram abgehaltenen Nationalversammlung offen aussprach, mittelst einer zahlreichen Deputation Euerer Majestät vertrauensvoll vorzutragen, die festeste Zuversicht hegend, daß eine Nation, die ihre unverbrüchliche Treue zu allen Zeiten, und namentlich in den für die Dynastie kritischesten Momenten mit Wort und That bewahrte, nicht unbefriedigt gelassen werde. Dem ungeachtet und trotz dem Umstande, daß die erwähnte National-Deputation Einige unter den vorgetragenen Wünschen als solche hervorhob, deren Befriedigung keinen Aufschub leidet, blieb doch der größere und wichtigere Theil derselben bis heute unerfüllt.

Die traurigen Folgen davon trafen nur zu bald ein.

Unsere Nation, welche schon seit mehreren Jahren für ihre nationale Freiheit und Selbstständigkeit gegen die maßlosen Uebergriffe der Magyaren kämpft, — fühlte sich von dem neuen magyarischen, aus den, der slavischen Nation feindlichen Elementen ohne allen Einfluß dieser Königreiche in Folge eines moralischen Zwanges errichteten Ministerium umsomehr abgestoßen, als es den Keim einer völligen Losreißung von dem Gesammtverbande der österreichischen Monarchie offenbar in sich trägt, und uns einer Bahn und Richtung zutreibt, die wir, sofern wir als eine freie Nation unsere Selbstbestimmung haben, — nie einschlagen können.

Aus diesem und dem anderweitigen Grunde, daß wir uns durch das Auftauchen dieses einseitigen, die Herrschaft bloß eines Volksstammes in Ungarn darstellenden Ministeriums in unserer nationalen Existenz und Selbstständigkeit mehr denn je bedroht sahen, — war es ganz natürlich, daß über die Art und Weise, welche Stellung unsere vereinigten Königreiche der neugebildeten Regierung Ungarns gegenüber zur Wahrung ihrer Nationalität und Selbstständigkeit einnehmen sollen, mittlerweile bis zur Einberufung unseres Landtages und bis zur Erforschung des Willens der gesammten Nation jede Folgeleistung dem ungarischen Ministerium um so mehr unterbleiben mußte, als ohnehin die Wirksamkeit des besagten Ministeriums zufolge des legal bestehenden Gebrauches erst nach Publizirung der Gesetze auf unserem kroatisch-slavonisch-dalmatinischen Landtage in unseren Landen rechtlich beginnen könnte, und uns als einer freien Nation das vollste Recht zusteht, nach Auflösung der alten gemeinschaftlichen Dikasterien, und sohinigen Aufhebung unserer früheren politischen und nationalen Correlationen, zu Ungarn und zur Gesammtmonarchie für die Zukunft nur in solche Verhältnisse zu treten, die sich sowohl mit unserer angestammten Treue gegen unsere mit Ungarn gemeinschaftliche Krone, die regierende Dynastie, als auch mit der Aufrechthaltung des österreichischen Staatsverbandes, wie nicht minder mit unserem nationalen Interesse in Einklang bringen lassen. Dieß hatte jedoch die Folge, daß wir in diesen drangvollen, stürmischen Zeiten fast ohne jede administrative Regierung blieben, und die Spuren einer immer mehr um sich greifenden Anarchie mit jedem Tage sichtbarer hervortraten. Diesen Stand der Dinge wußten die Magyaren, die Feinde unserer Nationalität, noch wirrer zu machen, indem sie Sendlinge in's Land schickten, welche im Vereine und mit Hilfe ihrer hiesigen Anhänger, im ganzen Lande, besonders aber im Bereiche des Agramer Komitats das ackerbautreibende Volk gegen die Grundherrschaften und die Geistlichkeit aufwiegelten.

Man gebrauchte dazu die niedrigsten Mittel und Lügen, indem man dem harmlosen Volke die Magyaren als die einzigen Wohlthäter, die ihm das Geschenk der Befreiung von der Robot gebracht hätten, darstellte, die Illyrier dagegen, d. h. den, die wahren Interessen der Nation wahrenden Theil der Kroaten und Slavonier, als Finsterlinge und Unterdrücker des gemeinen Volkes, die nur damit umgingen, ihm die Last der Robot wieder aufzuzwingen, bezeichnete, und auf diese Weise das Volk zum offenen Aufstande aufzuhetzen trachtete.

In diesem gefahrdrohenden Zustande befand sich das Land, als der Ban dieser Königreiche nach seiner Rückkehr von Wien sein hochwichtiges Amt antrat.

Seiner thätigen Umsicht, Energie und Willenskraft ist es zum Theil gelungen, durch höchst zweckmäßige Maßregeln dem Umsichgreifen der Anarchie vorzubeugen, Ruhe und Ordnung im Innern wieder herzustellen, und die augenscheinliche Gefahr abzuwehren, die dem Leben und dem Eigenthume friedlicher Bürger drohte. — Deshalb wurden alle seine bisherigen Schritte und Handlungen von der gesammten Nation mit wärmster Anerkennung und Dankbarkeit umsomehr aufgenommen, als sie sich als ein unabweisbares Bedürfniß zur Herstellung und Wahrung der so sehr gefährdeten Ordnung und öffentlichen Sicherheit, als die einzige Bedingung zur Erreichung dieses heilsamen Zieles, und somit als ein treuer Ausdruck des Nationalwillens herausstellten. Doch bei dem besten Willen und der größten Energie, die unser Ban bisher entwickelte, ist er als Einzelner nicht im Stande, die in's Stocken gerathene Maschine der öffentlichen Verwaltung in einen geregelten Gang zu bringen, die gestörte Ruhe und Ordnung dauernd herzustellen, und den Weg zur Reorganisirung dieser Königreiche auf dem künftigen Landtage anzubahnen. Deshalb ist auf seinen Ruf die gefertigte Banalkonferenz aus allen Theilen unseres Vaterlandes zusammengetreten, die als ihre Hauptaufgabe erkannt hat, neben anderen Fragen die Sicherheit des Landes sowohl nach Innen, wie nach Außen hauptsächlich in's Auge zu fassen, und deren Aufrechthaltung sich insbesondere angelegen sein zu lassen. Es hat daher diese Konferenz in ihrem Wirken auch einen Blick auf das verbundene Ungarn geworfen, und mit Bedauern und gerechter Entrüstung wahrgenommen, wie daselbst das Prinzip der Freiheit und der Brüderlichkeit von Seite der Magyaren gegen das auflebende ungarische Slaventhum und insbesondere gegen diese Königreiche thatsächlich geübt werde, wie man dort mit Wort und That beflissen ist, die Slaven überhaupt und insbesondere uns Kroaten und Slavonier als Verräther an Thron und Vaterland vor der Welt zu brandmarken, während die faktischen Beweise unserer Treue weltbekannt sind; wie man unsere heilige Liebe zu unserer Nationalität, und das reine Streben nach deren Geltendmachung zum schwärzesten Verbrechen stempeln will; wie mit den unwürdigsten Schmähungen in allen öffentlichen ungarischen, ja sogar WienerBlättern ein Mann überhäuft wird, der durch die Huld Euerer Majestät an die Spitze der treuen kroatisch-slavonischen Nation gestellt, unsere allgemeine Achtung, Liebe und unbegrenztes Vertrauen besitzt, und an dessen Persönlichkeit und ungehindertes Wirken unter den gegenwärtigen Verhältnissen allein in diesen Ländern die Garantie der höchsten Interessen der Dynastie, des Staates und der Nation ausschließend geknüpft ist; wie man förmliche Aufrufe zur Bildung von Freischaaren und zur Abberufung der Truppen aus Italien ergehen läßt, um die neugeborne Freiheit und Gleichheit aller unter der ungarischen Krone lebenden Völker in dem Brande eines gräßlichen Bürgerkrieges untergehen zu lassen.

Mit um so größerer Entrüstung hat dieß die gefertigte Banalkonferenz wahrgenommen, als es in eine Zeit fällt, wo nahe an 40 Tausend Kroaten und Serben auf den Schlachtfeldern der Lombardie und Venedigs die unverbrüchliche Unterthans-Treue im Dienste Euerer Majestät nach dem Beispiele ihrer Ahnen mit ihrem Blute besiegeln, — während gerade von Seite der Magyaren, die nicht müde werden, uns vor der Welt zu Verräthern an Thron, Vaterland und Freiheit zu stempeln, — Manifestationen der perfidesten Art hinsichtlich Italiens täglich erfolgen. Wiewohl das treue Volk der Kroaten und Serben zuversichtlich wußte, daß das neue ungarische Ministerium seine Macht gebrauchen werde, um unsere nationale Selbstständigkeit und jede freiere Regung des übrigen ungarischen Slaventhums gewaltsam zu unterdrücken, fiel es dennoch bei uns Niemandem ein, dem Ausmarsche unserer braven Grenztruppen Hemmnisse entgegen zu stellen, oder auf die Rückberufung derselben zu dringen. — Sie bewährten ihre Treue in dem kritischesten Momente, selbst auf die Gefahr hin, die eigene nationale Existenz bloßgestellt zu sehen. Euere Majestät! Diese oberwähnte Unterdrückungssucht ist bereits an unseren stammverwandten slavischen Brüdern in Ungarn zur That geworden, und wahrlich es steht zu befürchten, daß der Moment nicht ferne sei, wo vielleicht auch uns dasselbe Schicksal treffen dürfte.

In dieser kritischen Lage der Dinge, wo die Nation der drei vereinten Königreiche ihre nationale Existenz und Zuflucht mehr denn je der Gefahr ausgesetzt sieht, glaubt die gefertigte Banalkonferenz ihre patriotische heilige Pflicht zu erfüllen, indem sie im Namen der Nation dieß alles zur Kenntniß Euerer Majestät zu bringen, und folgende Bitte zur gnädigsten ehebaldigsten Beherzigung in Unterthätigkeit zu unterbreiten sich beeilt:

Daß keinerlei Verfügungen von irgend einer Seite getroffen werden, die im Widerspruche mit den von Seiten unseres Ban im Interesse des erlauchten Kaiserhauses und unseres Vaterlandes bisher erlassenen und von der gesammten Nation mit Dank aufgenommenen Anordnungen stünden, vielmehr demselben die unbeschränkteste Machtvollkommenheit bis zur Regelung unserer Angelegenheiten auf dem heimischen Landtage gegeben werde, alles dasjenige zu unternehmen und zu verfügen, was er zur Aufrechthaltung der Ruhe und Ordnung, und Sicherstellung der nationalen Interessen in diesen Königreichen als unerläßlich halten wird.

Dieß Euere Majestät! ist das einzige Mittel, die einzige Bedingung, unser Vaterland vor der Anarchie und dem drohenden Bürgerkriege zu retten und zu bewahren, und darum sehen wir auch der allerhöchsten Genehmigung dieser unserer Bitte mit vollster Zuversicht entgegen.

Geruhen daher Euere Majestät der kroatisch-slavonischen Nation jenen

2

Schutz und Fürsorge angedeihen zu lassen, auf welche jeder einzelne unter Euerer Majestät mildem Szepter lebende Bewohner des großen Kaiserstaates, um so mehr aber ein ganzes treues Volk Anspruch machen kann und darf.

Die Gewährung unserer gerechten Bitte wird mit neuen festeren Banden der Treue, Liebe, des Vertrauens unsere Nation an den Thron Euerer Majestät ketten, und uns in den Stand setzen, im Wetteifer mit den übrigen Völkern Oesterreichs durch ungestörte Erhaltung der Ordnung und Regelung unserer inneren Angelegenheiten zur Herstellung eines einigen, nach Innen und Außen organisch gegliederten, starken, und freien österreichischen Staates, und zur Befestigung des Thrones erfolgreich beizutragen. Sollte es aber unseren magyarischen Gegnern gelingen, die Erfüllung dieser unserer Wünsche zu vereiteln, und unsere Existenz den Wechselfällen des Schicksals zu einer Zeit preiszugeben, wo unsere Brüder im treuen Dienste Euerer Majestät auf den Schlachtfeldern Italiens ihr Herzblut verspritzen, so bliebe uns nichts anders übrig, als mit unabänderlicher Festhaltung an der unverbrüchlichen Unterthan's-Treue zur Wahrung unserer nationalen und politischen Existenz alle jene Schritte aus eigener Selbstbestimmung zu unternehmen, die die Nothwendigkeit und der Drang der Umstände gebieten, und der Trieb der Selbsterhaltung uns eingeben wird.

Wir beharren übrigens in tiefer Ehrfurcht,

Euerer Majestät

Agram, 11. Mai 1848.   getreue Unterthanen,

bie in der am 8. und den folgenden Tagen des Monats Mai in der Banal-Konferenz versammelten Stände der Königreiche Kroatien, Slavonien und Dalmatien.

VIII.
Verordnung des ungarischen Ministeriums an den Ban von Kroatien Baron Jellačić,
womit derselbe aufgefordert wird, seinen Befehlen nachzukommen.

Da Sie als Ban von Kroatien, Slavonien und Dalmatien an sämmtliche Jurisdictionen, Behörden und Aemter jener Königreiche ein Rundschreiben im Umlauf gesetzt des Sinnes, daß Sie das zwischen Ungarn und den Nebenländern seit Jahrhunderten bestehende und durch die neuesten Gesetze nicht im geringsten veränderte verfassungsmäßige Verhältniß für verändert erklärend, den Befehl ertheilten, sich nicht zu unterfangen, außer von Ihnen, von irgend jemanden Befehle anzunehmen, oder demselben zu gehorchen, oder an irgend jemand amtliche Berichte zu erstatten.

Nachdem Sie dem zuwider, daß die Bewilligung des Standrechtes gegen Kontrasignirung eines der verantwortlichen Minister zu ertheilen oder zurückzuziehen nur ich berechtigt bin, nicht nur das Statuarium in den verbundenen Theilen, in den Komitaten Syrmien, Veröcze und Posega, und in den in ihrem Gremium gelegenen k. Freistädten publiciren ließen, und zwar auch in solchen Jurisdictionen, die das Standrecht durch mich bereits erhalten hatten; sondern den Kreis desselben in einseitiger Richtung auch auf solche Vergehen ausdehnten, welche nach den bisherigen Normen nie vor ein Statargericht gehörten, und so dieß Hoheitsrecht mit Ueberschreitung der Wirkungssphäre des Bans ausüben, ohne mir auch nur nachträglich eine Anzeige davon zu machen, und noch bevor Sie in die Banalwürde eingeführt waren und den entsprechenden Eid abgelegt hatten;

Nachdem von Sr. Majestät unserm gekrönten König und der Gesetzartikel 3:1848 Mir zur Ausübung der vollziehenden Gewalt durch das verantwortliche Ministerium die unumschränkte Vollmacht sowohl im Lande als auch in den verbundenen Theilen übertragen worden;

So verordne ich über Vortrag des Ministeriums des Innern wie folgt:

1) Das von Ihnen als ernannter, aber noch nicht installirter Ban von Kroatien, Slavonien und Dalmatien erlassene obgedachte Rundschreiben wird als der Verfassung und den Gesetzen durchaus widersprechend erklärt.

2) Das von Ihnen widerrechtlich publicirte und in einseitiger Richtung über die a. h. Vorschriften hin ausgedehnte standrechtliche Gericht, so wie die in Folge davon vielleicht schon begonnenen Untersuchungen und erfolgten Urtheile sind außer Kraft gesetzt.

3) Es wird Ihnen aufgetragen, das obgedachte Rundschreiben sowohl als auch den Befehl bezüglich des Standrechtes durch Erlaß einer entgegengesetzten Verordnung sofort zurück zu nehmen, und drei Tage nach Empfang dieser meiner Verordnung mich durch einen Expressen von der Vollstreckung derselben zu benachrichtigen.

4) Laut einer am heutigen Tage erlassenen Verordnung habe ich allen Jurisdictionen in den Komitaten Syrmien, Posega, Veröcze, wie auch der Stadt Essek aufgetragen, daß sie allen meinen Verordnungen, welche ich unter Gegenzeichnung des verantwortlichen Ministeriums erlasse, unter Gefahrung der von den Gesetzen bestimmten schweren Strafe Folge zu leisten gehalten sind.

5) Mit Vollziehung dieser meiner Verordnung ist der Minister des Innern beauftragt.

Budapest, 11. Mai 1848.

Stephan, Palatin und k. Statthalter.
Bart. Szemere, Minister des Innern.

IX.

Verordnung des ung. Ministeriums an den Baron Johann Hrabovsky, General-Kommandant u. Feldmarschall-Lieutenant,

womit derselbe zum königl. Kommissär für Kroatien, Slavonien und die Militärgrenze ernannt wird.

Se. Majestät hat mit betrübtem Herzen Kunde genommen von jenen Umtrieben, welche in den mit Ungarn vereinigten Theilen in zwei Richtungen sich zeigen, einerseits, indem jenes Bündniß zu lockern beabsichtigt wird, welches unter dem schützenden Schatten der heiligen Krone zwischen Ungarn und seinen vereinigten Theilen durch eine lange Reihe von Jahren in brüderlicher Liebe bestand, und diesem zufolge hat Se. Majestät es für nothwendig erachtet, in dem am 6. und 7. Mai l. J. erlassenen k. Handschreiben mir zu befehlen, daß ich alles aufbieten solle, womit sowohl die Sicherheit der Person und des Eigenthums, als auch das im guten Einverständnisse und gemeinsam wirkende friedliche Bündniß und Einvernehmen sämmtlicher unter der heiligen Krone sich befindlichen Länder gesichert werde, und die Erreichung dieses Zieles, wenn es die Umstände erheischten, durch Sendung eines königlichen Kommissärs vermitteln möchte.

Damit also dem königlichen Entschlusse Seiner Majestät Genüge geleistet werde, damit die in den vereinigten Theilen, nach den mir zugekommenen Beschwerden, erschütterte Sicherheit der Person und des Eigenthums sich einer vollkommenen Garantie erfreue; damit den gesetz- und konstitutionswidrigen Tendenzen und Attentaten, wonach man die zwischen Ungarn und den vereinigten Theilen bestehende innige und konstitutionelle Einheit faktisch zu zerstören beabsichtigt, vorgebeugt werde, welche Tendenz und Attentate nicht nur durch hinterlistige Aufreizungen und Aufforderungen, sondern auch schon durch Komitatsbeschlüsse genährt werden; ferner, damit durch feindselige Bestrebungen die Bewohner der vereinigten Theile weder in Hinsicht ihrer Rechte, noch in der ihrer Nationalität, in dem Genusse alles dessen gestört werden, was unter dem Schutze der Macht der heiligen Krone die jetzt von neuem aufblühende Konstitution ihnen neuerlich gesichert hat, und welche in voller Unverletzlichkeit für sie zu erhalten eine der ersten meiner höchsten Pflichten ist; allem dem zufolge ordne ich auf Unterbreitung des Ministers des Innern an, wie folgt:

1) Sie werden für Kroatien und Slavonien und für die Komitate Syrmien, Poßega und Veröcze sammt den darin ingremirten königl. Städten und zugleich für die Grenz-Distrikte zum königlichen Kommissär zu dem Ende

ernannt, um mit den an Ihre Seite zu ziehenden bürgerlichen Individuen auf die allgemeine Ordnung und Ruhe, so wie auf die Sicherheit der Person und des Eigenthums jedes Einzelnen die Oberaufsicht zu führen, und wieder insbesondere ein wachsames Auge zu haben, daß die schon öffentlich sich zeigenden faktischen Losreißungs-Bestrebungen mit Erfolg hierdurch niedergehalten, die Anreger und Förderer derselben ausgeforscht und nach dem Gesetze bestraft werden sollen.

2) Da Sie, wo Ihre persönliche Mitwirkung erheischt wird, überall zu erscheinen haben, so werden einestheils die Grenz-Miliz und die Linientruppen unter ihre Botmäßigkeit gestellt, anderntheils sind die Gerichtsbehörden zu dem Ihnen schuldigen Gehorsam verpflichtet worden.

3) Sie werden auch mit Vollmacht bekleidet, das vom 10. Mai l. J. den dortigen Gerichtsbehörden gegebene Statarium auch auf andere Verbrechen ausdehnen zu dürfen, wenn solches die oben berührten höchsten und dringendsten Staatsrücksichten nothwendig erscheinen lassen,

In der Hoffnung, daß durch Ihre mit Eifer gepaarte Treue und Einsicht die Sicherheit der Person und des Eigenthums jedes einzelnen Bürgers auf diese Weise aufrecht erhalten werden wird, daß die separatistischen gesetzlosen Bestrebungen niedergehalten, und daß sowohl die reine Nationalität der Einwohner der vereinigten Theile, als auch ihre sämmtlichen begründeten Rechte bewacht, und die wirkliche und von mir insbesondere gewünschte Erfüllung aller gerechten und billigen Wünsche eben durch diesen alten Bund, welcher für Ungarn und die vereinigten Theile der Grund alles Ruhmes in der Vergangenheit, und ihres Wohlstandes in der Zukunft ist, gefördert werden wird. —

Budapest, 11. Mai 1848.

Stefan, Palatin und k. Statthalter.

Bart. Ssemere, Minister des Innern.

X.

Allerhöchstes Handbillet an den Ban von Kroatien ıc. Josef Freiherrn v. Jellačić,

womit demselben der Auftrag ertheilt wird, die Abhaltung des bereits auf den 5. Juni anberaumten kroatischen Landtages einzustellen, und binnen 24 Stunden sich nach Innsbruck zu begeben.

Da zu Folge der deutlichen Verordnung des Gesetzartikels 58:1791 der Provinzial-Landtag für Kroatien, Slavonien und Dalmatien nur unter vorausgehender Einholung Meiner allerhöchsten Erlaubniß bekannt gemacht werden

kann, Sie aber doch im Gegensatze dessen den bestimmten Tag auf den 5. Ju-
nius l. J. eigenmächtig festgesetzt haben, so befehle Ich Ihnen, daß Sie diesen
Provinzial-Landtag, dessen gesetzwidriges Zusammenkommen, und daselbst zu
bringende Beschlüsse Ich als ungiltig ansehen müßte, sogleich einstellen und wegen baldigster Aufklärung hierüber, und der, wo möglich, auf friedlichem Wege
zu schlichtenden Wirren in Kroatien, 24 Stunden nach Empfang dieses Meines
allerhöchsten Befehles an meinem Hofe in Innsbruck erscheinen sollen.

    Innsbruck, 29. Mai 1848.

Ferdinand m/p.

XI.

Feierliche Erklärung der Banal=Konferenz an den Ban Jellačić,

womit die Gründe gegen die angeordnete Nichtabhaltung des
bereits ausgeschriebenen kroatisch-slavonischen Landtages
auseinander gesetzt werden.

Euere Excellenz!

    Jenes allerhöchste Handbillet vom 29. Mai d. J., welches Euere Excellenz
uns mitgetheilt haben, hat uns auf das schmerzlichste getroffen, indem wir auch
für die Folge die bittere Erfahrung daraus schöpfen, daß unsere stets gegen
das Herrscherhaus unerschütterlich bewiesene Treue nicht nur nicht gewürdigt,
sondern geradezu verkannt wird.

    Nach darüber gepflogener reiflicher Berathung finden wir uns veranlaßt,
Euerer Excellenz hiemit zu eröffnen, daß wir als ein freies und konstitutionelles
Volk uns durch das bekannte Handbillet niemals gebunden halten, am wenig-
sten aber in der jetzigen Lage beirren lassen können.

    Bei Erwägung des benannten Handbilletes dringen sich uns zwei Be-
merkungen auf, — namentlich die Berufung Euerer Excellenz nach Innsbruck und
die Widerrufung des auf den 5. Juni l. J. bestimmten Landtages der vereinigten Königreiche. Betreffend das Erstere erklären wir, daß bei der jetzigen Stimmung des Volkes, dessen Liebe und Zutrauen Euere Excellenz ungetheilt genießen, Euere Excellenz sich aus unserer Mitte durchaus nicht entfernen können,

denn nur durch das Hiersein Euerer Excellenz ist die bis nun ungestört fort-
dauernde Ruhe und Ordnung aufrecht erhalten worden, — und um allen jenen
Folgen der Aufregung im Volke, die durch die allenfalls beabsichtigte Entfernung
Euerer Excellenz herbeigeführt werden könnten, vorzubeugen, sind wir fest entschlossen, Ihre beschlossene Abreise selbst mit Gewalt zu verhindern.

Was zweitens die Absagung unseres Landtages betrifft, so erblicken wir
darin die stiefmütterlichste Behandlung; denn wir sehen uns die Gelegenheit entrissen, unsere Wünsche auf legalem Wege ausdrücken zu können, — wo wir andererseits den Ereignissen der österreichischen Bewegungen seit ihrem Beginne
bis auf den heutigen Tag mit achtsamen Auge folgend hinlänglich erkannt haben, daß bereits die meisten zum österreichischen Staate gehörigen Völker sich
die mißliche Lage der österreichischen Regierung zu Nutzen machten, und auf diese
Weise die Erfüllung ihrer Forderungen zu erwirken wußten.

Jenes Motiv, welches im oberwähnten Handbillete vorkommt, daß nämlich der Landtag der vereinten Königreiche nur nach eingeholter allerhöchster Genehmigung abgehalten werden könne, sind wir nicht in der Lage als gegründet anzuerkennen, denn abgesehen von jenem Umstande, daß Se. Majestät in dem noch im
Monat April l. J. an den Banal-Locumtenens Bischof Haulik erlassenen Handbillete bereits die Abhaltung unseres Landtages genehmigt, und die Bestimmung des nöthigen Termins dem besagten Bischof überlassen hat, war der Banus seit jeher in dem unbestrittenen Rechte, die Stände zum Landtage einzuberufen, und jener im Handbillete in dieser Beziehung erwähnte Gesetzartikel
58 : 1791 wurde nicht nur ohne Zustimmung der kroatisch-slavonischen Stände
in das Gesetzbuch eingetragen, sondern es war sogar bei Veröffentlichung desselben
auf dem darauf nachfolgenden, am 7. Juni 1791 zu Agram abgehaltenen kroatisch-
slavonischen Landtage ein Protest zu Protokoll gegeben, daher wir den obbe-
sagten Gesetzartikel in dieser Hinsicht als nicht bindend betrachten.

Uebrigens können wir gar nicht fassen, welche Gründe gegen die
Abhaltung unseres Landtages obwalten können, da jene Richtung, welche
die Gesinnung des kroatisch-slavonischen Volkes bis nun befolgt, nur zum
Wohle der hohen Dynastie und der gesammten Monarchie gedeutet werden
kann.

Selbst die Lage der gegenwärtigen Umstände erheischt dringend die Abhaltung des anberaumten Landtages, denn einerseits müssen die am letzten ungarischen Landtage verfaßten Gesetze behufs ihrer Giltigkeit veröffentlicht werden,
andererseits aber ist bereits auf den 2. Juli l. J. der ungarische Landtag ausgeschrieben, der uns unvorbereitet nicht antreffen darf, soll eine Verständigung auf legalem Wege ermöglicht und erleichtert werden; endlich halten wir es für unsere
heiligste Pflicht, Euere Excellenz aufmerksam zu machen, daß bei der herrschenden

Stimmung, und bei dem Umstande, als der größte Theil der Deputirten bereits hier eingetroffen ist, die Abhaltung des Landtages nur durch physische Gewalt verhindert werden könne, deren Anwendung bei den gegenwärtigen Umständen von den traurigsten Folgen begleitet werden könnte, welche zu verantworten Niemand auf sich nehmen kann.

Auch halten wir es für unsere Pflicht, alle bis nun durch Euere Excellenz getroffenen Verfügungen als solche zu erklären, die die Nation, auf die obwaltenden Umstände gestützt, mit Recht erwartet hat, ja als solche, die aus der Seele derselben geschöpft worden sind, und Euere Excellenz können versichert sein, daß diese unsere Erklärung die Erklärung der gesammten Nation ist, in deren Namen wir als ihre Vertreter die Stimme erheben.

Schließlich eröffnen wir Euerer Excellenz, daß wir von den im oberwähnten Handbillete berührten Wirren in unserem Vaterlande durchaus nichts wissen; bei uns herrscht nur Ein Geist, Ein Wille, und Ein Schlag in aller Herzen, nämlich der Geist der unerschütterlichen Treue für Se. Majestät und das hohe Herrscherhaus, so wie der festen Aufrechthaltung unserer konstitutionellen und nationalen Rechte, im engsten Verbande mit der österreichischen Gesammtmonarchie, und nur die Besorgniß befällt uns, daß die feindseligen Einwirkungen des magyarischen Ministeriums, welches sich als eine Scheidewand zwischen uns und den König gestellt hat, Wirren, welche von uns bis nun ferne geblieben sind, zum Nachtheile der gesammten Monarchie herbeiführen können. Euere Excellenz mögen Se. Majestät unseren gütigen Landesvater versichern, daß wir in unserer Treue unerschütterlich beharren, daß wir jedoch andererseits mit Recht erwarten, daß Se. Majestät diese unsere Treue mit entsprechender Anerkennung belohnen wird.

Indem wir auf der Grundlage oberwähnter Motive die unausbleibliche Abhaltung unseres Landtages unwiderruflich fordern, zeichnen wir uns mit ausgezeichneter Hochachtung.

Gegeben aus der Banal-Konferenz zu Agram am 2. Juni 1848.

XII.

Protokoll

des im Jahre 1848 am 5. und den nachfolgenden Tagen des Monats Juni und Juli in Agram vorerst am Katharinen-Plaße, dann aber im Saale des Theatergebäudes unter Präsidio Sr. Excellenz des Herrn Baron Josef Jellačić von Buzim, Banus der Königreiche Dalmatien, Kroatien und Slavonien, k. k. Feldmarschall-Lieutenants, wirklichen geheimen Rathes und Kämmerers, dieser Königreiche Landeskapitäns, Inhabers der beiden Banal-Grenz-Infanterie-Regimenter, und Präses der Banal-Tafel abgehaltenen Landtages.

Artikel I.
Von der Installation des Banus.

Nachdem sich eine große Menge Volkes von nah und fern aus allen Gegenden des Vaterlandes versammelt hatte, um an der feierlichen Installation des Banus Theil zu nehmen, um den Stern seiner nationalen Freiheit und Wiedergeburt zu sehen, und da der im Uebrigen ziemlich geräumige Saal im Theatergebäude für so viel Volk zu klein und zu eng wäre, — so wurde zu diesem Zwecke der Katharinenplaß gewählt, wo der Obergespan des Warasdiner Komitats, Emerich Lentulay, die versammelten Volksvertreter, die Geistlichkeit und die Magnaten in einer kurzen Rede begrüßte, und nach dem altherkömmlichen Gebrauche als ältester Obergespann die Sißung eröffnete.

Hierauf wurde das königliche Handbillet betreff der Ernennung des Barons Josef Jellačić zum Banus der dreieinigen Königreiche verlesen, welches in getreuer Uebersetung also lautet:

„Wir Ferdinand ꝛc. Liebe, Getreue ꝛc. Nachdem Wir die durch den Rücktritt des Grafen Franz Haller erledigte Würde eines Banus unserer Königreiche Dalmatien, Kroatien und Slavonien Unserem treuen und lieben Baron Josef Jellačić, Obrist in unserer k. k. Armee, als einen reichlichen Beweis Unseres königlichen Wohlwollens, welches seinen ausgezeichneten und wichtigen Dienstleistungen und Verdiensten, und Unserem königlichen, nur das Beste und den Vortheil des Gesammtstaates bezweckenden Berufe entspricht, gnädigst verliehen und ihn zugleich zu Unserem Generalmajor und wirklichen geheimen Rathe ernannt haben: so verkünden Wir dieß Euch, Liebe, Getreue, und befehlen Euch gnädig, daß Ihr es nicht unterlassen möget, den genannten Baron Josef Jellačić, zu dessen Installation in Eurer Gegenwart Wir Unseren getreuen und Uns herzlich werthen, hochwürdigen Agramer Bischof Georg Haulik bestimmt haben, als den wirklichen und gesetzlichen Banus der besagten Königreiche anzuerkennen, ihm die schuldige Ehrerbietung zu bezeugen, und ihm in allen in das Bereich der Banal-Autorität gehörigen Geschäften und Angelegenheiten gehorsam und ergeben zu sein, in allseitiger Beförderung der allgemeinen Wohlfahrt und des allerhöchsten Dienstes gemeinschaftlich Berathungen zu pflegen, ihn umsichtsvoll zu unterstützen, und mit ihm fortwährend im Einvernehmen zu verbleiben. Die Wir im Uebrigen ꝛc. Gegeben zu Wien am 23. März 1848. Ferdinand m. p. Ladislaus Szögyeny m. p."

Hierauf ernannte der Herr Präses dem Wunsche der Volksvertreter gemäß eine Deputation unter Anführung des Herrn Belgrader Bischofs Josef Schrott, um Se. Heiligkeit den Patriarchen Josef Rajačić in die Mitte der Nation einzuladen und zu geleiten, damit er Se. Excellenz den Banus, wie es vorläufig bestimmt war, installire und beeide.

Mit Begeisterung empfingen die Herren Volksvertreter Se. Heiligkeit den Patriarchen, und zur allgemeinen Freude fehlte nichts als die Gegenwart Sr. Excellenz des Banus.

Um diesen innigen Wunsch zu erfüllen, wählten die Volksvertreter drei Deputationen: die eine unter Anführung des Hrn. Zengger Bischofs Emerich Ožegović, die zweite unter Anführung des Hrn. Pakracer Bischofs Kragujević, und die dritte unter Anführung des Hrn. Karlstädter Bischofs Eugen Joanović, um Se. Excellenz den Banus, diesen Liebling der Nation, in ihre Mitte zu geleiten.

Unter schallendem Živio, unter Musikklängen und Kanonendonner erschien Se. Excellenz der Banus in die Mitte des versammelten Volkes, nahm den Vorsitz ein, und begrüßte die Nation mit folgender zum Herzen dringender Ansprache:

Meine Herren Volksvertreter, geliebte Brüder!

„Es war stets mein Stolz, daß eine kroatische Mutter auf kroatischem Boden mich geboren; gleichwohl ging die Sonne meines Glückes mir erst mit jenem Tage auf, als mich die Stimme meines theueren Volkes in seine Mitte als Ban berief, und unser gnädigster König, dem Wunsche der Nation entgegenkommend, als solchen erkannte.

Mich beglückte nicht die Beförderung, durch die mir eine so glänzende Ehre zu Theil wurde, nein, mich beseligte das Zutrauen des Volkes, mich beseligte der Gedanke, daß dem Volke ein Ban aus dem Volke gegeben ist.

Da bin ich nun, theueres Volk, mit Leib und Seele dein Ban, nimm mich auf in deine Bruderarme, und sei versichert, daß ich einzig und allein für das Vaterland und den König leben und sterben will.

Nun ich dir, theuere Nation, von der mir verliehenen Würde Kunde gegeben habe, bitte ich, daß diese Verleihung auch hier in der Volksversammlung veröffentlicht werde, und daß ich, meinem sehnlichen Wunsche gemäß, dem Volke und dem Könige den Eid leiste."

Hierauf ward nochmals das allerhöchste Ernennungs-Diplom verlesen, und das Kruzifix mit zwei Kerzen vor Se. Exzellenz den Banus gestellt, der mit erhobenen drei Fingern folgenden, auf Grundlage der alten Banal-Eides-formel durch eine eigene Deputation entworfenen und durch den Landtag genehmigten Eid Sr. Heiligkeit dem Patriarchen nachsprach:

„Ich Josef Jollačić, Ban der Königreiche Dalmatien, Kroatien und Slavonien, schwöre beim lebendigen Gott, bei der heiligen Mutter Gottes der Jungfrau Maria, und allen Heiligen, und gelobe und verspreche dem durchlauchtigsten, mächtigsten, unbesiegbaren Fürsten Ferdinand I., Kaiser von Oesterreich, apostolischen König von Ungarn, Böhmen, Dalmatien, Kroatien und Slavonien dieses Namens dem Fünften, dem Erblandesfürsten und Unserem allergnädigsten Herrn: daß ich Sr. geheiligten k. k. Majestät stets treu, gehorsam und ergeben sein, Seiner Erben und Nachfolger Ehre, Würde und Vortheil jederzeit wahrzunehmen und zu befördern, jeden Schaden aber nach Möglichkeit abzuwenden trachten werde. Im Uebrigen will ich nach Sr. Majestät vermöge meiner heiligen Pflicht als ein aufrichtiger Sohn dieses Landes und als Ban der Königreiche Dalmatien, Kroatien und Slavonien diese Königreiche und das gesammte in denselben wohnende Volk in seiner Freiheit, und seinen Rechten, dann die Konstitution dieser Länder, so wie ich auch muß, bei jeder Gelegenheit ohne alle Rücksicht gegen jede Gewaltthat, Unrecht, Beleidigung, und gegen jeden Feind kräftig vertheidigen, schirmen und schützen. Außerdem will ich die Landesgesetze beobachten, und Allen, die bei mir Recht suchen sollten, so wie in jedem mir obliegenden Amte, ohne Rücksicht, ob arm oder reich, dieses oder jenes Standes oder Glaubens, und mit Hintansetzung von Bitten, Geschenken, Neigung, Furcht, Abneigung, Vorliebe und Wohlwollen, wie ich es nach Gott und dem Gewissen für Recht erachte, ein gerechtes Urtheil nach Möglichkeit fällen werde. Und so wie ich jetzt sowohl innerhalb als auch außerhalb der Grenzen der Länder Sr. k. k. Majestät keiner geheimen Gesellschaft oder Bruderschaft angehöre, so will ich auch künftighin unter keinem Vorwande einer solchen geheimen Gesellschaft beitreten. — So mir Gott helfe und die seligste Jungfrau Maria und alle Heiligen."

Nach geschehener Beeidigung wurde Se. Exzellenz der Banus unter schallendem Živio und unter Kanonendonner dreimal in die Höhe gehoben, worauf er sich der Nation mit folgender vortrefflicher Rede präsentirte:

„In diesem Eide sind alle meine Pflichten zum Könige und Euch, werthe Vertreter eines so ruhmvollen Volkes, und durch Euch zur gesammten Nation enthalten. Diese Beziehungen sind mir durch den Eid heilig geworden; heilig sind sie mir aber schon gewesen, und werden es auch stets sein durch das süße und treuvolle Gefühl, das ich für mein Vaterland unauslöschlich in meiner Brust nähre.

Das Gemeingut der neuern Zeit, die Freiheit, ist auch für unser Vaterland herangebrochen.

Mir fehlen Worte, Euch die Freude, Wonne, ja Seligkeit meines Herzens auszudrücken, daß eben mir das Glück zu Theil geworden, der Erste zu sein, der Euch, Volksvertretern, das Wort „Freiheit" zu verkünden in der Lage bin.

Unser Vaterland hatte heldenmüthige und berühmte Bane, die Geschichte hat dies anerkannt, — und auch ich anerkenne dasselbe; ob aber irgend Ein Ban glücklicher vor mir gewesen, bezweifle ich, da ich durch die Liebesbezeugungen der Nation der allerglücklichste bin.

Sehet Brüder, das Wort Freiheit ist zur Wahrheit geworden, und wer würde wohl noch bezweifeln, daß sie schon unser Eigenthum sei? Ihr seid ja lebendige Zeugen und kräftige Beweise dieses göttlichen Gutes.

Der Freiheitsruf versammelte hier die Volksvertreter, wie selbst Euere Ahnen vielleicht nie zuvor versammelt waren. Ihr seid nicht mehr hier Euere Vertreter, — Ihr seid freie Vertreter eines freien und ruhmvollen Volkes.

Derselbe Freiheitsruf brachte auch Euch, Vertreter unserer heldenmüthigen Grenze, hieher. Seid gegrüßt im Kreise Euerer treuen Brüder, und Gott der Allmächtige möge Euch segnen; er möge Euch und uns brüderlich vereint lenken, auf daß wir unsere Aufgabe für unser Vaterland glücklich lösen.

Verstrichen sind die Zeiten, wo Ihr allein mit Euerem kräftigen Arme uns schützen mußtet, jetzt sind auch wir Vertheidiger und Beschützer des Vaterlandes, und wenn eine Gefahr drohen sollte, so wird das ganze Volk ein Arm, ein Herz und ein unbesiegbarer Held sein; in den Zeiten des segenreichen Friedens aber wollen wir uns durch den Genuß gleicher Staatsbürgerrechte unser Leben versüßen.

Unsere Aufgabe ist eine großartige; vollführen wir sie glücklich, so werden wir Ehre und Ruhm unserem Volke bereiten. Ein steiler Pfad führt zu diesem Ziele; möge er aber noch so beschwerlich und mühsam sein, wir müssen ihn betreten, damit wir Ehre und Ruhm des Volkes heben, denn eben dieses ist der Inbegriff aller Vorzüge, welche die Hauptmerkmale der nationalen Würde kennzeichnen. Darum seid Ihr hier versammelt; berathet Euch! — aber bedachtsam und mit aller Kraft des Verstandes und des Herzens, denn Ihr könnt versichert sein, daß von der Lösung unserer gegenwärtigen Verhältnisse auch unsere Zukunft abhängig ist.

Unsere Beziehungen zum allergnädigsten und gütigen König und Seiner erlauchten Dynastie, dann das Verhältniß zwischen uns und Ungarn sind die Hauptelemente unseres nationalen und politischen Lebens.

Brüder! unerschütterliche Treue zu unserem Könige ist eine unserem Volke angeborene Tugend von jeher gewesen; diese Tugend beseelt nicht minder auch uns. Brüder, lasset uns dem schönen Sprüchworte der Jetztzeit „Freiheit, Gleichheit und Brüderlichkeit" noch die mit goldenen Buchstaben in unsere Herzen eingeschriebenen Worte: „Treue und Anhänglichkeit zu unserem König" hinzufügen.

Unsere Beziehung zu Ungarn hat drei Momente, nämlich wie sie vorher gewesen, wie sie jetzt ist, und wie sie künftig sein soll.

Wie dieselbe gewesen, gehört der Geschichte an, wie sie künftig sein soll, dieß festzustellen ist die Aufgabe unseres Landtages, und deßhalb will und kann ich mich hierüber nicht weitläufiger auslassen, und mit meiner persönlichen Meinung den Landtagsverhandlungen vorgreifen; allein da in den Wünschen des Volkes, welche auch die meinigen sind, der Verband mit Ungarn ausgesprochen ist, dessen Krone auch die unseres Vaterlandes ist, indem sie die Häupter jener Könige schmückt, welche unser croatisches, slavonisches und dalmatinisches Vaterland regierten und gegenwärtig noch regieren, so bin ich verpflichtet, Euch zu erinnern und zu ermahnen, daß wir unsere Beziehungen zu den Magyaren auf solche Grundlagen basiren, durch welche der Verband mit der ungarischen Krone erhalten wird, jedoch auf eine solche Weise, daß allen unter der ungarischen Krone lebenden Völkern die Gleichheit der Rechte gewahrt, und die freie nationale Entwicklung ungeschmälert gesichert bleibe.

Doch Brüder! wir wollen nicht dem leblosen Golde einer Krone unterwürfig sein; — der Träger dieser Krone sei das lebende Sinnbild dieses Verbandes, und deßhalb wollen wir, daß dieser Verband künftighin so erhalten werde, daß die ungarische Krone mit unserer erlauchten Dynastie im Sinne der pragmatischen Sanction verknüpft bleibe.

Die Feststellung unserer Beziehung zu Ungarn wird die Aufgabe unseres Landtages sein, und zwar nicht nur in Hinsicht der Gesetzgebung, sondern auch in Betreff unserer inneren Administration.

Brüder! auf der Basis der Freiheit, Gleichheit und Brüderlichkeit werden und müssen die Verhältnisse zwischen Regierung und Volk, zwischen Staat und Staat, Volk und Volk geregelt werden; — dieß ist die Forderung des gewaltigen Zeitgeistes, in welchem die Humanität nach Vervollkommnung ringt. Auf dieses Fundament wollen auch wir unsere Verhältnisse zu Ungarn basiren, da wir nicht beständig gerüstet und schlagfertig demselben gegenüber stehen können; der 800jährige brüderliche Nachbarverband bürgt uns für eine freundschaftliche Beilegung des zwischen uns obwaltenden Zerwürfnisses.

Im unglücklichen Falle aber, wenn die Magyaren gegen uns und unsere

Stammgenoſſen in Ungarn ſich fernerhin nicht als Brüder, ſondern als Unterdrücker benehmen ſollten, ſo mögen ſie es wiſſen, daß wir nach dem Spruche
unſeres rühmlich bekannten Bans Johann Erböby „Regnum regno non
praescribet leges“ entſchloſſen ſind, ihnen mit den Waffen in der Hand zu zeigen, daß jene Zeit längſt verſtrichen, wo ein Volk über das andere herrſchte.

Hinweg alſo mit der magyariſchen Zwangsherrſchaft, — wir haben ſie
vor dem 15. März nicht anerkannt, nach der März-Revolution aber brachen und
vernichteten wir ſie, — und dadurch kamen wir in die gegenwärtige Stellung
gegenüber Ungarn. Gegen ihre Herrſchaft werden wir uns auch künftighin zu
ſchützen wiſſen; — und da wir uns nur einer ſolchen Regierung unterwerfen
können, welche nach den Hauptprinzipien unſerer altherkömmlichen Verfaſſung
im Einklange mit der königl. Macht uns verwaltet, ſo konnten und wollten
wir uns der gegenwärtigen magyariſchen Regierung nicht unterwerfen, da dieſelbe nicht, nur in keinem geſetzlichen Verhältniſſe mit der Macht des Königs
ſteht, — ſondern denſelben eigenmächtig gänzlich von ſich abhängig gemacht, und
ſo das monarchiſche Prinzip in ſeiner Grundfeſte erſchüttert hat.

Ich will über die gegen meine Perſon und gegen die mir anvertrauten
Länder geſetzwidrig beorderte Kommiſſion in keine nähere Erörterung mich einlaſſen, ich beachte nicht die Verdächtigungen, als ob wir gegen den König, gegen
die Integrität der durch die pragmatiſche Sanction vereinigten Länder der
Geſammt-Monarchie ſind, — und als ob ich Euch und den König dem nordi-
ſchen Koloſſe zu verrathen beabſichtige; dies iſt nichts Neues, dies weiſe ich als
offenbare der Welt bekannte Lügen von uns zurück, — unſere Thaten
werden für uns ſprechen.

Was aber die Verdächtigung unſerer panſlaviſtiſchen Tendenzen betrifft,
wollen wir offen ausſprechen, daß all' unſere Sympathie und Neigung zu
unſern ſlaviſchen Stammgenoſſen ſich lediglich auf die Nationen, keineswegs
aber auf ihre Regierungen erſtrecken, weil wir in dieſer allgemeinen wechſelſeiti-
gen Liebe die ſicherſte Bürgſchaft unſeres nationalen Lebens finden.

Die Geſetze, welche die Stände am vergangenen ungariſchen und der verbundenen Königreiche Landtage geſchaffen, und welche unſere geweſenen, lobens-
würdigen Ablegaten vorlegen werden, überlaſſe ich der Verhandlung der hier
verſammelten Volksvertreter.

Nur Eines iſt, was meinem Herzen wehe thut, daß wir nämlich in unſerer
Mitte unſere Brüder die Dalmatiner nicht erblicken; — doch ich baue
auf ihren Patriotismus — denn daſſelbe Blut rollt auch in ihren Adern, —
daß ſie ihre ganze Kraft aufbieten werden, den ehemaligen Verband, der
gegenwärtig nur dem Titel nach beſteht, in der That auch zu realiſiren.

Ich erwähne Euch endlich meine Anordnungen, welche ich in der ſich selbst überlassenen Heimat zur Erhaltung der so sehr erforderlich gewesenen Ruhe und Ordnung provisorisch getroffen habe. — Ich will mich in eine umständlichere Auseinandersetzung derselben nicht einlassen, sie sind Euch ohnehin bekannt. Beurtheilet sie mit Euerem patriotischen Geiste und entscheidet darüber, — sollten sie von der Nation gutgeheißen werden, dann glaubet mir, werde ich darin den süßesten Lohn meiner Anstrengungen finden; glaubet aber auch das, daß Ihr Euch in mir nicht getäuscht habt; glaubet mir, daß ich bis zum letzten Athemzuge für Vaterland und König leben — — sterben will."

Diese vortreffliche, von Vaterlandsliebe erglühte Rede endete unter donnerndem Živio, und Se. Excellenz der Banus wurde abermals dreimal in die Höhe gehoben.

Hierauf begrüßte Se. Heiligkeit den Ban im Namen der versammelten Nation also:

Verehrter Ban!

Du Ruhm und Hoffnung unserer Nation!

„Seit langer Zeit hat keine Kunde das Herz unserer Nation so angenehm berührt, als jene Kunde, daß Dich die Elite unserer Nation zu ihrem Ban, zu ihrem Führer in der sturmbewegten Gegenwart erkoren und der allergnädigste König erwählt, ernannt und bestätigt hat. Von der Adria bis zu den Karpathen und darüber hinaus in jeglichem Slavenlande erscholl Eine Stimme, Ein Freudenruf: „Es lebe unser gütigster König Ferdinand! Es lebe unser Ban Jellačić!" In der That groß und bedeutungsvoll ist dieser Vorgang, denn er birgt in sich das schöne Glück, die segenvolle Zukunft aller südslavischen Völker. — Du, der Sprößling ruhmgekrönter Ahnen, vom lautern slavischen Geblüte, gesäugt und genährt von der Milch unserer großen Mutter Slava, vom zarten Jünglingsalter an fortwährend unter den Waffen, ein weiser Lenker des Kriegers wie des Landmannes, bist uns die sicherste Bürgschaft, daß Du die Dir heute auferlegte große und schwere Bürde, so wie Du eben jetzt Gott, dem Könige, der Nation, der Landesconstitution feierlich geschworen, treu und gewissenhaft durch die ganze Dauer Deines Lebens, welches noch viele Jahre zählen möge, tragen, den Thron unseres Regenten, seine erlauchte Dynastie, unser liebes Vaterland, unsere heiligen Kirchen, die unschätzbare Nationalität und die holde Freiheit unserer Nation mit Deinem kräftigen Arme bis zum letzten Tropfen Blutes gegen jedweden innern und auswärtigen Feind heldenmüthig vertheidigen und schirmen, einem Jeden unparteiisch Recht sprechen, die Bildung des Volkes, sein geistiges und materielles Wohl als ein gütiger und sorgsamer Vater getreu und ohne Unterlaß eifrigst befördern werdest. Dieß sind unsere süßen Hoffnungen, dieß Deine heiligen Gelöbnisse. — Gebe Gott, daß sie in Erfüllung gehen. Gebe Gott, daß

Du, unser Ban, unser preiswürdiges Haupt, unser Leben, dieselben vollkommen
und ruhmvoll verwirklichst!!

Ja, mit Gott wird es geschehen, es ist sein heiliger Wille, und der Wille
des Herrn muß zu Wahrheit, Wirklichkeit werden. Wir wollen Alle vor ihm
auf die Knie fallen und von seiner Gnade erbitten, daß er seine himmlischen
Gaben über Dich ausstreue, daß er Dich mit seiner Weisheit erleuchte, Dich lenke,
Deinen Heldenarm kräftige, mit seiner allmächtigen Rechten Dich beschirme, Dein
theueres Haupt mit Ruhm und Siegespalmen schmücke!! — Was Du immer
beginnen und thun mögest, thue im Namen des Herrn, denn wer auf diesem
Grunde baut, der baut auf Felsen, und baut gut! Schütze tapfer Wahrheit und
Gerechtigkeit, schütze das erlauchte österreichische Kaiserhaus, schütze unser Gemeingut, die holde Freiheit des Volkes, unsere werthe Nationalität, Ehre und Ruhm
unseres dreieinigen Königreiches; schütze, sage ich, diese theueren Güter muthig
und entschlossen, und zweifle nie an einem guten Erfolge, denn mit Dir ist das
Recht, mit Dir ein heldenmüthiges Volk, mit Dir Gott der Allmächtige!! —

Es lebe unser Ban, unser Ruhm und unser Heldenstolz!"

Der herzlichen Rede Sr. Heiligkeit des Patriarchen folgte ein langanhal-
tendes begeistertes Živio. Hierauf wurde Se. Excellenz der Ban und der
Patriarch vom begeisterten Volke zum Zeichen aufrichtiger Liebe und unbegrenzter Ehrerbietung in die Kirche des heil. Markus getragen, wo der hochwürdigste
Zengger Bischof Emerich Ožegović die heil. Messe in der Nationalsprache las.
Schließlich gingen Alle in die orientalische Kirche, um auch da dem Allmächtigen
zu danken, daß er der Nation einen solchen Vater verliehen, und um der Welt
zu zeigen, daß die Brüder der abend- und morgenländischen Kirche Eines Herzens und Einer Seele sind.

Also wurde der Akt der Installation Sr. Excellenz des Banus beschlossen. — Ruhm und Ehre sei demselben in alle Ewigkeit! —

Artikel II.

Von der Wahl des obersten Landes-Kapitäns dieser Königreiche.

Dem Volke der dreieinigen Königreiche kömmt nach altherkömmlichen
Gesetzen und nach uraltem Brauche das Recht zu, sich seinen obersten Kapitän zu
wählen. — Dieses Recht hat das Volk seit Jahrhunderten nicht so freudig ausgeübt, als jetzt, wo es ihm gegönnt ist, sich einen Mann zum Kapitän erwählen
zu können, in dessen Vaterlandsliebe, Weisheit und persönliche Tapferkeit es alle
seine und des Vaterlandes Hoffnungen mit vollem Rechte setzen kann; — und
dieser Mann ist Se. Excellenz der Ban Josef Jellačić, den die Nation mit
einstimmigem Freudenrufe zum obersten Landes-Kapitän der drei vereinten Königreiche erwählt und ernannt hat.

Artikel III.

Von der Genehmigung und Beſtätigung der proviſoriſchen Banal-Anordnungen.

Der Landtag erwähnt mit dankbarer und herzlicher Anerkennung aller jener Anordnungen, welche Se. Excellenz der Ban dieſer Königreiche Baron Joſef Jellačić vor ſeiner Inſtallation getroffen, würdigt deren unumgängliche Nothwendigkeit, deren Werth und wohlthätige Wirkung für das Vaterland, erkennt ſie ſämmtlich als die ſeinigen an, heißt ſie in Allem gut und beſtätiget ſie.

Artikel IV.

Von der Wahl eines proviſoriſchen Protonotärs.

Da der bisherige Protonotär Nikolaus Mikšić am Landtage fehlt, ſo ſieht ſich der Landtag veranlaßt, einen proviſoriſchen Protonotär zu wählen, der während den Landtagsſitzungen die Protokolle führen wird; — und aus dieſem Anlaſſe hat die Nation einſtimmig den Franz Žigrović, Obernotär des Kreußer Komitats, zum proviſoriſchen Protonotär ernannt, der auch ſogleich die ihm obliegenden Funktionen am Landtage übernimmt.

Artikel V.

Von der Dankadreſſe an Se. Majeſtät den Kaiſer, der Repräſentation bezüglich Dalmatiens, und der Führung des Oberkommando's in Dalmatien und Slavonien von Seite des Banus.

Da Se. k. k. Majeſtät durch die Ernennung des Herrn Joſef Baron Jellačić von Buzim zum Ban der dreieinigen Königreiche einen der größten und heißeſten Wünſche der ſüdſlaviſchen Nation in Ihrer väterlichen Milde erfüllt haben, ſo beſchließt der Landtag, daß an Se. k. k. Majeſtät eine Dankadreſſe mit dem Ausdrucke wahrer kindlicher Dankbarkeit gerichtet, und zugleich ausgeſprochen werde, daß der Landtag alle von Sr. Excellenz dem Ban getroffenen Anordnungen und Maßnahmen für nothwendig und bringend geboten erkannt, gutgeheißen und als die ſeinigen anerkannt habe, — daß ferner Sr. Majeſtät die Bitte unterbreitet werde, daß das durch Geſetze, Geſchichte und Stammverwandtſchaft den Königreichen Kroatien und Slavonien zugehörige Königreich Dalmatien mit dieſen Königreichen, als von jeher einen Geſammtbeſtandtheil derſelben bildend, reincorporirt und unter die Autorität des Banus, der zugleich Banus von Dalmatien iſt, geſtellt werde; — ſchließlich daß dem Banus als oberſten Landes-Chef der dreieinigen Königreiche das Oberkommando über die Armee auch in Slavonien und Dalmatien, so wie in Kroatien, den altherkömmlichen Rechten zufolge ertheilt werde *).

Artikel VI.
Von der Einladung und Proklamation an das verbrüderte dalmatinische Volk.

Mit Schmerz hat der Landtag in Erfahrung gebracht, daß, während unsere Brüder die Čechen, Serben und Slovenen die versammelte kroatisch-slavonische Nation durch ihre Ablegaten begrüßt haben, von dem verbrüderten Volke Dalmatiens, obgleich selbes hiezu eingeladen war, am Landtage bisher Niemand erschienen ist, — und beschließt daher, noch einmal einen brüderlichen Aufruf ergehen zu lassen und sie aufzufordern, daß sie, als ein Gesammtbestandtheil des dreieinigen Königreiches, aus allen Kräften dahin arbeiten mögen, daß sie sich baldigst mit ihren kroatisch-slavonischen Brüdern zu einem Ganzen vereinigen **).

Artikel VII.
Von dem Bunde der serbischen Wojwodschaft mit dem dreieinigen Königreiche.

Die Wünsche und Forderungen der serbischen Nation in der neuerrichteten serbischen Wojwodschaft, die mittelst einer, unter der Anführung Sr. Heiligkeit des Patriarchen Josef Rajačić entsendeten serbischen Deputation diesem Landtage mitgetheilt wurden, und dahin gehen, daß das dreieinige Königreich in einen engen politischen, auf der Grundlage der Freiheit und vollkommener Gleichberechtigung beruhenden, die serbische Wojwodschaft und das dreieinige Königreich in einen zu einem festen politischen Körper zu verschmelzenden Bund trete, und die Wünsche und Forderungen der Serben, als: die Bestätigung der aus Syrmien sammt dem Militärgrenzantheile, Baranja, Bačka, dem Bečejer-Distrikte und dem Čajkisten-Bataillone, dem Banate sammt der Grenze, dem Kikindaer-Distrikte bestehenden serbischen Wojwodschaft, die Bestätigung des Patriarchen und des Wojwoden, die Anerkennung der Freiheit und Unabhängigkeit des serbischen Volkes, die Sicherung der nationalen Selbstständigkeit der Romanen, und ihre übrigen Forderungen als die seinigen anerkenne, und so gemeinschaftlich dieselben überall unterstütze und zu realisiren trachte, — haben in den Herzen des kroatisch-slavonischen Volkes den wärmsten und aufrichtigsten Wiederhall gefunden, und die Ueberzeugung hervorgerufen,

*) Siehe Beilage A.
**) Siehe Beilage B.

daß dieses Bündniß und ein wechselseitiges festes und unerschütterliches Einverständniß zur Erreichung der großen, dem Volke des dreieinigen Königreiches zu Theil gewordenen Bestimmung unumgänglich nothwendig und dringend geboten sei.

Aus diesem Anlasse nimmt dieser Landtag des dreieinigen Königreiches im Sinne des §. 4 des Protokolls der serbischen Nationalversammlung vom ¹/₁₃ und ³/₁₅ Mai l. J. das Bündniß zwischen dem dreieinigen Königreiche einerseits, und der serbischen Wojwodschaft, bestehend aus Syrmien sammt Grenze, Baranja, Bačka, sammt Bečejer-Distrikte und Čajkisten-Bataillon, dem Banate mit der Grenze, und Kikindaer-Distrikte, andererseits, — auf der Basis der Freiheit und vollkommener Gleichberechtigung beruhend, an, erkennt alle Wünsche der serbischen Nation als seine eigenen, und wird deßhalb bestrebt sein, dieselben vor dem Throne Sr. Majestät, und auch sonst überall zu unterstützen und zu realisiren.

Uebrigens wird ein Ausschuß ernannt werden, welcher gleich dem serbischen, im §. 5 des erwähnten Protokolls von der serbischen Nation beauftragten Ausschusse das Verhältniß der gegenseitigen Beziehungen der Wojwodschaft dem dreieinigen Königreiche gegenüber ausarbeiten und diesem Landtage zur Genehmigung vorlegen wird.

Artikel VIII.

Von der Ernennung des Untersuchungs-Ausschusses behufs Prüfung der Wahl-Certifikate der Deputirten, welchem zugleich die Ausarbeitung eines Entwurfes über die künftigen Beziehungen zu Oesterreich und zu Ungarn übertragen wird.

Zur Entgegennahme, Prüfung und Ordnung der Wahl-Certifikate der Volksvertreter, so wie zur Ausarbeitung eines Entwurfes über die künftigen Beziehungen zu Ungarn und zu Oesterreich hat Se. Excellenz der Ban folgende Herren ernannt, als: zum Präsidenten den Hrn. Emerich v. Lentulay; zu Mitgliedern die Herren: Nikolaus Adamović, Johann Arnold, Živko Blažeković, Konstantin Bogdanović, Andreas Brebrić, Stephan Bujanović, Joseph Bunjevac, Joseph Bunjik, Hermann Bužan, Johann Čegel, Simeon Čivić, Graf Janko Drašković, Peter Ergotić, Ludwig Gaj, Mojses Georgievć, Theodor Gjurgjević, Joseph Hala, Peter Horvat, Sebastian Ilić, Eugen Ivanović, Stephan Josipović, Stephan Katkić, Joseph Kerleža, Simeon Klarić, Karl Klobučarić, Martin Komendo, Michael Koščec, Friedrich Kraljević, Franz Kružić, Johann Kuković, Ivan Kukuljević, Svetozar Kušević, Gabriel Lazić, Peter Maljevac, Peter Matić, Ivan Mažuranić, Anton Maurović, Anton Niemčić, Franz Novak, Georg Nović, Metell Ožegović, Gr. Peter Pejačević, Paul Petrović, Mathias Sabljar, Emerich Sandor, Gr. Otto Sermage, Basilius

3 *

Sliepčević, Gabriel Smičiklas, Johann Stojčević, Daniel Stanisavljević, Johann Šuplikac, Ambros Vranjiczani, Matthäus Vukmanić, Ljudevit Vukotinović, Math. Vuković, Demeter Vuković, Johann Zidarić, und Franz Žigrović.

Artikel IX.

Vom Berichte der Abgeordneten am ungarischen Landtage.

Die Herren: Hermann Bužan, Metell Ožegović und Joseph Bunjik, gewesene Ablegaten dieser Königreiche am letzten ungarischen Landtage, haben ihre Berichte über die landtägliche Thätigkeit dem Landtage, wo dieselben öffentlich verlesen wurden, vorgelegt. —

Der Landtag hat den obgenannten Ablegaten für ihr männliches und würdiges Auftreten und eifrige Vertheidigung der Nationalität, der Rechte und der Freiheit dieser Königreiche gegen die Angriffe der Magyaren am verflossenen ungarischen Landtage seine Zufriedenheit, sein Lob, und seinen Dank zum ewigen Andenken in das Protokoll aufnehmen und die erwähnten Berichte dem Landtagsausschuße, der laut Artikel VIII. mit der Ausarbeitung des Entwurfes über die künftige Stellung dieser drei Königreiche zu Oesterreich und zu Ungarn beauftragt ist, zur Benützung übergeben laßen.

Artikel X.

Von der Wechselseitigkeit der Slaven und der Wahl der Ablegaten auf den slavischen Kongreß und čechischen Landtag.

Aus Anlaß der brüderlichen Einladung Seitens der Čechen, welche diesen Landtag durch ihre Ablegaten Dušan Lambl und Jaromir Erben begrüßten, beschloß derselbe, um auch seinerseits dieser stammverwandten Nation seine wechselseitige Liebe zu bezeugen, ebenfalls von der kroatisch-slavonischen Nation Ablegaten an den čechischen in Prag abzuhaltenden Landtag zu entsenden, und bevollmächtigt als solche die Herren Karl Kušlan, Maximilian Prica, Joseph Praus, und Stanko Vraz, welche sich ohnehin derzeit am slavischen Kongreße zu Prag als Deputirte befinden.

Uebrigens nimmt die kroatisch-slavonische Nation an all' dem Wohl und Weh der übrigen, unter dem österr. Scepter lebenden slav. Stämme innigsten Antheil; fest entschlossen, mit ihnen allen dasselbe Geschick zu theilen, kann sie nicht mit ruhigem Herzen zusehen, daß ein Fremdling, sei es wo es wolle, ihre slavischen Brüder unterdrücke, — und deßhalb hat der Landtag unter die Bedingungen einer möglichen Ausgleichung mit den Magyaren auch diese gestellt, daß alle wegen der Wahrung und Hebung der slavischen Nationalität gefangen gehaltenen Slaven alsogleich freigelassen, und daß jene, deren Namen bekannt sind, bei der Aufstellung der Bedingungen namentlich angeführt werden sollen, und deshalb wird der Landtag dem durch Artikel VIII. ausgesendeten Ausschusse, der den Entwurf über die künftige Stellung zu Ungarn auszuarbeiten hat, den entsprechenden Auftrag ertheilen.

Artikel XI.

Von dem Entwurfe über das künftige Verhältniß zu Ungarn und zu Oesterreich, welcher von dem laut Artikel VIII. ernannten Ausschusse vorgelegt wurde.

Auf Antrag des durch Artikel VIII. beauftragten Landtagsausschusses beschloß der Landtag, von dem Wunsche beseelt, die Integrität der österreichischen Monarchie zu erhalten, die Freiheit der Nation durch politische Institutionen zu sichern, deren getrennte Theile in einen Körper zu vereinigen, und im freundschaftlichen Verbande mit den Völkern Ungarn's auch künftighin zu verbleiben, in einer Adresse *) an Seine Majestät folgende Wünsche und Forderungen der dreieinigen Königreiche vorzutragen, als:

1) Daß alle vom ungarischen Ministerium erlassenen, die Rechte dieser Königreiche schmälernden und die Banalautorität verletzenden Verordnungen, weil die dreieinigen Königreiche als von jeher freie, von Ungarn unabhängige Länder die gegenwärtige ungarische Regierung weder anerkennen können noch wollen, verworfen, — die gegenwärtig bestehende provisorische Regierung der dreieinigen Königreiche bestätigt, für die Zukunft aber unter dem Vorsitze des Ban für diese drei Königreiche eine, unter dem Namen einer Landesstelle (der-žavno viećie) aus mehreren Räthen, Sekretären und übrigen erforderlichen Personale zusammengesetzte, dem Landtage verantwortliche Regierung eingesetzt werde, deren Räthe auf Vorschlag des Ban Se. Majestät, die übrigen Mitglieder aber der Ban selbst zu ernennen hätte.

2) Daß für die Finanzen, den Krieg und Handel ein verantwortliches Gesammt-Ministerium für die ganze Monarchie gebildet werde. Bei diesem Ministerium aber soll zur Vertretung der Interessen dieser Königreiche ein, dem Landtage dieser Königreiche verantwortlicher Staatsrath mit dem erforderlichen Hilfspersonale ernannt werden, um jede, diese Königreiche betreffende Anordnung der Centralgewalt zu contrasigniren.

3) Daß die Landesstelle dieser Königreiche die ganze diesen Ländern zugehörige Militär-Grenze im Geiste der konstitutionellen Freiheit in allen Angelegenheiten, mit Ausnahme der dem Central-Ministerium zuzuweisenden rein

*) Siehe Beilage C.

militärischen verwalte, und das Kommando über die sämmtliche Militärmacht dieser Königreiche dem altherkömmlichen Rechte und Brauche gemäß dem Ban anvertraut werde.

4) Daß in den dreieinigen Königreichen im gesammten öffentlichen Leben ohne irgend eine Ausnahme die National-Sprache die ämtliche sei, und daß auch alle Zuschriften der Central-Regierung, die auf diese Länder Bezug hätten, ausschließlich in der Landessprache abzufassen seien.

5) Alle Gegenstände, welche in den Bereich der innern Administration dieser Königreiche gehören, kommen vor das Forum des Landtages der dreieinigen Königreiche; — in Fällen hingegen, wo es sich um ein gemeinschaftliches Verhältniß dieser Königreiche zur Gesammtmonarchie handelt, haben sich diese Königreiche den Beschlüssen des Central-Reichstages zu unterwerfen, welchem auch das Central-Ministerium betreff seiner Anordnungen verantwortlich sein wird.

6) Daß das Königreich Dalmatien als ein integrirender Theil mit dem dreieinigen Königreiche vereinigt werde, daß die übrigen südslavischen Provinzen der österreichischen Monarchie, als: die neuerrichtete serbische Wojwodschaft, dann Untersteiermark, Kärnthen, Krain, Istrien und Görz in einen engeren Verband mit diesen Königreichen treten können.

7) Das freundschaftliche Bündniß mit den Völkern Ungarn's soll im Sinne der pragmatischen Sanction und auf der Basis von Freiheit, Gleichheit und Brüderlichkeit auch für die Zukunft aufrecht erhalten werden, — allein die Art und Weise, wie dies erreicht werden soll, wünscht die Nation der dreieinigen Königreiche erst dann zu bestimmen, wenn ihre gerechten Wünsche von Sr. Majestät erfüllt, und ihr das wahre Verhältniß Ungarn's zu der österreichischen Gesammtmonarchie bekannt sein wird.

8) Alle politischen und juridischen Landesbeamten, deren Ernennung einzig und allein Sr. Majestät zukömmt, — möge für jetzt der Ban provisorisch ernennen, und diese Ernennungen Sr. Majestät zur Bestätigung unterbreiten.

9) Solange die neue Gerichtsordnung nicht eingeführt sein wird, soll bei den Prozessen innerhalb dieser Königreiche die Appellation an die ungarischen Appellationsgerichte nicht gestattet sein.

10) Zur schnelleren Verwirklichung der Wünsche der dreieinigen Königreiche wurde Herr Baron Franz Kulmer zum Vertreter dieser Königreiche beim Throne Sr. Majestät einstimmig erwählt.

11) Die Nation der drei vereinten Königreiche betrachtet das Požeganer-, Verošiticer- und Syrmier-Komitat, wie auch das Gradiškauer-, Broder- und Peterwardeiner Grenzregiment, die unter dem Namen Unterslavonien bekannt sind, — so wie auch den Fiumaner-, Buccarer- und Küsten- oder Vinodoler-Distrikt als integrirende Theile dieser Königreiche, und ist entschlossen, dieselben als ihren

rechtmäßigen Besitz gegen jeden feindlichen Angriff, derselbe möge kommen woher er wolle, zu vertheidigen und zu beschützen.

Nachdem Se. Excellenz der Ban gesonnen ist, sich persönlich an das Hoflager Sr. Majestät zu begeben, um in diesem, für unser Vaterland wichtigen und gefährlichen Momente Hilfe anzusuchen, hat der Landtag den Wunsch ausgesprochen, er möge die oberwähnten Forderungen der Nation an der Spitze der ihm beigegebenen Deputation Sr. Majestät persönlich unterbreiten, — was auch Seine Excellenz der Ban bereitwilligst zu thun versprochen, zugesagt und erklärt hat, daß er die Wünsche der Nation immer als die seinigen anerkenne und achte, und sie so wie jetzt auch künftighin als seine eigenen Sr. Majestät anempfehlen und zu jeder Zeit mit aller Kraft unterstützen wolle.

Zum thatsächlichen Beweise aber, daß die dreieinigen Königreiche sich dem Gesammtstaate entschieden anschließen, und damit die Erfüllung der Wünsche der Bewohner dieser Königreiche bezüglich eines engeren Verbandes mit der österreichischen Gesammtmonarchie desto leichter stattfinden könne, sind die Herren Ljadevit Vukotinović, Ivan Kukuljević, Mojses Georgiević und Joseph Žuvić am Landtage einstimmig zu Abgeordneten auf den Reichstag der österreichischen Gesammtmonarchie gewählt worden, damit sie daselbst die Wünsche und Interessen dieser Königreiche im Sinne der durch diesen Landtag aufgestellten Grundprincipien vertreten.

Ingleichen hat der Landtag jedem der eben gewählten Deputirten außer den Reisediäten, worüber sie seiner Zeit eine besondere Rechnung legen werden, täglich 6 fl. C. M. zugewiesen und der Landeskasse diesfalls die entsprechende Weisung ertheilt.

Artikel XII.
Von dem vorgelegten Verifikations-Operate über die Wahl-Certifikate.

Dem Operate der durch Artikel VIII. zur Entgegennahme, Prüfung und Ordnung der Wahl-Certifikate der Landtagsdeputirten bestimmten Kommission zufolge beschließt der Landtag:

1) Daß die Deputirten von Sissek, Daruvar und Pakrac, Cvietković, Draganica und Petrovina, welchen auf ihr Ansuchen die Banalkonferenz dieses Recht nach Veröffentlichung der vom Ban erlassenen Verordnung über die Volksvertretung am Landtage verliehen hat, als gesetzlich gewählt zu betrachten sind.

2) Daß jene Volksvertreter, die ihre Beglaubigungsschriften noch nicht überreicht hätten, dieselben dem Protonotariate einzuhändigen haben, was auch Paul Petrović, Ablegat aus Ruma, Stephan Koos und Joseph Krilčić, Deputirte aus Turopolje sogleich gethan haben.

3) Da nun Belovar und Karlobago mehr denn 3000 Einwohner zählen, und diese Städte zu zwei, — und Buccari sammt seinem Distrikte mehr als 8000 Einwohner hat, und anstatt den ausgeschriebenen 3 Vertretern vier, der Vinobler Distrikt aber, da er mehr als 5000 Seelen zählt, anstatt zwei, drei Deputirte im Sinne des §. 4 der vom Banalrathe erlassenen Verordnung über die Volksvertretung in den Landtag zu schicken berechtigt sind, so sind die in dieser Anzahl erschienenen Deputirten als gesetzliche Volksvertreter zu betrachten.

4) Da keine einzige Behörde das Recht hat, das Wahlrecht dem Volke zu entziehen, so werden zufolge der vom Banalrathe erlassenen Landtags-Wahlordnung für die drei vereinten Königreiche die beiden Ablegaten der Essecker Unterstadt als gesetzlich anerkannt.

Der Beschluß des Essecker Magistrates aber, keine Volksvertreter zum Landtage zu senden, wird als ungesetzlich annulirt, und es wird angeordnet, daß die Oberstadt gemeinschaftlich mit der Festung die 2 übrigen Deputirten zu senden habe. Die Vollziehung dieser Verordnung wird dem Banal-Kommissär, Hrn. Grafen Albert Nugent unter Mittheilung dieses Erlasses und des Protestes der Bürger der Essecker Unterstadt mit dem Bemerken aufgetragen, daß er das Volk von diesem Landtagserlasse in Kenntniß setze und die Deputirtenwahl vornehme.

5) Die Stadt Rěka (Fiume) sammt Distrikt, das Fiumaner Kapitel und die Grenzgemeinde Peterwardein, die hier nicht vertreten sind, sollen sogleich aufgefordert werden, die durch die vom Banalrathe erlassene Landtags-Wahlordnung bestimmte Anzahl von Vertretern zu entsenden, und sich über die bisherige Nichtabsendung zu rechtfertigen.

Artikel XIII.
Von der Unterlassung der ferneren Truppenausmärsche.

Da von der Ruhe und Ordnung im Vaterlande bei den jetzigen Verhältnissen die Aufrechthaltung der Integrität der österreichischen Monarchie abhängig ist, Ruhe und Ordnung aber neben der feindlichen Gesinnung des ung. Ministeriums gegen die dreieinigen Königreiche für die Dauer nicht möglich wäre, wenn die noch zu Hause gebliebene Grenzmacht aus dem Lande herausgezogen würde, hat der Landtag Sr. Majestät in einer besonderen Repräsentation die Bitte zu unterbreiten beschlossen, daß aus unserem Heimathslande, welches im Verhältnisse zu einer jeden anderen größeren Provinz bei weitem mehr Militär für den italienischen Krieg gestellt hat, jede weitere Truppenaushebung unterbleibe, und das Nationalregiment Erzherzog Leopold, welches bis nun in Ungarn in Garnison gelegen, in die Heimath sobald als möglich beordert werde.

Artikel XIV.

Von den Vorkehrungen wider die Verbreitung lügenhafter Gerüchte, als ob eine Gefahr der römisch-katholischen Kirche drohe.

Nachdem man durch mündliche glaubwürdige Aussagen mehrerer Volksvertreter, ja selbst der römisch-katholischen Geistlichkeit zur Kenntniß gelangt ist,
daß böse und übelwollende Menschen Gerüchte ausstreuen, daß die heilige
römisch-katholische Kirche und deren Glaube bedroht sei, und daß sie vorsonderlich von der griechischen Kirche beeinträchtigt zu werden zu befürchten habe,
was sogar manche Geistliche öffentlich von der Kanzel zu behaupten sich erkühn-
ten, hat der Landtag, im klaren Bewußtsein, und aus fester Ueberzeugung, daß
die Religion ob ihrer Erhabenheit für jeden noch so geringen feindlichen
Angriff unantastbar sei, und daß auf diese Weise das Volk des römisch-kathol.
Glaubensbekenntnisses, welches aus innigster Ueberzeugung und unerschütter-
licher Anhänglichkeit der Kirche zugethan ist, leicht aufgereizt, und sich mit seinen
stammverwandten Brüdern der griechischen Konfession zertragen, und so zum
Kummer und allgemeinen Nachtheile des Volkes der drei vereinten Königreiche
die gegenseitige Liebe und Eintracht gefährdet werden könnte, falls es diesen falschen Propheten gelingen sollte, das Volk für sich zu gewinnen, — so ist zur Verhinderung all' dieses Unheils den römisch-katholischen Bischöfen des ganzen Landes aufzutragen beschlossen worden, daß sie sogleich an alle Pfarrer Cirkulare
mit der Aufforderung erlassen, daß die Geistlichkeit unverzüglich und überall unter
strengster Verantwortung über die Grundlosigkeit dieser Lügengerüchte, wodurch
die Feinde der Eintracht und der Kraft des Landes den Samen der Zwietracht und
Feindseligkeit streuen, und dadurch den Zerfall der Nation vorbereiten, das
Volk aufzuklären, und zugleich zu versichern habe, daß der heil. römisch-katholischen Kirche weder eine Gefahr drohe noch drohen könne, da sie auf einer festen
Basis, der Basis der Wahrheit Jesu Christi und der Humanität beruhe, und
daß sie in diesem Geiste der katholischen Religion in der Liebe, Eintracht und
Wechselseitigkeit mit ihren Brüdern griechischen Glaubens an der Befestigung
der Freiheit und Mehrung des Ruhmes unseres Vaterlandes arbeiten und mitwirken sollen.

Artikel XV.
Von den Landtags-Ausschüssen.

Behufs Beschleunigung der Landtagsarbeiten werden von Seite des
Landtags folgende Landtags-Ausschüsse zur Ausarbeitung der ihnen zugewiesenen Gegenstände ernannt:

I. Zur Ausarbeitung eines Entwurfes über die Art der künftigen Regierung der dreieinigen Königreiche, über die Koordinirung des Landtags und

die Vertretung auf demselben wird der nämliche Ausschuß bestimmt, welcher von diesem Landtage durch Artikel VIII. zusammengesetzt wurde.

II. Der Ausschuß, welcher die nothwendigsten Reformen des bürgerlichen Gesetzbuches, des Wechsel- und Kriminal-Rechtes, die dringendsten Umänderungen des Gerichtsverfahrens und die Einrichtung der Gerichte beantragen wird, hat Hrn. Kuković zum Präses, und zählt folgende H. H. Mitglieder:

Karl Klobučarić, Markus Barabaš, Avelin Cepulić, Joseph Egersdorfer, Johann Gvozdanović, Paul Jakovčić, Joseph Janda, Paul Kovač, Markus Krestić, Johann Martinić, Peter Matić, Joseph Mikulić, Johann Obradović, Georg Sarajkić, Georg Stručić, Martin Šegerc, Slavoljub Verbančić und Ferdinand Žerjavić.

III. Ein Ausschuß wird sein Gutachten über das Finanzwesen, die Steuern, dann den Handel, die Gewerbe und Eisenbahnen abgeben.

Präses ist Hr. Ambros Vranjiczani; Mitglieder die Hrn.: Andreas Černi, Franz Ganzer, Stephan Ilić, Franz Kilvani, Johann Ključec, Kovačević, Lazarević, Georg Medanić, Trifun Obradović, Johann Peržić, Johann Petrović, Maxim. Piškorec, Anton Rubido, Laurenz Srića, Daniel Stanisavljević und Joseph Žuvić.

IV. Ein Ausschuß hat einen Entwurf über die Aufhebung der Urbarialleistungen und über die Landeskultur auszuarbeiten.

Präses ist Herr Hermann Bužan, und Mitglieder sind folgende Herren: Friedrich Andraši, Titus Babić, Georg Bornemissa, Joseph Bunjevac, Joseph Bunjik, Stephan Car, Graf Corberon, Joseph Čačković, Tomislav Cuculić, Thomas Furlić, Theodor Gjurgjević, Nikolaus Halper, Kasimir Jelačić, Ludwig Karolji, Georg Lendvaj, Benko Lentulay, Thomas Mandić, Johann Marinković, Franz Novak, Johann Nović, Georg Pisačić, Franz Pisačić, Sigmund Prešern, Joseph Raškaj, Friedrich Špun, Adam Sukić, Adam Vidaković, Graf Sigmund Voykfy, Slavoljub Vulaković, Johann Zidarić.

V. Dieser Ausschuß wird die nöthigsten Reformen im Schulunterrichte und in Religionsangelegenheiten ausarbeiten; das Präsidium führt Bischof Emerich Ožegović; Mitglieder sind folgende Herren:

Alexius Brocis, Mauritius Broos, Franz Francul, Johann Goleš, Eduard Gregorić, Demeter Jesdimirović, Paul Matešac, Franz Matiašević, Anton Mažuranić, Uroš Milutinović, Slavoljub Mračić, Johann Pavlešić, Lukas Petrović, Stephan Sarkotić, Markus Slavnić, Simeon Starčević, Alexander Stojačković, Simeon Stojanović und Mathias Topalović.

VI. Der sechste Ausschuß ist für die Ausarbeitung eines Entwurfes über die Landesvertheidigung, besonders aber eines Nationalgardegesetzes bestimmt.

Präses ist Herr Mudrovčić, und Mitglieder die Herren: Peter Aranicki, Georg Bah, Franz Bilčević, Anton Fridrih, Karl Galac, Paul Hatz, Max. Mažić, Slavoljub Mračić, Josef Pavlec, Mathias Petrović, Sofronius Radojčić, Viktor Šomogji und Alexander Zdenčaj.

VII. Der siebente Ausschuß hat die Organisation der Komitate auszuarbeiten.

Präses ist Herr Josef Buujik; Mitglieder sind folgende Herren: Graf Sigmund Voykfy, Joh. Öegel, Anton Rubido, Ferdinand Žerjavić, Peter Očić, Theodor Gjurgjević, Josef Egersdorfer, Anton Nemčić, Peter Maljevac, Emerich Šandor, Živko Blažeković, Paul Petrović, Peter Horvat und Stefan Car.

VIII. Der achte Ausschuß hat sich mit einem Entwurfe über die Organisation der Militärgrenze zu befassen.

Präses ist Herr Archimandrit Ilić; Mitglieder die Herren: Moyses Baltić, Ludwig Gaj, Franz Lovrić, Philip Opačić, Stefan Pejaković, Josef Pukšec, Johann Těrnski, Todorović, Ognjoslav Utiešenović, und alle andern Grenzdeputirten, welche nicht den übrigen Ausschüssen zugetheilt sind.

Artikel XVI.
Von der außerordentlichen Landtagssitzung.

Während Se. Excellenz der Ban zu Innsbruck an der Spitze einer Deputation weilte, um dem betrübten Vaterlande vor dem Throne des gütigen Monarchen Abhilfe zu suchen, wurden Gerüchte von hochwichtigen und für unser Heimatland höchst verderblichen Vorfällen hörbar, so daß die Volksvertreter ohne augenscheinliche Gefährdung unseres Vaterlandes die Rückkehr Sr. Excellenz des Ban weder abwarten konnten noch durften, und daher versammelten sie sich unter dem Vorsitze des Herrn Emerich Lentulay, welchem Se. Exz. der Ban vor seiner Abreise die Landesverwaltung anvertraut hatte, am 21. Juni l. J. im Saale des Theatergebäudes, und faßten laut betreffenden besondern Protokolls folgende Beschlüsse, als:

1. Unsere Brüder die Serben berichten mittelst ämtlicher Zuschrift des serbischen National-Comités aus Karlowitz vom 1/17 Juni l. J., Zahl 327 an den hierländischen leitenden Ausschuß, worin sie den Wunsch äußern, sich über alle wichtigeren Ereignisse mit der Nation der dreieinigen Königreiche gegenseitig verständigen zu wollen, von dem Angriffe des Kommandirenden Generals Hrabovsky, ihrem Siege, wie auch den ihrerseits in dieser Angelegenheit bei Sr. Majestät gemachten Schritten, und ersuchen zugleich die dreieinigen Königreiche, sich bei Sr. Majestät und geeigneten Ortes um Abhilfe zu verwenden; — es wurde daher beschlossen, dem serbischen National-Comité alle Schritte

44

unferer Nation behufs gegenfeitiger Verständigung mitzutheilen, ihr Bedauern über das Verfahren Hrabovsky's, und die herzliche Freude ob des über denselben errungenen Sieges auszudrücken, und dasselbe zugleich auch zu verständigen, daß sich dieser Landtag auf die erste auf Privatwegen ihm zugekommene Nachricht von den traurigen Karlovitzer Ereignissen männlich und energisch an Se. Majestät gewendet habe *).

2. Der zweite in dieser außerordentlichen Sitzung verhandelte Gegenstand war eine ämtliche desselben serbischen Karlovitzer Komité's vom ⁶/₁₈. Juni l. J., Z. 333 an den hiesigen leitenden Ausschuß gerichtete Zuschrift, in welcher dasselbe ein von Sr. Majestät vom 10. Juni l. J. gezeichnetes, aus Innsbruck an die Grenzer erlassenes Manifest, in welchem auseinandergesetzt wird, daß Se. Excellenz der Ban aller seiner Würden enthoben und das Oberkommando über die Grenze dem Generalen Hrabovsky übertragen worden ist, mittheilt; — von diesem betrübenden Ereignisse überzeugte sich das Volk des dreieinigen Königreiches auch durch die Wiener Zeitung, und eine aufgefangene Staffete, welche der gewesene Turopoljer Comes, Anton Josipović, an den früheren Stuhlrichter des Agramer Komitats, Franz Poglodić, mit solchen Manifesten abgeschickt hatte **).

Aus Anlaß dieser, jedes menschliche Gefühl verletzenden Vorfälle wurde in dieser außerordentlichen Sitzung beschlossen, mittelst eines Kouriers an Se. Majestät ein Ultimatum ***) zu schicken, worin männlich und entschlossen verlangt wird, daß der erlauchte und ehrenhafte, von seinen Feinden durchaus ohne Grund und in niedriger Weise verleumdete Ban in alle seine Würden und Aemter nicht nur alsogleich wieder eingesetzt, sondern daß ihm auch über die ganze kroatisch-slavonische Militärgrenze das Oberkommando übertragen werde, und daß Se. Majestät in die vom Landtage vorgelegten Wünsche einzeln eingehe und dieselben genehmige; ferners wurde noch bestimmt, daß gleichwie von der serbischen Nation behufs gegenseitiger Verständigung Delegaten nach Agram geschickt wurden, ebenfalls ein Delegat Seitens der kroatisch-slavonischen Nation zu gleichen Zwecken beim serbischen Komité bestellt werde.

Da aber das Vaterland in Folge dieses unglücklichen Vorfalles, falls sich die Enthebung Sr. Exz. des Ban bestätigen sollte, ohne ein leitendes Haupt bliebe, so wurde in dieser außerordentlichen Sitzung ein, dem Landtage für alle seine

*) Siehe Beilage D.
**) Siehe die Beilagen E und F.
***) Siehe Beilage G.

Handlungen verantwortliches und als oberste Landesregierung zu fungirendes Verwaltungs-Komité gebildet, welchem eine unumschränkte und diktatorische Gewalt eingeräumt ward.

Alle diese, in der außerordentlichen Sitzung gefaßten Beschlüsse kamen neuerdings in der ordentlichen, am 26. Juni unter dem Präsidium Sr. Excellenz des Ban abgehaltenen Sitzung zur Berathung, und wurden von den Volksvertretern auch fernerhin gutgeheißen, als die ihrigen anerkannt, und mit dem Bemerken bestätigt, daß, falls die laut ausgestreute Absetzung Sr. Excellenz des Ban sich erwahren sollte, die kroatisch-slavonische Nation lieber untergehen wolle, als ihren Liebling, mit welchem ihre nationale Existenz innigst verknüpft ist, in der ihm drohenden Gefahr zu verlassen.

Artikel XVII.
Von dem Manifeste an alle österreichisch-slavischen Stämme.

Damit alle Jene, welche nach den von den Feinden der dreieinigen Königreiche verbreiteten Verleumdungen die Handlungsweise der kroatisch-slavonischen Nation verurtheilen, und derselben für den österreichischen Kaiserstaat bedenkliche Tendenzen zu Grunde gelegt wissen wollen, nicht nur von der Grundlosigkeit und Niedrigkeit dieser Verleumdungen, sondern auch von dem wahren Sachverhalte und dem guten Rechte der Nation der dreieinigen Königreiche belehrt und überzeugt, die böswilligen Feinde aber in ihren, durch den Schein der Wahrheit beschönigten Lügenausstreuungen beschämt werden, und damit sie aufhören, die kroatisch-slavonische Nation gegen alles Recht Angesichts der Welt zu verleumden, hat dieser Landtag ein Manifest *) zu erlassen beschlossen, in welchem er vor aller Welt kund geben will, daß die dreieinigen Königreiche nichts anderes anstreben, als was ihnen nach natürlichem und historischem Rechte zukommt, nämlich nationale Freiheit und Integrität der österreichischen Monarchie.

Artikel XVIII.
Von der Wahl des provisorischen Stellvertreters des Ban und der provisorischen Landes-Verwaltungsbehörde.

Für die Zeit der Abwesenheit Sr. Excellenz des Ban ist Herr Emerich Lentulay, Obergespann des Warasdiner Komitats zum Stellvertreter des Ban ernannt worden, der in Gemeinschaft mit dem, mittelst Artikel VIII. bestimmten Ausschusse volle Macht und Gewalt haben, sämmtliche Angelegenheiten der dreieinigen Königreiche zu leiten, und diejenigen Fragen, deren Lösung sonst einzig und allein vom Landtage oder von Sr. Excellenz dem Ban abhängig ist, in dringenden Fällen zu entscheiden haben wird.

*) Siehe Beilage H.

Artikel XIX.

Von der Vermittlung Sr. kaif. Hoheit des Erzherzogs Johann.

Auf den Bericht Sr. Excellenz des Ban über den Erfolg der von Seite dieses Landtages an Se. Majeftät behufs Unterbreitung und Erwirkung der Beftätigung der vom Landtage gefaßten Beschlüsse und geäußerten Wünsche der Nation der dreieinigen Königreiche und der ferbischen Wojwodschaft abgesendeten Deputation, wienach Se. Majeftät diese Deputation zwar auf eine folenne Weise aufgenommen, aber zum großen und nicht geahnten Leidwesen unseres Vaterlandes sich geäußert, dieselbe nicht als eine gesetzliche anerkennen zu können, weil sie von einem Landtage ausgesendet ist, den Se. Majeftät als einen ungesetzlichen aufzuheben befohlen, wohl aber den Erzherzog Johann zum Vermittler zwischen den dreieinigen Königreichen und Ungarn beftimmt haben, beschloß dieser Landtag, Sr. kaif. Hoheit folgende Bedingungen zu ftellen, ohne deren Erfüllung die Nation der drei vereinten Königreiche von der Vermittlung keinen Gebrauch machen, und mit Ungarn oder den übrigen österreichischen Ländern sich auf keinen Fall in Unterhandlungen einlassen könne, als:

1) Daß die Manifeste vom 10. und 16. Juni l. J., welche die härteften und unverdienteften Beleidigungen des ganzen kroatisch-flavonischen Volkes und Sr. Excellenz des allgemein geliebten und geachteten Ban enthalten, und alle übrigen vom ungarischen Ministerium gegen den Ban erlassenen Refkripte unbedingt und auf jenem Wege, auf dem sie veröffentlicht wurden, widerrufen werden, und so Sr. Excellenz dem Ban als dem obersten Chef einer freien Nation feierliche Genugthuung geleistet werde.

2) Daß die Vermittlung Sr. kaif. Hoheit auch auf die mit den dreieinigen Königreichen in Bund getretene ferbische Wojwodschaft ausgedehnt werde.

3) Daß die Gesetzlichkeit dieses Landtages, welche auch auf dem königl. Refkripte vom 23. Sept. 1845 beruht, fernerhin nicht in Zweifel gezogen werde.

4) Daß auf die an Se. Majeftät gerichteten Wünsche dieses am 8., 9. und 10. Juni 1848 abgehaltenen Landtages, und des ferbischen National-Kongresses vom $^1/_{13}$ und $^3/_{13}$ Mai, dessen Gesetzlichkeit ebenfalls anerkannt werden soll, ein königl. Erlaß veröffentlicht, und so der Weg zu Unterhandlungen und zur Ausgleichung angebahnt werde.

5. Daß Anstalten getroffen werden, daß bis zur Erzielung von Refultaten über diese Vermittlung keine der beiden Parteien die Offenfive ergreife, und daß alfogleich das ganze magyarische Militär aus diesen Königreichen entfernt und das in Ungarn ftationirte Nationalregiment Erzherzog Leopold in das Vaterland zurückgeschickt werde.

6) Daß das gesammte in den dreieinigen Königreichen befindliche Militär, insofern es bis jetzt dem ungarischen Ministerium untergeordnet war, von diesem befreit, und unter das allgemeine österreichische Central-Ministerium gestellt und von demselben verpflegt werde.

Die Abfassung der betreffenden Repräsentation und der übrigen Bedingungen, unter welchen eine Ausgleichung mit den Magyaren zu erzielen wäre, hat der Landtag dem großen, laut Artikel VIII. unter dem Vorsitze des Herrn Emerich Lentulay konstituirten Ausschusse übertragen.

Unterdessen langte an Se. Excellenz den Ban von Sr. kais. Hoheit dem Erzherzoge Johann ein Handbillet an, dem ein Allerhöchstes Handschreiben Sr. Majestät beigeschlossen war*), worin Se. kais. Hoheit der Erzherzog mittheilt, daß er zum Vermittler zwischen den drei vereinten Königreichen und Ungarn ernannt sei, und Se. Excellenz den Ban einladet, nach Wien zu kommen, und alle geeigneten Maßnahmen zu treffen, damit das Versöhnungswerk um so schneller angebahnt werden könne.

Diese Allerhöchsten Zuschriften dienen den dreieinigen Königreichen zur großen Beruhigung, da sie, weil nach der Veröffentlichung des, Se. Excellenz den Ban betreffenden Manifestes vom 10. Juni l. J., erlassen, zum Beweise dienen, daß dieses Manifest nicht mit Willen Sr. Majestät erschienen, und als ein Machwerk der Feinde dieser Königreiche zu betrachten sei.

Der Landtag, ohnehin zu einer Vermittlung bereit, erklärte sich also für eine Ausgleichung um so bereitwilliger, während er bei den obangeführten Bedingungen, die durch eine derartige Vermittlung nicht erfüllt werden können, auch fernerhin verharrt, und folgende Beschlüsse faßt, welche ebenfalls in der an Se. kais. Hoheit den Erzherzog zu richtenden Repräsentation anzuführen sind, als:

a) Es soll zur Vermeidung jedweder Unterbrechung der öffentlichen Geschäfte innerhalb der Grenzen dieser Königreiche der erforderliche Verband zwischen Thron und Sr. Excellenz dem Ban, als dem mit unumschränkter Vollmacht von seinem Volke ausgestatteten obersten Landeschef unterhalten werden.

b) Daß die Bevollmächtigung Sr. Excellenz des Ban zur Errichtung eines kroatisch-slavonischen Landeskonsiliums, welches schon provisorisch die Landesgeschäfte besorgt, Allerhöchsten Orts angesucht werde.

c) Daß den Unterhandlungen auch Ablegaten Dalmatiens als eines integrirenden Theiles der dreieinigen Königreiche beigezogen werden,.

*) Siehe die Beilagen I. und J.

d) Daß sich die magyarische Nation mittelst ihres Landtages für die Ver-
mittlung ausspreche, welche magyarischer Seits unter Anführung Sr. kais.
Hoheit des Palatin, von Seite der drei vereinten Königreiche aber unter
Anführung Sr. Excellenz des Ban auf einem neutralen Orte einzuleiten wäre.

e) Daß die magyarische Partei von aller Verfolgung der Slaven in Ungarn
abstehe, namentlich aber, daß alle jene, welche wegen ihrer slavischen Gesinnung gefangen gehalten werden, auf freien Fuß gesetzt werden.

Der betreffende Ausschuß hat die Repräsentation*) betreff der Unterhandlungen mit den Magyaren vorgelegt, welche der Landtag genehmigte und an
Se. kais. Hoheit den Erzherzog Johann zu übersenden beschloß.

Artikel XX.
Von den Bedingungen der Pazifikation mit Ungarn.

Indem diese Königreiche die von Sr. Majestät dem Könige Sr. kais. Hoheit dem Erzherzoge Johann behufs Anbahnung einer gegenseitigen Verständigung zwischen denselben und Ungarn übertragene Vermittlung angenommen,
und die hohe Wichtigkeit dieser Angelegenheit, von welcher vielleicht die ganze
nächste Zukunft dieser Königreiche abhängig ist, erkannt haben, dieselbe aber,
wie sie der laut Artikel VIII. behufs Ausarbeitung der Unterhandlungsbedingun-
gen bestimmte Ausschuß dem Landtage vorgelegt hat, in einer öffentlichen Ple-
nar-Sitzung nicht verhandelt werden kann, und in Erwägung, daß, falls alle
jene Bedingungen, welche das dreieinige Königreich schon früher in einer in der
Vermittlungs-Angelegenheit an Se. kais. Hoheit den Erzherzog Johann gerichteten Repräsentation gestellt hat, in Allem erfüllt werden, es allerdings auch
fernerhin erforderlich ist, einen Ausschuß, Se. Exc. den Banus an der Spitze,
vereint mit den Vertretern der serbischen Nation zu erwählen, der die Forderungen
dieser Königreiche und der serbischen Wojwodschaft mittelst Sr. kais. Hoheit
des Erzherzogs Johann der ungarischen Nation mittheilen sollte, so beschloß
der Landtag der drei vereinten Königreiche:

§. 1. Daß Se. Exc. der Ban, als das Haupt dieser Königreiche, in welchen
sie unbedingt alle ihre Hoffnungen gesetzt haben, einen Ausschuß wählen und sich zuge-
sellen soll, der unter seinem Vorsitze die Forderungen dieser Königreiche in Betreff
ihrer künftigen Stellung zu Ungarn und Oesterreich zu bestimmen haben wird.

§. 2. Der Ausschuß hat hiebei folgende Prinzipien festzuhalten:

a) Es soll auf jeden Fall die Einheit der österreichischen Gesammtmon-

---

*) Siehe Beilage K.

archie wieder erzielt und erhalten, und es mögen politische Institutionen zu deren Garantie ins Leben gerufen werden.

Der gegenwärtige Dualismus soll demnach in einer einzigen Regierung und in einem Central-Kongresse als Sinnbild und Träger der Einheit konzentrirt werden.

b) Es solle Freiheit und Gleichberechtigung aller unter der ungarischen Krone lebenden Nationen und Sprachen, vorsonderlich aber der Sprache und Nationalität der dreieinigen Königreiche, und solche politische Institutionen, die dies garantiren, gefordert werden. — Unter diesen Institutionen in Rücksicht auf diese Königreiche und die serbische Wojwodschaft versteht dieser Landtag vor Allem eine abgesonderte Administration und Gesetzgebung für das dreieinige Königreich.

§. 3. Wenn die von diesen Königreichen schon früher in einer an Se. kais. Hoheit den Erzherzog Johann gerichteten Repräsentation gestellten Bedingungen werden erfüllt worden sein, wird sich der oben benannte Ausschuß, Se. Exc. den Ban an der Spitze, unter Intervenirung des bevollmächtigten hohen Vermittlers, mit den bevollmächtigten Vertretern der ungarischen Nation in Unterhandlungen einlassen, jedoch so, daß vor Vorlegung irgend welchen Punktes seiner Forderungen an die ungarische Nation von deren Vertretern anerkannt werde:

a) daß dieser Ausschuß nicht nur als Repräsentant der kroatischen Nation, sondern auch des kroatisch-slavonisch-dalmatinischen Königreiches, und der mit demselben vereinigten serbischen Wojwodschaft, und

b) als Vertreter einer freien, von dem Königreiche Ungarn unabhängigen Nation in Unterhandlungen trete.

Im Sinne dieser Prinzipien wird der obbenannte Ausschuß unter dem Präsidium des Ban die Grundbedingungen der Verhältnisse des dreieinigen Königreiches zu Ungarn und zu Oesterreich feststellen, und durch die Vermittlung Sr. kais. Hoheit des Erzherzogs Johann den Repräsentanten der ungarischen Nation mittheilen.—In dieser Angelegenheit wird Sr. Exc. dem Ban und durch ihn dem Ausschusse die unumschränkte Vollmacht ertheilt, im Namen dieser Königreiche mit der ungarischen Nation, und falls es erforderlich sein sollte, auch mit der österreichischen Regierung in Unterhandlung zu treten und die obgenannte Angelegenheit ihrem vollständigen Ende zuzuführen.

Artikel XXI.
Von der Sr. Excellenz dem Ban verliehenen unumschränkten Vollmacht.

Da die kroatisch-slavonische Nation zu ihrem Leidwesen zu der Ueberzeugung gelangt ist, daß die Macht Sr. Majestät des gütigen Königs durch unglück-

4

liche und ungünstige Verhältniſſe ſo beſchränkt iſt, daß Allerhöchſtderſelbe nach Seinem
von gleicher Liebe zu allen Seinen Völkern erglühten Herzen und Seiner innern
Neigung zu ihrem gemeinſamen und gleichen Glücke nicht wirken könne, und die
drohende und gefährliche Lage des dreieinigen Königreiches und der natürliche
Inſtinkt nach Erhaltung ſeiner Selbſtſtändigkeit erheiſchen, daß zur Hintanhaltung
der Unordnung und des Aufruhrs in unſerem Vaterlande, und der daraus ent-
ſpringenden üblen Folgen, die für das ganze öſterreichiſche Kaiſerthum entſtehen
könnten, die oberſte Landesgewalt konzentrirt werde, — und da dieſelbe das
unbegrenzte Vertrauen einzig und allein in das Herz und den Geiſt, in den Willen
und die Abſichten, in die Tugend und Gewandtheit ihres Ban's ſetzt, ſo hat ſie
beſchloſſen, demſelben ihr Schickſal anzuvertrauen und die außerordentliche
unumſchränkte Gewalt und Vollmacht proviſoriſch einzuräumen, welcher ſich
alle Civil- und Militärbehörden im ganzen Lande unbedingt zu unterwerfen haben.

Artikel **XXII.**
Vom Landes-Anlehen.

In dieſen außergewöhnlichen Umſtänden, in denen ſich das Vaterland
befindet, hat die kroatiſch-ſlavoniſche Nation Se. Excellenz den Ban bevollmächtigt, daß er, um dem Volke die Laſt der Geldbeiträge, die ſich in
dieſer Zeit von Tag zu Tag mehren müßten, zu erleichtern, eine Million Gulden
in Conv.-Münze unter Garantie des Landes von welcher immer Seite als Anleihe
aufnehme, welche Garantie der Landtag im Namen des Volkes, welches er ver-
tritt, auf ſich nimmt, und ſich verpflichtet, dieſe Schuld innerhalb 10 Jahren aus
den Landeseinkünften zu tilgen.

Artikel **XXIII.**
Von der Stadt Zengg.

Die Deputirten der Stadt Zengg ſtellten mit Hinweiſung auf die alten
königlichen durch den Geſetzartikel 77 : 1681 beſtätigten Diplome, und die
vielen anderen Geſetze, durch welche dieſe Stadt in alle ihre altherkömmlichen
Rechte und Freiheiten als eine königliche Freiſtadt eingeſetzt wird, die Bitte, daß
der obbenannten Stadt ihre alten und geſetzlichen Rechte, die ſie durch Mißge-
ſchicke der ſpäteren Jahre eingebüßt hatte, alſogleich wieder verliehen werden.

In Erwägung, daß ſich das Geſuch dieſer Stadt auf königliche Diplome
und Landesgeſetze ſtützt; in Erwägung, daß die Geſetzlichkeit dieſes Anſuchens
ſchon zu wiederholten Malen vom Landtage anerkannt und dieſelbe durch ſeine
Ablegaten dem Reichstage behufs Vollziehung vorgetragen wurde, verfügt
der Landtag:

§. 1. Daß die Stadt Zengg im Sinne der Artikel 128 : 1715; 56 :

1741; 60: 1790 und 11: 1802 in ihre altherkömmlichen Rechte eingeſetzt, unter die übrigen königlichen Freiſtädte eingereiht, und einzig und allein in militäriſcher Beziehung von der militäriſchen Gewalt, die in Civilſachen ſogleich aufzuhören hat, abhängig ſei.

§. 2. Die Territorialfrage jedoch, ſo wie die anderen von dieſer Stadt gegen die Militärgewalt vorgebrachten Beſchwerden hat der Landtag in den jetzigen ungünſtigen Umſtänden bis zum nächſten Landtage zu vertagen für gut befunden.

Artikel **XXIV.**
Von der Behandlung aller Angelegenheiten im wechſelſeitigen Einverſtändniſſe mit der ſerbiſchen Wojwodſchaft.

Auf das durch den Grafen Albert Nugent mitgetheilte Schreiben des ſerbiſchen National-Comité's zu Karlovitz vom ³/₁₅. Juni l. J., worin daſſelbe mit Hinweiſung auf das, zwiſchen dem dreieinigen Königreiche und der ſerbiſchen Wojwodſchaft geſchloſſene und von beiden Seiten ſchon angenommene Bündniß, und mit gleichzeitiger Bekanntmachung eines bereits erfolgten Ueberfalls verlangt, daß man den Grafen Nugent hinab ſende, damit er den Zuſtand der ſerbiſchen Nation wahrnehme und über die nunmehrige Aufgabe und die zu ergreifenden Vertheidigungsmaßnahmen gemeinſchaftlich Berathungen pflege, — ſo wie auch auf den mündlichen Bericht und Vorſchlag deſſelben Grafen hat dieſer Landtag des dreieinigen Königreiches, der im Sinne des von beiden Seiten eingegangenen Bündniſſes und der aufrichtigen Bruderliebe handelt, beſchloſſen, der ſerbiſchen Wojwodſchaft zu jeder Zeit zur Erreichung ihrer Wünſche phyſiſche und moraliſche Hilfe angedeihen zu laſſen, und alle Schritte, welche man in Rückſicht auf den Beſtand und die Befeſtigung des dreieinigen Königreiches und der ſerbiſchen Wojwodſchaft, ſo wie auf die Stellung dieſer verbundenen Länder zu Oeſterreich und zu Ungarn thun ſollte, einzig und allein in Gemeinſchaft und gegenſeitiger Verſtändigung mit den ſerbiſchen Brüdern vornehmen zu wollen.

Artikel **XXV.**
Von der Herabſetzung der Salzpreiſe.

Der für die finanziellen Angelegenheiten beſtimmte Ausſchuß hat angetragen, daß die Salzpreiſe im ganzen Lande herabgeſetzt werden. Die von dieſem Ausſchuſſe entwickelten Gründe, und namentlich der Umſtand, daß ſeit jenem Zeitpunkte, als laut königlicher Reſolution vom 23. April d. J. der Preis des Salzes in Dalmatien herabgeſetzt wurde, faſt die ganze obere Militärgrenze zum Nachtheile der einheimiſchen Salzniederlagen das Salz aus Dalmatien bezieht,

4*

und daß wegen des in Dalmatien, der Provinz eines und desselben Herrschers, bestehenden geringeren Salzpreises das Volk bei der gegenwärtigen Aufregung zu Unordnungen verleitet werden könnte, — veranlassen den Landtag, in Rücksicht auf die allseitigen wohlbegründeten und gerechten Petitionen, und in Rücksicht dessen, daß durch die Einfuhr des Salzes von auswärts das bare Geld in andere Provinzen ausgeführt, wogegen andererseits durch die Herabsetzung der Salzpreise ein größeres Salzquantum abgesetzt, und auf diese Art jenes durch die geringeren Salzpreise herbeigeführte Defizit ausgeglichen werden wird, Folgendes zu beschließen:

§. 1. Die Preise des Salzes im kroatischen Küstenlande werden im Verhältnisse der neuen Salzpreise in Dalmatien alsogleich provisorisch herabgesetzt.

§. 2. In Folge dieser im Wege der betreffenden Jurisdiktionen unverzüglich kundzumachenden Verfügung wird der Preis des weißen Salzes um 1 fl. 23 kr., und jener des grauen Salzes um 1 fl. 43 kr. C. M. herabgesetzt.

§. 3. Nach diesem Verhältnisse wird also ein Zentner weißen Salzes in Buccari 3 fl. 16 kr., in Zengg 3 fl. 7 kr.; ein Zentner grauen Salzes hingegen in Buccari 2 fl. 12 kr., und in Zengg und Karlopago 2 fl. 7 kr. C. M. kosten.

§. 4. Damit aber jedem Mangel begegnet werde, welcher aus Anlaß der eingestellten Einfuhr des Steinsalzes aus Ungarn entstehen könnte, wird verfügt, daß der Salzhandel nicht nur im kroatischen Küstenlande, sondern auch in ganz Kroatien und Slavonien freigegeben werde.

§. 5. Ebenso wird auch die vom finanziellen Ausschusse getroffene Verfügung bestätigt, daß künftig das sizilianische Salz im Wege der inländischen Salzämter angeschafft und im ganzen Lande verkauft werden könne.

Artikel XXVI.

Von der Grenzverfassung und den Erleichterungen des Grenzvolkes.

Grenz-Verfassung.

Einleitung.

Der Landtag der dreieinigen Königreiche hat bei der Diskussion der künftigen Verhältnisse der Militärgrenze gegenüber den übrigen Theilen des Vaterlandes eingesehen, daß gegenwärtig, und bis nicht ruhigere Zeiten eintreten, radikale Reformen in der Grenze nicht an der Zeit sind, und sonach den Beschluß gefaßt, daß die Militärgrenze gleich den übrigen Provinzen des österreichischen Gesammtstaates die konstitutionelle Bahn im Vereine mit den dreieinigen Königreichen Kroatien, Slavonien und Dalmatien betretend, einstweilen nur nach dem Prinzipe der Erleichterungen einzurichten sei, daß somit aus dem bisherigen Grenzsysteme nur dasjenige ausgeschieden werde, was mit den konstitutionellen Prinzipien und der Nothwendigkeit der Erleichterungen nicht vereinbar ist.

Dieses nach den obigen Prinzipien ausgearbeitete Gesetz ist daher als ein Uebergang auf das konstitutionelle Feld bis zur allgemeinen Regelung der Zustände des ganzen Vaterlandes in ruhigeren Zeiten zu betrachten, und hat die Militärgrenze hiernach in ihrer besonderen Eigenschaft nur in organische Verbindung mit dem Provinziale unter der obersten Landesverwaltung dieser Königreiche (Landeskonsilium) zu treten.

I.
Allgemeine Bestimmungen.

§. 1.
Die Militärgrenze bleibt ein integrirender Theil der dreieinigen Königreiche Kroatien, Slavonien und Dalmatien.

§. 2.
Die Konstitution dieser Königreiche erstreckt sich auch auf die ganze Militärgrenze, in so fern sie durch die nachfolgenden, aus der Eigenthümlichkeit des Grenzinstitutes hervorgehenden gesetzlichen Bestimmungen nicht mobifizirt wird.

§. 3.
Die Nationalsprache wird in alle öffentlichen innern und äußern Angelegenheiten als Geschäfts-, und in die Schulen als Unterrichtssprache eingeführt.

§. 4.
Einstweilen, bis nicht in den dreieinigen Königreichen Gesetzbücher abgefaßt werden, sollen in der Militärgrenze folgende Gesetze angewendet werden:

a) Das allgemeine bürgerliche Gesetzbuch des österreichischen Kaiserstaates vom Jahre 1811, 1. Juni.

b) Das Gesetzbuch über Verbrechen und schwere Polizeiübertretungen in den Erbländern.

c) Die allgemeine österreichische Gerichtsordnung und das summarische Verfahren.

§. 5.
Gesetze, welche die Militärgrenze betreffen, können nur am allgemeinen Landtage der dreieinigen Königreiche geschaffen werden.

Alle bisherigen instruktiven Vorschriften in der Grenze, in so fern sie mit

54

den konstitutionellen Prinzipien und dem gegenwärtigen Gesetze unvereinbar sind, werden aufgehoben.

II.

Besondere Rechte und Pflichten der Grenzbewohner.

a) Von dem Rechte auf unbewegliche Güter.

§. 6.

Das gesammte Vermögen der Grenzbewohner ist ihr wahres Eigenthum, somit hört das bisherige lehensherrliche Obereigenthumsrecht auf.

§. 7.

Jedermann, der sich diesen Gesetzen unterwirft, oder ihnen von früher her schon unterworfen war, hat das Recht, unbewegliche Güter zu erwerben.

§. 8.

Fremden, welche in der Grenze das Recht erwerben, Handel zu treiben oder Fabriken zu errichten, ist es erlaubt, Bauplätze für Magazine und Fabriken, oder derlei schon fertige Gebäude sich anzueignen.

Im Grenz-Litorale können auch die Bürger der umliegenden Oerter Weingärten besitzen.

§. 9.

In der Grenze ist jeder Grundbesitzer gehalten, seinen Grund zu öffentlichen Zwecken gegen angemessene Entschädigung abzutreten.

§. 10.

Damit der Verarmung vorgebeugt werde, wird verfügt, daß jedes Haus seinen Grund bis auf drei Joch als Stammgut einzutragen habe, welches ohne Umtausch weder verringert, noch ohne Haus verkauft werden darf.

§. 11.

Dieses Stammgut kann nur im gerichtlichen Wege vorerst verpfändet, dann verpachtet, und wenn die Schuld nicht anders befriedigt werden kann, mit dem Hause veräußert werden.

§. 12.

Die Gemeindehutweiden sind ein Eigenthum der Gemeinden. Dieselben können mit Einwilligung der ganzen Gemeinde zu Gunsten der Gemeindekassa verkauft, verpachtet, oder den Unbemittelten verschenkt, sowie auch andern Gemeinden zur Viehweide überlassen werden.

§. 13.

Die Grenzwaldungen sind ein Staatsgut der Militärgrenze, unter der Bedingung, daß damit ohne Einwilligung der Gemeinden (als Miteigenthümern) keine Spekulation getrieben werden darf. Nach dem uralten Gebrauche steht den Grenzern das Recht zu, aus denselben zu ihren häuslichen Bedürfnissen Bau- und Brennholz und Dachschindeln gratis zu beziehen, und mit Ausnahme der Schonungen, welche mit Einwilligung der Gemeinden zu bestimmen sind, ihr Vieh unentgeltlich zu weiden und zu eichelmasten.

§. 14.

Jeder Vertrag über Verkauf, Tausch, Schenkung, Verpfändung, Verpachtung und Belastung eines Grundes muß vor der Kompagnie-Behörde abgeschlossen, bestätigt, und zugleich in das Grundbuch eingetragen werden.

Verträge, welchen diese Bestätigung mangelt, sind vor Gericht ungiltig.

§. 15.

Bei Grundverkäufen aus freier Hand steht den Anrainern das Vorkaufsrecht innerhalb acht Tagen um den bedungenen Verkaufspreis zu. Die Kompagnie-Behörde hat zwischen mehreren Anrainern nach Verhältniß des Personales und des Grundbesitzes zu entscheiden.

§. 16.

Die Verpfändung sowohl beweglichen als auch unbeweglichen Vermögens, unter der Bedingung, daß die verpfändete Sache an Zahlungsstatt zurückbleibe, ist ungiltig.

§. 17.

Das zur Wirthschaft nöthige Ackergeräthe und Vieh ist als Stammgut anzusehen.

§. 18.

Wird ein Obst- oder Weingarten neu angelegt, so ist dies behufs Erhöhung der Steuer der zuständigen Behörde anzuzeigen.

§. 19.

Den Hausgenossen, mit Ausnahme der Knechte, stehen auf das Kommunalvermögen und den ganzen zukünftigen Haus-Erwerb gleiche Rechte, sowie gegenüber dem Hause gleiche Pflichten zu.

Tritt ein Mitglied aus dem Hause, so geht sein Recht auf alle übrigen Hausgenossen über.

§. 20.

Wenn alle Hausgenossen gänzlich aussterben, und kein Testament vorhanden ist, so tritt ohne Unterschied des Geschlechtes das allgemeine Erbfolgerecht für die Anverwandten des letzten Besitzers ein. Die Nachfolger können das Vermögen unter den Bedingungen des §. 7 behalten; im entgegengesetzten Falle aber haben sie sich dessen binnen zwei Jahren zu entäußern. Das bewegliche Vermögen können sie unbedingt behalten.

§. 21.

Nur der letzte Sproſſe einer ſolchen Hausgenoſſenſchaft kann über das unbewegliche Vermögen teſtiren.

§. 22.

Wären keine erbfähigen Perſonen, welche die Verlaſſenſchaft anzutreten hätten, und auch kein Teſtament vorhanden, ſo fällt nach dem gemeinen Rechte dem Staate das Heimfallsrecht auf ein ſolches Vermögen zu.

§. 23.

Die Grundſtreitigkeiten ſind durch ordentliche Gerichte nach dieſer beſon- dern Verfaſſung, und wo dieſe nicht ausreicht, nach dem allgemeinen bürgerli- chen Rechte zu ſchlichten.

b) Von dem Rechte auf Handel, Induſtrie und wiſſenſchaftliche Ausbildung.

§. 24.

Die Grenzbewohner haben das Recht, ohne Abbruch für den Militär- dienſt, ſich dem Handel, der Induſtrie, den Gewerben und Künſten zu widmen.

§. 25.

Die Zunftprivilegien werden aufgehoben.

§. 26.

Das Recht, Handel zu treiben, wird nach dem allgemeinen Handelsgeſetze ertheilt.

§. 27.

Die Grenzjugend hat ohne Ausnahme das Recht, ſich ſowohl den niedern als auch den höhern Studien zu widmen.

c) Von der Hausgenoſſenſchaft.

§. 28.

Das patriarchaliſche ſociale Leben des Grenzvolkes wird als eine hiſtori- ſche Sitte der Slaven unter den Schutz der Geſetze geſtellt.

§. 29.

Als eine Hausgenoſſenſchaft werden ohne Unterſchied alle jene Perſonen betrachtet, welche bei einem Hauſe konſkribirt ſind, und die häuslichen Oblie- genheiten nicht als Dienſtboten verſehen, dieſelben mögen unter ſich verwandt oder in das Haus einkommunionirt ſein.

§. 30.

Zur Aufrechthaltung der Ruhe, Ordnung, Eintracht und Sittlichkeit unter den Hausgenoſſen hat der älteſte oder der hiezu taugliche Mann im Hauſe nach eigener, der Obrigkeit angezeigten Wahl seitens der Hausgenossen die Hausvaterstelle zu übernehmen und das Hausvermögen zu verwalten. Seine Gattin oder ein anderes ältestes Weib im Hause hat die Stelle der Hausmutter zu versehen.

§. 31.

Bei Kauf, Verkauf, Tausch, Verpachtung, Verpfändung oder Belastung der Grundstücke, sowie auch bei jedem wichtigen, die ganze Familie oder das häusliche Vermögen betreffenden Geschäfte muß der Hausvater die Einwilligung jedes Hausgenossen, welcher das 17. Lebensjahr erreicht hat, vor der Behörde nachweisen. Ohne Einwilligung des Hausvaters kann kein Hausgenosse das Hausvermögen verwalten.

§. 32.

Keine Hausgenosse darf besondere Grundstücke besitzen.

§. 33.

Kein Hausgenosse darf ohne Einwilligung des Hausvaters auf Verdienst gehen; und wenn die Genossenschaft es beansprucht, hat er ein Drittel von dem Verdienste in das Haus zu geben.

§. 34.

Alles, was einzelne Hausgenossen auf eine redliche Art, oder durch besondern Verdienst, ohne Abbruch für das Haus, erwerben, als: Geld, Kapitalien, Werkzeug, Vieh, Gebäude, und sonstiges bewegliches Vermögen, ist ihr besonderes Eigenthum.

§. 35.

Die Theilung einer Genossenschaft ist zu gestatten:

1) Wenn die Mehrzahl einer Genossenschaft beiderlei Geschlechtes vom erreichten 13. Lebensjahre angefangen hiezu einwilligt.

2) Wenn jeder Theil wenigstens drei Joch Grund besitzt, inwiefern dieß der Mangel an Grundstücken im Küstenlande und in andern Gegenden erlaubt, wo sonst auch auf geringere Parzellen die Theilung bewilligt werden kann.

3) Es muß das ganze Vermögen im Voraus nach dem Uebereinkommen der Hausgenossen getheilt und die Grundstücke in Gegenwart der Behörde abgegrenzt werden.

Sollten sie sich hierin nicht vergleichen können, so haben sie fünf allgemein geachtete Männer als Schiedsrichter zu wählen und sich ihrem Ausspruche zu fügen.

4) Wenn die neuen Wohngebäude mit Einwilligung der Gemeinden auf dem hiezu bestimmten Platze erbaut werden.

5) Wenn der Antheil für Offiziere und Beamte, die aus dem Hause dienen, blos für ihren Kopf bei dem einen oder dem andern Theile bestimmt wird.

§. 36.

Bei einer jeden solchen Theilung ist vor der Session der Kompagnie-Behörde ein schriftlicher Vertrag zu verfassen, von allen Hausgenossen zu unterfertigen, von der Kompagnie-Behörde zu bestätigen, und in das Grundbuch einzutragen.

§. 37.

Wo es nöthig ist, können auch einzelne fremde Personen oder Familien in's Haus aufgenommen und als Hausgenossen eingeschrieben werden, wenn sie sich den Grenzobliegenheiten unterziehen; nur muß jeder Fremde von seiner Behörde die Entlassung beibringen.

Die Bestätigung einer solchen Einkommunionirung hängt von dem Regiments-Verwaltungsrathe ab.

§. 38.

Jeder Grenzer kann aus einem Hause in ein anderes ohne Anstand mit Bewilligung der beiderseitigen Genossenschaften und der Kompagnie-Behörde übertreten, und sich daselbst konskribiren lassen.

§. 39.

Demjenigen, der gänzlich aus der Grenze auswandern will, kann dieß der Regiments-Verwaltungsrath bewilligen, wenn er seine Kapitulation ausgedient hat, oder wenn dieß ohne Abbruch für die Feldstands-Militärpflicht geschehen kann, und wenn er von derjenigen Seite, wo er sich anzusiedeln gedenkt, die Aufnahmszusicherung beibringt.

§. 40.

Die Grenzbewohner, welche aus ihrem Hause in ein anderes übersiedeln, oder aus der Grenze gänzlich auswandern, haben kein Recht auf das unbewegliche Kommunalvermögen.

§. 41.

Bei Heirathen ist das Haus außer der Aussteuer und der Hochzeitskosten keinerlei Auslagen zu bestreiten verpflichtet.

d) Von der Militärpflicht.

§. 42.

Alle, was immer für ein unbewegliches Vermögen besitzenden männlichen Grenzbewohner im Allgemeinen, welche waffenfähig sind und in keinem andern öffentlichen Dienste stehen, unterliegen der Militärpflicht.

§. 43.

Alle solche kampffähigen männlichen Grenzbewohner werden in zwei Klassen eingetheilt.

In die erste Klasse gehört das aktive Grenzmilitär, welches zu Hause und am Kordon Dienste versieht, und mit Einwilligung des Landtages der dreieinigen Königreiche nöthigenfalls auch außerhalb der Heimath, jedoch im gleichen Verhältnisse mit der Militärpflicht anderer Provinzen des österreichischen Kaiserstaates als das nach der Seelenanzahl zu stellende Kontingent hat, verwendet werden kann.

In die zweite Klasse gehört die Nationalgarde, welche nach dem allgemeinen Gesetze zu errichten ist.

§. 44.

Zum aktiven Grenzmilitär werden die tauglichen Männer vom 18. bis 34. Lebensjahre assentirt.

In die Nationalgarde hingegen ist jeder beim Feldstande nicht dienende taugliche Mann vom 20. bis zum 50. Lebensjahre sich einzuschreiben und nöthigenfalls mit Waffen zu dienen gehalten.

§. 45.

In Friedenszeiten wird die Kapitulation für den im aktiven Militär dienenden Grenzsoldaten auf vier Jahre bestimmt.

§. 46.

Alle für die aktive Armee geeigneten Männer sind in vier Altersklassen, und zwar in die erste vom vollbrachten 18. bis zum vollbrachten 22., in die zweite vom 22. bis 26., in die dritte vom 26. bis 30., in die vierte vom 30. bis 34. Lebensjahre zu konskribiren, und für die Feldtruppe in Gegenwart einer, vom Regiments- und Kompagnie-Administrationsrathe zusammenzusetzenden Kommission vorerst aus der ersten, sonach aus der zweiten, dritten, und vierten Altersklasse öffentlich durch das Loos auszuheben.

§. 47.

Jedermann kann seinerstatt einen Ersatzmann stellen; dieser muß jedoch seine Kapitulation ausgedient haben.

§. 48.

Der Stand des aktiven Grenzmilitärs kann ohne Einwilligung des Landtages der dreieinigen Königreiche nicht erhöht werden.

§. 49.

Am Kordon, beim Exerzieren, und in jedem Dienste gebührt dem Grenzsoldaten die Löhnung, und statt des Brodes das gewöhnliche Brodrelutum.

§. 50.

Jeder Soldat bezieht vom Staate die ganze Montur, Rüstung und Munition sammt Zugehör.

§. 51.

Unter der Bedingung des §. 49 sind die erforderlichen Grenzsoldaten auf 14 Tage auf den Kordons-Dienst zu kommandiren, damit die Uebrigen mit besserem Erfolge der Wirthschaft obliegen können.

§. 52.

Wenn im Nothfalle ein Nationalgardist den Dienst des aktiven Militärs versieht, hat derselbe die Löhnung und das Brodrelutum so wie dieser zu fassen.

§. 53.

Wenn die in militärischer Dienstleistung befindlichen Grenzer gegen die militärischen Vorschriften sich etwas zu Schulden kommen lassen, so sind selbe nach den Kriegsgesetzen abzuurtheilen.

Im Uebrigen werden sie nach dem allgemeinen Gesetze gerichtet.

e) Von der Robot.

§. 54.

Die bisherige Aerarial-Robot wird gänzlich aufgehoben. Die für die öffentlichen Bauten erforderlichen Mittel sind aus einem, aus den allgemeinen Einkünften zu bildenden Baufonde und nicht mittelst Robot beizuschaffen.

§. 55.

Die erforderlichen Arbeiter zum besonderen Vortheile der einzelnen Gemeinden oder zur Unterstützung ihrer verarmten Mitglieder werden die Gemeinden unter sich bestimmen.

f) Von der Grundsteuer.

§. 56.

Für die innern Bedürfnisse der Grenze ist vom jeden Joch à 1600 □ Klaftern ohne Unterschied des Standes nach der nachfolgenden Repartition die Steuer zu entrichten, u. z. in CM.:

Von Aeckern und Wiesen.			Von Weingärten		Von Obst- und sonstigen Gärten
1.	2.	3.	Ohne Unterschied		
Klasse					
Kreuzer			fl.	kr.	kr.
20	16	12	1	—	30
30	26	20	1	30	40
27	22	16	1	30	35
28	24	18	1	30	40
30	26	20	1	30	40

Im Likaner, Ototaner, Oguliner und Sluiner Regimente
In der Warasdiner Grenze
In der Banal-Grenze
In dem Gradiskaner Regimente
In dem Brooder- und Peterwardeiner Regimente

§. 57.

Alle diejenigen, welche in der Grenze Grundstücke besitzen, aber keine Militärdienste versehen, haben vom jeden Joch Grundes die dreifache Grundsteuer, und vom jeden Hause eine besondere Haussteuer, und zwar von je tausend Gulden Werthes Einen Gulden zu entrichten.

§. 58.

Vakante Gründe, welche sich Niemand aneignen will, sind wo möglich zum Besten des Staates zu verpachten.

§. 59.

Wenn ein Strich Grundes durch Ueberschwemmungen oder durch ein anderes Elementarereigniß derart beschädigt wird, daß er nicht mehr zur Kultur geeignet ist, so kann der Regiments-Verwaltungsrath dessen Abschreibung gestatten.

g) Von der Erwerb- und Schutzsteuer.

§. 60.

Wer in der Grenze ein nutzbringendes Handwerk betreibt, und den Schutz der Gesetze genießt, ist einen angemessenen Steuerbetrag an die Grenzkassa zu entrichten schuldig.

§. 61.

Das Minimum der Handlungssteuer beträgt 20 fl., der Krämersteuer in Slavonien 12 fl., in Kroatien 6 fl. jährlich. Die Erhöhung dieser Steuern steht der betreffenden, von der Regimentsbehörde behufs Konskribirung des Volkes alljährlich auszusendenden Kommission zu, welche nach dem Antrage des

Kompagnie-Rathes, wozu laut §. 76 auch dessen beeidete Beisitzer gehören, den Ortsverhältnissen gemäß diese Steuer zu bestimmen haben wird.

§. 62.

Wer mehrere Handwerke, oder neben diesen auch Handel treibt, hat von jeder Gattung Erwerbes eine besondere Steuer zu entrichten.

§. 63.

Vom Salzhandel wird keine Steuer entrichtet.

§. 64.

Jene Grenzgenossenschaften, welche kein Gewerbe treiben und keine Grundstücke besitzen, haben für den gesetzlichen Schutz vier Gulden, und fremde Knechte, die keine Grenzer sind, je einen Gulden jährlich zu entrichten.

§. 65.

Bei den Mühlen, welche gegen Bezahlung mahlen, wird von je dem Gange folgende Steuer gezahlt:

a) Wenn die Mühle das ganze Jahr hindurch mahlen kann:

Von Schiffmühlen	. . . .	12 fl. — kr.
„ Flußmühlen	. . . .	12 „ — „
„ Bachmühlen	. . . .	6 „ — „
„ Löffelmühlen	. . . .	6 „ — „
„ Roßmühlen	. . . .	4 „ 30 „
„ Stampf- und Sägemühlen	. . . .	4 „ 30 „

b) Wenn die Mühle nur zeitweise mahlen kann:

Von Löffelmühlen	. . . .	2 fl. — kr.
„ anderweitigen Mühlen	. . . .	3 „ — „

§. 66.

Jene Grenzbewohner, welche von ihren Kapitalien leben und kein Gewerbe und keinen Handel treiben, und auch keine Grundstücke besitzen, zahlen außer der Schutzsteuer noch eine besondere Steuer und zwar jährlich Einen Gulden von je hundert Gulden.

III.

Die Administration.

Einleitung.

Kraft des oben aufgestellten Prinzips, daß in der Grenzverfassung einstweilen nur jene Punkte, welche mit den obersten Prinzipien der Konstitution und jenen der Erleichterungen der Grenzbevölkerung nicht vereinbarlich sind, aufgehoben, und andere zweckmäßige Einrichtungen eingeführt werden sollen, sind im Sinne des Sr. Majestät zur Bestätigung vorgelegten obigen Landtagsbeschlusses einige Abänderungen auch hinsichtlich der Grenz-Administration getroffen worden, welche daher auf folgende Weise im konstitutionellen Geiste zu besorgen sein wird.

§. 67.

Der Oberst oder sein Stellvertreter befehligt auch fortan die aktive Grenz-truppe eines Regiments.

§. 68.

Die aktive Truppe und die Nationalgarde aller Grenzregimenter steht unter dem Oberbefehle des Banus, der auf die von allen Stabsoffizieren unter-fertigten Vorschläge sämmtliche Offiziere bis zu den Stabsoffizieren hinauf er-nennt, für letztere aber geeignete Individuen Sr. Majestät vorschlägt.

§. 69.

Die Landesverwaltung der Militärgrenze wird künftig dem verantwort-lichen Landeskonsilium der dreieinigen Königreiche zustehen.

Bei diesem Landeskonsilium sind geeignete Individuen, welche in der Militärgrenze gedient haben und mit den dortigen Verhältnissen genau vertraut sind, in jeder Sektion für die Grenzgeschäfte nach Maßgabe des Dienstes zu ernennen.

§. 70.

Die politisch-ökonomische Verwaltung jedes Grenz-Regimentsbezirkes steht dem Regiments-Verwaltungsrathe unter dem Präsidio des Obersten zu.

§. 71.

Der Regiments-Verwaltungsrath besteht aus einem Präses und vier der obersten Landesverwaltung verantwortlichen Räthen.

§. 72.

Jeder dieser Räthe hat seine Sektion:
Der 1. besorgt die politischen,
   „ 2.   „   finanziellen,
   . 3.   .   gerichtlichen,
   . 4.   . „ Bau-Geschäfte.

§. 73.

Dem Regiments-Verwaltungsrathe wird zur Aushilfe beigegeben:

a) Bei der politischen Sektion:

Ein Sekretär, 1 Waldbereiter, 1 Regimentsarzt, ein Thierarzt, und eine Hebamme.

b) Bei der finanziellen Sektion:

Ein Sekretär, drei Assistenten.

c) Bei der gerichtlichen Sektion:

Zwei Richter (Auditore), ein Aktuar und ein Gefangenaufseher.

d) Bei der Bau-Sektion:

Ein Ingenieur und ein Polier.

e) Im allgemeinen Expedite:

Ein Protokollist, 6 Kanzlisten, 4 Kanzleidiener.

Die Kanzleidiener und Kanzlisten ernennt der Regiments-Verwaltungs-rath selbst, alle übrigen Beamten bei der obersten Landesverwaltung und dem Regiments-Verwaltungsrathe wird das verantwortliche Landeskonsilium aus solchen, in der Grenze dienenden einheimischen Individuen ernennen, welche ihre Tauglichkeit hiezu durch Prüfung nachgewiesen haben.

§. 74.

In den Kompagnie-Bezirken befehligt die aktive Truppe der Hauptmann oder sein Stellvertreter.

§. 75.

Alle Dorfschaften eines Kompagnie-Bezirkes bilden eine Gesammtgemeinde.

§. 76.

Die politisch-ökonomische Verwaltung eines Kompagnie-Bezirkes besorgt der Kompagnie-Verwaltungsrath, welcher unter dem Präsidio des Hauptmanns (oder in seiner Abwesenheit des Verwaltungsoffiziers), aus dem Verwaltungs-offiziere und fünf vom Volke gewählten und beeideten Beisitzern, dann einem Adjunkte als Notär, der den Verwaltungsoffizier in seiner Abwesenheit zu suppliren hat, besteht.

Diesem Kompagnierathe werden 1 Chirurg, 1 Hebamme, und 1 Schrei-ber, dann für die Polizeiangelegenheiten sieben Polizeisoldaten zugetheilt.

§. 77.

Die beeideten Beisitzer werden jedes dritte Jahr unter dem Präsidio eines Abgeordneten des Regiments-Verwaltungsrathes wo möglich aus den des Lesens und Schreibens kundigen und sonst redlichen Männern gewählt. Den Schrei-ber und die erwähnten Polizeisoldaten ernennt der Kompagnierath selbst, den Verwaltungsoffizier und Adjunkten das Landeskonsilium, und zwar aus den ein-heimischen in der Grenze dienenden Individuen, so wie auch den Chirurg; die Hebamme ernennt der Regiments-Verwaltungsrath.

Die Aufsicht eines jeden einzelnen Dorfes führen die Dorfsältesten, welche die Hausväter des betreffenden Dorfes erwählen werden.

Jedes Dorf, welches 500 Seelen zählt, hat Einen, welches 1000 Seelen zählt, zwei Ortsälteste, und so auf je 500 Seelen je Einen Orts-ältesten zu wählen.

§. 78.

Alle politisch-ökonomischen Entscheidungen vollzieht in erster Instanz der Kompagnie-Verwaltungsrath, in zweiter Instanz der Regiments-Verwaltungs-rath, und in dritter Instanz die oberste verantwortliche Landesstelle (Landeskon-silium) der dreieinigen Königreiche.

§. 79.

Die Civil- und Kriminalprozesse besorgen die Gerichte, welche im Allge-meinen nach dem Prinzipe der Geschwornengerichte gleichmäßig im dreieinigen Königreiche einzurichten sind.

§. 80.

Die aktiven Truppen haben auch fernerhin ihr Kriegsgericht nach den für das gesammte österreichische Heer giltigen Gesetzen zu behalten.

IV.

In Folge der von den Grenzvertretern dem Landtage vorgebrach-ten Petitionen sind nachstehende Beschlüsse gefaßt worden.

§. 1.

Nach dem §. 13 der neuen Grenzverfassung ist den Grenzern unentgeltlich gestattet, in den ärarischen Wäldern Waldkastanien zu sammeln, und mit Ausnahme der Schonungen Farrenkraut zu mähen und zu graben.

§. 2.

Die Waldblößen werden wie der Wald selbst angesehen, folglich wird auf denselben das Weiden, Mähen und Graben des Farrenkrautes unent-geltlich bewilligt.

§. 3.

Das Ausführen des in den Wäldern liegenden Holzes ist an jedem Wo-chentage erlaubt.

§. 4.

Das Fällen des buchenen Bauholzes ist auch im Sommer gestattet.

5

§. 5.

Das Vieh der Nichtgränzer darf ohne Einwilligung der Gemeinden in die Waldungen und auf die Weideplätze der Grenzgemeinden nicht zugelassen werden.

§. 6.

Die Grenzer dürfen mit Einwilligung der Gemeinden und der Regimentsbehörde, wo es die Umstände bringend erheischen, Viehstände (stanci) bauen, und dieselben bewohnen.

§. 7.

Die ausgeräuterten Waldaussprungswinkel außerhalb der Waldhunten oder Grenzhügeln können sich die Grenzer aneignen.

§. 8.

Die Förster dürfen wegen Waldschäden ohne hinreichende Ursachen keine Hausdurchsuchungen vornehmen.

§. 9.

Die Weide- und Eichelmastungszetteln werden abgeschafft.

§. 10.

Die Grenzer dürfen auf eigenem Grund und Boden Waldungen anlegen.

§. 11.

Die Heirathsbewilligungen sind fortan den Grenzern bei der Kompagniebezirksbehörde zu ertheilen.

§. 12.

Der Preis des Meersalzes ist vom Landtage durch den besonderen Artikel XXV auf den gleichen Preis, wie er in Dalmatien besteht, herabgesetzt worden.

§. 13.

Die Vorspann ist zu verpachten.

§. 14.

Die Fällung und Zufuhr des Holzes für Offiziere und Beamte, Geistliche, Schulen, Kanzleien, Wachhäuser rc. soll in Pacht gegeben werden.

§. 15.

Aerarialarbeiten zu verrichten sind die Grenzer nicht einmal gegen Bezahlung verpflichtet; solche Arbeiten sollen künftighin Privatpersonen überlassen

werden, die die Arbeiten um den bedungenen und aus dem Baufonde zu verab-
folgenden Lohn herstellen werden.

§. 16.

Das Recht der unentgeltlichen Holzung, der Weide und der Eichelmastung erstreckt sich auf alle Grenzbewohner.

§. 17.

Die Grenzer können auch ohne der üblichen Militär-Bedeckung auf ihre
am Kordon gelegenen Grundstücke gehen.

§. 18.

Die Gemeinde-Magazine können dort, wo dies die Gemeinden verlangen,
aufgehoben, sammt dem Getreidevorrathe verkauft, und aus dem Erlöse zweckmäßige Fundationen nach dem Willen der Gemeinden gegründet werden.

§. 19.

Die den Sluiner-Grenzern gehörigen neuvermessenen und am Kordon
gelegenen Grundstücke sind ihnen als eine rechtmäßige Errungenschaft zu überlassen und der Besteuerung zu unterwerfen.

§. 20.

Die in Untersuchung befindlichen Arrestanten sollen vom Lande verpflegt
werden.

§. 21.

Die Fruchtrückstände, welche die armen Grenzer schulden, sollen ihnen
nachgesehen werden.

§. 22.

Die von Frankreich für die Grenzer an Oesterreich übergebenen Schuld-
beträge sind dem Landeskonsilium behufs Auszahlung an die Betreffenden
zu verabfolgen.

§. 23.

Die für türkischerseits verursachten Brandlegungen bereits ausgemittelten
Entschädigungsbeträge sollen auf geeignetem Wege berichtigt werden.

§. 24.

Den Schätzleuten hat derjenige Vergütung für den Zeitverlust zu leisten,
der den Schaden verübt hat.

§. 25.

Der dienenden Grenzmannschaft sollen auch künftighin vom Staate die
Medikamente unentgeltlich verabfolgt werden.

5 *

§. 26.

Den im Dienste invalid gewordenen Grenzern und Unteroffizieren, welche durch eine lange Reihe von Jahren gedient haben, soll eine entsprechende Unterstützung gegeben werden.

§. 27.

Alle unbemittelten Grenzer haben das Recht, das allgemeine Badelokale des Mineralbades zu Topusko im 1. Banalregimente unentgeltlich zu benützen.

§. 28.

Der Kordons-Dienst soll zweckmäßiger regulirt und nach Thunlichkeit die Zahl der Posten verringert werden.

§. 29.

Die Grenzvermögens-, Grenzbildungs-, Religions-, Arbeits- und sonstigen Fonde sollen dem hierortigen Landeskonsilium zur Verwaltung übergeben, desgleichen die in Wien erliegenden Gemeinde- und Kirchenkapitalien ausbezahlt, und in unserem Vaterlande fruchtbringend angelegt werden.

§. 30.

Die als steril abgeschriebenen Grundstücke kann derjenige, der sie aufgelassen, sich wieder aneignen.

§. 31.

Die Vergütung für die Montur, welche sich die Grenzer selbst angeschafft haben, und darin nach Italien ausmarschirt sind, soll durch das Wiener Ministerium baldigst ausgewirkt werden.

§. 32.

Die Kataftralvermeffung soll so bald als möglich vorgenommen werden.

§. 33.

Die Grenze erkennt das ungarische Ministerium weder jetzt an, noch will sie es künftighin anerkennen.

––––––––––

Sowohl die Grenzverfassung als auch die besonderen oben angeführten Beschlüsse sind mittelst einer besonderen Repräsentation *) Sr. Majestät zur Sanktionirung unterbreitet worden. — Bis dahin jedoch, wo die erwartete Bestätigung herabgelangt sein wird, ist in Gemäßheit des durch den Landtag festgestellten Prinzipes Sr. Excellenz dem Banus die Vollmacht ertheilt worden, mittelst besonderer Verordnung**) jene von den oberwähnten Erleichterungen, welche ohne wesentliche Erschütterung des Grenzsystems gegenwärtig eingeführt werden

––––––––––

*) Siehe Beilage I.
**) Siehe die Beilagen M und N.

können, sogleich ins Leben treten zu lassen, indem der Landtag eine radikale Umstaltung desselben einer friedlicheren Zeit vorbehalten hat.

Ueber die sonstigen Beschwerden der Grenzer, nämlich betreff der Schulen, Mauthen, Besoldung der Geistlichkeit, der Justizpflege, Heirath der Offiziere und Beamten ohne Kaution, Forstwirthschaft ꝛc. wird der Landtag alsogleich, sobald die betreffenden Landtagsausschüsse ihre Operate ausgearbeitet und dem wieder einzuberufenden Landtage vorgelegt haben werden, seine Berathungen fortsetzen.

Artikel XXVII.
Von der Aufhebung des Urbariums und der Urbarialleistungen.

§. 1.

Alle bisherigen Urbarial-Dienste und Abgaben hören für immer auf. Ebenso wird die Unabhängigkeit sowohl einzelner Unterthanen als auch ganzer Gemeinden von der bisherigen Grundherrschaft ausgesprochen.

§. 2.

Die Kraft und Giltigkeit des Banaldiploms (offenen Banalschreibens), wodurch die Aufhebung der Urbarial-Dienste und Abgaben, sowie des Kirchenzehents vorläufig gewährleistet wurde, wird durch dieses Gesetz neuerdings bestätiget.

§. 3.

Jeder bisherige Unterthan ist unumschränkter Eigenthümer seiner Urbarialgründe, und kann dieselben entweder in Ganzen oder theilweise umtauschen, verpfänden oder verkaufen.

§. 4.

Die sogenannten jura regalia minora, als: Ausschankrecht, Jagd, Fischerei, Vogelfang und Fleischausschrottung werden von nun an nicht mehr die Grundherren allein genießen, daher wird:

a) Jede Gemeinde das bisherige Ausschankrecht von Michaeli bis Georgi auch künftighin behalten; außerdem wird jede Gemeinde dieses Recht auch von Georgi bis Michaeli auf einem Orte genießen können.

b) Unter dem Ausschankrechte wird der Ausschank jeder Gattung Getränkes, als: Wein, Bier, Branntwein verstanden; dieses Recht steht nur der ganzen Gemeinde gemeinschaftlich zu, und jede Gemeinde kann es zu Gunsten der Gemeindekassa verpachten.

c) Die Fischerei, der Vogelfang und die Fleischausschrottung wird Jedermann auf seinem Grund und Boden gestattet.

d) Die Jagd ist ebenfalls für Jedermann frei, nur nicht in den ausschließlich herrschaftlichen oder Allodialwaldungen.

§. 5.

Das Land garantirt den Grundherren die Urbarialentschädigung der Urbarialleistungen, so wie den Ersatz des Schadens, der für dieselben durch die
Ausdehnung des Ausschanksrechtes auf die Gemeinden erwachsen ist.

Ein besonderer Landtagsausschuß wird die Art und die Quelle dieser
Entschädigung ausmitteln, und das Operat dem nächsten Landtage vorlegen.

§. 6.

Jede Gemeinde so wie jeder Einwohner derselben hat das Recht, auf seinem Grund und Boden Branntwein, Ziegeln und Kalk ohne Entrichtung einer
Abgabe zu brennen, so wie auch Mühlen jeder Art und Sägemühlen im Sinne
der bestehenden Gesetze zu bauen und zu besitzen. Sollte es sich aber herausstellen, daß eine Mühle den angrenzenden Gründen Schaden verursache, so kann
nur die betreffende Behörde, keineswegs aber der Grundherr deren Abtragung
anordnen.

Artikel XXVIII.
Von der Holzung, Weide und Eichelmastung.

§. 1.

In jenen Gegenden, wo die Regulirung des Urbariums und die Absonderung der Hutweiden noch nicht beendigt worden ist, hat bezüglich der Holzung
und der Hutweiden der bisherige Gebrauch als Richtschnur zu dienen.

§. 2.

Dort aber, wo die Absonderung der Hutweiden und die Regulirung des
Urbariums zwischen Grundherren und den gewesenen Unterthanen entweder im
Wege eines Vergleiches oder Urbarialprozesses bereits thatsächlich vollzogen ist,
kann eine solche Absonderung oder Regulirung nicht mehr rückgängig gemacht
werden.

§. 3.

Dort, wo der zwischen den Grundherren und gewesenen Unterthanen in der
Absonderungs- und Regulirungs-Angelegenheit schwebende Prozeß vor der
Kundmachung dieses Gesetzes mittelst eines Endurtheils bereits entschieden,
dasselbe aber von dem Urtheilsspruche des obersten Appellationsgerichtes
oder der gerichtlichen Exekution abhängig ist, wird die Banaltafel über solche
Streitsachen entscheiden und den Beschluß der betreffende Vicegespann vollziehen.
Sollte eine derartige Streitsache im Wege eines gütlichen Vergleiches beigelegt
werden können, so steht auch eine solche Beilegung dem betreffenden Vicege-
spanne zu.

§. 4.

Alle in der Angelegenheit der Absonderung der Hutweiden und Regulirung
des Urbariums entweder noch schwebenden, oder vor der Publikation dieses

Gefeßes mittelft eines Endurtheiles noch nicht abgeführten, oder erft nach der Kundmachung dieses Gesetzes einzuleitenden Prozesse müssen behufs Entscheidung dem Vicegespanns-Gerichte übertragen, oder eventuell vor demselben anhängig gemacht werden. Dieses Gericht hat jedoch in allen Fällen vorerst einen gütlichen Vergleich zu versuchen.

§. 5

Dort, wo die bisherigen Unterthanen aus den Wäldern des Grundherrn in Gemäßheit des Urbarialgesetzes die Holzung, die Eichelmaftung, das Sammeln von Knoppern, oder sonst einen Nußen ziehen, und in dieser Beziehung noch keinen abgesonderten Theil eines Waldes zugewiesen erhalten haben, können entweder die Grundherrschaften, oder aber die gewesenen Unterthanen behufs Absonderung der Holzung, der Eichelmaftung, des Knoppernsammelns und Genußes anderer Vortheile einen besonderen Prozeß vor dem Vicegespanns-Gerichte einleiten, dessen strenge Pflicht sein wird, auch in solchen Fällen vor Allem einen gütlichen Vergleich zu versuchen.

§. 6.

Die in den Paragraphen 3 und 4 berührten Prozesse müssen vor der Vollstreckung durch das Komitatsgericht (sedria) und die Banaltafel revidirt werden.

§. 7.

Alle übrigen in Urbarial-Angelegenheiten zur Zeit der Kundmachung dieses Gesetzes anhängigen Prozesse werden hiemit aufgehoben.

§. 8.

Uebrigens wird der 21. Gesetzartikel von Jahre 1807 hiemit neuerdings bestätigt, und den Komitaten auch für die Zukunft der strenge Auftrag ertheilt, darüber zu sorgen, daß die Waldungen im guten Stande erhalten werden.

§. 9.

Der leitende Ausschuß hat betreff einer erfolgreichern Waldkultur dem nächsten Landtage einen ausführlichen Gesetzentwurf vorzulegen.

§. 10.

Für Slavonien, und namentlich für das Požeganer, Veroviticer und Syrmier Komitat, welche von jeher eine eigene, von Kroatien verschiedene Urbarial-Regulirung besaßen, wird Folgendes insbesondere verfügt:

a) Wo die Urbarialregulirung noch nicht vollendet ist, dort steht es sowohl den Grundherren auf den Unterthansgründen, als auch den bisherigen Unterthanen auf den Gründen und in den Wäldern der Grundherrschaften frei, mit Rücksicht auf das Feldschuß-Gesetz von 1840, Art. 9 zu weiden.

b) In den Gegenden, wo die Weide schon durch ein Gesetz geregelt ist, wird auch künftighin der bisherige Gebrauch beibehalten.

c) Bis die Holzung nicht durch ein Gesetz endgiltig geregelt sein wird, erhält jeder bisherige Unterthan aus den Waldungen, aus welchen er bis jetzt Urbarialnutzen gezogen hat, an einem geeigneten Orte Holz zu seinem Hausbedarfe; zu Umzäunungen und Bedachungen jedoch wird ihm das liegende Holz aller Art, und auch das stehende, mit Ausnahme des Eichen- und Buchenholzes, angewiesen werden.

d) Dort, wo die bisherigen Unterthanen die Eichelmastung in den herrschaftlichen Waldungen hatten, werden sie bis zur diesfälligen Regulirung dieselbe auch künftighin durch acht Wochen hindurch unentgeltlich genießen, jedoch nicht zu kaufmännischen und spekulativen Zwecken, sondern lediglich für den Hausbedarf, welchen der betreffende Komitats-Stuhlrichter bestimmen wird.

Der Landtag hat beschlossen, die obangeführten Artikel XXVII und XXVIII Sr. Majestät im Wege einer Repräsentation behufs Sanktionirung vorzulegen, und dieselben als naturgemäße und zweckdienliche Folgen der jüngsten Aufhebung der Urbarialleistungen, in der Hoffnung der allerhöchsten Sanktionirung, sogleich ins Leben treten und im Lande publiciren zu lassen.

Artikel XXIX.
Von dem Tragen allgemeiner Lasten.
§. 1.

Das Tragen allgemeiner Lasten erstreckt sich auf alle Staatsbürger ohne Unterschied der Geburt und des Standes.

§. 2.

Der Besteuerungsschlüssel bleibt für die schon Besteuerten der bis jetzt übliche; — für diejenigen aber, welche bis nun von der Entrichtung der Steuern befreit waren, wird bis dahin, wo der Landtag einen allgemeinen Besteuerungsschlüssel angenommen haben wird, einen solchen ein Ausschuß provisorisch entwerfen, welchen die Volksvertreter in einer großen Versammlung ernennen und beeiden werden.

§. 3.

Die nach diesem Schlüssel bestimmte Besteuerung hat mit dem ersten Tage des Monats November des Jahres 1848 zu beginnen.

Artikel XXX.
Von dem Beschlusse, daß den Grundherren die Schuldforderungen nicht gekündigt werden können.

Solchen Grundherren, zu deren Besitzungen vor Proklamirung des neuesten Urbarial-Artikels die Urbarialität gehörte, dürfen außer den kaufmännischen, aus

Handelsbeziehungen hervorgehenden Wechsel bis zur künftigen gesetzlichen Anordnung keine anderweitigen Schulden gekündiget werden, und nur die zu rechter Zeit nicht bezahlten gesetzlichen Interessen können im gerichtlichen Wege eingeklagt werden.

Artikel XXXI.

Von dem behufs Pacificirung mit Ungarn gebildeten Ausschusse.

Die Beilegung der zwischen Ungarn obschwebenden Differenzen ist kraft Art. XX dieses Landtages Sr. Excell. dem Ban und dem ihm beigegebenen Ausschusse, dessen Ernennung der Landtag Sr. Excell. dem Ban überlassen hat, übertragen worden *). Demzufolge hat Se. Excellenz der Ban folgende Herren zu Ausschußmitgliedern ernannt:

Baron Ludwig Bedeković, Baron Franz Kulmer, Graf Albert Nugent, Graf Hugo Eltz, Graf Peter Pejačević, Metell Ožegović, Joseph Bunjik, Demeter Vuković, Franz Žigrović, Ivan Mažuranić, Domherr Mathias Vuković, Proto Lončarević, Hauptmann Joseph Pukšec, Johann Šuplikac, Ambros Vranjiczani, Ivan Kukuljević, Ljudevit Vukotinović, Moyses Georgievié, Joseph Žuvić.

Artikel XXXII.

Von den außerordentlichen Geld-Beiträgen.

Die Gefahr, welche von Tag zu Tag für unser Vaterland drohender sich gestaltet, erheischt es, daß das Volk all' seine Kraft entfalte; — obschon einer solchen Nation, welche für ihren Ruhm und für ihre nationale Existenz kämpft, das unumschränkte Recht zusteht, alle zu Gebote stehenden Mittel zur Erreichung dieses heiligsten Zieles zu ergreifen, so will doch der Landtag vorerst solcher Mittel, welche Liebe und Enthusiasmus dem Vaterlande bieten, sich bedienen, und erst dann, wenn diese edelste Quelle der Landeshilfe für die Länge der Zeit ungenügend wäre, nach solchen Mitteln greifen, welche die angeborne Pflicht jedem Vaterlandssohne auferlegt.

Die Liebe zum Vaterlande sei daher die erste Quelle der vom Volke auf den Altar des Vaterlandes niederzulegenden Hilfe.—Hilfe fordert das Vaterland, damit die Landesverwaltung im Gange erhalten werde, und vorsonderlich die Verpflegung der Armee, welche jetzt schon beinahe 200.000 fl. CM. monatlich in Anspruch nimmt.

*) Siehe die Beilagen O, P und Q.

Auf der Basis nationaler Kraft und Vaterlandsliebe hat daher der Landtag beschlossen und verordnet:

1) Daß in der gegenwärtigen Zeit allgemeiner Gefahr ein Geldbeitrag
vom Volke in Anspruch genommen werde.

2) Dieser Beitrag wird in 254,250 fl. CM. bestehen, und nach den Porten so vertheilt werden, daß auf eine jede Porte 1000 fl. entfallen.

3) Indem die gewesenen Unterthanen oder sogenannten Bauern für dieses Jahr ihre Steuern bereits bezahlt haben, und nicht nur nicht ersprießlich,
sondern sogar bedenklich wäre, denselben, welche die gegenwärtigen Interessen
des Vaterlandes nicht gehörig zu würdigen im Stande sind, in dieser aufgeregten Zeit ohne der größten Noth neue Abgaben aufzuerlegen, so soll diese Geldhilfe vor Allem bei Jenen, welche bis jetzt der ordentlichen Besteuerung überhoben nur die Landtagskosten getragen haben, so wie auch bei den Städtebe-
wohnern, die auch einen größern Besitz und ein erhöhtes Interesse für das Vaterland haben, in Anspruch genommen werden.

4) Die gewesenen Unterthanen oder Bauern aber sollen aufgefordert werden, von jedem Hause im Namen dieser Hilfe zu je einen Gulden jedoch freiwillig und ohne allen Zwang beizusteuern.

5) Insofern die Kriegssteuer noch nicht entrichtet sein sollte, soll dieselbe
à conto jener Summe, welche nach den Porten in den Komitaten und Städten
zu repartiren wäre, jedoch mit dem Beisatze in die Rechnung gebracht werden, daß:

6) Die Kriegssteuer insofern in Anspruch genommen werde, damit die
nach den Porten bestimmte Summe desto leichter und schneller aufgebracht werde.

7) Diese Kriegssteuer wird jedoch auch fernerhin als eine Schuld der
Staatskassa zu betrachten sein, da sie bis jetzt abgesehen von dieser Geldhilfe
einerseits ihre eigene Bestimmung hat, andererseits aber schon in vielen Gegenden die Behörden dieselbe größtentheils eingebracht haben.

8) Diese von der Bevölkerung gegenwärtig zu leistende Geldhilfe wird
im künftigen Jahre in Rechnung gebracht werden.

9) Die eine Hälfte dieser Geldhilfe, welche von den betreffenden Behörden durch einen, aus beeideten, und das allgemeine Vertrauen besitzenden Mit-
bürgern bestehenden Ausschuß alsogleich auszuschreiben sind, muß binnen 4 Wochen, und die andere Hälfte binnen 8 Wochen bei strenger Verantwortung der
Behörden ohne besondere Auslagen der Landeskassa zu Agram übergeben werden; — im Uebrigen aber, wie, und in welchem Verhältnisse diese Beiträge auszuschreiben sind, wird der Einsicht und Gerechtigkeitsliebe der Behörden überlassen.

Diejenigen Staatsbürger endlich, welche in dieser bedenklichen Zeit das
Vaterland treulos verlassen haben, oder außerhalb desselben nicht zu Gunsten des
Landes leben, sollen doppelt besteuert werden.

10) Inwiefern schon einige Patrioten freiwillige Beiträge geleistet haben, sind dieselben den Gebern bei der Ausschreibung dieser Beiträge in Rechnung zu bringen.

11) Nach der Zahl der Porten hat also zu entrichten:

das Požeganer Komitat von	27¹/₂ Port.	27,500 fl.
die Stadt Požeg · · ·	1 „	1000 „
das Verobiticer Komitat ·	40 „	40,000 „
die Stadt Essek · · ·	5¹/₂ „	5500 „
das Syrmier Komitat ·	40¹/₂ „	40,500 „
das Agramer Komitat ·	66 „	66,000 „
das Warasdiner Komitat ·	31²/₈ „	31,250 „
das Kreuzer Komitat ·	22²/₈ „	22,250 „
die Stadt Agram · · ·	3 „	3000 „
die Stadt Warasdin · ·	2¹/₂ „	2500 „
die Stadt Kreuz · · ·	⁷/₈ „	875 „
die Stadt Kopreiniz · ·	2 „	2000 „
die Stadt Karlstadt · ·	4 „	4000 „
die Stadt Buccari · ·	2 „	2000 „
die Stadt Rěka (Fiume) ·	4 „	4000 „
Vinodol · · · ·	1⁷/₈ „	1875 „

Summa 254²/₈ „ 254,250 fl.

In Erwägung, daß die Einnahmen den fortlaufenden täglichen Bedürfnissen nicht hinlänglich entsprechen, hat der Landtag, nach der Berathung über die Einnahmsquellen, und die Art und Weise, wie diese Beiträge möglichst schnell einfließen könnten, um dem Vaterlande noch bei Zeiten zu Hilfe zu kommen, einstimmig beschlossen, daß bei einer jeden Behörde ein Central-Komité gebildet werde, welches die vermögenderen Kapitalisten auffordern wird, Geld gegen Garantie des Landes für die Vertheidigung des Heimathlandes darzuleihen, — andererseits aber hat der Landtag angeordnet, freiwillige Beiträge für Herd und Vaterland im ganzen Lande zu sammeln, wobei die Herren Landtagsdeputirten theils im baaren Gelde, theils in Prätiosen oder Viktualien ansehnliche Beiträge auf den Altar des Vaterlandes niedergelegt haben; — dieses edle und großmüthige Beispiel hat auch die Zuhörerschaft und das übrige Publikum derart entflammt, daß in kurzer Zeit mehrere Tausende im Baaren und in Prätiosen gesammelt waren. — Dieser patriotische Akt wird mittelst eines Namensverzeichnisses der großmüthigen Spender sammt den Listen aller Behörden dieser Königreiche veröffentlicht werden, damit auch alle übrigen Vaterlandsfreunde dem Beispiele folgen und dem Vaterlande behilflich beistehen.

Dieser Landtag gibt sich endlich der sichern Hoffnung hin, daß auch die privilegirten Militär-Kommunitäten und Stabsorte, deren Einwohnerschaft nicht unter Waffen steht, aus angeborner Liebe und patriotischer Begeisterung für das Vaterland freiwillige Gaben nach ihren Kräften auf den Altar des Vaterlandes niederlegen werden.

Artikel XXXIII.
Von den Beschwerden und Forderungen einzelner Behörden.

Die durch die betreffenden Deputirten am Landtage vorgebrachten Beschwerden und Forderungen einzelner Behörden hat der Landtag dem großen durch Art. VIII bestimmten Ausschusse mit dem Auftrage zugewiesen, solche zu prüfen, in ein System zu bringen, und dem nächsten Landtage zur endlichen Berathung vorzulegen.

Artikel XXXIV.
Von der Koordinirung der Komitate und Städte, so wie auch der privilegirten Grenzgemeinden.

Der Landtag hat erkannt, daß die Komitate, Städte und privilegirten Grenzgemeinden radikal geregelt werden müssen; die Regelung mußte er jedoch bis auf ruhigere Zeiten verschieben. Um jedoch den Weg hiezu vorläufig anzubahnen, hat derselbe die Ausarbeitung eines Entwurfes über deren Koordinirung, welcher am nächsten Landtage zur Verhandlung kommen soll, dem betreffenden durch Art. XV bestimmten Ausschusse zugewiesen; sollten indessen einzelne Behörden in Rücksicht auf die Restauration, Vermehrung der Dienststellen, und andere darauf bezüglichen Fragen irgend welche auf die Volksvertretung basirte Reformen vorzunehmen gesonnen sein, so sind sie verpflichtet, dieselben Sr. Excellenz dem Ban vorzulegen, welcher solche kraft seiner Art. XXI ihm verliehenen außerordentlichen unumschränkten Vollmacht provisorisch bestimmen wird.

Artikel XXXV.
Von der Vertagung des Landtages.

In Berücksichtigung des beschlußmäßig geäußerten nationalen Willens, nicht eher auseinander zu gehen, bis die gerechten Wünsche allerhöchsten Orts genehmiget sein werden, erklärte Se. Excellenz der Ban über einstimmiges Verlangen der Volksvertreter den Landtag als permanent, und in Erwägung, daß das Heil des Vaterlandes derzeit mehr von einer physischen als moralischen Hilfe abhängig ist, vertagte er denselben unter einem herzlichen und väterlichen an die ganze Nation gerichteten Gruße auf glücklichere Zeiten.

Veröffentlicht durch **Franz Žigrović.**
provisorischen Protonotär der drei vereinigten Königreiche
Dalmatien, Kroatien und Slavonien.

Beilagen des Landtags=Protokolls.

A.

Dankadresse des kroatisch-slavonischen Landtages an Se. Majestät für die Ernennung des Baron Jellačić zum Banus, mit der Bitte um Vereinigung Dalmatiens und Aufrechthaltung der Banalrechte.

Euere Majestät!

Der mächtige Ruf der kostbarsten Errungenschaft dieser Zeit, der Ruf der goldenen Freiheit hat auch uns, die treue kroatisch-slavonische Nation, in Uebereinstimmung mit der allerhöchsten Genehmigung versammelt, damit wir Berathungen pflegen über unsere gegenwärtige Stellung, welche die gewaltigen Ereignisse der neuesten Zeit rücksichtlich der Beziehungen zu der Gesammtmonarchie in ihrer Grundfeste erschütterten.

Wir haben uns versammelt, damit wir unsere nationale Selbstständigkeit sichern; wir sind bereit als freie Männer alle jene Kräfte aufzubieten, auf welchen die sicherste Garantie für die Kräftigung der nationalen Freiheit beruht; aber freimüthig gestehen wir zugleich als treue Unterthanen Euerer Majestät, daß wir im heiligen Kampfe unserer patriotischen und liberalen Bestrebungen und unserer heimischen staatlichen Interessen einzig nur auf der Bahn der unerschütterlichen Treue gegen Euere Majestät vorzuschreiten wünschen. Wir mußten uns aber auch deßhalb versammeln, damit wir unseren allgeliebten Ban Jos. Baron Jellačić, der als solcher von Euerer Majestät in Uebereinstimmung mit dem Wunsche der Nation ernannt wurde, nach alter nationaler Sitte in sein Amt einsetzen, und auf diese Weise seiner neuen Würde jene Weihe verleihen, auf welcher alle seine gesetzlichen Beziehungen zum König und Vaterland basirt sind. Und deßhalb erachten wir es als unsere heiligste Pflicht, im Namen der Nation, die wir hier vertreten, vor allem Euerer Majestät aus der Tiefe unserer Herzen unseren Dank auszusprechen, daß Euere Majestät mit Würdigung des Wunsches der Nation aus unserer Mitte uns den Ban zu geben geruhten.

In Rückerinnerung aber auf die uralten gesetzlichen Eigenthümlichkeiten, und in Anbetracht der gegenwärtigen ungünstigen Umstände unseres Vaterlandes finden wir als unumgänglich nothwendig, daß dem Ban alle jene Macht, welche demselben von jeher im Sinne so vieler Gesetze zukommt, wiedergegeben werde, und daher bitten wir in aller Unterthänigkeit, daß dem Ban die Würde eines kommandirenden Generals sowohl in Slavonien, wie auch in Dalmatien ohne Verzug verliehen werde, weil von der Einheit dem Militär-Kommando in dem dreieinigen Königreiche in den Händen des Banus zugleich die glückliche Lösung der Frage von der Gesammtheit der österreichischen Länder abhängt. Indem wir ferner wissen, daß Dalmatien zur Landeseinheit von Kroatien und Slavonien als ergänzender Theil dieses dreieinigen Königreiches gehört, was daraus deutlich ersichtlich ist, weil die ersten Fürsten und Könige ihren Thron in Dalmatien hatten, — weil unsere Bane in Dalmatien Donationen machten, — weil der Kaiser Franz I. seligen Andenkens mit unserem Rechte durch Kroatien als kroatischer König Dalmatien erlangt hat, — weil im Jahre 1813 unsere Grenzer und die Banderial-Insurrection Dalmatien vom Feinde erobert haben, — weil der durch den Krönungseid bekräftigte 5. Art. von 1836 in Anerkennung eben dieser Einheit des dreieinigen Königreiches die Inkorporation desselben Dalmatiens verfügt hat; somit können wir mit vollem Rechte und großer Zuversicht Euere Majestät bitten, daß Dalmatien (hiezu auch die Insel Velja, Cherso und Lušin mitgezählt), welche, obschon gegenwärtig zugleich mit Istrien verwaltet, dennoch von altersher zu Dalmatien gehören, mit Kroatien und Slavonien in einen Länderkörper wieder vereinigt werde. — Jene Anordnungen, welche unser Ban noch vor seiner Installirung in unserem Vaterlande zur Erhaltung der öffentlichen Ruhe und Ordnung getroffen hat, erachten wir als unumgänglich nothwendig, für gesetzlich, und als solche, die sowohl die Nation als auch die Lage des Vaterlandes erheischt hat, und proklamiren selbe vor der allerdurchlauchtigsten Person Euerer Majestät als unsere, mit der unterthänigsten Bitte, daß Euere Majestät unseren allgemein geliebten Ban gegen jede Gewalt des ungarischen Ministeriums zu schützen geruhen mögen; denn es ist nicht ungegründet die Besorgniß, daß die Militärgrenze, einmal den Händen des Ban entrissen, zugleich den Händen Euerer Majestät entwunden werde, nicht durch Untreue, welche das heldenmüthige und biedere Herz eines Grenzers nicht kennt, sondern durch die unheilvolle Politik der, Euere Majestät umgebenden Räthe, welche das ungarische Ministerium zu jeder Zeit lediglich zu seinem Vortheile zu benützen pflegt. Wir bekennen offen, wir wünschen und wollen mit aller unserer Kraft den hohen Thron Euerer Majestät und die Gesammtmonarchie aufrecht erhalten; andererseits jedoch erklären wir aufrichtig und ohne Rückhalt, daß für den ungünstigen Fall, wenn uns Euere Majestät unter dem unglücklichen und gefährlichen Würfelspiele der bis nun erfahrenen Intriguen des ungarischen Ministeriums auch fernerhin ohne Hoffnung belassen, wir bemüssiget sein werden, unsere Stärke und all' unsere Kraft lediglich zur Aufrechthaltung unserer Existenz und unserer nationalen Selbstständigkeit aufzubieten. — Dieß unser Wunsch, dieß unser Entschluß! Aber wir versichern Euere Majestät, daß dieß auch der Wunsch unserer Brüder in der Grenze ist, die als Deputirte nicht nur bereits einen und denselben Platz in der gegenwärtigen National-Versammlung einnehmen, sondern auch von einem und demselben nationalen Geiste mit uns beseelt sind. Wir behalten uns übrigens vor, unsere sonstigen Wünsche und Beschwerden aus diesem Landtage Euerer Majestät noch besonders vorzutragen.

Agram, den 10. Juni 1848.

B.

Proklamation der Vertreter des kroatisch-slavonischen Volkes an ihre Brüder die Dalmatiner, womit sie eingeladen werden, am Agramer Landtage zu erscheinen.

Die süße Hoffnung, Euch am gegenwärtigen Landtage begrüßen und umarmen zu können, ist bereitelt worden, denn Ihr seid nicht gekommen. Liebe Brüder! Ihr als ein Volk, welches die Freiheit anstrebt, in welchem ein dem unsrigen gleiches Blut strömt, welches nicht nur vermöge der Geschichte und der geographischen Lage, sondern auch nach den Gesetzen einen unzertrennlichen Theil unseres gemeinsamen Vaterlandes bildet, vermöget wohl nicht länger von uns, Eueren kroatisch-slavonischen Brüdern entfernt zu bleiben. Uns besuchten die Čechen, Serben jenseits der Donau, und Slovenen; und Ihr, dalmatinische Brüder, Ihr, der Ursprung und die Wiege unseres Volkes, unserer Nationalität und nationaler Bildung, die Ihr nach den durch königlichen Eid sanktionirten Gesetzen zu unserer Einheit gehört, konntet noch jetzt, wo die Posaune der Brüderlichkeit und Freiheit in ganz Europa erschallt, ferne bleiben? Eine gewaltige Macht muß Eueren nationalen Sinn unterdrücken, daß der Bruder den Bruder nicht kennt; aber mächtiger

ift die Macht der Zeit; begreift fie und fprenget die Ketten, welche Euer geiftiges Leben
fo fehr feffeln. All' unfer Ruhm, all' unfer Wohl hängt von der brüderlichen Einheit des
dreieinigen Königreiches, von dem Verbande aller öfterreichifchen Slaven ab; eilt alfo in unferen Bruderkreis, wir rufen und verfichern Euch, daß von der Eintracht der flavifchen Völker
der öfterreichifchen Monarchie nicht nur unfere und Euere Zukunft, fondern fogar die Exiftenz
und die Integrität Oefterreichs abhängig ift.

C.

**Adreffe des Landtages der vereinigten Königreiche Dalmatien,
Kroatien und Slavonien an Se. Majeftät den König, überbracht von
einer zahlreichen glänzenden Landes-Deputation nach Innsbruck im
Junt 1848.**

Euere Majeftät!

Es ift eine bekannte Thatfache, daß die drei vereinigten Königreiche Dalmatien, Kroatien und Slavonien, obwohl durch achthalb Jahrhunderte mit Ungarn im Glück und Unglück
verbunden, dennoch ihre einftigen Rechte und nationale Freiheit immerfort bewahrt, und bis
auf den heutigen Tag die ufurpirte Hegemonie Ungarns nie anerkannt haben. Denn fchon im
allererften Anfange ihres bedeutungsvollen Verbandes mit Ungarn wurde Koloman, der erfte
gemeinfchaftliche König der Ungarn und Kroaten, mit der Krone Kroatiens befonders gekrönt,
und in den darauf folgenden Zeiten erhoben die drei vereinigten Königreiche auf den ungarifchen Thron mehrere aus eigener Kraft erwählte Könige, namentlich aber Karl Robert und Karl
den Kleinen. In Zara erwählte fich die Nation diefer Königreiche, auf dem Landtage verfammelt,
zu Königen Wladislaw den Neapolitaner und Twèrtko I. von Bosnien; in jener entfcheidenden
Epoche aber, als das Haus Habsburg feine Rechte auf Ungarns Thron anzufprechen anfing, erwählten die Kroaten in Cetinj im Jahre 1527, nachdem dieß fchon die Ungarn und Böhmen gethan hatten, zu ihrem Könige Ferdinand I., wodurch fie auch das Glück und den Ruhm ihres
jetzt regierenden glorreichen Herrfcherhaufes felbftftändig begründeten. Ebenfo bewies unfere Nation ihre nationale und landtägliche Unabhängigkeit, als fie unter Karl VI. um einige Jahre
früher als die Ungarn oder welches immer andere Volk des heutigen Oefterreichs der pragmatifchen Sanktion beipflichtete, weßwegen fie von demfelben Könige mit vielem Lobe überfchüt-
tet wurde; fo wie diefelbe ganz unabhängig von Ungarn oder deffen Reichstage die fogenannte
Wiener Pacifikation und den Traktat der pragmatifchen Sanktion unterzeichnete. Auf diefe
Weife wurden diefe Königreiche in jeder Hinficht als eine freie, der ungarifchen ganz ebenbürtige
Nation regiert, wie es nicht nur die obenangeführten Thatfachen darftellen, fondern auch der
Umftand beweift, daß diefe Königreiche von mehreren Königen befondere Krönungsdiplome er-
hielten, und fich unfere Könige dazu eidlich verpflichteten, nicht nur Ungarn, fondern auch diefe
drei Königreiche in ihren Rechten und Freiheiten fchirmen zu wollen.

Die Selbftftändigkeit diefer drei Königreiche beweift noch deutlicher ihr eigener, vom ungarifchen ganz unabhängiger, bis auf den heutigen Tag bewahrter Landtag, auf welchem ehemals bis auf die Zeiten Ferdinands I. die Könige felbft den Vorfitz führten, und wo diefelben
gewöhnlich auch zu Königen Kroatiens und Dalmaticus gewählt und ausgerufen wurden. An
diefem Landtage befitzen diefe Königreiche noch gegenwärtig ihre eigene Gefetzgebung, und be-
hielten bis auf die neuefte Zeit ihre eigene Regierung, die ehemals den aus königlichem Geblüte
ftammenden Wojwoden, fpäter aber einzig und allein den vom Könige abhängigen Banen anver-

traut wurde. (Gesandte dieser Königreiche erschienen öfters beim ungarischen Reichstage gar nicht, und wenn sie es thaten, so wurden sie dort als Repräsentanten dieser Königreiche nur in Bezug auf unsere gemeinschaftlichen ungarisch-kroatischen Staatsverhältnisse betrachtet; die dort geschaffenen Gesetze aber wurden innerhalb der Grenzen dieser Königreiche so lange für kraftlos gehalten, bis man sie nicht auf dem besonderen Landtage dieser Königreiche als bindend anerkannte; weßwegen es auch öfters geschah, daß derlei Gesetze für diese unsere Länder selbst auf ungarischen Reichstagen einzig und allein durch die Vertreter dieser Königreiche mit dem Protonotär derselben besonders redigirt, und aus demselben dem Könige zur Sanktionirung unterbreitet wurden. Woraus man auch leicht die Ursache ersehen kann, warum diejenigen Gesetze, welche ausschließlich diese Königreiche betreffen, im corpus juris immer für sich abgesondert vorkommen. Eben so wurden auch solche Beschlüsse unseres besonderen Landtages nicht selten als Gesetze anerkannt, welche man auf dem ungarischen Reichstage weder geschaffen, noch in Berathung gezogen hatte, wie dieß unsere, unter dem Namen: Constitutiones et articuli Slavoniae im corpus juris vorkommenden Gesetze vom Jahre 1492 und 1538 zur Genüge erweisen. —

Die Banalwürde erstreckte sich, wie dieses unzählige Diplome und Gesetze beweisen, von der Drave und Donau bis zum adriatischen Meere, und wurde immer, unabhängig vom Königreiche Ungarn und seinen was immer für Namen habenden Würdenträgern, von den betreffenden, dem alleinigen Könige untergeordneten Banen in diesen Ländern ausgeübt. Ja es ist eine unbestrittene Thatsache, daß, indem es den ungarischen Richtern verboten war, ihr Amt dießseits der Drave auszuüben, unsere Wojwoden und Bane ein vom ungarischen verschiedenes Geld prägten. Die politische Administration der inneren Angelegenheiten dieser Länder, obwohl der Statthaltereirath für Ungarn um Vieles früher gesetzlich eingeführt wurde, war nichts destoweniger bis zur Einstellung des für diese Länder eingeführten besonderen königlichen Konsiliums, d. h. bis zum Jahre 1779 von Ungarn zu keiner Zeit abhängig, sondern stand bis über die Hälfte des vorigen Jahrhundertes, d. h. bis zur Einführung der erwähnten kroatisch-slavonischen Landesstelle, ausschließlich der Banalwürde mit Zuziehung unseres Landtages zu. Erst unter Maria Theresia und Josef II. fingen die Banalwürde und der Landtag dieser Königreiche an, ihren alten Glanz und ihre einstige Macht allmälig zu verlieren. Aber selbst dann noch, als im Jahre 1790/1 durch den 58. Gesetzartikel die Macht der nun aufgelösten ungarischen Statthalterei auf diese Königreiche ausgedehnt wurde, blieben dessen ungeachtet die, diese Königreiche besonders betreffenden Angelegenheiten unserem Landtage vorbehalten, und auf diese Weise die Selbstständigkeit dieser Königreiche auf der Grundlage sowohl der Bedingnisse des gegenseitigen Verbandes, als auch mehrerer Grundgesetze insbesondere jenes vom Jahre 1715 Art. 120 anerkannt und auch fernerhin der Nachkommenschaft überliefert.

Die beste Garantie für die nationale Selbstständigkeit dieser Königreiche waren wir jedoch immer gewohnt in unseren erhabenen Königen zu sehen, welchen es nicht nur die angeborene Gerechtigkeitsliebe, sondern auch der feierlich geleistete Krönungseid zur Pflicht machte, nicht nur das Königreich Ungarn, sondern auch diese vereinigten Königreiche in ihren ererbten Rechten und Freiheiten zu erhalten. Und so geschah es auch, daß eben die ungeschwächte königliche Macht, welche denen Lostrennungskitzel der Magyaren bedrohlich erschien, für uns ein heiliger Hort war, wo wir zu jeder Zeit gegen unsere Dränger Hilfe erflehen konnten. Diese Wohlthaten der königl. Macht erwiederte aber auch unsere getreue Nation immer mit heldenmüthiger Selbstaufopferung, wo es galt die Rechte, den Glanz und den Ruhm der Dynastie zu vertheidigen, so wie dieses unzählige, in unserem Landesarchive bewahrte Belobungsbriefe unserer Monarchen zur Genüge darlegen.

Aber Euere Majestät! die jüngsten Märztage haben uns getreue Kroaten, Slavonier und Dalmatiner felbft diefer unferer einzigen aber mächtigen Stütze beraubt. Unfere einftigen Dränger find nun auch Dränger der königl. Macht Euerer Majeſtät geworden. Das alte Ungarn zerſtäubt vor dem Hauche der neuen Zeit, und mit ihm iſt das alte Band zwiſchen Oeſterreich und Ungarn dahin. Oeſterreich und Ungarn find nicht mehr Ein Staat, ſondern es iſt zwiſchen den beiden Staaten nur noch das ephemere Band, daß Ein Herrſcher Oeſterreich und Ungarn beherrſchen könnte, wenn es ihm übrigens phyſiſch möglich wäre in Wien und zugleich zu derſelben Zeit in Ofen und Peſth zu thronen. Ungarns Handel, ja Ungarns Finanzen und Krieg, nachdem ſie Jahrhunderte lang durch die unverantwortliche Regierung Oeſterreichs adminiſtrirt wurden, haben durch einen ſonderbaren Kontraſt gegenwärtig, nachdem die Verantwortlichkeit der Regierung in Oeſterreich als Staatsgrundgeſetz gilt, ihre eigene von den allgemein öſterreichiſchen ganz beſondere Miniſter. Und da es phyſiſch unmöglich iſt zu derſelben Zeit an zwei verſchiedenen Orten zugleich ſich zu befinden, ſo hat Ungarn in ſeinem Palatin einen faktiſchen, in ſeinem angeſtammten Herrſcher aber, um das, was iſt, auch bei dem rechten Namen offen zu nennen, nur noch einen Schatten- und Titelkönig, mit welchem es überdieß, um ja keinen Zweifel über die Echtheit dieſes Begriffes zu laſſen, durch einen Miniſter des Auswärtigen verkehrt, der aber in der Wirklichkeit die geheiligte Perſon Euerer Majeſtät nur in der Abſicht belagert, um ja keinen, von den Anſichten der Magyaren abweichenden Wunſch anderer getreuen ſlaviſchen Völker Oeſterreichs zum väterlichen Herzen Euerer Majeſtät gelangen zu laſſen.

Euere Majeſtät! Feſt hängt der Kroate an der Freiheit, welche er von ſeinen Vätern durch ſo viele Jahrhunderte überliefert erhielt, und er verſteht zu gut die Mahnungen und Forderungen der neueren Zeit, um ſeinem Herrſcher für die den Völkern des Geſammtſtaates gemachten, ewig denkwürdigen Konzeſſionen der Märztage aus ganzem Herzen nicht zu danken. Aber, wir geſtehen es offen, ein kalter Schauer durchrieſelte unſere Adern, und eine dumpfe unheimliche Ahnung bemächtigte ſich unſer, als wir gegen das Ende des nächſtverfloſſenen März unverhofft erfuhren, Ungarns neue Lage Oeſterreich gegenüber, ſtatt der vollkommenen Amalgamation mit der Geſammtmonarchie, wie wir es bei dem nunmehrigem Konſtitutionalismus Oeſterreichs nicht anders erwarten konnten, ſei die eines von Oeſterreich vollends unabhängigen, ſelbſtſtändigen und getrennten Staates. Dieſe unſere Beſorgniß iſt leicht erklärlich; denn wenn man Oeſterreich mit einem über das Meerufer hervorragenden ſtarken Felſen vergleicht, ſo kann man Ungarn und unſere mit demſelben verbundenen Königreiche leicht als zwei verſchiedene, zwar von ungleichem Tonnengehalte, doch ſelbſtſtändig befehligte Schiffe betrachten, welche ſowohl an einander, als auch beidertheils an den Felſen, der durch ſeine Stärke ihnen beiden gleichen Schutz und gleiche Sicherheit verſpricht, durch ein ſtarkes Tau verbunden erſcheinen. Macht nun bei hochgehender höchſt ſtürmiſcher See das größere dieſer beiden Schiffe den unerwarteten Verſuch, das Landtau zu löſen und in die hochaufbrauſende See zu ſtechen, ſo iſt es daraus leicht erſichtlich, daß dabei auch das kleine Fahrzeug, obwohl von dem erſteren ganz verſchieden, wenn das Schlepptau ſtärker iſt als das Landtau, in die offenbare Gefahr kömmt, mit in die ſchäumende Fluth fortgeriſſen zu werden, oder aber, wenn beide Tane von gleicher Stärke find und die Axt nicht Anwendung findet, mitten entzweizureißen. In einer ſo gefährlichen Lage iſt es wohl Pflicht des kleineren Fahrzeuges dem größeren ein ernſtes Halt zuzurufen, und wenn ſelbſt dieſes nichts fruchten ſollte, ſo erfordert es ſchon der Selbſterhaltungstrieb des kleinern, in einer ſo augenſcheinlichen Gefahr ſelbſt nach dem Beile zu greifen und das Schlepptau zu kappen, um den gefährlichen Nachbar aus ſeiner Nähe, weil er es mit Gewalt verlangt, ziehen zu laſſen, und die erſehnte Sicherheit auch noch weiterhin von der Landſeite her zu erwarten.

Dieß, Euere Majeſtät, iſt die bedrohliche Lage dieſer drei vereinigten Königreiche.

Wir getreue Kroaten, Slavonier und Dalmatiner können und wollen in Bezug auf

unsere Länder kein Ministerium anerkennen, das unsere bisherigen Lande mit dem Gesammtstaate gerne lockern möchte. Ungarn trenne sich von der Gesammtmonarchie, folglich auch
von diesen Königreichen, wenn es dazu Lust und Kraft genug besißt, aber Kroatien, Slavonien
und Dalmatien sind selbstständige Länder, und als solche wollen sie den bisherigen Verband mit
Oesterreich nicht nur nicht lösen, ja vielmehr erklären ganz offenherzig und ohne allen Rückhalt, daß sie mit dem nunmehr konstitutionellen Kaiserthume Oesterreich auf der Grundlage vollständiger Gleichheit aller Nationalitäten in einen noch engeren Verband treten wollen. Denn
wenn uns und unsere Väter von einem ähnlichen Schritte nur der Umstand abhielt, daß das
alte Oesterreich absolut regiert wurde, so sehen wir unsererseits bei der heutigen Metamorphosi-
rung desselben zu einer solchen Annäherung gar kein Hinderniß mehr. Deßwegen legen wir
aus unserem, durch gewählte Volksvertreter am 5. Juni 1848 zusammengetretenen Landtage Euerer Majestät in aller Demuth folgende Beschlüsse zur a. h. Sanktionirung vor:

1. Indem wir aus obangeführten Gründen die gegenwärtige ungarische Regierung für
   unsere Länder nicht anerkennen, betrachten wir alle, vom ungarischen Ministerium mit Ver-
   leßung unserer Rechte und Verunglimpfung der Banalwürde erlassenen Verordnungen in
   ihrem Ursprunge selbst als rechtswidrig und ungeseßlich, und bitten zugleich, Euere Majestät
   geruhen alle bisherigen, für uns verleßenden Handlungen des ung. Ministeriums, als
   kraftlos zu erklären, und uns vor dem für uns verderblichen Einflusse desselben fernerhin zu
   beschirmen und zu bewahren. In Folge dessen soll die gegenwärtige provisorische Regierung
   durch einige Individuen, besonders aus dem unteren Slavonien, vermehrt, ihre bisherige
   Wirksamkeit fortseßen, wofür wir die Ah. Genehmigung Euerer Majestät mit Zuversicht
   erwarten, für die Zukunft aber vertrauensvoll bitten: es möge unter dem Vorsiße des
   Bans für diese Königreiche unter dem Titel einer dirigirenden Landesstelle eine, aus mehreren Räthen, Sekretären und anderen Individuen bestehende, dem Landtage dieser Königreiche verantwortliche Regierung gebildet werden, deren Räthe Euere Majestät auf Vorstellung des Bans zu erneuen das Recht hätten, die übrigen Individuen aber sollte der
   Ban selbst anstellen können. Um aber die Einheit der Gesammtmonarchie leichter erzielen zu können, sind wir bereit, selbst diese unsere eigene Provinzialregierung in Bezug auf
   die den Gesammtstaat betreffenden Angelegenheiten, der verantwortlichen Central-Regierung der Gesammtmonarchie zu unterordnen. Die Sanktionirung dieses Beschlusses glauben diese Königreiche um so mehr hoffen zu dürfen, als es aus dem Vorangeführten ersichtlich
   ist, daß dieselben schon seit undenklichen Zeiten unabhängig von Ungarn administrirt wurden, ja sogar vom J. 1767 bis 1779 ihre eigene Landesstelle besaßen, deren Wiederherstellung sie sich im Jahre 1791, als der Wirkungskreis des ung. Konsiliums auch auf diese
   Länder ausgedehnt wurde, ausdrücklich vorbehielten. Woraus zu ersehen ist, daß diese Königreiche nichts Neues anstreben, sondern lediglich ihre ehemaligen unveräußerlichen und
   unverjährbaren Rechte wieder in Anwendung zu bringen wünschen, zumal eben jeßt die
   alten gemeinschaftlichen ungarisch-kroatischen Dikasterien, durch welche Euere Majestät den
   sogenannten ungarischen Länder-Komplex regierten, aufgehört haben.

2. Die Führung der Finanzen, der Kriegs- und Handelsangelegenheiten soll dem verantwortlichen Gesammtministerium des ganzen Kaiserreiches zustehen. Um aber unsere Pro-
   vinzial-Interessen dort gehörig vertreten zu sehen, soll durch Euere Majestät für diese
   Länder bei der Centralgewalt ein dem Landtage dieser Königreiche verantwortlicher Staatsrath mit dem erforderlichen Hilfspersonale ernannt werden, und jede, diese Königreiche
   betreffende Anordnung der Centralregierung kontrasigniren.

3. Der beantragten Landesstelle dieser Königreiche soll auch die gesammte Militärgrenze
   dieser Königreiche in allen nicht rein militärischen Angelegenheiten im Geiste vollkom-

mener konstitutioneller Freiheit untergeordnet, und nur in rein militärischen Angelegenheiten beim Central-Kriegsministerium belassen werden. Jedoch soll immer das Kommando über die gesammte Militärmacht dieser Königreiche nach altherkömmlichen Rechten dem Ban dieser Länder anvertraut bleiben.

4. Die offizielle Sprache im gesammten öffentlichen Leben ohne alle Ausnahme soll für uns die in diesen Ländern nationale slavische sein, so zwar, daß selbst die Erläße der Central-Regierung für diese Länder ausschließlich in dieser Sprache auszufertigen sein werden.

5. In den Bereich des Landtages dieser Königreiche werden alle jene Gegenstände gehören, welche die innere Administration dieser Länder betreffen. In Beziehung aber auf jene Angelegenheiten, welche aus dem gemeinschaftlichen Verhältnisse dieser Königreiche zum Gesammtstaate herrühren, unterwerfen sich diese Königreiche den Beschlüßen des Central-Reichstages, welchem auch das Central-Ministerium für seine Verfügungen verantwortlich sein wird.

Um aber auch thatsächlich zu beweisen, daß sie sich dem Gesammtstaate entschieden anschließen, haben diese Königreiche schon jetzt für den nächst bevorstehenden, am 26. Juni l. J. abzuhaltenden Central-Reichstag der Gesammtmonarchie ihre Abgeordneten gewählt, welche im Namen der ganzen Nation den Vertretern anderer uns verbrüderten Völker Oesterreichs unsere diesfälligen gerechten und aufrichtigen Wünsche zur Unterstützung und Beherzigung vorzutragen haben.

6. Da es natürlich ist, daß sich verwandte Nationalitäten gegenseitig anziehen, und da das Königreich Dalmatien sowohl alten verbrieften Rechten, als dem Krönungseide und feierlichen Versprechungen Euerer Majestät zufolge einen integrirenden Theil dieser Königreiche bildet, so soll das besagte Königreich Dalmatien sowohl in Bezug auf die Gesetzgebung als Administration mit diesen Königreichen gänzlich wieder vereinigt, die übrigen südslavischen Theile der Gesammtmonarchie aber, als: die wieder auferstandene serbische Wojwodschaft, welche wir hiemit von Euerer Majestät vermöge alter, der serbischen Nation verliehenen Rechte a. g. bestätigt zu sehen wünschen, dann: Untersteiern, Kärnten, Krain, Istrien und Görz in ein näheres Verhältniß mit diesen Königreichen gebracht werden.

7. Das freundschaftliche Verhältniß mit den im Königreiche Ungarn wohnenden Völkern im Sinne der pragmatischen Sanktion, und auf der Grundlage der Freiheit, Gleichheit und Brüderlichkeit aller unter der Krone Ungarn's lebenden Nationalitäten wünschen diese Königreiche auch noch weiterhin zu erhalten. Wie aber dieses auszuführen sei, wird die Nation dieser Länder dann bestimmen, wenn diese ihre gerechten Wünsche von Euerer Majestät erfüllt werden, und die wahre Lage Ungarns dem Gesammtstaate gegenüber noch deutlicher bekannt sein wird.

8. Alle politischen und juridischen Staatsbeamten, deren Ernennung Euerer Majestät allein zusteht, sollen vom Ban blos provisorisch ernannt, und eine solche Ernennung Euerer Majestät zur Bestätigung vorgelegt werden.

9. Bis man eine neue Gerichtsordnung einführt, soll die Appellation der Prozesse aus diesen Königreichen zu den Obergerichten nach Ungarn nicht gestattet werden.

10. Zur Beförderung der Erfüllung der Wünsche unserer Nation ist Baron Franz von Kulmer als Vertreter dieser Königreiche beim Throne Euerer Majestät einstimmig gewählt worden, welche Wahl wir hiemit gnädigst zu bestätigen bitten.

11. Schließlich erklären wir feierlichst, daß, nachdem im Sinne des 11. Gesetzartikels vom Jahre 1608 die Macht der Banalwürde von der Drave bis zum adriatischen Meere sich erstreckt, wir die Komitate Požega, Verovitica und Syrmien, so wie die Regimenter Grabiška, Brod und Peterwardein, welche gesetzlich und geschichtlich unter dem Namen des

6*

unteren Slavoniens bekannt sind, — ferner die Distrikte Fiume, Buccari und Vinodol, die im Sinne der königl. Privilegien, der Geschichte und so vieler Gesetze zu Kroatien gehören, als integrirende Theile dieser Königreiche betrachten, und dieselben als unser rechtmäßiges Erbe gegen jedweden feindlichen Angriff männlich vertheidigen und beschützen werden.

Dieß sind die bisher in unserem Landtage gefaßten gerechten Beschlüsse, und ausgesprochenen Wünsche unserer Nation, die wir von Euerer Majestät ag. sanktionirt und erfüllt zu sehen wünschen.

Euere Majestät! Schon öfters seit den denkwürdigen Märztagen schickten wir unsere Abgeordneten mit Wünschen und Beschwerden zu Euerer Majestät, aber Euere Majestät geruhten uns immer auf den Landtag dieser drei vereinigten Königreiche mit der Weisung gnädigst zu vertrösten, aus diesem Landtage unsere Wunden dem väterlichen Herzen Euerer Majestät aufzudecken, wo wir dann gewiß Heilung von Euerer Majestät zu gewärtigen hätten. Das geschieht nun eben in dieser unserer allergehorsamsten Repräsentation, und wir hoffen zuversichtlich, daß Euere Majestät den nothgedrungenen und gerechten Beschlüssen eines treuen und tapferen Volkes Ihre A. h. Beistimmung nicht versagen werden. Denn, wenn man auch annimmt, daß Euere Majestät als König von Ungarn sich zu verschiedenen großmüthigen Konzessionen bewogen fühlten, und deßhalb als solcher ohne die ungarische Nation über nichts verfügen durften, so steht doch diese allerdings ganz wahre, wenn auch traurige Annahme, in Bezug auf unsere drei vereinigten Königreiche ganz und gar nicht, denn die Königreiche Dalmatien, Kroatien und Slavonien haben auch ihren eigenen König, der sich durch einen feierlichen Eid dazu verpflichtet hat, die Rechte und Freiheiten derselben, so wie des Königreichs Ungarn unversehrt schützen zu wollen, und dem, da er nirgends und niemals, noch durch unser Zuthun seiner altherkömmlichen königl. Macht entkleidet wurde, auch die volle Gewalt zusteht, vermöge seines Schwures und auf den Wunsch seiner Königreiche hin denselben, wo und wie es beliebt, väterlich beizustehen. Und diesen König Dalmatiens, Kroatiens und Slavoniens verehren und rufen wir zu Hilfe in der gekrönten und erhabenen Person Euerer Majestät.

Die wir übrigens ehrfurchtsvoll verharren, Euerer Majestät getreue Unterthanen.

Der Ban und die Volksvertreter der Königreiche Dalmatien, Kroatien
und Slavonien.

Gegeben aus dem Landtage der Königreiche Dalmatien, Kroatien und Slavonien ddo. Agram, am 5. und folg. Juni 1848.

D.

Adresse des dirigirenden Ausschusses des Landtages der vereinigten Königreiche Dalmatien, Kroatien und Slavonien an Se. Majestät betreffs der Vorfälle in Syrmien und Karlowitz.

Euere Majestät!

So eben erhielt der vom Landtage der vereinigten Königreiche zur Leitung der Landesangelegenheiten beauftragte und bevollmächtigte Ausschuß die traurige Kunde aus Syrmien, daß aus Anlaß der Nichtanerkennung des ungarischen Ministeriums von Seite des slavonischen und serbischen Volkes ein militärischer Angriff der k. k. Truppen Euerer Majestät auf Befehl des Peterwardeiner Kommandirenden F.-M.-L. Hrabovski gegen das Volk, und namentlich gegen die Stadt Karlowitz, die als Sitz aller Heiligthümer und alles Schatzes der orientalischen Kirche vom Volke selbst als eine heilige Stadt betrachtet wird, in die Scene gesetzt, und so ein fluchwürdiger Bürgerkrieg mit allen seinen gräuelhaften Folgen begonnen wurde, der schon in seinem ersten Anfange die Verheerung jener unglücklichen, dem allerhöchsten Throne Euerer Majestät stets treuen Stadt herbeiführte.

Euere Majestät! Während die Vertreter der kroatisch-serbischen Nation dieß- und jenseits der Donau sich an den Stufen des geheiligten Thrones Euerer Majestät mit ihren gerechten Bitten und gegründeten Klagen gegen die Anmaßungen der neukonstituirten Regierung Ungarns befinden, und im Namen der gesammten Nation die Versicherungen der unwandelbaren Treue gegen die geheiligte Person Euerer Majestät aussprechen; während die kampffähigen Söhne unserer Nation zum Beweise, daß jene Versicherungen der Treue keine bloßen Worte sind, für die Erhaltung der Gesammtmonarchie, für den Ruhm, und die Rettung des glorreichen Kaiserhauses Euerer Majestät mit gänzlicher Hingebung auf den Schlachtfeldern Italiens zahlreiche und verhältnißmäßig größere Opfer als die ganze übrige Monarchie bringen; während die heimgebliebenen Söhne dieses Vaterlandes sich nur gegen die ihnen rechtswidrig aufgedrungene, und die königliche Macht unseres geliebten Herrschers beinahe vernichtende oder doch im höchsten Grade beeinträchtigende Gewalt des magyarischen Ministeriums stemmen, und deßhalb, die unverbrüchliche Unterthanstreue in ihren Herzen heilig bewahrend, bis zur Erhörung ihrer unterbreiteten Wünsche nur einen passiven Widerstand gegen die Anmaßungen der magyarischen Gewalthaber äußern, — wurde von den magyarischen Satelliten eine Nation, die von Treue gegen ihren Monarchen durchdrungen, dabei aber auch ihrer Rechte als Nation sich wohl bewußt, nichts anderes anstrebt, als die Integrität der Gesammtmonarchie und die von Euerer Majestät am 15. Mai ausgesprochene Gleichberechtigung aller, dem väterlichen Scepter Euerer Majestät gehorchenden Nationalitäten aufrecht zu erhalten, mit Feuer und Schwert überzogen, die Söhne, Brüder und Väter der ruhmgekrönten Kämpfer der Monarchie hingeschlachtet und ein freies und tapferes Volk, welches das mächtigste Bollwerk gegen alle Feinde Oesterreichs bildet, durch Ränke und Kabalen der magyarischen Organe der Vernichtung oder der magyarischen Willkürherrschaft preisgegeben. Es wird gerade in dem Augenblicke, wo die Erhaltung der Gesammtmonarchie, die Rettung des Thrones, und die friedliche Entwickelung aller Nationalitäten Oesterreichs Eintracht erheischen, die Fackel eines verheerenden Bürgerkrieges mit frevelnder Hand angezündet, und so nicht nur die heiligsten Interessen der einzelnen Völker im höchsten Grade gefährdet, sondern auch, was wohl berücksichtigt zu werden verdient, der Fortbestand der Monarchie, und des Thrones Oesterreichs geradezu in Frage gestellt.

Den unabsehbaren Folgen dieses verzweiflungsvollen Zustandes kann kein anderes Mittel sicherer begegnen, als Euerer Majestät allen Höchstihren treuen Völkern im gleichen Maße zugedachter gnädigster Schutz.

Wie aber dieser hohe Schutz unserer Nation vom geheiligten Throne Euerer Majestät zu Theil werden könnte, darüber geben die aus dem versammelten Landtage unterbreiteten Wünsche der Nation einen viel zu genügenden Aufschluß, als daß wir die Wiederholung alles dort Gesagten hier für nothwendig hielten. Wir können jedoch hier den Umstand nicht unerwähnt lassen, daß die erste und dringendste Maßregel, um den weiteren Folgen des angefachten Bürgerkrieges vorzubeugen, nach der einstimmigen Ueberzeugung des ganzen Landes darin bestehet, daß durch Euere Majestät dem bisherigen slavonisch-syrmischen Kommandirenden Generalen Hrabovski, der in Folge seines falschen und wortbrüchigen Systems, durch welches er die Interessen des ung. Ministeriums mit Hilfe seiner magyarischgesinnten Umgebung zu fördern bestrebt ist, und deßhalb das Vertrauen des Volkes, dessen Haß er sich vollends zugezogen hat, selbst in seinen loyalen Unternehmungen nie und in keinem Falle mehr genießen kann, das General-Kommando in Slavonien und Syrmien unverzüglich abgenommen und unserem geliebten, dem Throne Euerer Majestät unwandelbar treuen, und das Vertrauen der Nation im vol-

86

len Maße besitzenden Ban allergnädigst anvertraut werde. Diesen gerechten, gesetzlichen und gegründeten Wunsch der Nation sehen wir uns daher veranlaßt, abermals an den Stufen des geheiligten Thrones Euerer Majestät im vollen Vertrauen auszusprechen, da wir einzig und allein von der Erfüllung desselben mit voller Zuversicht nicht nur unser Heil, sondern auch die Rettung des ganzen österreichischen Staates, dessen Erschütterung sonst durch die verzehrende Kraft des Bürgerkrieges leicht erfolgen könnte, erwarten.

Die zweite unumgänglich nothwendige Maßregel, um dem Umsichgreifen des Bürgerkrieges Schranken zu setzen, bestünde dann noch darin, daß Euere Majestät dem einstimmigen Wunsche des gesammten k. k. österreichischen Grenzvolkes gemäß offen und deutlich allergnädigst zu erklären geruhen: die gesammte k. k. Grenze sei im Sinne ihrer geschichtlichen Vergangenheit in Bezug auf ihre rein militärischen Angelegenheiten vom k. k. österreichischen Kriegsministerium abhängig, in Betreff ihrer gesammten Civilangelegenheiten aber mit den Königreichen Dalmatien, Kroatien und Slavonien als vereinigt zu betrachten, und habe vom ungarischen Ministerium, wie bisher so auch in Zukunft, gar keine Befehle anzunehmen und zu befolgen.

Auf die Ergreifung dieser Maßregel glaubten wir Euere Majestät umsomehr aufmerksam machen zu müssen, als es gewiß ist, daß die sämmtlichen k. k. Grenzregimenter im vollen Bewußtsein ihrer Nationalität fest entschlossen sind eher Alles zu wagen, als statt mit ihren stammverwandten Brüdern den Kroaten, Slavoniern und Serben wieder vereinigt, zum Lohne ihrer Jahrhunderte langen treuen Aufopferung für die Dynastie Euerer Majestät unter das Joch ihrer Todfeinde, der übermüthigen Magyaren, wider ihren Willen gebeugt zu werden.

Für den unerwarteten Fall, daß Euere Majestät Höchstihre schützende väterliche Hand aus was immer für Rücksichten dieser treuen Nation noch fernerhin zu entziehen bemüßigt sein sollten, können wir nicht umhin, offen und unumwunden, wie es einem freien Volke ziemt, Euerer Majestät Aufmerksamkeit auf die furchtbaren Gefahren zu lenken, welche für den Gesammtstaat daraus entstehen würden, wenn die tapfern und zahlreichen Krieger unserer Nation, welche in diesem Augenblicke für das Wohl Euerer Majestät in Italien bluten, auf die traurige Kunde über das Hinschlachten ihrer Familien und Verheerung ihrer Habe, sich in die höchst traurige Lage versetzt sehen sollten, dem unwiderstehlichen Rufe der Natur endlich nachgebend ihren gegenwärtigen Posten im Gefühle einer höheren und näheren Pflicht verlassen und zur Vertheidigung ihres Herdes, ihrer Kinder und ihrer heiligsten Rechte zurückeilen zu müssen. Mit blutendem Herzen würde sich diese treue Nation zu einem solchen äußersten Schritte entschließen, aber zwingt man sie dazu, so wird sie ihn thun kühn und männlich, wie es Heldensöhnen ziemt, und jede Verantwortlichkeit dafür vor dem göttlichen und dem Throne Euerer Majestät treffe diejenigen, die das unsägliche Uebel eines Bürgerkrieges von der Monarchie abwenden konnten, und es doch zu thun unterließen. Jahrhunderte lang hat diese Nation ihrem Monarchen treu und redlich gedient; jetzt endlich tritt sie vor die geheiligten Stufen des Thrones Euerer Majestät, und verlangt von der Gerechtigkeit ihres Monarchen den gerechten Lohn dafür: Schutz gegen ihre magyarischen Dränger und vollständige Gleichberechtigung ihrer Nationalität im brüderlichen Völkerkranze des neugebornen Oesterreichs.

Die wir übrigens in Erwartung einer, keinen Verzug erleidenden, mit Ausschluß jedes Einflusses des ungarischen Ministeriums zu fassenden, allerhöchsten Entscheidung in ewiger Treue bis in den Tod verharren.

Euerer Majestät treu-gehorsamste Unterthanen.
Der vom Landtage der drei vereinigten Königreiche Kroatien, Slavonien und Dalmatien ausgesendete und bevollmächtigte Ausschuß.
Gegeben aus der Sitzung des dirigirenden Landtags-Ausschusses.
Agram, am 15. Juni 1848.

E.

Manifest Sr. Majestät des Kaisers und Königs Ferdinand an die Grenzer, gerichtet gegen den Ban Jellačić.

Wir Ferdinand der Erste, von Gottes Gnaden Kaiser von Oesterreich, apostolischer König von Ungarn, Böhmen, Kroatien, Dalmatien, Slavonien, Galizien und Lodomerien, dieses Namens der Fünfte, von Serbien, Kumanien und Bulgarien, so auch König der Lombardei, von Venedig, Illyrien und Jerusalem, Erzherzog von Oesterreich u. s. w. thun hiermit Unseren Grenzern kund und zu wissen.

Indem Wir Uns bewogen gefunden haben, Unserem Königreiche Ungarn und seinen Nebenländern Kroatien und Slavonien ein eigenes, in Ofen residirendes verantwortliches Ministerium zu geben, haben Wir Uns zugleich entschlossen, zur besseren Verwaltung Eueres Vaterlandes, zur schnelleren Erledigung Euerer Angelegenheiten, auch die gesammte Militärgrenze diesem Uns und dem ganzen Lande für alle seine Handlungen verantwortlichen Ministerium zu unterordnen, und in Hinkunft, statt im Wege des Hofkriegsrathes, alle Unsere Befehle nur im Wege Unseres königl. Statthalters, des durchlauchtigsten Erzherzogs Stefan, Palatins von Ungarn, und des ungarischen Kriegs-Ministeriums an Euch in Euere Heimath gelangen zu lassen. — In Befolgung dieser Befehle erweiset Ihr daher nur Uns auch ferner den Gehorsam, welchen Ihr Uns und dem Vaterlande bisher mit so treuer Ergebenheit geleistet habt.

Grenzer! es thut Unserem Herzen wohl, nach so vielen Uns gegebenen Beweisen ausdauernder Treue und Tapferkeit, Euch endlich den verdienten Lohn zuwenden zu können.

Nachdem Euch die Unverletzlichkeit Euerer Nationalität, Religion und Sprache durch Uns und die Verfassung des Landes für ewige Zeiten garantirt wird, machen Wir es dem königl. Statthalter und Unserem ungarischen Ministerium gleichzeitig zur heiligsten Pflicht, Euere Wünsche zu vernehmen, Euere Bedürfnisse kennen zu lernen, und sofort Euch unverzüglich alle jene Erleichterungen und Begünstigungen zu Theil werden zu lassen, welche mit den neuen Gesetzen und der Eigenthümlichkeit Euerer Militärverwaltung vereinbarlich, und welche jedem treuen Bürger durch die dem Gesammtvaterlande verliehene Konstitution geworden sind; andererseits aber fordern Wir Euch auf, Unserem königl. Statthalter und dem ungarischen Ministerium als Unseren gegenwärtigen verfassungsgemäßen Organen in All und Jedem Folge zu leisten, und nicht durch Widersetzlichkeit Euer und Euerer Nachkommen Wohl zu gefährden, und Eueren historischen Ruhm treuer Anhänglichkeit an Unser Kaiserhaus zu beflecken. Diesem Unseren königl. Statthalter und ungarischen Ministerium wird es ferner obliegen, für eine sichere und bessere Subsistenz Euerer Geistlichkeit, sowie für das Emporblühen Euerer National-Schulen ungesäumt Sorge zu tragen, den Militär-Kommunitäten endlich und den sonstigen im Regiments-Bezirke wohnenden Bürgern jene konstitutionelle Freiheiten zuzuwenden, deren sich gesetzlich alle anderen Städte und Bürger des Königreichs erfreuen.

Schließlich geben Wir Euch bekannt, daß Wir Unsern Feldmarschall-Lieutenant und Kommandirenden Generalen in Slavonien, Baron Hrabowsky mit dem Auftrage zum königl. Kommissär für Kroatien und Slavonien ernannt haben, die dortigen, eine Trennung von der ungarischen Krone beabsichtigenden Umtriebe, besonders aber das, Unseren bestimmten Weisungen und Befehlen sowohl, als den Gesetzen zuwiderlaufende Benehmen des Ban's von Kroatien, Baron Josef Jellačić zu untersuchen, den Wir sonach bis zu seiner vollständigen Rechtfertigung der Bannswürde und aller militärischen Bedienstungen zu entheben finden, und Euch hiermit befehlen, bis auf Weiteres dem Freiherrn Josef Jellačić jeden Gehorsam zu versagen,

dagegen aber den Verordnungen Unferes k. k. Feldmarfchall-Lieutenants, Baron Hrabovsky, unbedingt und in allen Beziehungen zu folgen.

Gegeben in Unferer Stadt Innsbruck den 10. Juni 1848.

Ferdinand m/p.

F.

Manifeft Sr. Majeftät des Kaifers und Königs Ferdinand an die Kroaten und Slavonier,

womit der Ban Jollačić der Banalwürde enthoben, und zur Unterfuchung gegen denfelben
der F. M. L. Baron Hrabovsky als königl. Kommiffär entfendet wurde.

Wir Ferdinand der Erfte, Kaifer von Oefterreich, apoftolifcher König von Ungarn ꝛc.
verfichern Unferer k. k. Huld und Gnade alle Einwohner Unferer Königreiche Kroatien und Slavonien, indem Wir folgendes Manifeft an diefelben erlaffen.

Kroaten und Slavonier!

Je wohlthuender für Unfer väterliches Herz der Glaube war, daß, indem Wir dem
Wunfche Unferer treuen Völker gemäß, die Wohlthaten der konftitutionellen Freiheit auf alle
Einwohner ausdehnten, Wir hiemit die, durch die göttliche Vorfehung Unferer Regierung anvertrauten Völker zur Dankbarkeit gegen Uns und zur unerfchütterlichen Treue für Unferen
k. Thron verpflichteten, zugleich diefelben durch gemeinfchaftliche Rechte und Freiheiten zu einem
innigen brüderlichen Verbande ermunterten, und zur Förderung ihrer Wohlfahrt ein weites
Feld eröffneten, defto fchmerzlicher traf Uns die traurige Erfahrung, daß Wir Uns in diefer
zuverfichtlichen Erwartung eben bei Euch geirrt haben.

Bei Euch Kroaten und Slavonier! die Ihr feit acht Jahrhunderten unter derfelben
Krone, Ungarns Schickfal theilend, diefem Verbande die konftitutionelle Freiheit verdankt ;
welche Ihr — allein unter Slaven-Völkern — eine Reihe von Jahrhunderten hindurch zu erhalten im Stande waret.

In Euch mußten Wir Uns irren, die Ihr nicht nur an allen Rechten und Freiheiten der
ungarifchen Konftitution immer gleich betheiligt wurdet, fondern auch in gerechter Vergeltung
Euerer bisher makellos bewahrten Treue durch die Huld Unferer erlauchten Vorfahren gefetzlich
mit befonderen Rechten, Privilegien und Freiheiten bekleidet, im Befitze größerer Vorrechte
feid, als welch immer Unterthan Unferer heiligen ungarifchen Krone.

In Euch irrten Wir Uns, denen der letzte Reichstag des Königreiches Ungarn und feiner Nebenländer nach unferem eigenen königlichen Willen an allen Wohlthaten der konftitutionellen Freiheit und Rechtsgleichheit brüderlichen Antheil gewährte.

Die Gefetzgebung der Krone Ungarns hat die Urbarialleiftungen bei Euch eben fo, wie in
Ungarn aufgehoben, und die unter Euch Urbarial-Unterthanen waren, find ohne alle Belaftung
zu freien Grundeigenthümern umgefchaffen; die Grundherren erhalten für den Verluft der Ur-
barial-Leiftungen eine Entfchädigung, welche Ihr aus eigenen Mitteln mit den größten Opfern
nicht zu leiften im Stande wäret; daher diefelbe gleichfalls ohne Euere Belaftung auf die Hypothek Unferer Kameral-Güter mit Unferer Allerhöchften Genehmigung Statt finden wird, und
hiedurch gefichert ift.

Das Recht der konftitutionellen Verwaltung wurde bei Euch eben fo, wie in Ungarn
auf das Volk ausgedehnt, demnach nicht nur der Adel, fondern auch die übrigen Einwohner
und die Grenz-Regimenter durch ihre Abgeordneten fowohl an der gemeinfchaftlichen Legisla-

tion, als auch an Eueren Munizipal-Versammlungen Theil nehmen, und Ihr selbst durch Euer unmittelbares Mitwirken Euer Wohlergehen befördern könnt.

Bis jetzt hat der Adel an den öffentlichen Lasten wenig Theil genommen; von nun an ist die gleichförmige Vertheilung derselben zwischen allen Einwohnern ohne Unterschied des Standes gesetzlich eingeführt, und dadurch eine drückende Last von Eueren Schultern genommen.

Euere Nationalität und Munizipal-Rechte, betreffs welcher man Euch durch böswillige falsche Gerüchte Besorgnisse einzuflößen versuchte, sind durchaus nicht bedroht, ja vielmehr ausgedehnt und bekräftiget, gegen alle Eingriffe sicher gestellt, denn der Gebrauch Euerer Muttersprache ist Euch in Eueren Schulen und Kirchen nicht nur gesetzlich für immerwährende Zeiten gesichert, sondern, statt der bei Euch bis jetzt üblichen lateinischen Sprache auch in den öffentlichen Versammlungen eingeführt worden. Verleumder haben Euch den Glauben beibringen wollen, als ob die ungarische Nation Euere Sprache entweder unterdrücken, oder an ihrer ferneren Entwickelung hindern wollte. Wir selbst versichern Euch, daß diese Gerüchte ganz falsch sind, ja daß es Anerkennung findet, wie Ihr der todten lateinischen Sprache entsagend, Euere eigene Muttersprache auszubilden und zu verbreiten bemüht seid; die Gesetzgebung will Euch in diesem Bestreben unterstützen, und Euere Pfarrer, welchen die Sorge für Euere Seelen und die religiöse Erziehung Euerer Kinder anvertraut ist, auf Staatskosten gebührend dotiren.

Seit 800 Jahren seid Ihr mit den Ungarn verbunden, während dieser ganzen Zeit hat sich die Legislation immer mit Achtung Euerer Nationalität gegenüber benommen; wie könntet Ihr daher glauben, daß dieselbe Gesetzgebung jetzt feindlich gegen Euere Muttersprache auftreten wolle, welche sie 800 Jahre hindurch immer beschützt hat? Und doch statt dessen, daß unter Euch die Gewährleistung Euerer Nationalität, und die Ausdehnung der konstitutionellen Freiheiten mit brüderlicher Anerkennung empfangen worden wären, haben sich Leute bei Euch gefunden, die statt Dank, Liebe, und der uns schuldigen Treue, die Fahne der fanatischen Verdächtigung aufpflanzten, die Ungarn als Euere Feinde darstellen, und durch alle möglichen Mittel beide Nationen zu entzweien suchen; Leute, die jene Euerer Mitbürger, die Euch besser aufzuklären suchten, verfolgten, und durch Einschüchterung die Sicherheit der Personen gefährdend, ihre Heimath zu verlassen zwangen.

Unseren herben Schmerz ob dieses Treibens vermehrte die traurige Besorgniß, ob nicht etwa gar zum Führer dieser verbrecherischen Umtriebe eben derjenige Mann sich hergegeben habe, den Wir mit Beweisen Unserer königlichen Gnade überhäufend, in Euerem Vaterlande zum Hüter der Ordnung und der Gesetze bestimmten; ob nicht er seine Stellung, zu welcher er durch Unsere Gnade erhoben wurde, mißbrauchend, nicht wie er sollte, die irre geleiteten Bürger eines Besseren belehrte, sondern von Partheisucht getrieben, die Leidenschaften noch mehr entflammte, ja uneingedenk seines Unterthanen-Eides, gegen den Verband mit Ungarn, also gegen die Integrität Unserer heiligen Krone und Unser königliches Ansehen sich Eingriffe erlaubte.

Bis jetzt haben Wir in Ungarn und seinen Nebenländern die exekutive Gewalt im Wege ungarischer Hofkanzlei und Unserer königlichen Statthalterei, in Militärsachen aber durch Unseren Hofkriegsrath ausgeübt, und den auf diese Art erlassenen Befehlen gehorchten die Bane von Kroatien, Slavonien und Dalmatien, wie sie früher den auf andern Wegen und in andern Formen erlassenen Befehlen Unserer ungarischen Behörden zu gehorchen verpflichtet waren, je nachdem die Art und Weise der Ausübung Unserer exekutiven Gewalt durch die Reichstage mit Unserer Zustimmung festgesetzt war.

Auf dem letzten ungarischen Landtage haben Wir in Folge der an Uns durch Unsere getreuen Stände des Reiches gerichteten Bitte, von Unserem freien königlichen Willen geleitet, das Gesetz allergnädigst bestätiget, laut welchem Unser geliebter Vetter der durchlauchtigste

Erzherzog Stefan, Palatin von Ungarn, während Unserer Abwesenheit von Ungarn, zu Unserem bevollmächtigten königlichen Statthalter erklärt wurde, der als solcher die exekutive Gewalt durch Unser gleichzeitig ernanntes ungarisches Ministerium auszuüben hat, welches Ministerium alle bisherigen Befugnisse der Hofkanzlei, der Statthalterei, der Hofkammer und des Hofkriegsrathes in sich vereinigt.

Der Ban Unserer Königreiche Kroatien, Dalmatien und Slavonien ist daher verpflichtet, Unseren im Wege Unseres königlichen Statthalters und Unseres ungarischen Ministeriums erlassenen königlichen Befehlen, wenn er nicht einen Hochverrath begehen will, eben so zu gehorchen, als seine Amtsvorfahren den Verordnungen Unserer ungarischen Hofkanzlei, der Statthalterei, der Hofkammer und des Hofkriegsrathes Folge zu leisten hatten.

Trotz dessen soll sich Baron Josef Jellačić, den Wir zum Ban Unserer Königreiche Kroatien, Dalmatien und Slavonien zu ernennen geruhten, erkühnt haben, diesen schuldigen Gehorsam zu versagen.

Wir, der König von Ungarn, Kroatien, Dalmatien und Slavonien, Wir, dessen Person Euch heilig ist, sagen Euch Kroaten und Slavonier, auch das Gesetz ist heilig und muß heilig sein, Wir haben bei dem lebendigen Gott geschworen, daß Wir die Integrität Unserer ungarischen Krone, die Konstitution, und das Gesetz sowohl selbst wahren und befolgen, als auch durch Andere befolgen machen werden.

Wir werden Unsern königlichen Eid halten, Wir sind gnädig für Unsere getreuen Unterthanen, nachsichtig für reuige Schuldige, aber unerbittlich strenge gegen starrsinnige Verräther, und lassen diejenigen dem Arme der Gerechtigkeit verfallen, die mit Unserem königlichen Eide ein leckes Spiel zu treiben sich erkühnen; der gegen das Gesetz sich auflehnt, lehnt sich gegen Unseren königlichen Thron auf, welcher auf den Gesetzen fußt, und Baron Jellačić ist angeklagt, sich mit seinen Genossen nicht nur gegen das Gesetz aufzulehnen, sondern trotz Unserer an ihn erlassenen väterlichen Ermahnungen in seinem Ungehorsam zu beharren.

Die erste Sorge Unseres geliebten Vetters des durchlauchtigsten Erzherzogs Stefan, Palatins von Ungarn, und Unseres ungarischen Ministeriums bestand darin, den Baron Jellačić dahin aufzufordern, daß derselbe sich, behufs der Sicherung Euerer Nationalität, Rechte, und Freiheiten, in ein gegenseitiges Einverständniß setze, damit unter andern Gegenständen auch Euere Landes-Kongregation je eher zusammenberufen, und in derselben die Gesetze kundgemacht werden können, deren Segen Wir Euch nicht vorenthalten wollten, und hierauf der Ban in seine Würde öffentlich eingesetzt werde, ohne welcher Installation derselbe als gesetzlicher Beamte nicht betrachtet werden kann.

Der Ban ist angeklagt, dieser Aufforderung, obgleich er wiederholt, und zwar durch Unseren eigenen Befehl zur Nachachtung der Verordnungen Unseres königl. Statthalters und Unseres ungarischen Ministeriums ermahnt und verpflichtet wurde, keine Folge geleistet, und durch diesen Ungehorsam Euch den Gefahren der Anarchie preisgegeben zu haben.

Doch nicht genug, daß der Ban selbst nicht gehorchte, soll er die gesetzlichen Behörden zu gleichem Ungehorsam aufgefordert, und sowohl diese, als auch das Volk durch Gewaltmittel zu feindseligen Schritten gegen die ungarische Krone gezwungen haben.

Ihr alle müsset Zeugen dessen gewesen sein, wessen er beschuldigt wird; Ihr alle müsset es gesehen haben, ob er Diejenigen, die den Verband Kroatiens mit Ungarn aufrecht erhalten wollten, verfolgte, sie ihres Amtes willkürlich entsetzte, und das Standrecht gegen Alle, die seiner politischen Meinung nicht huldigten, kundmachen ließ, wodurch er zahlreiche Familien zur Flucht und Auswanderung zwang; Ihr alle müsset es gesehen haben, ob der Ban den Amtsantritt der gesetzlich ernannten Obergespäne unmöglich machte, Unsere Kameralkassen mit Gewalt in Beschlag nahm, und zum Vollzuge dieser Eigenmächtigkeit sogar Unsere Truppen verwendete. Ihr müßt es wissen, ob er ohne Reichstag nach seiner eigenen Willkür mit einer neuen Steuer Euch belastete, und ohne alle Bevollmächtigung das Volk zur Ergreifung der Waffen zu zwingen bestrebt war, was Wir selbst ohne Ermächtigung der gesetzgebenden Gewalt anzubefehlen nicht im Stande sind.

Ihr müßt es bezeugen können, ob er es geschehen ließ, daß seine Genossen das Volk durch Erdichtungen und falsche Gerüchte gegen die Ungarn, als ob sie Eure Nationalität bedrohten, aufwiegelten; es geschehen ließ, daß in gesetzwidrigen Versammlungen offener Aufruhr gegen Ungarn gepredigt, eigenmächtige Ernennungen vorgenommen, ja sogar durch die mit diesem Treiben verbundene Aufregung bereits blutige Konflikte, vereint mit Raub und Mord, in Ungarn veranlaßt wurden.

Ihr kennt die persönliche Beleidigung, welche gegen ein erlauchtes Mitglied Unseres königlichen Hauses, Unseren königlichen Statthalter Erzherzog Stefan, auf dem öffentlichen Platze der, in letzter Zeit zum Schauplatze stets wiederholter Gesetzwidrigkeiten sich hergebenden Stadt Agram vor den Augen des Banus auf freche Weise verübt wurde, und müßt wissen, ob er die Schuldigen zur Strafe zog.

Euch kann es nicht unbekannt sein, ob er wirklich Unserem, zur Herstellung der gesetzlichen Ordnung ernannten königlichen Kommissär B. Johann Hrabovsky, Unserem geheimen Rath und Feldmarschall-Lieutenant den gebührenden Gehorsam versagte.

Durch die väterliche Sorge für Unsere, durch falsche Gerüchte etwa irre geleiteten Unterthanen bewogen, versuchten Wir den letzten Schritt, um bevor Wir diesen Klagen Gehör schenkten, dem Angeklagten persönlich Gelegenheit zu seiner Rechtfertigung zu geben, indem Wir denselben zur Absagung der von ihm ohne Unsere k. Zustimmung, welche das Gesetz erfordert, auf den 5. Juni l. J. einberufenen Landes-Kongregation durch Unseren eigenhändigen Befehl aufforderten, und behufs der zu bewerkstelligenden Ausgleichung der kroatischen Wirren persönlich in Unserem Hoflager zu erscheinen befohlen.

Doch hat Jellačić auch diesem Unserem Befehle, wie allen Unseren bisherigen Verordnungen nicht gehorcht, und weder die Landes-Kongregation abgesagt, noch ist er in der von Uns anbefohlenen Zeit in Unserem Hoflager erschienen.

Nachdem zu so vielen Klagen gegen ihn, auch dieses starre Benehmen im Ungehorsam gegen Unsern Allerhöchst eigenen Befehl gekommen war, blieb Uns kein anderes Mittel übrig, als zur Herstellung Unseres verletzten königl. Ansehens und zur Aufrechthaltung der Gesetze Unsern getreuen geheimen Rath und Feldmarschall-Lieutenant, B. Johann Hrabovsky, als Unsern k. Kommissär zur Untersuchung dieser ungesetzlichen Vorgänge auszusenden, gegen den Baron Josef Jellačić und seine etwaigen Mitschuldigen einen der Anklage entsprechenden Prozeß erheben zu lassen, und endlich denselben bis zu seiner selbstständigen Rechtfertigung seiner Banalwürde und aller militärischen Bedienstungen zu entheben. Euch strenge mahnend, aller Theilnahme an Umtrieben, welche eine Trennung von Unserer Krone bezwecken, zu entsagen, den Behörden befehlend, allen ämtlichen Verkehr mit Baron Josef Jellačić oder seinen allfälligen Mitangeklagten, unter gleicher Strafe alsogleich abzubrechen, und den Verordnungen Unseres k. Kommissärs unbedingt zu folgen.

Kroaten und Slavonier! Mit Unserem königl. Worte verbürgen Wir Euch die Bewahrung Eurer Nationalität und Freiheiten, und die Erfüllung Eurer gerechten Wünsche; daher schenket keinen Glauben bethörenden Zuflüsterungen, mit welchen man Euch zur Erreichung widerrechtlicher Zwecke mißbrauchen, Euer Vaterland der Knechtschaft und unendlichem Elende Preis geben will.

Höret auf die wohlwollende Stimme Eures Königs, der zu Euch spricht, auf die Stimme Eures Königs, der Eure Nationalität und Eure Rechte mit seiner königl. Macht immer beschirmen wird, der aber auch ebenso fest entschlossen ist, das Ansehen seiner ungarischen Krone und der Gesetze mit aller Kraft gegen jeglichen Eingriff aufrecht zu erhalten.

Haltet daher fest an gesetzlichem Gehorsam, an der Uns schuldigen Treue, verbreitet nicht durch Ungehorsam Jammer und Elend auf Eure Heimath, auf Euch und Eure Kinder. — Beweiset hiedurch in diesen schweren Zeiten, daß Ihr noch immer Unseres erlauchten Hauses treue Kroaten und Slavonier seid.

Zur Kundmachung und Verbreitung dieses Manifestes fordern Wir hiemit jeden bei seiner Unterthans-Treue auf.

Gegeben in Unserer Stadt Innsbruck am 10. Juni 1848.

Ferdinand m/p.

G.

Adresse des kroatisch-slavonischen Landtages in Betreff des verbreiteten Gerüchtes über die gefährdete Stellung des Banus dieser Königreiche.

Euere Majestät!

Die dem Throne Euerer Majestät ewig getreue kroatisch-slavonische Nation ist in ihren heiligsten Gefühlen auf eine in der Geschichte beispiellose Weise gekränkt. Denn während die Väter, Söhne und Brüder dieses, dem Winke Euerer Majestät von jeher blindlings gehorchenden Volkes, in einer Anzahl von 35.000 Mann, folglich in einem gegen die übrigen Provinzen der Gesammtmonarchie fünf- bis sechsfachen Verhältnisse einzig und allein für die Interessen des Thrones Euerer Majestät ihr Herzblut in Italien vergießen; während sich an den Stufen des Thrones Euerer Majestät eine Deputation derselben Nation mit ihrem allgeliebten und von Euerer Majestät als ein himmlisches Gnadengeschenk dankbarst empfangenen Ban an der Spitze befindet, und Euerer Majestät im Namen dieser ganzen Nation die flehendliche Bitte vorträgt, mit dem Gesammtreiche Euerer Majestät noch enger und unauflösbarer als seither für die Zukunft verknüpft zu werden: wird dasselbe, durch Gesinnung und That dem Throne Euerer Majestät ewig treue Volk in gedruckten Flugblättern, angeblich ddo. Innsbruck 10. Juni 1848, welche im Wege der Verbreitung gewöhnlicher Pamphlete uns heute zu Gesichte kamen, und worauf der geheiligte Name Euerer Majestät gedruckt erscheint, der Untreue, des Ungehorsams und des schwärzesten Undankes gegen seinen Monarchen und geradezu des Hochverraths be-beschuldigt.

Euere Majestät! Mit blutendem Herzen schreibt diese in, ihrem innigsten Marke gekränkte, aber noch immer getreue Nation gegenwärtige Zeilen an Euere Majestät.

Es ist der Ruf eines Verzweifelnden, den diese, vom Felde gesetzlicher und konstitutioneller Petition, welche doch im Laufe des heurigen März Euere Majestät allerhöchst Ihren gesammten Völkern zuzugestehen geruhten, auf das Feld der Rebellion absichtlich — und frevelhaft gedrängte Nation zu Euerer Majestät richtet.

Denn zermalmend ist der Gedanke, für seine jahrhundertlange Treue mit dem Namen Rebell gebrandmarkt zu werden.

Denn zermalmend ist der Gedanke, petitionirt, und zwar gesetzlich petitionirt, und doch nichts erlangt zu haben, in einer Zeit, wo gesetzwidrige, bewaffnete, und doch väterlich aufgenommene und gnädigst erledigte Petitionen an der Tagesordnung sind.

Denn zermalmend ist der Gedanke, in den finsteren Zeiten der Büreaukratie und des

Abfolutismus, wenn auch spärlich und kümmerlich, jedoch immerhin gelebt zu haben, und in den hellen Sonnentagen der sogenannten Freiheit, Gleichheit und Brüderlichkeit nationell zu Grunde gehen zu müssen.

Denn zermalmend ist der Gedanke, nichts als die allgerechteste Sache, nämlich Schutz und Gleichberechtigung aller Nationalitäten und Sprachen anstreben, und deswegen doch mit dem Namen eines Hochverräthers bemakelt zu werden.

Denn zermalmend ist der Gedanke, einen Mann an seiner Spitze besessen zu haben, der vom Himmel dazu berufen war, diese Nation zu beglücken und an den Thron Euerer Majestät desto inniger noch zu fesseln, und denselben durch grundfalsche Angebereien verlieren zu müssen.

Denn wir betheuern es Euerer Majestät vor Gott und den Menschen: Euere Majestät, haben kein getreueres Volk als die Kroaten und Slavonier, und keinen getreueren Unterthan, als unsern allgeliebten Ban Baron Jellačić, der, was er gethan, einzig und allein im Interesse Euerer Majestät und dieser ihm anvertrauten Nation nach Pflicht und Schuldigkeit gethan hat, Beweis dessen, daß die gesammte Nation auf dem Landtage gesetzlich und in der größten Ordnung versammelt, alle seine Schritte ohne Ausnahme zu den ihrigen gemacht, und als solche erklärt hat, als wenn sie dieselben aus sich selbst und durch sich selbst gethan hätte.

Es ist unsere heiligste Pflicht, Euere Majestät darüber offenherzig zu benachrichtigen, daß sich die gesammte Bevölkerung dieser vereinigten Königreiche in Folge so großer Unbilden, so vieler Ungerechtigkeiten in einer entsetzlichen Aufregung befindet.

Denn wenn man ein Mensch ist, so macht man mit Recht Anspruch darauf, als solcher behandelt zu werden, und wenn man ein nicht nur für die Gesammtmonarchie, sondern sogar, wir sagen es mit Stolz, für ganz Europa verdienstvolles Volk ist, so ist es unsäglich schmerzlich, gleichsam zum Lohne für den treu und pünktlich bezahlten Tribut des Blutes, im Kranze der übrigen, nicht nur persönlich, sondern auch nationell gleichberechtigten Völker Gesammt-österreichs in nationeller Hinsicht als rechtloser Helot und Paria behandelt zu werden.

Denn es ist begreiflich, daß in allgemeinen Ausdrücken gefaßte Versicherungen über die Achtung unserer Nationalität uns so lange nicht beruhigen können, bis man einerseits auf unsere, dem Throne Euerer Majestät vertrauensvoll unterbreitete, unsere Zukunft allein garantirende Begehren spezifisch nicht eingeht, wenn man andererseits sieht, wie ungerecht und durch was für Chicanen uns ein Mann geraubt wird, der allein im Stande ist, in unserm Vaterlande Ruhe und Ordnung aufrecht zu erhalten.

Wir bitten demnach zu wiederholtenmalen inständigst und in aller Demuth: Euere Majestät geruhen auf unsere bereits unterbreiteten Bitten spezifisch einzugehen, insbesondere aber unseren allgeliebten Ban nicht nur seinem bisherigen hohen Amte und seinem Vaterlande wiederzugeben, sondern ihm auch das Kommando über die gesammte kroatisch-slavonische Streitmacht allergnädigst anzuvertrauen.

Denn nur so läßt sich hoffen, daß in unserem Vaterlande Ruhe und Ordnung dauernd erhalten, und durch die Intrigen seiner Feinde ein durch so viele und so große Unbilden gehetztes Volk vom Pfade friedlicher Entwickelung auf die blutige Bahn des Bruderkrieges nicht geschleudert werde.

Die wir übrigens in ewiger Treue verharren
        Euerer Majestät
                        treugehorsamste Unterthanen, die Vertreter
                        der kroatisch-slavonischen Nation.
Gegeben aus der Landtagssitzung der Königreiche Dalmatien, Kroatien und Slavonien ddo. Agram, den 21. Juni 1848.

II.

Manifest der kroatisch-slavonischen Nation.

Nachdem die an ihrem am 5. Juni 1848 eröffneten Landtage versammelte kroatisch-slavonische Nation die Sicherung und den weiteren Bestand ihrer nationalen Selbstständigkeit reiflich erwogen, fühlt sie sich verpflichtet, ihr Streben und ihre Wünsche vor der ganzen Welt offen auszusprechen und im wahren Lichte zu zeigen, auf daß alle Diejenigen, welche blos auf die böswilligen Verdächtigungen ihrer Feinde hin ihr Streben verdammten, von der Grundlosigkeit und Niedrigkeit dieser Anfälle, zugleich aber auch von dem wahren Zustande und der Gerechtigkeit ihrer Sache sich überzeugen und darnach über ihr Thun und Lassen das Urtheil fällen können.

Zwei Gesichtspunkte sind es, von welchen die Bewegungen aller Nationen betrachtet werden können. Der Eine ist das natürliche, der Andere das historische Recht.

Unsere Haupttendenz ist die, eine freie Nation im freien österreichischen Kaiserstaate zu sein.

Von welchem immer der gesagten Gesichtspunkte unsere Sache betrachtet wird, man muß sie gerecht finden, weil sie sowohl im natürlichen als im historischen Rechte, sowie auch in den ausgesprochenen neuen Grundprinzipien der österreichischen Staatsverfassung begründet ist.

Das Vernunftrecht bleibt immer das größte Recht, denn in der Vernunft ist die Basis jeden Rechtes. Dieses Recht ist unveränderlich; aber nicht jede Zeit war im Stande dasselbe in seiner wahren Bedeutung zu erfassen. Bis jetzt war es auf den einzelnen Menschen beschränkt, und nur in der neuesten Zeit begann man es auf ganze Nationen auszudehnen.

Die am Vorabende der gegenwärtigen Reformation bethätigte Tendenz der einzelnen politisch getrennten Theile des italienischen und deutschen Volkes zur Vereinigung in einen naturgemäßen Organismus war nur eine Ahnung jenes Rechtes, welches durch die allgemeine Revolution der europäischen Nationen zur vollkommenen Wahrheit gedieh; eines Rechtes, nach welchem jedem einzelnen Volke der Genuß der Freiheit und Gleichheit unter den übrigen Nationen zukommt.

So sind in dieser allgemeinen Bewegung der europäischen Völker jene großen Worte: Freiheit und Gleichheit zur wahren Bedeutung gediehen; und gerade das Erfassen der Bedeutung dieser Worte wird beweisen, welche Nationen für die Freiheit reif geworden, welche nicht. Freiheit und Gleichheit wollen vor allem die Anerkennung dieses Rechtes bei allen Nationen, denn die Würde der nationalen Persönlichkeit ist gleich groß bei allen Nationen. Jene Völker daher, welche sich über die anderen eine Herrschaft anmaßen wollen, begreifen eben so wenig die wahre Bedeutung der Freiheit und Gleichheit, wie diejenigen, die weiterhin unter einer solchen Herrschaft verbleiben; weder die Einen noch die Andern sind für die hohe Idee der Humanität reif geworden.

So erfaßt unsere Nation die Bedeutung dieser großen Worte. Diese, die Freiheit und Gleichheit aller Nationen anerkennende Politik, die allein auf dem Vernunftrechte basirt ist, und die allein einen dauernden Weltfrieden verbürgt, erklärt unsere Nation für die ihrige.

Sie wünscht daher, daß alle österreichischen Völker, abgesondert nach den Sprachen, frei und unter sich vollständig gleich seien. Nur dieses Prinzip allein kann für den Frieden Oesterreichs Bürgschaft leisten, wogegen die Hegemonie der deutschen und magyarischen Nation Niemanden mehr Unheil bringen kann als ihnen selbst; denn im Falle eine Hegemonie der einen Nation über die andere bestehen dürfte, müßte solche in Oesterreich und Ungarn füglich nur der slavischen, weil sie die zahlreichste ist, zukommen.

Doch wir Slaven, die Ihr eine sklavische, der Tyrannei ergebene Nation nennet, würden uns dieser Tendenz schämen, die sich mit der Würde der Menschheit und dem Zeitgeiste nicht verträgt, und deßhalb streben wir nach keiner Herrschaft, sondern nach Eintracht und Liebe.

Ernst und brüderlich fordern wir Euch demnach auf, der Herrschsucht zu entsagen, und nimmermehr andere Nationen zu unterdrücken; denn wir sind entschlossen, Alles zu wagen, ehe wir uns in die alten Ketten schmieden lassen.

Wir, die für eine fremde Sache unser Leben einzusetzen gewußt, wir, die stets am meisten für den Schutz unseres gemeinsamen großen österreichischen Vaterlandes und die Erhaltung des Herrscherthrones geleistet, wir, deren Blut jetzt, gerade in dem Augenblicke, wo große Gefahr unserer Nation droht, aus tausend klaffenden Wunden für die Integrität des Kaiserstaates vergossen wird, wollen beweisen, daß wir auch für unser nationales Leben, für unsere Nationalehre zu kämpfen wissen werden.

Wir wollen keinen Krieg; sind wir aber dazu aufgefordert, nun so werden wir ihn, folgend dem Panier der Freiheit und Gleichheit, führen, wie es einem Heldenvolke geziemt; und dann möge Gott und das Glück entscheiden.

Unklug und zum eigenen Verderben handelten stets jene Völker, die andere unterjochten und drückten; die größte Unklugheit ist aber daran zu denken, daß dieß noch jetzt geschehen könne. Die Zeit der Nationalitäten ist gekommen, die Nationen werden sich nach den Sprachen gruppiren, und durch gegenseitige Hülfe gegen feindliche Gewaltthätigkeiten sichern.

Diesem Rufe folgend, haben wir das brüderliche Bündniß der wiederaufgelebten serbischen Wojwodschaft mit unserem dreieinigen Königreiche angenommen, und erwarten den Beitritt aller südslavischen österreichischen Brüder, um so als ein, in seinen Theilen homogener Organismus mit den übrigen auf gleiche Weise konsolidirten Völkern Oesterreichs im friedlichen, auf der Basis der Gleichheit ruhenden Bunde die Erhaltung des österreichischen Kaiserstaates zu erstreben.

Den übrigen uns durch Sprache und gleiche Beschwerden nächsten Brüdern geben wir das Versprechen, ihre billigen Forderungen als unsere eigenen stets zu unterstützen, und unsere Nationalitäten wechselseitig zu schützen.

Wir wissen wohl, daß Völker auch ohne ihre Nationalität materiell aufgeholfen, durch Handel und Industrie reich und angesehen werden können, gleichwie ein einzelner Mensch reich zu werden, Kenntnisse und Wissenschaften sich eigen zu machen, ja selbst für eine Zeit Ruhm und Glück zu erlangen im Stande ist, ohne eben ein Mann von Charakter und Ehre zu sein. Allein hier handelt es sich um die Würde und die Ehre, ohne die es kein wahres Glück, keinen Zweck des Daseins, keine Humanität geben kann, und so wie ein Mensch edlen und standhaften Charakters lieber sich dem Tode weiht, als seine Ehre schänden läßt, eben so sind auch die Nationen, welche sich ihrer nationalen Würde bewußt sind, bereit, lieber unterzugehen, als daß ihrer Nationalehre Schmach angethan werde. So handelten stets jene Nationen, die festen Willen hatten, und sie fanden Rettung oder einen ruhmvollen Tod. So zu handeln ist auch unsere Nation entschlossen, und wird so handeln, weil sie ihre Ehre jedem anderen irdischen Glücke vorzieht.

Diese Worte sind an jene besseren Menschen gerichtet, die die Freiheit und Gleichheit über Alles schätzen, und die da wissen, daß Nationen die Freiheit durch keine Traktate genommen werden kann, da diese etwas außer der Nation bestehendes nicht ist, sondern als ihr Innerstes und ihre Seele von ihrer Existenz unzertrennbar ist.

Dieß sei gesagt jenen Menschen, die für die freien Prinzipien der Gegenwart kämpfen, und die gewiß siegen werden, da an ihrer Seite der mächtige unbesiegbare Geist der Zeit steht. Dieß sei gesagt Männern der Gegenwart und Zukunft.

Nun ein Wort an die Diplomaten, die für ein jedes Recht eine historische Basis suchen. Wir können versichern, daß wir auch von dieser Seite gedeckt sind. Und so werden wir jetzt unser Recht vom zweiten, historischen, Gesichtspunkte betrachten.

Wer die Geschichte unserer Verhältnisse zu Ungarn in allen Perioden kennt, der wird wissen, daß Koloman der erste gemeinschaftliche König Ungarns und Kroatiens, so wie mehrere seiner Nachfolger mit der kroatischen Königskrone gekrönt wurden; daß unsere Nation am Landtage zu Zara Wladislav den neapolitanischen und Tvèrdko I. den bosnischen König aus freien Willen erwählt hat; daß wir in jener entscheidenden Zeitepoche, als das Habsburger Haus seine Rechte auf den ungarischen Thron anzusprechen begann, im Jahre 1527 zu Cetinj Ferdinand den I. zum König ausgerufen, und so selbstständig den Grund dem jetzt regierenden Hause gelegt haben; daß wir, wie es einer freien und von Ungarn unabhängigen Nation gebührt, allein für sich und zwar um einige Jahre eher als Ungarn, und die Ersten unter allen übrigen Nationen Oesterreichs die pragmatische Sanktion angenommen und unterschrieben haben; daß unsere Nation ohne die Ungarn und ihren Landtag die sogenannte Wiener Pazifikation unterfertigt hat; daß unsere noch heutigen Tages rechtlich bestehenden Landtage bis zur Zeit Ferdinands des I. unter Vorsitz der Könige abgehalten wurden; daß unsere Landtage jederzeit die gesetzgebende Macht ausgeübt haben, was sich von einem unter dem Vorsitze des Königs abgehaltenen Landtage von selbst versteht, und was die „Constitutiones et Articuli Slavoniae“ vom Jahre 1492 und 1538, die in ihrem ganzen Umfange, ohne vorher am ungarischen Landtage besprochen worden zu sein, in das ungarische Gesetzbuch eingetragen wurden, hinlänglich beweisen; daß unsere Königreiche, als ein für sich bestehender Körper bloß der Verständigung wegen in gemeinschaftlichen Angelegenheiten und erst vom 16. Jahrhunderte angefangen, und zwar nicht jedesmal den ungarischen Landtag mit Ablegaten beschickt haben; daß die am ungarischen Landtage geschaffenen Gesetze nur in so ferne in unseren Königreichen Geltung hatten, in wieferne sie mit unserer Selbstständigkeit im Einklange waren; daß sich die Banal-Autorität, unabhängig von Ungarn, und keine andere, als des Königs Herrschaft anerkennend, von der Drave und Donau bis zum adriatischen Meere stets erstreckt hat; daß die politische Verwaltung dieser Länder, obwohl die ungarische Statthalterei viel früher errichtet wurde, bis zum Eingehen unserer eigenen Landesstelle, d. i. bis zum Jahre 1779, niemals von Ungarn abhängig, sondern in allen Zeiten ausschließend der Banal-Autorität und unseren Landtägen anvertraut war, und daß auch dann, als im Jahre 1790—1 nach dem Art. 58 der Wirkungskreis der ungarischen Statthalterei auch auf diese Königreiche ausgedehnt wurde, die, diese Länder betreffenden Angelegenheiten unserem Landtage vorbehalten blieben; daß ferner mit dem Art. 120 vom Jahre 1715 unsere nationale Selbstständigkeit anerkannt wurde; daß der Palatin und andere Richter Ungarns in diesen Königreichen niemals das Richteramt ausüben durften; daß noch heutigen Tags unsere Könige bei Gelegenheit der Krönung den Eid ablegen, nicht nur Ungarns, sondern auch dieser Königreiche Rechte in Kraft erhalten, beschirmen und wahren zu wollen. Wer dieß, übergehend die unzähligen übrigen Beweise unserer Selbstständigkeit, weiß, dem muß es klar werden, daß die Königreiche Kroatien, Slavonien und Dalmatien als ein abgesonderter, unabhängiger Körper neben Ungarn, keineswegs aber diesem untergeordnet, unter der Krone Ungarns, als dem Symbole unseres Bundes, bestanden haben.

Auf diese Weise wollen wir mit der Aufrechthaltung unserer nationalen Unabhängigkeit nichts Neues erlangen, sondern bloß dasjenige behalten, was immer unser altes Recht gewesen.

Dieß über unsere Beziehungen zu Ungarn. Betrachten wir jetzt unsere Beziehungen auch zum österreichischen Gesammtstaate.

Nach der von allen österreichischen Ländern angenommenen pragmatischen Sanktion fallen diese ohne Unterschied dem gesammten österreichischen Kaiserstaate zu, folglich auch unsere Königreiche sammt Ungarn. Jedes Land hat seine eigene Administration, und eine, wenn auch unvollkommene, Gesetzgebung, mit dem einzigen Unterschiede, daß in einigen das konstitutionelle, in andern aber das absolutistische Prinzip geherrscht hat, alle zusammen hatten jedoch für allgemeine Angelegenheiten, die das ganze Kaiserreich angingen, eine Central-Regierung. Wir, als getreue Söhne des väterlichen Regenten, und als Freunde des Fortbestandes des österreichischen Kaiserstaates, wollen auch ferner in diesem Verbande, jedoch nur wie es einer freien und selbstständigen Nation geziemt, mit vollständiger Garantie unserer Freiheit, und unter Bedingungen, die sich mit dem Geiste der Zeit und mit der Würde einer freien Nation vereinbaren lassen, verbleiben. Das heißt, wir wünschen für die Angelegenheiten, die den ganzen Kaiserstaat betreffen, als da sind, die auswärtigen, die Kriegs-, die Finanz- und die Handels-Angelegenheiten, einen allgemeinen, zu diesem Ende aus allen österreichischen Staaten zusammengesetzten Reichstag mit einem allgemeinen diesem Reichstage verantwortlichen Ministerium, von dem nur in den besagten Angelegenheiten jede einzelne Provinz gleichartig abhängen würde; in den übrigen Angelegenheiten aber habe jede Nation und Provinz unabhängig von dem allgemeinen Reichstage und Ministerium, seinen eigenen gesetzgebenden Landtag mit einer diesem Landtage verantwortlichen Regierung, verwalte und regiere sich selbst. Demnach wollen wir auch hinsichtlich dieses Verbandes nichts Neues, da er auch früher bestanden, und sich jetzt blos in der Form ändert, dem Geiste der Zeit und dem Prinzipe der Freiheit angepaßt wird. Die Magyaren aber haben diesen Verband aufgelöst, indem sie die königliche Macht von der Anwesenheit der Person des Königs in Ungarn abhängig machten, und an seine Stelle einen Statthalter mit unbegrenzter königlicher Machtvollkommenheit stellten, überdieß in ihrem Ministerium das Portefeuille des Krieges und der auswärtigen Angelegenheiten errichteten, ohne früher versucht zu haben, in diesem Verbande, mit vollständiger Garantie ihrer inneren Unabhängigkeit, die mit Fug und Recht jede Nation ansprechen kann, zu bleiben. Dadurch wird es klar, daß sich die Magyaren von den übrigen österreichischen Ländern vollständig getrennt haben, und uns mitloszureißen beabsichtigen. So fällt jenes Verdammungsurtheil wegen separatistischer Tendenzen, das über uns die Magyaren ausgesprochen, füglich nur auf sie zurück, da wir unter den gestellten Bedingungen bereit sind, nicht nur mit Ungarn, sondern auch mit den übrigen Völkern des österreichischen Kaiserstaates im Bunde zu verbleiben.

Wer das Verhalten der magyarischen Nation gegen die übrigen nicht magyarischen, insbesondere gegen die slavischen Stämme kennt, müßte unser Streben nach Freiheit auch dann gutheißen, wenn es auf der sogenannten gesetzlichen historischen Basis nicht fußen würde. Denn die erste Pflicht einer jeden Nation ist, ihre Freiheit und ihre Nationalität, d. i. ihr Leben zu schützen und zu erhalten. Die Magyaren haben sich durch ihr tyrannisches Verfahren mit allen übrigen Völkern verfeindet; sie haben uns, die wir durch mehr als sieben Jahrhunderte brüderlich mit ihnen Freud und Leid getheilt, die wir mit Stolz auf den Ruhm des allgemeinen Vaterlandes stets an ihrer Seite gefochten, von sich gestoßen, indem sie uns für ebenbürtige Brüder anzuerkennen Anstand nahmen; sie haben alle mit ihnen lebenden Völker bedrückt und verfolgt, und haben nicht unterlassen, ihnen ihre magyarische Sprache gewaltsam aufzudringen; sie haben in Ungarn außer der magyarischen keine andere Nationalität anerkannt; dem Namen Slave geben sie eine schmähliche Bedeutung, und die Schmach traf das für das allgemeine Vaterland verdienstvollste Volk; mit einem Worte, sie bereiteten den Untergang

7

und das Grab allen übrigen Nationen und Nationalitäten, über die sich das herrische, als gleichsam von Gott allein dazu berufene und auserkorene Magyarenthum im Triumphe emporheben sollte. So verhielt es sich mit uns bis zum Anfang des letzten ungarischen Landtags.

Die Erbitterung aller Nationen Ungarns erstieg schon die höchste Stufe, und alle Welt brach über dieses Tyrannisiren öffentlich den Stab. Es fanden sich selbst unter den Magyaren einige bessere und verständigere Menschen, die Mäßigkeit predigten, und Verblendete von weiteren Ungerechtigkeiten abzuhalten suchten. Alle Besonneneren hofften, daß die Magyaren diese aufrichtige Mahnung würdigen, und wohl wissend, daß, wer auf Unrecht baut, fallen müsse, noch bei Zeiten von dem Magyarisiren abstehen werden. Deßhalb erwarteten alle mit Zuversicht, daß der ungarische Landtag einen besseren Weg einschlagen, und die Frage der Nationalitäten zur Zufriedenheit aller Nationen lösen werde. Gleich beim Beginn des Landtages jedoch sah man, daß die Stimme des mahnenden Volksfreundes zur Stimme des Rufenden in der Wüste geworden. Der magyarische Landtag zeigte mehr Neigung, übertriebenen Magyaromanen als gemäßigten und praktischen Leuten Gehör zu schenken, und wollte durchaus seine sonderbare, allen übrigen Nationen gefahrbringende Nationalpolitik nicht aufgeben. Sie haben unsere Ablegaten mit größter Erbitterung angefeindet, und sie bei jeder Gelegenheit zu beleidigen boshaft gesucht. Sie haben Slavonien aus der Reihe der bestehenden Länder gestrichen, und Syrmien, Verovitic und Požega als ungarische Komitate erklärt, um sie mit Ungarn zu verschmelzen, und so ihrer Nationalität zu berauben, indem sie die Behauptung aufstellten, daß unter „Partes adnexae" bloß das jetzige Kroatien verstanden werde. Sie haben im Gesetzvorschlag „über die magyarische Sprache und Nationalität" noch am Vorabende der neuesten Reformen die magyarische Sprache als die alleinige Sprache der Gesetzgebung und der öffentlichen Verwaltung, als die Amtssprache aller sowohl kirchlichen als weltlichen Behörden proklamirt, und zwar in der Art, daß jedes von nun an in einer anderen Sprache verfaßte amtliche Schreiben oder Zeugniß aller Gültigkeit baar bliebe. Für Fiume, wo neben der unsrigen auch die italienische Sprache gesprochen wird, so wie für das kroatische, von ihnen sogenannte „ungarische" Küstenland, wo man bloß Laute unserer Sprache vernimmt, und wo so wie in Fiume vom Volke nicht ein magyarisches Wort verstanden wird, bestimmten sie gleichfalls die magyarische Sprache zur ämtlichen, und gestatteten dort nebenher — hört die unaussprechliche Bosheit — bloß den Gebrauch der italienischen Sprache; Syrmien aber, Verovitic und Požega gaben sie bloß sechs Jahre noch zum Leben, nach welcher Frist sie den süßen Lauten der Muttersprache entsagend, sich dem magyarischen Joche vollends zu unterwerfen hätten. Auf diese Art würde Slavonien wie Fiume mit dem Küstenlande via facti von Kroatien losgerissen und mit Ungarn amalgamirt, so ein Theil nach dem andern von dem nimmersatten Magyarenthume verschlungen werden, und sie behaupteten schon im Voraus, kein kroatisches und slavonisches Königreich anzuerkennen.

So verfuhren die Magyaren bis Monat März l. J. Da schlug die Stunde der großen Revolution und des neuen Zeitalters. Die Großartigkeit der neuaufgetauchten Idee der Freiheit der Nationen, angesichts welcher alle Sonderinteressen verschwinden sollten, gab uns neuerdings der Hoffnung hin, daß die Magyaren endlich den wahren Weg einschlagen und gegen die Gleichstellung aller übrigen Nationalitäten nicht mehr ankämpfen werden. Doch wir haben uns wiederholt schmerzlich getäuscht. Sie sind auch noch jetzt ihrer alten Magyarisirungspolitik treu geblieben, und haben selbst durch das Gesetz bekräftigt, daß sie Slavonien, Fiume und das kroatische Küstenland von Kroatien trennen, und so ihre bisher bestandene nationale Freiheit und Nationalität unterdrücken wollen; sie haben mit dem §. 53 des Art. 5 vom Jahre 1848 die königliche Resolution vom 14. Juli 1845 außer Wirksamkeit gesetzt, und zur Schmach der Freiheit, und so zur größeren Schande aller ihrer Tendenzen dem gesammten Adel das Viril-Votum auf unserem Landtage in dieser Zeit einräumen wollen, wo doch aller Orte, und selbst in Ungarn der Unterschied des Standes aufgehört hatte; ja sie hatten nichts minderes vor, als durch die Machtausdehnung des einseitig ohne unserer Einwilligung gebildeten ausschließlich magyarischen Ministeriums über unser Land, und durch die Aufhebung der nationalen Vertretung unserer Königreiche am magyarischen Landtage, und statt derselben durch Zulassung einzelner Landesbehörden zur Vertretung an der unteren Tafel unsere nationale Selbstständigkeit vollends zu untergraben und unsere Königreiche aus der Reihe der bestehenden Länder zu streichen; weßwegen sie auch die Gesetze des letzten Landtages nach dem bisherigen gesetzlichen Gebrauche unseren Königreichen nicht mitgetheilt, sondern selbe nur an die einzelnen Behörden versendet haben. Sie sprechen unserem Landtage jede Macht und jeden Werth ab, und behaupten, daß ihm nichts anderes zustehe, als Ablegaten für ·den ungarischen Landtag zu wählen, und die ungarischen Gesetze zu verkünden; sie verfaßten und sandten uns durch eine Deputation eine Proklamation zu, in der sie sich offen aussprechen, daß unsere Nationalität der ihrigen untergeordnet werden müsse; sie haben den geheiligten Namen unseres Monarchen in den gegen unsern würdigen und allgemein geliebten Ban ja selbst gegen die Rechte unserer Nation gerichteten Handbilleten mißbraucht, die sie durch Vorspiegelungen herauslockten, und gegen die sie noch während des alten Systems, als sogenannte konstitutionelle Bürger, stets ihre Stimme erhoben, mit denen sie nun ein offenes Spiel treiben; ihr Ministerium hat uns die widerwärtigsten und bekanntesten Feinde zu Vorgesetzten zugedacht; sie haben uns Prabovsky zum Kommissär in diese Königreiche bestimmt, und dadurch die Würde der Nation und des Ban's tief verletzt, der vom Könige und der Nation zu ihrem Haupte erwählt wurde, folglich auch nur der Nation und dem Könige Kroatiens, Slavoniens und Dalmatiens verantwortlich bleibt; im Auftrage ihres Ministeriums hat derselbe Kommissär eine Proklamation an unser Volk erlassen, worin er es angesichts der ganzen Welt zu betrügen sucht, daß ihre heiligsten Interessen, ihre Sprache und Nationalität durch das Gesetz garantirt seien, und daß dafür der Eid des Königs Bürgschaft leiste; in derselben Proklamation wird das Versprechen geleistet, daß unsere Vaterlandssöhne zu allen Aemtern werden gelangen können, als wenn jemand auf den Ehrennamen eines Vaterlandssohnes Anspruch machen könnte, der seine Nationalität um ein Amt verhandeln würde. Und in allen diesen Umtrieben mißbrauchen sie stets den Namen des Königs, der doch alle seine Unterthanen mit gleicher Liebe umfaßt, und keinen heißeren Wunsch kennen kann, als alle Völker im Staate gleich zu beglücken.

Dieß sind nur einige, wir sagen es nochmals, nur einige jener unzähligen Beleidigungen und Kränkungen, die uns die Magyaren angethan. Hiernach mögen unsere Schritte beurtheilt werden. Hiernach mögen die freien Nationen Europa's das Urtheil fällen, ob wir die uns geschlagenen Wunden mit einem Male vergessen können, ob die magyarische Nation in die Reihe der für die Freiheit reif gewordenen Nationen gehöre, und ob uns das Recht zustehe, eine freie Nation im freien österreichischen Kaiserstaate zu sein?

7*

I.

Handbillet Sr. kaiserl. Hoheit des Erzherzogs Johann als Vermittler zwischen Ungarn und Kroatien.

An meinen Ban von Kroatien, Feldmarschall-Lieutenant Freiherrn von Jellačić.

Lieber Freiherr von Jellačić.

Von Sr. Majestät wurde ich in Folge des von Sr. kais. Hoheit dem Herrn ungarischen Reichspalatin und dem ungarischen Ministerium gestellten Ansuchens mit dem aus beiliegender Abschrift ersichtlichen Auftrage betheilt, die Vermittlung zur gütlichen Beilegung der Zerwürfnisse zwischen Ungarn und seinen kroatisch-slavonischen Nebenländern zu übernehmen, zu welchem Ende ich aufgefordert wurde, die gegenseitigen Wünsche zu vernehmen, um hiernach die wechselseitige Verständigung zu bewerkstelligen.

Die möglichste Beschleunigung in der Vollziehung des mir anvertrauten Vermittleramtes ist am meisten geeignet, den günstigen Erfolg zu verbürgen; deßhalb finde ich es unerläßlich, daß Sie als Ban von Kroatien eben so schnell dem Rufe in Wien zu erscheinen, folgen, als ich dieß zu thun dem ungarischen Ministerium eröffnen ließ, welches meiner Erwartung durch baldige Absendung von Repräsentanten aus seiner Mitte entsprechen wird.

Sobald dieselben in Wien eintreffen, oder ihre Ankunft genau melden werden, soll auch Ihrerseits keine Zögerung stattfinden, und werden Sie sich hiezu in der Art vorbereiten, daß Sie unverweilt an den Verhandlungen in Wien persönlich Theil nehmen können, welche sich auf die Art und Bedingungen der gegenseitigen Verständigung zu beziehen haben.

Als eine unabweisbare Bedingung der dauerhaften Verständigung habe Ich aber für nöthig erachtet, jetzt schon die gänzliche Einstellung der Feindseligkeiten und aller hiezu aufreizenden Rüstungen während der Zeit der Unterhandlung beiden Theilen vorzuzeichnen, daher ich das Vertrauen hege, daß von Ihnen, so wie von Seite Ungarns darauf eingewirkt werde, daß jeder Zusammenstoß sorgfältig vermieden werden wird.

Wien, den 27. Juni 1848.

Erzherzog Johann m/p.

J.

Allerhöchstes Handschreiben an Se. kaiserl. Hoheit den Erzherzog Johann als Vermittler zwischen Ungarn und Kroatien.

Mein lieber Oheim, Erzherzog Johann!

Nachdem Mein königlicher Statthalter in Ungarn und seinen Nebenländern, so wie Mein ungarisches Ministerium die Vermittlung Euerer Liebden zur gütlichen Beilegung der Zerwürfnisse zwischen Ungarn und Kroatien angesucht haben, und ich selbst von dem Wunsche beseelt bin, eine gegenseitige Verständigung herbeizuführen, so ersuche Ich Euer Liebden hiemit, als Vermittler die gegenseitigen Wünsche, deren Erfüllung zur Stärkung des seit Jahrhunderten bestehenden Bandes zwischen beiden Ländern beitragen würde, zu vernehmen, und hierauf die gegenseitige Verständigung zu bewerkstelligen.

Innsbruck, den 19. Juni 1848.

Ferdinand m/p.

K.

Repräsentation des kroatisch-slavonischen Landtages an Se. kaiſ. Hoheit den Erzherzog Johann als den zur Pazifikation mit Ungarn u. h. ernannten Vermittler.

Euere kaiſ. Hoheit!

Das auf dem Landtage am fünften und folgenden Tagen des Monates Juni 1848 nach altem Recht und Gebrauch verſammelte Volk der drei vereinten Königreiche vernahm aus dem mündlichen Berichte ſeines Bans, und dem Handbillete, welches Euere kaiſ. Hoheit den 27. Juni d. J. an den Ban richtete, daß Se. Majeſtät auf Verlangen der jeßigen ungariſchen Regierung Euere kaiſ. Hoheit zum Vermittler zwiſchen uns und der erwähnten Regierung ernannt haben.

Euere kaiſ. Hoheit! Wenn überhaupt eine Vermittlung zwiſchen einer ihrem Könige getreuen, ihr Vaterland liebenden, für die Freiheit und die von ihrem Monarchen unlängst ſo großmüthig ertheilten Geſchenke zu ſterben bereit baſtehenden Nation, wenn überhaupt zwiſchen einer auf dem Wege der ſtrengſten Geſeßlichkeit wandelnden Nation und der neuen ungariſchen Regierung irgend eine Vermittlung nothwendig geweſen war, ſo konnte die Wahl auf keine gerechtere, auf keine edlere, und auf keine mehr geachtete Perſon, als die Euerer kaiſ. Hoheit fallen.

Um alſo auch von unſerer Seite die Bereitwilligkeit zu einer Verſtändigung und zur Erhaltung des Friedens und der Ordnung, deren Freunde wir ſeit jeher waren, zu zeigen, wollen Euere kaiſ. Hoheit uns erlauben, zuerſt unſere tiefen Wunden aufzudecken, und dann die Art und Weiſe, wie es Euerer kaiſ. Hoheit möglich wäre, dieſelben zu heilen, kurz und offenherzig zu ſagen, ehe wir uns in irgend eine weitere Unterhandlung mit der Gegenpartei einlaſſen.

Als die Morgenröthe der ſogenannten Freiheit, Gleichheit und Brüderlichkeit in der Monarchie aufging, begab ſich unverweilt zu Sr. Majeſtät nach Wien eine vom Volke erwählte zahlreiche Deputation, um im Namen der Nation, angeeifert durch die großen Erfolge der Deutſchen und Magyaren, auf die Erneuerung einiger alten Rechte, insbeſondere, was unſere Volksthümlichkeit anbelangt, von Sr. Majeſtät zu erbitten.

Was erhielt ſie zur Antwort? Auf das Anſtiften der ungariſchen Hofkanzlei erhielt ſie zur Antwort auf alle vorgetragenen Beſchwerden, wie aus dem Nr. 1 erhellet, nichts. Man gab ihr zu wiſſen, daß das Volk ſeine Wünſche am Landtage ausdrücken ſolle, daß man die Deputation als eine geſeßliche nicht anerkennen kann, weil ſie aus einem nicht nach dem Geſeße zuſammengetretenen Landtage abgeſchickt wurde, als wenn es menſchlich wäre, daß der Arzt, zu dem der Kranke Hilfe ſuchend gekommen iſt, denſelben als Kranken nicht anerkennt, wenn auch ſeine Wunden davon einen deutlichen Beweis geben, aus der Urſache, weil er kein ſchriftliches Zeugniß darob beigebracht hat.

Darauf ſchickte die Banal-Konferenz vom 8. Mai wieder eine Deputation nach Wien mit einer Repräſentation, welche die Hauptwünſche unſerer Nation enthielt, und die wir hier unter Nr. 2 beiſchließen. Was bekam auch dieſe Deputation zur Antwort? Auf Anſtiften des magyariſchen Miniſteriums nicht nur nichts, ſondern ſie ward nicht einmal vorgelaſſen vor das Angeſicht ihres Königs, Höchſtwelchen der magyariſche Miniſter der auswärtigen Angelegenheiten derart umſtrickt hatte, daß der Kranke ſeinem Könige ohne die Kontrolle des ungariſchen Miniſters ſich nicht einmal zeigen durfte.

Eben so blieben ohne allen selbst den geringsten Erfolg die Repräsentation des Ban an Se. Majestät unter Nr. 3, wie auch die Antwort des Ban an den ungarischen Palatin Nr. 4. Als Se. Majestät Wien verließ und sich nach Innsbruck begab, schickten wir neuerdings an Se. Majestät eine Deputation mit einer Adresse. Welche Antwort erhielt die Deputation auf diese Adresse? Auf Anstiften des magyarischen Ministeriums, wieder keine. Der Landtag, unsere ganze Hoffnung, wurde ausgeschrieben; der Ban berief ihn mit vollem Rechte schon in Folge des a. h. Restriptes unter Nr. 5. Und als die Zeit seiner Eröffnung nahte, erschien auf Anstiften der magyarischen Regierung wieder ein Handbillet Nr. 6, durch welches unser Landtag verboten, und dem Ban aufgetragen wird, er solle sich nach Innsbruck begeben, um sich zu reinigen von Lügen und abscheulichen Verleumdungen, welche die wüthende deutsch-magyarische Journalistik über ihn ausgoß, aus welcher, wie es klar am Tage liegt, das magyarische Ministerium die Daten schöpft, um Prozesse der beleidigten Majestät daraus zu formuliren.

Warum sich unser Ban alsogleich nach Innsbruck nicht begeben konnte, und warum wir unsern Landtag ewig für gesetzlich halten werden, erhellet aus der Repräsentation Nr. 7, welche aus der Banal-Konferenz Sr. Majestät unterbreitet wurde. Daß aber sowohl unser Ban, als die Nation trotz der schändlichen Erdichtungen des magyarischen Ministeriums nicht den mindesten Grund hatten, das Antlitz des Königs zu scheuen, bethätigen seine Werke, welche die Nation mit großem Enthusiasmus für ihre eigenen erklärt hat; beweisen alle bisherigen Thaten dieser Nation, bezeugt endlich der Empfang, welcher dem Ban und der Deputation zu Theil ward in Innsbruck im königlichen Schloße, und selbst jenes im Anfange erwähnte Handbillet Euerer kaif. Hoheit.

Auf diesem Landtage formulirte das Volk seine Wünsche, und schickte dieselben durch eine glänzende Deputation, an deren Spitze der Ban selbst sich befand, Sr. Majestät unlängst nach Innsbruck, wie zu ersehen ist unter Nr. 8, 9 und 10, in der festen Hoffnung, daß diese seine Wünsche, die an den kroatisch-flavonisch-balmatinischen König gerichtet waren, und die deutliche Absicht dieses Volkes kundgaben, sich mit der Monarchie noch enger als früher zu verknüpfen, daß diese Wünsche, sagen wir, in Erfüllung gehen werden, um so mehr, als diese Deputation vom Landtage ausgeschickt wurde, und sie der Ban selbst anführte, daher ganz gesetzlich war. Auf Anstiften des magyarischen Ministeriums erhielt wieder auch diese Deputation auf ihre Wünsche und Bitten als Antwort — gar nichts. Während unsere Deputation im kaiserlichen Schloße weilte, während unser Volk schon im Voraus sich freute über die Gnade, die diesmal gewiß und in Fülle über dasselbe sich ergießen werde, bekam sie unverhofft auf dem Wege gewöhnlicher Pamphlete zu Gesicht ein Manifest vom 10. Juni d. J., gerichtet an die Kroaten und Slavonier, und ein zweites von demselben Datum an die Grenzer, worauf selbst der geheiligte Name Sr. Majestät zu lesen war. In dem ersten dieser Manifeste wird der Ban und das Volk der Untreue und des Verrathes beschuldigt und beworfen mit unerhörten Verleumdungen. In dem zweiten aber wird einem Theile unserer Nation, die unter dem Namen der Grenzer bis jetzt für Oesterreich und Europa Wache stand, wahrlich mit einer bitteren Ironie zu wissen gegeben: daß sie zur Entschädigung für ihre langjährige Treue den Magyaren zum Geschenke gemacht wird. Dieß ist ausgesprochen worden nicht nur zur Unzeit, indem in Oesterreich längst schon die Zeiten vorüber sind, wo Nationen, ohne befragt zu sein, verkauft oder verschenkt werden, sondern es ist auch ausgesprochen gegen den ausdrücklichen Willen und Verlangen der Grenze, die dieser Verordnung nie gehorchen wird. Dieses durch Intriguen des magyarischen Ministeriums erschienene und verstohlenerweise unter das Volk zerstreute Manifest brachte es um so mehr auf, als es mit vollem Rechte behaupten kann, bis jetzt seine Pflicht zu jeder Zeit und an jedem Orte gegen seinen Kaiser und König treu erfüllt zu haben, und daher keineswegs verdient hat, daß man dasselbe zur Entschädigung so viel vergossenen Blutes und so vieler erworbenen Verdienste, ohne es zu befragen, ja sogar gegen dessen Willen, der Wuth seiner Todfeinde, den Ultra-Magyaren verkauft oder verschenkt. — Zugleich hörten wir aus Karlowitz, einer in diesen Königreichen gelegenen Stadt, das Wehklagen der in ihren Häusern angefallenen ruhigen Einwohner, welche Hrabovsky, aufgehetzt durch das magyarische Ministerium, blutgierig mit Feuer und Schwert heimsuchte. Und so wurde auf eine unerhörte Weise das Territorium dieser Königreiche durch das magyarische Ministerium verletzt. Wir schickten daher wieder eine Repräsentation an Se. Majestät unter Nr. 11 und 12, und baten, daß Se. Majestät den General Hrabovsky seiner Würde entkleide und das Kommando über die slavonische Grenze unserm allgeliebten Ban, welches ihm ohnedieß nach dem alten Rechte dieser Königreiche gebührt, ertheile, und so die Banalautorität, welche Hrabovsky durch den erwähnten Akt verletzte, wieder herstelle. Aber es erfolgte darauf bis jetzt noch keine Antwort.

Wir wollen die wahre Ursache dieses Unglückes und der vielleicht noch weiter bevorstehenden Gefahren nur in wenigen Worten zusammenfassen, welche wir gerade heraussagen, indem wir fest überzeugt sind, daß wir und unsere Nation darüber nur eines Sinnes sind. Und diese eigentliche Ursache finden wir in der ungleichen Behandlung der Völker des österreichischen Staates, die im offenen Widerspruche steht mit dem Inhalte des a. h. Manifestes vom 20. Mai 1848, kraft dessen allen Nationalitäten unter dem österreichischen Scepter gleiche Berechtigung zugesichert wird.

Diese Ungleichheit in der Behandlungsweise der Nationen erfahren insbesondere und am empfindlichsten die Slaven des österreichischen Staates, da nur ihre und selbst die gerechtesten Wünsche und Forderungen bisher unberücksichtigt geblieben sind, während die übrigen Völkerschaften desselben Staates ihre, zum Theil auch über die Grenzen der Mäßigung, Billigkeit und des Rechtes gehenden Wünsche entweder schon zur Ausführung gebracht haben, oder doch ganz nahe daran sind; woraus nothwendigerweise Neid und Zwietracht, Feindseligkeit und gegenseitige Verfolgung zwischen den verschiedenen Nationalitäten entstehen; und wenn nicht eine dem ewigen Rechte und dem Geiste der Zeit vollkommen entsprechende Basis zur Regelung ihrer gegenseitigen Beziehungen angenommen wird, so kann die täglich mehr überhandnehmende Anarchie einen endlosen Bürgerkrieg heraufbeschwören, der die Gesammtmonarchie ihrer totalen Auflösung und dem Untergange entgegenzuführen im Stande wäre.

Wir wollen diejenigen Völker des österreichischen Staates nicht beneiden, die sich im ungestörten Genusse ihrer durch die Huld Sr. Majestät erreichten konstitutionellen Freiheit befinden; wie wenig aber wir selbst und unsere slavischen Brüder in Ungarn in dieser beneidenswerthen Lage sind, dieß mögen Euere kais. Hoheit nach all' dem Obgesagten und dem Inhalte der betreffenden Beilagen selbst ermessen. Wir wollen nicht hier all' das drückende und alle Grenzen übersteigende Unrecht, welches man mit frevelnder Hand magyarischerseits unter dem Deckmantel der königlichen, in Ungarn bereits nur noch dem Namen nach bestehenden Macht an uns und unserem geliebten Ban verübt hat, einzeln aufzählen; wir sind überzeugt, daß Euere kais. Hoheit die Größe des erduldeten Unrechtes mit uns selbst nach allem bisher Gesagten zu sehr fühlen werden, als daß wir deßhalb noch viele Worte hier anzuführen für nöthig hielten.

Wir können nicht umhin offen auszusprechen, daß, wenn bei unserer in der dießfälligen Repräsentation ausgedrückten Denkweise ein Gelingen der friedlichen Ausgleichung zwischen uns und den Magyaren überhaupt möglich ist, dieß nur unter folgenden Bedingungen geschehen könnte:

1. daß jenes, unseren Ban und unsere Nation entehrende, mit der Schmach des Verrathes brandmarkende Manifest, welches im Namen des Kaisers an die Kroaten und Slavonier,

wie auch an die Grenzer am 10. Juni l. J. erlassen wurde, durch ein feierliches, ebenfalls mit allerhöchster Unterschrift bekräftigtes Dokument widerrufen werde. Auch sollen alle vom ungarischen Ministerium ausgehenden, und gegen den Ban oder die Nation gerichteten Erlässe auf ihrem betreffenden Wege widerrufen werden.

2. Daß Euere kais. Hoheit zu solchen Friedensunterhandlungen zu derselben Zeit mit den unsrigen auch zugleich die Vertreter der serbischen Nation in Ungarn gnädigst berufen, und demnach Höchstihre Vermittlung nicht bloß auf diese Königreiche beschränkt bleibe, sondern auch auf unsere serbischen Brüder und auf alle, ihre Angelegenheit betreffenden Fragen ausgedehnt werde, indem wir mit ihnen eine und dieselbe Nation bilden, und durch keine Macht der Welt uns mehr von ihnen trennen lassen wollen. Dieß erweißt sich auch dadurch um so dringender nothwendig, da gerade sie diejenigen sind, welche deßhalb, weil sie in der gegenwärtigen Zeit der Freiheit, Gleichheit und Brüderlichkeit ihre wohlverbrieften Rechte und Freiheiten wieder geltend machen wollen, von Seite der Magyaren bereits feindliche Angriffe erdulden mußten, und nun noch mehr von einer Verheerung mit Feuer und Schwert bedroht werden.

3. Da unsere Nation darüber einen tiefen Schmerz empfindet, daß einzig und allein ihre gerechten Wünsche unter verschiedenen, von dem magyarischen Einflusse eingegebenen Ausflüchten und Vorwänden keine Erhörung bei Sr. Majestät finden können, wie dieß namentlich dadurch geschah, daß die Legalität unseres Landtages und des serbischen Kongresses vom 1. Mai l. J. geradezu in Abrede gestellt wird, so sehen wir nur darin die Möglichkeit der Ausgleichung, wenn sowohl dieser Landtag, als auch der serbische Kongreß vom 1. Mai l. J. als gesetzlich anerkannt werden. Daß unser Landtag ein gesetzlicher ist, ersieht man aus den Beilagen unter Nr. 5 und 10, und enthält die nach dem landtäglichen Beschlusse vom 23. September 1845 beibehaltenen Elemente, außerdem wurde er auf der Basis der Volksvertretung nach einem durch die Banal-Konferenz gefaßten Beschlusse mit neuen Elementen vermehrt, um jetzt erst definitiv geregelt zu werden. Wir halten demnach die Legalität unseres gegenwärtigen Landtages außer allen Zweifel gestellt, und haben den festen Entschluß gefaßt, diesen Landtag so lange nicht aufzulösen, bis er nicht seine Aufgabe vollkommen gelöst haben wird.

4. Zum Beweise der anerkannten Legalität dieses unseres Landtages bitten wir Euere kais. Hoheit, Ihren Einfluß bei Sr. Majestät dahin zu verwenden, daß auf alle unter Nr. 8, 9 und 10 unterbreiteten gerechten Wünsche, so wie auf alle jene, welche unsere serbischen Brüder aus ihrem Kongresse vom 1. Mai l. J. höchsten Orts unterbreitet haben, königliche Resolutionen erlassen werden, und solchergestalt der erste Grund zur weiteren Entwickelung unserer Nation gelegt werde.

5. Damit sowohl die innere Ruhe, als auch die äußere Sicherheit dieser Königreiche und unserer serbischen Brüder gegen die magyarischen Umtriebe und Ueberfälle, die nicht allein von Seiten des an der ungarischen Grenze aufgestellten Militärs, sondern auch von den in Ungarn gesammelten Freischaaren erfolgen dürften, hinreichend geschützt erscheine, ist es unerläßlich nothwendig, daß alle Feindseligkeiten zwischen den Ungarn und unseren serbischen und slovakischen Brüdern eingestellt, und so der Weg zum friedlichen Ausgange ermöglicht werde. Wir erklären zugleich, daß, wenn man uns oder unsere Brüder feindselig anfallen würde, wir immer der Gewalt mit Gewalt begegnen werden. Auch soll zur Erhaltung des Friedens das ungarische Militär aus unseren Königreichen und der neuerstandenen Wojwodschaft entfernt werden, und der in Ungarn befindliche Theil unseres vaterländischen Infanterie-Regimentes Erzherzog Leopold ins Land zurückkehren, und unter das Kommando des Ban treten.

6. Indem unsere Nation die Jurisdiktion des magyarischen Ministeriums weder über das Provinziale, noch über die Militärgrenze anerkannt hat, und auch nicht anerkennen will, das österreichische Ministerium aber seine Jurisdiktion über die Grenze dem magyarischen Ministerium abgetreten hat, so drücken wir hier unseren Wunsch aus, daß die in Kroatien und Slavonien befindlichen Truppen durch den Ban dem allgemeinen österreichischen Kriegs-Ministerium untergeordnet sein sollen. Und so wird die öffentliche Ruhe durch eine geregelte Verpflegung und Besoldung der Truppen erhalten werden. Wir glauben, daß das allgemeine österreichische Ministerium des Krieges für das Eine und das Andere sorgen, und so den unangenehmen Folgen der Nichtverpflegung und Nichtbesoldung der Truppen, die im entgegengesetzten Falle gewiß eintreten würden, begegnen wird.

7. Damit aber aus Anlaß der unsererseits nicht erfolgten Anerkennung des magyarischen Ministeriums auch bis zur Beendigung der hohen Vermittlung der Gang der öffentlichen Civilverwaltung innerhalb der Grenzen dieser Königreiche zum augenscheinlichem Nachtheile der ganzen Staatsmaschine nicht in eine Stockung gerathe, wenden wir uns an Euere kais. Hoheit mit der Bitte, in allen jenen Fällen, in welchen die betreffenden Landesbehörden zur Erledigung der betreffenden Gegenstände die a. h. Entschließung nachzusuchen haben, zwischen dem Throne und unserem Ban, dem wir in diesen außerordentlichen Zeitumständen bis zur definitiven und auf der Basis der Gerechtigkeit stattzufindenden Regelung unserer Verhältnisse rücksichtlich aller administrativen und Landesvertheidigungs-Angelegenheiten unumschränkte und außerordentliche Gewalt einstimmig eingeräumt haben, die erforderliche Verbindung zu erhalten, und demgemäß auf alle dießfälligen Berichte, Anträge und Vorstellungen die a. h. Entschließungen bestmöglichst erfolgen lassen zu wollen.

8. Da wir ferner für unsere innern Angelegenheiten jedenfalls unsere eigene, dem Landtage dieser Königreiche verantwortliche administrative Landesstelle zu errichten beschlossen haben, deren Befugnisse bis zur Sanktionirung dieses unseres Beschlusses durch die Banal-Autorität provisorisch ausgeübt werden, — so betrachten wir die a. h. Autorisirung des Banus zur Errichtung einer derartigen kroatisch-slavonischen Landesstelle als eines jener dringenden Bedürfnisse, von deren Erfüllung selbst die Möglichkeit, einen normalen Zustand herbeizuführen, abhängt, welchen die Interessen der Ruhe und Ordnung dieser Länder nicht minder, als die der Gesammt-Monarchie gebieterisch erheischen. Demzufolge bitten wir Euere kais. Hoheit mit voller Zuversicht, zur Errichtung einer oben angedeuteten kroatisch-slavonischen Landesstelle die a. h. Autorisirung baldmöglichst zu erwirken.

9. Daß zu dieser Besprechung auch die Vertreter Dalmatiens, welches einen ergänzenden Theil unserer Königreiche bildet, eingeladen werden.

10. Indem unser Ban in keine Besprechung mit dem magyarischen Ministerium, das dazu von dem ungarischen Landtage nicht bevollmächtigt ist, sich einlassen kann, so ist es nöthig vor Allem, daß der ungarische Landtag sich äußere, ob er sich der Vermittlung Euerer kais. Hoheit unterwerfe oder nicht, und im Falle er sich unterwirft, seine Vertreter wähle, die dann, den Palatin an der Spitze, sich mit unseren und serbischen Vertretern unter Anführung des Bans auf dem Orte, welchen Euere kais. Hoheit dazu bestimmen wird, der aber jedenfalls neutral und außerhalb Ungarn's sein müßte, besprechen könnten. Um die Interessen und Wünsche unserer Nation höheren Orts in allen vorkommenden Fragen gehörig vertreten und aufgeklärt zu sehen, wünschen wir annoch, daß die von unserem Ban zu diesem Zwecke allenfalls zu ernennenden Individuen durch Euere kais. Hoheit bei allen diese Königreiche betreffenden Verhandlungen zu Rathe gezogen werden.

11. Schließlich soll noch vor jedem Anfange einer solchen Unterhandlung die magyarische Partei von jeder weiteren Verfolgung aller slavisch gesinnten Individuen im Königreiche Ungarn gänzlich abstehen. Insbesondere aber sollen sämmtliche, ihrer slavischen Gesinnung wegen verhaftete und meistentheils barbarisch behandelte Individuen alsogleich auf freien Fuß gesetzt werden.

Dieß sind, Euere kais. Hoheit, vorläufig die dringendsten Wünsche für den gegenwärtigen Augenblick, deren Erfüllung ohne der größten Gefahr für die Ruhe und Sicherheit des Gesammtstaates keineswegs verzögert werden darf. Und das sind die wesentlichsten Bedingungen, unter welchen eine Vermittlung durch Euere kais. Hoheit als möglich betrachtet werden kann.

Von der Weisheit und dem Biedersinn Euerer kais. Hoheit, in welchen Tugenden jeder edle Staatsbürger für den Sieg des Rechtes die sicherste Bürgschaft findet, erwarten wir mit Zuversicht, daß es Euerer kais. Hoheit gelingen wird, nicht nur unser Vaterland, sondern auch die ganze Monarchie vom großen Elende und schrecklicher Gefahr zu bewahren, welche einen fürchterlichen Bürgerkrieg sonst herbeizuführen im Stande wäre.

Gelingt es Euerer kais. Hoheit, was wir sehnlichst wünschen, das große Werk glücklich zu vollführen, dann wird nicht nur unsere Nation, sondern auch jedwedes Volk des österreichischen Staates, welches, indem es dem gränzenlosen Jammer des Bürgerkrieges entgeht, die goldenen Früchte des Friedens und der Freiheit ungetrübt genießen kann, noch mit seiner Nachkommenschaft den Namen des hohen Erretters preisen, und das unauslöschliche Denkmal der Dankbarkeit nicht allein in seinem Herzen bewahren, sondern auch der spätern Nachwelt überliefern.

Genehmigen Euere kais. Hoheit diese im unbegränztem Vertrauen aufrichtig ausgesprochenen Gesinnungen der Nation, welche ohne Hehl ihre Herzen dem edlen Fürsten öffnet.

L.

Repräsentation des kroatisch-slavonischen Landtages an Se. Majestät den Kaiser und König in Bezug auf die künftigen Verhältnisse der Militär-Grenze.

Euere Majestät!

In den weiten Reichen Euerer Majestät gibt es ein Land, in welchem dessen tapfere Söhne ihre Heldenarme zu einer lebendigen Brustwehr geschlungen haben zum Schutze des Thrones Euerer Majestät von jener Seite, woher ihm seit vier Jahrhunderten stets die größte Gefahr drohte.

Diese Schutzwehr steht an den Ufern jener blutigen Meerfluth, deren sturmbewegte Brandung den Ruhm des stolzen Byzanz zerstört, den Weltgang zum hohen Ziel der Menschheit verzögert, und den Würgengel des menschlichen Geschlechtes gezeugt hat.

Diese Schutzwehr vertheidigt lange schon nicht nur den Thron Euerer Majestät, sondern auch das ganze Westeuropa von den Hauptfeinden der Christenheit und des Menschengeschlechtes.

Diese Schutzwehr reicht von Adria's Gestaden bis zu den Ufern der Donau und den Bergen der Karpathen, hält Wache Tag und Nacht für Austria's Thron das Volk, das nun so todesmuthig von auf seinen Bajonetten noch für seinen stolzen Himmel Austria's trägt.

Jede Spanne dieses Landes, wo statt Früchte Bajonette wachsen, ist mit dem Blute seiner Söhne getränkt, mit dem Blute, das in Strömen floß in allen Theilen Europa's, und auch jetzt aus tausend klaffenden Wunden auf dem Kampfplatze fließt für den gold'nen Thron Euerer Majestät. Dieses Land ist das Land der Grenzer.

Ungerechnet die große Last eines außergewöhnlichen persönlichen Kriegsdienstes mit eigener Verpflegung seufzte dieses Land unter dem schweren Joche feudaler, und auf das bürgerliche Leben des Volkes streng applicirter militärischer Prinzipien, und dem noch ärgeren Joche der mit den Zuständen des Grenzlandes total unbekannten fremden Bureaukratie.

Als jedoch im Monate März eine neue Sonne für Oesterreich aufging, da weckte sie auch in dem Lande der Grenzer die Hoffnung auf eine bessere Zukunft; noch freudiger bewegte sie die bankerfüllten Herzen, als die frohe Nachricht kam, daß Euere Majestät einen Jollačić zum Ban und Generalkommandanten in Kroatien ernannt haben, und es gab bei diesem Beweise königlicher Huld keine Seele in der Grenze, die seit jener Zeit zu denken gewagt hätte, es gebe noch eine Provinz im neugebornen Oesterreich, die so wie ein Paria aus dem Kreise eines humaneren Staatslebens verbannt, als ein Sklave, ungefragt, einem andern zur ferneren Sklaverei übergeben, oder als eine Sache verkauft werden kann.

Doch nun sehen wir, daß unter dem milden Scepter Oesterreich noch ein solcher Paria existirt, und dieser ist das Land der Grenzer; jenes Land, das in seinen Pflichten gegen den Regenten und den Staat in keiner Hinsicht hinter andern Provinzen geblieben ist, im Gegentheil, wo der letzte Grenzer seine Verdienste in dieser Beziehung mit jenen der vom Golde strotzenden Magnaten und Lehensherrn, ja mit den Verdiensten der das Mark der Länder verzehrenden Residenz kühn und selbstbewußt messen kann. — Jener Paria, der in einem konstitutionellen Staate im gebildeten Europa nach seinem Willen gar nicht befragt wird, sondern, statt daß ihm auch eine Brotkrume vom reichlichen Mahle der Gnade seines Herrn zu Theil werde, im gefährlichsten Augenblicke Oesterreichs zum Lohne der bisherigen stummergebenen Sklaverei dem ärgsten Feinde seiner Nation verschenkt wird, dieser Sklave ist das Land der Grenzer, das Land der Bajonette!

Während dreißig Tausend Grenzer aus einer Bevölkerung von einer einzigen Million Seelen herausgerissen auf ein Kommandowort aus dem Schooße des ausgebreitetsten Familienlebens — in Italien mit ihrem Blute die neue Urkunde ihrer alten Treue besiegeln, erhielten wir die traurige Botschaft, daß auf einseitige Verdächtigungen von Seite der neuen magyarischen Regierung unsere Nation und ihr Ban zum erstenmal in unserer Geschichte der Untreue gezieht, und mit dem jeder gerechten Seele unerträglichen Brandmal des Verrathes zum Hohne aller Wahrheit und Gerechtigkeit gezeichnet wird, darum, weil weder unser Ban noch die Nation den ungetreuen Verräthern sich beigesellen will, welche die pragmatische Sanktion mit Füßen tretend sich faktisch schon von Oesterreichs stolzer Herrschaft losgesagt, die kaiserlich-königliche Macht in Ungarn bis auf den bloßen Schein des königlichen Titels schon vernichtet haben. Wir erhielten zu unserer gerechten Verwunderung die traurige Botschaft, daß Euere Majestät die Militärgrenze, dieses stets sichere Kriegsschwert der österreichischen Kaiser zu »ihrer Belohnung« für sovielfältige Verdienste (eine bittere Ironie, die wahrlich aus dem väterlichen Herzen Euerer Majestät nicht kommt) — in die unbarmherzigen Hände des ärgsten Feindes ihrer Nation und selbst Euerer Majestät, in die Hände der magyarischen Terroristen zu überliefern und unsern Ban seiner ihm kaum verliehenen Würden zu entkleiden gedenken.

Wir wissen wohl, Euere Majestät, daß ein Land, das von einer Million Bevölkerung im Nothfalle hunderttausend der tapfersten Krieger stellen kann, nicht ohne Noth so leichthin in fremde Hände gegeben wird. Wenn wir daher auch bedenken, daß Euere Majestät laut Manifesten vom 10. Juni durch diesen außergewöhnlichen Akt der Militärgrenze nur für ihre unwandelbare Treue und Ausdauer »endlich den verdienten Lohn« zuzuwenden gedenken, so betrachtet dieser Landtag und vorzüglich die Grenzdeputirten diesen Akt Euerer Majestät als ein unerwartetes unschätzbares Opfer, für das die Militärgrenze, wenn dieses Opfer nur mit ihren Wünschen im Einklange stünde, ewig dankbar wäre.

Aber da nicht nur diese Art Belohnung der Militärgrenze für solche Opfer, für soviel

vergoffenes Blut, für das Blut unferer Brüder, Väter, Groß- und Urgroßväter, für folche bei-
fpiellofe Anhänglichkeit den Wünfchen der Militärgrenze durchaus nicht entfpricht, fondern nur
jeden Grenzer im Innerften verwundet, fo muß diefer Landtag kraft der einftimmigen Erklärung
aller Grenzdeputirten und kraft der eigenen Ueberzeugung aller hier verfammelten Volksvertreter Euere Majeftät mit tiefem Kummer in Kenntniß fetzen, daß diefe Art Belohnung der Verdienfte des Grenzvolkes ihm nur zu einer grenzenlofen Betrübniß gereicht, und daß auch die
Militärgrenze den naturgemäßen und ftaatsbürgerlichen Standpunkt im Kreife der Länder und
Völker des freien konftitutionellen öfterreichifchen Kaiferftaates einzunehmen fordert.

Denn die treue und tapfere Militärgrenze, vertraut mit dem erften militärifchen Hauptprinzipe, daß der Gehorfam die erfte Tugend des Kriegers fei, — ift nicht minder auch mit dem
zweiten militärifchen Hauptprinzipe vertraut, daß nämlich der Krieger dann, wenn er überzeugt
ift, daß der Gehorfam augenfcheinlich zum Nachtheile des Regenten und des Vaterlandes gereicht, folchen zu verfagen hat; deßhalb, Euere Majeftät, hat die Militärgrenze feft befchloffen,
daß fie jenem Befehle, der nach offen vorliegenden Thatfachen nur zur Auflöfung des öfterreichifchen Kaiferftaates, zu einem neuen öfterreichifchen Erbfolgekrieg führt, weder gehorchen kann,
noch will.

Dieß ift die allgemeine Stimme des Grenzvolkes von Adria's Küften bis zu den Ufern
der Donau, und den Bergen der Karpathen, eine Stimme an der blutgetränkten Grenze der
Türkei, und auf der blutigen Wahlftatt beim ftolzen Venedig, wo dreißig Taufend Grenzer für den Thron Euerer Majeftät ihr Herzblut vergießen.

Die Manifefte vom 10. Juni reden von »endlicher Belohnung der Verdienfte des Grenzvolkes«; darum ift auch diefer Landtag feft überzeugt, daß das väterliche Herz unferes milden
Herrfchers nicht zugeben wird, daß die treue und tapfere Militärgrenze durch jene Mittel zu beglücken fei, die fie als die Quellen ihres Glückes nicht anerkennt, fondern im Gegentheil ein-
fieht, daß folches Glück ihr nur zum Unglücke gereiche ; — darum hat diefer Landtag auch die
wahren Wünfche und Bedürfniffe des Grenzvolkes zu erfahren fich bemüht, auf daß gegenwärtig, wo die kaiferliche königliche Huld aus dem Born der väterlichen Gnade Euerer Majeftät
über alle Völker und Länder Oefterreichs fich ergießt, die Militärgrenze allein ohne ihrem blutig
verdienten Antheile nicht bleibe.

In diefer Abficht hat unfer Ban die Vertreter der kroatifch-flavonifchen Militärgrenze
einberufen, und hat auch einberufen müffen. Er hat es thun müffen, denn mit welchem Rechte
konnte diefer verdienftliche Theil des Kaiferftaates von der Wohlthat der konftitutionellen Freiheit, wenn fie fchon einmal für den ganzen öfterreichifchen Staat ausgefprochen wurde, —
ausgefchloffen werden? Mit welchem Rechte könnte man fordern, daß die Militärgrenze, die
ja ungeachtet aller Anftrengungen Ungarns bisher durchaus niemals als zum Königreiche Ungarn gehörig betrachtet wurde, irgendwo fonft vertreten werde, als im Kreife
ihrer nächften und verwandten Brüder? Der Ban mußte auch die Grenzer zum Landtag einberufen, denn fonft hätten fich in der Grenze Folgerungen zum unberechenbaren Nachtheile des
Thrones Euerer Majeftät ergeben, die Grenze wäre ein Spielball böfer und gefährlicher Einflü-
fterungen geworden, daß man fich um fie zum Hohne aller konftitutionellen Prinzipien nur in
fofern bekümmere, als es fich um das Heldenblut ihrer Söhne handelt, und daß die Militärgrenze allein von dem Genuße der Konftitution ausgefchloffen bleibe.

Auf diefem Landtage hat nun die tapfere Militärgrenze ihre Wunden aufgedeckt, die im
gewöhnlichen Wege durchaus nicht zu heilen find, denn Garantien find nöthig, daß die einmal
geheilten Wunden nicht wieder aufgeriffen werden.

Indem nun auf diefe Weife auch die Militärgrenze den konftitutionellen Weg betrat,
hat diefer Landtag, in der herzlichen Beforgniß für das allgemeine Wohl des mächtigen Kaifer-

staates Euerer Majestät, beschlossen, daß er sich in radikale Reformen in der Militärgrenze in dieser so gefährlichen Epoche durchaus nicht einlassen wolle, sondern daß die Militärgrenze, die konstitutionelle Bahn betretend, auf die künftig, wenn Ruhe und Friede im Vaterlande und in der ganzen Monarchie zurückkehrt, nach den Prinzipien der Freiheit und Gleichheit fortgebaut werden kann, — für jetzt unter hinreichender gesetzlicher Garantie der konstitutionellen Berechtigungen aller unumgänglich nothwendigen Erleichterungen so schnell als möglich theilhaftig werde, zu deren Ermöglichung in Rücksicht auf die außerordentliche persönliche Kriegslast des Grenzvolkes nicht nur die übrigen Theile dieser Königreiche, sondern auch alle übrigen Provinzen des österreichischen Staats Mittel zu schaffen verpflichtet sind.

Bei den Landtagsverhandlungen über die Beschwerden der Grenzer hat es sich gezeigt, daß sich solche auf folgende drei Kategorien reduziren, u. z.

Erstens, Beschwerden, welche aus den bisherigen auf feudalen, und auf das bürgerliche Leben des Grenzvolkes streng angewandten militärischen Prinzipien beruhenden Grenzgrundgesetzen, die den konstitutionellen Prinzipien nicht entsprechen, —

Zweitens, Beschwerden, welche aus den großen Mängeln der bisherigen Grenz-Administrations-Art in höheren Instanzen vorzüglich, und

Drittens, Beschwerden, welche aus örtlichen Verhältnissen, speziellen Zuständen und Schwierigkeiten einzelner Institutionen und instruktiver Vorschriften — sich ergeben.

Das Hauptprinzip vor Augen bewahrend, daß die Berechtigung der Militärgrenze auf die konstitutionelle Entwickelung sogleich auszusprechen, und dieses Recht, insoweit es gerade in diesem Augenblicke die Gefahr des Vaterlandes und der ganzen österreichischen Monarchie erlaubt, ins Werk zu setzen sei, die Militärgrenze dagegen, bis Ruhe und Friede in der Monarchie nicht zurückkehren, in ihrer bisherigen Eigenschaft als Militärmacht nach den Bedingungen absoluter Nothwendigkeit verbleiben muß, deßhalb jedenfalls, weil sie die Militärlast in einem unverhältnißmäßig größeren Maßstabe als die übrigen Provinzen trägt, — von den Lasten in ihren staatsbürgerlichen Beziehungen auf angemessene Art mit Hilfe aller andern Provinzen des österreichischen Kaiserstaates nach unbestreitbaren Grundsätzen der Gerechtigkeit, zu befreien sei, — brachte dieser Landtag die bisherigen Grenzgesetze zur Verhandlung, und mit steter Rücksicht auf die oben aufgestellten Prinzipien wurden einige, nach den Erfordernissen des konstitutionellen Staatsbürgerthums dringend nöthige Veränderungen in Bezug auf diese Gesetze und die Grenz-Administrationsweise vorgenommen, bei welch' letzterer auch darauf das Augenmerk genommen wurde, daß der bisherige niedere Organismus der bürgerlichen Grenz-Administration mit einigen wenigen, nach konstitutionellen Prinzipien dringend erforderlichen Zusätzen und Abänderungen behalten, und in dieser Art mit unserer künftigen obersten Landesadministrationsbehörde (dem bereits erbetenen Landeskonsilium) verbunden, die Grenzmilitärmacht aber durch den Bau vom allgemeinen österreichischen Kriegsministerium fortan befehligt werde.

In diesem Sinne ist das bisherige Grenzgrundgesetz und jenes über die Grenz-Administration abgeändert und ergänzt, so wie dieß der beiliegende von diesem Landtage einstimmig angenommene Gesetzentwurf A. zeigt, gleichwie einige spezielle Erleichterungen auf besondere Petitionen nach dem weiteren Entwurfe B. beschlossen worden, während diese National-Versammlung noch einige zur obigen dritten Gattung der Beschwerden gehörige Petitionen, namentlich über das Gerichts- und Schulwesen, die Besoldung der Geistlichkeit aller Konfessionen u. s. w., noch zu diskutiren und die nöthigen Gesetzvorlagen zu machen sich vorbehält.

Euere Majestät! Im Namen einer der verdienstlichsten jener sieben und dreißig Millionen Seelen des österreichischen Kaiserstaates, im Namen jener dreißigtausend Helden, die nun mit ihrem Blute auf dem Kampfplatze die schweren Wunden des glorreichen Herrscherhauses Euerer Majestät zu heilen, und auf ihren Armen noch den Habsburglothringer-Thron zu erhalten streben; im Namen ihres Blutes und jenes ihrer und unserer Väter, im Namen der Thränen ihrer hilflosen Familien, im Namen der ewigen Gerechtigkeit dieser und jener Welt bitten und fordern wir, daß schon auf dieser Welt so große Verdienste belohnt werden.

Durch die Bestätigung dieser Gesetzentwürfe werden Euere Majestät die tiefen Wunden des Grenzlandes heilen. Dies Euere Majestät wird »der verdiente Lohn« sein, den die treue Militärgrenze nach der einstimmigen Erklärung ihrer Deputirten auf diesem Landtage nur aus den Händen Euerer Majestät und durch die Hände ihres Bans und Vaters, den sie einzig und allein als den Vermittler zwischen ihr und dem Throne Euerer Majestät betrachtet, gewärtiget, — indem sie hiemit fest und feierlich erklärt, Euerer Majestät und ihrem Ban Jellačić stets treu zu bleiben, so lange noch von Hunderttausend ihrer kampferprobten Helden auch nur Einer lebt, da keine Macht auf dieser Welt im Stande ist, sie zu zwingen, ihren Gehorsam diesem, Euerer Majestät stets getreuen Vorgesetzten zu versagen, der nicht nur jetzt, sondern auch damals die Rechte des Grenzvolkes gegen die Willkür des Absolutismus und der Bureaukratie ohne Unterlaß mannhaft vertheidiget hat, als der vor seinem Falle hochmüthige Magyare von seiner verwegenen Herrschaft und von seinem unglückseligen Ministerium innerhalb der Marken des stolzen Oesterreichs nicht einmal zu träumen gewagt, am wenigsten aber sich um das Wohl und Wehe der verwaisten Militärgrenze bekümmert hat!

Indem dieser Landtag jene Punkte dieser Gesetzvorlagen, die ohne Verzug eingeführt werden können, in der untrüglichen Hoffnung der väterlichen Bestätigung Euerer Majestät in Rücksicht der kritischen Zustände unseres Vaterlandes faktisch einführt, auf daß die so lange und sehr mißbrauchte Langmuth des Grenzvolkes, das Euerer Majestät bis in den Tod treu sein, aber sich nun und nimmer verschenken lassen will, — nicht endlich ein Ende nehme, hegt dieser Landtag die feste und zuversichtliche Hoffnung, daß Euere Majestät diese Wünsche des Grenzvolkes beherzigend, durch die Bestätigung dieser vom Landtage angenommenen Gesetzvorlagen die beabsichtigte Belohnung seiner Verdienste, wozu sich nun die beste Gelegenheit darbietet, realisiren, und zur Abwehr eines sonst unvermeidlichen Bürgerkrieges, und was noch mehr, einer für den Kaiserstaat noch gefährlicheren bewaffneten Anarchie in der Militärgrenze, — die bei einer etwa wirklich bevorstehenden Realisirung der Absichten der Manifeste vom 10. Juni nicht ausbleiben würde, — sobald als möglich einem unsäglichen Jammer zum Besten des Thrones und zum Wohle dieses, Euerer Majestät stets treuen Volkes begegnen werden.

Endlich kann dieser Landtag nicht unterlassen, aus gerechter Besorgniß für die Ruhe und Ordnung in der Militärgrenze auch das zu erwähnen, wienach die Militärgrenze seit dem für sie in jeder Hinsicht bisher unglücklichen Monate März, seit der Errichtung des unglückseligen magyarischen Ministeriums und Aufhebung des Hofkriegsrathes bald vom österreichischen, bald vom magyarischen Ministerium sich gegenseitig widersprechende Befehle bekömmt, daher weder ihre oberste Landesverwaltungs- noch oberste Justiz-Behörde kennt, sondern durch ungerechte Forderungen und Gewaltstreiche belästiget und beirrt, mit systematischer Hinterlist unserer Dränger gewaltsam auf das Feld eines ehrenvollen, unserer Loyalität und Treue gegen den österr. reichischen Thron durchaus nicht abträglichen Aufruhrs getrieben, schon am Abgrunde einer furchtbaren bewaffneten Anarchie steht, aus der sie noch einzig und allein die kräftige Hand ihres Lieblings und hochverehrten Beschützers Ban Jellačić erretten kann.

Die wir im Uebrigen als treue Unterthanen mit kindlicher Zuversicht auf die Gerechtigkeitsliebe Euerer Majestät verbleiben.

Agram, den 10. Juli 1848.

Der Landtag der vereinten Königreiche
Kroatien, Slavonien und Dalmatien.

Praesid. Nr. 670.

M.
Verordnung

des vereinten Banal-Warasdiner-Karlstädter General-Kommando-Präsidiums an gesammte Grenz-Regiments-Kommanden in Kroatien.

Ju Berücksichtigung der politischen Verhältnisse der ganzen Monarchie, für deren Integrität das Grenzvolk die meisten Opfer leistet; in Erwägung der kritischen Verhältnisse dieses Landes, auf dessen Demoralisation man von so vielen Seiten einzuwirken nicht ansteht; in Erwägung der gedrückten Lage der Militärgrenze überhaupt, wo schon die Möglichkeit eines anarchischen Zustandes um jeden Preis vermieden werden muß, finde ich auf Grundlage der gefaßten und Sr. Majestät dem Kaiser zur allerhöchsten Bestätigung vorgelegten Landtagsbeschlüsse, und mit Rückblick auf die ertheilte Konstitution für die Gesammtmonarchie, — zur Erleichterung des Grenzvolkes in Anhoffnung der allerh. Bestätigung der eingesendeten Gesetzvorlagen folgende Begünstigungen und Zugeständnisse in Wirksamkeit treten zu lassen, und zwar:

1) Das unbewegliche Vermögen des Grenzvolkes ist dessen wahres Eigenthum.

2) Zur Verhinderung der Verarmung wird verfügt, daß jedes Haus drei Joch Stammgut behalten, und solches ohne Haus und Ersatz nicht veräußern kann.

3) Die Gemeindehutweiden sind ein Eigenthum der Gemeinden.

4) Aus den Aerarial-Waldungen sind den Grenzhäusern alle Bedürfnisse inclusive der eichenen Dachschindeln auf die möglichst leichte Art und mit Vorzug vor allen sonstigen Speculations-Holzperzipienten zu erfolgen, die unentgeltliche Viehweide und Mastung in den Waldungen mit Ausnahme der Schonungen zu gestatten, wobei jedoch jede muthwillige Devastation oder unbefugte Spekulation im Sinne der Gesetze hintanzuhalten kommt; und wobei nebst den Waldaufsehern auch die Gemeinden in ihrem eigenen Interesse jeden Mißbrauch hintanzuhalten bemüht sein sollen.

Die Schonungen sind aber im Einvernehmen mit den Gemeinden nur auf wirklich holzarme Gegenden und zwar auf neue Waldanlagen und abgetriebene Holzschläge, bis der größte Theil des Anfluges dem Viehmaule entwachsen ist, zu beschränken, alle übrigen Schonungen, und vorzüglich die sogenannten Waldbrandstätten, wo der hochstämmige Wald nicht gelitten hat, sogleich aufzulassen, während die bestehenden Waldvorschriften nach zeitgemäßen Grundsätzen auch demnächst modificirt werden.

5) Jeder Grundvertrag kann schriftlich vor der Kompagnie-Session rechtsgiltig unter Beobachtung der bestehenden Normen abgeschlossen und ohne weitere Umstände durch die Kompagnie mit Hinterlegung eines Pare in den Akten im Grundbuche behandelt werden.

6) Die Anlage von Obst- und Weingärten auf eigenem Grunde ist Jedermann gestattet, nur ist wegen Erhöhung der Besteuerung der Kompagnie die Anzeige zu erstatten.

7) Die Grenzjugend hat ohne Ausnahme das Recht niedere und höhere Schulen zu besuchen, und Handwerke zu erlernen.

8) Bei Verfügungen mit Grundstücken und bei jedem wichtigen Geschäfte, welches die ganze Haus-Kommunion betrifft, hat der Hausvater die Einwilligung aller Kommunions-Glieder vom vollendeten 17. Jahre angefangen vor der Behörde zu erweisen.

9) Die Familientheilungen sind unter folgenden Bedingungen anstandlos zu gestatten:

a) Die Mehrzahl der Hausgenossen beiderlei Geschlechts muß hiezu eingewilligt haben.

b) Auf jeder Seite müssen wenigstens drei Joch Grundes vorhanden sein, insofern die

große Grundbedürftigkeit an der Meeresküste oder auch in andern einzelnen Gegenden dieß zuläßt, in welchem Falle die Theilung auch bei weniger Grund stattfinden kann.

c) Das Vermögen muß laut schriftlicher Theilungsurkunde abgetheilt und der Grund-
besitz vor der Behörde abgegrenzt sein.

d) Die Wohngebäude für den austretenden Theil müssen hergestellt sein.

e) Die etwa einzeln auszutreten wünschenden felddiensttauglichen Männer müssen sich
vor der Kompagnie-Session schriftlich verbindlich machen, wenn die Reihe an sie kömmt, selbst
als Einzelner beim Feldstande zu dienen.

10) Diese Theilungen können bei den Kompagnie-Sessionen geschlossen werden, welche,
wenn die obigen Erfordernisse vorhanden sind, sogleich zu bestätigen, und im Grundbuche einzutragen sind.

11) Die Einkommunionirungen können auch bei der Kompagnie-Session bewilligt werden, wenn beide Theile hiezu einwilligen und die einer andern Behörde unterstehenden Individuen auch von der letztern die Einwilligung erhalten.

12) Jeder Grenzer kann aus einem Hause in ein anderes Grenzhaus mit Einwilligung
der beiderseitigen Familien und der Kompagnie-Session übertreten, wenn seine Militärpflicht
dadurch nicht umgangen wird.

13) Die bisherige Aerarial-Arbeit wird ganz aufgehoben. Die ohne Gefahr nicht aufzu-
schiebenden Arbeitsobjekte, die nur Kommunikationshindernisse sein können, sind, falls der Kosten-
werth inclusive der zu bezahlenden Handlanger die bestehenden Befugnisse der Regiments-Kommanden übersteigt, bis auf weitere Anordnung von Zeit zu Zeit ohne Verzug mit Plan und
Kostenüberschlag inclusive der bezahlt werdenden Handlanger-Arbeit hieher anzuzeigen, damit
solche, insofern sie keine Gemeinde- sondern Aerarial-Objekte sind, par entreprise hergestellt
werden können.

14) Die bisher gegen Aerarial-Arbeit beigestellte Vorspann ist künftig auf kriegskom-
missariatisch angewiesene Marsch-Routen gegen Bezahlung in conto aeraril beizustellen, wobei jedoch alle Mißbräuche streng hintanzuhalten sind.

15) Die bisher laut §. 135 der Grenzgrundgesetze in conto der Gemeindearbeit zu leistenden Arbeiten werden von den betreffenden Gemeinden nach eigenem Bedarfe unter sich repar-
tirt, wobei die Behörden nur leitend einzuwirken haben.

16) Vom Salzhandel wird keine Steuer gezahlt.

17) Die Preise des Meersalzes sind bei der Salzlegstätte in Zengg und Carlobago auf
8 fl. 7 kr. für das weiße, und 2 fl. 7 kr. für das schwarze; dann in Bukari auf 3 fl. 16. kr.
für das weiße, und 2 fl. 12 kr. für das schwarze Salz herabgesetzt.

18) Das Klauben der Kastanien so wie das Mähen und Graben des Farrenkrautes in
den offenen Aerarial-Wäldern ist den Grenzern erlaubt.

19) Auf den Waldblößen ebenso als in den offenen Waldungen ist die Waldweide, das
Mähen und Ausgraben des Farrenkrautes unentgeltlich gestattet.

20) Die Ausfuhr des liegenden Holzes aus den Waldungen kann an jedem Tage in der
Woche geschehen.

21) Das Fällen der kleineren Buchenholzerfordernisse kann auch im Sommer
gestattet werden.

22) Das Vieh der Provinzialisten und Spekulanten kann selbst gegen Bezahlung
ohne Einwilligung der Gemeinden weder in die Wälder noch Hutweiden zur Weide und Mast
eingelassen werden.

23) Die Grenzer können mit Bewilligung der Gemeinden und des Regiments, wo es
die Nothwendigkeit mit sich bringt, Viehstände (Stane) errichten.

24) Ausgeräuterte Waldaussprungswinkel außer den Waldhuthen können den grund-bedürftigen Grenzhäusern angeschrieben werden.

25) Die Waldaufseher dürfen ohne hinreichende Ursachen keine Hausdurchsuchungen vornehmen.

26) Die Viehweide- und Maßzettel werden gänzlich aufgehoben, und das Waldpersonale erhält nur eine Konsignation des Viehstandes der die Viehweide und Mastung benützenden Grenzhäuser für ihren eigenen Viehstand, mit Ausschließung des Spekulations-Viehstandes, für welch' letzteren die vorgeschriebenen Taxen auf zahlbare Weide- und Maßzettel fortan zu bezahlen und dem Waldaufseher besondere Konsignationen zu erfolgen sein werden.

27) Die Grenzer können auf eigenen Grundstücken auch Waldanlagen machen.

28) Die Heirathslicenzen sind dem Grenzvolke bei der Kompagnie-Session zu erfolgen.

29) Zwangsweise Kommandirungen gegen Bezahlung, mit Ausnahme der Vorspann auf Marsch-Routen, dürfen nicht stattfinden.

30) Das Recht der freien Holzung, Viehweide und Mastung zum häuslichen Bedarfe steht allen Grenzbewohnern zu.

31) Die Grenzer können auch ohne die übliche militärische Begleitung auf ihre Grundstücke am Kordon gehen.

32) Die am Kordon des Sluiner Grenz-Regiments befindlichen, in der letzten Zeit geometrisch aufgenommenen Gründe sind den betreffenden Grenzern gegen Besteuerung anzuschreiben, dagegen die betreffenden Kordonsposten daselbst der Sicherheit wegen zweckmäßig aufzustellen.

33) Die Schätzleute hat derjenige, der den Schaden verübt hat, für die Zeitversäumniß zu entschädigen.

34) Die im Dienste erkrankten Grenzer haben auch fernerhin ab aerario die Medikamente zu erhalten.

35) Alle mittellosen Grenzbewohner haben das Recht, zu Topusko im 1. Banal-Regimente das gemeinschaftliche Bad unentgeltlich zu benützen.

36) Die als steril abgeschriebenen Grundstücke dürfen auch die vorigen Besitzer, wie jeder andere Grenzer, an sich bringen.

37) Die Subnummern hören völlig auf und sind als gesetzliche Theilungen anerkannt.

38) Mit Ausnahme der Grundstücke kann jeder Grenzer ein eigenes Vermögen besitzen.

39) Der letzte Sprosse einer Haus-Kommunion kann auch über Grundstücke testiren.

40) Da alle grundbesitzenden Grenzbewohner gleiche Rechte und gleiche Pflichten haben, so ist der unbeschränkte Grunderwerb auch allen Offizieren, Beamten, Geistlichen, Grenz-Handels- und Gewerbsleuten, welche in der Grenze beständigen Wohnsitz haben, gestattet.

Diese nach den Anforderungen der Zeit unabweisbar sich darstellenden Begünstigungen und Erleichterungen, die durchaus nicht länger verschoben werden können, sind dem Grenzvolke an drei nächstfolgenden Sonntagen bei allen Kirchen laut des hier in der Nationalsprache abgefaßten zuliegenden Generals-Befehls vollinhaltlich zu publiciren, und der Befolg unter Vorlage der diesfälligen Originalanzeigen der Kompagnien bis Ende dieses Monats hierher anzuzeigen.

Ich erwarte sonach von der bewährten Treue und Anhänglichkeit des braven und tapfern Grenzvolkes und von seinem gesunden und festen Sinne für das Wohl des Vaterlandes und der Nationalität, bei seiner erprobten Treue und Anhänglichkeit für den angestammten Kaiserthron, daß es die Segnungen der von unserm gnädigsten Monarchen ertheilten Konstitution und der auf Grundlage derselben basirten gegenwärtigen Erleichterungen dankbar anerkennen, die weitere Bestätigung der zu dessen Vortheile angetragenen Maßregeln mit Geduld erwarten, und dadurch seinen alten Ruhm und die angeborne Anhänglichkeit an unsern allergnädigsten Kaiser und das Vaterland fernerhin bewahren werde.

Da mir ferner zur Kenntniß gekommen ist, daß die Regimenter, resp. die Kompagnien, ohne Rücksicht der Jahreszeit, alle Wochen die Grenzer zur Steuereinkaßirung citiren, und selbe, wenn sie nichts bringen, in Arrest nehmen, diese Maßregel aber mehr eine zwecklose Neckerei und Unzufriedenheit befördernd ist, so ist zu verfügen, daß die Steuern in vierteljährigen oder höchstens einmonatlichen Raten, zur Zeit, wenn die Grenzer etwas zu verkaufen haben, dann aber auch zuverläßig eingehoben werden.

Da endlich in Verfolg der Aufhebung der Aerarial-Arbeit kein Gratisholz beigestellt werden kann, und in Rücksicht der Last und der geringen Bezahlung nebst dem ersteren auch das zahlbare Brennholz auf andere Weise im restringirten Maße beigestellt werden muß, worüber Anträge abverlangt wurden, so wird deßhalb die weitere Anordnung nachfolgen.

Im Uebrigen empfehle ich allen Behörden in jeder Hinsicht die größtmöglichste Vorsicht und Beseitigung aller unnöthigen Plackereien des Grenzvolkes, welches in den gegenwärtigen schweren Zeiten für die Aufrechthaltung der Integrität der Monarchie so harte Opfer leistet. Vorzüglich soll es die Sorge der Behörden sein, von allem Kleinlichkeitskram, der gegenwärtig durchaus nicht an der Zeit ist, gänzlich abzulassen, und so den unabweisbaren Forderungen der Zeit mit Klugheit entgegenzukommen und nöthigenfalls zur Aufrechthaltung des guten Geistes hierher Anträge zu machen.

Agram, den 6. August 1848.

Josef Baron Jellačić m/p.
Feldmarschall-Lieutenant und Ban.

N.

General-Befehl Nr. 760, vom 6. August 1848.

Tapfere Grenzer! Mein seit so vielen Jahren gehegter innigster Herzens-Wunsch geht nun in Erfüllung. Nachdem ich als Euer Ban Grenzdeputirte und andere ausgezeichnete Männer der Grenze berufen, und Euere auf dem Landtage verhandelten Beschwerden vernommen habe, unterbreitete ich die neuentworfenen Grenzstatuten der allerhöchsten Sanktion des allergnädigsten Kaisers.

In der festen Zuversicht, Seine Majestät werden sowohl meine als auch die Anträge des Landtages ehebald sanktioniren, erlasse und veröffentliche ich diejenigen Punkte dieser Statuten, welche jetzt alsogleich ins Leben treten können und sollen, wie folgt:

1. Das unbewegliche Vermögen u. s. w., folgen die sub M angeführten 40 Punkte.

Tapfere Grenzer! Dieß ist der größere Theil jener Erleichterungen, nach welchen Ihr seit langem seufzet. Dieß waren Euere Hauptbeschwerden, und siehe da, genommen werden sie für immer von Eueren Schultern; auch die übrigen wichtigen Erleichterungen werde ich Euch weiterhin bekannt machen, sobald sie vom allergnädigsten Kaiser sanktionirt sein werden, wofür ich mich beim kaiserlichen Throne verwenden will.

Ein Theil meiner heißesten Wünsche für das Wohl des Grenzvolkes ging hiemit bereits in Erfüllung. Ich hege jedoch, theure Grenzer, das feste Vertrauen, Ihr werdet diese Erleichterungen als ein Zeichen meiner Liebe entgegennehmen, in der Treue und Liebe zum Kaiser und Vaterland als deren dankbare Söhne standhaft verbleiben, und weitere, zu Euerem Gunsten entworfene noch wichtigere, und dem kaiserlichen Throne bereits unterbreitete Erleichterungen und Einrichtungen in Geduld abwarten. Ich erwarte aber auch, Ihr werdet Euerer Obrigkeit in der Aufrechthaltung der Ruhe und Ordnung in der Grenze behilflich zur Seite stehen, und auf den Ruf des allergnädigsten Kaisers und des Vaterlandes auch künftighin überall zu folgen bereit sein, auf daß solchermaßen der Stern Eueres altbewährten Ruhmes nie erblasse.

Empfanget hiemit vom Eurem Bau den herzlichsten Gruß.

O.

Entwurf des kroatisch-slavonischen Landtags-Ausschusses über die Bedingungen der Pazifikation mit Ungarn.

Nachdem der Landtag dieser drei Königreiche die angeordnete Vermittlung zwischen diesen Königreichen und Ungarn unter einigen vorläufigen Bedingungen nicht nur angenommen, sondern auch dieser Landesdeputation aufgetragen hat, die Bedingungen, unter welchen die Ausgleichung der Differenzen zwischen beiden Theilen stattfinden könnte, vorzulegen, so werden von Seite dieser Deputation folgende Pazifikations- und Bundesbedingungen mit der magyarischen und den übrigen unter der ungarischen Krone lebenden Nationen vorgeschlagen:

1. Als Hauptprinzip zur Lösung jedweder Beziehung zwischen den unter der ungarischen Krone lebenden Nationen möge im Geiste der Zeit und der Freiheit unseres Jahrhundertes die Gleichheit aller Nationalitäten unter der ungarischen Krone ausgesprochen, und innerhalb des von ihnen bewohnten Landesgebietes jedem Volke die freie Bewegung und Entwickelung der Nationalität durch die Konstitution gesichert werden.

2. Die kroatisch-slavonische Nation, welche die Königreiche Kroatien, Slavonien und Dalmatien bewohnt, bildete seit der ältesten Zeit stets ein freies, keinem anderen Volke unterworfenes Volk, welches durch 7½ Jahrhunderte mit den übrigen unter der heiligen ungarischen Krone lebenden Völkern im Bunde stand. In diesem Bunde will unsere Nation auch fernerhin unter Bedingungen verbleiben, welche Se. Majestät ebenso wie die ungarische Legislatur mit ihrer verantwortlichen Regierung heilig halten müßte.

3. Die gegenwärtigen Grenzen dieser Königreiche, so wie sie vormals im politischen Verbande mit Ungarn bestanden, erstrecken sich vom adriatischen Meere bis zur Drave, Mur und Donau, wo die Save in dieselbe mündet. Hieher gehört nicht nur Civil-Kroatien, die Militärgrenze mit dem ganzen Litorale und der Stadt Fiume, sondern auch ganz Unter-Slavonien, worunter die Komitate Poseg, Verovitic und Syrmien, so wie das Gradiskaner, Broder und Peterwardeiner Regiment verstanden werden.

4. Nachdem in alten Zeiten die Grenzen dieser Königreiche viel weiter als gegenwärtig reichten, und ein Theil dieser Königreiche noch unter dem türkischen Joche seufzt, während Dalmatien und die kroatisch-windische Mark, d. i. Unter-Steiermark und ein Theil Krains, nebst noch einigen zum alten Kroatien gehörigen istrianischen Küstengebieten unter der österreichischen Verwaltung sich befinden, endlich Medjimurje (Mur-Insel) als ein, Ungarn unmittelbar einverleibter Theil gegenwärtig unter der Verwaltung des Zalader Komitats steht, so behalten sich diese Königreiche das Recht vor, nicht nur mit diesen obenerwähnten, unter der österreichischen Regierung stehenden Gebietstheilen ihren alten politischen Verband zu erneuern, sondern auch jene unter der türkischen Botmäßigkeit stehenden Gebietstheile, falls sie der heiligen ungarischen Krone wieder anheimfielen, dem Länder-Komplexe dieser Königreiche einzuverleiben, und dadurch der gemeinschaftlichen ungarischen Krone zu bewahren.

5. Dalmatien mit seinen von jeher dazu gehörigen Inseln bildet einen integrirenden Theil dieser drei Königreiche, mit welchem diese wieder in den ehemaligen engsten politischen Verband zu treten, und unter gemeinschaftlicher Legislatur am gemeinschaftlichen Land-

8 *

tage dem Königreiche Dalmatien seine eigene Landesverwaltung als Abtheilung der, dem gemeinschaftlichen Landtage verantwortlichen Landesregierung mit einem Banal-Stellvertreter an der Spitze zu belassen wünschen, wodurch also Dalmatien mit der heiligen ungarischen Krone nur auf dieselbe Weise wie der übrige Theil dieser Königreiche verbunden werden würde.

e. Die Insel Medjimurje, welche ehemals den Grafen von Cilli als Obergespännen von Zagorien gehörte, ist dem dreieinigen Königreiche als ein zu Kroatien oder dem sogenannten Ober-Slavonien gehörender ergänzender Theil wieder einzuverleiben.

7. Unsere Brüder, die Serben, haben die Waffen ergriffen, um ihre alterthümliche Freiheit und Wojwodschaft wieder zu erlangen. Ihre gerechten Wünsche und Forderungen erkennt unser kroatisch-slavonisches Volk als die seinigen an, und ist bereit, wenn diese Wojwodschaft gegründet sein wird, Syrmien mit der anstoßenden syrmischen Militärgrenze dem Wojwoden zur Verwaltung zu überlassen; und indem unsere Nation mit der fraglichen Wojwodschaft in einen engeren politischen Verband zu treten wünscht, gedenkt sie dieß dadurch zu erreichen, daß diese Wojwodschaft zwar ihre eigene Administration, am Landtage der dreieinigen Königreiche und der Wojwodschaft aber die gemeinschaftliche Legislatur haben solle.

8. Damit die National-Interessen unserer benachbarten und verwandten slavischen Brüder mit jenen der dreieinigen Königreiche so enge als möglich verbunden werden können, soll es diesen Königreichen unbenommen bleiben, nach dem Beispiele der historischen Vorzeit nicht nur mit Krain und Untersteiermark, sondern auch mit den übrigen benachbarten slovenischen Provinzen ohne Nachtheil für die Integrität des österreichischen Staatskomplexes in nähere Beziehungen zu treten.

9. Nach dem oben im ersten Punkte aufgestellten Prinzipe, so wie im Geiste der Freiheit und Gleichheit nicht nur einzelner physischer, sondern auch moralischer Personen, wünschen diese Königreiche, daß, gleichwie einem jeden Volke, das die Realisirung seiner natürlichen Berechtigung fordert, diese zugestanden werden muß, dieselbe, ebenso bezüglich unserer slavischen Brüder in Ober-Ungarn sogleich zugestanden werden solle, nachdem sie wegen ihrer Nationalität von Seite der Magyaren die größten Verfolgungen erleiden. Darum fordern diese Königreiche, daß die wegen ihren nationalen Bestrebungen gefänglich eingezogenen Slaven in Freiheit gesetzt und die Wünsche der Slovaken im Wege dieser Vermittlung erfüllt werden.

10. Wenngleich diese Königreiche zur ungarischen Krone gehören, so stehen sie dennoch durch die pragmatische Sanktion unter dem Scepter des Kaisers von Oesterreich, und verehren, als ein dem regierenden Hause stets treues Volk, immer nur jene Person als ihren König, welcher eben das Thronfolgerecht kraft derselben pragmatischen Sanktion gebührt; — daher anerkennen diese Königreiche, beseelt von dem Wunsche, die Integrität der österreichischen Monarchie zu erhalten, in Bezug auf die auswärtigen, dann Kriegs- und Finanz-Angelegenheiten, welche den Gesammt-Kaiserstaat betreffen, nur das österreichische Central-Ministerium, bei welchem zur besseren Wahrung und Vertretung unserer National-Interessen ein Staatsrath mit dem nöthigen Hilfspersonale gegen Kandidation von Seite unseres Hauses durch Se. Majestät zu ernennen ist. Dieser Staatsrath wird bei allen, die vereinten Königreiche betreffenden Verfügungen vom Central-Ministerium zu Rathe gezogen werden, und zwischen der Landesregierung dieser Königreiche und dem Central-Ministerium den nöthigen Verband aufrecht erhalten.

11. Das obermähnte Central-Ministerium wird für alle seine Verfügungen dem allgemeinen Central-Reichstage des ganzen Kaiserstaates verantwortlich sein, zu welchem Reichstage

alle Königreiche und Provinzen des österreichischen Kaiserthums ihre, zugleich die Landes-
und National-Interessen vertretenden Deputirten zu senden haben, weßhalb jedes Königreich und jede Provinz aus dem eigenen Landtage von je hundert tausend Seelen einen
Deputirten zu wählen hätte. Nachdem ferner diese Königreiche alle die, zwischen denselben
und den übrigen österreichischen Provinzen dann Ungarn bestehenden Zoll-Linien aufzuheben wünschen, damit die Einheit des Kaiserstaates besser und vollkommener realisirt
werde, so sollen nicht nur alle Kriegs- und Finanz-Angelegenheiten, sondern auch alle,
den Zoll betreffenden Fragen und Handelstraktate mit fremden Staaten in den Wirkungskreis dieses Central-Ministeriums und des Central-Reichstages gehören, dessen Beschlüsse
weder der Landtag einer Provinz des Gesammtstaates abzuändern, noch die Provin-
zial-Regierung den gesetzlichen Verfügungen des Central-Ministeriums sich zu widersetzen
das Recht haben wird.

12. An der Spitze der Verwaltung aller innern Angelegenheiten der dreieinigen Königreiche
steht der Banus als oberster Civil- und Militär-Chef des Landes; von ihm allein und
durch ihn als Kommandirenden und Landes-Kapitän in diesen Königreichen werden die
innerhalb der Grenzen dieser Königreiche stehenden Linien- und Grenz-Truppen befehligt,
und durch ihn von dem Central-Kriegsministerium abhängen, was auch von sonstigen nichtregulären Korps zu verstehen ist. Die von diesen Königreichen zu stellenden
Truppen jeder Gattung sollen in Friedenszeiten zur Wahrung der Ordnung und Sicherheit innerhalb der Landesgrenzen und am türkischen Kordon, dann in den Städten und
Festungen ausschließlich verwendet, und mit Ausnahme der Kriegszeiten nirgendshin
aus dem Lande geschickt, auch ungarisches Militär in keinem Landtheile dieser Königk-
reiche als Besatzung unter keinem Vorwande dislocirt werden.

13. Die Civil-Verwaltung aller innern Angelegenheiten unseres Vaterlandes wird ein eigenes
Landeskonsilium (Banal-Rath) unter dem Präsidium des Banus im konstitutionellen
Geiste leiten. Die Mitglieder dieses Landeskonsiliums werden dem Landtage dieser König-
reiche verantwortlich sein, weßhalb der Banus keine, die Civil-Administration be-
treffende Verfügung erlassen kann, wenn eine solche von Seite des betreffenden Sek-
tions-Chefs oder dessen Stellvertreters nicht kontrasignirt worden ist. Letztere werden von
Seite des Banus Sr. Majestät vorgeschlagen, und nur auf dessen Vorschlag ernannt.
Die übrigen Beamten und Bediensteten aber ernennt über Vortrag des betreffenden
Sektions-Chefs der Banus selbst.

14. Nachdem diese Königreiche als eine freie Nation den Verband mit der ungarischen
Krone wünschend, in ihren innern Angelegenheiten gar keine andere Autorität, als das
gekrönte Haupt ihres Königs anerkennen, und seine Macht in Bezug auf Ungarn durch
das verantwortliche Ministerium ausgeübt wird, diese Beschränkung aber bisher nur
dem ausschließlich magyarischen Interesse günstig war, so wünschen diese Königreiche
nur in der Person des Königs als dem Centralpunkte der obersten ungarisch-österreichischen Staatsgewalt ihr gemeinsames konstitutionelles Oberhaupt, dem die Exekutive
der königlichen Prärogative gebührt, zu haben, und auf solche Weise ihre nationale
Unabhängigkeit und in den Landesangelegenheiten die administrative Autonomie gegen jeden fremden Einfluß zu sichern, weßhalb diese Königreiche verlangen, daß in
Wien, oder wo immer der König anwesend sein wird, ein eigener Minister (Hofkanzler)
für die innern Landesangelegenheiten auf Vorschlag des Banus von Sr. Majestät ernannt, und mit den nöthigen, von diesem zu wählenden Hilfsbeamten (Hofkanzlei)
versehen werde. Dieser Minister wird alle an das Landeskonsilium dieser Königreiche

zu erlaffenden Verfügungen Sr. Majeſtät kontraſigniren, oder im a. h. Namen erlaffen, und dafür dem Landtage derſelben verantwortlich ſein.

15. Die Finanzen dieſer Königreiche werden in zwei Kategorien eingetheilt: in die erſte gehören jene unter dem Central-Finanzminiſterium ſtehenden, wohin die Ausgaben für den öſterreichiſchen Geſammtſtaat in Hinſicht auf die auswärtigen und Kriegsangelegenheiten, dann ſonſtige gemeinſchaftliche Staatslaſten zu rechnen ſind, die jedes Königreich und jede Provinz nach Verhältniß ihrer Kräfte zu tragen hat. Dieſe hat der Finanz-Miniſter in ſeinem Präliminare (Budget) jährlich dem Central-Reichstage vorzulegen, die Hilfsquellen zu bezeichnen, und für jede Provinz das nöthige Subſidial-Kontingent zu beſtimmen; in die zweite Kategorie aber gehören die Landesfinanzen, wohin die Unterhaltung der Landes-Adminiſtration, die Auslagen zur Beförderung der Landes-Intereſſen ausſchließlich verwieſen werden. Die dießfälligen Bedürfniſſe und Hilfsquellen wird die eigene Landesverwaltung dem Landtage dieſer Königreiche vorlegen, welche nebſt dem zur Staatskaſſa gehörenden Subſidial-Kontingente aus allen, innerhalb der Landesgrenzen befindlichen Hilfsquellen, als: Kameral-Gütern und ſonſtigen Staatseinkünften vom Salz, Zöllen, Steuern ꝛc. zu decken ſind.

16. Damit aber die Ausgaben, deren Tragung in jedem Königreiche und jeder Provinz auf das fragliche Subſidial-Kontingent fällt, ohne Hinderniß gedeckt werden können, ſollen in jeder Provinz die, innerhalb der Landesgrenzen einfließenden Einkünfte in ihre Landeskaſſa fließen, daraus die auf das entfallende Kontingent gehörigen Auslagen vor allem beſtritten, und nur, inſofern dieſes Kontingent für die daraus zu beſtreitenden Staatsauslagen nicht hinreichen ſollte, müßte das Defizit aus der allgemeinen Central-Staatskaſſa gedeckt, eben ſo aber auch der Ueberſchuß des Provinzial-Kontingentes über die bezüglichen Staatsauslagen an die Central-Staatskaſſa nach Wien abgeliefert werden. Namentlich muß hier als ein gerechtes Verlangen beachtet werden, daß aus dieſem Subſidial-Kontingente nicht nur das aus dem kroatiſch-ſlavoniſchen Provinziale zu ſtellende Linien-Militär, das zur Beſatzung im Lande zu verwenden iſt, ſondern auch die zum Schutze des Vaterlandes und des ganzen Kaiſerſtaates gegen den Erzfeind des Chriſtenthums aufgeſtellten Grenzregimenter auf Rechnung der allgemeinen Staatskaſſa erhalten werden, indem dieſe Regimenter, obgleich ſie ſich gewöhnlich in ihrer Heimath befinden, doch für den öſterreichiſchen Geſammtſtaat, wenn nicht größere, gewiß eben ſo große Verdienſte haben, als jede andere reguläre Truppe, inſoferne nämlich jene Regimenter Kordons- oder Garniſons- oder auch ſonſtige Kriegs-Dienſte verrichten müſſen.

17. Da dieſe Königreiche mit Ungarn ein gleiches Recht haben auf das Eigenthum der ungariſchen Krone, ſo fordern ſie eben deßhalb, daß alle jene Staatseinkünfte, welche als Eigenthum der ungariſchen Krone betrachtet werden, nämlich die Kron-, Kameral- und ſonſtigen unbeweglichen Staats-Güter, oder der Studien- und Religions-Fond, ferner Bergwerke, wie auch Salz, Zölle, und Poſt-Gefälle, ſo wie auch ähnliche Hilfsquellen in Ungarn oder in dieſen Königreichen nach einer durch beiderſeitige Vertreter feſtzuſtellenden Bilanz nach Verhältniß der Einwohnerzahl zwiſchen Ungarn und dieſen Königreichen vertheilt werden, was ſie mit um ſo größerem Rechte verlangen können, als dieſelben dadurch, daß ſie den größeren Theil ihres Landes zur Anſiedlung der Militärgrenze ausſchließlich zum Schutze des Staates vormals überließen, große Opfer gebracht, und gelegentlich der dießfälligen Exkorporationen nicht nur bei einzelnen Familien, welche nach der damaligen niederen Schätzung mit baarem Gelde abgefertigt wurden, ſondern auch an dem unbeweglichen Landesvermögen viel verloren haben, welches hingegen in Ungarn unangetaſtet verblieb, und zum Theile nach der Aufhebung der betreffenden Or-

dens-Korporationen, deren Güter zum öffentlichen Beßten konfiscirt wurden, vermehrt worden ist, woher auch bis nun vorzüglich die römisch-katholische Geistlichkeit in diesen Ländern größtentheils ihre Dotation bezog, welche ihr auch für die Folge ohne großem Unrecht nicht entzogen werden könnte.

18. Alle Fondskassen und Stiftungskapitalien der öffentlichen sowohl weltlichen als geistlichen Institute, welche zum Eigenthume dieser Königreiche unter welchem immer Namen ausschließlich gehören, und früher bei der ungarischen Statthalterei verwaltet wurden, so wie ferner die Grenzvermögens- und Grenzbildungsfonde gehören künftighin unter die Verwaltung des Landeskonsiliums dieser Königreiche, und kommen den hiezu eigens zu bestellenden Vertretern derselben sobald als möglich auszufolgen, und in so ferne entweder im reelen Geldwerthe der in Ungarn verwalteten Fonde irgend ein Abgang vorgefunden werden würde, oder diese Kapitalien bei ungarischen Familien angelegt sein sollten, möge dieser Abgang von Seite Ungarns im baaren Gelde ersetzt werden, welchem es sodann frei steht, sich die Schadloshaltung im geeigneten Wege von den Betreffenden zu verschaffen.

19. Die Legislation in allen innern, ausschließlich diese Königreiche, ihre Landes-Interessen, und ihre nationale Entwickelung, oder die Landes-Administration in irgend welcher Hinsicht betreffenden Angelegenheiten (wozu auch die für die Aufbringung des Staatskontingentes erforderliche Steuerrepartition, Rekrutenstellung, oder was immer für öffentliche ordentliche oder außerordentliche Lasten gehören) gebührt einzig und allein dem Landtage dieser Königreiche, dessen Koordinirung ohne irgend einem Einflusse des ungarischen Landtages stattfinden soll. Die Gesetzgebung aber hinsichtlich der konstitutionellen Grundgesetze selbst, sowie die Civil-, Kriminal- und Wechselgesetze wird für diese Königreiche und Ungarn eine gemeinschaftliche sein.

20. Der ungarische Landtag kann gar keine die inneren Verhältnisse oder das National-Leben und das Gebiet dieser Königreiche berührende Angelegenheit in Verhandlung nehmen, noch weniger aber dergleichen Fragen gesetzlich entscheiden. Wenn er aber dennoch einen, unsere Rechte oder Nationalität beeinträchtigenden Beschluß durch Stimmenmehrheit fassen würde, so ist ein solcher Beschluß ohne alle Wirkung. Damit aber die Rechte und Interessen dieser Königreiche als eines bedingungsweise mit der ungarischen Krone verbundenen Volkes auf dem ungarischen Landtage gegen alle Ungerechtigkeiten und Angriffe der Magyaren besser geschützt und gesichert werden können, sollen bei der Magnatentafel ebenso wie auch bei der Deputirtentafel Abgeordnete von Seite dieser Königreiche unsere ganze Nation als solche vertreten, und daselbst einen besondern Platz einnehmen. Diese Abgeordneten sind am Landtage dieser Königreiche zu wählen, um nach Pflicht gegen jedes, diese Nation verletzende Beginnen ihre Stimme zu erheben, welche so lange, als der hierseitige Landtag das Gegentheil nicht ausspricht, als unser Nationalwille zu gelten hat, und vom ungarischen Landtage als unantastbar respektirt werden muß.

21. Um das Verhältniß des ungarischen Landtages zu diesen Königreichen näher zu bestimmen, ist es nöthig offen auszusprechen, daß der ungarische Landtag weder Steuern, noch sonstige Lasten diesen Königreichen auferlegen kann, darum auch alle Auslagen zur Unterhaltung des ungarischen Heeres, zur Errichtung von Kanälen, Straßen, Eisenbahnen, und andern Kommunikationsmitteln, öffentlichen Instituten in Ungarn selbst das Königreich Ungarn allein zu tragen hat; insofern dagegen in diesen Königreichen wegen Beförderung des eigenen Wohles irgend welche Auslagen zur öffentlichen Unternehmung nöthig sein werden, sind solche aus eigenen Einkünften dieser Königreiche zu bestreiten, und es dürfen ohne Einwilligung des Landtages des dreieinigen Königreiches gar keine Unter-

nehmungen im Lande ausgeführt werden. Unternehmungen, welche im beiderseitigen materiellen Interesse liegen, erfordern das gemeinsame Einverständniß beider Landtage.

22. Ebenso soll sowohl nach den Prinzipien der Freiheit aller Nationalitäten unter der ungarischen Krone, als auch nach jenen der Freiheit und Würde unserer Nation, die sie im Bunde mit Ungarn jederzeit behauptete, die Sprache der Gesetzgebung am ungarischen Landtage nicht ausschließlich die magyarische, sondern auch die Nationalsprache dieser Königreiche sein, in welcher nicht minder als auch in allen jenen Sprachen, die bei der Legislatur gebraucht werden, die gemeinschaftlichen Gesetze abzufassen sind.

23. Die Amtssprache soll nicht nur innerhalb der Landesgrenzen der dreieinigen Königreiche, sondern auch in allen Berührungen unseres Vaterlandes mit den Behörden Ungarns und der Centralregierung im Sinne vollkommener Reziprozität unsere Nationalsprache sein, weßhalb in diesen Königreichen Niemand ein öffentliches Amt bekleiden kann, der die Kenntniß der Nationalsprache nicht besitzt.

24. Nicht nur in Bezug auf die Geschäftssprache, sondern auch rücksichtlich des Einflußes auf die Gesetzgebung, mit einem Worte, in jeder Hinsicht betreffend die Freiheit und Gleichheit kommt die Militärgrenze den übrigen Theilen dieser Königreiche gleich zu stellen. Nur die Militär-Personen sind während ihrer Dienstleistung von der Civilverwaltung ausgenommen, und in Bezug auf ihre während dieser Zeit begangenen strafbaren Handlungen unterliegen sie nicht den Civil-, sondern den Militärgesetzen.

25. Damit alle Prozesse innerhalb der Grenzen dieser Königreiche in letzter Instanz entschieden werden können, ist es nöthig, daß die bisherige Landes-Gerichtstafel dieser Königreiche zum Appellations-Gerichte, und die Banal-Tafel zum obersten Gerichtshofe, so wie die Anzahl der Beisitzer des einen und des andern Gerichtes nach Bedarf vermehrt, und deren Gehalte erhöht werden.

26. Nachdem in diesen Königreichen eine eigene Landes-Verwaltung eingeführt, und sich Niemand wegen der öffentlichen oder Privat-Geschäftsangelegenheiten außerhalb der Landesgrenze zu wenden haben wird, so ist es auch nöthig, daß auch hier eine oberste geistliche Autorität für die römisch-katholischen Glaubensgenossen durch Erhebung des Agramer Bisthums zur Würde eines Erzbisthums, wie es unsere Nation schon seit langem wünscht, errichtet werde.

Das sind also jene Bedingungen, unter denen die Pazifikation zwischen diesen Königreichen und Ungarn auf der Grundlage des Völkerrechtes und der konstitutionellen Gleichheit zu Stande gebracht werden kann. Sollte die Erreichung dieser Bedingungen nicht möglich sein, so würden diese Königreiche bei ihren früheren Beschlüssen verharren, und sich den übrigen öster. Provinzen unter den in der Fundamental-Landtagsadresse bereits diesfalls festgestellten Bedingungen, welche hiernach deutlicher und ausführlicher zu bestimmen sein würden, gänzlich anschließen.

Damit aber dieses Pazifikationsgeschäft, sobald der h. Vermittler zu diesem Endzwecke den Termin bestimmt, begonnen, und dabei im Einverständnisse mit unsern serb. Brüdern vorgegangen werden kann, müssen diese Bedingungen im geeigneten Wege dem serb. Kongresse so bald als möglich mit der Aufforderung mitgetheilt werden, solche auch seinerseits zu unterstützen, mit diesen Königreichen gleichen Schrittes zu diesem Ziele zu schreiten, endlich aber seine Absichten Sr. Excellenz dem Ban baldigst mitzutheilen, dessen Vaterlandsliebe und Weisheit unsere Nation das ganze Pazifikationsgeschäft mit Vertrauen anheimgestellt, und ihn einstimmig ersucht hat, sich an die Spitze einer Deputation zu dem vom Durchlauchtigsten Erzherzog Johann anzuberaumenden Termine nach Wien zu begeben, und die Unterhandlung mit der ung. Deputation, wenn selbe dahin kommt, sogleich beginnen zu wollen, damit diese Pazifikation so bald als möglich zu Stande komme, und das Vaterland aus dem schweren Zustande der Ungewißheit, in dem es sich befindet, erlöst werde.

Im Uebrigen ist es nöthig, hier auch den Wunsch zu äußern, daß bei diesem Pazifikationsgeschäfte nicht bloß die beiderseits ausgesendeten Deputationen ausschließlich arbeiten, sondern auch die serbische, dann die (aus den Wiener Reichstagsabgeordneten zu wählende) Dalmatiner Deputation, endlich ein Ausschuß desselben öster. Reichstages selbst ausgesendet, und angehört werden möge. Die Ermittirung eines Ausschusses von Seite des Wiener Reichstages zu der Pazifikation erscheint um so nothwendiger, da, wenn solche nicht gelingen sollte, diese Königreiche sich, wie erwähnt, mit den übrigen öster. Provinzen zu vereinigen wünschen. Aber auch in jenem Falle, wenn diese Pazifikation mit Ungarn glücklich zu Stande kommt, ist die Mitwirkung des österr. Reichstages unumgänglich nothwendig, indem diese Königreiche aus Rücksicht der Erhaltung der Integrität des öster. Kaiserstaates nur ein Central-Ministerium für auswärtige, Kriegs-, Finanz- und Handels-Angelegenheiten anerkennen, und somit in der That beweisen wollen, daß sie nicht nur keine separatistischen Absichten gegen das Kaiserthum Oesterreich hegen, sondern gerade gegen jenen Separatismus mannhaft auftreten, welchen die Magyaren durch die unheilvolle Gründung ihres total unabhängigen Ministeriums eingeführt, und somit die Grundfeste des Kaiserstaates erschüttert haben.

Diese Königreiche hoffen daher, daß der österr. Reichstag dieses loyale Bestreben und Verlangen von seiner Seite auch unterstützen werde. Um dieß desto sicherer zu erreichen, wäre den zu dem erwähnten Reichstage hierseits erwählten Abgeordneten aufzutragen, sich sobald als möglich nach Wien zu begeben, und ihre Aufgabe wohl beachtend, eingedenk der Wünsche und Absichten dieser Königreiche, bei dem Wiener Reichstage Sympathien für unsere gerechte Sache zu erwecken, und denselben zu jenen Schritten vorzubereiten, welche zur Förderung der beabsichtigten Pazifikation nöthig sind.

Zum Schlusse läßt sich nicht läugnen, wie es auch vorauszusehen ist, daß bei der beabsichtigten Pazifikation mit Ungarn wegen Verschiedenheit der Meinungen und Tendenzen das gegenseitige Einverständniß im friedlichen Wege vielleicht gar nicht, oder doch sehr schwer stattfinden, und in diesem Falle selbst die Anschließung an die öster. Provinzen auf so große, von den Magyaren zu legenden Hindernisse stoßen würde, daß deren Hinwegräumung leicht einen Bürgerkrieg nach sich ziehen könnte. Darum, ehe diese Königreiche dazu einwilligen, daß zwischen ihnen und Ungarn ein blutiger Krieg entstehe, dessen furchtbare Folgen beide Theile in unbeschreibliches Elend stürzen, ja selbst die Integrität des österr. Staates gefährden könnten, vertrauend auf die Gerechtigkeitsliebe und Humanität des h. Vermittlers, ist unsere Nation bereit, der Entscheidung des h. Vermittlers (als Schiedsrichter) sich zu unterwerfen, fest erwartend, daß Hochderselbe keine andere Entscheidung treffen werde, als jene, die sich mit den unverjährbaren Rechten der Völker verträgt, und unserer Nation die volle Bürgschaft der nationalen Selbstständigkeit und Freiheit gewährt, in der Voraussetzung, daß auch der ungarische Landtag, im Falle als beide Theile sich einverständlich nicht vergleichen könnten, dem Schiedsrichterspruche des hohen Vermittlers auch seinerseits ohne Zögerung sich fügen werde. Es wird hier noch bemerkt, daß alle jene Bedingungen, welche durch gegenseitiges gutwilliges Einverständniß, oder durch Ausspruch des h. Vermittlers festgesetzt werden, nicht nur mit den Unterschriften beider Theile, sondern auch mit jenen aller Hauptmitglieder des regierenden Hauses, wie nicht minder mit den Unterschriften des österr. Reichstagsausschusses unter der Sanktion bekräftigt werden müssen, daß jeder Theil, welcher die Bedingungen dieses feierlichen Vertrages durch seine Handlungsweise verletzen würde, mit der Macht des ganzen Kaiserstaates zu deren Beobachtung verhalten werden solle.

P.

Vergleichs-Punkte zwischen dem dreieinigen Königreiche und dem
Königreiche Ungarn, welche, formulirt auf Grund des im Art. XX enthaltenen Landtagsbeschlusses, durch eine kroatisch-slavonische Deputation nach Wien mitgenommen wurden:

§. 1. Die ungarische Krone erkennt den brüderlichen Bund an, welcher am 5. und folg. Juni
1848 auf dem Landtage der vereinigten Königreiche zwischen dem Königreiche Kroatien,
Slavonien und Dalmatien und der neuerrichteten serbischen Wojwodschaft abgeschlossen
wurde, demzufolge:

a) Die serbische Wojwodschaft wird gegenüber dem Königreiche Ungarn in demselben Verhältnisse stehen, in welchem demselben Königreiche Ungarn gegenüber die drei vereinigten
Königreiche sich befinden, oder künftighin befinden werden;

b) Die gegenseitigen Verhältnisse und Beziehungen zwischen den drei vereinigten Königreichen
und der serbischen Wojwodschaft werden die drei vereinigten Königreiche im Einverständnisse mit der serbischen Wojwodschaft als alleinig kompetente Parteien mit Ausschluß jedes
Einflusses des Königreiches Ungarn ausarbeiten und festsetzen.

§. 2. Die Freiheit der, diese drei vereinigten Königreiche bewohnenden Nation und die Unabhängigkeit derselben vom Königreiche Ungarn, wie für die Vergangenheit so auch für die
Zukunft, erkennt die ungarische Krone an, weßwegen

a) Gebührt der Nation der drei vereinigten Königreiche und der serbischen Wojwob-
schaft der Name »Nation« (nemzet).

b) Gebührt den drei vereinigten Königreichen und der serbischen [Wojwodschaft der Name:
»das Königreich Kroatien, Slavonien und Dalmatien und die damit verbundene
serbische Wojwodschaft«.

c) Den drei vereinigten Königreichen wird das Recht der Reaquifition ihrer einstigen
Bestandtheile zuerkannt, sowie das Recht, mit ihren sprachverwandten Nachbarn in nähere
Verhältnisse zu treten.

d) Die Grenze zwischen dem Königreiche Ungarn und den drei vereinigten Königreichen bildet der Fluß Mur bis zu seiner Mündung in die Donau, von da der Draufluß bis zu
seiner Ausmündung in die Donau, von da weiter die Donau bis zur Einmündung der
Save.

Ueber diese Linie erstreckt sich aus dem Königreiche Ungarn keinerlei Gewalt oder Macht,
weder kirchliche noch weltliche, weder bürgerliche noch militärische, weder politische noch richter-
liche, weder administrative noch gesetzgebende, außer diese letztere unter unten angegebenen Be-
dingnissen.

Zu den drei vereinigten Königreichen gehören also sowohl geschichtlich als politisch und
sprachlich: die Murinsel (Muraköz, Medjimurje), dann die Komitate Warasdin, Kreuz, Agram,
Berovitic, Požega und Syrmien, sammt allen darin gelegenen Distrikten, Städten und Gemeinden; dann die Stadt Fiume mit ihrem Distrikte, die Stadt Buccari mit ihrem Distrikte, und der
küstenländische Kameral-Distrikt oder die Kameral-Herrschaften Buccari, Hreljin und Vinodol;
ferner die Regimenter Peterwardein, Brod, Gradiška, St. Georgen, Kreuz, erstes und zweites Banalregiment, Sluin, Ogulin, Otočaz und Lika; endlich ganz Dalmatien sammt den hiezu
gehörigen Inseln und den Inseln Veglia Cherso, et Lußin.

§. 3. Nach der pragmatischen Sanktion sind alle Länder der österreichischen Monarchie (worunter man auch Ungarn mit seinen Nebenländern zu verstehen hat) ein einziger und untheilba-
rer Staat; weßwegen

a) Gehören für die Gesammtmonarchie die auswärtigen, die Kriegs- und Finanz-Angelegenheiten (diese zwei letzteren in wie fern es die Einheit des Staates erfordert) zum Central-Ministerium, welches dem gesammtösterreichischen Reichstage verantwortlich sein wird, zu welchem alle Provinzen der Gesammt-Monarchie ihre Repräsentanten zu schicken haben. Provinzielle Finanzangelegenheiten wird in seinem Bereiche jedes Land also auch die drei vereinigten Königreiche besorgen.

b) Beim Central-Ministerium haben die drei vereinigten Königreiche mit dem nothwendigen Hilfspersonale einen eigenen Staatsrath, durch dessen Hände sämmtliche Verordnungen und Befehle für diese Länder zu gehen haben. Diesen Rath wird Se. Majestät auf Vorschlag des Bans ernennen.

§. 4. Gegenseitige Verhältnisse zwischen den unter der ungarischen Krone lebenden Völkern sollen auf der Grundlage der Freiheit und vollständigen Gleichheit geordnet werden, und deßwegen:

a) Haben diese drei vereinigten Königreiche neben der Person des Königs mit dem nothwendigen Hilfspersonale einen eigenen Minister, welcher alle, für diese Länder herauszugebenden Verordnungen und Befehle gegenzeichnen und deßhalb dem Landtage der drei vereinigten Königreiche verantwortlich sein wird. Derselbe wird auf Vorschlag des Bans von Sr. Majestät ernannt werden.

b) Das Haupt der drei Königreiche ist der Ban, welcher von der Nation gewählt, von Seiner Majestät aber bestätigt wird. Mit Zuziehung des Banalrathes übt er jedwede Civil-Macht aus, und ist überdieß Militärbefehlshaber der gesammten in diesen Königreichen befindlichen Streitmacht, weßwegen er auch in dieser Hinsicht den Verordnungen des Central-Ministeriums untergeordnet ist.

c) Die drei vereinigten Königreiche üben alle ihre innere Administration vermittelst einer eignen Landesstelle, deren Vorsitzer der Ban ist, die Räthe aber auf Vorschlag des Bans von Sr. Majestät ernannt werden und dem Landtage der drei Königreiche verantwortlich sind. Niedere Stellen wird jedoch der Ban allein besetzen.

d) Für alle Angelegenheiten, welche einzig und allein diese Königreiche angehen und ihr nationales Leben betreffen, haben diese drei vereinigten Königreiche ihre eigene zwischen dem Könige und ihrem Landtage getheilte Gesetzgebung.

e) Die bürgerliche, die Kriminal- und die Wechselgesetzgebung haben die drei vereinigten Königreiche in Gemeinschaft mit dem Königreiche Ungarn.

f) Die ungarische Gesetzgebung kann über die innern oder nationalen Angelegenheiten der drei vereinigten Königreiche keinen Beschluß fassen; wenn sie aber dessenungeachtet doch einen Beschluß faßt, so haben derlei Beschlüsse oder Gesetze für die drei vereinigten Königreiche gar keine Giltigkeit. Ebenso kann die ungarische Gesetzgebung den drei vereinigten Königreichen ohne ihre Einwilligung keinerlei Auflagen oder Lasten aufbürden. Zur Sicherung und Bewahrung dieser ihrer Rechte haben die drei vereinigten Königreiche als solche bei jeder der zwei gesetzgebenden Tafeln in Ungarn ihre Repräsentanten, welche in jeder, diese drei Königreiche betreffenden Angelegenheit das Veto haben.

g) Die Landtagssprache wird nicht die magyarische ausschließlich sein, es soll vielmehr der Gebrauch aller Sprachen, die unter der ungarischen Krone gesprochen werden, gestattet, und ebenso müssen auch die Landesgesetze in allen diesen Sprachen am Landtage abgefaßt und vom Könige sanktionirt werden.

h) Die Einkünfte der ungarischen Krone sollen nach dem Verhältnisse der Volkszahl auch zum Besten der drei vereinigten Königreiche verwendet werden.

i) Die drei vereinigten Königreiche bedienen sich in allen ihren Geschäften und Zuschriften ohne Ausnahme ihrer eigenen Landessprache.

k) Die drei vereinigten Königreiche haben alle ihre sowohl kirchliche als weltliche Appellationsfora innerhalb ihrer eigenen Grenzen, und sind von keinerlei richterlicher Gewalt in Ungarn abhängig.

l) Sämmtliche Fundationalkassen sollen den drei vereinigten Königreichen zurückerstattet werden.

m) Indem alle Angelegenheiten der drei vereinigten Königreiche innerhalb ihrer Grenzen verwaltet werden, so ist es nothwendig, daß das Agramer Bisthum zur Würde einer Metropole für diese Königreiche erhoben werde.

n) Die Wünsche und die Beschwerden der Slowaken, welche ihre Sprache und Nationalität betreffen, und aus der nationellen Ungleichheit in Ungarn herrühren, sollen auf der Grundlage vollkommener Gleichberechtigung aller unter der Krone Ungarus lebenden Völker und Sprachen erfüllt und erlediget werden.

Q.
Bericht des Ban Jellačić über den erfolglosen Versuch der Pazifikation mit Ungarn.

Dem an mich ergangenen Allerhöchsten Befehle Sr. kais. Hoheit des Erzherzogs Johann, Stellvertreters Sr. Majestät des Kaisers und Königs, gehorchend, habe ich mich zum dritten Male an den Sitz der Regierung unserer Gesammtmonarchie verfügt, um die unabweisbaren Bedürfnisse unserer geliebten Heimath wo möglich mit den Wünschen und der auch uns theuern Ehre unserer Nachbarn in Ungarn, sowie mit den Interessen des k. k. Hauses, welchem unsere und die ungarische Nation als gleichberechtigte und getreue Söhne angehören sollen, zu vereinbaren.

Weder die persönliche Gefahr noch die tiefe Kränkung und Schmach, welche mich durch das Fortbestehen des bisher noch nicht öffentlich widerrufenen Manifestes vom 10. Juni bedrohte, konnte mich abhalten, mich dieser neuen dornenvollen Sendung zu unterziehen; denn es handelte sich darum, meinen geliebten Landsleuten in Kroatien, Slavonien und Dalmatien und der serbischen Wojwodschaft das höchste Gut der Erde, die Freiheit und den Frieden zu bewahren, beiden Partheien ihre natürlichen Rechte und vernünftigen Ansprüche zu sichern, und die ungetrennte Einheit der zur apostolischen Krone gehörigen Länder und Völker unter einander und mit der großen Monarchie zu erhalten, welcher wir durch geheiligte Verträge, durch die in guten und schlimmen Zeiten bewährte gemeinsame Liebe zu dem Monarchen, und durch die Rücksicht auf den besonderen Vortheil unseres sowie jedes Volksstammes im österreichischen Kaiserstaate angehört haben und fortan ungetrennt angehören wollen.

Zur Grundlage der von Sr. kaiserl. Hoheit dem Erzherzoge Johann übernommenen Vermittlung mußte ich als hiezu bestellter Vertreter der Nation nach den Beschlüssen des Landtages: 1. die Vereinigung der Ministerien des Krieges, der Finanzen und der auswärtigen Angelegenheiten mit der Verwaltung der Gesammtmonarchie; 2. die volle Wahrung und Gleichberechtigung unserer Nationalität und Sprache sowohl in der innern Verwaltung, als auch auf dem gemeinsamen Landtage von Ungarn; und endlich 3. die Erfüllung der Wünsche und Ansprüche der serbischen Nation in Ungarn feststellen, eine Grundlage, von welcher abzugehen mir weder meine Ueberzeugung erlaubte, noch der ausgesprochene Wille der Nation ein Recht gab.

Weder Se. kais. Hoheit der Erzherzog Reichspalatin, welcher mich mit der gnädigsten Versicherung und mit dem wärmsten Antheil für den Erfolg einer friedlichen Vereinbarung aufnahm, noch der ungarische Minister-Präsident, mit denen ich über die unabänderlichen

Grundlagen verhandelte, waren jedoch in der Lage, dem Reichstage und ihrer Parthei gegenüber in einer irgendwie genügenden Weise darauf einzugehen, und durch die am 30. Juli erfolgte Abreise des durchlauchtigsten Vermittlers nach Frankfurt erreichte dieser letzte Versuch einer gütlichen Beilegung unserer Nationalangelegenheit sein Ende, ohne daß mir das hohe Glück beschieden wäre, die Aussicht eines glücklichen Erfolges aussprechen zu können. Dagegen ist es mir eine große Befriedigung, der zahlreichen und entschiedenen Beweise von Anerkennung und Begeisterung erwähnen zu dürfen, welche mir vom Militär, Bürgerstande und Nationalgarden aus Wien, Brünn und Graz, und selbst in den kleineren Städten zu Theil geworden sind, weil ich diese offene Kundgebung nicht meiner Persönlichkeit zuschreiben kann, welche voranstellen nie meine Art und Absicht war, sondern einzig und allein der Ueberzeugung von der volksthümlichen und wahrhaft freisinnigen Bedeutung unserer gerechten Sache und ihrer hohen Wichtigkeit für die Erhaltung der österreichischen Gesammtmonarchie und ihrer neuen Verfassung, freier Entwicklung des Volksgeistes und aller Nationalitäten, einer Verfassung, welche wir mit gleichem Jubel begrüßt haben und mit gleicher Treue achten werden, als das Aufleben unseres eigenen Nationalgeistes.

Uns bleibt hiernach nur noch übrig, die Beschlüsse des jetzt in Pesth versammelten Landtages über unser letztes Friedenswort, welches die ungarischen Minister den Ständen ohne Zweifel mittheilen werden, abzuwarten, und dann unserer Kraft und Einigkeit die Durchführung unserer gerechten Sache anzuvertrauen, welcher weder die entschiedenen Sympathien der freien Völker Oesterreichs und Europa's, noch die Billigung Sr. Majestät unseres Kaisers und Königs, noch endlich der Beistand des Allmächtigen fehlen wird, auf welchen wir fest und unerschütterlich vertrauen.

Agram, den 6. August 1848.

Jellačić m/p.
Ban.

XIII.
Proklamation des Ban Jellačić an die im italienischen Feldzuge gestandenen Grenzer.

Brave, tapfere Waffengefährten und Landsleute!

Gestern war ich, Euer Ban, so glücklich, bei Sr. Majestät unserem allergnädigsten Kaiser und Herrn eine Audienz zu erlangen, wobei Allerhöchstdieselben mir zu eröffnen geruhten, in der Person Sr. kais. Hoheit des durchlauchtigsten Erzherzogs Johann einen Vermittler bestimmt zu haben, um die Differenzen zwischen Ungarn und Unserem Lande mit Rücksicht auf unsere Wünsche auszugleichen. Um dieses hochwichtige und schwierige Geschäft vornehmen zu können, bedarf es vor Allem, daß in unserem Lande überall die Ordnung und Ruhe aufrecht erhalten werde.

Leider ist dieselbe schon in Slavonien bei Karlowitz gestört worden; indessen habe ich bereits die nöthigen Schritte gemacht, um jede weitere Gewaltthätigkeit zu verhindern, und hoffe von dem gesunden Sinne der Nation, daß sie meiner Vorstellung Gehör schenken, daß sie in Ruhe das Werk der Ausgleichung durch Se. kais. Hoheit den Herrn Erzherzog Johann abwarten werde.

In diesem Sinne schreibe ich nun an Euch, meine theueren Waffenbrüder! Lasset Euch durch Nachrichten und Besorgnisse über Gefahren in Euerem Vaterlande von der Erfüllung Euerer schweren, aber schönen Pflicht, zur Vertheidigung des Thrones und Staates in Italien, nicht abwendig machen. Schon erschallt durch ganz Europa Euer Lob über Eueren Heldenmuth, über Euere Ausdauer in Kampfbeschwerden. — Trübet nicht diesen Ruhm etwa durch irgend eine, Euerem Schwure zuwiderlaufende Handlung, die Euer und Euerer tapferen Vorfahren unwürdig wäre.

Dort, wo Ihr steht, gilt es, Eueren geliebten Kaiser, Euer Gesammtvaterland, und seid dessen versichert, daß wir in Kroatien und Slavonien uns noch stark genug fühlen. auch ohne Euerer Hilfe unseren Herd beschützen und unsere Rechte und Nationalität vertheidigen zu können.

Innsbruck, 20. Juni 1848.

Josef Freiherr von Jellačić m/p,
Feldmarschall-Lieutenant und Ban.

XIV.
Proklamation des kroatisch-slavonischen Landtages,

worin der Nation die Lage des Vaterlandes geschildert wird*).

· Der gesammten kroatisch-slavonischen Nation.

Theuere Nation! Von der Zeit unserer Wahl und Entsendung zum Agramer Landtage sind wir, Vertreter der kroatischen, slavonischen und serbischen Nation des Provinzial- und Grenzgebietes, bestrebt, unsere alten Wunden zu heilen, und soweit es in unseren Kräften liegt, unser gemeinsames Loos zu verbessern.

Alt sind diese Wunden, weil Du, theuere Nation, schon seit geraumer Zeit her nicht mehr Dir selbst, sondern dem Fremden angehörst, und es wohl weißt, daß die Hand des Fremden kein Gedeihen bringt. — Die Fremdherrschaft hat Dir, theuere Nation, tiefe Wunden geschlagen, welche Du durch viele Jahrhunderte geduldig erträgst. Nun Gottlob hast Du schon der Bürde des Fremden satt. Gottes Fügung hat Dein Herz neu belebt, Deinen Geist geklärt, und nun stehst Du aufrecht da, um Dir selbst zu helfen.

Wir haben daher, versammelt am Landtage um unseren erlauchten Ban Josef Jellačić, Deine Wunden aufgezählt, waren unaufhörlich bestrebt, die

---

*) Zum Landtags-Artikel XVII.

geeignetesten Mittel zu ihrer Heilung aufzufinden, und als wir nahe daran waren, unser Bestreben von Erfolg gekrönt zu sehen, und wir bereits auf dem Punkte standen, Dir die frohe Kunde darüber zu überbringen, vernahmen wir von allen Seiten Deinen erschütternden Schmerzensschrei, und wurden gewahr, wie sich eine giftige Schlange in Deinen Busen eingeschlichen und Dich gebissen hat.

Weißt Du aber, theuere Nation, wer diese Schlange ist? Sie ist jener Fremdling, der Dich bis auf den heutigen Tag gequält hat, und der nicht ruhen konnte, als er das Glück Dir lächeln und die Pforten einer schöneren Zukunft sich Dir öffnen sah. Du brachst seine Macht, seit Du den Entschluß gefaßt, Dir selbst zu helfen, und deshalb durfte er Dich nicht Mann gegen Mann angreifen, sondern legt Dir Fallstricke, und entzweiet am heimathlichen Herde den Bruder vom Bruder, damit er, da es ihm nicht anders möglich ist, wenigstens im Trüben fische. Sei auf Deiner Hut vor einem solchen Feinde, traue nicht seinen süßen aber giftigen Worten, auf daß er Dir Dein redliches Herz und Deine reine Seele nicht verderbe, und Dich unter sein früheres Joch beuge, welches bisher so schwer auf Dir lastete.

Theuere Nation! Sowohl Dir als auch uns ist der Name dieses unseres giftigen Feindes bekannt, welcher fortwährend seine Angriffe gegen Dich und Dein Glück richtet. Man weiß es, wer unaufhörlich behauptete, Du seiest keine Nation, sondern sein Knecht und sein Sklave; die Welt weiß es, daß diesem geschworenen Feinde der Name Magyare sei. Der Magyare trachtet in schamloser Weise Dich zu knechten, darum beschimpft er Dich, streuet Lügen über Dich aus, daß sich Gott erbarme; er lügt über unseren von der ganzen Nation vergötterten Ban, lügt über die besten Patrioten und treuesten Söhne der Nation, er lügt im Namen der Freiheit, er lügt im Namen der Gerechtigkeit, er lügt endlich selbst im Namen unseres Königs. Und diese Lügen haben es trotz ihres seichten Grundes dahin gebracht, daß sich unser Volk in Slavonien in Aufruhr befindet, daß es Schwache tödtet, Schlechte aber ermuthiget und erhebt.

Traue daher, theuere Nation! nicht Jedermann, glaube nicht der Lüge, glaube nicht den Feinden der Nation jenseits der Drau, glaube vielmehr dem bewährten Sprüchworte, daß Zeit und Umstände Schulden selbst nach Jahrhunderten tilgen. Laßt uns also unseren Feinden die Schuld damit abtragen, daß wir den festen Entschluß fassen, eine Nation zu sein, uns, und nimmer den Fremden anzugehören, unseren Ruhm und unseren ehrenhaften kroatisch-slavonischen und serbischen Namen zu bewahren, unsere Rechte, sowie unsere uralten und neuen durch uns, durch unseren König und unseren Ban erworbenen Freiheiten zu vertheidigen. Nur auf diese Weise werden wir uns Hilfe verschaffen, nur auf diese Weise unserer Nation noch größere Rechte, noch größere Freiheiten und einen noch größeren Ruhm erringen. Laßt uns, Söhne einer Mutter, einig sein. Wir bedürfen keines Fremden, daß er uns beistehe und rathe. Vertrauen wir auf uns selbst, auf unseren Landtag, auf unseren erlauchten Ban, und es wird uns Gott und das Heldenglück helfen.

Gegeben aus dem Landtage den 6. Juli 1848.

Die Volksvertreter des dreieinigen
Königreiches Kroatien, Slavonien
und Dalmatien.

XV.
Allerhöchstes Handschreiben an Se. kais. Hoheit den Erzherzog Stefan Palatin,

mit welchem angeordnet wird, einige Mitglieder des ung. Ministeriums nach Wien behufs Einigung und Verständigung mit dem deutsch-österreichischen Minister-Rathe über gewisse das Gesammt-Interesse der Monarchie betreffende Angelegenheiten zu entsenden, an welchen Verhandlungen auch Ban Jellačić Theil zu nehmen hätte.

Lieber Herr Vetter Erzherzog Stefan!

Mein in Wien befindlicher Minister-Rath hat Mir in einer Denkschrift, die ich Euer Liebden hier mittheile, die Uebelstände auseinander gesetzt, welche seit dem letzten Preßburger Reichstagsgesetze, namentlich durch die von dem ungarischen Ministerium befolgte Richtung für das Gesammtreich hereinzubrechen drohen, und wie es zur dringenden Nothwendigkeit werde, sich gegenseitig zu verständigen, um Zwiespalt zu vermeiden, und die von allen Seiten als der unbestrittene Stützpunkt angesehene pragmatische Sanktion in ihrer vollen Ausdehnung und Wirksamkeit zur Geltung zu bringen. Mein österr. deutscher Minister-Rath hat bereits unterm 10. Mai 1848, wie Euer Liebden aus Meinem Kabinetsschreiben vom 12. Mai 1848 bekannt ist, sich an das ungar. Ministerium mit dem Anerbieten gewendet, zur Verständigung und Einigung über gewisse, das Gesammtreich oder die wechselseitigen Beziehungen betreffenden Angelegenheiten fortan in gemeinsame Berathung und Verhandlung zu treten. Diesen Weg glaubt nunmehr Mein österr. deutscher Minister-Rath neuerdings vorzuschlagen, um einerseits sich über eine definitive Einrichtung zu vereinbaren, welche die Einigkeit der Staatsregierung dies- und jenseits der Leitha sichern sollte, andererseits aber um die, einen baldigen Entschluß erheischenden Differenzen zwischen Ungarn und seinen zugehörigen Königreichen und der Militärgrenze friedlich zu schlichten.

In letzterer Beziehung konnte früherhin die Hoffnung genährt werden, daß Mein Herr Oheim, der Erzherzog Johann, das, demselben am 19. Juni 1848 übertragene Vermittler-Geschäft zu einem glücklichen Ende führen werde, allein der demselben zu Theil gewordene Ruf als deutscher Reichsverweser, hat nicht nur die Verhandlung zwischen Ungarn und Kroatien unterbrochen, sondern auch den Wiederbeginn derselben für die nächste Zeit unwahrscheinlich gemacht, so daß bei der drohenden Zunahme der bürgerlichen Unruhen und Gewaltthaten an der untern Theiß und Donau, Ich es nicht mehr hinausschieben kann, die auf die Beendigung des blutigen Kampfes abzielenden Vorschläge Meines in Wien befindlichen Ministerrathes Euerer Liebden mit der Aufforderung mitzutheilen, dieselben dem ungarischen Ministerium zur alsogleichen Erwägung und Berücksichtigung zuzuweisen.

Nach den Mir unterlegten Vorschlägen, denen Ich Meine Gutheißung nicht versagen kann, sollen so schnell als möglich einige Mitglieder des Ministeriums sich nach Wien begeben, um die Verhandlung in der früher erwähnten zweifachen Absicht mit Meinem österr. deutschen Minister-Rath anzuknüpfen. Da aber rücksichtlich der kroatischen Frage nur dann mit reifer Umsicht eine dauerhafte Versöhnung auf friedlichem Wege zu hoffen ist, wenn ungesäumt ein Friedenszustand ausgesprochen und festgehalten wird, so muß das ungarische Ministerium gewärtigen, daß der österr. deutsche Ministerrath auf nachfolgende Vorbedingungen für eine weitere Verhandlung der kroatischen Frage bestehen werde:

1. Den Verhandlungen in Wien ist Baron Jellačić oder ein Bevollmächtigter desselben und der betheiligten Landestheile beizuziehen.
2. Alle Angriffe, Feindseligkeiten und Rüstungen Ungarns gegen Kroatien, Slavonien und die Militärgrenze, und umgekehrt, sind sogleich einzustellen und zu unterlassen.
3. Die gegen den Ban und Metropoliten ergriffenen persönlichen Maßregeln sind zurückzunehmen.
4. Die Militärgrenze ist provisorisch der Leitung des Wiener Kriegsministers zuzuweisen.

Da Ich Mir die offenste Bereitwilligkeit von Meinem ungarischen Ministerium verspreche, die Hand zu bieten, um so schnell als möglich die Gräuel eines Bürgerkrieges hintanzuhalten, so vertraue Ich auch, daß dasselbe ungesäumt, und zwar wo möglich innerhalb einer Frist von 8 bis 14 Tagen, sich in Wien zu der beabsichtigten Verhandlung einfinden werde. Um diesfalls keine Zeit zu verlieren, setze Ich zugleich von Meinem Beschlusse den Freiherrn von Jellačić mit dem Auftrage in Kenntniß, sich zur Reise bereit zu halten und rücksichtlich die Einleitung zu treffen, daß die Verhandlung meiner Ministerien nicht durch Unterlaffen der Erfüllung oberwähnter Vorbedingungen von seiner Seite eine Hemmung oder einen Aufschub erleide.

Schönbrunn, am 31. August 1848.

Ferdinand m/p.

XVI.

Allerhöchstes Handbillet,

mit welchem der Ban Jellačić in seine Würden wieder einge- setzt wird.

Mein lieber Freiherr von Jellačić!

Die unzweifelhaften Beweise von Treue und Anhänglichkeit an Meine Dynastie und die Interessen der Gesammt-Monarchie, die Sie seit Ihrer Er- nennung zum Ban von Kroatien wiederholt an den Tag gelegt haben, gleich- wie die Bereitwilligkeit, mit welcher Sie sich Meinen, behufs einer gegenseitigen Verständigung mit Meinem ungarischen Ministerium erlassenen Anordnungen Folge zu leisten bestrebten, gaben Mir die Ueberzeugung, daß es nie in Ihrer Absicht gelegen sein konnte, sich Meinen Allerhöchsten Befehlen hochverrätherisch zu widersetzen oder auf eine Lösung jenes Verbandes hinzuwirken, welcher die Nebenländer Ungarn's seit Jahrhunderten an Meine ungarische Krone knüpft, und welcher auch fortan zur festeren Begründung und Förderung der gemein- samen Wohlfahrt derselben dienen soll.

Es gereicht daher Meinem väterlichen Herzen zur besonderen Beruhigung, daß Ich es von jenem Ausspruche abkommen lassen kann, den Ich in Meinem Manifeste vom 10. Juni l. J. wegen einer gegen Sie einzuleitenden Untersu- chung und Ihrer vorläufigen Enthebung von der Banal-Würde und allen militä- rischen Bedienstungen, auf Grund von Unterstellungen zu fällen, veranlaßt wurde, die in Ihrer thatsächlich erprobten treuen Ergebenheit die vollste Wider- legung finden.

Indem Ich in dieser Beziehung das Entsprechende an Meinen Herrn Vetter den Erzherzog Palatin von Ungarn erlasse, erwarte Ich auch ferner von Ihrem Pflichtgefühle und Ihrer loyalen Denkungsweise, daß Sie in der Stel- lung, zu welcher Sie Mein Vertrauen erhoben hat, stets nur für das Wohl der Gesammt-Monarchie, für die Aufrechthaltung der Integrität der Krone Ungarn's, und für die ersprießliche Entwickelung der Verhältnisse der ungarischen Neben- länder wirken werden.

Schönbrunn, den 4. September 1848.

Ferdinand m/p.

XVII.
Manifest des Ban Jellačić,

in welchem die Gründe auseinander gesetzt werden, warum er nach Erfolglosigkeit des Pazifikationsversuches zu den Waffen greife.

Als in den Märztagen die laute Stimme des Volkes nach Befreiung von dem, Jahrhunderte langen Drucke des alten Systems rief, da hörte unser gütiger Monarch auf diese Stimme, und sprach Freiheit, sprach Gleichberechtigung aus für alle Völker seines großen mächtigen Kaiserstaates.

Eine herrliche, eine glückliche Zukunft schien uns gesichert; aber leider sollten wir Kroaten, Slavonier und unsere serbischen, romanischen und deutschen Brüder bald das Gegentheil erfahren. —

Eine übermüthige selbstsüchtige Parthei in Ungarn benützte die bei einem solchen Umsturze unvermeidlichen Aufregungen, und wußte von unserem allergnädigsten Monarchen Zugeständnisse zu entringen, welche unser Allerheiligstes Gut, die Freiheit, ihr und dem magyarischen Volksstamme ausschließlich gewährten, den übrigen unter derselben heiligen Krone Ungarns lebenden Völkern aber Knechtschaft und Unterdrückung bereiteten, und vollends durch das Entstehen eines abgesonderten Ministeriums die durch die pragmatische Sanktion gewährleistete ungetrennte Einheit der ungarischen Kronländer mit der großen Monarchie faktisch vernichteten.

Die Existenz des Königreichs Kroatien wurde geradeweg geläugnet, — das Königreich Slavonien zu ungarischen Komitaten erklärt, — die Einführung der magyarischen Sprache in denselben angeordnet, und in allen Komitaten, somit auch in den südlichen fast durchgehends von Serben bewohnten, solche schon früher bewerkstelliget, — dadurch die Entrüstung eines um das Vaterland hochverdienten, tapferen Volksstammes herbeigerufen, ja bis zur Verzweiflung gesteigert, als das ungarische Ministerium durch Maßregeln der Gewalt das Werk der Ungerechtigkeit durchzuführen begann.

Das waren für uns die Früchte der neuerlangten Freiheit! Das war die durch Gesetze der Natur geforderte durch das geheiligte Wort unseres gütigen Monarchen gewährleistete Gleichberechtigung aller Nationalitäten! Das der Lohn für die tausendfachen Verdienste, die sich unser Volk durch Jahrhunderte um die Krone Ungarns, um die Gesammtmonarchie erworben, für die Ströme Blutes, die es für die Vertheidigung des gemeinsamen Vaterlandes vergossen hat, — eines Volkes, das auch in der neuesten Zeit auf den Schlachtfeldern Italiens 35,000 seiner Söhne in den Reihen des tapferen österreichischen Heeres zählte, ehe es in den Kämpfen für die Ehre der Monarchie decimirt war!

9 *

Ich will von den zahllofen mittelbaren und unmittelbaren Angriffen auf das kroatisch-slavonisch-serbische Volk nicht reden; nicht reden von tausendfachen Schmähungen und Verdächtigungen; nicht reden von endlosen Verfolgungen, die in vielfacher Form mich als Ban der vereinigten Königreiche trafen und mein Leben, meine Ehre bedrohten. Ich führe sie nur an, nicht weil ich, sondern weil in mir die Existenz, das gute Recht der Nation bedroht war.

Vielfache Deputationen unseres Volkes baten zu wiederholten Malen am Throne unseres gnädigsten Monarchen um Schutz und Gerechtigkeit: ein unglückliches Verhängniß waltete über uns und vergebens waren unsere Bitten.

Da bestimmte Se. k. k. Majestät in huldreicher Erwägung dieser traurigen Zustände Se. kaif. Hoheit den durchlauchtigsten Erzherzog Johann zum Vermittler der zwischen Kroatien und Slavonien und dem ungarischen Ministerium obschwebenden Wirren. Dem Allerh. Befehle folgend begab ich mich nach Wien, gern die Hand bietend zum Frieden, zur Versöhnung. Aber fruchtlos war auch dieser Schritt. Ich begehrte Namens des kroatisch-slavonischen Volkes Aufrechthaltung der pragmatischen Sanktion, — welche in ihren wesentlichsten von der kroatisch-slavonischen Nation auf ihrem am 9. März 1712 abgehaltenen Landtage mit ausdrücklicher Genehmhaltung Kaiser Karl des VI. angenommenen Punkten feststellt: „Daß die Königreiche Kroatien, Slavonien „und Dalmatien auch ferner die Regierung nicht nur der männlichen, sondern „auch der weiblichen Descendenten des erlauchten Kaiserhauses jedoch nur „jener anerkennen, welche nicht allein im Besitze von Oesterreich, sondern auch „im Besitze von Steiermark, Krain und Kärnthen sein, und im gedachten „Oesterreich residiren werden," — welche ferner laut des Art. 2: 1723 mit voller Gesetzkraft verordnet: „daß die deutschen sowohl als ungarischen Erbländer ungetheilt, untrennbar, und gemeinschaftlich regiert werden sollen"; ich verlangte derselben zufolge ein Centralministerium des Krieges, der Finanzen, und der auswärtigen Angelegenheiten; ich verlangte auf Grundlage des Rechtes und der geheiligten Worte Sr. Majestät Gleichberechtigung unserer Nationalität; ich verlangte Erfüllung der Ansprüche und Wünsche der serbischen Nation in Ungarn.

Und als der ungarische Minister-Präsident auf diese Grundlagen der Pazifikation nicht eingehen wollte, blieb mir nichts übrig, als die Beschlüsse des ungarischen Landtages über unser letztes Friedenswort abzuwarten.

Aber bis zur Stunde kam diese so hochwichtige Frage, an deren Lösung nicht allein das Wohl Ungarns, und aller zur heiligen Krone dieses Landes gehörigen Völkerschaften, sondern auch der Bestand der Gesammtmonarchie abhängt, nicht einmal in Verhandlung, sondern es dauern mittlerweile die Angriffe des ungarischen Ministeriums fort. Verirrte Söhne unseres Vaterlandes arbeiten unter

dem Schutze dieser magyarischen Parthei unabläßig daran, um die bisher erhal-
tene materielle Ruhe Kroatiens zu stören; in Slavonien zwingen ministerielle
Kommissäre unter militärischer Assistenz das Volk zur gewaltsamen Wahl von
Deputirten für den Pesther Landtag; in Triest wird ein Schiff armirt, um die
kroatischen Küsten zu beunruhigen; ein anderes bewaffnetes Fahrzeug auf der
Donau richtet zwecklos Zerstörungen an; Truppenabtheilungen mobiler ungarischer National-Garde überschreiten die Grenze und betreten den, der Banal-
Autorität unterstehenden Boden; und der grausamste Krieg wüthet mit ver-
mehrter Gewalt im Banate. Und um das Aeußerste zu thun, werden die Bosnier
durch magyarische Emissäre angeeifert, mit ihren wilden Hörden Mord und
Brand und Verwüstung in ein Land zu tragen, dessen Bewohner treu und ehrlich mit ihrem Blute die so fernen Grenzen des Reiches Jahrhunderte lang bewacht haben, und noch bewachen, damit Ungarn, Oesterreich und ganz Europa
sicher sei vor der Barbarei und vor der Pest, dem schrecklichen Uebel
des Orientes.

Ich bin ein Mann des Volkes, ich bin ein Mann der Freiheit, ich bin ein
Mann Oesterreichs! Treu ergeben meinem konstitutionellen Kaiser und König
weise ich mit voller Beruhigung und auf das entschiedenste alle Verdächtigungen, — wie sie immer heißen mögen: Rückschritt oder Panslavismus —
zurück, und erkläre hiermit vor allen Völkern Oesterreichs: daß ich zufolge des
von der kroatisch-slavonischen Nation landtäglich gefaßten Beschlusses und Kraft
meiner eigenen innigsten Ueberzeugung von den als Grundbasis aufgezeichneten
Bedingungen der Pazifikation weder abweichen kann noch darf.

Wir wollen ein einiges, mächtiges, freies Oesterreich, — daher als un-
erläßliche Bedingung hierzu die Centralisirung der Ministerien des Krieges, der
Finanzen und der auswärtigen Angelegenheiten. Wir wollen Gleichberechtigung
aller unter der Krone Ungarns lebenden Nationalitäten; sie ist allen Völkern zugesagt in den Märztagen durch das geheiligte Wort unseres gnädigsten Monarchen.
Wir wollen vermöge des auf dem besagten kroatisch-slavonischen Landtage feierlich ausgesprochenen Beschlusses unsere Sache von der unserer stammblut- und
sprachverwandten serbischen Brüder in Ungarn nicht trennen. Die Nationen haben
wie jeder Einzelne ihre Ehre — die ihnen wie jedem Einzelnen höher gelten muß
als das Leben. Sie wollen dasselbe was wir: wollen treu und fest halten an
unserem Kaiser und König, wollen unerschütterlich fest halten an dem großen
Kaiserstaate Oesterreich.

Da nun das ungarische Ministerium hierauf nicht eingehen zu können
glaubt; da es in seinen separatistischen Tendenzen verharrt, d. h. den Verfall der
schönen Monarchie herbeiführen will: so gebietet die Pflicht und Ehre das Aeußerste

zu wagen, und zu den Waffen zu greifen; und wir wollen einstehen mit Gut, Blut und Leben für unser gutes Recht, und die heilige Sache!

Gott erhalte unseren konstitutionellen Kaiser und König Ferdinand!

An der Drave, 10. September 1848.

Jellačić m/p.
Ban.

XVIII.
Manifest des Ban Jellačić an die magyarische Nation,

womit er den Einmarsch seiner Truppen nach Ungarn bekannt macht.

Magyaren! Brüder! Treu den Beschlüssen meiner Nation und den beschworenen Pflichten, stehe ich da mit den Waffen in der Hand, an den Grenzen Euerer Heimat, und spreche zu Euch in ernster Stunde ein ernstes Wort.

In Finsterniß und Sklaverei lebten Jahrtausende hindurch die Völker der Erde — auch unser großes, schönes Reich seufzte unter geisttödtendem Drucke leibiger Institutionen; da wurde es Licht in Oesterreichs verbundenen Ländern, und sein gütiger Kaiser öffnete selbst die Riegeln des Kerkers, gab seinen Völkern die Freiheit, und sprach die Gleichberechtigung aller Nationalitäten aus.

Aber Brüder! Der Wille unseres Königs, die gerechten Wünsche und Ansprüche unseres Volkes wurden nicht erfüllt, denn schon im nächsten Augenblicke der neueren Zeit, wo nicht Ihr Magyaren, sondern auch wir Alle im großen Kaiserstaate die Freiheit empfingen, wo der konstitutionelle Kaiser und König nach der schon einmal gegebenen, im Königreiche Ungarn schon früher bestandenen Verfassung keine neuen in einem konstitutionellen Staate giltigen Zugeständnisse machen konnte, ohne den freien Willen des seiner freien Völker, und sein verantwortliches Central-Ministerium zu vernehmen, greifen frevelnde Hände nach unserem gemeinschaftlichen Gute — der Freiheit!

Euer Ministerium, nicht an der Spitze des magyarischen Volkes, sondern an der Spitze einer Partei begehrt Freiheit nur für sich und schmiedet Ketten für uns, hat thatsächlich sich bereits von dem großen österreichischen Kaiserstaate, an dessen Integrität das Glück von Millionen hängt, getrennt, und den gemeinschaftlichen Völkervertrag, die pragmatische Sanktion, vernichtet, dieses Ministerium hat durch seine Gewaltmaßregeln überall Wirren, Widerstand, ja Verzweiflung hervorgerufen, und unser schönes herrliches Vaterland ist bereits vom Bruderblute geröthet. Die auf a. h. Anordnung Sr. Majestät des Kaisers, unsers gnädigsten Königs angeordnete, vom ungarischen Ministerium angesuchte, unter Vermittlung Sr. kais. Hoheit des Erzherzogs Johann eingeleitete Schlichtung der obschwebenden Wirren hatte, obgleich unserer Seits gern ergriffen, keinen

Erfolg, und bereits sind 6 Wochen verstrichen, ohne daß diese, für das Glück aller Völker Ungarns und der Gesammtmonarchie gleich hochwichtige Frage bei dem Landtage in Buda-Pesth von Seite des ungarischen Ministeriums auch nur in Berathung gezogen worden wäre.

Dieser Zustand ist nicht mehr zu ertragen, — und gezwungen zu dem Aeußersten, bleibt nichts mehr übrig, als unser Leben einzusetzen, um die Freiheit und Ordnung zu erkämpfen. Brüder! Nicht gegen Euch ziehen wir, sondern gegen jene Partei, welche in ihrem Eigensinne uns alle an den Rand des Abgrundes gebracht hat. Wir wollen die Idee der Freiheit, Gleichheit und Brüderlichkeit zur Wahrheit machen, nicht Unterdrückte, nicht Unterdrücker sein, und glücklich und gleichberechtigt neben einander leben, ob wir uns Magyaren, Slaven, Deutsche oder Romanen nennen.

Empfangt uns daher als Freunde, und seid versichert, daß ich Jedem Schutz und Schirm gewähren, Leben und Eigenthum Jedes schützen werde, der sich mir nicht feindlich entgegenstellt. —

Was meine Truppen benöthigen, wird im Wege geordneter Lieferung unter Mitwirkung Euerer Behörden gegen baare Bezahlung, oder, wo die Geldmittel hiezu nicht ausreichen, gegen legale Bescheinigung beigeschafft werden.

Und so hoffe ich auf die Hilfe Gottes, auf den Beistand aller Gutgesinnten in dieser heiligen und gerechten Sache der Freiheit und des Vaterlandes.

Gott erhalte unseren konstitutionellen Kaiser und König Ferdinand!

An der Drave, 10. September 1848.

Jellačić m/p.
Ban.

XIX.

Manifest Sr. Majestät des Kaisers und Königs Ferdinand,

gerichtet an die Völker Ungarn's aus Anlaß des in Ungarn ausgebrochenen Bürgerkrieges.

An Meine Völker Ungarn's!

Die neuesten Ereignisse in Ungarn, welche von Uebelwollenden dazu ausgebeutet werden, Meine Absichten zu verdächtigen, die Vernichtung der gesetzlichen, unläugbaren Rechte der Krone anzustreben, Besorgniß und Mißtrauen zu verbreiten, machen es Mir zur unerläßlichen Pflicht, den Völkern Meiner ungarischen Krone Meine Gesinnungen offen kund zu geben.

Als Ich im März des laufenden Jahres den Vorstellungen der ungarischen Stände Gehör gebend, den von denselben vorgeschlagenen neuen staatsrechtlichen Einrichtungen und Gesetzen Meine Bestätigung ertheilte, ward Ich von der Ueberzeugung geleitet, daß die den Anforderungen der Gegenwart angepaßte neue unabhängige Gestaltung der ungarischen Verwaltung einerseits die Grundlage der Wohlfahrt und geistigen wie materiellen Entwickelung des Landes bilden, andererseits aber, wie dies im Eingange der erwähnten Gesetze ausgesprochen ist, auch fernerhin zur Aufrechthaltung jener Verbindung mit Meinen übrigen Erbstaaten dienen würde, welche, auf der Gemeinsamkeit der Dynastie fußend, sich als sicherstes Mittel kräftiger Abwehr gegen Außen und heilsamer Entwickelung im Innern bewährt hat, und deren Aufrechthaltung auf der Grundlage gegenseitigen Verständnisses eben so im Interesse Meines Hauses, als in dem Meiner Völker liegt.

Durch Beseitigung Alles dessen, was als eine Beeinträchtigung der gesetzlichen, insbesondere durch die pragmatische Sanktion genau normirten Stellung Ungarn's, oder als ein Hemmniß seines konstitutionellen und nationellen Fortschrittes dargestellt worden, sollten die auch fernerhin aufrecht erhaltenen Verbindungsglieder mit den übrigen Erbstaaten der Monarchie erstarken — nicht gelockert werden. Es sollte der Beweis geliefert werden, daß die Unabhängigkeit der ungarischen Verwaltung ein neues Element der Kraft für die Verbindung Meiner Gesammtstaaten bilden, der Verband Meiner Gesammtstaaten aber sich als ein sicherer Rückhalt, eine mächtige Schutzwehr der Existenz Ungarn's erweisen würde.

Wenn Ich auch nicht ohne Bedauern jene Angriffe gegen die Rechte einzelner Bürger sah, welche, wie zum Beispiele die an mehreren Orten vorgekommene Verfolgung der Israeliten, die Anmaßungen einzelner Gemeinden und Individuen, mit denen sie sich fremde grundherrliche Besitzungen und Rechte zueigneten, nur zu deutlich den Beweis lieferten, wie sehr der Begriff „Freiheit" von Manchen mißverstanden wird, sah Ich in denselben weniger die Folgen der aus der neuen Gestaltung der Dinge entspringenden Aufregung, als das Produkt strafbarer Umtriebe, derer die Kraft der Regierung bald Herr werden würde.

Jetzt aber, wo eine erneuerte Aufregung sich geltend macht, und die Wiederkehr ähnlicher Ereignisse befürchten läßt, sehe Ich Mich veranlaßt, Meine strengste Mißbilligung derselben und den Entschluß auszusprechen, jede Verletzung der persönlichen und Eigenthums-Sicherheit der Einzelnen — sie geschehe unter welchem Vorwande sie wolle — im Wege der gesetzlichen Organe strengstens zu ahnden, und diese in Ausübung ihres Amtes mit der ganzen Kraft Meines königlichen Willens zu unterstützen.

Mit desto tieferer Entrüstung mußte Ich aber jenes Streben bemerken, welches, zum Theile von einigen Jener unterstützt, die Ich selbst in den Rath der Krone berufen, mit gänzlicher Hintansetzung jeder Rücksicht auf die Verbindung mit meinen andern Erbstaaten, unabläßig auf die Auflockerung dieses Verbandes gerichtet war, in Schmälerung der Rechte der Krone seine Stütze fand, und bei steter Umgehung der Gesetze in seiner Zweideutigkeit nicht einmal das Verdienst der Offenheit ansprechen kann.

Der Versuch, sich ohne Meine Zustimmung und im Widerspruche mit den Gesetzen des letzten Reichstages faktisch in direkte Berührung mit fremden Regierungen zu setzen, der Beschluß, die Hilfeleistung gegenüber eines auswärtigen, Meine italienischen Staaten mit Krieg überziehenden Feindes (den unterdessen die ruhmgekrönte Tapferkeit Meiner Truppen — unter denen auch ungarische so glorreich mitgefochten — ohne neue Hilfe zu besiegen gewußt,) nicht allein von der hergestellten Ruhe im eigenen Lande, sondern auch von anderweitigen Voraussetzungen abhängig zu machen, eben so wie jener, bei einer feindseligen Verwickelung mit der Centralgewalt des deutschen Reiches, Mir in der Vertheidigung Meiner nicht ungarischen Länder keine Hilfe zu leisten, ein Fall — der in seiner Unwahrscheinlichkeit nur deshalb erwähnt zu werden schien, um Gelegenheit zu finden, das Recht bedingter Hilfeleistung von Seite Ungarns aufzustellen, und den Saamen des Mißtrauens auszustreuen, — das Streben, durch neue militärische Einrichtungen, im administrativen Wege, die auch durch die neuesten Gesetze Mir vorbehaltenen Rechte zu schmälern, dienten als Belege dieser verderblichen Richtung, welcher ernst entgegenzutreten Ich in dem Augenblicke für Meine konstitutionelle Herrscherpflicht hielt, als die Vorlage des neuen Rekrutirungsgesetzes und jene der beabsichtigten übermäßigen Papiergeld-Emission Mir hierzu Gelegenheit bot.

Ich konnte und werde nicht bewilligen, daß die, alle Meine Staaten kräftig schützende Einheit der Armee und ihres Organismus beseitigt und umgangen werde, und es ist Meine Pflicht, an die Ich treu zu halten fest entschlossen bin, einer Finanzoperation Meine Beistimmung zu versagen, die das Land mit vielen Millionen unfundirten Papiergeldes zu überschwemmen droht, und den Geld- und Handelsverkehr auf Jahre hinaus stören würde. Die leichtsinnige Bestätigung einer solchen Maßregel würde den Ruin Meiner Unterthanen herbeiführen, und ein unverzeihliches Uebersehen der Lehren der Erfahrung bethätigen.

Die traurigen Verwickelungen zwischen Ungarn und den damit verbundenen Königreichen haben ihren Höhepunkt erreicht. Als Ich, zu Folge der Rechte der ungarischen Krone, die neuen ungarischen Gesetze auch für die Nebenländer und die Militärgrenze sanktionirte, glaubte Ich den Wünschen dieser Ländertheile zu entsprechen, da es nicht in Meiner Absicht liegen konnte, den dortigen Bewohnern allein jene Berechtigungen zu versagen, die Ich allen Meinen Völkern zuerkannt habe.

138

Den Widerstand derselben zu überwinden, wurden alle von dem ungarischen Ministerium beantragten Maßregeln der Strenge genehmigt, die, wären
es — wie vorgegeben wurde, — bloß die Umtriebe einer faktiosen Minorität gewesen, zur Erreichung des vorgesteckten Zweckes ohne Zweifel hingereicht
hätten. Die Entschiedenheit, mit welcher kroatisch-slavonischer Seits auf diesen
Wünschen beharrt wurde, mußte bald der Ueberzeugung die Bahn öffnen, daß
es sich hier um die Wünsche eines ganz treu ergebenen Volkes handle, deren
Unterdrückung weder im Interesse Ungarn's, noch in jenem der Nebenländer liegt.

Die versuchte Pazifikation hat leider kein Resultat geliefert, und ist beim
ungarischen Reichstage erst dann ernstlich besprochen worden, als die drohende
Gefahr des Zusammenstoßes schon zur Wirklichkeit geworden war.

In dieser Lage der Dinge war es Meine Pflicht, inmitten der streitenden
Anforderungen, der Krone jene Stellung zu wahren, welche ihrer Aufgabe und
Würde entspricht, jene der Ausgleichung und Vermittlung.

Mit tiefstem Schmerze hat Mich insbesondere der Krieg an der untern
Donau erfüllt. Ich habe die Mir vor Ausbruch desselben von Seite der Serben
gestellten Bitten an Mein ungarisches Ministerium mit der Ueberzeugung überwiesen, daß es ihm durch eine richtige Wahl seiner dahin zu entsendenden Organe
und anderer anzuwendender Mittel gelingen werde, ohne Verletzung der Territorial-Integrität des Reiches jene ihrer Anforderungen, die mit Billigkeit vereinbar waren, zu befriedigen, und eben dadurch den überspannten mit desto größerem Nachdrucke entgegentreten zu können. Diese Aufgabe wurde nicht gelöst,
ja nicht einmal zu lösen versucht, und es bleibt Mir nichts übrig, als die Gräuel
eines unseligen Krieges, in welchem auch jetzt ein Theil Meiner Truppen verwendet ist, zu bedauern, Meinen königlichen Willen auszusprechen, mit aller
Macht auf Beendigung desselben hinzuwirken, wozu Ich ebenso alle Mittel der
Versöhnung, als alle Kraft der Staatsgewalt anzuwenden fest entschlossen bin.

Man hat es gewagt, die Mir vorschwebenden Absichten zu verdächtigen,
einen Angriff auf die gewährleisteten Rechte des Landes darin zu sehen, und
deßhalb die von Mir nicht genehmigten Gesetzvorschläge — gleich Gesetzen —
in Ausführung bringen zu wollen, Rekruten auszuheben, und Papiergeld zu
emittiren, ja meine Truppen zur eigenmächtigen Verlassung ihrer Fahnen und
Regimenter aufzufordern, mithin direkte in meine königlichen Rechte eingrei-
fend, die Treue derselben wanken zu machen.

Indem es Mein unabänderlicher Wille ist, ähnlichen Uebergriffen im Wege
der Gesetze zu begegnen, versichere Ich zugleich die Völker Meiner ungarischen
Krone, daß, wie ich einerseits alle gesetzlichen Rechte des Landes zu beachten fest
entschlossen bin, Ich andererseits eben so die Rechte Meiner Krone mit den Mir
zu Gebote stehenden Mitteln Meiner kaiserlichen königlichen Macht zu wahren

wissen werde, der festen Ueberzeugung, daß die Aufrechthaltung derselben der einzige Weg ist, auf welchem die streitenden Nationalitäten, sich in gemeinsamer Ergebenheit begegnend, das Mittel der Ausgleichung und Vereinigung finden.

Gestützt auf die Treue der Völker Ungarn's und der damit verbundenen Königreiche lebe Ich der festen Zuversicht, daß sie der Stimme ihres Königs mehr als jener der Aufwiegler und Ruhestörer vertrauen, ihren gesetzlichen Obrigkeiten Gehorsam leisten, sich aller Angriffe auf die Sicherheit der Person und des Eigenthums enthalten werden, und fordere sie auf, die zur dauernden Befriedigung des Landes, zur Wiederherstellung und Aufrechthaltung der konstituirenden Ordnung unverzüglich zu ergreifenden Maßregeln in Ruhe zu gewärtigen.

Gegeben im Schlosse Schönbrunn den 22. September 1848.

Ferdinand m/p.

XX.
Manifest an die Völker Ungarn's,

womit angezeigt wird, daß der Feldmarschall-Lieutenant Graf Lamberg zum Oberbefehlshaber sämmtlicher in Ungarn befindlichen Truppen ernannt wurde.

An Meine Völker Ungarn's!

Vor wenigen Tagen habe Ich Meinen treuen Völkern Ungarns eröffnet, wie sehr Mir die schnelle und völlige Wiederherstellung des Friedens und der gesetzlichen Ordnung im Lande am Herzen liegt. Leider hat sich nunmehr der Zustand noch verschlimmert; der Bürgerkrieg droht von allen Seiten in Ungarn sich auszubreiten.

Bei dieser gefahrvollen Lage, und bei Meinem sehnlichen Wunsche, Blutvergießen zu verhindern, und die Schrecknisse der Anarchie ferne zu halten, habe Ich Mich bewogen gefunden, Meinen Feldmarschall-Lieutenant, Grafen Lamberg, mit dem Oberbefehle sämmtlicher in Ungarn befindlichen Truppen und bewaffneten Korps von was immer für einer Benennung zu betrauen, und denselben zu beauftragen, daß derselbe alsogleich diesen Oberbefehl in Meinem Namen übernehme.

Zur ersten Aufgabe habe Ich demselben vorgezeichnet, daß er allenthalben Ruhe herstelle, und hege Ich das feste Vertrauen zu allen Militär- und Civil-Autoritäten, daß demselben schnell und vollständig Folge werde gegeben, und ihm hierbei alle Unterstützung werde geboten werden.

Insbesondere habe ich bereits die erforderlichen Verfügungen getroffen, daß auch in Nord-Ungarn die gesetzliche Ordnung hergestellt werde.

Ich erwarte von Meinen Völkern Ungarn's ein um so vertrauensvolleres Entgegenkommen zu Meinem außerordentlichen Kommissär, als bereits die nöthigen Schritte eingeleitet worden sind, um eine alle Theile befriedigende Ausgleichung der inneren Zwistigkeiten zu bewirken, und zwischen den ungarischen und nicht ungarischen Staaten Meines Gesammtreiches jene volle Einigkeit wieder herzustellen, und zu sichern, wie sie durch Jahrhunderte zum gemeinsamen Wohle bestand, und durch die pragmatische Sanktion gesichert war.

Gegeben in Meiner Haupt- und Residenzstadt Wien am fünfundzwanzigsten September Eintausend achthundert achtundvierzig.

Ferdinand m/p. **(L. S.)**

XXI.

Königliches Reskript,

womit nach Ermordung des Grafen Lamberg der Ban Jellačić zum Oberbefehlshaber und bevollmächtigten königl. Kommissär in Ungarn ernannt wird.

Wir Ferdinand der Erste, konstitutioneller Kaiser von Oesterreich; König von Ungarn und Böhmen, dieses Namens der Fünfte; König der Lombardei und Venedigs, von Dalmatien, Kroatien, Slavonien, Galizien, Lodomerien und Illyrien; Erzherzog von Oesterreich; Herzog von Lothringen, Salzburg, Steyermark, Kärnthen, Krain, Ober- und Nieder-Schlesien; Großfürst von Siebenbürgen; Markgraf von Mähren; gefürsteter Graf von Habsburg und Tyrol ꝛc.

Ungarns, des Großfürstenthums Siebenbürgen, so wie aller Nachbarländer Reichsbaronen, kirchlichen und weltlichen Würdenträgern, Magnaten und Repräsentanten, die auf dem von Uns in der königl. Freistadt Pesth zusammenberufenen Reichstage versammelt sind, Unsern Gruß und Unser Wohlwollen.

Zu Unserem tiefen Schmerze und Entrüstung hat das Repräsentantenhaus sich durch Ludwig Kossuth und seine Anhänger zu großen Ungesetzlichkeiten verleiten lassen, sogar mehrere ungesetzliche Beschlüsse gegen Unseren königlichen Willen zum Vollzuge gebracht, und neuerlich gegen die Sendung des von Uns zur Herstellung des Friedens abgeordneten k. Kommissärs, Unseres Feldmarschall-Lieutenants Grafen Franz Lamberg, bevor derselbe nur Unsere Vollmacht vorzeigen konnte, am 27. September einen Beschluß gefaßt, in Folge dessen dieser Unser königlicher Kommissär von einem wilden Haufen auf öffentlicher Straße mit Wuth angegriffen und auf die grauenvollste Weise ermordet wurde. Unter diesen Umständen sehen Wir Uns, Unserer königlichen Pflicht zur Aufrechthaltung der Sicherheit und der Gesetze gemäß, genöthigt, folgende Anordnungen zu treffen, und deren Vollziehung zu befehlen:

Erstens: Lösen Wir hiermit den Reichstag auf, so, daß nach Veröffentlichung Unseres gegenwärtigen Allerhöchsten Reskriptes derselbe alsogleich seine Sitzungen zu schließen hat.

Zweitens: Alle von Uns nicht sanktionirten Beschlüsse und Verordnungen des gegenwärtigen Reichstages erklären Wir für ungesetzlich, ungiltig und ohne alle Kraft.

Drittens: Unterordnen Wir dem Oberbefehle Unseres Banus von Kroatien, Slavonien und Dalmatien, Feldmarschall-Lieutenant Baron Josef Jellačić, hiermit alle in Ungarn und seinen Nebenländern, so wie in Siebenbürgen liegenden Truppen und bewaffneten Körper, von welch immer Gattung, gleichviel, ob diese aus Nationalgarden oder Freiwilligen bestehen.

Viertens: Bis dahin, wo der gestörte Friede und die Ordnung im Lande hergestellt sind, wird das Königreich Ungarn den Kriegsgesetzen unterworfen, daher den betreffenden Behörden die Abhaltung von Komitats-, städtischen oder Distrikts-Kongregationen einstweilen eingestellt wird.

Fünftens: Unser Banus von Kroatien, Slavonien und Dalmatien, Josef Baron Jellačić, wird hiermit als bevollmächtigter Kommissär Unserer königlichen Majestät abgesendet, und ertheilen Wir ihm volle Macht und Wirksamkeit, damit er im Kreise der vollziehenden Gewalt die Befugnisse ausübe, mit welchen er in gegenwärtigen außerordentlichen Umständen als Stellvertreter Unserer königlichen Majestät begleitet ist.

In Folge dieser Unserer Allerhöchsten Bevollmächtigung erklären Wir, daß all' dasjenige, was der Banus von Kroatien verordnen, verfügen, beschließen und befehlen wird, als mit Unserer Allerhöchsten königlichen Macht verordnet, verfügt, beschlossen und befohlen anzusehen ist; daher Wir auch allen kirchlichen, Civil- und Militärbehörden, Beamten, Würdenträgern und Bewohnern, weß immer Standes und Ranges Unseres Königreiches Ungarns, Siebenbürgens und aller Nebenländer, hiermit allergnädigst befehlen, daß sie den durch Baron Josef Jellačić als Unseren bevollmächtigten königl. Kommissär unterschriebenen Befehlen in Allem eben so nachkommen und gehorchen, als sie Unserer königlichen Majestät zu gehorchen verpflichtet sind.

Sechstens: Insbesondere tragen Wir Unserem königlichen Kommissär auf, darüber zu wachen, daß gegen die Angreifer und Mörder Unseres königl. Kommissärs, Grafen Franz Lamberg, so wie gegen alle Urheber und Theilnehmer an dieser empörenden Schandthat nach der vollen Strenge der Gesetze verfahren werde.

Siebentens: Die übrigen laufenden Geschäfte der Civil-Verwaltung werden einstweilen von den, den einzelnen Ministerien zugewiesenen Beamten nach Vorschrift der Gesetze geführt werden.

142

Wie sofort die Einheit der Wahrung und Leitung der gemeinsamen Intereſſen der Geſammt-Monarchie auf bleibende Weiſe hergeſtellt, die gleiche Berechtigung aller Nationalitäten für immer gewährleiſtet, und auf dieſer Grundlage
die Wechſelbeziehungen aller unter Unſerer Krone vereinigten Länder und Völker geordnet werden ſollen, wird das Geeignete mit Zuziehung von Vertretern
aller Theile berathen und im geſetzlichen Wege feſtgeſtellt werden.

Gegeben zu Schönbrunn den 3. Oktober 1848.

Ferdinand m/p. **(L. S.)**

Adam Récſey m/p.
Miniſter-Präſident.

XXII.
Proklamation des Ban Jellačić an das kroatiſch-ſlavo-
niſche Landvolk,

*womit daſſelbe über das Weſen und den Umfang der aufgeho-
benen Urbarialleiſtungen aufgeklärt wird.*

Mit tiefem Schmerz mußte ich vernehmen, daß das Volk in unſerem kroa-
tiſchen Vaterlande, thatſächlich aber im Agramer Komitate der Zins- und Berg-
rechtsleiſtungen und der Gemeindewaldungen wegen ſich empöre, ſogar Gewalt
brauche und ſo zu großer Unordnung und Unheil Anlaß gebe.—Da ich das kroatiſche Volk als ein gutmüthiges und folgſames kenne, kann ich nicht glauben, daß
der Grund dieſer Auflehnung in ihm zu ſuchen wäre,—es müſſen ſich unter demſelben Individuen befinden, die es zum Böſen leiten und falſch unterrichten in
der Abſicht, in allgemeinen Wirrniſſen eigenen Vortheil und Nutzen zu erreichen. — Damit aber das kroatiſche Volk, welches ich glücklich und zufrieden zu
ſtellen vor Allem wünſche, und deſſentwegen ich hier bereit ſtehe, mein Leben zu
opfern, und damit ſelbes durch falſche Propheten und trügeriſche Rathgeber nicht
noch größeres Unheil erfahren ſollte, ſo vernehme es die Stimme ſeines Ban,
der, wenn er auch entfernt von ſeinem Vaterlande für König, Volk und deſſen
Freiheit kämpft, dennoch ununterbrochen für ſelbes wacht und väterlich beſorgt iſt.
Als ich dich, mein geliebtes Volk, in meinem offenen Banalſchreiben verſicherte, daß
dir alle Urbarial-Leiſtungen, nämlich jene, die von Urbarial-Beſitzungen zu lei-
ſten waren, auf ewig nachgelaſſen ſind, und du ſammt deiner Nachkommenſchaft
frei ſeieſt, glaubte ich, daß du glücklich und zufrieden dieſe Gabe genießen und
friedlich die Zeit, die dir ſo viel des Guten gebracht, ſegnen werdeſt. Nie wäre
ich auf den Gedanken verfallen, du werdeſt die dir verliehene Freiheit ſo ver-
ſtehen, daß dir nun frei belaſſen ſei, fremdes Eigenthum anzutaſten. Aber leider

mußte es so weit kommen! — Einige Leute, durch die Erlassung der Urbarial-
Abgaben nicht zufrieden gestellt, verweigern auf eine gewaltsame Weise das
Bergrecht und den Bergzehent, sie wollen die Gemeindewaldungen sich selbst
aneignen, in die Herrschaftswälder unentgeltlich das Borstenvieh treiben, daselbst
Holz fällen rc., und obgleich ihnen von den Behörden die nöthigen Belehrungen
und strenges Verbot, sich jeder Gewalt und Eigenmächtigkeit zu enthalten, ein-
geschärft worden, so wollen sie dem ungeachtet von ihrer falschen Meinung nicht
abstehen. — An alle diese schlecht Unterrichteten richte ich noch einmal mein
Wort: daß auf ewige Zeiten einzig und allein nur die Urbarial-Abgaben, nämlich alle jene Leistungen, mögen sie Robot, Neuntel, Zehntel oder was immer für
Namen haben, welche vom Urbargrunde zu entrichten kamen, so wie auch der
Kirchenzehent nachgelassen sind; mit letzterem ist aber jener Bergzehent, der der
Geistlichkeit als Grundobrigkeit zu entrichten ist, wohl zu unterscheiden. Von
Berg- oder Herrschafts-Nebengründen, Schlagwaldungen rc., welche den Bauern
blos zur Benützung belassen sind, keineswegs aber als deren Eigenthum angesehen werden können, müssen aber die Abgaben, die theils in Bergrecht, Bergzehent, Schanksteuer und anderen Leistungen bestehen, vermöge Beschluß des
kroatisch-slavonischen Landtages noch so fort entrichtet werden, denn Niemand könnte gerechtermaßen verlangen, daß ihm die Grundherrschaft
ihre Gründe zur Benützung unentgeltlich überlasse. Und wie ich einerseits dem Landvolke mein heiligstes Wort gegeben, die ihnen verliehenen Rechte schirmen, beschützen und erhalten zu wollen, so bin ich
andererseits ebenfalls verpflichtet, den Grundobrigkeiten das Ihrige zu wahren
und zu vertheidigen, denn Gott und das Recht fordern „Jedem das Seinige.“
Vernimm daher, mein theueres Volk, die Worte deines Ban, zu dem du Vertrauen hegst, und der eher alle erdenklichen Qualen leiden wollte, als dich im
Unrecht zu lassen, dich zu vernachläßigen; verschließe vor Jedem deine Ohren,
der dich durch süße Worte nur zu blenden und ins Unheil zu stürzen beabsich-
tiget. Halte fest an dem Worte deines Ban und deiner Behörde, der du, wenn
dir Unrecht geschehen, deine Beschwerde vorbringen kannst, und glaube mir, daß
du sammt Weib und Kind und deiner ganzen Nachkommenschaft glücklich sein
werdest, während du dich und die Deinen dem größten Unglücke Preis gibst,
wenn du Betrügern und Aufwieglern, anstatt sie verdienter Weise gebunden den
Händen der Obrigkeit zu überliefern, Gehör schenkst, da du meine Verordnung
wohl kennst, welche gegen Alle, die fremdes Eigenthum antasten, standrechtlich
zu verfahren befiehlt. Indem ich es erwarte, daß du am Boden der Ehrlichkeit
und Gerechtigkeit wandeln und nicht durch Unruhe und Unordnung die heilige
und schwierige Aufgabe deines Ban erschweren, sondern vielmehr zeigen werdest,
daß du der Freiheit und des Glückes, das er dir mit Gottes Hilfe bald bringen

wird, würdig bist, grüße ich dich vom Grunde meines Herzens und empfehle
dich dem Allmächtigen.

Wien, den 20. November 1848. Jellačić m/p. Ban.

XXIII.
Proklamation des Ban Jellačić an die Dalmatiner,

womit er seine Ernennung zum Gouverneur von Dalmatien bekannt macht.

Se. k. k. Majestät, unser allergnädigster Kaiser Franz Josef der I. haben
mich zum Civil- und Militär-Gouverneur von Dalmatien ernannt. Mit Freuden
begrüße ich Euch, meine guten und braven Dalmatiner! Mit Jubel sehe ich in
meiner Person das Band der nationalen Brüderlichkeit wieder angeknüpft, welches mit vereinter Sorgfalt die wichtigsten Interessen aller Glieder eines Stam-
mes auf freiem konstitutionellen Wege zu wahren geeignet ist.

Ihr werdet in mir den Beschützer Euerer Rechte und Euerer Wohlfahrt,
und den kräftigen Bekämpfer jeder übelgesinnten Einwirkung finden, welche die
Ruhe und das Glück Eueres Landes zu stören, und die von Sr. k. k. Majestät
gnädigst verliehenen freien Institutionen zu schmälern beabsichtigen sollte.

Vereint mit den Vertretern des Volkes werde ich der Nationalität und
dem Kultus auf dem konstitutionellen Grundsatze der freien Gleichberechtigung
die vollste Rechnung tragen, den moralischen, ökonomischen und merkantilischen
Bedürfnissen der Bevölkerung die vollste Sorgfalt widmen.

Ich hoffe durch die allmälige Verwirklichung der im konstitutionellen
Wege zu erfolgenden Verwaltungs-Maßnahmen das Land einer schöneren, größeren Zukunft entgegenführen zu können, und rechne dabei mit vollster Zuversicht auf die eifrigste und einsichtvollste Mitwirkung der gutgesinnten Patrioten
und insbesondere der frei gewählten Vertreter der Gemeinden und des Landes
insgesammt.

Ich lebte Jahre unter Euch, ich kenne, schätze und liebe Euch, und rechne
mir es daher zum hohen Glücke, zu Euerem Besten mit ganzer Hingebung zu wirken.

Sobald es mir meine gegenwärtigen wichtigen Missionen erlauben werden, hoffe ich unter Euch zu erscheinen, Euere Wünsche selbst zu vernehmen, und
werde mich unendlich freuen, selbe, so weit es in meiner Macht und in meinem
Einflusse liegen kann, zu befriedigen.

Indessen empfanget meinen freundschaftlichen, brüderlichen Gruß, den ich
Euch aus vollem Herzen sende.

Wien, den 10. Dezember 1848. Jellačić m/p.
FML., Ban und Gouverneur.

XXIV.
Die Gesinnungen des dreieinigen Königreiches in der deutschen Frage,

ausgesprochen durch eine Adresse von Seite der Banalraths-Versammlung im J. 1848.

Euere Majeſtät!

Die deutſche Reichsverſammlung zu Frankfurt hat in den §§. 2 und 3 des Verfaſſungs-Entwurfes, das Reich betreffend, als Grundſatz ausgeſprochen, daß kein Theil des deutſchen Reiches mit nicht deutſchen Ländern zu einem Staate vereinigt werden dürfe, und daß, wenn ein deutſches Land mit einem nicht deutſchen Lande daſſelbe Staatsoberhaupt hat, das Verhältniß zwiſchen zwei ſolchen Ländern nach den Grundſätzen der reinen Perſonalunion zu ordnen ſei.

Inſoferne die obgedachte Verſammlung zu Frankfurt beabſichtigt, daß die deutſchen Provinzen von Oeſterreich dem deutſchen Reichsverbande ſich anſchließen, würde ſonach zwiſchen ihnen und den übrigen Ländern, die im Vereine mit denſelben bisher den öſterreichiſchen Kaiſerſtaat, die öſterr. Geſammtmonarchie bilden, jede andere Verbindung aufzuhören haben, als jene, welche darin beſteht, daß ſich die Kronen der ſämmtlichen Königreiche und Länder dieſer Monarchie auf einem und demſelben geheiligten Haupte vereinigen.

Die Euerer Majeſtät treu ergebenen Königreiche Kroatien, Dalmatien und Slavonien würden den Erfolg jener Beſchlüſſe, welche ſie bedrohen, aus einem mehrhundertjährigen Realverbande mit den übrigen Ländern der öſterr. Geſammtmonarchie verdrängt zu werden, unbeſorgt und ſtillſchweigend abwarten, da ſie der deutſchen Reichsverſammlung weder die Befugniß, noch die Macht zuerkennen, über die künftigen Geſchicke und völkerrechtlichen Verbindungen dieſer Königreiche autonomiſch zu dekretiren; doch da das bisher von der Verſammlung in der Paulskirche und insbeſondere von mehreren öſterreichiſchen Mitgliedern derſelben in dieſer Angelegenheit beobachtete Verfahren dem Bedenken Raum gibt, daß man in dem Eifer für die Bildung eines großen und mächtigen Deutſchlands über Rechte und Pflichten leicht hinwegſchlüpfen möchte, welche nicht deutſchen Ländern aus ihrer Verbindung mit deutſchen Staaten völkerrechtlich erwachſen ſind, ſo können dieſe Königreiche nicht ohne aller Beſorgniß ſein.

In den Eingangs erwähnten Beſchlüſſen der deutſchen Reichsverſammlung erkennen dieſe Königreiche bezüglich des öſterr. Geſammtſtaates die Folgen einer Auffaſſung der pragmatiſchen Sanktion, wie ſelbe ſchon früher von Seite einer ungariſchen Fraktion ſtattgefunden hat, deren Endzweck die Verſplitterung und Zerfall der Monarchie war, und welcher mit aller Kraft entgegen zu treten dieſe

Königreiche als ihre heiligste Pflicht erachteten. Es ist denselben nicht einleuch-
tend, daß zur Kräftigung und Sicherstellung des politischen Bestandes von
Oesterreich dessen Verschmelzung mit seinen auswärtigen deutschen Stammge-
nossen im Sinne der mehrgedachten Beschlüsse der Reichsversammlung nöthig
sein sollte; sie sehen nicht ein, daß es nöthig sein sollte, das Band gegenseitiger
Unterstützung im friedlichen Verkehre sowohl als in Kriegszeiten, mit welchem
die pragmatische Sanktion die Völker aller Zungen im Kaiserstaate umschlingt,
zu lösen, und an dessen Stelle sich lediglich auf den Grundsatz der Personal-
Union zu beschränken, der auch bisher schon neben dem Bestande des Realver-
bandes von Niemand in Zweifel gezogen werden konnte. Weder die Geschichte
der Vorzeit, noch die Erlebnisse der Gegenwart bevorworten eine solche Maßregel, sie bestätigen vielmehr, daß Oesterreich zu allen Zeiten in sich selbst in
dem Zusammenwirken seiner deutschen und nicht deutschen Länder, in der treuen
Anhänglichkeit all' dieser verschiedenen Völkerfamilien an das regierende Kaiserhaus, in dem stolzen patriotischen Gefühle, eben durch diesen innigen Verband
seiner verschiedenartigen Bestandtheile eine der Großmächte Europa's zu bilden,
Entschlossenheit und Kraft genug fand, seinen auswärtigen Feinden, und einer
durch fremde Emissäre im Innern gebildeten Umsturzpartei mit Erfolg die
Stirne zu bieten und sie zu bekämpfen.

Bewußtsein des guten Rechtes erweckt Selbstvertrauen, Selbstvertrauen
erzeugt Muth, Muth ist gedoppelte Kraft, — nur wer an sich selbst ver-
zweifelt, sucht von Außen her Schutz und Stütze. Dahin — Dank sei der Vorsehung! ist Oesterreich noch nicht gekommen! Es liebt den Frieden, es bedarf ihn
zu seiner organischen Entwickelung, allein es trägt die sichersten Bürgschaften
desselben in den Freiheiten, die seinen Völkern von dem gütigsten Herrscher gewährt worden sind, — in der Gleichberechtigung seiner Nationalitäten, — und
es wird diese Errungenschaften zu wahren wissen, ohne die guten Dienste der
Paulskirche hiezu anrufen zu müssen. Liegt es aber im Interesse der deutschen
Reichsversammlung, zur Kräftigung ihrer Centralgewalt mit irgend welcher
Großmacht in einen Bund zu treten, dann gebührt der Natur eines derartigen
Verhältnisses nach, nicht der Ersteren mehr das Recht, die Bedingungen eines
solchen Bündnisses einseitig und bindend vorzuzeichnen, sondern diese dürften
wohl nur durch einen Staats-Vertrag normirt werden, bei welchem ein Einfluß
der dabei mittelbar oder unmittelbar betheiligten Länder nach völkerrechtlichen
Grundsätzen nicht umgangen werden darf.

Dieß, Euere Majestät, sind die Betrachtungen und Ansichten, zu welchen
die mehrerwähnten Beschlüsse der Reichsversammlung zu Frankfurt den Königreichen Kroatien, Dalmatien und Slavonien Veranlassung gegeben haben.

Mit altgewohnter kindlicher Ehrfurcht, aber auch mit vertrauungsvoller

Freimüthigkeit, die einem treuen Volke ziemt, glauben sie, Euerer Majestät nicht verhehlen zu dürfen, daß jener Vorgang ihnen nicht geeignet erscheine, die Sym- pathien für Deutschland zu steigern, daß vielmehr die Abneigung der deutschen Reichsversammlung, sich mit der österr. Monarchie als solcher, in ein freund- schaftliches Bündniß einzulassen, und die Anforderung, daß die nicht deutschen Bestandtheile derselben aus ihrem durch Gesetze und Herkommen geheiligten brüderlichen Verbande ausscheiden sollen, der betrübenden Vermuthung Raum gibt, daß das biedere deutsche Volk, oder vielmehr dessen Vertreter zu Frank- furt für jene Hingebung und heldenmüthigen Anstrengungen keine Erinnerung bewahren, durch welche die Söhne der nicht deutschen Länder Oesterreichs im treuen Vereine mit ihren deutschen Waffenbrüdern, ihnen stets beistehend, das drückende und schmachvolle Joch der Fremdherrschaft abschütteln halfen, unter welchem Deutschland jahrelang schmachtete.

Wenn ein solches Vergessen aber auch mit Gleichmuth hingenommen werden mag, so kann dieß doch nicht der Fall sein mit der Zumuthung der deutschen Abgeordneten, daß unser Verband mit Oesterreich nur nach den Grundsätzen der reinen Personal-Union zu ordnen sei. Folgerecht mit den schon im Beginne dieses Jahres von uns vor aller Welt kundgegebenen Grundsätzen, und der Handlungsweise, die übereinstimmend mit denselben von Seite der deutschen Länder selbst beobachtet wurde, protestiren wir, unter Verwahrung der zugesicherten Selbstständigkeit unserer Nationalität, feierlichst gegen die durch die deutsche Reichsversammlung unseren Ländern zugemuthete Trennung von der österreichischen Gesammtmonarchie.

Wir haben für die Integrität derselben auf den Schlachtfeldern Italiens, wir haben in Ungarn, und vor den Mauern der durch Faktionen in Anarchie gestürzten Haupt- und Residenzstadt Wien unser Blut vergossen, und unser Leben eingesetzt, wir haben demnach durch die That beurkundet, daß wir die, durch die pragmatische Sanktion uns auferlegten Pflichten mit strenger Gewissen- haftigkeit zu erfüllen immer bereit sind, wir sind uns aber auch klar bewußt, daß wir bei der Gegenseitigkeit der Rechte und Pflichten, welche jene Funda- mental-Urkunde des österr. Gesammtstaates all' seinen Völkern gewährleistet, ein volles unzweifelhaftes Recht haben zu fordern, daß die deutschen Länder Oester- reichs keinen Treubruch an uns begehen, indem sie sich nach dem Verlangen der Reichsversammlung zu Frankfurt einseitig von uns lossagen, ein neues, unserer materiellen und geistigen Entwickelung geringe Bürgschaft bietendes Bündniß eingehen, und die durch Jahrhunderte ihnen treu verbündeten Gefährten aller ihrer Schicksale auf neue Bahnen drängen würden, auf welchen sie ihre Wohl- fahrt nach Innen und die Wahrung ihrer Selbstständigkeit nach Außen zu suchen bemüßiget wären.

Wir erlauben uns Euerer Majestät die ehrfurchtsvolle Bitte hiermit vorzutragen, bei der allfälligen weitern Verhandlung des fraglichen Gegenstandes auf die von Seite dieser Königreiche dargelegten, und in der pragmatischen Sanktion begründeten Rechte, wie auch auf die zur Wahrung derselben geeigneten Mittel a. g. Bedacht nehmen zu wollen.

Im Uebrigen 2c. Agram, den 31. Dezember 1848.

XXV.
Memorandum
über die staatsrechtlichen Beziehungen der Königreiche Kroatien und Slavonien zu Oesterreich.

Es ist Thatsache, daß vor den Märztagen die zur ungarischen Krone gehörigen Länder ein durch ihre besondere Gesetzgebung und Administration von den übrigen erbländischen Theilen des österreichischen Kaiserstaates völlig geschiedener Staatskomplex waren, dessen Einheit mit den Erbländern auf Grundlage der pragmatischen Sanktion durch ein gemeinschaftliches Staatsoberhaupt vermittelt wurde, welches ob Mangel verantwortlicher Ministerien auf beiden Seiten eine einheitliche Exekutivgewalt in sich faßte.

Es ist Thatsache, daß die pragmatische Sanktion der Ausgangspunkt des neueren positiven österreich-ungarischen Staatsrechtes ist, nachdem in dieser Urkunde ausdrücklich bestimmt wird, „daß die deutschen sowohl als ungarischen Erbländer ungetheilt, untrennbar und gemeinschaftlich regiert und verwaltet werden sollen," und daß diese Urkunde von allen Völkern der österreichischen Monarchie und namentlich auch von dem Königreiche Ungarn angenommen worden ist, welches daher mit Rücksicht auf die besondere Gesetzgebung und Administration zu den österreichischen Erbländern im Verhältniß einer wirklichen Konföderation steht.

Die Königreiche Kroatien und Slavonien haben die pragmatische Sanktion an ihrem selbstständigen Landtage am 9. März 1712 ohne Dazwischenkunft des ungarischen Landtages, und zwar um einige Jahre eher als Ungarn, und früher als irgend eine andere Nation des Kaiserstaates unmittelbar angenommen und unterschrieben.

Diese Königreiche, die eben so wie Ungarn ihren eigenen, vom ungarischen unabhängigen Landtag, ihr von der ungarischen Statthalterei unabhängiges Landeskonsilium, und ihren vom Palatin unabhängigen Ban hatten, stehen daher ebenfalls zu den österreichischen Erbländern im Verhältniß einer wirklichen Konföderation, dem Königreiche Ungarn koordinirt.

Wenn also die Königreiche Kroatien und Slavonien seit Koloman dem

erften gemeinfchaftlichen König diefer Königreiche und Ungarns, bis auf den heutigen Tag einen von der ungarifchen Legislatur unabhängigen Landtag haben,
der die Befchlüffe des erfteren, nur in fo fern fie dem Willen der kroatifch-flavonifchen Nation entfprechen, annehmen, widrigens verwerfen kann, — wenn der
Ban diefer Königreiche als oberfter Landeschef unmittelbar dem Könige von
Ungarn, Kroatien und Slavonien, keineswegs aber dem Palatin von Ungarn
untergeordnet war, wenn, was das Wichtigfte, diefe Königreiche als folche durch
ihre Ablegaten am ungarifchen Landtage vertreten waren, fo ift offenbar das
ganze Verhältniß zwifchen den Königreichen Kroatien und Slavonien mit Ungarn
kein anderes, als eine Perfonalunion unter einem gemeinfchaftlichen König, fo
wie fie noch zu Zeiten Kolomans war.

Alles übrige, was diefe Königreiche von ihrer Autonomie in der Admini-
ftration verloren, oder in fo fern fie in ihrer felbftftändigen Legislatur beirrt
wurden, das ift mit Rückficht auf die Beftimmungen der pragmatifchen Sanktion nichts anderes, als Uebergriffe der ungarifchen Politik, welche diefe Perfonalunion zu einer wirklichen Centralifation oder mindeftens zu einer faktifchen
Konföderation auszubeuten fuche.

Diefe hiftorifchen und rechtlichen Grundlagen des Verhältniffes diefer
Länder zu Ungarn und Oefterreich find feit den Märztagen durchaus nicht ver-
rückt, im Gegentheil durch das Benehmen Ungarns auf ihre urfprüngliche
Bedeutung zurückgeführt worden.

Ungarn hat durch deffen auf den Ruin der öfterreichifchen Monarchie abzielende Politik fich von diefer förmlich ifolirt, und dadurch, daß es durch die
Konzeffion eines befonderen, lediglich dem ungarifchen Landtage verantwortlichen Minifteriums die frühere einheitliche, in der Perfon des Staatsoberhauptes
vereinigte Exekutivgewalt des Gefammtftaates in zwei gegenfeitig unabhängige
Staatsgewalten, das öfterreichifche und ungarifche Minifterium zu theilen
mußte, die wirkliche, durch die pragmatifche Sanktion garantirte öfterreichifch-
ungarifche Konföderation feinerfeits aufgehoben und auf das Verhältniß der
bloßen Perfonalunion rebuzirt.

Die Königreiche Kroatien und Slavonien haben fich dagegen von dem
ungarifchen Sonderbunde, welchem fie in Abficht einer Centralifation mit demfelben zugezählt wurden, freiwillig losgefagt, und die Abfichten Ungarns, fie auch
zu diefem Sonderbunde zu nöthigen, mit Gewalt der Waffen zurückgewiefen.

Die Königreiche Kroatien und Slavonien find alfo auf ihrer urfprüng-
lichen ftaatsrechtlichen Bafis, der Perfonalunion mit Ungarn und der ftaatsrechtlichen Konföderation, mit Oefterreich ftehen geblieben, während Ungarn
die pragmatifche Sanktion und dadurch die mit den öfterreichifchen Erbländern
eingegangene Konföderation verleßend, das Feld der gewaltfamen Revolution

betrat, um seine gänzliche Unabhängigkeit vom österreichischen Kaiserstaate zu erkämpfen.

Kroatien und Slavonien sind daher auch jedes scheinbaren Konföderationsverhältnisses mit Ungarn durch dessen gewaltsame Losreißung entbunden, und stehen als freier Staat selbst ohne dem Medium der ungarisch-österreichischen Konföderation, durch das Verhältniß der kroatisch-slavonisch-österreichischen Konföderation, die sie nun, an der pragmatischen Sanktion treu festhaltend, erneuern wollen, staatsrechtlich mit Oesterreich verbunden.

Das von den Königreichen Kroatien und Slavonien angestrebte Konföderationsverhältniß ist somit keine neue Konzession, sondern nur das bisherige mittelbare legale und staatsrechtliche Verhältniß derselben zu Oesterreich, mobifizirt durch die gewaltsame Losreißung Ungarns aus der österreichisch-ungarischen Konföderation, welches nun durch Waffengewalt der übrigen Theilnehmer am österreichischen Staatenbunde in sein Abhängigkeitsverhältniß zu dem Letzteren gebracht werden muß.

Es kann somit kein Gegenstand der Frage sein, ob die Königreiche Kroatien und Slavonien ein Recht haben, eine freie Konföderation mit den österreichischen Erbländern anzustreben, oder ob sie einer unbedingten Centralisation mit demselben staatsrechtlich unterliegen, denn sie behalten nur ihren rechtmäßigen Antheil an staatsrechtlicher Berechtigung als ungeschmälertes Eigenthum.

Ja sie machen durch den Antrag der bis jetzt nicht bestandenen Centralisirung der Finanz-, Kriegs- und Handelsangelegenheiten unter einem Central-Reichsministerium der österreichischen Kaiserkrone sehr wichtige Zugeständnisse, indem sie den positiven Rechtsboden verlassend, derselben in dem schwierigen Werke der Wiedergeburt des Gesammtstaates echt patriotisch entgegenkommen, da die Krone offenbar auch ihrerseits den Boden der Legalität verlassen muß, um das große Werk im Geiste der Zeit zu vollenden.

Was im Uebrigen die serbische Wojwodschaft betrifft, so ist ihr nur ihr altes Recht restituirt worden. Sie hat so gut als Kroatien und Slavonien dem ungarischen Sonderbunde nicht beitreten wollen, sie hat sich nicht von Ungarn, sondern dieses von ihr losgerissen, und nur durch Waffengewalt könnte es ihr gelingen, sich auf dem legalen Boden der ursprünglichen Konföderation mit Oesterreich als ein Theil Ungarn's zu erhalten. Sie hat daher ebenfalls das Recht, ihrerseits dasselbe Konföderationsverhältniß im Wege der kroatisch-slavonisch-serbischen Konföderation mit Oesterreich zu behaupten, das sie im Wege der ungarisch-österreichischen Konföderation als Theil des Ganzen eingenommen hatte.

Auf dieser staatsrechtlichen Basis stehen die Königreiche Kroatien und

Slavonien, so wie die serbische Wojwodschaft, wenn sie mit den Erbländern in nähere Beziehungen treten wollen.

Sie unterhandeln mit den Letztern als freie, dem Königreiche Ungarn, koordinirte, nur durch die Personalunion unter der ungarischen Krone vereinigte, auf ihrem legalen Rechtsboden stehende Nationalstaatsgebiete, die eben, weil sie freiwillig im gefährlichsten Augenblicke Oesterreichs dem magyarischen Sonderbunde entsagt haben, — einer Unterordnung unter das ungarische Staatsprinzip nicht unterliegen, indem das konstitutionelle Prinzip der Gleichberechtigung aller Nationalitäten in Oesterreich ebenfalls zum Prinzip erhoben worden ist, und eine neue Konstituirung des Gesammtstaates, der einen einzigen gemeinsamen Zweck hat, auf Grundlage der vollkommenen nationalen und staatsbürgerlichen Freiheit und Gleichberechtigung eine unabweisbare, mit der Existenz des Kaiserstaates innigst verknüpfte Forderung der Zeit erscheint, welcher die nichtmagyarischen Nationen der Krone Ungarn's freiwillig entgegenkommen, da sie im neuen österreichischen Staate für die Folge keine Privilegien haben, ihr Anrecht auf eine unabhängige nationale Selbstverwaltung und Legislatur, jedoch unter den Bedingungen einer kräftigen Centralgewalt, nicht nur für sich nicht aufgeben wollen, sondern dasselbe für alle übrigen Nationalitäten des künftigen föderativen Kaiserstaates in Anspruch nehmen, wodurch sich für alle Völkerstämme des Kaiserstaates das Verhältniß der wirklichen Konföderation unter einem gemeinschaftlichen Staatsoberhaupte ergibt.

Die Vertreter der Königreiche Kroatien und Slavonien, dann jene der serbischen Wojwodschaft interveniren daher im allgemeinen konstituirenden Reichstage in zweierlei Absichten:

1. als Vertreter freier in staatsrechtlicher Beziehung nur an die pragmatische Sanktion gebundener Staaten, welche ihr früheres mittelbares Konföderationsverhältniß mit Oesterreich nun unmittelbar unter den Bedingungen nationaler Unabhängigkeit, in so fern solche eine kräftige Centralregierung zuläßig macht, dann unter der ausdrücklichen Bedingung, daß kein Theil der österreichischen Erbländer irgend einem Sonderbunde außerhalb der Staatsgrenzen des österreichischen Kaiserthums angehöre, daher die österreichischen Deputirten von Frankfurt abberufen, und selbst die deutsch-österreichische Bundesakte von 1815 aufgehoben werde, — erneuern wollen;

2. als freie, durch eine gegenseitige Konföderation einen gemeinsamen Staatszweck verfolgende österreichische Staatsbürger, welche in Bezug auf die Abfassung der Konstitution, dann alle auswärtigen, Kriegs-, Finanz- und Handelsangelegenheiten mit den übrigen Provinzen ein untheilbares gleichmäßig vertretenes Ganze bilden, und in dieser Hinsicht nur den Beschlüssen

der Majorität des von allen Völkern der konstitutionellen Monarchie zu beschickenden Reichstages sich zu fügen haben.

Indem wir durch das Vorstehende den rechtlichen Standpunkt zur Betrachtung unserer Beziehungen zum Gesammtstaate auszumitteln bemüht waren, wollen wir nun ferner untersuchen, ob unsere Vertretung am allgemeinen konstituirenden österreichischen Reichstage nothwendig und räthlich sei?

Wir haben durch die Annahme der pragmatischen Sanktion die einheitliche Regierung der ganzen österreichischen Monarchie unter einem gemeinsamen Staatsoberhaupte aus dem Hause Habsburg-Lothringen als die unsere anerkannt. Wir haben gegen den Dualismus der Regierung laut Art. XI: 1848 protestirt, und aus Anlaß dessen sogar das Schwert ergriffen, um die Einheit und Integrität des Kaiserstaates herbeizuführen.

Wir haben also offenbar mit allen Völkern des Gesammtstaates einen einzigen, jeden Sonderbund irgend eines Theiles mit einer auswärtigen Macht im konstitutionellen Staate absolut ausschließenden, gemeinsamen Staatszweck, der nur durch eine gemeinschaftliche Centralgesetzgebung und eine einheitliche Centralregierung unter einem und demselben Staatsoberhaupte, unbeschadet unserer zur Centralisation nicht unbedingt nöthigen inneren Selbstständigkeit in Administration und Legislatur, — realisirt werden kann.

Den konstituirenden österreichischen Reichstag nicht beschicken, hieße daher so viel, als die Einheit des Staatszweckes negiren, oder sich der konstitutionellen Berechtigung an der gemeinsamen Centrallegislatur begeben, wogegen die unbedingte Beschickung des Reichstages nichts anderes wäre, als das bereits staatsrechtlich bestehende Föderativverhältniß unsererseits aufgeben, und das Schicksal unserer Nation den Fluktuationen der Majorität des Reichstages, daher allen möglichen Zufällen preisgeben.

Wir müssen also unsere Vertreter nothwendigerweise, jedoch nur unter obigen zwei Bedingungen an den österreichischen Reichstag senden, damit sie daselbst vorerst das unmittelbare Föderativverhältniß unserer Nation zum Gesammtstaate feststellen, in welcher Beziehung vor der Hand nur eine geringe Anzahl Ablegaten aus unserem Nationallandtage mit genauer Instruktion im Sinne der durch den Art. XI: 1848 aufgestellten Prinzipien nach Kremsier abzusenden wäre, wo sie mit einem Ausschuße des Reichstages und dem Ministerium über die Prinzipien der Konföderation sich ins Einvernehmen zu setzen, und sonach eine förmliche Bundesakte, deren Abfassung für alle Nationalitäten des Kaiserstaates nothwendig erscheint, aufzunehmen hätten.

Wenn sonach durch die Bundesakte die Art der Konföderation näher bestimmt, unsere nationale Unabhängigkeit, Selbstverwaltung und Legislatur unter den nothwendigsten Beschränkungen durch die Centralisirung der auswärtigen, Kriegs-, Finanz- und Handelsangelegenheiten garantirt ist, und von Sr. Majestät dem konstitutionellen Kaiser bestätigt wird, was wir für alle übrigen Nationalitäten des Kaiserstaates erwarten, — dann ist es an der Zeit, unsererseits an der Abfassung der Konstitutionsakte für den ganzen Kaiserstaat in Bezug auf die staatsbürgerlichen Berechtigungen der gesammten Mitglieder des Staatsverbandes im Vereine und im gleichen Verhältnisse mit den übrigen Völkern des Gesammtstaates theilzunehmen.

So lange die Unterhandlungen in ersterer Beziehung dauern, könnte die Ausschreibung der Wahlen nach dem Verhältniß Eines Deputirten auf 100.000 Seelen bei Sr. Majestät angesucht und vorgenommen werden.

Dieß sind die Gründe, die wir den Männern jener antidiluvianischen Legalität besonders ans Herz legen, die für jeden Schritt, den der Zeitgeist auf dem Felde der bewegten Gegenwart macht, einen trockenen Paragraph haben wollen.

Wir appelliren aber abgesehen davon, daß wir auch den Schild des positiven historischen Rechtes für uns haben, an die Träger der gesunden natürlichen lebensfrischen Politik des neuen österreichischen Kabinets, an die Einsicht. Weisheit und Gerechtigkeitsliebe des Ministeriums und erwarten, daß dieses Ministerium, das sich an die Spitze der großen Bewegung stellen zu wollen erklärt. den großen Neubau des verjüngten Oesterreich nur auf der allein sichern Basis des natürlichen Völkerrechtes bauen werde; denn dann nur bleibt es das Ministerium der Majorität in und außer der Kammer; die Adler Oesterreichs schweben hoch über den Wolken seines trüben Horizontes, die zu einem gemeinsamen Staatszwecke auf Grundlage der Gerechtigkeit vereinten freien Nationen entfalten alle ihre Kräfte und lachen allen Feinden ihres schönen großen Gesammtvaterlandes Hohn!

XXVI.
Gesetz-Entwürfe,
ausgearbeitet durch die betreffenden Ausschüsse des kroatisch-slavonischen Landtages.

A) Gesetz-Entwurf über die Regelung des Landtages.

§. 1. Die gesetzgebende Gewalt im dreieinigen Königreiche übt der König im Vereine mit der auf dem Landtage gesetzlich versammelten Nation aus.

§. 2. Die Kompetenz des Landtages erstreckt sich auf alle, die innern Angelegenheiten des dreieinigen Königreiches betreffenden Gegenstände. Hierher gehört auch die erste definitive Feststellung der Beziehungen dieser Königreiche zur österreichischen Gesammtmonarchie, sowie auch jede Abänderung, welche in diesen Beziehungen festgestellt, im Wege gemeinschaftlichen Einverständnisses dieser Nation mit Oesterreich in der Folge zu treffen wäre. In Bezug auf alle jene Angelegenheiten, die den Gesammtstaat betreffen, ist das dreieinige Königreich im Sinne der für die Gesammtmonarchie mit Zustimmung aller österreichischen Völker eingeführten Verfassung den Beschlüssen des gemeinschaftlichen österreichischen Reichstages unterworfen, welchem auch das Central-Ministerium für seine Anordnungen verantwortlich ist.

§. 3. Geschenke und außerordentliche Pensionen aus dem Fonde des dreieinigen Königreiches kann der König ohne landtägliche Einwilligung Niemanden verleihen.

§. 4. Der Landtag wird alljährlich abgehalten, und jederzeit ohne vorhergegangene Einberufung am ersten Montage jedes Dezembers in dem Orte eröffnet, in welchem die Landesregierung des dreieinigen Königreiches ihren Sitz hat. In Nothwendigkeitsfällen kann der Ban einen außergewöhnlichen Landtag auch zu einer anderen Zeit einberufen.

§. 5. Der Landtag wird vom Ban eröffnet, vertagt, und nur nach Erledigung aller Geschäfte geschlossen.

§. 6. Die Nation nimmt an der Gesetzgebung durch von ihr gewählte Vertreter Theil.

I. Wahlmodus und Eigenschaften der Wähler und Vertreter.

§. 7. Das dreieinige Königreich wird in Wahlkreise, und jeder Wahlkreis in Wahlbezirke eingetheilt. Ein Wahlkreis kann höchstens 50.000 Seelen umfassen; der Wahlkreis zerfällt in so viele Wahlbezirke, als die örtlichen Verhältnisse der Gemeinden erfordern. Im keinem Wahlkreise darf es mehr als zehn und nicht weniger als fünf Wahlbezirke geben.

§. 8. Die Wahlen sind zweifach: Urwahlen, d. h. Bezirkswahlen, und Komitatswahlen. In den Bezirkswahlen werden die Wähler, und in den Komitatswahlen die Volksvertreter gewählt.

§. 9. Die Eigenschaften der Urwähler, d. h. Bezirkswähler, sind folgende: Jeder Bürger des dreieinigen Königreiches, ohne Unterschied des Glaubens, kann wählen: a) wenn er Hausherr ist, oder aber, falls er kein Haus besitzt, sechs Gulden an direkten Steuern zahlt, oder sonst eine öffentliche Last von gleichem Werthe trägt; b) wenn er großjährig; c) im Besitze der Geisteskräfte und d) im Genuße aller bürgerlichen und politischen Rechte ist; e) wenn er nicht in einem fremden Staate dient; ist dieß der Fall, so wird er nur dann wahlberechtigt, wenn er aus einem solchen Dienste austritt; f) wenn er sich nicht in Kriminal-Untersuchung oder in gerichtlicher Haft befindet, welches Hinderniß so lange dauert, bis er gerichtlich für schuldlos erklärt wird; g) wenn er sich nicht unter Sequester befindet, welches letzteres Hinderniß bis zur Enthebung vom Sequester dauert; h) wenn er in keinen Krida-Prozeß verwickelt ist, widrigenfalls er nur dann des Wahlrechtes theilhaftig werden kann, wenn er von der Schuld des Falliments gerichtlich freigesprochen wird.

§. 10. Das Wahlrecht verliert: a) Ein zu körperlicher Strafe oder zur Haft wegen kriminalrechtlichen Vergehens Verurtheilter; b) Jeder, der sich in einem fremden Staate für beständig niederläßt, oder dort das Bürgerrecht erhält; c) Derjenige, der zum Verluste aller politischen Rechte oder bloß des Wahlrechtes gerichtlich verurtheilt wird; d) Derjenige, der gesetzlich überwiesen wird, daß er Stimmen für seine Wahl gekauft oder seine Stimme einem Andern verkauft hat, oder endlich, daß er in mehreren Wahlörtern für den bevorstehenden Landtag gestimmt hat; e) Derjenige, der durch seine persönliche Schuld Krida gemacht hat.

§. 11. Die Besitzer von Gütern, die in mehreren Wahlbezirken liegen, stimmen bloß in dem Bezirke, in welchem sie gewöhnlich wohnen.

§. 12. Jede Bezirks-Obrigkeit ist verpflichtet, in ihrem Bereiche alle Jene genau zu konskribiren, die die im §. 9 angeführten Eigenschaften besitzen; die Konskription muß 14 Tage vor der Wahl bei der betreffenden Obrigkeit öffentlich zur Einsicht vorliegen, damit jeder Wahlberechtigte einsehen könne, ob er aufgenommen oder ausgeschlossen worden sei? Derjenige, der nicht konskribirt worden ist, hat sich mindestens 8 Tage vor der Wahl bei der Wahlobrigkeit zu melden, um seine Aufnahme in die Konskriptionsliste zu erwirken, widrigenfalls er an der bevorstehenden Wahl nicht Theil nehmen kann. — Wenn sich ein Wähler aus der Konskriptionsliste überzeugt, daß Jemand eingetragen sei, dem nach §§. 9 und 10 das Wahlrecht nicht zusteht, so ist er verpflichtet, dieß der Bezirkswahl-Obrigkeit anzuzeigen, damit eine dießfällige Untersuchung, und im Falle sich die Anzeige als gegründet herausstellt, eine Rektifizirung veranlaßt werden könne. Gegen den dießfälligen Spruch kann derjenige, welcher vermeint, es sei ihm ein Unrecht zugefügt worden, an die betreffende Komitatsobrigkeit, und von dieser außer dem Besitze (extra possessorium) an den Landtag rekurriren.

§. 13. Entstehen überhaupt im Wahlbezirke Streitigkeiten darüber, ob Jemanden das Wahlrecht zustehe oder nicht, so entscheidet darüber die betreffende Bezirksobrigkeit. Gegen die Entscheidung steht demjenigen, der sich in seinem Rechte verletzt glaubt, der Weg des Rekurses an die betreffende Komitatsobrigkeit, und weiter an den Landtag offen.

§. 14. Die Ur- oder Bezirkswahlen werden stets in den ersten Tagen des

Monats Dezember vorgenommen. Vor Beginn dieser Wahlen hat der Wahl-
präsident oder Sekretär das Gesetz über die Wahlen zu verlesen.

§. 15. Sowohl in den Bezirks- als Komitatswahlen wird bloß persönlich gestimmt; Vollmachten sind unzuläßig.

§. 16. In den Wahlbezirken wird auf je 500 Seelen desselben Bezirkes ein Wahlmann gewählt. Wenn sich die Gesammtzahl der Seelen desselben
Bezirkes durch 500 ohne Rest nicht theilen läßt, so wird auch auf einen solchen
Rest ein Wahlmann, jedoch nur in dem Falle gewählt, wenn derselbe die Zahl
von 250 Seelen übersteigt; erreicht er diese Zahl nicht, so wird kein Wahlmann
gewählt.

§. 17. Die Ur- oder Bezirkswahlen gehen auf folgende Art vor sich:
a) wenn die im §. 12 vorgeschriebene Konskriptionsliste der Wähler angefertigt
worden ist, so ist der betreffende Bezirks-Wahlvorstand verpflichtet, im Sinne
des §. 14 für die ersten Tage des Monats Dezember den Tag und den Ort der
Wahl ausdrücklich festzusetzen, und dies in seinem Bezirke zu verkünden; ein
solcher Termin kann nicht weniger als vier Tage betragen; b) am festgesetzten
Tage und Orte versammeln sich alle diejenigen, welche nach §. 12 in die Wahl-
liste eingetragen sind, und wählen unter dem Vorsitze des betreffenden Bezirks-
Wahlvorstandes mit Stimmenmehrheit einen Sekretär, der bei der Wahl als Aktuar
fungirt; c) wird das Gesetz über die Wahlen und Abstimmung nach der Vorschrift des §. 14 verlesen; d) der Vorsitzer ist hierauf verpflichtet zu erklären,
wie viele Wähler der Bezirk nach §. 16 zu wählen berechtigt ist; e) wenn die
Wahl nicht einstimmig vollzogen wird, muß der Vorsitzer die Wahlmänner der
Reihenfolge nach, in welcher sie verzeichnet sind, namentlich aufrufen, und Jeder
hat nach eigenem Willen ohne Vorschlag so viele Individuen zu nennen, als
der Bezirk zu wählen berechtiget ist, und welche der Betreffende als Wähler
von demselben Bezirke gewählt wissen möchte. Der Sekretär wird alle diese
Namen nebst dem Namen des betreffenden Votanten genau aufzeichnen; f) nach
vollendeter Abstimmung sind die Stimmen Angesichts der Versammlung genau
zu zählen, und bei dem Namen eines Jeden, für den gestimmt wurde, die Ge-
sammtzahl der demselben zugefallenen Stimmen anzusetzen. Hierauf wird nach
der natürlichen Zahlenordnung, von der größeren Zahl zur niederen herabstei-
gend, das Namensverzeichniß derjenigen angefertigt, für die gestimmt wurde,
und Jene, die die meisten Stimmen erhielten, werden sogleich von dem Vorsitzer als Wähler desselben Bezirkes ausgerufen; g) über die auf diese Art
vollbrachte Wahl ist in der Wahlversammlung ein von dem Vorsitzer und
Sekretär unterfertigtes genaues und authentisches Protokoll aufzunehmen, und
der Versammlung zu verkünden; dieses Protokoll muß binnen 10 Tagen der
betreffenden Bezirks-Wahlobrigkeit zugestellt werden. Bei Gelegenheit der

Publikation dieses Protokolls in der Bezirksversammlung kann jeder Wahlmann über den Inhalt und Text seine Bemerkungen gleich in der Versammlung öffentlich vortragen, und die Versammlung spricht über solche Bemerkungen ihren Beschluß aus, und wenn die vorgebrachten Bemerkungen für gegründet befunden worden sind, stellt sie an den Vorsitzer und den Sekretär das Ansuchen, das Protokoll im Sinne des bezüglichen Beschlusses abzuändern.

§. 18. In den Bezirkswahlen kann Jeder als Wähler gewählt werden, der die im §. 9 vorgeschriebenen Wahleigenschaften besitzt.

§. 19 Die Komitatswahlen werden stets in den ersten Tagen des Monats November vorgenommen; der Tag und Ort der Wahl wird im ganzen Komitate verkündet.

§. 20. Am festgesetzten Tage und Orte versammeln sich unter dem Vorsitze des betreffenden Komitats-Wahlvorstandes alle in den Bezirken gewählten Wähler, und nach der Wahl des Sekretärs, der als Schriftführer zu fungiren hat, wird vorerst das Wahlgesetz verlesen, und dann gleich zur Verifikation geschritten. Entsteht die Frage, ob Jemand wirklich als Wähler abgeordnet worden sei, oder ob er derselbe sei, den das Bezirks-Wahlprotokoll nennt, so wird eine solche Frage durch Stimmenmehrheit der ganzen Komitats-Wahlversammlung entschieden, und es steht gegen die Entscheidung der Weg des Rekurses an den Landtag offen.

§. 21. Ueberzeugt sich die Komitats-Wahlversammlung, daß alle diejenigen, welche als Wähler versammelt sind, wirkliche Wähler seien, und daß Alle, die im Protokolle als in den Bezirken gewählt angeführt werden, persönlich erschienen sind, so werden nach der im §. 17 unter d), e), f) bezeichneten Art und Weise mittelst Stimmenmehrheit drei Vertreter gewählt, und zwar: a) für die untere Kammer zwei; b) für die obere Kammer ein Vertreter. Bei Ergänzungswahlen wählt die Komitats-Wahlversammlung so viele Vertreter, als Deputirtensitze für denselben Wahlkreis erlediget sind, und für jene Kammer, in welcher solche Sitze für denselben Wahlkreis in Erledigung gekommen sind.

§. 22. Auch über die Komitatswahlen ist ein genaues Protokoll aufzunehmen, und nach Verkündigung und Genehmigung in der Versammlung, unterfertigt von dem Vorsitzer, dem Sekretär und allen des Schreibens kundigen Wählern, der betreffenden Komitats-Wahlobrigkeit zur Aufbewahrung zu übergeben, damit es in Nothwendigkeitsfällen von da glaubwürdig expedirt werden könne. Bei der Publikation des Protokolls in der Komitats-Wahlversammlung haben sowohl die Wähler als auch die Versammlung dieselben Rechte, welche für die Bezirkswähler und Bezirks-Wahlversammlungen im §. 17 unter g) festgestellt worden sind.

§. 23. Vertreter in der untern Kammer kann jeder Landesbürger dieser

Königreiche sein: a) wenn sein Name in einem Wahlbezirke in die Liste der Bezirkswähler eingetragen worden ist; außerdem b) wenn er sich zu einer in diesem Königreiche gesetzlich anerkannten Religion bekennt; c) wenn er das 30. Lebensjahr vollendet hat; d) wenigstens des Lesens und Schreibens kundig ist; e) an direkten Steuern in der Militärgrenze 6 fl., und im Provinziale 20 fl. zahlt, oder ein Staatsbeamter ist, ein Advokatial-Diplom, oder das einer Universitäts-Fakultät besitzt.

§. 24. In die obere Kammer kann gewählt werden jeder Landesbürger dieser Königreiche, der die Eigenschaften eines Vertreters in der unteren Kammer besitzt, wenn er außerdem: a) das 40. Lebensjahr zurückgelegt hat; b) an direkten Steuern in der Grenze 10 fl., im Provinziale aber 40 fl. Konv. M. zahlt.

§. 25. Nach beendeter Wahl ist jedem Abgeordneten ein vom Wahlpräsidenten und Sekretär unterfertigtes Beglaubigungsschreiben auszustellen, damit sich derselbe beim Landtage als Deputirter ausweisen könne. In diesem Schreiben muß ausdrücklich erwähnt werden, ob der Abgeordnete die für die betreffende Kammer erforderlichen Eigenschaften besitzt, und mit welcher Stimmenmehrheit derselbe gewählt worden sei.

§. 26. Die Eigenschaft der Abgeordneten beider Kammern dauert drei Jahre. Alljährlich muß von der Vertreterschaft ein Drittheil der Abgeordneten jeder Kammer abtreten, und dieser Drittheil wird jährlich neu gewählt. Zu diesem Behufe wird am Ende jedes Landtages jede Kammer, für welche alle Abgeordnete neu gewählt wurden, durch Losung in drei Kategorien eingetheilt, von welchen die Abgeordneten der ersten Kategorie am Ende des zweiten, und die Abgeordneten der dritten Kategorie am Ende des dritten Jahres, von der betreffenden Wahl an gerechnet, abtreten.

§. 27. Ein zum Landtag gewählter Abgeordneter ist nicht bloß der Vertreter des Komitates, in welchem er gewählt wurde, sondern auch Vertreter des ganzen Vaterlandes, woraus folgt: a) daß der Abgeordnete bei der Abstimmung an keine Instruktion gebunden sei, wenn sie seiner individuellen Ueberzeugung widerstreitet; er ist bloß verpflichtet, den Wunsch seiner Kommittenten dem Landtage mitzutheilen; im Unterlassungsfalle können ihn zwei Drittheile seiner Wähler abberufen; b) daß ihm die Entschädigung für seine Bemühungen und den Zeitaufwand nicht aus der Komitatskassa, sondern aus dem Landesfonde zu leisten sei, und zwar hinsichtlich des Betrages ohne Unterschied, ob der Abgeordnete in die obere oder untere Kammer gewählt worden ist. Einstweilen werden als Entschädigung für jeden Abgeordneten 4 fl. KM. täglich außer der Vergütung der Reisekosten bestimmt.

§. 28. Geburt, Stand, Rang oder Amt ertheilen Niemanden, der nicht gewählt worden ist, Sitz und Stimme weder in der untern, noch in der oberen Kammer. Ausgenommen sind bloß die Banal-Räthe, welchen im Sinne des Gesetzes von dem Banal-Rathe Sitz am Landtage und das Recht Vorträge zu halten ertheilt wird. Das Stimmrecht gebührt ihnen aber nur in dem besondern Falle, wenn sie als Volksvertreter gewählt worden sind, und bloß in derjenigen Kammer, in welche sie gewählt wurden.

§. 29. Das Mandat eines Abgeordneten, der während seiner Amtsdauer die Eigenschaften als Vertreter der Kammer, in welche er gewählt worden, verliert, erlischt sogleich, sobald diese Eigenschaften aufhören.

§. 30. Jeder Abgeordnete kann bei jeder neuen Wahl wieder gewählt werden.

II. Von der Zusammensetzung des Landtages.

§. 31. Der Landtag wird in zwei Kammern, die obere und die untere eingetheilt.

§. 32. Die untere Kammer hat doppelt so viele Abgeordnete als die obere.

§. 33. In der oberen Kammer führt der Ban den Vorsitz, oder in Verhinderung desselben der Banal-Lokumtenent. In Ermangelung des Bans und seines Stellvertreters wählt sich die obere Kammer ihren Präsidenten mit Mehrheit der Stimmen durch geheime Stimmabgabe. Auf dieselbe Weise wählt sie sich in jedem Falle ihren Vicepräsidenten, Sekretäre und die übrigen Funktionäre.

§. 34. Den Präsidenten, Vicepräsidenten, die nöthige Anzahl von Schriftführern, die Ordner und das übrige Geschäftspersonale wählt die untere Kammer selbst im geheimen Skrutin mit absoluter Stimmenmehrheit.

§. 35. Die Präsidenten, Vice-Präsidenten und die übrigen Funktionäre werden in den beiden Kammern bei Beginn der jährlichen Session gewählt, und verbleiben während der ganzen Landtags-Periode desselben Jahres im Amte.

§. 36. Im Falle ein Abgeordneter sein Mandat niederlegt, oder mit Tod abgeht, oder sein Sitz auf sonst eine gesetzliche Weise erledigt wird, hat der Präsident der betreffenden Kammer eine neue Wahl binnen drei Wochen anzuordnen.

§. 37. Der Abgeordnete, der als solcher ein Regierungs-Amt erhält, oder in einem solchen befördert wird, hat sich einer neuen Wahl zu unterziehen.

§. 38. Der König kann eine Kammer ohne der andern nicht auflösen, sondern beide zugleich. In diesem Falle sind binnen sechs Wochen, von der Auflösung der Kammern an gerechnet, neue Wahlen vorzunehmen. Die neugewählten Abgeordneten sind jedenfalls drei Monate nach der Auflösung des Landtages zu einem neuen Landtage einzuberufen und zu versammeln.

§. 39. Im Falle sich ein Abgeordneter auf einen Monat ohne Urlaub entfernt, ist sein Sitz als vakant zu betrachten, und ist eine neue Wahl anzuordnen. In diesem Falle erhält der Abgeordnete für die Zeit, die er fern vom Landtage zugebracht hat, weder Diäten noch Vergütung der Reisekosten.

§. 40. Kein Abgeordneter kann einen Stellvertreter bestellen.

§. 41. Die Person des Abgeordneten ist unverletzlich; hieraus folgt: a) daß kein Abgeordneter, außer der Betretung auf der That (in welchem Falle er sein Mandat verliert) ohne Bewilligung der betreffenden Kammer dem Krinal-Verfahren unterzogen werden könne; b) nur die betreffende Kammer ist berechtigt, die Versetzung eines Abgeordneten in Anklagestand zu beschließen; c) nach Beendigung des Landtages kann jeder Abgeordnete für seine zur Zeit des Landtages begangenen Vergehen von dem betreffenden Richter in Anklagestand versetzt werden.

§. 42. Der von der betreffenden Kammer wegen des Verbrechens der Majestätsbeleibigung, des Landesverrathes, des beleibigten Landtages, oder sonstigen Vergehens in Anklagestand versetzte Abgeordnete unterliegt seinem gewöhnlichen ordentlichen Richter.

§. 43. Die politische Meinungsfreiheit am Landtage ist so unbegrenzt, daß der Volksvertreter für seine am Landtage geäußerte politische Meinung weder dem Landtage, noch außerhalb desselben irgend Jemanden verantwortlich ist.

§. 44. Die betreffende Kammer ist berechtigt, durch Beschluß von zwei Drittheilen der Stimmen jene ihrer Glieder auszuschließen, die sich durch ihr Betragen der Würde eines Volksvertreters unwürdig gemacht haben. Wenn sich aber ein Abgeordneter während der Debatte eine Ungeziemtheit durch Wort oder That zu Schulden kommen läßt, so ist der Präsident befugt, denselben zur Ordnung zu weisen.

§. 45. Ein Banal-Rath kann nur vom gesammten Landtage, d. h. im Einverständnisse mit beiden Kammern in Anklagestand versetzt werden.

III. Geschäfts-Ordnung des Landtages.

§. 46. Die betreffenden Präsidenten haben das Recht, die Sitzung zu eröffnen, zu schließen, und auf drei Tage zu vertagen.

§. 47. Das Recht der Initiative steht dem Könige und jeder der beiden Kammern zu.

§. 48. Die königlichen Propositionen werden vor Allem in die Verhandlung genommen.

§. 49. In beiden Kammern wird jeder Gegenstand vorerst in betreffenden

Komités ausführlich verhandelt, in welche der Landtag zu Anfang der jährlichen Session eingetheilt wird.

§. 50. Die Komités werden nicht vom Präsidenten allein, sondern von der ganzen Kammer durch Stimmenmehrheit gewählt.

§. 51. Im Komité wird jeder Gegenstand erschöpfend erledigt, und werden die nöthigen Vorstellungen und Nuntien ausgearbeitet und der betreffenden Kammer unterbreitet.

§. 52. Die Kammern sind nur dann beschlußfähig, wenn in jeder derselben wenigstens zwei Drittheile aller betreffenden Mitglieder versammelt sind.

§. 53. Den Kammermitgliedern wird der Urlaub von der betreffenden Kammer ertheilt.

§. 54. Die Sitzungen werden in beiden Kammern öffentlich gehalten. In den Sitzungssaal haben bloß die Kammer-Mitglieder Zutritt. Die Gallerien stehen nur für diejenigen offen, die sich von dem dafür eigens niedergesetzten Ausschusse Eintrittskarten verschafft haben. Die Pflicht des Präsidenten ist es, darüber zu wachen, daß auf der Gallerie Niemand bewaffnet erscheine.

§. 55. Den Sitzungen der Komités kann außer den betreffenden Komité-Mitgliedern Niemand beiwohnen.

§. 56. Die Gallerien sind auf das ruhige Zuhören angewiesen, und haben sich aller Beifalls- oder Mißfalls-Aeußerungen zu enthalten, widrigenfalls der Präsident für die Entfernung des Auditoriums Sorge tragen wird. Der Präsident kann, nachdem er das Auditorium entfernt, die Sitzung entweder fortsetzen oder vertagen.

§. 57. Ueber Ansuchen von wenigstens 10 Abgeordneten kann die Gallerie geleert und eine geheime Sitzung gehalten werden; begehrt dieß aber die Mehrheit, so kann der bezügliche Gegenstand später auch öffentlich verhandelt werden.

§. 58. Jede Kammer wählt für sich einen Beglaubigungs-Ausschuß, welcher seinen Bericht der betreffenden Kammer erstattet, die dann die erhobenen Fragen entscheidet. Dieser Ausschuß hat: a) zu untersuchen, ob ein jeder Abgeordneter mit einem Vollmachtsschreiben versehen sei; und b) die gegen die Wahlen erhobenen Anstände zu prüfen.

§. 59. Ueber jede Sitzung ist ein Diarium, von Stenographen verfaßt, und von dem betreffenden Kammer-Ausschusse revidirt und beglaubigt, zu führen.

§. 60. Jede Kammer kann ihr Diarium drucken lassen; es kann nicht verhindert werden, daß außerdem die Landtags-Verhandlungen auch in den Zeitungen abgedruckt werden.

§. 61. Jeder Abgeordnete hat das Recht zu verlangen, daß sein Votum namentlich in das Diarium eingetragen werde.

§. 62. Die Anträge werden schriftlich gestellt. Jeder Antrag wird nur in dem Falle an das betreffende Komité zur Verhandlung gewiesen, wenn er die Mehrheit der Stimmen erlangt hat. Im widrigen Falle ist ein solcher Antrag als verworfen zu betrachten.

§. 63. Ein verworfener Antrag kann in demselben Jahre nicht mehr vorgenommen werden. Dasselbe findet statt, wenn nach zwei Nuntien und Renuntien die Kammern in der Wesenheit des Antrags sich nicht einigen konnten.

§. 64. Wenn jedoch die Kammern in unwesentlichen Fragen des Antrages, oder bezüglich der Textirung uneinig sind, so ist das beiderseitige Einverständniß im Wege eines von jeder der beiden Kammern in gleicher Anzahl der Mitglieder zu wählenden Ausschusses zu versuchen. Diese beiden Ausschüsse treten zu einem Körper zusammen, und berathschlagen über die Art und Weise der Verständigung. Den Bericht über die Verhandlungen des vereinigten Ausschusses erstattet jeder Ausschuß seiner Kammer besonders.

§. 65. Jeder Abgeordnete hat das Recht über jeden Gegenstand zweimal zu sprechen.

§. 66. Die Pflicht des Präsidenten ist es, darüber zu wachen, daß in den Verhandlungen Ordnung herrsche, und daß jeder seine Meinung äußern könne.

§. 67. Das Ablesen des Vortrages ist nicht gestattet.

§. 68. Der Abgeordnete kann nicht durch Vollmacht stimmen.

§. 69. Zur Abänderung der Verfassung oder der Landes-Verwaltung sind in jeder Kammer zur Beschlußfassung zwei Drittheile der Stimmen erforderlich.

§. 70. Die authentische Erklärung der Gesetze steht nur dem Könige im Vereine mit dem Landtage zu.

§. 71. Bei der Abstimmung über was immer für Wahlen, die in einer Kammer vorgenommen werden, entscheidet die absolute Stimmenmehrheit der in der Sitzung anwesenden Kammer-Mitglieder, in jeder andern Frage aber die gewöhnliche Majorität, außer in Fällen, für welche die absolute oder sonst eine Stimmenmehrheit gesetzlich festgestellt ist.

§. 72. Wenn die Majorität durch das Erheben von den Sitzen nicht gehörig wahrgenommen werden kann, so hat der Präsident alle Abgeordnete nach alphabetischer Ordnung namentlich anzurufen, und der Aufgerufene hat sich von seinem Sitze zu erheben, und sein Votum, ohne jeder Rede, mit dem Worte: „Ich trete bei" oder „Ich trete nicht bei", oder sonst mit einem deutlichen und kurzen Ausdrucke „Ja" oder „Nein" abzugeben.

§. 73. In Fällen, wo die Stimmen beiderseits gleichgetheilt sind, wird nochmals abgestimmt, und im Wiederholungsfalle ist die Frage als durchgefallen zu betrachten.

§. 74. Der Präsident hat darüber zu wachen, daß die Tagesordnung genau eingehalten werde, und am Schluſſe jeder Sißung hat er den Gegenſtand zu bezeichnen, der in der nächſten Sißung zur Verhandlung kommt.

§. 75. Nachdem vom Präſidenten der Beſchluß ausgeſprochen worden iſt, kann über denſelben Gegenſtand nicht mehr verhandelt werden.

§. 76. Die in den Komités erledigten Gegenſtände ſind gedruckt unter die Abgeordneten zu vertheilen. Nach der Erledigung in den Komités iſt für die Vornahme in der Kammer ein hinlänglicher Zeitraum anzuſeßen, damit der Gegenſtand von den Kammer-Mitgliedern reiflich erwogen werden könne.

§. 77. Iſt ein Gegenſtand in einer Kammer erledigt, ſo hat ſie ihn der andern Kammer zur Verhandlung mitzutheilen. Dieſe muß die Gegenſtände jener Reihe nach vornehmen, in welcher ſie ihr zugeſtellt worden ſind. Sie hat das Recht, jeden Geſeßartikel, oder vorgeſchlagenen Zuſaß zu theilen, abzuändern, zu amendiren, oder gänzlich zu verwerfen.

§. 78. Klagen und Bittgeſuche und Geſeßvorſchläge werden dem Landtage nur durch einen Abgeordneten überreicht.

§. 79. Klagen und Bittgeſuche, die dem Landtage überreicht werden, ſind an den betreffenden Ausſchuß zu weiſen, der ſeine Meinung hierüber ſammt ſeinem Elaborate der Kammer zu unterbreiten hat. Mit Anträgen, die dem Landtage durch einen Abgeordneten überreicht worden ſind, wird nach der Vorſchrift des §. 62 verfahren werden.

§. 80. Jede Interpellation muß: a) dem Landtage ſchriftlich übergeben; und b) in die Tages-Ordnung aufgenommen werden.

§. 81. Der Banal-Rath iſt nicht verpflichtet, eine Interpellation denſelben Tag zu beantworten; jedenfalls iſt er aber ſchuldig, binnen 14 Tagen, vom Tage der Interpellation an gerechnet, zu antworten.

§. 82. Auf jedem Landtage ſind die Rechnungs-Ausweiſe für das verfloſſene Jahr in Verhandlung zu nehmen, und der Voranſchlag der Koſten und Einnahmen für das nächſte Jahr vorzulegen, und zu genehmigen.

Vor Genehmigung des Budgets kann weder der König noch der Ban den Landtag auflöſen.

§. 83. Alle Geſeße und Landtagsbeſchlüſſe werden ausſchließlich in der Nationalſprache dieſer Königreiche hinausgegeben.

IV. Von der Sanktionirung der Geſeße.

§. 84. Wenn ſich die beiden Kammern über einen Gegenſtand geeinigt haben, ſo treten ſie unter dem Vorſiße des Präſidenten der obern Kammer zuſammen, und aus dieſer gemeinſchaftlichen Sißung wird der Geſeß-Entwurf, unterfertigt von dem Präſidenten der oberen Kammer, und dem in dieſer

11 *

Sitzung fungirenden Sekretär, mit Beidrückung des Landessiegels, dem Könige zur Sanktion unterbreitet.

§. 85. Die sanktionirten Gesetze sind im Regierungs-Blatte zu veröffentlichen, und der Nation im Wege der betreffenden Behörden zu verkünden, und erhalten nach einem Monate, vom Tage der königlichen Bestätigung an gerechnet, bindende Kraft.

§. 86. Wenn der König einem Gesetzvorschlage die Sanktion verweigert, so kann der Landtag über die Gründe dieser Verweigerung berathschlagen, und wenn dieselben als unzureichend befunden werden, den Gesetzvorschlag erneuern.

§. 87. Der königlichen Genehmigung bedarf nicht: a) die Erklärung, daß die Kammern eröffnet seien; b) die Wahl der Präsidenten, Vice-Präsidenten, Sekretäre, und der übrigen Landtags-Funktionäre; c) die Annahme oder Verwerfung der Abgeordneten-Vollmachten; d) die Entscheidung über die Giltigkeit der Wahlen der Abgeordneten; e) die Vertagung der Kammern auf eine nothwendige Zeit; f) die Versetzung der Banal-Räthe in den Anklagestand.

B) Gesetz-Entwurf über die Organisation des verantwortlichen Banal-Rathes der Königreiche Kroatien, Slavonien und Dalmatien*).

§. 1. In allen, zur innern Verwaltung dieser Königreiche gehörigen Angelegenheiten übt der Ban als Stellvertreter des Königs die Exekutivgewalt aus. Alle dießfälligen Anordnungen, Beschlüsse und Ernennungen sind nur dann giltig, wenn sie vom Ban unterzeichnet und von einem der Banal-Räthe gegengezeichnet sind.

§. 2. In den Amtskreis des Banalrathes gehören ohne Ausnahme alle Zweige der Landesverwaltung, in wieferne sie diese Königreiche betreffen. Nur die auswärtigen Angelegenheiten des Staates, in wie ferne dieß die Einheit der Monarchie den übrigen europäischen Staaten gegenüber erheischt, — die Finanzen, in so weit dieß die gemeinschaftliche Staats-Dekonomie erfordert, und die Militärgeschäfte, in wie ferne dieß die äußere und innere Sicherheit des österreichischen Gesammtstaates nothwendig macht, sind dem Central-Ministerium der Gesammtmonarchie überwiesen, und werden in Bezug auf diese Königreiche von demselben unter Gegenzeichnung eines für diese Königreiche bestellten Ministers verwaltet.

§. 3. Jeder Banal-Rath ist für Alles, was er im Bereiche seiner Amts-

*) Im kroatischen Originale heißt es: Dèržavno vieće „Staatsrath" welche Benennung jedoch dem Begriffe einer Landesstelle weniger entspricht als »Banal-Rath«.

sphäre anordnet, oder unterzeichnet, oder dem Gesetze zuwider unterläßt, dem heimischen Landtage verantwortlich.

§. 4. Der Banal-Rath hat seinen Sitz in Agram.

§. 5. Bei der Central-Regierung wird von Seite dieser Königreiche stets ein Minister sich befinden, der alle Anordnungen und Entschließungen Sr. Majestät sowohl, als auch der Central-Regierung, in wie ferne sie diese Königreiche betreffen, gegenzeichnen wird.

§. 6. Alle Staatsbeamten, deren Ernennung bisher dem Könige zustand, werden auf Vorschlag des Ban von Sr. Majestät unter Gegenzeichnung des für diese Königreiche bestellten Ministers ernannt.

§. 7. Der Banal-Rath dieser Königreiche zerfällt in folgende Sektionen, deren jede von einem Chef geleitet wird: a) in die Sektion für den Unterricht und Kultus; b) für die Landesfinanzen, Handel, Industrie, Ackerbau, Straßen und Postwesen; c) für die innern Angelegenheiten; d) Justiz; e) Landes-Vertheidigungs- und Militärsachen.

§. 8. In jeder Sektion sind unter dem Vorstande des leitenden Chefs Räthe, Sekretäre und das übrige Hilfspersonale in gehöriger Anzahl anzustellen.

§. 9. Dasselbe findet auch bei dem Minister statt, der zur Seite der Central-Regierung steht.

§. 10. Der Banal-Rath wird seine innere Geschäfts-Ordnung selbst feststellen; sein Wirkungskreis wird aber durch die Gesetze bestimmt.

§. 11. Der Ban ist Präsident des Banal-Rathes; in Abwesenheit des Bans präsidirt der vom Bane ernannte Lokumtenent, oder Vice-Ban, und in Verhinderung dieses führt der älteste Rath den Vorsitz.

§. 12. Kein Mitglied des Banal-Rathes kann zu derselben Zeit, als es im Banal-Rathe dient, ein anderes Amt bekleiden.

§. 13. Die Banal-Räthe haben Sitz beim Landtage, und müssen auf ihr Verlangen angehört werden. Ihre Stimme wird nur dann gezählt, wenn sie als Volksvertreter zum Landtage gewählt worden sind.

§. 14. Auf Verlangen des Landtages sind die Banal-Räthe schuldig, vor demselben zu erscheinen, und die gewünschten Aufklärungen zu geben.

§. 15. Die Banal-Räthe sind verpflichtet, die vom Landtage verlangten Akten demselben, oder dem von ihm ernannten Ausschusse zur Einsicht vorzulegen.

§. 16. Der Banal-Rath kann zur Verantwortung gezogen werden: a) für jede Handlung und Verfügung, die die politische Individualität dieser Königreiche, die Verfassung, und die bestehenden Gesetze verletzt, und die er ämtlich getroffen oder erlassen hat; b) für die Veruntreuung oder ungesetzliche Manipulation der ihm anvertrauten Gelder und Landes-Einkünfte; c) für jeden Mißbrauch in der Ausübung seines Amtes, und für jede Vernachläßigung der Aufrechthaltung der öffentlichen Ordnung, Ruhe und Sicherheit, in wie ferne er mit den ihm zu Gebote stehenden Mitteln hätte Abhilfe verschaffen können.

§. 17. Der Landtag entscheidet mit zwei Drittheilen der Stimmen, ob ein Banal-Rath in den Anklagestand zu versetzen sei.

§. 18. Das dießfällige Richteramt übt der oberste Gerichtshof dieser König-reiche aus. Das Verfahren wird durch ein besonderes Gesetz festgesetzt.

§. 19. Ein verurtheilter Banal-Rath kann nur über ausdrückliches, durch einen Landtagsbeschluß kundgegebenes Verlangen der Nation von der Strafe enthoben werden.

§. 20. Für außerämtliche Vergehen untersteht jeder Banal-Rath dem all-gemeinen Gesetze, und seinem ordentlichen Richter.

§. 21. Der Banal-Rath hat dem Landtage zur Genehmigung alljährlich vorzulegen: a) den Einkommen- und Kosten-Voranschlag für das folgende Jahr; und b) einen genauen und ausführlichen Rechnungs-Ausweis über die im ver-flossenen Jahre verwalteten Landeseinkünfte.

Der Banal-Rath wird durch ein besonderes Gesetz festzusetzende Geschäfts-Taxen auf Rechnung der Landeskasse einheben.

C) Gesetz-Entwurf über die Beziehungen des dreieinigen Königreiches zur österreichischen Gesammtmonarchie.

I. Territorial-Bestimmungen.

§. 1. Das dreieinige Königreich bildet ein einiges, durch ein gemein-sames Gesetz und Verfassung regirtes, unzertrennbares, und untheilbares Ganze.

§. 2. Unter der Benennung des dreieinigen Königreiches wird verstanden: a) das Königreich Kroatien, und zwar nicht nur das Provinziale, sondern auch die Militärgrenze desselben, sammt dem kroatischen Küstenlande, der Mur-Insel, der Frei- und Hafenstadt Fiume mit ihrem Bezirke; b) das Königreich Slavonien, begreifend sowohl das Provinziale, als auch das Militärgrenzge-biet desselben; c) das Königreich Dalmatien mit Einschluß aller zu demselben gehörigen sowie auch der Quarnerischen Inseln, welche Letztere gegenwärtig in administrativer Beziehung vom Triester Gubernium abhängen.

§. 3. Das Königreich Dalmatien wird zu dem dreieinigen Königreiche in jenen Beziehungen stehen, welche dessen Vertreter in Gemeinschaft mit dem Landtage des dreieinigen Königreiches festsetzen werden.

§. 4. Die Beziehungen des dreieinigen Königreiches zur serbischen Woj-wodschaft, so wie auch ihre gegenseitigen Territorial-Verhältnisse werden im Wege gemeinschaftlicher Uebereinkunft geregelt.

§. 5. Das dreieinige Königreich kann auf Grund gegenseitiger Uebereinkunft auch mit den übrigen benachbarten slavischen Provinzen des österreichischen
Kaiserstaates in engeren politischen Verband treten.

§. 6. Das dreieinige Königreich ist niemals ein deutsches Land gewesen,
noch will es ein solches, oder auch nur ein Theil oder ein Glied des deutschen
Bundes sein, und deßhalb kann das dreieinige Königreich, gleichwie auf dasselbe die Artikel des Wiener Kongresses vom J. 1815, welche einige österreichische Provinzen mit dem deutschen Bunde vereinigten, nie irgend welchen Bezug
hatten, auch in der Zukunft ohne ausdrückliche Einwilligung in keinerlei Verband gezogen werden, welchen Oesterreich mit Deutschland gegenwärtig oder künftighin eingehen sollte. — Die im Sinne dieses Paragraphes erforderliche Zustimmung seitens des dreieinigen Königreiches kann gesetzlich und rechtskräftig nur
auf dem Landtage dieses Königreiches mit Beschlußfassung von zwei Drittheilen
der Stimmen der am Landtage gesetzlich versammelten Volksvertreter ausgesprochen werden.

II. Der König und die Regierung.

§. 7. Der König des dreieinigen Königreiches ist im Sinne der pragmatischen Sanktion der jeweilige Kaiser von Oesterreich.

§. 8. Die Regierung des dreieinigen Königreiches ist eine doppelte:
nämlich die allgemeine österreichische Central-Regierung für die derselben durch
dieses Gesetz abgetretenen Angelegenheiten; und die Landes-Regierung unter
dem Namen „des Banal-Rathes des dreieinigen Königreiches" für die durch
gegenwärtiges Gesetz dem Wirkungskreise der Landes-Regierung vorbehaltenen Geschäfte.

§. 9. Von Seite dieser Königreiche ist stets ein Minister bei der allgemeinen österreichischen Central-Regierung anzustellen, der alle Entschließungen
und Verordnungen Sr. Majestät oder der Central-Regierung, in wie ferne sie
sich auf diese Königreiche beziehen, gegenzeichnen soll.

§. 10. Alle durch das gegenwärtige Gesetz der Central-Regierung nicht
ausdrücklich überwiesenen Geschäfte der Staatsverwaltung werden als dem Ge-
schäftskreise der Landesregierung vorbehalten betrachtet.

§. 11. Das dreieinige Königreich anerkennt die Autorität der österreichischen Central-Regierung, und unterordnet sich derselben in folgenden Zweigen der
Staatsverwaltung: a) in den auswärtigen Angelegenheiten, mit der im §. 6 enthaltenen Ausnahme; b) in der Finanzverwaltung, in wie ferne sie gesetzlich
abgetreten wurde; c) in Kriegs- und Militär-Angelegenheiten, soweit diese das
reguläre, zur Vertheidigung der Gesammtmonarchie dienende Heer betreffen;
d) in Handelsangelegenheiten, welche zum Nachtheile des dreieinigen König-

reiches nicht verwaltet werden dürfen. Der Geschäftskreis, innerhalb dessen die in diesem §. erwähnten Angelegenheiten von der Central-Regierung zu leiten sind, wird durch die nachfolgenden §§. näher bezeichnet.

§. 12. Die im vorangehenden §. 11 aufgezählten Angelegenheiten werden von der gemeinschaftlichen österr. Central-Regierung in folgender Weise verwaltet: a) Unter Verantwortlichkeit vor dem gemeinschaftlichen österr. Reichstage im Sinne der für die Gesammtmonarchie festgesetzten Verfassung. b) Bei der Besetzung der betreffenden Central-Aemter ist mit Hinblick auf die Populations-Verhältnisse und die nöthigen Eigenschaften auch auf die Söhne des dreieinigen Königreiches Rücksicht zu nehmen. c) Die Central-Regierung hat sich in allen ihren, diese Königreiche betreffenden Verordnungen, Entschließungen und Ernennungen unter keinem Vorwande und in keinem Falle einer anderen, als der in diesen Königreichen herrschenden nationalen Amtssprache zu bedienen. d) Die Central-Regierung ist nicht ermächtiget, für die Verwaltung der Central-Angelegenheiten auf dem Territorium des dreieinigen Königreiches Behörden einzusetzen, die über dem Banal-Rathe dieser Königreiche oder in gleicher Kategorie mit demselben stünden, mit demselben aber in keiner Verbindung wären, und selbstständig fungiren würden, oder welche endlich, in geringerer Kategorie stehend, vom Banal-Rathe unabhängig wären; und darum wird die Central-Regierung die im Artikel 11 sub. b), c) und d) [bezeichneten Angelegenheiten in diesen Königreichen im Wege des Banal-Rathes derselben verwalten.

§. 13. Die öffentlichen Einkünfte dieser Königreiche, die vor dem März 1848 in die königlichen Kassen abgeführt wurden, bleiben auch in der Zukunft der Verfügung der gemeinschaftlichen Central-Regierung anheimgegeben; in Folge dessen werden alle Auslagen dieser Königreiche, die vor dem März 1848 aus den königlichen Kassen bestritten wurden, auch in Zukunft aus dem Finanzfonde der Gesammtmonarchie gedeckt.

§. 14. Alle übrigen Finanzgeschäfte und Geldmittel des dreieinigen Königreiches, zu welchen nicht nur insbesondere die Domestikal-Steuer und jede Gattung der einzuführenden indirekten oder Einkommensteuer, sondern auch alle öffentlichen Fonde dieser Königreiche, auch diejenigen nicht ausgeschlossen, welche diese Königreiche unlängst aus den Händen der ungarischen Regierung übernommen haben, gehören, fallen im Sinne des Gesetzes vom Banal-Rathe einzig und ausschließlich in den Verwaltungs-Ressort des Banal-Rathes dieser Königreiche, welcher für die dießfällige Gebahrung der Nation des dreieinigen Königreiches verantwortlich ist.

§. 15. Die bisherige Kriegssteuer wird in ihrem früheren Quantum beibehalten, und kann fortan ohne Einwilligung dieser Königreiche nicht erhöhet werden.

§. 16. Ohne landtägliche Zustimmung des dreieinigen Königreiches kann in demselben weder ein anderer, als der Gebrauch des Meersalzes eingeführt, noch der freie Verkauf des Meersalzes beschränkt werden.

§. 17. Der gegenwärtig bestehende Salzpreis kann weder für jetzt noch für die Zukunft ohne Zustimmung des dreieinigen Königreiches erhöht werden.

§. 18. Diese Königreiche sind berechtigt, auf jeden Centner Salzes eine Auflage zur Verwendung für ihre Bedürfnisse festzusetzen.

§. 19. Die Anlegung und Erhaltung der Land- und Wasserstraßen zur Erleichterung des Verkehres und des Handels steht der Central-Regierung zu.

§. 20. In den Bereich der Central-Regierung gehört auch die See- und Flußschifffahrt, so wie auch die Regulirung der Flüsse und Ströme, und die darauf bezüglichen Wasserbau-Angelegenheiten.

§. 21. Auf ihre eigenen Kosten können jedoch diese Königreiche auch neue Straßen anlegen, so wie auch alle übrigen Land- und Wasserbauten ausführen.

§. 22. Die Central-Regierung wird dafür sorgen, daß in diesen Königreichen Handelskammern errichtet werden, welche das Central-Ministerium des Handels über die Handels-Angelegenheiten und Handels-Interessen im Wege des Banal-Rathes zu Rathe ziehen wird.

§. 23. Die ganze Heeresmacht des dreieinigen Königreiches, sowohl die reguläre als irreguläre, wird nach dem altherkömmlichen Rechte dem Ban untergeordnet.

§. 24. Das reguläre Heer dieser Königreiche wird durch den Ban und vermittelst des Banal-Rathes (§. 12. d) des dreieinigen Königreiches von der Central-Regierung verwaltet, der in dieser Beziehung sowohl der Ban als auch der Banal-Rath untergeordnet sein wird. Die übrige bewaffnete Macht dieser Königreiche (hieher auch jede Gattung National-Garden gerechnet) wird von dem Ban im Wege der betreffenden Sektion des Banal-Rathes dieser Königreiche unter Verantwortung vor dem Landtage verwaltet.

§. 25. Den Gesammtstand des gemeinschaftlichen Heeres der Monarchie, und das Verhältniß, in welchem die hieher gehörigen Militärlasten von den einzelnen Provinzen zu tragen sind, wird mit Rücksichtnahme auf die betreffende Einwohnerzahl immer der Central-Reichstag der Gesammtmonarchie bestimmen.

III. Der Landtag.

§. 26. Das dreieinige Königreich hat seinen besonderen Provinzial-Landtag, und nimmt an dem allgemeinen österreichischen Reichstage Theil.

§. 27. Die Befugnisse des Provinzial-Landtages des dreieinigen Königreiches erstrecken sich, im Sinne des Gesetzes vom Landtage, auf alle jene Staats-Angelegenheiten, die durch dieses Gesetz nicht als zum Bereiche des Reichstages der Gesammtmonarchie gehörend, bezeichnet worden sind.

§ 28. Als Staatsangelegenheiten dieser Königreiche, die in den Bereich der Centralgesetzgebung fallen, sind alle jene zu betrachten, die im Sinne des vorliegenden Gesetzes zum Bereiche der Central-Regierung gehören.

§. 29. Außer den im §. 11 angeführten Angelegenheiten können weder die Vertreter dieser Königreiche am Central-Reichstage, noch der Central-Reichstag selbst sich mit andern Gegenständen oder Fragen in Betreff dieser Königreiche befassen.

§. 30. Diese Königreiche nehmen gleich den übrigen österreichischen Provinzen Theil am gemeinschaftlichen Reichstage, und zwar wird diese Theilnahme nach ihrer Eigenschaft als selbstständige Königreiche und nach der Seelenzahl der Einwohner bemessen.

§. 31. Diese Königreiche anerkennen kein Gesetz, welches von wem immer über sie ohne sie gebracht werden würde.

Besondere Bestimmungen.

§. 32. Dieses Gesetz kann nur auf dem Landtage des dreieinigen Königreiches, so wie auch alle übrigen mit der Verfassung im Zusammenhange stehenden Gesetze mit zwei Drittheilen der Stimmen abgeändert werden, wie dieß das besondere Gesetz vom Landtage bestimmt.

§. 33. Nachdem dieses Gesetz einerseits auch die gesammte österreichische Monarchie betrifft, so ist es nebst der Sanktion Sr. Majestät des Königs auch mit der Gegenzeichnung des k. k. österreichischen Gesammtministeriums zu bekräftigen.

D) **Gesetz-Entwurf über die Organisation der kroatisch-slavonischen Landestruppen.**

Allgemeine Bestimmungen.

§. 1. In Berücksichtigung der eigenthümlichen Lage, welche die Königreiche Kroatien, Slavonien und Dalmatien an der türkischen Grenze einnehmen, werden die Landestruppen dieser Königreiche nach dem Grundsatze der Volkswehr, verschieden von den militärischen Einrichtungen des übrigen Kaiserstaates, organisirt.

§. 2. Zur Erleichterung des Militärdienstes des Grenzvolkes nach dem Prinzipe der konstitutionellen Gleichheit aller Staatsbürger erstreckt sich dieses Gesetz gleichmäßig auf die Grenze, wie auch auf das Provinzialgebiet der obgenannten Königreiche.

§. 3. Die innere und äußere Sicherheit des dreieinigen Königreiches an der türkischen Grenze wird als ein gemeinschaftliches Staatsinteresse der Monarchie anerkannt.

A. Pflichten.

I. Zweck der Landestruppen.

§. 4. Die Landestruppen haben die Verpflichtung, die konstitutionelle Freiheit des Vaterlandes, und jeden Bewohner desselben zu schützen, den konstitutionellen Gesetzen Gehorsam zu verschaffen, und Ruhe und Ordnung in Lande aufrecht zu erhalten.

§. 5. In wie fern dieß dem dreieinigen Königreiche als einem gleichberechtigten Theile der österreichischen Monarchie nach der gemeinschaftlichen Verfassung der staatlichen Konföderation der österreichischen Völker obliegt, sind die Landestruppen der obermähnten Königreiche verpflichtet, auch die konstitutionelle Freiheit, die Sicherheit und Integrität des Kaiserstaates nicht nur an der türkischen Grenze, sondern auch im Falle der Noth in auswärtigen Kriegen zu vertheidigen, und zu diesem Behufe ihr Kontingent zu stellen.

II. Volkskonskription.

§. 6. Um sowohl die natürlichen als auch die sozialen und ökonomischen Verhältnisse der Landesbewohner genau zu ermitteln, und auf dieser Grundlage nach dem Grundsatze der staatsbürgerlichen Gleichheit die Wehrpflicht jedes Einzelnen billigerweise bestimmen zu können, ist alljährlich im Monat Oktober eine Volkskonskription zu veranstalten.

§. 7. Bei dieser Konskription und bei der Erledigung einer jeden hierauf bezüglichen Reklamation hat außer den betreffenden politischen Behörden, welche im Einverständniße mit den Militärbehörden vorzugehen haben, jede Gemeinde einen mitentscheidenden Einfluß.

§. 8. Die Modalität dieser Volkskonskription wird ein nach den Grundsätzen dieses Gesetzes verfaßtes Instruktivgesetz näher bezeichnen.

III. Von der Wehrpflicht.

§. 9. Alle männlichen Staatsbürger sind vom vollendeten 20. bis 50. Lebensjahre wehrpflichtig in der Heeresabtheilung ihres beständigen Wohnortes.

§. 10. Alle für den Landestruppendienst tauglichen Männer üben ihre Wehrpflicht nach Verhältniß ihres Alters abwechselnd in 6 Kategorien aus, u. z. a) vom vollendeten 20. bis 25. Jahre; b) vom 25. bis 30.; c) vom 30. bis 35.; d) vom 35. bis 40.; e) vom 40. bis 45., und f) vom 45. bis 50. Jahre

§. 11. Alle in einem und demselben Jahre geborenen Wehrpflichtigen werden als gleichjährig betrachtet.

IV. Von der Insurrektionspflicht.

§. 12. Zur Zeit einer gemeinschaftlichen Gefahr für das Vaterland sind in dem Falle, wo die zum Militärdienst geeigneten Männer vom 20. bis 50.

Jahre zur Vertheidigung des Landes nicht ausreichen würden, alle männlichen
waffenfähigen Individuen vom 16. bis 60. Jahre zur Waffenergreifung und
allgemeinem Landsturme gegen den Feind des Vaterlandes verpflichtet.

V. Zeitliche Befreiung von der Wehrpflicht.

§. 13. Im Interesse der Industrie und Humanität werden durch dieses
Gesetz von der Ausübung der Wehrpflicht im Landesheere zeitlich befreit:
a) Alle jene, welche ein öffentliches besoldetes Amt bekleiden. b) Die
Schüler an den höheren öffentlichen Lehranstalten, vom philosophischen Kurse
angefangen, die zur Zeit der Veröffentlichung dieses Gesetzes solche Lehranstalten besuchen, und sich über gute Fortschritte in den Studien ausweisen können.
c) Die Schüler polytechnischer Studien, die sich über gute Fortschritte in
denselben zu legitimiren vermögen. d) Die Geistlichen aller Konfessionen, und
die Hörer der Theologie bis zum vollendeten 25. Jahre, bis zu welchem sie in
den geistlichen Stand einzutreten verpflichtet sind. e) Personen, welche durch
ihre Arbeit die einzigen Ernährer armer Familien sind, als deren Glieder bei
demselben Herde, wenn nach der Aeußerung der Gemeinde solche Familien
durch die Entfernung jener Personen Noth leiden müßten. f) Individuen, die
zeitlich nicht waffenfähig sind, so lange diese Unfähigkeit dauert. g) Lehrer und
Pädagogen an öffentlichen Anstalten. h) Studirende der Medizin, die nach
beendeten Studien über Aufforderung als Aerzte im regulären Landesheere
durch 5 Jahre zu dienen verpflichtet sind. i) Jünglinge von außergewöhnlichen
Talenten, die einer höheren wissenschaftlichen und gemeinnützigen Ausbildung
oder den schönen Künsten auf höheren Lehranstalten obliegen, wenn sie sich über
gute Fortschritte bei der obersten Landesbehörde ausweisen. k) Bei der Handels-
marine Bedienstete, wenn sie bei derselben stabil angestellt sind. l) Wer
sich zur Zeit der jährlichen Konskription in gerichtlicher Haft befindet. Wenn
ein solcher im gerichtlichen Wege als schuldig erkannt worden ist, hat er nach
seiner Entlassung aus der Haft seine Wehrpflicht in dem ersten Aufgebote
zu beginnen; wird er aber freigesprochen, so ist ihm die versäumte Zeit
nachzusehen, und bei seiner Dienstleistung in dem ersten Aufgebote in Anrechnung
zu bringen.

§. 14. Nach Veröffentlichung dieses Gesetzes wird Niemand in den
öffentlichen Dienst aufgenommen, der seiner Wehrpflicht im Landesheere ersten
Aufgebotes nicht Genüge geleistet hat, oder zu jener Zeit nicht gesetzlich befreit
gewesen ist.

§. 15. Sobald die Ursachen der zeitlichen Befreiung von der Wehrpflicht
aufhören, haben die Betreffenden in ihre Altersklasse einzutreten.

VI. Von der eigenmächtigen Entziehung von der Wehrpflicht.

§. 16. Wer die Nothwendigkeit seiner zeitlichen Befreiung von der Wehrpflicht nicht thatsächlich nachweist, oder in dieser Beziehung die Konskribirungs-
kommission absichtlich hintergeht, verliert sein Recht auf die Dienstleistung in
der betreffenden Altersklasse, und muß unbedingt in das erste Aufgebot eintreten,
und in den übrigen Altersklassen der Reihe nach bis zum 50. Jahre dienen.

§. 17. Wer sich der bevorstehenden Dienstleistung im Landesheere eigenmächtig entzieht, oder durch Flucht zu entziehen sucht, wird seines Rechtes auf
ordnungsmäßige, seiner Altersklasse entsprechende Dienstleistung verlustig, und hat
nach seiner Rückkunft in dem betreffenden Aufgebote, dem er sich entzogen, die
doppelte Zeit gewöhnlicher Dienstleistung ohne Rücksicht auf Alter, jedoch ohne
anderweitige Bestrafung zu dienen.

§. 18. Wer zur Zeit der aktiven Dienstleistung vom Landesheere desertirt, ist nach seiner Gefangennehmung verpflichtet, seine Wehrpflicht, in demselben Aufgebote, aus welchem er desertirt ist, doppelt abzudienen, und wird
überdieß nach den Militärgesetzen bestraft.

Wer sich eine mehrmalige Desertion zu Schulden kommen läßt, wird
nach den Militärgesetzen bestraft.

VII. Von der Stellvertretung.

§. 19. Die Stellvertretung ist nur für die Zeit der Wehrpflicht in der
ersten Altersklasse, und durch Individuen, die zu derselben Kategorie nicht
gehören, aber waffenfähig sind, folgenden Personen gestattet: a) Besitzern selbst-
ständiger Bewirthschaftungen, wenn sie vereinzelt dieselben besitzen, zeitlich nicht
befreit worden sind, und ihre Oekonomie nach der Aussage der Gemeinde selbst
führen, und in derselben wohnen. b) Eigenthümern gemeinnütziger Fabriken,
welche mehrere Arbeiter beschäftigen, oder Bediensteten, denen solche Fabriken
anvertraut werden. c) Apothekern.

§. 20. Die Stellvertreter haben in ihrer Gemeinde die Stelle desjenigen,
den sie vertreten, einzunehmen, wenn diesem irgend welcher Dienst im Landesheere einer andern Kategorie oblag.

§. 21. Zur Sicherstellung des Vertretenen ist das dem Stellvertreter
auszuzahlende Entgelt bei der betreffenden politischen Behörde zu deponiren,
und demselben erst nach erfolgter Vertretung, respektive Vertragserfüllung, auszufolgen.

§. 22. Ein besonderes Instruktivgesetz wird über die Manipulation
mit solchen Geldern das Nähere festsetzen.

VIII. Ueber die Aufnahme von Freiwilligen.

§. 23. Um seiner Wehrpflicht im Landesheere je früher genügen zu können, wird die Aufnahme jedes waffenfähigen Jünglings, der das 16. Jahr zurückgelegt hat, und in das reguläre Landesheer als Freiwilliger einzutreten wünscht, gestattet, wenn er die Einwilligung hiezu von seinen Eltern oder von seinem gesetzlichen Vormunde beibringt.

§. 24. Wer im regulären Heere als Gemeiner oder Unteroffizier freiwillig und längere Zeit, als es seine Pflicht mit sich bringt, zu dienen wünscht, kann dieß nur unter der Bedingung thun, daß er im Verlaufe des Jahres bis Ende Oktober aus dem Heere nicht austrete, sondern im Nothfalle bis zu dieser Zeit beurlaubt bleibe. Bei der Ausrollirung aus dem regulären Heere übertritt ein solcher Freiwilliger in die seinem Alter entsprechende Altersklasse.

§. 25. Derjenige, der vor der gesetzlich bestimmten Zeitfrist seiner Wehrpflicht in dem ersten Aufgebote Genüge geleistet hat, übertritt auch früher in alle übrigen Kategorien, in welchen er um so viele Jahre weniger dient, um wie viele er vor dem 20. Jahre in Militärdienste eingetreten ist.

IX. Von der Waffenfähigkeit.

§. 26. Nur solche Individuen, die geistig und körperlich gesund, zur Ertragung von Strapazen geeignet, und vom entsprechenden Körperwuchse sind, sind waffenfähig.

§. 27. Die betreffende Konskribirungs-Kommission hat die vorerwähnten Eigenschaften zu prüfen. Aerztliche Zeugnisse, deren Inhalt von der Gemeinde nicht bestätigt wird, werden nicht berücksichtigt.

§. 28. Leichtkranke, die zur Zeit ihrer Einrollirung in das Landesheer dienstuntauglich sind, sind zur Heilung, so wie auch jene Schwerkranke, deren Krankheit zeitlich ist, und längerer Prüfung bedarf, wie z. B. Taube, an der Epilepsie Leidende u. s. w., wenn diese Krankheit von der Gemeinde nicht bestätigt wird, zur weiteren ärztlichen Untersuchung ins Militärspital zu schaffen, und ist mit ihnen nach dem Zeugnisse des Oberarztes und Spitals-Kommandanten zu verfahren.

§. 29. Halb-Invalide sind in solche militärische Dienste einzureihen, die ihrer Diensttauglichkeit entsprechen.

§. 30. Ein eigenes Instruktivgesetz wird die Art und Weise bestimmen, nach welcher bei der Beurtheilung der Militärfähigkeit vorzugehen ist.

X. Von der Einreihung in die betreffenden Altersklassen und der Ausscheidung nach erfüllter Wehrpflicht.

§. 31. Die Einreihung und Aufnahme in die betreffenden Altersklassen und Truppen-Abtheilungen geschieht alljährlich mit Anfang des Monats November, und die Ausscheidung in andere Kategorien mit Ende Oktober

§. 32. Während der Dauer des Krieges kann, so lange die Truppen nicht auf Friedensfuß versetzt werden, vom Heere Niemand entlassen werden, was jedoch, sobald die Gefahr beseitiget ist, je eher zu geschehen hat, und in diesem Falle sind die nöthigen Vorkehrungen zu treffen, damit diejenigen, die ihrer Wehrpflicht Genüge geleistet, baldigst durch Andere ersetzt werden.

§. 33. Vor erfüllter Wehrpflicht im Landesheere kann ein Landwehrmann zu jeder Zeit des Jahres nur in folgenden Fällen entlassen werden: a) wenn er während der Dienstzeit dienstuntauglich geworden ist; b) wenn diejenigen, denen dies gestattet ist, ihre Ersatzmänner stellen.

B. Organisirung.

XI. Allgemeine Eintheilung der Truppenmacht.

§. 34. Alle zur Vertheidigung des Vaterlandes tauglichen waffenfähigen Männer des dreieinigen Königreiches bilden dessen Truppenmacht, welche in folgende Aufgebote zerfällt:

Das 1. Aufgebot umfaßt die Altersklasse vom vollendeten 20. bis 25. Lebensj.

„ 2.	„	„	„	„	„	25. „ 30.	„
„ 3.	„	„	„	„	„	30. „ 35.	„
„ 4.	„	„	„	„	„	35. „ 40.	„
„ 5.	„	„	„	„	„	40. „ 45.	„
„ 6.	„	„	„	„	„	45. „ 50.	„
„ 7.	„	„	alle Waffenfähigen vom 16. bis 60. Jahre.				

§. 35. Alle zu dem betreffenden Aufgebote Gehörigen müssen in jeder Gemeinde stets konskribirt, in taktische Körper organisirt, und für den Fall einer Gefahr zur Waffenergreifung bereit sein.

§. 36. In wie fern durch gegenwärtiges Gesetz keine Ausnahmen festgesetzt sind, muß nach diesem Grundsatze jeder diensttaugliche Mann durch fünf Jahre in jedem der sechs ersten Aufgebote eingereiht sein, und bei gesetzlicher Aufforderung zur Waffenergreifung mit der Waffe dem Vaterlande dienen.

XII. Bestimmung der Truppenmacht der verschiedenen Aufgebote.

§. 37. Das erste Aufgebot bildet das aktive mobile Landesheer, welches, außer der stehenden Festungs-Artillerie und dem Fuhrwesen, zu Hause stationirend, in den Gemeinden, Städten, und an den Landesgrenzen nach dem betreffenden besonderen Instruktivgesetze den Militärdienst abwechselnd versieht, und in dem Maße, als dem dreieinigen Königreiche obliegt, als Kontingent nach der Seelenzahl für das gemeinschaftliche österreichische Kriegsheer auch außerhalb der Grenzen des Vaterlandes auszumarschiren hat.

§. 38. Jeder zum ersten Aufgebote gehörige Krieger ist als Glied des aktiven Heeres zur Zeit des Friedens zu Militärdiensten durch vier Jahre abwechselnd zu verwenden, im fünften Jahre seiner Wehrpflicht im ersten Aufgebote für die Kriegsreserve gänzlich zu beurlauben, und mit Ende desselben Jahres in das nächste Aufgebot zu übersetzen. Zur Zeit des Krieges kann eine solche Beurlaubung nicht stattfinden, und dieselbe hört auch dann auf, wenn im Verlaufe dieses fünften Jahres der Krieg ausbrechen sollte, wo dann die Kriegsreserve unter die Waffen berufen wird.

§. 39. Alle übrigen Aufgebote gehören im Allgemeinen zur Landwehr oder Nationalgarde, welche im Falle der Noth in der Vertheidigung oder Aufrechthaltung der innern Sicherheit des Vaterlandes das erste Aufgebot unterstützt oder selbst mitwirkt, und zu diesem Zwecke auf solche Weise zu den Waffen berufen wird, daß ohne dringende Noth ein Aufgebot höherer Altersklasse niemals zu den Waffen gerufen werde, so lange ein oder mehrere Aufgebote jüngerer Altersklassen dem Zwecke der Landesvertheidigung oder Aufrechthaltung der Sicherheit genügen, und zu diesem Ende nicht verwendet werden.

§. 40. Wenn zur Zeit eines Krieges das erste Aufgebot außerhalb der Grenzen der Heimat als Kontingent für das gemeinschaftliche österreichische Reichsheer verwendet wird, so ist dasselbe durch das zweite Aufgebot im Lande zu ersetzen, in welchem Falle die Central-Regierung die vollkommene militärische Organisation und Verpflegung desselben Aufgebotes aus den Centralfinanzen zu bestreiten hat.

§. 41. Wenn dieses Kontingent nur einen Theil des ersten Aufgebotes in Anspruch nimmt, so wird der betreffende Theil durch das Kriegs-Ministerium bestimmt.

XIII. Eintheilung der Truppen nach Militär-Bezirken in taktische Körper.

§. 42. Die politische Eintheilung der Dörfer und Städte in Gemeinden bildet die Grundlage der militärischen Organisirung der Landestruppen.

§. 43. Behufs einer zweckmäßigern Organisirung der Landestruppen und leichtern Ausbildung der ersten Aufgebote werden die Gemeinden in Kroatien und Slavonien nach ihrer natürlichen und politischen Lage in Landwehrbezirke von wenigstens 60—90.000 Einwohner, die reguläre Streitmacht in jedem Bezirke aber nach der Waffengattung in taktische Körper folgendermaßen eingetheilt:*)

---

*) Die ähnliche Organisation kann auch in der serbischen Wojwodschaft stattfinden.

Nr.	Benennung des Bezirkes	Bestimmung derselben	Infant.-Batail. zu 1200 Mann (nach dem effett. Stande)	Szekler Bataillon zu 1200 Mann	Kaval.-Reg. zu 6 Eskadron.	Pionir-Abtheilung zu 50 Mann	Feld-Artillerie-Abtheilung zu 50 Mann	Garnisons-Artillerie-Abtheilung für die Befestigungen zu 400 Mann	Militär-Fuhrwesens-Abtheilung zu 200 Mann
				Nach dem kompleten Stande				**Vide §. 48 des Gesetz-Entwurfes.**	
1	Likaner	Die bisherigen Grenz-Regiments-Bezirke mit Ausnahme des Küstenlandes.	2	1/6	·	1	1		
2	Ottochaner		2	1/6	·	1	1		
3	Oguliner		2	1/6	·	1	1		
4	Sluiner	Der bisherige Grenzbezirk mit der Stadt Karlstadt, jedoch ohne Zumberg und Marindol.	2	1/6	·	1	1		
5	1. Banal		2	1/6	·	1	1		
6	2. dito	Die bisherigen Grenz-Wehrbezirke mit den umliegenden Grenz-Städten.	2	1/6	·	1	1		
7	1. Kreuzer		2	·	1/3				
8	St. Georgen		2	·	1/3	1	1		
9	Gradiskaner		2	·					
10	Brooder		2	·					
11	Küstenländischer	Das Küstenland von Fiume bis Dalmatien jenseits des Küsten-Gebirges.			·	1	1		
12	Seeriner	Der Bezirk jenseits der Kulpa im Agramer Komitate, mit dem diesseitigen Küstengebirge bis zur Kulpa, nebst Marindol im Sluiner Regimente.	1	2	·	1	1		
13	Oticer	Der Bezirk an der Kulpa und jenseits der Save im Agramer Komitate zwischen der Kulpa und der Save mit Zumberg bis zum Sluiner Regimente.	1	2	·	1	1		
14	Agramer	Der Agramer und Szeto-Ivaner Bezirk des Agramer Komitate.	1	1	1/3	1	1		
15	Krapinaer	Westliche Hälfte des Warasdiner Komitate.	2		1/3	1	1		
16	Warasdiner	Östliche Hälfte des Warasdiner Komitate.	2		1/3	1	1		
17	2. Kreuzer	Des Kreuzer Komitat.	2		1/3	1	1		
18	Perovitcer	Westliche Hälfte des Perovitcer Komitates.	2		1/3	1	1		
19	Esseker	Östliche Hälfte des Perovitcer Komitates.	1		1/3	1	1		
20	Poszegaer	Das Poszegaer Komitat.	2		1/3	1	1		
21	Mur-Insulaner	Der Mur-Insulaner Bezirk.	2		1/3	1	1		2
		Zusammen	37	9	3	21	21	1	2

*) Anmerkung. Diese Eintheilung wird mit Beibehaltung der bisherigen Grenzwehrbezirke mit einigen Ausnahmen und ähnlicher Eintheilung der Provinzialbezirke innerhalb der Komitatsgrenzen nach einer approximativen Berechnung bestimmt.

§. 44. Alle besonderen Korps müssen mit Ausnahme der Infanterie und der Šerežaner-Truppen im Küstenlande und Severiner-Bezirke stets nach dem kompleten Stande vollzählig sein.

§. 45. Alle zu diesen besondern Korps nicht gehörigen Wehrmänner des ersten Aufgebotes werden in die Reihen der Infanterie· (im Severiner und kü-stenländischen Bezirke in die Šerežaner) Abtheilungen eingereiht, deren Stand kein bestimmter sein kann, sondern sich nach der effektiven Anzahl der in jedem Bezirke befindlichen Wehrmänner des ersten Aufgebotes richtet.

§. 46. Im Falle die ganze reguläre Infanterie eines Aufgebotes im Kriege verwendet wird, ist die Gesammtzahl der Infanterie-Wehrmänner auf die festgesetzte Zahl der Bataillons nach taktischen Grundsätzen gleichmäßig zu ver-theilen, der sich etwa ergebende Ueberschuß in besondere Abtheilungen einzu-reihen, und der Stand in allen Bezirken auszugleichen.

§. 47. Die aus dem ersten Aufgebote in die übrigen übertretenden Wehr-männer werden in allen Aufgeboten überhaupt nach der Waffengattung des ersten Aufgebotes organisirt.

§. 48. Die Abtheilung der Festungs-Artillerie wird mit den, des Lesens und Schreibens kundigen Freiwilligen, und den im Heeresdienste ein Unter-kommen suchenden unbemittelten Leuten kompletirt.

§. 49. Die Grenzen der Landwehrbezirke sind nach der Regelung der Gemeinden und der ersten allgemeinen Volkskonskription durch die oberste Lan-des-Verwaltung im Einverständnisse mit den Gemeinden an Ort und Stelle zu ziehen.

§. 50. Sobald die Beziehungen Dalmatiens zu Kroatien und Slavonien festgestellt sein werden, wird auch dort die Landeswehr aus den bestehenden Elementen im Sinne dieses Gesetzes zu organisiren sein.

XIV. Von der Besetzung des Nationalheeres mit Offizieren.

§. 51. Nur das erste Aufgebot muß in allen Landwehrbezirken und Ab-theilungen nach §. 43 mit den nöthigen aktiven höheren und niederen Offizieren versehen sein, welche die Einübung der Wehrmänner zu überwachen, den innern Dienst zu versehen, und zur Zeit des Krieges dieses Aufgebot anzuführen haben.

§. 52. Die übrigen Aufgebote haben bloß ihre konskribirten Unter-Offiziere, die nach Möglichkeit aus den längere Zeit Gedienten genommen werden. Ober-Offiziere werden nur in Kriegszeiten und zwar in dem Maße er-nannt, als irgend ein Aufgebot zu den Waffen berufen wird.

§. 53. Alle zu Friedens-Diensten noch tauglichen Militärpensionisten sind bei der Einübung des zweiten Aufgebots, und zur Zeit der Noth auch bei den Uebungen aller übrigen Aufgebote zu verwenden.

§. 54. Die Offiziere sind, insoferne dieß nach den Stations-Verhältnissen thunlich ist, in jedem Bezirke auf eine der Organisation der Landestruppen entsprechende Weise in den Gemeinden, und von jeder Kompagnie wo möglich nahe bei einander zu vertheilen.

XV. Von der Waffenübung.

§. 57. Die regulären Truppen des ersten Aufgebotes werden nach den Grundsätzen des allgemein österreichischen Reichsheeres in den Waffen eingeübt, so daß jeder Rekrut längstens binnen drei Monaten im Exerzier-Reglement gründlich unterrichtet werde, um dann das übliche Exerzieren jährlich eine angemessene Zeit hindurch in größeren taktischen Körpern unternehmen zu können.

§. 56. Zur Saat- und Erntezeit dürfen ohne besondere Noth keine militärischen Uebungen vorgenommen werden.

§. 57. Das zweite Aufgebot wird in Friedenszeiten jährlich in der zweiten Hälfte des Monates Mai durch vierzehn Tage Kompagnie- und Bataillonsweise in den Waffen eingeübt; die übrigen Aufgebote werden ohne besondere Noth gar nicht exerziert.

§. 58. Die Art dieser Waffenübung bestimmt ein Instruktivgesetz.

XVI. Befehligung der Landes-Truppen.

§. 59. Der Oberkommandant der Landes-Truppen ist der Ban des dreieinigen Königreiches, der sie durch die Kriegs-Sektion des Banal-Rathes im Sinne der allgemeinen österreichischen und der besonderen Landes-Verfassung befehligt.

§. 60. Das allgemein österreichische Kriegs-Ministerium hat in Betreff der Aufrechthaltung der innern und äußern Sicherheit des dreieinigen Königreiches, und dadurch auch des gesammten Kaiserstaates, vorzüglich in Hinblick auf die türkische Grenze, das Recht, über die Landestruppen des ersten Aufgebotes durch den Ban zu verfügen.

§. 61. Dieses Recht erstreckt sich bezüglich eines auswärtigen Krieges oder militärischer Hilfeleistung in anderen Provinzen der Monarchie auf diese Königreiche nur in so weit, als dieß die gesetzlich festgestellten Beziehungen dieser Königreiche zur Central-Regierung, und das in Folge derselben zu stellende bestimmte Kontingent erfordert, welch' letzteres nach gleichem Antheile der übrigen Provinzen des österreichischen Staatsverbandes und nach dem Maßstabe der Seelenzahl aller Einwohner derselben zu bestimmen ist.

§. 62. Dieses Kontingent hat die Central-Regierung im Sinne der dießfälligen Beschlüsse des allgemein österreichischen Central-Reichstages überhaupt, und zur Zeit der Noth in jedem Falle in Voraus zu bestimmen, und es ist dasselbe dann durch den Ban unbedingt zu mobilisiren, und über die Grenzen des Vaterlandes zu beordern.

§. 63. Außer dem bestimmten Kontingente kann eine größere Hilfeleistung zu einem allgemein österreichischen Zwecke außerhalb der Landesgrenzen nur über freiwillige Votirung des Landtages in Anspruch genommen werden.

§. 64. Die zu den regulären Truppen des ersten Aufgebotes gehörigen Wehrmänner stehen in jedem Landwehrbezirke in unmittelbarer Verbindung mit ihren im Bezirke stationirten Offizieren, von welchen sie in Dienstsachen unmittelbar befehligt werden.

§. 65. Die übrigen Aufgebote werden nur im Wege der politischen Behörden zur Waffenergreifung und Einübung einberufen, und nur dann, wenn sie unter Waffen stehen, treten sie in dasselbe Verhältniß, in welchem das reguläre Heer sich befindet.

§. 66. Die Landes-Truppen werden auf die gemeinschaftliche Reichsverfassung und auf die konstitutionellen Landesgesetze beeidigt.

XVII. Ernennung der Offiziere.

§. 67. Die Offiziere werden bis zu den Stabs-Offizieren vom Ban auf Vorschlag des gesammten Offizier-Korps des betreffenden Militärkörpers ernannt; sie müssen außer der nöthigen militärischen Ausbildung auch die Kenntniß der Nationalsprache besitzen. Die Stabsoffiziere werden über Vorschlag des Ban von Sr. Majestät ernannt.

§. 68. Die Unter-Offiziere werden vom Kommandanten der betreffenden Militärabtheilung auf Vorschlag aller Ober- und Unter-Offiziere von jeder Kompagnie oder Abtheilung aus den verdienteren und gebildeteren Individuen ernannt.

§. 69. Das Institut der Kadeten hört bei dem Nationalheere auf.

XVIII. Militärgerichte der Landestruppen.

§. 70. Das reguläre Heer untersteht im Dienste eben so wie die übrige Landwehr jeder Waffengattung, wenn sie den Dienst oder das Exerzitium des regulären Heeres versieht, in Bezug auf militärische strafbare Handlungen dem Militärgerichte.

§. 71. Außer dem Militärdienste untersteht Jeder seinem ordentlichen Civil-Gerichte und seiner von der Militärbehörde unabhängigen politischen Behörde.

§. 72. Auch im Militärdienste kann keine Strafe, ohne vom ordentlichen militär. Disziplinar- oder Kriminal-Gerichte beschlossen zu sein, verhängt werden.

§. 73. Die Organisation der Militärgerichte der Landestruppen wird das betreffende Gesetz über das Gerichtswesen festsetzen.

C. Kriegsbedürfnisse.

XIX. Montirung der Landestruppen.

§. 74. Die aktiven Truppen sind nach der Waffengattung gleichförmig, und wo möglich national, mit Ersparung aller unnöthigen Kosten, dem Zwecke entsprechend zu montiren, und ist nur auf den Knöpfen die Nummer der betreffenden Truppenabtheilung anzubringen. Das zweite Aufgebot wird seiner Vermöglichkeit gemäß auf dieselbe Art montirt. Für die übrigen Aufgebote bestehen in dieser Beziehung keine Vorschriften.

§. 75. Jede Truppenabtheilung erhält behufs der Montirung ein bestimmtes Geldpauschale, für welches sie sich selbst zu montiren verpflichtet ist; die Montur wird sie sich durch die Handwerker der regulären Miliz oder auf eine sonst entsprechende Weise anfertigen lassen.

§. 76. Die Uniformirungs-Vorschriften und die Modalität der Ausbezahlung des zu diesem Ende zu bestimmenden Geldpauschales wird ein besonderes Instruktiv-Gesetz bestimmen.

XX. Ausrüstung der Landestruppen.

§. 77. Die Ausrüstung der aktiven Landestruppen wird auf allgemeine Staatskosten bestritten.

§. 78. Die ersten drei Aufgebote müssen stets ausgerüstet sein, die übrigen aber nach Möglichkeit.

XXI. Anschaffung der Pferde für die Reiterei und das Fuhrwesen.

§. 79. Die aus vermöglicheren Häusern oder als Freiwillige eintretenden Soldaten der National-Reiterei müssen sich die nöthigen Pferde selbst anschaffen, zu welchem Behufe ihnen, so lange sie im regulären Dienste des ersten Aufgebotes stehen, ein jährliches Entgelt von 12 fl. KM. ausbezahlt wird.

§. 80. Diese Reiterei erhält für die Dauer des Dienstes im zweiten Aufgebote jedes Jahr für die Zeit der Einübung ein Entgelt von 2 fl. pr. Pferd.

§. 81. Wenn ein Pferd im Dienste, oder während des Exerzitiums ohne Verschulden des Reiters zu Grunde geht, so ist der abgeschätzte Schaden im Schätzungswerthe zu vergüten.

§. 82. Die für das stehende Artillerie-Fuhrwesen nothwendigen Pferde werden vom Staate angeschafft.

XXII. Verpflegung der Landes-Truppen.

§. 83. Die reguläre Miliz des ersten Aufgebotes im Allgemeinen, und, außer den Offizieren jeder Gattung, auch die zu den Waffen berufene Miliz aller übrigen Aufgebote bezieht im Dienste jeder Art und im Exerzitium vom Tage ihres Ausrückens bis zum Tage ihrer Rückkunft nach Hause Löhnung und Brod gleich den übrigen regulären österreichischen Truppen nach der in den Erbländern dießfalls bestehenden Gebührs-Vorschrift.

§. 84. Die Unteroffiziere jeder Gattung beziehen, ohne Rücksicht auf den Dienst, ihre monatliche Löhnung nach derselben Vorschrift.

§. 85. Die Offiziere jeder Gattung beziehen ihre bestimmte monatliche Gage nach der in den Erbländern dießfalls bestehenden Gebührs-Vorschrift, und erhalten nach den gewöhnlichen Marktpreisen ein angemessenes Relutum für Holz und Pferde, außerdem ärarische Natural-Wohnung und, wo dieß die Verhältnisse gestatten, auch ein Joch Gartengrund.

§. 86. Die stehende Artillerie und das Fuhrwesen werden stets auf Staatskosten verpflegt.

§. 87. Die Serežanen erhalten zur Zeit des Dienstes ihren Sold gleich den Jägern im allgemein österreichischen Heere.

§. 88. Im Falle eines plötzlichen feindlichen Ueberfalls ist jeder Landwehrmann ohne Unterschied des Aufgebotes verpflichtet, auf acht Tage aus Eigenem gegen den Feind zu ziehen. Fernerhin wird er auf Staatskosten verpflegt.

§. 89. Die National-Reiterei, das Artillerie-Fuhrwesen ausgenommen, erhält Pferde-Portionen nach Art der allgemein österreichischen Kavallerie nur im Dienste und Exerzitium, und zwar für dieselbe Zeit, für welche die Mannschaft ihre Löhnung bezieht.

§. 90. Die Art dieser Verpflegung im Dienste wird ein besonderes Instruktiv-Gesetz bestimmen.

XXIII. Militär-Schulen.

§. 91. Auf allen öffentlichen Lehranstalten ohne Unterschied ist die männliche Jugend auch in den militärischen Wissenschaften in angemessener Weise durch eigene Lehrer zu unterrichten, so zwar, daß in den Dorfschulen nur mit einigen praktischen Unterweisungen der Anfang gemacht, und dann nach der Stufenfolge der Schulen die vorbenannten Gegenstände vorgetragen werden derart, daß je höheren Ranges eine Lehranstalt ist, desto höherer wissenschaftlicher Unterricht in den militärischen Studien ertheilt werde.

§. 92. Um die militärische, und gleichzeitig auch die bürgerliche Erziehung im Wege der öffentlichen Schulen zu befördern und zu erleichtern, sind solche öffentliche Institute zu errichten, in welchen der Unterricht auch ärmeren Schülern durch gemeinschaftliche geringere Beiträge aller Schüler ermöglicht wird. Gänzlich unbemittelte Schüler sind vom Lande zu unterstützen.

§. 93. Die hierauf bezüglichen näheren Weisungen wird das betreffende, im Zusammenhange mit dem politischen Schulplane zu erlassende Instruktiv-Gesetz bestimmen.

XXIV. Sanitäts-Anstalten.

§. 94. In jedem Landwehrbezirke ist ein allgemeines Krankenhaus zu errichten, in welchem auch das reguläre Wehrmilitär auf Rechnung ihrer Militärlöhnung zu verpflegen ist.

§. 95. Behufs der ärztlichen Ausbildung sind besondere Anstalten zu errichten.

§. 96. Ein besonderes Instruktiv-Gesetz wird die Art dieser Errichtung bestimmen.

XXV. Von der Versorgung der Invaliden, der Militär-Wittwen und Waisen.

a) Invalide Offiziere.

§. 97. Offiziere und Militärbeamte, die im Dienste invalid geworden sind, erhalten Pension nach Maßgabe des Dienstes, der Kriegsleistungen, Wunden und anderer Krankheiten, die sie sich während des Dienstes zugezogen haben; zu diesem Behufe ist die bisherige Gage-Karenz abzuschaffen, und anstatt derselben sind monatliche Einlagen Seitens jedes Offiziers und Militärbeamten zu leisten.

§. 98. In wie ferne invalide Offiziere und Militärbeamte oder selbst gemeine Wehrmänner zu einem bürgerlichen Dienste tauglich wären, ist ihnen ein solcher zu verleihen, und dieselben erhalten in diesem Falle eine angemessene Zulage zu ihrer Pension, oder wenn sie keine Pension haben, einen angemessenen Gehalt.

b) Invalide Unter-Offiziere.

§. 99. Die vor dem Feinde blessirten oder sonst im Dienste invalid gewordenen Unter-Offiziere und Gemeine haben, wenn sie außer Stande wären, sich den nöthigen Lebensunterhalt durch Händearbeit zu erwerben, ein Recht auf Unterstützung Seitens des Landes.

c) Wittwen und Waisen.

§. 100. Behufs der Versorgung der Offiziers-Wittwen und Waisen ist aus einer angemessenen Kapitals-Einlage im Verhältnisse zu der von der Wittwe jährlich zu beziehenden Pension und aus monatlichen, zu diesem Zwecke nach dem Alter des Bräutigams zu leistenden Beiträgen ein gemeinschaftlicher Wittwen- und Waisen-Versorgungs-Fond (Wittwen-Kasse) zu gründen.

§. 101. Jedem Offizier und Militärbeamten der aktiven Landestruppe ist, nachdem er auf diese Weise seiner Gattin eine angemessene Unterstützung gesichert haben wird, die Heirath unbedingt gestattet.

§. 102. Arme, von solchen vor dem Feinde gefallenen Unteroffizieren und gemeinen Landwehrmännern hinterlassene Wittwen und Waisen haben ein Recht auf Unterstützung Seitens des Staates.

§. 103. Das Nähere über diese Versorgung wird das betreffende In-struktiv-Gesetz verfügen.

XXVI. Von der Kostendeckung.

§. 104. Da die Organisirung der Landestruppen des dreieinigen König-reiches nicht blos im speziellen Interesse desselben, sondern auch im allgemein österreichischen Staatsinteresse liegt, so sind deßhalb die betreffenden Kosten des Unterhaltes, der Bewaffnung und Montirung der aktiven Landesmiliz aus dem Fonde der Centralfinanzen zu bestreiten.

XXVII. Provisorische Anordnungen.

§. 105. Das vorliegende Gesetz hat mit Anfang des Jahres 1850 ins Leben zu treten.

§. 106. Einzelne Bestimmungen dieses Gesetzes haben, insoferne dieß thunlich sein wird, noch vor dem Jahre 1850 ins Leben zu treten.

§. 107. Die Organisirung der Landestruppen des ersten Aufgebotes wird derart beginnen, daß im ersten Jahre eine gleiche Anzahl Wehrpflichtiger vom vollendeten 20., 21., 22., 23. und 24. Jahre von den bereits dienenden und nicht dienenden in das erste aktive Aufgebot einrollirt, und jedes nachfol-gende Jahr, insoferne es die junge Generation und die Zahl der Freiwilligen gestattet, nach den Grundsätzen dieses Gesetzes jeder, der das 25. Jahr zurück-gelegt hat, für jetzt ohne Rücksicht auf längere oder kürzere Dienstzeit ausrollirt, und in das nachfolgende Aufgebot übersetzt werde.

§. 108. Das kroatisch-slavonische Linien-Regiment Erzherzog Leopold ist den Landestruppen seines Wohnortes einzuverleiben.

§. 109. Sobald es die Kriegsumstände erlauben werden, sind die nach diesem Gesetze in der Grenze überzähligen Offiziere bei den Landestruppen im Provinziale zu unterbringen.

Agram, im Monate Jänner 1849.

XXVII.

Meinung eines hochgestellten Militärs über den Werth des vorstehenden Gesetz=Entwurfes, betitelt:

Standpunkt der Militärgrenze

nach der Reichsverfassung vom 4. März 1849 für das Kaiserthum Oesterreich, mit Rücksicht auf einen Entwurf zum Wehrsystem in Kroatien und Slavonien auf Basis der Gleichheit zwischen der Militärgrenze und dem Provinziale:

Wiewohl bisher fern von jeder publizistischen Thätigkeit, kann ich es dennoch nicht unterlassen, auch einmal die Wohlfahrt der freien Presse in Anspruch zu nehmen, um meine Ansichten in Bezug auf einen hochwichtigen Gegenstand abzugeben; es sind Ansichten jedes Menschen, der Recht und Gerechtigkeit liebt. Die Militärgrenze ist seit zwanzig Jahren mein zweites Vaterland geworden; ich habe daselbst den schönsten Theil meiner Jugend verlebt; die Grenzbewohner während meiner ganzen Dienstzeit in verschiedenen Graden, bei allen Gelegenheiten studirt; ich habe mit diesem Volke alle Drangsale eines beschwerlichen Kordonsdienstes, Ausmärsche und Gefechte am türkischen Kordon mitgemacht, und glaube hinsichtlich seiner Umstände und Verfassung so gut als ein anderer unterrichtet zu sein. Die Liebe und Anhänglichkeit, die mir dieses Volk bei jeder Gelegenheit bewiesen hat, so wie es sie jedem beweiset, der seine Lage und Bedürfnisse zu erfassen und die Beschwernisse seiner Verfassung ihm halbwegs erträglich zu machen sucht, — veranlaßt mich, gegenwärtig einige Worte für dieses Volk zu sprechen.

Die Militärgrenzen sind ehemals ergänzende Theile der Königreiche Kroatien, Slavonien, Ungarn und Siebenbürgens gewesen. Die vielfältigen anarchischen Bewegungen in der Türkei, und aus Anlaß deren die öfteren Ueberfälle der nächsten Gebiete des österreichischen Staates von Seite türkischer Räuberhorden, welche oft ganze Ortschaften in Schutt und Asche verwandelten, die Raubzüge der türkischen Räuber bis nach Krain, Steiermark, und vorsonderlich zu den Besitzungen der kroatisch-slavonischen Edelleute und Magnaten, die Einschleppung der Pest, dieser furchtbaren Seuche, welche noch im Jahre 1817 durch die Berührung der angrenzenden Theile unserer Monarchie in den Grenzdistrikten furchtbare Verheerungen anrichtete, veranlaßten die Regierung, die nothdürftig bewaffnete Grenzbevölkerung mit ärarischen Waffen zu versehen, die Waffenfähigen mit Berücksichtigung ihrer Wirthschaftsverhältnisse in militärische Körper zu organisiren, ihnen militärische Vorgesetzte zu geben, und so die organisirten und militärisch abgerichteten Truppen zur Bewachung der Grenze in polizeilicher, Sanitäts- und kameralistischer Beziehung, im Nothfalle aber auch zum auswärtigen Kriege zu verwenden.

Der ungarisch-kroatische Landtag verwahrte sich öfters in Bezug auf eine förmliche Territorial-Abtretung zum Zwecke dieser Organisation, allein man bekümmerte sich, wie das schon in einem absolutistischen Staate geht, um diese Protestationen ganz und gar nicht. Das der gegenwärtigen Verfassung zu Grunde liegende sogenannte Grenz-Grundgesetz wurde auch im Jahre 1807 ohne Einwilligung der ungarisch-kroatischen Stände eingeführt.

Ohne die Art der bürgerlichen Verfassung und den Druck zu betrachten, den eine Regierung im Verordnungswege von jeder höhern Behörde an die ihr unterstehende, bei dem Mangel aller, die Befugnisse und Berechtigungen des Volkes und der Behörden begrenzenden unangreifbaren Fundamentalgesetze, auf ein Volk nothwendigerweise ausüben muß, will ich nur von dem speziellen Wehrsysteme reden, welches eigentlich die Ursache ist, daß die Militärgrenze auch fernerhin nach der neuen Reichsverfassung eine exklusive Stellung behalten soll.

Es herrscht im Allgemeinen ein großer Irrthum in Bezug auf das eigentliche Wesen des Grenzinstituts. Man glaubt im Allgemeinen, das Grenzinstitut, nämlich eine organisirte Volksbewaffnung, kann daselbst nicht bestehen, ohne daß die politische Landesadministration mit der militärischen Organisation vereinigt sei. Nun aber beweist es der faktische Stand der Dinge bei jedem Ausmarsch der Grenztruppen, und am besten seit dem vorigen Jahre, wo außer den Grenz-Verwaltungsoffizieren alle übrigen sich im Felde befinden, und diese allein die Administrationsgeschäfte besorgen, daß die eigentliche militärische von der politischen Verfassung, vorausgesetzt, daß die Grenzverwaltungsoffiziere oder sonstige politische Grenzbeamte der obersten politischen Landesstelle direkt verantwortlich erklärt werden, ohne weiteres getrennt werden könne, ja daß man dann die Verantwortlichkeit für den einen und den andern Zweig um so strenger handhaben kann.

Man glaubt, Gott weiß, was für ein Geheimniß im Grenzinstitute steckt. Gebet mir die Vollmacht, alle Waffenfähigen mit einem Gewehre und dem Rüstzeug zu betheilen, sie entweder gar nicht oder nur mit Einem Gulden monatlich im Ganzen auf Verpflegung und Montour zu verpflegen, sie zeitweise zu üben, und zu einem Sicherheitsdienste zu verwenden, dann im Nothfalle zu Kriegsdiensten außer Land zu verwenden, und zwar nicht nach einem bestimmten Maß, sondern wie viel ich will, nach der Erforderniß zu mobilisiren, ohne mich an ein gesetzliches Präliminar zu halten, bis nicht alle Waffenfähigen ausmarschirt, zu Hause nur Weiber, Kinder, Gebrechliche und Greise geblieben sind, die vor Hunger und Kälte sich nicht zu helfen wissen, gebt mir die Vollmacht, dieß alles ohne Rücksicht auf Humanität und Gerechtigkeit zu thun, so werde ich euch

Militärgrenz-Bezirke in allen österreichischen Ländern erschaffen, Bataillone und Regimenter aus dem Boden stampfen!

Ehemals, als man in Oesterreich es kaum wagte, sich auf die ungarische Adels-Konstitution zu berufen, mag diese verschwenderische Wirthschaft mit dem Blute eines Volkstheiles am Platze gewesen sein. Diese Zeit ist aber vorüber. Die neueste Bewegung in Oesterreich hat auch dem Grenzvolke die Augen ge-öffnet. Die Beschlüsse des vorjährigen Landtags sind ins Mark und Blut des Grenzvolkes übergegangen, und nur die Hoffnung, daß diese Beschlüsse zur Wahrheit werden, hat das Grenzvolk in Massa gehoben, nur diese Hoffnung war der mächtige Hebel, durch welchen die sechzig Bataillone allein in Kroatien und Slavonien auf die bloße Nachricht: „der Ban braucht Soldaten" — auf die Beine zu bringen waren, ohne Rücksicht auf das Wehklagen von Tausenden hilfloser Weiber und unmündiger Kinder, ohne Rücksicht auf das Händeringen und den Jammer greiser Mütter und hinfälliger Väter dieser Helden.

Im vorigen Jahre hatte ich Gelegenheit zu hören, daß eine Partei in Kroatien aus lauter Humanitätsrücksichten sich bestrebte, die Militärgrenze als Militärmacht aufzulösen, und auf gleiche Stufe mit den andern Provinzen zu bringen, indem sie die alte Komitatsverfassung und mit ihr die Restaurationen in die Grenze einzuführen beabsichtigte. Allein die Bestrebungen dieser Fraktion hatten keinen Erfolg, denn die überwiegende Majorität des Landtages sah darin nicht nur eine Gefahr für das Land von Seite der Türkei als auch von Ungarn, sondern im Allgemeinen auch für den ganzen Kaiserstaat. Der Landtag beschloß daher: 1) die militärische Organisation der Grenzregiments-Bezirke aufrechtzu-halten; 2) die politisch-ökonomische Administration daselbst zeitgemäß zu refor-miren, und selbe der obersten Landesbehörde, dem angesuchten Landeskonsilium (Banal-Rath), dann mittelst desselben den betreffenden Ministerien (des Krieges, der Finanzen und des Handels) zu unterordnen, was einer Verschmelzung des Banal-Rathes mit dem Landes-General-Kommando oder umgekehrt gleichkommt, nur daß dieß die Einrichtung dieser Landesbehörde nach den konstitutionellen Verantwortlichkeitsprinzipien voraussetzt; 3) die Bedingung auszusprechen, daß von dieser zur Vertheidigung der Monarchie und des Landes an der türki-schen Grenze nothwendigen Landwehrmacht ein bestimmtes Kontin-gent nach der Seelenzahl der Grenzbevölkerung in gleichem Verhältnisse mit dem Truppen-Kontingente in den andern Provinzen des Kaiserstaates selbst anstandlos zu auswärtigen Kriegsdiensten zur Disposition der Regierung zu stellen sei; 4) die gerechtere Vertheilung der Militärlast im ganzen Lande, bezüglich Organisirung desselben nach den Grundsätzen der Gleich-berechtigung und Gleichverpflichtung nach einem gleichen Prinzipe in den Grenz- und Provinzialbezirken, der ferneren Thätigkeit des Landtages nach dem beendigten ungarischen Kriege zu überlassen, weil es auch durchaus nicht an der Zeit war, damals, als der Landtag den Krieg gegen Ungarn beschloß, und dem Ban die Diktatur übertrug, erst an Organisationen im Provinziale zu denken.

Nun ist die neue Reichsverfassung erschienen. Durch sie ist natürlich ohnehin die Konskription auch in Provinzialkroatien und Ungarn dekretirt, denn mit welchem Rechte kann Ungarn, Provinzialkroatien und Slavonien auf der alten entehrenden Sitte des Pressens und der systemlosen Willkür der Werbungen der Soldaten bestehen? Mit welchem Rechte kann namentlich Provinzial-kroatien und Slavonien mit eben so viel und mehr Population als das Militärkroatien und Slavonien darauf bestehen, daß in der Grenze zehn Regimenter gegenwärtig zu sechs Bataillons, im Provinziale aber außer der momentanen Aufstellung der Insurrektion nur ein einziges Linienregiment mit drei sehr schwachen Bataillons zu Militär-diensten beigezogen werden?

Da also die Konskription ohnehin eingeführt werden muß, so ist nun gewiß der Zeitpunkt da, wo der oben erwähnte Beschluß des Landtages (Art. XXVI) eine gleichförmige Koordination der Grenz- und Provinzialgebiete, und ihre förmliche Vereinigung eintreten kann. Nur darf der wahnsinnigen Idee der Einführung der alten Komitats-Verfassung in Bezug auf die politischen Angele-genheiten in der Grenze kaum Raum gegeben werden, wovon ohnehin selbst die oberwähnte Fraktion umsomehr abgegangen ist, als es als ausgemacht ange-sehen werden kann, daß die bisherige Komitatsregierung auch im Provinziale als mit dem Verantwortlichkeitsprinzipe unvereinbar, durch den Landtag selbst abgeschafft, und an deren Stelle die Gemeindeverfassung mit verantwortlicher Exekutivbehörde eingeführt wird. Diese Verfassung beeinträchtigt weder den bisherigen militärischen noch politischen Organismus der Militärgrenze; sie läßt anstandlos eine totale Trennung der administrativen und militärischen Ver-fassung in der Grenze, und gleichförmige Organisirung einer auf das Prinzip der Landwehr reduzirten Volksbewaffnung in ganz Kroatien und Slavonien zu.

Von den bisherigen Landtagsvorarbeiten erhielt ich vor einigen Wochen die Abschrift eines Planes für ein derartiges Wehrgesetz, und vor einigen Ta-gen den bereits ausgearbeiteten Gesetzentwurf selbst. Ich muß sagen, daß ich unter den Gesetzvorschlägen und Gesetzentwürfen unserer an derlei Produkten überreichen Zeit nicht sobald etwas mit solcher Befriedigung gelesen habe, als diesen Entwurf.

Es ist dieß ein vollständiges Wehrsystem, das die Hauptprinzipien aller Zweige einer rationellen, auf der Gerechtigkeit, Humanität und Billigkeit basirten Anwendung der Wehrpflicht enthält, und die Wehrverfassung nach dem Prinzipe der bisherigen Grenz und der preußischen Landwehr-Organisation auf der Basis der Gleichheit zwischen dem Provinziale und der Militärgrenze zum Gegenstande hat.

Weit entfernt, das Land und die konstitutionelle Monarchie durch eine unzeitige Anforderung zur Auflösung des Grenzinstituts in der gefährlichsten Epoche zu schwächen, sucht dieser Gesetzvorschlag, die Idee des Grenz-Instituts, als eine Schutzwehr der Monarchie und vor allem der Königreiche Kroatien und Slavonien festhaltend, — die Lasten dieser Einrichtung dem Grenzvolke dadurch zu erleichtern, daß es sie vor allem auf das ganze Land (Militär- und Civil-Kroatien und Slavonien) gleichmäßig vertheilt, und jedem unkonstitutionellen Mißbrauche des Volkes zu unverhältnißmäßiger Kriegsleistung dadurch Schranken setzt, daß diese Königreiche zwar im Innern mit einer auf der persönlichen Militärpflicht nach Altersklassen basirenden Militärmacht zur Abwehr jedes feindlichen Einfalls von Seite der Türkei, und zur Erhaltung der inneren Ruhe stets versehen, — für auswärtige Zwecke der Monarchie aber nur in gleichem Verhältnisse mit den anderen Provinzen (mit einem Kontingente nach der Seelenzahl) konkurriren, der Regierung außerdem in Nothfällen jedoch nach freier Selbstbestimmung im Wege des Landtages auch größere Hilfe in Aussicht stellen.

Dagegen hätte die exekutive Reichsgewalt das Dispositionsrecht mit dem entsprechenden aktiven ersten Aufgebot (von 20—25 Jahren) circa zwei Bataillons in jedem Wehrbezirke per 60—90 Tausend Seelen, die beiläufig nach der gegenwärtigen Eintheilung der Grenz-Regimentsbezirke formirt werden sollen, im Lande; außer Lande aber bloß mit dem entfallenden Kontingente, das gleichmäßig in der Grenze und im Provinziale zu heben wäre, — unbedingt zu auswärtigen Zwecken.

Außerdem würden, ähnlich dem Prinzipe der preußischen Wehrverfassung, jedoch nur auf Grundlage gleicher Konkurrenz der anderen Provinzen und gleicher Verpflichtung aller Staatsbürger dieser Königreiche im Nothfalle noch fünf ordentliche Aufgebote organisirt werden können, wovon im Frieden außer dem ersten nur das zweite, zeitweise in Waffen geübt werden sollte.

Die Erleichterung des Dienstes für den aktiven Dienstmann während einer bloß vierjährigen Kapitulation, das fünfte Jahr bei der beurlaubten Kriegsreserve, — dann neben der tourweisen Kommandirung zum Kordons- und Garnisonsdienst selbst während dieser Kapitulation im Frieden, ist auf ein Maß gesteigert worden, als es nur immer geschehen kann, da hiernach im Frieden eigentlich jeder Militärdienstpflichtige kaum die Hälfte seiner Dienstzeit (also zwei Jahre), und dieß in verschiedenen Zeiträumen de facto im Dienste steht, daher immerhin Zeit hat, auch seine eigenen Angelegenheiten zu Hause zu besorgen.

Im gleichen Verhältnisse ergibt sich auch die Ersparung für den Staats-

schaß an Verpflegung uud Bemontirung, da die Verpflegung, wenngleich linien-
mäßig, doch nur während des faktischen Dienstes am Kordon zc.
stattfindet, wodurch sich auf jedes Regiment von 2500 Mann im Vergleich mit
der Linie eine Ersparung von jährlichen Einmal Hundert fünf und dreißig
Tausend Gulden K. M. ergibt.

Wenn man bedenkt, daß die außerordentlichen Verhältnisse dieser Länder
an der türkischen Grenze, wo sie jede anarchische Bewegung in Bosnien oder
die Pest der größten Gefahr aussetzen kann, eine organisirte Volksbewaffnung
noch auf lange Zeit nothwendig machen werden, und daß diese Wehrverfassung
neben der Sicherheit dieser Länder auch die Interessen der Gesammtmonarchie
berücksichtigen muß, — so muß man eingestehen, daß der Zweck nach diesem, wie
man aus allem sieht, reiflich erwogenen Entwurfe, in einem möglichst hohen Grade
erreicht wird, und daß die Ausführung eines, allen Anforderungen entsprechenden Wehrsystems auf eine einfachere, gerechtere und wohlfeilere Art, bei Berücksichtigung aller konstitutionellen Prinzipien, nicht ausführbar ist.

Der Entwurf geht von dem Grundsatze allgemeiner Kriegsdienstpflicht
aus, darum nimmt er auch eine möglichst kurze Dienstzeit in Anschlag. Dieses
Wehrsystem ist mit dem Institute der Nationalgarde verwachsen, und bietet deßhalb auch nicht jene grausenerregende Kluft zwischen Militär und Nationalgarde,
die in andern Staaten die Waffenfähigen in zwei natürliche feindliche Heerlager theilt.

Was man aber mit Vergnügen bemerkt, ist die strenge Durchführung
eines liberalen, auf Nothwendigkeit und Gerechtigkeit basirten Prinzips, das die
Einheit und die Interessen der Monarchie nie außer Augen läßt. Wir finden
darin Manches, was selbst in der Grenze in der Praxis sich als Nothwendigkeit
aufgedrungen hat, aber gesetzlich nicht ausgesprochen worden ist, oder nicht zur
Geltung kommen konnte. Einzelne Bedenken, nähere Bestimmungen, die sich
vielleicht hie und da ergeben könnten, würden sich bei wiederholter Berathung
und Besprechung von Seite Sachverständiger beheben lassen.

Die mit den Beschwerlichkeiten des Grenzkordonsdienstes mit Rücksicht
auf die andererseits im Vergleich zur Linie sich ergebenden Ersparungen in billigen
Anschlag genommene gleiche Verpflegung aller Truppen im Dienste, der Unter-
und Oberoffiziere aber überhaupt, nach dem deutschen Verpflegsfuß,
gleichwie das vorgeschlagene preußische Heirathssystem der Offiziere auf eine
selbst durch kleine Einlagen und ein Antrittsgeld im Betrage einer einjährigen
Pension der Frau zu bildende Witwenkasse, ist wahrhaft an der Zeit. Die Lage
eines ledigen Grenzoffiziers in seiner einsamen Station ist erbärmlich, und
jedermann zu bekannt, der in der Grenze gedient hat. Die Offiziers-Töchter, die
in der Grenze wenigstens Niemand zu heirathen pflegt, als treue Waffenge-
fährten ihrer Väter, — werden bisher einem jesuitischen System zu Liebe

meistens unverheirathet alt, oder unglücklich; die meisten verwelken und werden vor Kummer und Sorgen grau, ohne ihre Versorgung zu erreichen, da ihre Väter von ihrer geringen Gage niemals im Stande sind, die namhafte Summe von 6000 Gulden als Heirathskaution zu erlegen.

Wir begrüßen diese Arbeit mit Anerkennung, die sie verdient, und wünschen, daß sie allenthalben genau geprüft, und sobald als möglich zum Wohle des Landes und des Gesammtvaterlandes realisirt werde. Die neue Reichsverfassung scheint zwar diesem Antrage nicht günstig zu sein; allein wer den seit dem vorigen Jahre völlig belebten und aus seiner Lethargie erwachten Volksgeist in der Grenze kennt, der muß aus eigener Ueberzeugung gestehen, daß die darin festgehaltene Trennung der Militärgrenze vom Provinziale, da einer gleichen Ausdehnung der Wehrpflicht auf das ganze Land keine Feudal- und sonstigen Hindernisse im Wege stehen, so wie bisher eine ausschließliche Verwendung des Grenzvolkes zu allen Kriegsdiensten ohne Rücksicht auf das erste konstitutionelle Prinzip der gleichen Lastentragung von Seite aller Staatsbürger, — sich für die Zukunft als ganz unhaltbar erweist. Die Organisation des ganzen Landes, und zwar weder nach dem alten Grenz- noch Provinzial-System, sondern nach dem konstitutionellen Geiste, und nach dem Prinzipe der gleichen Vertheilung aller Lasten neben einer verantwortlichen Landesverwaltung, — die Einführung eines auf diese Prinzipien und jenes der Nationalgarde basirten Wehrsystems, wie das besprochene, — ist eine glückliche Idee.

Gesetzt, man würde auf der Aufrechthaltung des alten Grenzinstituts beharren, so ist dieß nicht anders möglich, als mit Beseitigung aller konstitutionellen Grundsätze der Gerechtigkeit. „Eine gänzliche Auflösung desselben aber würde ein Verrath an sich selbst und an der Monarchie sein!“ Dieser Entwurf bietet den Mittelweg, der dem Grenzvolke ohne Nachtheil für die Sicherheit des Staates, oder ungerechte Bedrückung eines Theils des Volkes, neben der Erfüllung der militärischen Bestimmung, auch die Segnungen der konstitutionellen Freiheit genießen läßt.

XXVIII.

Auszug aus der Reichsverfassung vom 4. März 1849.

§. 71. Die Verfassung des Königreiches Ungarn wird in so weit aufrecht erhalten, daß die Bestimmungen, welche mit dieser Reichsverfassung nicht im Einklange stehen, außer Wirksamkeit treten, und daß die Gleichberechtigung aller Nationalitäten und landesüblichen Sprachen in allen Verhältnissen des öffentlichen und bürgerlichen Lebens durch geeignete Institutionen gewährleistet wird. Ein besonderes Statut wird diese Verhältnisse regeln.

§. 72. Der Wojwodschaft Serbien werden solche Einrichtungen zugesichert, welche sich zur Wahrung ihrer Kirchengemeinschaft und Nationalität auf ältere Freiheitsbriefe und kaiserliche Erklärungen der neuesten Zeit stützen.

Die Vereinigung der Wojwodschaft mit einem anderen Kronlande wird, nach Einvernehmung von Abgeordneten derselben, durch eine besondere Verfügung festgestellt werden.

§. 73. In den Königreichen Kroatien und Slavonien mit Einschluß des dazu gehörigen Küstenlandes, dann der Stadt Fiume und dem dazu gehörigen Gebiete, werden deren eigenthümliche Institutionen, innerhalb des durch diese Reichsverfassung festgestellten Verbandes dieser Länder mit dem Reiche, in völliger Unabhängigkeit derselben von dem Königreiche Ungarn aufrecht erhalten. Abgeordnete aus Dalmatien werden mit der Landes-Kongregation dieser Königreiche, unter Vermittlung der vollziehenden Reichsgewalt, über den Anschluß und die Bedingungen desselben verhandeln, und das Ergebniß der Sanktion des Kaisers unterziehen.

§. 75. Das zum Schutze der Integrität des Reiches bestehende Institut der Militärgrenze wird in seiner militärischen Organisation aufrecht erhalten, und bleibt als ein integrirender Bestandtheil des Reichsheeres der vollziehenden Reichsgewalt unterstellt. Ein eigenes Statut wird den Bewohnern der Militärgrenze in Bezug auf ihre Besitzverhältnisse dieselben Erleichterungen gewährleisten, welche den Angehörigen der übrigen Kronländer ertheilt wurden.

XXIX.

Kaiserliches Handschreiben an den Ban Freiherrn von Jellačić,

nach welchem die Grenzer als Soldaten der vollziehenden Reichsgewalt untergeordnet, jedoch an allen, den übrigen Völkern verliehenen Gerechtsamen Theil nehmen sollen.

„Lieber Freiherr von Jellačić! In Vollziehung des §. 75 der von Mir Meinen Völkern verliehenen Verfassung finde Ich Mich bewogen, Ihnen bekannt zu geben, daß Meine tapfern und getreuen Grenzer zwar in ihrer Eigenschaft als Soldaten und in allen, den Militärgrenzdienst betreffenden Angelegenheiten der vollziehenden Reichsgewalt untergeordnet bleiben, jedoch ihre eigene Gemeindeverfassung besitzen und überhaupt an allen, Meinen übrigen Völ-

tern verliehenen Gerechtsamen Theil nehmen sollen. Sie haben
Mir dem zufolge die Anträge zu stellen, wie dieß mit den Einrichtungen des
für die Gesammtmonarchie so wichtigen und nützlichen Grenzinstitutes in Ein-
flang zu bringen sei."

Olmütz, den 31. März 1849.

Franz Josef m/p.   **Kulmer** m/p.

XXX.

Proklamation des Ban Jellačić an die Bokesen,

aus Anlaß der in Kattaro vorgefallenen Unordnungen und
Ruhestörungen.

Unser heldenmüthiges Volk hat sich zu jeder Zeit ausgezeichnet, durch
Treue zu Kaiser und König, durch Achtung der Religion, ohne einen Unterschied
zwischen der römischen und griechischen zu machen, — durch Gehorsam gegen
die gesetzlichen Behörden, durch Aufrechthaltung der Ruhe, der Ordnung und
der brüderlichen Eintracht. Ich wünsche es, daß dieser Ruhm, welchen solche
Eigenschaften unserem Volke zu erwerben geeignet waren, nie geschmälert
werde, sondern daß er fortdauere, so lange die Welt stehet! Von diesem
Wunsche beseelt, habe ich aber zur Betrübniß meines Herzens vernommen, daß
Einige, deren Zahl, wie ich hoffe, gering ist, in Kattaro den Kaiser, die Religion,
die Behörden mit Wort und That beleidigen, die Ordnung und Ruhe stören,
und so den glorreichen Namen des Slaventhums, mit welchem sich Serben und
Kroaten schmücken, schänden, sich dadurch keine Ehre machen, mir aber, der
ich ohnehin mit Sorgen überhäuft bin, und gegen Schwierigkeiten mannigfaltiger
Art zu kämpfen habe, die Last des Herzens vermehren.

Nicht unbekannt ist es mir, daß Euch manche Beschwerde drückt, aber
zweifelt nicht, daß sich dieselben auf dem gesetzlichen Wege und durch das Vertrauen zu den Behörden schneller heben lassen, als durch strafbare Uebertretung
göttlicher und menschlicher Gesetze, durch Raub, durch Mord des Bruders —
des Ebenbildes Gottes.

Ich, Euer Gouverneur und Ban, der ich aus Eurem Stamme bin, habe
mir unabänderlich vorgenommen, sobald der Krieg, in dem ich jetzt stehe, been-
det sein wird, in Euere Mitte zu eilen, muß aber aus diesem Anlasse auch wünschen und fordern, Ihr wollet Euch so benehmen, daß ich nicht genöthigt bin, mit
Strenge und Bestrafung der Uebelthäter, Euere und meine Stunden zu verbit-
tern, sondern daß ich bei meinen lieben Bokesen als Vater und Landsmann mit

13

fröhlichem Auge, mit freundlichem Angesichte und liebenden Herzen erscheinen kann, um Euch Allen die Lasten zu erleichtern, und durch Sicherung Euerer Rechte in Frieden den Grundstein zu legen, welcher die Völker eines Blutes und einer Zukunft vereinen wird.

Erwartet mich mit Geduld! Empfanget den Gruß Eueres Vorgesetzten.

Pesth, den 1. April 1849.

Jellačić m/p. Ban.

XXXI.

Schreiben des Ban Jellačić an den Montenegriner Bladika Peter Petrović Njegoš,

aus Anlaß der in Kattaro vorgefallenen Unordnungen und Ruhestörungen.

Hochwürdigster Bischof!

Große Sorgen plagen mich, und zu den Mühseligkeiten des Krieges kommen täglich neue Unannehmlichkeiten politischer Art in dem Slaventhum unseres Kaiserstaates.

Unter letztere sind auch die Unordnungen, welche sich in Kattaro ereigneten, zu zählen.

Durch die mir, als vom Kaiser eingesetztem Gouverneur Dalmatiens obliegende Pflicht aufgefordert, werde ich keinen Weg unversucht lassen, welcher zur Ruhe und Ordnung führt, und die Grundsteine zur Wohlfahrt und zum nationalen Wohlstande legt. Aus Liebe zu unserem Volke bitte ich aber vorläufig, daß Sie, insoweit es in Ihrer Macht steht, den Uebergang Ihrer Leute, welche mit feindseligen Absichten in die Bocca kommen, verhindern wollen.

Wenn aber die Bokesen bei Ihnen nach Rath fragen sollten, dann sagen Sie denselben, darum bitte ich Sie, wie sehr es für das Wohl des Volkes nothwendig ist, daß in Bocca di Cattaro die Ruhe und Ordnung aufrecht erhalten werde, und daß sie ihre Wünsche und Beschwerden auf dem gesetzlichen Wege anbringen sollen, um es mir möglich zu machen, mein Volk zu vertreten, und das, was dessen wahres Wohl erfordert, vorzukehren. Dies wird dann ein neuer Beweis sein Ihres hohen Begriffes von unseren Interessen und der kräftigen Liebe der südslavischen Brüder. Ich grüße Sie aufrichtig und herzlich.

Pesth, den 1. April 1849.

Ihr Freund

Jellačić m/p. Ban.

XXXII.

Adresse des Landtags-Ausschusses der Königreiche Dalmatien, Kroatien und Slavonien,

wegen Sanktionirung der Landtagsbeschlüsse, nebst Ansprache der Deputation an Se. Majestät, und die ertheilte a. h. Antwort.

Euere k. k. Majestät!

Durch die gewaltige Umgestaltung der österreichischen Staatsform im Monate März 1848 sind die gegenseitigen Beziehungen zwischen Volk und Volk, zwischen Volk und der Regierung im Grunde erschüttert.

Im Verlaufe der darauf folgenden Ereignisse schien jedes gesetzliche Band sich zu lösen, man verließ die goldene Bahn einer ruhigen, zeitgemäßen und humanen Reform; und beschwor die Alles verheerende Anarchie herauf.

Das treue Wien ward untreu, es trennte sich von seinem Kaiser; in der Paulskirche bereiteten selbst Oesterreichs Söhne das Grab der staatlichen Unabhängigkeit ihres österreichischen Vaterlandes; — Ungarn ist offen abgefallen und droht mit Schwert und Feuer Alles zu vernichten, was Oesterreichs Einheit wahren sollte.

Die Flamme der Revolution loderte hell auf.

Was sollte Kroatien und Slavonien beginnen? Von der Regierung verkannt, wurde es durch magyarische Intriguen an die perfide Politik Kossuth's überliefert, und so auf den glatten Boden eines Doppelgängers gestellt, es sollte Kossuth folgen, und dennoch mit Oesterreich gehen, im beiden lag Verrath, in jenem der offene an Oesterreich, denn Kossuth trennte sich von diesem, in letzterem der scheinbare an Kossuth, denn für ihn sprach das Gesetz. — Ohne Schutz, ohne Freund stand das Volk einsam und verlassen, gleich dem müden Wanderer, dem der Samum die öden Wege einer unabsehbaren Wüste verwehete. — Nur die eigene moralische Kraft rettete das Volk aus seiner verzweiflungsvollen Lage.

Zwei Wege boten die Zeitumstände dazu, den in das Lager der Rebellen, und jenen zum Throne des gütigen Monarchen.

Offen und ehrlich, wie uns die Geschichte seit dem Vereine mit dem hohen Herrscherhause bis in die neueste Zeit klar bezeichnet, traten wir vor den Monarchen, baten um Recht, und gelobten Treue.

Auf den Ruf des treuen Banus haben sich Tausende unserer Brüder um den hohen Thron geschaart, und stehen noch heute auf dem blutigen Felde eines verzweiflungsvollen Krieges.

Jene bitteren Wunden, die unserem angebeteten, so oft verkannten Ban,

13*

und unmittelbar unserer ganzen Nation von allen Seiten geschlagen worden, trugen wir mit eiserner Seelenstärke, einer Seelenstärke, die nur das reine und unbefleckte Bewußtsein gewähren kann, daß auch unsere Fahne die Fahne der Freiheit und der Humanität sei.

Wir vergessen gerne die ungerechte Vergangenheit, zunächst die neueste, denn diese war begleitet und beherrscht von den Stürmen einer schonungslosen Umsturzpartei ohne Kraft und ohne nöthiger Einheit. Doch können wir diese nur so vergessen, daß die Gegenwart mit unseren gerechten Wünschen in Einklang gebracht werde.

Darum sind wir hier. Darum hat uns unsere Nation vor die Stufen des hohen Thrones entsendet.

Unter dem Panier der Einheit Oesterreichs — haben wir unsere nationale und politische Existenz an jene der Gesammtmonarchie auf das wesentlichste geknüpft, daher schmerzt es uns tief, wenn wir täglich die bittere Erfahrung machen müssen, daß unsere aufrichtigen und nur zur Einheit und Kräftigung des Gesammtstaates führenden Bestrebungen nicht mit der, unserer loyalen Sinnesart entsprechenden Aufmerksamkeit von Seiten der hohen Regierung gewürdiget werden.

Es will bereits ein Jahr ablaufen, als wir den Grund zum Baue unserer Zukunft landtäglich gelegt haben, und noch immer erwarten wir vergebens die Lösung jener Fragen, welche sowohl mit unserer autonomen inneren Gestaltung, als auch mit unseren Beziehungen zum Gesammtstaate wesentlich verknüpft sind.

In dieser trüben Zeit des Harrens und der Ungewißheit erschien die oktroyirte Reichsverfassung, das einzige Dokument, das uns eine indirekte Andeutung in Bezug auf unsere Verhältnisse zum Gesammtstaate darbieten konnte.

Wir bekennen es offen, daß uns jene a. h. Urkunde unerwartet kam; — wollte man indeß aus Anlaß des, durch uns selbst nach der faktischen Trennung von Ungarn beantragten näheren Anschlusses an Oesterreich, folgend dem Prinzipe einer festen Staatseinheit, durch den Erlaß einer Konstitution den Weg zur Konsolidirung einer staatlichen Koalition anbahnen, nachdem diese bei der Zerrissenheit konstituirender Gewalten in dieser Zeitepoche nach der gewöhnlichen Weise der Vereinbarung mit den Volksvertretern als unmöglich erscheint, so würde man sich über die Ausdehnung der neuen Charte auf die seit jeher konstitutionellen Länder Kroatien und Slavonien sicher beruhiget haben, wenn darin die gerechten Wünsche der kroatisch-slavonischen Nation gehörig gewürdiget wären.

Wir sehen es ein, daß alle unsere landtäglichen Beschlüsse nach den inzwischen eingetretenen Zeitumständen, hauptsächlich aber durch die Trennung von Ungarn in ihrer ganzen Ausdehnung zum vorgesteckten Ziele nicht mehr zu führen sind, andererseits jedoch können wir nicht genug beklagen, daß unsere politische, in dem am besagten Landtage ausgesprochenen Volkswillen begründete, und bis zur Gegenwart erhaltene Existenz im Wege jenes Verhältnisses, in das wir mittlerweile zur einheitlichen Regierung de facto gestellt worden sind, noch immer ihrer Gewährleistung vom Staate aus entbehre.

Die allgemeine in der neuen Charte ausgesprochene Gewährleistung unserer eigenthümlichen Institutionen kann uns nicht beruhigen, denn unsere eigenthümlichen Institutionen können nur so verstanden werden, wie sie durch die Vertreter der Nation am jüngsten Landtage aufgefaßt und erläutert worden sind.

Von einer derartigen Gewährleistung ist in der besagten Charte nicht einmal eine Andeutung vorhanden, wohl aber das Gegentheil.

Der innigste Verband der kroatisch-slavonischen Militärgrenze, mit Ausnahme ihrer streng militärischen Organisation mit dem Provinziale ist der wesentlichste Theil unserer eigenthümlichen Verfassung. Die Militärgrenze als Volk hat mit uns eine und die nämliche Geschichte, als militärisches Institut stand sie laut gesetzlicher Urkunden unter der Landesverwaltung (Art. 9, 10 des Wiener Friedensschlusses 1606, Art. 11: 1608, Art. 75: 1635, Art. 7: 1655, Art. 64: 1791 u. s. w.), und nach der gleichen Betheiligung an den politischen Rechten in Anbetracht ihrer geographischen Lage und nationalen Verwandtschaft kann und darf sie als ein Glied der kroatisch-slavonischen Nation bei der Gebietsfeststellung der einzelnen Provinzen Oesterreichs von der Integrität der kroatisch-slavonischen Provinz nicht getrennt werden.

Und eben dieser wichtigste Theil unserer eigenthümlichen Institutionen wird in der neuen Reichsverfassung nicht nur nicht gewährleistet, ja vielmehr sehen wir ihn durch den §. 75 einfach beseitigt. —

Zwar ist eine günstige Modifikation hinsichtlich der im erwähnten §. 75 angedeuteten politischen Grenzverfassung durch das am 31. März l. J. an unsern Ban erlassene allergnädigste Handschreiben in Aussicht gestellt, jedoch vermissen wir darin noch immer jene entschiedene Versicherung, daß die Grenze in politischer Beziehung mit dem übrigen Provinziale gleich gestellt, und vereint, und als ein integrirender Theil der Länder Kroatien und Slavonien zu betrachten sei.

Um daher jenem Verhältnisse, in das wir auf der Grundlage unserer eigenthümlichen, durch den jüngsten Landtag vervollständigten, und in Bezug auf die Militärgrenze durch ihre Vertretung an demselben bereits verwirklichten Institutionen, als auch durch den Verlauf der mitterweile faktisch eingetretenen und gegenwärtig bestehenden Beziehungen zum Gesammtstaate gestellt worden sind, die Allerhöchste Weihe, und durch diese unserer Landesverfassung jenen stabilen gesetzlichen Typus zu geben, ohne dem die bestehende Ordnung im Lande in der nächsten Zeit schon vielleicht unhaltbar erscheint, als auch um das Vertrauen der treuen kroatisch-slavonischen Nation durch die gehörige Würdigung ihrer gerechten Wünsche zu bekräftigen, unterbreiten wir Euerer Majestät in pflichtgetreuer Unterthänigkeit folgende Bitten und Wünsche unserer Nation:

a) womit unsere Landtagsbeschlüsse, die wir hier unterthänigst beischließen, je früher es thunlich ist, in die Allerhöchste Berathung genommen, und auf selbe die Allerhöchsten Resolutionen erlassen werden mögen.

Da einige jener Beschlüsse so bringender Natur sind, daß nur in ihrer unverzüglichen vollkommenen Durchführung die allgemeine Beruhigung und Aufrechterhaltung der gesetzlichen Ordnung im Lande absolut bedingt erscheint, so bitten wir,

b) daß das Prinzip einer eigenen obersten Landesverwaltung in jenem Verhältnisse zur Centralgewalt, als es im XI. Artikel unseres Landtages vom 5. Juni 1848 ausgesprochen erscheint, im Wege einer alsobald zu erlassenden Allerhöchsten Resolution anerkannt und garantirt werde,

c) womit die hinsichtlich der Militärgrenze im Artikel XXVI landtäglich gefaßten Beschlüsse Allerhöchst bestätiget, und hiedurch die Grenze als ein integrirender Theil der Königreiche Kroatien und Slavonien derart anerkannt werde, daß in dem diplomatischen Sprachgebrauche unter der Bedeutung des Kronlandes Kroatien und Slavonien sofort die Militärgrenze verstanden werde,

d) womit kraft des Prinzipes der Gleichberechtigung aller Nationalitäten, in dem Kronlande Kroatien und Slavonien in allen öffentlichen Angelegenheiten, ohne irgend einer Ausnahme, die Nationalsprache die amtliche sei, und alle von der Centralgewalt an das benannte Kronland zu erlassenden amtlichen Zuschriften in der Nationalsprache abgefaßt werden.

e) Gleich bei Eröffnung des Feldzuges gegen die Magyaren, als unser Ban den Dravefluß überschritt, unterordnete er die Miur-Insel (Medjimurje) als einen an Kroatien angrenzenden, und ausschließlich von unserem Volksstamme bewohnten Landstrich der Banal-Verwaltung, welche seitdem stets unter der Jurisdiktion derselben Landesbehörden verblieb, und wurde in der Folge mit Kroatien de facto vollkommen vereint. Um daher den Einwohnern der Murinsel (Medjimurje) den Segen der Gleichberechtigung, und durch diese die völlige Emancipation vom Magyarismus zu sichern, bitten wir, die durch unsere Landesverwaltung getroffene Einverleibung der Murinsel mit Kroatien allergnädigst zu genehmigen. Dies erfordert das Interesse der dortigen Einwohner, die ausschließlich Kroaten sind, als auch die Oekonomie der Verwaltung, die auch bis nun in kirchlicher Beziehung stets dem Agramer Bischofe zukam.

f) Der nationale und politische innigste Verband der serbischen Wojwodschaft mit dem dreieinigen Königreiche möge dem von der serbischen Nation in ihrer Nationalversammlung vom ¹/₁₃ und ³/₁₅ Mai 1848 ausgesprochenen

Wünsche gemäß im Sinne des VII. Artikels 1848 unseres Landtages umsomehr Allergnädigst gewährleistet werden, da die diplomatische Stellung der serbischen Wojwodschaft laut §. 72 der neuen Charte noch immer im Widerspruche mit dem im benannten Artikel VII. bereits begründeten Verbande mit Kroatien als schwebend erscheint.

g) Um damit der im §. 73 der neuen Reichsverfassung verbürgte Anschluß des Königreiches Dalmatien an die vereinigten Königreiche zur Ausführung gebracht werden könne, erachten wir als ein unabweisbares Erforderniß, daß den Abgeordneten Dalmatiens die Gelegenheit geboten werde, sich mit den Vertretern der erwähnten Königreiche über die Bedingungen dieses Anschlusses baldmöglichst zu verständigen, zu welchem Behufe wir die Einberufung der dalmatinischen Abgeordneten zu unserem nächsten Landtage Allerhöchst zu veranlassen bitten.

Euere Majestät! Im Verlaufe des ereignißvollen Jahres 1848 hat die kroatisch-slavonische Nation durch ihre Vertreter zu wiederholtenmalen zu ihrem gütigen Monarchen gesprochen, Ihm die blutenden Wunden aufgedeckt, und um Abhilfe gebeten, — aber leider kehrten ihre Vertreter immer wie sie kamen — ohne Trost — ohne Abhilfe zurück; — auf längerhin sie zu vertrösten — ist unmöglich; darum erneuern wir unsere Wünsche und Bitten, in der festen Hoffnung, daß Euere Majestät solche Allergnädigst erhören, und uns mit einem Bescheide vom hohen Throne scheiden lassen werden, den wir als die erwünschte Genehmigungsakte unserer dringendsten Bitten in die Hände der Nation werden legen können.

Uns der Allerhöchsten Huld und Gnade Euerer Majestät empfehlend, verharren wir in pflichtgetreuer Unterthänigkeit

Euerer Majestät

Wien, am 25. April 1849.

treugehorsamste Unterthanen und Abgeordnete des bevollmächtigten Landtagsausschusses der Königreiche Dalmatien, Kroatien und Slavonien.

Ambros Vranyczany m/p. **Ivan Kukuljević** m/p.

Ivan Mažuranić m/p. **Franz Žigrović** m/p.

Anrede der kroatischen Deputation an Se. Majestät den Kaiser am 6. Mai 1849 bei der Ueberreichung der vorstehenden Adresse:

Euere k. k. Majestät!

Die treue kroatisch-slavonische Nation sendet uns vor die Stufen des allerhöchsten Thrones, um Euere Majestät pflichtunterthänigst zu huldigen, und ihre unerschütterliche, durch Jahrhunderte stets bewährte Treue und Anhäng

200

lichkeit auszubrücken. Was in unsern Kräften lag, gaben wir stets mit Freuden hin, und sind bereit, für das Wohl der allerhöchsten Dynastie und des Gesammtstaates Alles zu opfern.

Die Einheit eines großen starken Oesterreichs ist und bleibt unser Losungswort; die unerwarteten und sich über alle Berechnung überstürzenden Ereignisse der neuern Zeit haben uns nicht beirrt, und es wird uns auch in der Folge nichts beirren, denn es ermuthiget uns das beruhigende Vertrauen, daß unsere gerechten Wünsche die väterliche Aufnahme und a. g. Anerkennung bei Euerer Majestät stets finden werden.

Mit diesem festen Vertrauen erscheinen wir vor Euerer Majestät, und wagen diese unsere unterthänigste Petition zur allergnädigsten Entscheidung Euerer Majestät demüthigst zu unterbreiten.

Unsere Bitte geht dahin, daß unsere Landtagsbeschlüsse vom 5. Juni 1848 durch a. h. Resolutionen erledigt werden, und hauptsächlich bitten wir:

1) Um die allergnädigste Gewährleistung der eigenen obersten Landesverwaltung.

2) Um die Bestätigung der Landtagsbeschlüsse hinsichtlich der Militärgrenze.

3) Um die Erhebung der Nationalsprache zur ausschließlich ämtlichen.

4) Um die Bestätigung des Verbandes mit der serbischen Wojwodschaft.

5) Um die allerhöchst zu veranlassende Einberufung der dalmatinischen Deputirten zum nächsten kroatischen Landtage.

6) Und schließlich: Um die Bestätigung der durch den Banalrath bereits eingeleiteten Einverleibung der Mur-Insel mit Kroatien.

In der Ueberzeugung, daß diese unsere unterthänigsten Bitten gerecht und mit dem Prinzipe der Staatseinheit vereinbarlich sind, hoffen wir vertrauensvoll, daß Euere Majestät dieselben huldreichst aufzunehmen und zu gewähren geruhen werden.

Hierauf geruhten Se. Majestät der Kaiser der Landes-Deputation Folgendes zu erwiedern:

„Es freut mich, Deputirte der kroatisch-slavonischen Nation an den Stufen meines Thrones zu empfangen, — einer Nation, die zu allen Zeiten den lebendigen Eifer für ihre Nationalität und vaterländische Institutionen mit der unerschütterlichen Anhänglichkeit und treuen Hingebung für ihr angestammtes Regentenhaus zu vereinigen wußte.

Es gewährt mir einige Befriedigung, anzuerkennen, in welch' hohem Maße ihre Nation, gemeinschaftlich mit ihrem ritterlichen Ban

auch in der neuesten Zeit sich um die Erhaltung der Gesammtmonarchie und um die Dynastie verdient gemacht hat. In dieser
Anerkennung liegt auch die Bürgschaft, daß es meinem Herzen
ein wahres Bedürfniß ist, die von der Landes-Kongregation
unterbreiteten Wünsche dieser treuen Nation, soweit sich dieselben mit den Interessen der Gesammtmonarchie in Einklang
bringen lassen, und sobald als die jetzigen, so schwierigen Umstände es gestatten, in Erfüllung zu bringen.

Bringen Sie ihren Landsleuten meinen Gruß, und die Versicherung
meines Wohlwollens. Ich zähle darauf, daß Ihre Nation auch ferner auf der
Bahn der Treue und Anhänglichkeit ausharren wird.«

„Živio vierni narod hèrvatsko-slavonski!“

XXXIII.

Entwurf einer Petition,

welche im Jahre 1849 durch eine vereinte kroatisch-serbische und
romanisch-slovakische Deputation hätte überreicht werden sollen,
deren Ueberreichung jedoch wegen eingetretener Hindernisse
unterblieb.

„Feudale Herrschaft war der Typus und die Grundlage des Staates
Oesterreichs in seiner vormärzlichen Phase. Das Verhältniß des Herrn zu seinem
Diener, nach dem jedesmaligen Zeitgeiste, entweder strenge oder drückend bis
zur Barbarei, oder aber, wie in den neuesten Zeiten, möglichst gemildert und
erträglich gemacht durch die Fortschritte der Humanität, war der Grundgedanke
sämmtlicher staatlicher Institutionen, und die ausschließlich bewegende Kraft
des staatlichen Lebens im damaligen Staate Oesterreichs. Das war das Verhältniß der Regierung zu den Völkern; so das Verhältniß der bürgerlichen
Klassen gegen einander; so endlich das Verhältniß einzelner Nationalitäten
einander gegenüber.

Plötzlich stieß der nivellirende Geist des vorjährigen März diese morsche
Stütze des Gesammtstaates, wie mit einem Schlage um. Von der angewohnten
Basis verrückt, krachte und ächzte das ganze riesige Gefüge in seinen Festen
furchtbar auf, und wankte und drohte zu stürzen. Da erkannte die Weisheit des
damaligen Beherrschers so vieler Reiche, daß es die höchste Zeit sei, das mächtige Gebäude, wenn es nicht einstürzen sollte, auf eine, dem Zeitgeiste gemäßere
Basis zu stellen. Seine Scharfsicht und Milde konnte Ihm, dem Gütigen, keine
andere, als eine solche bezeichnen, die einzig im Stande ist, die Interessen der

Regierung und der Völker auszugleichen, und dies ist die Verantwortlichkeit
jener diesen gegenüber. Er sprach also das hohe Wort der Verantwortlichkeit
der Regierung aus, und indem Er so das erste der eben angedeuteten drei
Staatsverhältnisse umstaltete, bewirkte Er zwar, (und dies war viel): daß der
verrückte Schwerpunkt des großen Staates nicht mehr so furchtbar und so entsetzlich schwankte; aber an eine normale Lage des riesigen Gebäudes war bei
dem mächtigen Stoße noch nicht im entferntesten zu hoffen. In Italien brach
das bisher unter der Asche glimmende Feuer der gänzlichen Trennung von
Oesterreich aus; das Deutschthum Oesterreichs, in der Absicht, ein einiges,
starkes, mächtiges Deutschland aufzubauen, fing gewaltig an den ohnehin wan-
kenden Festen des Staates zu rütteln an; die östliche Hälfte der Monarchie,
Ungarn, das Land der Zukunft Oesterreichs, aus den allgemeinen Wirren des
Gesammtstaates, und der unterdrückten Stellung seiner nicht magyarischen Völker Vortheil ziehend, sagte sich im Wege der Intriguen von altem Verbande
los, und von einem außerösterreichischen, ausschließlichen, privilegirten Großma-
gyarismus träumend, brachte es einen, die Einheit der Gesammtmonarchie auf-
hebenden, Dualismus der Regierungen zu Stande. Da erfaßte eine bange Furcht
die treuen Herzen der noch übrigen treuen Völker Oesterreichs, das Staatsschiff
drohte mitten entzwei zu brechen, und indem es den norditalienischen Ballast,
wie eine unnütze Sache an Italien abtrat, stand es im Begriffe, zu einer Hälfte
von den germanischen, zur andern aber von den großmagyarischen Blutwellen
verschlungen zu werden. Besonders aber waren es die slavischen und romanischen
Völker Gesammt-Oesterreichs, diese nationalen Parias unter den Brudervölkern,
welche das ganze Verzweiflungsvolle der damaligen Lage des Gesammt-Vater-
landes am lebhaftesten begriffen, und vermöge ihrer, zur Zeit isolirten, und lediglich an Oesterreichs Bestand angewiesenen Stellung am lebhaftesten zu begreifen im Stande waren. Das treue Herz voll Zorn, den sehnigen Arm voll
Muskelkraft, erwartete das anhängliche Slavenvolk, erwarteten die Romanen
den günstigen Augenblick, ihre angestammte Treue zu bethätigen, und sich über
die Zerstörer des Gesammtreiches zu stürzen. Ja, sie waren zum Kampfe bereit,
doch nicht wie ehedem, blos um des wilden Kampfes willen, sondern für die
Einheit und Freiheit Oesterreichs, und durch diese für ihre eigene Freiheit. Der
sieggewohnte Kämpfer war bereit, doch es galt diesmal, den Preis des Sieges in
Voraus zu wissen. Da sprach Ferdinand der Gütige das hehre Wort der Gleichberechtigung aus, der Gleichberechtigung nicht nur der Stände, sondern auch jener,
die den Helotenvölkern noch mehr galt, der Nationalitäten, und stellte so, vorderhand im Grundsatze nur, den ganzen Bau des Staates auf seine, einzig Dauer
versprechende, zeit- und naturgemäße Grundlage. Jetzt war der Würfel über das
Schicksal der Zerstörer Oesterreichs geworfen. Italien wurde seitdem für die

Staatseinheit erhalten; die Minen der Deutschthümler in Oesterreich wurden aufgedeckt und gesprengt; Großmagyarien unterdessen zur offenen Rebellion schreitend, kämpft einen Kampf, dessen endlicher Ausgang für Oesterreich nicht zweifelhaft sein kann, wenn es an dem einmal ausgesprochenen, politisch sowohl als moralisch großen, und begeisternden Prinzipe der Gleichberechtigung der Nationalitäten in seiner völligen folgerechten Durchführung auch in der Praxis festhält, und die solchergestalt politisch emanzipirten nicht magyarischen Nationalitäten zum entscheidenden Kampfe vertrauensvoll aufruft, und sie demgemäß ausrüstet.

Alle großen Prinzipien, sowohl die allgemein philosophischen, als auch insbesondere die politischen, wenn sie sich frieblich fortbilden, und wenn sie nach allen Seiten hin beglückend wirken, oder, was eins ist, wenn sie lebendig zugleich und belebend, wenn sie wahr sein sollen, können nur allgemein sein, und gar keine Ausnahme erleiden. Sonst gibt es im Staate zwischen der Regel und Ausnahme einen unvermeidlichen, ununterbrochenen, fortdauernden Kampf, der, möge er endlich hin oder her entschieden werden, nur dazu dient, die anderswo nützlich zu verwendenden Staatskräfte, mögen diese materiell oder geistig sein, unnützerweise zu absorbiren, und das tief im Herzen der Völker schlummernde Rechtsgefühl entweder zu schwächen, oder gänzlich zu verwischen. Ein solch' allgemeines staatliches Prinzip des gegenwärtigen Oesterreichs ist eben die Gleichberechtigung aller Individuen, seien jetzt diese einzelne, oder aber Volksindividuen. Und eben dieses Prinzip, und gar nichts anderes ist es, wodurch sich das heutige Oesterreich von dem vormärzlichen unterscheidet. Denn so wie der Hauptcharakter des vormärzlichen Oesterreichs nur im Prinzipe des Feudalismus lag, so liegt die Seele, die Lebensbedingung des heutigen und künftigen Oesterreichs nur und ausschließlich im Begriffe der Gleichheit Aller, die von Ferdinand dem Gütigen im Grundsatze feierlich ausgesprochen, und vom hoffnungsvollen und jugendlichen, jetzt regierenden Kaiser, als ein heiliger, zur Verherrlichung des Monarchen, und Beglückung seiner Völker sicher führender Talisman auf Manneswort übernommen, von Ihm ihre strenge und folgerechte Verwirklichung, und so zu sagen, Verkörperung erwartet.

Auf dieses ewige, einzig und allein gerechte Prinzip der Gleichberechtigung gestützt, sagte sich am allerersten das edle Kroatenvolk von dem plötzlich entstandenen antiösterreichischen Großmagyarien los, und indem es mit dem Brudervolke der Serben im Bunde Oesterreichs die heilige Oriflamme kühn und ritterlich in seinen Heimathslüften hoch flattern ließ, zu einer Zeit, wo es, o ewige Schmach! auf Oesterreichs Erde ein Gräuel war, Oesterreichs Namen zu nennen, standen diese beiden Völker bereit zum heiligen Kampfe für Oesterreich, jetzt nicht mehr für das alte feudale, sondern für das neue, die Gleichberechtigung verheißende Oesterreich, somit für ihre eigene Freiheit. Dasselbe Prinzip der Gleichberechtigung Aller war es auch, welches auch in den, von magyarischer Despotie beinahe bereits gebrochenen Herzen der Romänen, und des gänzlich vergessenen Slavenvolkes in Nordungarn, einen solchen Eifer, einen solchen Muth, für Oesterreich und die Freiheit mit Gut und Blut einzustehen, entflammte, daß, hätte es sonst der gute Stern Oesterreichs gewollt, gegenwärtig von einem Kriege in Ungarn bereits gar keine Rede wäre. Ungarn wäre durch Ungarn selbst schon bezwungen, und zur Staatseinheit zurückgeführt worden. Aber die vom Sinne der nichtmagyarischen Völker in Ungarn abweichende Politik wollte es anders. Und die Führung des ungar. Krieges saumseligen, mit dem alten Zustande sich abfinden wollenden, und deßwegen gegen jede freie Regung der nicht magyarischen Völkerschaften argwöhnischen Händen anvertraut, konnte nicht nur bis zur Stunde mit dem Kriege in Ungarn nicht fertig werden, sondern ließ sogar durch ihre unzeitige Nachsicht gegen die Rebellen, und ihren schwer zu begreifenden Argwohn gegen die gutgesinnten Völkerschaften die Macht der ersteren so sehr anschwellen, daß sich der Staat gegenwärtig geradezu in der Nothwendigkeit sehen dürfte, zur Bekämpfung der magyarischen Rebellion sogar fremde Hilfe anzusuchen. Einen solchen Abbruch der Ehre Oesterreichs mögen diejenigen verantworten, welche durch das unselige Säumen den Geist der Truppen gebrochen, welche durch das nicht hinlängliche Unterstützen der Serben die gute Sache vernachlässigt; welche das romänische Volk in Siebenbürgen wehrlos dem Messer der Rebellen überantwortet; welche das treue, bei drei Millionen zählende Volk der Slovaken in Nordungarn dort, wo es sich zu Gunsten der gerechten Sache regte, durch konservativ-heuchlerische, im Punkte des Magyarismus mit dem Kossuth gleichdenkende, sogenannte königl. Kommissäre beargwohnt, verfolgt und gehemmt; welche endlich durch alle diese ommissa und commissa den Geist der Rebellion aufgestachelt, und zum Verderben der Ehre Oesterreichs großgezogen.

Durch den unsterblichen Ausspruch der Gleichberechtigung, als zukünftiges Staatsprinzip des großen Oesterreichs, hat dasselbe mit dem alten Feudal-Prinzipe gänzlich und ewig gebrochen. Zwischen Einst und Jetzt findet keine Versöhnung mehr statt, denn das Eine schließt nothwendig das Andere aus. Und so wenig ein lebloser Körper mit einem lebendigen Organismus in näherer Verbindung bleiben kann, ohne endlich entweder diesen zu bewältigen, oder aber von ihm bewältigt zu werden, so wenig kann ein der Geschichte bereits anheimgefallenes, folglich todtes Prinzip mit einem lebenskräftigen in Verbindung gebracht werden, ohne einen erbitterten, wenn auch nicht immer offenen Kampf auf Leben und Tod unter ihnen dadurch anzufachen. Neu ist die Phase, in welche Oesterreichs Völker unlängst getreten sind; neu ist auch demgemäß der

Grundſatz, der fortan ihre Geſchicke lenken ſoll. Er möge alſo ins Leben treten, friſch und munter, unverfälſcht, und von den Sünden der Vergangenheit unberührt, ſo wie ein geſunder, von den Sünden ſeiner Eltern unverdorbener, kräftiger Neugeborner, den die Angehörigen mit aufrichtig bewegtem Herzen als einen von Oben herabſteigenden Engel bewillkommnen; und die geſammten Völker Oeſterreichs werden für Ihn, den Gerechten, überall mit Gut und Blut willig und brüderlich einſtehen, und auf dieſe Weiſe das chriſtlich-ſchöne Wort „Viribus unitis" endlich zur Wahrheit werden laſſen.

Die Verfaſſung vom 4. März 1849 hat es ſich wirklich zur Aufgabe geſtellt, das Gottgeſandte Wort „Gleichberechtigung" endlich auch Fleiſch werden zu laſſen. Und die Art und Weiſe, wie dies in Bezug auf die ſogenannten Erbländer Oeſterreichs geſchah, wollen wir hier unberührt laſſen, weil wir, als insgeſammt der Krone Ungarns ehedem angehörig, bei den Schickſalen der ebengenannten Krone vorderhand, und auch in Zukunft vor allen andern zunächſt betheiligt ſind.

Mit Ausſchluß Siebenbürgens, wo das überwiegende Volk der Romänen neben den übrigen nicht ausdrücklich genannt wird, dann der Kroaten und Serben, deren Schickſal übrigens noch als ungewiß erſcheint, ward durch die angezogene Verfaſſung Ungarn in ſeinen vormärzlichen Grenzen belaſſen. Ueber fünf Millionen nichtmagyariſcher Staatsbürger, folglich die Mehrheit aller Einwohner Ungarns werden da, im Widerſpruche mit der ausgeſprochenen Gleichberechtigung magyar. Herrſchſucht aufgeopfert. Es werden zwar dieſen magyar. Völkerſchaften, nach dem Grundſatze der Gleichberechtigung, Inſtitutionen verheißen (§. 71), die ihre Nationalität garantiren ſollen, aber ausdrücklich ſind dieſelben doch nicht aus den Grenzen Magyariens ausgeſchloſſen (§. 1). Obwohl wir nun nach dem Grundſatze der Gleichberechtigung der Nationalitäten (§. 5) unter jenen, den nichtmagyar. Völkerſchaften verheißenen Inſtitutionen nichts anders begreifen können, als diejenigen Rechte ohne Ausnahme, welche jedem Volke, oder, wie ſich die neue Charte ausdrückt, jedem Kronlande verliehen wurde, ſo will uns doch der Ausdruck der angezogenen Charte „Kronland Ungarn", ohne ausdrückliche Ausſchließung des zahlreichen ſlaviſchen und romäniſchen Volkes, in dieſer unſerer Vorausſetzung beirren. Und wir ſind daher bemüſſigt, im Namen der ewigen Gerechtigkeit, die ſich im Grundſatze der Gleichberechtigung ausſpricht, im Namen der Heiligkeit des kaiſerl. Wortes, und im Intereſſe der Geſammtmonarchie Ein hohes k. k. Miniſterium ehrfurchtsvoll zu bitten, Hochſelbes wolle bei Seiner Majeſtät mit ſeinem Einfluſſe ſich dahin verwenden:

1) daß das ſlovakiſche Volk als ein ſelbſtſtändiges, von Magyaren in

keiner Hinsicht abhängiges Kronland, entschieden und ausdrücklich erklärt und dieses baldmöglichst auch territorialisch bestimmt werde.

2) Daß ebenso das romänische Volk in Ungarn von Magyarien ausgeschieden, und mit den übrigen Romänen der österreich. Monarchie unter ausdrücklicher Erklärung und Benennung der romänischen Nation, als ein Kronland verbunden werde.

3) Daß die bisher im Grundsatze nur ausgesprochene serbische Wojwodschaft je eher territorialisch bestimmt, und mit Aufrechthaltung des am kroatischen Landtage, im Einverständnisse mit den Deputirten der Wojwodschaft ausgesprochenen, von beiden betheiligten Völkern näher zu bestimmenden, politischen Verbandes mit dem dreieinigen Königreiche, in die Kategorie der Kronländer aufgenommen werde.

Wir glauben dadurch nichts, als was gerecht ist, zu fordern. Denn gerecht ist es, daß das vom Kaiser feierlich gegebene, und selbst in der angezogenen Verfassung (§. 5) ausgesprochene Wort der Gleichberechtigung der Nationalitäten, ohne Abbruch, vollständig und vollkommen zur Wahrheit werde. Gerecht ist es, daß fortan in dem gleichberechtigten Oesterreich keine Race über eine andere irgend welche Herrschaft sich anmaße. Aber es ist auch diese unsere Forderung für die Zukunft Oesterreichs von höchster politischer Bedeutung. Denn es ist für die politische Moral von großer Wichtigkeit, daß klare Begriffe, besonders aber wenn sie auch zugleich große, leitende Staatsideen sind, nicht verwirrt werden, was offenbar geschehen würde, wenn man den Begriff der Gleichberechtigung, der seinem Wesen nach nichts anderes bedeutet, als „nicht mehr, und nicht weniger Rechte, als jedes andere Volk,“ applicative auf die nicht magyarischen Stämme dahin auslegen würde, daß dieselben eben so viel Rechte, als die Magyaren erhalten, „jedoch mit Ausnahme der kronländischen Rechte,“ welche indessen, wie natürlich, einzig und allein selbst nach dem Sinne der angezogenen Verfassung, die einzige staatliche Anerkennung und den ausschließlichen staatlichen Ausdruck der Nationalität in sich faßten. Und dann ist es für Oesterreich äußerst wichtig, nach so betrübenden und blutigen Prämissen, für die Zukunft die Wiederholung derselben in Ungarn durch gerechte und geeignete Mittel möglichst zu verhindern. Das „discite justitiam moniti“ dürfte nirgends besser als hier zu beherzigen sein. Das magyarische Element in Ungarn hat sich Oesterreich gegenüber von jeher als ein sprödes, widerspenstiges bewiesen. So zur Zeit Zapolya's, so zur Zeit Vesselényi's, Bocskah's, Tököly's und Rákóczy's, so endlich heute zur Zeit Kossuth's, und so wird es auch in der Zukunft sein, wenn man sich von einer gewissen Partei verleiten läßt, diesen separatistischen Tendenzen keinen geeigneten Damm entgegen zu setzen. Man täusche sich nicht; Ungarn war, ist, und, bei unzweckmäßiger Organisation, wird es auch in der Folge die schwache Seite, die Achillesferse Oesterreichs sein. Denn eine der österreichischen Staatseinheit durchaus entgegengesetzte Vergangenheit von Tausend Jahren wird von denen, die ihre Vortheile genossen, — und dieß war ausschließlich das magyarische Element, und die beinahe ohne Ausnahme magyarisirte Aristokratie des Landes, — noch durch lange Jahre hinaus nicht vergessen und der einheitlichen Staatsidee untergeordnet werden; Verschwörungen auf Verschwörungen häufend (aus der Vergangenheit und Gegenwart schließen wir auf die Zukunft) wird das, einem einheitlichen gleichberechtigten Oesterreich durchaus und ohne jede Ausnahme irgend welcher radikalen oder conservativen politischen Partei, nationale gibt es unter den Magyaren durchaus keine, — abholde magyarische Element den Boden der staatseinheitlichen Idee Oesterreichs im Stillen unterminiren, und wenn man ihm einen politischen Einfluß auf ganze, zahlreiche, seine eigene Anzahl numerisch überwiegende Völkerschaften beläßt, so wird es mit Hilfe dieser, bei einem günstigen Zeitpunkte für den Bestand Oesterreichs geradezu verderblich werden. — Die Vorsehung aber hat selbst gegen dieses Uebel in den zahlreichen, nicht magyarischen, bisher unterdrückten, und deßwegen noch vorderhand von einem Magyarien kein Heil erwartenden Völkerschaften ein natürliches Bollwerk aufgerichtet. Aber dieses Bollwerk zweckmäßig zu benützen, es zu kräftigen, es den Magyaren aus den Händen zu reißen, dieß ist die Aufgabe, dieß ist die Pflicht der Lenker Oesterreichs, um so mehr, da sie hierdurch nicht nur Oesterreich festigen, sondern auch unter einem gegen bedrängte, eines besseren Loses würdige Völkerstämme ewige Gerechtigkeit üben.

Es ist uns sehr wohl bekannt, wie sich ein Theil der öffentlichen Presse, unter dem Einflusse einiger zersprengter Mitglieder der wailand conservativen Partei in Ungarn anstrengt, die Durchführung der Gleichberechtigung der Nationalitäten, in ihrer unverfälschten Reinheit, für Ungarn als unmöglich zu schildern. Es liegt außer unserer Absicht, mit diesen Organen zu rechten, die wir durchaus nicht als Leiter der öffentlichen Meinung, sondern geradezu nur für unbewußte, der wahren Sachlage unkundige, verleitete Werkzeuge der eigentlichen Verleiter ansehen; aber diesen Einiges kurz entgegen zu setzen, halten wir für unsere unabweisliche Pflicht.

Obwohl es nicht zu verkennen ist, daß die gegenwärtige Rebellion in Ungarn, nachdem sie durch Anhäufung revolutionärer Stoffe aus beinahe allen Theilen Europa's, besonders aber an intellektueller Kraft gewonnen, in dieser Hinsicht selbst eine bedeutende politische Wichtigkeit erlangt, so ist sie doch nur in einem Theile ihrer Mittel, und vielleicht in ihren ferneren Zwecken von politischer Natur; in ihrem Ursprunge aber, in den Sympathien und Antipathien der verschiedenen nationalen Bestandtheile ihres eigenen Landes, in ihren

Hauptmitteln, und was die Hauptsache ist, in ihrer gegenwärtigen Beherr-
schung, in ihren nächsten Zwecken und Folgen ist sie hauptsächlich eine magya-
risch-nationale. Man könnte sagen: die Beihilfe, und die eventuellen ferneren
Folgen dieser Rebellion sind politischer Natur; ihre Vergangenheit aber, ihre
Gegenwart, und ihre nächste Zukunft haben einen reinen magyarisch-nationalen
Charakter. Vom magyar. Elemente wurde diese Rebellion ausgeheckt; vom
magyar. Elemente wird sie selbstwillig getragen; vom magyarischen Elemente
wird sie beherrscht, und der ausgesprochene nächste Zweck dieser Rebellion ist
die Konstituirung einer von Oesterreich unabhängigen, ausschließlich magyar.
nationalen Monarchie. Da kämpft von einer Seite der erbitterste, alle Nationalitäten verschlingen wollende, unterjochende Magyarismus, von der andern
aber das große, nivellirende, gleichberechtigende Prinzip Oesterreichs. Und fragen wir, wo und wann haben diese Alt-Konservativen Ungarns diesem gleich-
berechtigenden Prinzip in Bezug auf nicht magyarische Volksstämme Vorschub
geleistet? so wird nach unserem Wissen und Gewissen die Antwort darauf sein:
Nirgends und niemals. „Es gibt in Ungarn keine andere Nation, als die magyarische, „magyar nemzet" war ja von jeher das Feldgeschrei sowohl dieser
jetzt versprengten Partei, wie das des Kossuth. Und heute noch kämpfen für
diese ausschließlich magyarische, die Nationatitäten unterjochende, Idee der
Kossuth mit dem Schwerte auf den Ebenen Ungarns, diese sogenannten Alt-
Konservativen aber als k. Kommissäre in Ungarn durch das Niederschlagen des
antimagyarischen Geistes, als Publizisten durch die Beirrung der öffentlichen
Meinung, als Hofleute endlich durch die Lähmung der militärischen Opera-
tionen des kaiserl. Heeres: überall, mit der Zunge, mit der Feder, durch
Ränke, durch Verläumdungen, nur um die beabsichtigte Emanzipation der zahlreichen gutgesinnten Völkerstämme Ungarns zu hintertreiben, und den vormärzlichen politischen Einfluß der Magyaren auf dieselben auch fernerhin zu behalten.
Und diese Partei, die beiläufig gesagt, keine Partei ist, will sich noch nach solchen Prämissen als eine Oesterreich, wohlgemerkt, dem jetzigen, gleichberechti-
genden Oesterreich, freundliche geriren?! Vor dem vorjährigen März konnte dies
zwar in einem gewissen Sinne noch angenommen werden, aber heute können
derlei Parteien das gleichberechtigende Oesterreich eben so wenig ihr Eigen
nennen, als dieses Oesterreich derlei, gegen die Gleichberechtigung der Nationalitäten, folglich gegen das Lebensprincip desselben ankämpfende Parteien, wenn
es auf sein Wohl bedacht ist, als seine Verbündete ansehen kann.

Was übrigens den Vorwurf der Unmöglichkeit der Ausführung des großen österreichischen Staatsprinzipes in Ungarn anbelangt, so gestehen wir, daß
diese Ausführung zwar nicht ohne Schwierigkeiten ist, aber unmöglich ist sie doch
deßwegen bei Weitem noch nicht. Jedes neue, große Staatsprinzip will mit

Schwierigkeiten eingeführt werden, wie also nicht eben so das unsterbliche, die ganze Zukunft Oesterreichs bedingende Prinzip der Gleichberechtigung? Aber die ewige Gerechtigkeit, die sich in diesem Prinzipe ausspricht, und der große Staatszweck der Einheit und des friedlichen Nebeneinanderbestehens der verschiedenen Völker in Oesterreich, dürfte wohl der geringen Mühe werth und würdig sein, die man sich dadurch zuziehen würde. *Fiat justitia, pereat mundus.*

Nicht mehr einseitige Herrschaft, nein, die vollständige, folgerechte Durchführung der Gleichheit unter den verschiedenen Völkerstämmen ist die große Aufgabe Oesterreichs; und diese ist fürwahr erhebender, edler und christlicher, als die irgend eines andern Staates des alten Kontinents. Möge Oesterreich diese rein menschliche Aufgabe je tiefer begreifen; möge es dieselbe je eher auch in der Wirklichkeit so lösen, wie sie Ferdinand der Gütige, geleitet von Seinem angebornen Rechtsgefühle, und dem unsterblichen Wahlspruche seines Vaters *„Justitia Regnorum fundamentum"* ausgesprochen. Denn die Brücke zur Rückkehr zum alten Regierungsprinzipe brach der merkwürdige März des vorigen Jahres ab, und mit der vollständigen Durchführung des neuen, in der Gleichberechtigung der verschiedenen Stämme sich aussprechenden Prinzipes, steht und fällt Oesterreich.

XXXIV.

Proklamation des Ban Jellačić an die kroatisch-slavonische Nation,

erlassen vor seiner Abreise von Agram,

worin er dieselbe zum Ausharren in der Aufrechthaltung der Ruhe und Ordnung, und Bewahrung der Treue gegen König und die Dynastie, und Bethätigung des Wunsches für die Erhaltung der Integrität der österreichischen Monarchie aufmuntert.

Mitten in dringenden Geschäften nahm ich mir etwas Zeit, und kam, um Dich, mein geliebtes Volk, zu sehen. Als ich im Herbste von Dir schied, hoffte ich, daß Du bei Deinen Absichten standhaft verbleiben, und männlich jedem Bethörungsversuche begegnen werdest, und ich täuschte mich auch nicht in Dir. — In Deinem Schooße tauchten einige falsche Propheten auf, welche Dich von der ernst betretenen Bahn der Gesetzlichkeit und Redlichkeit ablenken wollten, — aber das Dir angeborne Rechtsgefühl bewahrte Dich größtentheils vor so vielen Bethörungs- und Verführungsversuchen, und Du verbliebst, wie Du immer gewesen, charaktervoll, redlich und friedsam.

14

Ich trenne mich wieder von Dir, um für die heilige Sache, die Du am
vorjährigen Landtage als die Deinige anerkannt hast, zu kämpfen, und scheidend
beschwöre ich Dich beim lebendigen Gott: daß Du Ordnung und Frieden als
Dein Theuerstes bewahrest, denn ohne Ordnung und Frieden gibt es keine wahre
Freiheit, kein Glück, keinen Wohlstand; bleibe treu wie bisher Deinem regierenden Könige und der erlauchten Dynastie; lasse nicht ab von dem Wunsche, die
Integrität der Monarchie zu erhalten, wie Du es im vorigen Jahre durch Deine
Vertreter vor der Welt ausgesprochen hast; sei folgsam den Behörden; achte die
Landesverwaltung, und unterstütze sie in ihrer schwierigen Aufgabe. Dies fordert
von Dir Dein Ban, der nur den Wunsch hegt, Dich mein Volk, glücklich zu se-
hen. Gott befohlen!

Agram, den 9. Mai 1849.

Jellačić m/p. Ban.

XXXV.

Das vom Ban Jellačić als Diktator erlassene provisorische Preßgesetz.

In Anbetracht, daß in einem wohlgeregelten Staate keine freie Handlungsweise der Mitbürger ohne Bestimmung der bezüglichen Gesetze und Ueberwa-
chung der betreffenden Behörden bleiben kann, und da in neuerer Zeit bei der
Handhabung der Agramer periodischen Presse derart anstößige Vorfälle sich er-
eignet haben, daß sie eines jeden guten Patrioten Innerstes mit gerechtem Schmerz
erfüllen müssen, und es sich gezeigt hatte, daß die durch meinen Banalrath in
Folge meines Befehles vom 9. Dezember v. J. getroffenen Maßnahmen diesem
Uebel nicht abhelfen konnten: erachte ich es für bringend, meiner von Sr. Majestät mir verliehenen gewöhnlichen, so wie auch der durch den Landtag mir bis auf
jene Zeit, wo nach Beendigung des Krieges alle bürgerlichen Angelegenheiten
im gesetzlichen Wege geregelt werden können, mir eingeräumten außergewöhnlichen Macht zu Folge, für Kroatien und Slavonien nachstehende Bestimmungen
zur pünktlichen Darnachachtung zu erlassen:

1. Jede Druckschrift, wozu auch die Kupfer- und Steindruckarbeiten gehören,
muß den Namen des Druckerei-Inhabers, den Ort und die Zeit der Drucklegung enthalten.

2. Jedes Produkt der periodischen Presse muß außerdem noch die Angabe des Herausgebers, und eines verantwortlichen Redakteurs, oder mehrerer, wenn es deren gibt, führen.

3. Der Verleger muß im Genuße der bürgerlichen Rechte einer der österreichischen Provinzen sein, der Redakteur aber noch außerdem das 24. Lebensjahr zurückgelegt haben.

4. Der Herausgeber eines periodischen politischen Blattes hat, wenn dieses öfter als dreimal in der Woche erscheint, 2000 fl., bei dreimaligem Erscheinen 1000 fl., bei weniger als dreimaliger wöchentlicher Ausgabe 500 fl. K. M. als Kaution zu erlegen.

5. Die Kaution muß der Ortsbehörde übergeben werden, und im baren Gelde oder in Staatsschuld-Verschreibungen nach dem Nominalwerthe bestehen. Im baren Gelde erlegte Kautionen sind bei der Agramer oder einer andern vaterländischen Sparkassa, falls eine solche errichtet werden sollte, zu deponiren; die entweder von der Spar- oder Landeskassa zu entrichtenden Interessen werden von den Kautionsleistern behoben.

6. Jede Ortsbehörde hat unter strengster Verantwortung jeden Fall der ihr anvertrauten Kaution, wie auch die Verwenduug derselben längstens binnen 14 Tagen dem Banalrathe bekannt zu geben.

7. In Hinsicht der bereits bestehenden periodischen Blätter muß der Obliegenheit betreff der Kaution binnen Monatfrist, betreff der übrigen in gegenwärtiger Verordnung enthaltenen Paragraphe aber binnen 8 Tagen nach Veröffentlichung derselben unter Strafe der Einstellung entsprochen, und hierdurch die Befähigung der Herausgeber vor der Behörde erwiesen werden.

8. Die Lokal-Behörde wird gegenwärtige Vorschrift jedem Buchdrucker, Herausgeber, Redakteur und Buchhändler zustellen, und darüber von den betreffenden Personen einen Revers abverlangen. Vom Datum des Reverses, der von den Behörden dem Banalrathe binnen 8 Tagen zu unterbreiten kommt, wird die Zeit gerechnet, von welcher an mit jedem periodischen Blatte nach diesem Gesetze verfahren wird.

9. Neue periodische Blätter dürfen nicht entstehen, falls die vorgeschriebene Kaution nicht geleistet wird und wenn die in dieser Vorschrift bestimmten Punkte nicht erfüllt werden.

10. Bis zur Einführung gegenwärtiger Vorschrift wird jedes Preßvergehen nach den bestehenden Landesgesetzen gerichtet, mit dem Bemerken, daß in dem Falle der Majestätsbeleidigung oder des Landesverrathes, die Banaltafel, als der hierlands für nun höchste Gerichtshof zu richten haben wird.

11. Nach diesem Maßstabe wird von nun an diese Gerichtsbehörde über alle Preßvergehen, insofern sie nach den bestehenden Gesetzen bestimmte Fälle von

14*

Majestätsbeleidigung oder Verrath am Vaterlande in sich begreifen,
richten. In den übrigen Fällen wird nach weiter unten bestimmten Satzun-
gen das Urtheil gefällt werden.

12. Bloß im Falle der Majestätsbeleidigung und des Verrathes am Vaterlande
wird außer dem Drucker, Herausgeber und verantwortlichen Redakteur auch
der Verfasser zur Verantwortung gezogen.

13. In den übrigen Fällen sind bloß der Herausgeber und Redakteur verantwortlich.

14. Der Herausgeber wird mit einem Geldpönale, oder Einstellung des betreffenden Blattes, der Redakteur aber mit der Arreststrafe und Unfähigkeitser-
klärung zur ferneren Redaktion von Zeitschriften in unserem Vaterlande
bestraft.

15. Jede Geldstrafe wird dem städtischen Armeninstitute zufallen. Wenn der
Herausgeber des beinzichtigten Blattes die ihm auferlegte Geldstrafe binnen 3 Tagen nach der Verurtheilung der Ortsbehörde nicht übermittelt, so
wird sie von der erlegten Kaution genommen. Die verminderte Kaution
muß vom Herausgeber des verurtheilten Blattes binnen 8 Tagen gegen
sonstige Einstellung desselben ergänzt werden.

16. Jeder Redakteur ist verpflichtet, die Widerlegungen der in seinem Blatte
veröffentlichten Berichte, falls sie von irgend einer Behörde zugesendet werden, unentgeltlich aufzunehmen. Von Privaten eingesendete Widerlegungen
aber ist er nur gegen tarifmäßige Vergütung aufzunehmen schuldig; im
Weigerungsfalle hat der Verleger einen Strafbetrag von 50 fl. für
jeden einzelnen Fall zu bezahlen.

17. Aufreizung zur gewaltsamen Aenderung der bestehenden Gesetze, zur gewaltsamen Losreißung einzelner Provinzen von der österreichischen Monarchie, zum Aufruhr und Bürgerkrieg, und Angriffe des Landesfürsten werden
mit Kerker von 2—10 Jahren, und nebstdem bei Tagesblättern mit Geldstrafe, nach Umständen bis zum Kautionsbetrage, bestraft.

18. Aufforderung zur Verweigerung des Gehorsams den bestehenden Gesetzen
und den gesetzlichen Behörden, zum Hasse der Nationalitäten und Glau-
benskonfessionen, wird mit Kerker von 1 Monat bis auf 2 Jahre und
einem Pönale von 50—500 fl. bestraft.

19. Die Verbreitung beunruhigender Gerüchte, wenn sich deren Grundlosigkeit
herausstellt, wird mit Arrest bis auf 3 Monate und einer Geldstrafe bis
auf 200 fl. geahndet.

20. Mißbrauch der Presse gegen Moralität und Anstand unterliegt einer Arreststrafe bis auf 6 Monate und einer Geldbuße bis 300 fl. K. M.

21. Angriffe auf Redlichkeit und den guten Namen einzelner Personen, mögen sie benannt oder so geschildert sein, daß sie leicht errathen werden können, werden mit Arrest bis auf 3 Monate und einer Geldstrafe bis 200 fl. bestraft.

22. Wenn Jemand zur Leistung der wegen Preßübertretungen auferlegten Geldstrafe Beiträge sammeln sollte, wird er mit Arrest bis auf 1 Monat und einer Geldbuße bis 100 fl. bestraft.

23. Jede Druckschrift, die aus oben angeführten Gründen verpönt ist, muß nach Möglichkeit durch die Ortsbehörde konfiszirt und vertilgt werden, was auch bei solchen Druckschriften zu gelten hat, die aus einer andern Provinz in unser Vaterland gelangen.

24. Beim zweiten Uebertretungsfalle wird die betreffende Strafe erhöht werden. Im dritten, wenn auch nicht gleichen Uebertretungsfalle kann das Blatt ganz eingestellt werden, was im 4. Uebertretungsfalle nebst der Unfähigkeits-Erklärung des Redakteurs jedenfalls zu geschehen hat.

Vom Gerichtsverfahren in Preßübertretungsfällen.

Das Gerichtsverfahren nach obangeführten Bestimmungen beginnt mit der Jury. Selbe wird in jeder Stadt aus den Bürgern oder betreffenden Patriziern zusammengesetzt. Auf Ansuchen des Landesanwaltes wird der Stadthauptmann 36 Bürger in alphabetischer Ordnung zusammenberufen, aus welchen der Landesanwalt (Fiskus) 12, und eben so viele der Angeklagte ausscheiden wird. Die Uebriggebliebenen 12 werden unter sich den Präsidenten wählen, und nach Vernehmung der vom Anwalte vorgelegten Klage und der bezüglichen Verordnung nach reifer und gewissenhafter Erwägung nach Stimmenmehrheit über den Angeklagten das „Schuldig" oder „Nichtschuldig" aussprechen. Im letzteren Falle ist der Angeklagte von jeder gerichtlichen Untersuchung gänzlich frei, im erstern Falle aber wird selbe folgendermaßen stattfinden:

Die Gerichtsstelle der Preßvergehen ist:

1) Die ordentliche Gerichtsbehörde des Angeklagten.

2) Den Prozeß leitet vor diesem Gerichte der Landesanwalt ein, welchen entweder der Ban oder dessen Stellvertreter für jede Stadt ernennen wird.

3) Das Gerichtsverfahren ist mündlich.

4) Die Gerichtsverhandlung wird öffentlich abgehalten, d. h. zu der zwischen dem Kläger und Angeklagten stattfindenden Verhandlung ist Jedermann unter der Bedingung, daß er sich anständig und durchaus still verhalte, der Zutritt gestattet. Im widrigen Falle müssen sich die Zuhörer auf Geheiß des Gerichts-Präsidenten oder Ansuchen des Landes-Fiskus, wenn selbes wenigstens von 2 Gerichts-Beisitzern unterstützt wird, entfernen. Nur die Berathungen des Gerichtes

müssen geheim gehalten, nach deren Beendigung aber alsogleich öffentlich bekannt gemacht werden.

5) Als oberster Appellationshof wird die Banaltafel bestimmt. Sollte beim Gerichtsverfahren der ersten Instanz ein wesentlicher Formfehler (quoad formam) unterlaufen, so hat dieselbe ihr Urtheil auf Verbesserung, respektive Erneuerung des Verfahrens zu fällen. Im Falle eines unwesentlichen Formfehlers der ersten Instanz aber fällt die Banaltafel alsogleich (quoad meritum) das Urtheil.

6) Sowohl der Anwalt als auch der Angeklagte können an die Banaltafel appelliren.

Agram, den 9. Mai 1849.

Jellačić m/p.
Ban und Diktator.

XXXVI.

Proklamation des Ban Jellačić an die Serben,

in welcher dieselben zum Ausharren in ihrem Kampfe für König und Freiheit aufgemuntert werden.

Brüder! Serben!

Unsere Nation hat sich heldenmüthig für ihre Freiheit und die Erhaltung des österreichischen Thrones erhoben. Ihr Bewohner der Wojwodschaft lenket den staunenden Blick Europa's auf Euch und Euere Brüder. Die Kroaten und Slavonier erwiederten durch ein blutiges Echo Euere an den Tag gelegten Drangsale bei den Angriffen des Feindes zu Jarak, Arad, Sèrbobran und auf den anderen Wahlstätten Eueres Ruhmes. Die Sonne lächelte uns an, — unser Ruhm fing an zu wachsen, aber das Kriegsglück ist unstät und veränderlich, bis am Ende doch die Gerechtigkeit und Heiligkeit unserer Sache siegt.

Am Felde, das mit dem Blute unserer Helden getränkt ist, werden die Keime unserer Freiheit und unseres Glückes aufblühen.

Serben! Brüder! Lasset nicht ab von Euerem Muthe, spiegelt Euch an den Thaten Euerer Vorältern, und bedenket, daß große Dinge große Opfer erfordern. Jetzt bin ich näher bei Euch, und meine Armee wird sich mit Gottes Hilfe mit der Euerigen vereinigen. Ich, stets meinem Kaiser und König treu, stand immer bei meinem Volke, erglüht für dessen Rettung und Wohl, wofür ich, stünde es mir zu Gebote, hundertmal mein Leben opfern wollte. Unseren heiligen Wunsch möge nur unsere gegenseitige Eintracht stärken und unterstützen.

Brüder! Serben! In Kürze wollen wir, die wir bis jetzt nur im Geiste vereint waren, neben einander am Schlachtfelde für König und Freiheit stehen. Diese Vereinigung möge der Anfang der unumstößlichen Eintracht und Brüderlichkeit der verbündeten Söhne einer Mutter „Unserer Slava" sein. Lasset uns auf die Gerechtigkeit Gottes und unser Heldenglück hoffen. Gott erhalte unsern Kaiser und König Franz Joseph, und unsere ganze getreue Nation!

Esseg, am 15. Mai 1849.

Jellačić m/p.
Ban.

XXXVII.

Proklamation des Ban Jellačić an die Kroaten, Slavonier und Grenzer,

betreffend die Reichsverfassung vom 4. März 1849, und die dadurch den österr. Völkern gewährten Rechte und Freiheiten.

Meine geliebten Brüder und Stammesgenossen!

Mit dem allerhöchsten Manifeste vom 4. März l. J. haben Se. k. k. Majestät dem Gesammtstaate Oesterreich eine Verfassungs-Urkunde verliehen, welche alle unsere Wünsche befriedigt.

Diese Verfassungs-Urkunde wurde von allen Völkern des Reiches mit Jubel und Dank aufgenommen, und ebenso werdet Ihr, meine lieben Brüder! erkennen, daß selbe noch mehr allergnädigst gewährt, als wir hoffen konnten zur Zeit unserer Erhebung zur Aufrechthaltung der Einheit des Kaiserstaates, und für die Gleichberechtigung aller Nationalitäten desselben.

Durch diese Verfassungs-Urkunde ist im gleichen Maße wie in allen Kronländern des konstitutionellen Oesterreichs die autonome Verwaltung des Landes gesichert, so weit es die Einheit eines kräftigen Reiches zulässig macht.

Einheit des Ganzen, und Selbstständigkeit der einzelnen Theile sind die Grundlage dieser Verfassung, und die Königreiche Kroatien und Slavonien haben einen Beweis der anerkennenden kaiserlichen Huld erhalten. Es wurde ihnen ein wesentlicher Zuwachs an Rechten und Freiheiten verliehen. Ihre eigenthümlichen Institutionen werden in völliger Unabhängigkeit vom Königreiche Ungarn aufrecht erhalten, und ihnen an den gemeinsamen Angelegenheiten der Monarchie der gebührende Antheil gegeben.

Da ich noch immer durch die Kriegsverhältnisse verhindert bin, persönlich der feierlichen Kundmachung der Verfassungs-Urkunde in der Hauptstadt des

Landes beizuwohnen, so übersende ich sie Euch noch vom Schlachtfelde, damit die sohinige Anbahnung der wichtigsten und vom Lande schon sehnlichst erwarteten Organisirungen, darunter der Beschluß über die Landesverfassung dieser Königreiche und das Wahlgesetz für den Landtag derselben nunmehr ohne Zögerung erfolgen könne, zu welchem Behufe mit den Landesverhältnissen vollkommen vertraute, und durch ihre Kenntnisse befähigte Männer des Landes nun nach Wien berufen sind.

Die Aufhebung der Urbarial-Leistungen in den Königreichen Kroatien und Slavonien wurde mit allerhöchstem Patente vom 7. l. M. gewährleistet, welches Patent besonders kundgemacht wird, und gleichzeitig werden die erforderlichen Verfügungen erlassen wegen schleuniger Erfolgung der billigen Entschädigung, und der unabhängig von der bezüglichen Ausmittlung einstweilen auf Abschlag der gebührenden Vergütung zu bezahlenden Vorschüsse an die Bezugsberechtigten.

Euch, meine lieben tapferen Grenzer! sind, wie Euch durch die schon im April publizirten beiden allerhöchsten Handbillete aus Olmütz vom 31. März l. J. bekanntgegeben worden, Euere Unterstützungsfrüchten-Schulden im Betrage von nahe an anderthalb Millionen allergnädigst erlassen, wie auch die allerhöchste Versicherung ertheilt worden, daß Ihr zwar in der Eigenschaft als Soldaten und in allen, den Militärgrenzdienst betreffenden Angelegenheiten der vollziehenden Reichsgewalt untergeordnet bleiben, jedoch Euere eigene Gemeindeverfassung besitzen, und überhaupt an allen, den übrigen Völkern verliehenen Gerechtsamen Theil nehmen sollet.

Brüder und Landsleute! lange schon wüthet ein unheilvoller Bürgerkrieg in unserm großen Kaiserreiche. Tausende sind im Kampfe, noch mehr den Mühen und Beschwerden erlegen. Die Gräuel der Verwüstung haben blühende Ortschaften zur Einöde gemacht, der reiche Segen des Bodens findet keine Hände ihn zu ernten, zwischen verbrannten Garben liegen unbeerdigt die Leichen der Gefallenen. Wohl ist das entsetzlich, aber es ist das größte Uebel das nicht! Unser Land ist gesegnet; der blaue Himmel wölbt sich befruchtend wie immer über unsere Gauen; es lebt der alte gute Gott; — einige Jahre des Friedens, und die Wunden sind geheilt! Viel trauriger und von böseren, nachtheiligeren Folgen aber ist die durch die Umstürze der letzten Zeit herbeigeführte Erschütterung der gesetzlichen Ordnung; der geregelte Gang der Verwaltung ist gestört; die Gerichtspflege liegt im Argen; so viele nicht mehr haltbare alte Anordnungen sind außer Wirksamkeit getreten, ohne daß bis nun eine neue passendere Ordnung der Dinge an ihre Stelle gesetzt worden wäre. Dies zu thun ist die höchste Zeit! Jeder rechtschaffene Mann wird seinen Monarchen und die Regierung unterstützen, um das große Werk der Reorganisirung unserer gelockerten

Zustände mit aller Macht des Vertrauens, mit aller Energie des Willens zu fördern. Die von Sr. Majestät unserem allergnädigsten Monarchen gegebene Verfassung sichert jedem Kronlande die Autonomie seiner Verwaltung, jeder Nationalität ihre freie nationale Entwickelung. Die Reichsverfassung selbst aber ist in ihren großen Grundzügen das Band, welches alle Völker Oesterreichs zu einem kräftigen großen Reiche vereinigen soll und wird.

So hat sich unsere Nation auf dem vorjährigen Landtage ausgesprochen, so ich, als ein Organ derselben, und zwar beide aus der innigsten Tiefe der Ueberzeugung.

Für diese Ueberzeugung haben schon Tausende auf dem Schlachtfelde geblutet, für diese Ueberzeugung setze ich täglich mein Leben ein.

Der Kroate, der Slavonier in seinen herrlichen Königreichen, der Serbe in seiner üppigen Wojwodschaft, der Čeche, der Deutsche, der Romane, der Slowak, der Ruthene und Pole, der Ungar und Italiener — sie seien fürder nur Brüder, nur Bewohner eines großen Hauses unter einem Dache; ein jedes Glied dieser großen Familie richte sich seine Wohnung ein, wie es ihm am besten dünkt, ohne seinen Bruder in der seinigen zu stören, geleitet von einem und demselben geliebten Familienvater. So wird, so muß unser großes Vaterland sich gestalten.

Daß wir aber sobald als möglich zu diesem Ziele gelangen, dazu ist Euer Aller thätigste redlichste Mitwirkung unerläßlich.

Brüder und Landsleute! vertrauet, wie bisher Eurem Ban, so wie er mit hingebender Treue seinem erhabenen und ritterlichen Monarchen vertrauet, helfet ihm in der Einrichtung unseres großen Hauses.

Im Genuße gesetzlicher Freiheit werden wir, in jedem Jahre vorwärts schreitend, in Einsicht und Erfahrung eifrig aber besonnen jene Verbesserungen einführen, die unser Wohl und Gedeihen fördern werden.

Unsere Nation, tapfer im Kriege, wird auch in der Organisirung und Verwaltung ihre besonnene Klugheit beweisen, und dies soll, wie ich zuversichtlich hoffe, unser schönster Ruhm werden, Ruhe und Ordnung, stets zunehmenden Wohlstand, intellektuelle und moralische Bildung begründen.

Nimmer werdet Ihr Gehör geben einigen wenigen Unbesonnenen, oder Böswilligen, die jeder gesetzlichen Ordnung feind, Uneinigkeit, Mißtrauen, Krieg predigen, wo Eintracht, Vertrauen und Friede Noth thut. Mit Verachtung werdet Ihr ihrer wortreichen Keckheit begegnen, eben darum, weil sie, so wie jetzt, auch damals nur Worte hatten, wo Tausende von Euch ihr Herzblut und den Rest ihrer Habe auf den Altar des Vaterlandes zu Opfer gebracht haben und noch bringen. Der Himmel ist mit uns und mit der gerechten Sache; wir werden siegen und glücklich sein!

Gott beschütze und segne das einige konstitutionelle Oesterreich, unseren jungen ritterlichen Kaiser und König, und unser theueres Vaterland!

Ruma, am 28. Juli 1849.

Jellačić m/p,
Ban.

XXXVIII.

Vorstellung der Banalrathsversammlung an den Ban Jellačić,

gegen die angeordnete Kundmachung der Reichsverfassung vom 4. März 1849.

Euere Excellenz!

Als sich im vorigen Jahre unsere Nation aus dem dreieinigen König-reiche Kroatien, Slavonien und Dalmatien gegen die Aufständischen des König-reiches Ungarn und des Großfürstenthums Siebenbürgen zumeist deßhalb er-hob, weil von Seite der Magyaren nicht nur unsere nationale Freiheit ver-letzt und geringgeschätzt wurde, sondern auch deßhalb, weil von den Magyaren die alten Rechte und Beziehungen unseres dreieinigen Königreiches nicht aner-kannt wurden, und dieselben uns unterjochen und beherrschen wollten, da erhob sich sammt Euerer Excellenz begeistert unsere ganze Nation wie ein Mann, um ihre Freiheit und ihre Ehre zu vertheidigen. Diese vertheidigend, steht unsere Nation auch jetzt theils unter den Waffen, theils aber bietet sie zu obigem Zwecke, der Bürgerpflicht gemäß, ihre geistige und materielle Hilfe. Zu gleicher Zeit, als sich die Nation erhob, faßte sie, nach ihren alten konstitutionellen, von allen bisherigen Königen mit dem Eide bekräftigten Rechten, auf ihrem Land-tage viele unserem Volke heilbringende Beschlüsse, unter denen auch folgender enthalten ist: daß die Nation sowohl die Einheit der österreichischen Monarchie als auch das Recht der Dynastie wahren wolle, und daß sie sich wegen der dadurch zu erzielenden Macht des ganzen Kaiserreiches den gemeinsamen Mini-sterien des Krieges, der Finanzen und der auswärtigen Angelegenheiten unter-werfen wolle. — Ob die Nation an diesen ihren Beschlüssen, obschon selbe bis-her von keiner Seite bestätigt und gutgeheißen wurden, treu und mannhaft festgehalten habe, lehrt uns unsere Vergangenheit. Weder in ihren oberwähnten Landtagsbeschlüssen, noch in ihren Manifesten und Repräsentationen sprach sich unsere Nation dahin aus: daß sie sich ihrer alten, von ihren Vorfahren über-

kommenen, durch das Gesetz und den Eid aller seiner Könige bestättigten Landesverfassung entäußern wolle. Nach dem Sinne der erwähnten Verfassung, welche mit
den früheren Gesetzen und den neuesten Beschlüssen unseres letzten Landtages
die Basis unserer jetzigen politischen Situation bildet, heißt es im Art. LVIII
v. J. 1790—91: daß alle das dreieinige Königreich betreffenden
Angelegenheiten einzig und allein am Landtage dieser Königreiche in Verhandlung genommen werden können und dürfen; weiter heißt es im Art. X und XII v. J. 1790—91: daß unserer Nation
das heilige und unverletzbare Recht zukomme, zu verlangen: daß
selbe einzig und allein durch ihre Gesetze, nicht aber durch allerlei
Verordnungen, Patente und Erlässe regiert werde. —

Aus diesen Gründen werden Ew. Excellenz auch uns, als dem in Ihrem
Namen nur nach dem Gesetze und unserem Gewissen das Vaterland leitenden
Banalrathe verzeihen, wenn wir Ihnen, gemäß unserer Pflicht, offen erklären:
daß wir, als der, unsere konstitutionellen Königreiche leitende Körper, dem es
zukömmt die Gesetze aufrecht zu erhalten, jene oktroyrte Verfassung, die am 4.
März d. J. auf eine inkonstitutionelle Weise den übrigen Ländern des Kaiserreichs
ertheilt wurde, ohne unseren gesetzlichen Landtag der Nation nicht publiziren
können, und dies um so weniger, als gerade die oktroyrte Verfassung nicht nur
gegen die politischen und historischen Rechte unserer Königreiche, gegen Ihre
Banalwürde, und gegen die Zukunft unserer Nation verstößt, sondern auch durch
dieselbe die alten Grenzen unseres Vaterlandes verletzt werden, indem dadurch unsere tapfere kroatisch-slavonische Militärgrenze, welche nicht
nur im Sinne unserer Gesetze und höherer Resolutionen einen integrirenden Theil
unseres Vaterlandes ausmacht, sondern auch, obgleich seit Maria Theresia's Zeiten
unter einer eigenen Militärverwaltung stehend, wenn nicht anders, so doch von
der gemeinschaftlichen Civil-Kameralverwaltung abhängig war, von uns
getrennt und einem ganz neuen, aus derselben Grenze geschaffenen Kronlande zugetheilt wird.

Wollen Ew. Excellenz, als gefeierter Sohn unseres Vaterlandes, diese
unsere offenen und gewissenhaften Bemerkungen auf Ihre hohe Zuschrift
vom 28. Juli l. J. berücksichtigen. — Wollen demnach Ew. Excellenz unsere
Bitte Sr. Majestät unserem König, welchem unsere Nation stets treu war und
es auch zu bleiben wünscht, im Namen der für Seine hohe Dynastie begeisterten
Nation vorlegen. — Wollen Sie sich vor unserem allgeliebten, jugendlichen
König auf Ihren als Ban des dreieinigen Königreiches Angesichts der ganzen
Nation geleisteten, Eid berufen, und wir hoffen mit Zuversicht, daß uns dann
Ew. Excellenz nicht zwingen werden, eine so harte Aufgabe, wie dies die Pu-
blikation der oktroyrten Verfassung wäre, zu erfüllen; auch wird unser gerechter

jugendlicher König dem nicht entgegen sein, daß die oktroyrte Verfassung, nach unserem alten Gesetze und Brauche, vorerst auf unserem Landtage der ganzen Nation publizirt werde.

Aus der großen Versammlung des Banalrathes.

Agram, am 4. August 1849.

Euerer Excellenz eifrigster Verehrer

Emerich Lentulay m/p.

Banal-Lokumtenent.

XXXIX.

Kaiserliches Patent

über die Errichtung der serbischen Wojwodschaft.

Wir Franz Joseph der Erste, von Gottes Gnaden Kaiser von Oesterreich, König von Ungarn und Böhmen ꝛc. ꝛc.; haben mit Beziehung auf Unser Patent vom 15. Dezember 1848 und auf die §§. 1 und 72 der Reichsverfassung, nach dem Antrage Unseres Ministerrathes beschlossen, und verordnen, wie folgt:

Aus dem, die bisherigen Komitate Bács-Bodrogh, Torontal, Temes und Krassó (die Bácska und das Banat), und den Rumaer und Illoker Bezirk des Syrmier Komitates umfassenden Teritorium wird vorläufig, insolange nicht über die künftige organische Stellung dieses Landestheiles in Unserem Reiche, oder über dessen Vereinigung mit einem andern Kronlande im verfassungsmäßigen Wege definitiv entschieden sein wird, ein eigenes Verwaltungsgebiet gebildet, dessen Administration, unabhängig von jener Ungarns, durch unmittelbar Unserem Ministerium unterstehende Landesbehörden zu leiten ist. Dieses Gebiet hat die Benennung „Wojwodschaft Serbien und Temescher-Banat" zu führen.

Wir behalten Uns vor, die Landesvertretung in diesem Gebiete, so wie die Theilnahme seiner Bewohner an der Reichsvertretung, analog mit den Einrichtungen anderer Kronländer, nach den Grundsätzen der Reichsverfassung, durch eine besondere Verfügung provisorisch zu regeln.

Die administrative Oberleitung des Landes finden Wir vorläufig einem provisorischen Landes-Chef mit dem Sitze in Temesvár zu übertragen, dem für die Organisirung der Civil-Verwaltung ein Ministerial-Kommissär zur Seite gestellt wird.

In Berücksichtigung der eigenthümlichen Interessen der verschiedenen, dieses Gebiet bewohnenden Völkerschaften verordnen Wir, daß das Land nach den

Hauptſtämmen ſeiner Bevölkerung in drei größere Verwaltungs-Diſtrikte (Kreiſe), und jeder dieſer Kreiſe in Bezirke untergetheilt, und Uns der Entwurf einer Verordnung über die Einrichtung und den Wirkungskreis ihrer adminiſtrativen und repräſentativen Organe, Kreis- und Bezirksvorſteher, — Kreis- und Bezirks- vertretungen, zur Sanktion vorgelegt werde.

Die ſyrmiſchen Bezirke von Ruma und Illok, und die vorzugsweiſe von den Serben bewohnten Theile der Bácska, ſo wie des Temeſcher- und Toron- taler Komitats haben vorläufig als ein beſonderer Kreis dieſes Gebietes „die Wojwodſchaft Serbien" zu bilden.

Ueber die Vereinigung der Wojwodſchaft Serbien mit einem andern Kronlande wird, dem §. 72 der Reichsverfaſſung zufolge, nach Einvernehmung der Kreisvertretung derſelben entſchieden werden.

Um der ſerbiſchen Nation in Unſerem Reiche den Uns vorgetragenen Wünſchen gemäß eine, ihre nationalen und hiſtoriſchen Erinnerungen ehrende Anerkennung zu gewähren, finden Wir Uns bewogen, Unſerem kaiſerlichen Titel den eines „Groß-Wojwoden der Wojwodſchaft Serbien" beizufügen, und dem jeweilig von Uns ernannten Verwaltungs-Vorſtande des Gebietes der Woj- wodſchaft den Titel eines Vice-Wojwoden zu verleihen.

Wir verſehen Uns von dem Volksſtamme der Serben, daß er durch den gegenwärtigen bleibenden Beweis Unſerer kaiſerlichen Huld und Gnade, in ſei- ner treuen Anhänglichkeit an Unſer Kaiſerhaus geſtärkt, in dem innigen Ver- bande mit der Geſammtmonarchie, in dem friedlichen und geordneten Bei- ſammenſein gleichberechtigter Nationalitäten, und in der gleichmäßigen Bethei- ligung an den, allen Völkern Unſeres Reiches gewährten Inſtitutionen die ſicherſte Bürgſchaft für ſeine und des Landes, das er bewohnt, gedeihliche Entwickelung und fortſchreitende Kräftigung erkennen werde.

So gegeben in Unſerer Haupt- und Reſidenzſtadt Wien, den 18. November 1849.

Franz Joseph m/p.

Schwarzenberg. Krauss. Bach. Bruck. Thinnfeld. Gyulai. Schmerling. Thun. Kulmer.

XL.

Allerunterthänigster Vortrag des treugehorsamsten Ministerrathes

über die Erledigung der Anträge und Beschlüsse, sowie über die Auflösung des im Jahre 1848 versammelten kroatisch-slavonischen Landtages.

(Zu Nr. 244. im LXXVIII. Stücke des Reichs-Gesetzblattes.)

Allergnädigster Herr!

Als die Abgeordneten des kroatisch-slavonischen Landtagsausschusses in einer an Euere Majestät überreichten Petition am 25. April 1849 unter Vorlage des Protokolls über die Verhandlungen des mit Erlaß der Banalkonferenz vom 8. Mai 1848 zusammenberufenen und zu Agram am 5. und den nachfolgenden Tagen der Monate Juni und Juli 1848 abgehaltenen kroatisch-slavonischen Landtages die Allergnädigste Erledigung der Beschlüsse jenes Landtages ansuchten, fanden sich Euere Majestät bewogen, mit dem Allerhöchsten Handschreiben vom 6. Juni 1849 zu verfügen, daß im Einverständnisse mit dem Banus Baron Jellačić mit Beiziehung von Männern, welche die Verhältnisse des Landes kennen und eben sowohl das Vertrauen der Bevölkerung wie das der Regierung Euerer Majestät genießen, die Landtagsbeschlüsse und die Petition jener Abgeordneten mit Beachtung der durch die neueren Ereignisse vielfach veränderten Verhältnisse und mit Festhaltung der in der Reichsverfassung ausgesprochenen und allenthalben zur Geltung zu bringenden Grundsätze in genaue Erwägung zu ziehen, und die entsprechenden Anträge der Allerhöchsten Sanktion zu unterbreiten seien.

Zufolge dieser Allerhöchsten Anordnung hat der Banus aus verschiedenen Landestheilen Vertrauensmänner nach Wien gesendet, und endlich, um an den Berathungen über die Angelegenheiten der genannten Königreiche Theil zu nehmen, sich persönlich an Euerer Majestät Hoflager begeben.

Bei diesen Verhandlungen hat die Erledigung der kroatisch-slavonischen Landtagsbeschlüsse vom Jahre 1848 eine hervorragende Stelle eingenommen.

Der Ministerrath hat die ihm gemachten Vorlagen in der bereits durch das Allerhöchste Handschreiben vom 6. Juni 1849 vorgezeichneten Richtung erwogen, und erlaubt sich nun zur Begründung des im Entwurfe angeschlossenen Patentes Nachstehendes in Ehrfurcht der allergnädigsten Würdigung Euerer Majestät gegenwärtig zu halten.

Mehrere von den im Landtags-Protokolle enthaltenen Artikeln müssen als von selbst entfallend angesehen werden, weil sie theils ihrem bloß geschichtlichen Inhalte nach keiner Erledigung bedürfen, theils nur vorübergehende Bestimmungen festsetzen, theils endlich Gegenstände betreffen, die auf das Bedürfniß der damaligen Sachlage berechnet, gegenwärtig unter den durch die Ereignisse völlig veränderten Verhältnissen der praktischen Bedeutung entbehren. Das gilt namentlich von den Artikeln I, II, III, IV, VI, VIII, IX, X, XII, XIII, XIV, XV, XVI, XVII, XVIII, XIX, XXI, XXII dann XXXI, XXXIII, und XXXV. Die Artikel I, II, III, und IV. enthalten nämlich eine historische Darstellung über die Installation des neuernannten Banus und Landeskapitäns Baron Josef Jellačić von Buzim, über die Bestätigung der von ihm erlassenen provisorischen Banalverordnungen, und über die Wahl des provisorischen Proto-Notärs für den Landtag. Im Artikel VI. werden die Dalmatiner zur Theilnahme am

Landtage, wobei keine Abgeordneten derselben erschienen waren, neuerlich eingeladen. Die Artikel VIII, XV und XXXI. bestimmen die Einsetzung von Landtags-Ausschüssen. Der Bericht, der im Artikel VIII. vom Banus ernannten Kommission zur Untersuchung der Kreditionalen der Landtagsdeputirten findet im Artikel XII seine Erledigung.

Den in dem Artikel XV. vom Landtage zusammengesetzten acht Ausschüssen ward die Ausarbeitung von Gesetzentwürfen und Vorlagen für die verschiedenen Zweige des öffentlichen Lebens zur Aufgabe gemacht, und im Artikel XXXI. sind die vom Banus ernannten Mitglieder jenes Komités aufgeführt, das bei der ihm übertragenen Beilegung der ungarisch-kroatischen Differenzen demselben zur Seite stehen sollte.

Nach dem Artikel IX. wurde der Bericht über die Operate des letzten ungarischen Landtages vorgelegt, und den gewesenen kroatisch-slavonischen Ablegaten an demselben die dankbare Anerkennung ausgesprochen.

Der Artikel X., die Verständigung mit dem böhmischen Landtage, dann der Artikel XIII., die Unterlassung fernerer Truppenmärsche, der Artikel XIV., die Verbreitung lügenhafter Gerüchte über die Gefährdung der katholischen Kirche, der Artikel XVI., die Maßregeln aus Anlaß der Karlowitzer Ereignisse in Serbien, und während der Abwesenheit des Banus in Innsbruck, der Artikel XVII., die Erlassung eines Manifestes über die Absichten der kroatisch-slavonischen Nation, ferner der Artikel XVIII., die zeitweilige Bestellung eines Banal-Stellvertreters und einer provisorischen Landesverwaltungs-Behörde, und endlich der Artikel XIX., die Seiner k. k. Hoheit dem Erzherzoge Johann übertragene Vermittlung und deren Bedingungen betreffend, dann der Artikel XXI., wodurch dem Banus provisorisch unbeschränkte Vollmachten übergeben worden sind, der Artikel XXII., enthaltend die Ermächtigung zum Abschlusse eines nicht zu Stande gekommenen Landesanlehens, der Artikel XXXIII., nach welchem die Erledigung vorgebrachter Petitionen und Beschwerden für den nächsten Landtag vorbereitet werden sollte, und endlich der Artikel XXXV., der die Vertagung des Landtages aussprach, — alle diese Artikel beruhten auf den damaligen vorübergehenden Verhältnissen, und haben insofern fast nur noch eine geschichtliche Bedeutung. Nach Ausscheidung aller vorerwähnten Landtagsakte bleiben die Artikel V, VII, XI, XX, XXIII, XXIV, XXV, XXVI, XXVII, XXVIII, XXIX, XXX, XXXII, XXXIV. als solche übrig, welche ihrer Tendenz und ihrem Inhalte zufolge einer förmlichen Erledigung bedürfen.

In dem Artikel VII. und XXIV. werden die Verhältnisse zur serbischen Nation behandelt, und die Anerkennung ihrer Wojwodschaft innerhalb des vom Karlowitzer National-Kongresse bestimmten Umfanges, die Eingehung eines Bündnisses zwischen derselben und dem dreieinigen Königreiche, und die einverständliche Vornahme aller auf den beiderseitigen Bestand und auf die Stellung zu Oesterreich und zu Ungarn bezüglichen Maßregeln besprochen.

Was diese Wojwodschaft betrifft, so wurde nicht nur mit dem kaiserlichen Patente vom 15. Dezember 1848 die im Mai 1848 vorgenommene Wahl eines Wojwoden der serbischen Nation, und die Wiederherstellung des Patriarchates Allergnädigst genehmigt, sonder auch durch die Reichsverfassung vom 4. März 1849 der Wojwodschaft Serbien die Verleihung solcher Einrichtungen, die sich zur Wahrung ihrer Kirchengemeinschaft und Nationalität auf ältere Freiheitsbriefe und kaiserliche Erklärungen der neuesten Zeit stützen, zugesichert, und eine besondere Berathung und Verfügung über die Vereinigung der Wojwodschaft mit einem anderen Kronlande in Aussicht gestellt.

Das über Einrathen des Ministerrathes unterm 18. November 1849 erlassene Patent hat die Stellung und Organisation der Wojwodschaft Serbien mit Festhaltung aller Bestimmungen der Reichsverfassung provisorisch in einer Weise geregelt, daß einerseits die der serbischen Nation gewährten Zusicherungen in möglichster Durchführung des Grundsatzes nationaler

Gleichberechtigung verwirklicht, und andererseits für die Feststellung ihres Verhältnisses zu einem anderen Kronlande und zum Reiche der verfassungsmäßige Weg vorgezeichnet und angebahnt worden ist.

Mit der Hinweisung auf den Inhalt des vorerwähnten kaiserlichen Patentes dürften demnach die Artikel VII, XXIV. des kroatisch-slavonischen Landtages ihre Erledigung finden.

Der Artikel XI. im 3. Absatze, und der Artikel XXIV. handelt von der organischen Verbindung der Militärgrenze mit Kroatien und Slavonien, sowie von ihrer Einrichtung und Verwaltung, und der Artikel XXII. insbesondere erwähnt den Anspruch der im Militärgrenzgebiete gelegenen Stadt Zengg auf die Rechte einer königlichen Freistadt.

Durch die §§. 1 und 75 der Reichsverfassung ist das für die Gesammtmonarchie so wichtige Institut der Militärgrenze innerhalb seines bisherigen territorialen Umfanges und in seiner militärischen Organisation aufrecht erhalten und durch das Allerhöchste Handschreiben vom 31. März 1849 bestimmt worden, daß die Grenzer in ihrer Eigenschaft als Soldaten und in allen, den Militärgrenzdienst betreffenden Angelegenheiten der vollziehenden Reichsgewalt untergeordnet bleiben, jedoch ihre eigene Gemeindeverfassung besitzen und überhaupt an den, den Völkern des Reiches verliehenen Gerechtsamen Theil nehmen sollen.

Die Regierung Euerer Majestät hat den Verhältnissen des tapferen und getreuen Grenzvolkes ihre fortwährende Aufmerksamkeit zugewendet. Nach sorgfältiger Erwägung der von dem Banus mit Zuziehung eigener Vertrauensmänner aus den Grenzgebieten gemachten Vorlagen wird der Ministerrath demnächst in der Lage sein, Euerer Majestät seine ehrerbietigsten Anträge über die Erlassung eines Statutes vorzulegen, nach welchem die kroatisch-slavonischen Militär-Grenzgebiete wie bisher im Verbande mit ihrem Stammlande zu bleiben und vereint ein Territorialgebiet mit gesonderter Provinzial- und Militär-Verwaltung und mit gesonderter Vertretung zu bilden haben.

In dieser Beziehung genügt es daher zur Erledigung der kroatisch-slavonischen Landtagsbeschlüsse auf jenes besondere Statut zu verweisen.

Die Artikel XXV, XXIX, und XXXII. beziehen sich auf Gegenstände finanzieller Natur.

Was die Herabsetzung der Salzpreise (Artikel XXV) und die allgemeine Beitragspflichtigkeit zu den Staatslasten (Artikel XXIX) betrifft, so dürfte die definitive Entscheidung über die erstere bisher aufrecht erhaltene Maßregel und überhaupt die Bestimmung über den Preis und den Verkehr des Salzes einer besonderen Verordnung vorbehalten bleiben, und hinsichtlich der Durchführung des letzteren Grundsatzes auf den §. 24 der Reichsverfassung und auf das für Kroatien und Slavonien unterm 31. Oktober 1849 erlassene Steuer-Patent hingewiesen werden.

Die im Artikel XXXII. ausgeschriebenen außerordentlichen Geldbeiträge zum Behufe der Landesvertheidigung waren ein hochherziges Opfer, das die patriotische Loyalität der Kroaten und Slavonier auf dem Altare des Vaterlandes darbrachte.

Euere Majestät dürften sich Allergnädigst bewogen finden, für diesen Akt der Selbstbesteuerung sowohl, als für alle die außerordentlichen Anstrengungen und Leistungen, wodurch sich jene Länder zur Aufrechthaltung der Monarchie, zur Begründung einer innigeren Verbindung aller Theile des Staates, und zur Bekämpfung der feindseligen Uebergriffe der in Ungarn herrschenden Partei so ruhmwürdig hervorgethan haben, den Bewohnern von Kroatien und Slavonien, insbesondere aber ihrem heldenmüthigen Banus, sowie den übrigen verdienten Männern, die im Rathe und im Felde thätig mitwirkten, für die an den Tag gelegte Tapferkeit, Einsicht und Vaterlandsliebe Allerhöchst Ihre besondere Anerkennung im Namen der Krone und des Reiches auszusprechen.

Die Artikel XXVII, XXVIII, und XXX betreffen die Grundentlastung, sowie die Regulirung der Holzungs- und Weiderechte und der Waldfervituten in Kroatien und Slavonien und das den urbarialberechtigten Grundherren bis zur legislativen Festtstellung gewährte Moratorium.

Da die Regierung diesen Gegenständen ihre fortgesetzte Aufmerksamkeit gewidmet und alle Einleitung zur definitiven Regelung der Urbarial- und Servituts-Verhältnisse vorbereitet hat, so erlaubt sich der Ministerrath den Antrag zu stellen, daß Euere Majestät die Erledigung darüber einer demnächst zu erlassenden besonderen Verordnung vorzubehalten geruhen.

Uebrigens ist bereits durch das Allerhöchste Patent vom 7. Juli 1849, wodurch den bisher Bezugsberechtigten die Leistung von Vorschüssen in ähnlicher Weise wie in andern Kronländern auf Abschlag der, einer näheren Ermittelung vorbehaltenen, billigen Entschädigung zugesichert wurde, in dieser Beziehung eine vorsorgliche Verfügung getroffen worden.

Eine baldige und befriedigende Erledigung dieser wichtigen Angelegenheit betrachtet der Ministerrath als einen Gegenstand seiner dringenden und angelegentlichen Sorgfalt.

Wenn nun alle in diesem allerunterthänigsten Vortrage bisher besprochenen Landtagsartikel nach den vorausgeschickten ehrerbietigsten Bemerkungen erledigt werden, so bleiben nur noch die Artikel V, XI, XX und XXIV übrig, welche das Verhältniß von Kroatien und Slavonien zu den Nachbarländern, zu Ungarn und zur Gesammtmonarchie, die Grundzüge der Administration und Verfassung jener Königreiche und die Stellung des Banus derselben betreffen.

Der wesentliche Inhalt jener Artikel ist auch, übereinstimmend namentlich mit dem Artikel XI des Landtags-Protokolls, in den eilf Punkten der Repräsentation enthalten, womit der Landtag im vorvorigen Jahre seine Beschlüsse und Wünsche vor den kaiserlichen Thron gebracht und die Allerhöchste Zustimmung sich erbeten hat.

Geruhen demnach Euere Majestät dem Ministerrathe zu gestatten, in eine nähere Würdigung jener wichtigen Repräsentations-Punkte einzugehen und seine ehrfurchtsvollsten Erledigungs-Vorschläge Euerer Majestät motivirt vortragen zu dürfen.

Den nationalen Uebergriffen und den gegen den einheitlichen Bestand des Kaiserstaates gerichteten Bestrebungen der damals in Ungarn herrschenden Partei ist im Jahre 1848 das getreue und tapfere Volk der Kroaten und Slavonier in begeisterter Loyalität entgegengetreten.

In der Proklamation, welche der Landtag laut Artikel XVII an alle Völker Oesterreichs zu richten beschloß, und in den Grundsätzen, welche im Artikel XX als Basis der Unterhandlungen mit Ungarn festgestellt worden sind, ist die Aufrechthaltung der Integrität der österreichischen Gesammtmonarchie unter der erlauchten Dynastie Euerer Majestät und die Verwirklichung nationaler Selbstständigkeit und gleicher Freiheit als vorzüglichster, ja alleiniger Zweck der kroatisch-slavonischen Bewegung verkündiget worden.

Die muthige und ausdauernde Energie, die aufopferungsvolle Anhänglichkeit, womit Kroatien und Slavonien, den gefeierten Banus an der Spitze, die Einheit des Reiches und die Gleichberechtigung aller Nationalitäten als leitenden Wahlspruch im Kampfe gegen antimonarchische Absonderungsgelüste und gegen die angemaßte Suprematie eines Volksstammes festhielt, hat die Geschichte des Kaiserreiches mit unvergänglichen Zügen auf ihren glänzendsten Blättern verzeichnet.

Die nämlichen Prinzipien haben nach den schweren Krisen, welche für Oesterreich zu bestehen waren, in der von Euerer Majestät unterm 4. März 1849 verliehenen Reichsverfassung ihren feierlichen Ausdruck gefunden.

Dieselben Prinzipien sind es daher auch, welche für die Würdigung der einzelnen, die Stellung Kroatiens und Slavoniens im Gesammtverbande des Reiches betreffenden Fragepunkte als Maßstab und Richtscheid festgehalten werden müssen, weil es sich eben bei der Uebereinstimmung in den leitenden Fundamentalsätzen nur mehr um die verhältnißmäßig untergeordneten Modalitäten der Durchführung jener Grundsätze handeln kann.

Diesen Gesichtspunkt festhaltend, erlaubt sich der Ministerrath zur Einzelnbesprechung der in der erwähnten Repräsentation Euerer Majestät vorgetragenen Petitions-Punkte überzugehen.

In der erklärten Absicht, sich im innigeren Verbande dem österreichischen Kaiserstaate einzuverleiben, und nicht wider Willen von den Trennungsbestrebungen Ungarns gleichfalls fortgerissen zu werden, hat der Landtag zuerst um die Allergnädigste Sanktion der administrativen Trennung Kroatiens und Slavoniens von Ungarn, um die Bestätigung der provisorischen Regierung des Landes, um die Einsetzung eines unter dem Vorsitze des Banus mit der Verantwortlichkeit gegen den Landtag fungirenden Landes-Konsiliums, sowie um die Ernennung eines, die Interessen Kroatiens und Slavoniens vertretenden, und dafür gleichfalls dem Landtage verantwortlichen Ministers im Centralministerium der Monarchie. Die administrative Absonderung Kroatiens und Slavoniens von Ungarn ist durch den §. 1 der Reichsverfassung, welcher die genannten Königreiche in der Reihe der Kronländer neben Ungarn aufzählt, und den §. 73, der die völlige Unabhängigkeit von Ungarn ausspricht, sowie durch den §. 92 gewahrt, welcher für die einzelnen Kronländer die Ernennung der, dem Reichsministerium unmittelbar untergeordneten Statthalter anordnet.

Diese verfassungsmäßigen Grundsätze sind auch bei der Festsetzung der dem Banus als Statthalter jener Länder obliegenden Aufgabe in Anwendung zu bringen.

Die altherkömmliche Würde und Autorität des Banus der Königreiche Kroatien und Slavonien wird im Sinne des §. 73 und innerhalb der Grenzen der Reichsverfassung aufrecht erhalten.

Die im XVIII. Landtagsartikel nach dem Bedürfnisse der damaligen Sachlage eingesetzte provisorische Landesbehörde hatte durch die Rückkehr des Banus und durch die ihm im Artikel XXI. übertragene unbeschränkte Vollmacht ihre eigentliche Bedeutung und Stellung verloren, und konnte fernerhin ihre Autorität nur von dem Willen des Banus ableiten.

Auf Grundlage dessen hat auch der vom Banus berufene Banalrath die Verwaltung des Landes innerhalb der ihm vom Banus eingeräumten Befugnisse, und in dessen Namen besorgt.

Die in den Artikeln XI, XVIII und XXI im Drange der Ereignisse vorgenommenen außerordentlichen Verwaltungs-Maßregeln haben mit der Rückkehr geordneter Verhältnisse aufzuhören, und es werden fernerhin für das Wechselverhältniß und den Wirkungskreis der Organe der Regierungsgewalt und insbesondere für die Beziehungen der Landesverwaltungs-Behörde zum Ministerium die im X. Abschnitte der Reichsverfassung enthaltenen Bestimmungen maßgebend sein. Die von dem kroatisch-slavonischen Volke so kräftig und beharrlich angestrebte Einheit des Reiches ist vorzüglich davon bedingt, daß in dem Verhältnisse der einzelnen Theile zum Ganzen der in den §§. 84, 86, 88 und 89 der Reichsverfassung ausgesprochene Grundsatz der Untheilbarkeit und Unveräußerlichkeit der vollziehenden Gewalt, welche im ganzen Reiche wie in den einzelnen Kronländern nur allein Euerer Majestät zusteht, und vermittelst der verantwortlichen Minister und den demselben untergeordneten Beamten und Bestellten ausgeübt werden wird, überall und in allen Richtungen zur Wahrheit werde. Euere Majestät haben im §. 73 der Reichsverfassung den Königreichen Kroatien und Slavonien ihre eigenthümlichen Institutionen innerhalb der durch die Reichsverfassung festgesetzten Grenzen aufrecht erhalten, und der Landesvertretung durch die §§. 68 und 104 hinsichtlich der Justizpflege sowie hinsichtlich der Gesetzgebung über das bürgerliche und Strafrecht eine besondere Kompetenz gewahrt.

Es wird daher die definitive Regelung dieser Gegenstände der Mitwirkung der Landesgesetzgebung vorbehalten bleiben, und die einstweilen nothwendigen organischen Reformen und Einrichtungen im Verwaltungs- und Justizfache, zu deren Durchführung der treugehorsamste Ministerrath sich im Grunde der §§. 87 und 120 der Reichsverfassung die Allerhöchste Genehmigung erbitten muß, nur als provisorische Maßregeln zu betrachten kommen.

In der Ernennung des nach dem 10. Punkte des XI. Artikels vom Landtage gewählten Vertreters vor dem kaiserlichen Throne Euerer Majestät zum Minister des Reiches, hat die kroatisch-slavonische Nation allen Grund, eine ganz besondere Bürgschaft für die Wahrung ihrer Interessen bei allen wichtigeren Regierungs-Maßregeln zu erblicken; doch kann die Stellung dieses Mitgliedes des Ministeriums nicht auf die ausschließende Verantwortlichkeit in allen, speziell nur Kroatien und Slavonien betreffenden Angelegenheiten beschränkt, sondern muß im Sinne der Reichsverfassung ebenso wie die jedes anderen Ministers auf die Verantwortung für alle von ihm kontrasignirten Regierungsakte ohne Unterschied des Landes, das sie zunächst betreffen, und eben deswegen jedenfalls nur auf die Verantwortung gegenüber dem Reichstage bezogen werden.

Wenn in dem dritten Punkte der landtäglichen Repräsentation um die administrative Unterordnung der Militärgrenze unter die kroatisch-slavonische Landesbehörde, und um die Uebertragung des Militär-Kommando daselbst an den Banus gebeten wird, so erlaubt sich der Ministerrath in ersterer Beziehung auf die bereits früher in diesem allerunterthänigsten Vortrage bezüglich der Militärgrenz-Verhältnisse gemachten Bemerkungen, und in letzterer Beziehung auf den §. 15 der Reichsverfassung, welcher bestimmt, daß der Oberbefehl über die bewaffnete Macht von dem Kaiser entweder persönlich oder durch seine Feldherren geführt werde, sowie auf die §§. 84, 85 und 95 der Reichsverfassung, die von der Ausübung und Uebertragung der vollziehenden Gewalt handeln, mit dem ehrerbietigen Beifügen hinzuweisen, daß Euere Majestät dem dermaligen Banus ohnedies das Kommando in den betreffenden Militär-Grenzgebieten anzuvertrauen befunden haben.

Was die im vierten Petitions-Punkte erwähnte Geschäftssprache des Landes betrifft, so glaubt der Ministerrath befürworten zu sollen, Euere Majestät mögen geruhen, die Versicherung zu geben, daß in Kroatien und Slavonien die Nationalsprache auch fernerhin als die Geschäftssprache bei den dortigen Landesbehörden zu gelten habe.

Uebrigens wird es die Sorge der Regierung verbleiben, mit Festhaltung dieser Zusicherung, die praktische Behandlung der Geschäfte und namentlich den amtlichen Verkehr der kroatisch-slavonischen Landesbehörden mit den Behörden der anderen Kronländer und der Centralgewalt in der Art einzurichten, daß der Geschäftsverkehr jederzeit auf eine den Bedürfnissen des öffentlichen Dienstes entsprechende Weise stattfinde, wobei die Regierung mit vollem Vertrauen auf die praktische Einsicht und den gesunden Sinn der dortigen Landesbewohner und Landesautoritäten rechnen zu dürfen glaubt.

In dem 5. Punkte des XI. Artikels wird hinsichtlich des Wirkungskreises des Landtages und des Reichstages die Regel ausgesprochen, daß Alles, was zur inneren Administration der Königreiche Kroatien und Slavonien gehört, in die Kompetenz des Landtages, und Alles, was das gemeinsame Verhältniß der Königreiche zur Gesammtmonarchie betrifft, vor das Forum des allgemeinen Reichstages gehöre.

Die Ereignisse der letzten Jahre haben die dringende Nothwendigkeit herausgestellt, die Einheit des ganzen Reiches mit der freien Entwicklung seiner Theile, die Begründung einer kräftigen, das Recht und die Ordnung schützenden und das Gesetz aufrecht haltenden legislativen und exekutiven Gewalt mit der Freiheit und Selbstständigkeit der Individuen, der Gemeinden, und der Länder in Einklang zu bringen.

Die Reichsverfassung vom 4. März 1849 hat dieses Bedürfniß erwägend, die Autonomie der Kronländer innerhalb des, die inneren Angelegenheiten derselben umfassenden Kreises

15 *

im §. 35 festgesetzt, und im §. 36 alle wichtigeren Gegenstände, welche für die verschiedenen Kronländer mittelbar oder unmittelbar ein gemeinsames Interesse darbieten, der Reichsgewalt, für deren Kompetenz im Zweifel die Vermuthung spricht, überwiesen, und das Verhältniß der gesetzgebenden und vollziehenden Gewalt im Lande durch die §§. 80 und 86 geregelt.

Diese auf alle Kronländer bezüglichen und im Grundsatze mit dem vorerwähnten 5. Punkte des XI. Artikels, insoferne derselbe die legislative Wirksamkeit des Landtages betrifft, übereinstimmenden Normen, müssen in Verbindung mit den bereits oben erwähnten Bestimmungen der §§. 68, 73 und 104 der Reichsverfassung auch für Kroatien und Slavonien aufrecht erhalten werden.

In der Landesverfassung der genannten Königreiche bei der Organisation der von der Justiz zu trennenden Verwaltungsbehörden, und bei den, auf gesetzlichem Wege einzuleitenden Reformen des Kommunalwesens wird auch die im Artikel XXXIV erwähnte Koordinirung der Komitate und Stadtgemeinden zur Verhandlung und Erledigung kommen.

Ein weiterer Petitionspunkt des XI. Landtags-Artikels ist die Vereinigung Dalmatiens mit den Königreichen Kroatien und Slavonien und ein engeres Bündniß derselben mit der serbischen Wojwodschaft und den westwärts angrenzenden Ländern.

Der §. 73 der von Euerer Majestät verliehenen Reichsverfassung hat die Frage der Einverleibung Dalmatiens offen gelassen, und den verfassungsmäßigen Weg zur Lösung derselben damit vorgezeichnet, daß nach Maßgabe der von den beiderseitigen Landesvertretungen gefaßten Beschlüsse unter Vermittlung der vollziehenden Gewalt über den Anschluß Dalmatiens an Kroatien und Slavonien und die Bedingungen desselben verhandelt und das Ergebniß der Sanktion der Reichsgewalt unterbreitet werden soll.

Der Ministerrath kann übrigens nicht umhin, auf eine, bereits in dem allerunterthänigsten Vortrage über die serbische Wojwodschaft und das Temeser Banat enthaltene ehrfurchtsvolle Bemerkung zurückzukommen, gemäß welcher, nachdem im Geiste der Reichsverfassung nur ein einziger Verband aller Kronländer im Gesammtreiche, nicht aber ein politisches Sonderbündniß eines einzelnen mit einem andern Kronlande anerkannt werden darf, unter der Einverleibung Dalmatiens mit Kroatien und Slavonien lediglich die Verbindung dieser drei Länder in ein einziges Kronland verstanden werden kann.

Das im 7. Punkte des XI. Landtags-Artikels in allgemeinen Ausdrücken berührte Verhältniß zu den ungarischen Völkern hat in den verfassungsmäßigen Grundsätzen der Unabhängigkeit Kroatiens von Ungarn, der Gleichstellung aller einzelnen Kronländer im Reiche, und der Gleichberechtigung aller Nationen seine bestimmte Regelung gefunden.

Der §. 19 der Reichsverfassung, der das Recht der Krone, die Aemter in allen Zweigen des Staatsdienstes zu besetzen, anerkennt, erledigt den 8. Punkt des mehrerwähnten Landtagsartikels, wodurch dem Kaiser das Ernennungsrecht aller politischen und juridischen Landesbeamten vorbehalten worden ist.

Die Regierung Euerer Majestät wird es sich zur Pflicht machen, auch bei den Besetzungen der Aemter die Gleichberechtigung aller Volksstämme zu verwirklichen, und in Kroatien und Slavonien, so weit es möglich ist, durch die Anstellung von Landeseingebornen, welche mit den übrigen Befähigungen die Kenntniß der erforderlichen Sprachen verbinden, unter Mitwirkung des Banus eine den nationalen Bedürfnissen entsprechende Verwaltung herzustellen.

Der 9. Petitionspunkt, nämlich der Protest gegen den gerichtlichen Instanzenzug an ungarische Appellationsgerichte, ist durch die von Euerer Majestät genehmigten Grundzüge der Gerichtsorganisation für Kroatien und Slavonien als erledigt anzusehen.

Wenn endlich der Landtag in dem 12. Repräsentations-Punkte den Fiumaner, Bukarer und Küsten-Distrikte, sowie im theilweisen Widerspruche mit dem das Territorium der serbischen Wojwodschaft beschreibenden VII. Artikel das Požeganer, Werovitzer und Syrmier Komitat, dann das Broder, Gradiskaner und Peterwardeiner Grenz-Regiment als integrirende Bestandtheile der Königreiche Kroatien und Slavonien erklärt hat, so ist diesem Verlangen größtentheils durch die §§. 1 und 73 der Reichsverfassung Genüge geleistet, welche das Königreich Kroatien und Slavonien mit Einschluß des kroatischen Küstenlandes, dann der Stadt Fiume mit ihrem Gebiete unter den Kronländern des Reiches aufzählen.

Die Stellung Syrmiens ist durch das Allerhöchste Patent vom 18. November 1849 über die serbische Wojwodschaft und das Temeser Banat provisorisch festgesetzt und das Verhältniß der drei vorgenannten Regimentsbezirke wird, wie bereits erwähnt worden ist, in dem Statute über die Militär-Grenz-Gebiete bestimmt werden.

Aus der vorstehenden Darstellung, welche die einzelnen Landtags-Artikel und alle Punkte der Repräsentation des kroatisch-slavonischen Landtags einer umfassenden Erörterung unterzogen hat, geruhen Euere Majestät Allergnädigst zu entnehmen, daß die Erledigung der erwähnten Landtagsakte, insoferne sie überhaupt ihrem Inhalte nach sich zu einer förmlichen Erwiederung eignen, hauptsächlich nur in der Hinweisung entweder auf die Grundsätze der Reichsverfassung und anderer bereits erlassener Patente, oder auf weiter zu erlassende legislative Normen und provisorische organische Einrichtungen bestehen könne.

Wenn nach den vorstehenden ehrfurchtsvollen Anträgen alle der kaiserlichen Entscheidung Euerer Majestät unterbreiteten Beschlüsse des im Jahre 1848 versammelt gewesenen Landtages erledigt sein werden, dürften sich Euere Majestät bewogen finden, den nach Artikel XXXV. bisher vertagten Landtag der Königreiche Kroatien und Slavonien sammt den von ihm eingesetzten Kommissionen mit dem Vorbehalte für aufgelöst zu erklären, nach einer demnächst zu erlassenden provisorischen Wahlordnung den neuen Landtag einzuberufen.

Geruhen demnach Euere Majestät die hier entwickelten allerunterthänigsten Ansichten und Vorschläge des Ministerrathes zu genehmigen und das anruhende Patent Allergnädigst zu vollziehen.

Wien, am 30. März 1850.

Schwarzenberg. Krauss. Bach. Bruck. Thinnfeld. Schmerling. Thun. Kulmer.

Die in dem gegenwärtigen Vortrage entwickelten Ansichten und Vorschläge Meines Ministerrathes erhalten Meine Genehmigung, und das vorgelegte Patent folgt, von mir gefertigt, im Anschlusse zurück.

Wien, am 7. April 1850.   **Franz Joseph** m. p.

XLI.

Kaiserliches Patent vom 7. April 1850,

woburch die Vorlagen des kroatisch-slavonischen Landtags vom Jahre 1848 erlediget werden, und hiernach die Stellung festgesetzt wird, welche die Königreiche Kroatien und Slavonien mit Einschluß des kroatischen Küstenlandes und der Stadt Fiume sammt ihrem Gebiete im Kaiserthume einzunehmen haben.

(Reichs-Gesetzblatt LXXVIII, Stück Nr. 244.)

Wir Franz Josef der Erste, von Gottes Gnaden Kaiser von Oesterreich; König von Hungarn und Böhmen, König der Lombardei und Venedigs, von Dalmatien, Kroatien, Slavonien, zc. Großwojwod der Wojwodschaft Serbien zc.

Mit dem Beistande Gottes ist es durch die aufopferungsvolle Hingebung Unserer getreuen Völker und durch die Tapferkeit und Ausdauer Unserer Heere gelungen, in dem weiten Umfange Unseres Kaiserreiches den Frieden herzustellen, und die Befestigung der öffentlichen Zustände auf der Grundlage der Ordnung und der Gesetzlichkeit in der Art anzubahnen, daß Wir der Vollendung des großen, Uns von der Vorsehung anvertrauten Werkes, der organischen Entwicklung der in der Reichsverfassung vom 4. März 1849 Unseren Völkern gewährten Institutionen und der allseitigen Förderung ihrer geistigen und materiellen Interessen mit reiflicher Erwägung aller dabei zu beachtenden Verhältnisse Unsere bleibende Sorgfalt zu widmen vermögen.

Indem Wir den Königreichen Kroatien und Slavonien Unsere besondere Aufmerksamkeit zuwenden, finden Wir vor Allem die Verhandlungen und Beschlüsse ihres im Jahre 1848 versammelten Landtages, welche vor Unseren Thron gebracht worden sind, einer eingreifenden Würdigung zu unterziehen, und mit der Erledigung derselben die Stellung näher zu bezeichnen, welche diese Länder in Unserem Reiche einzunehmen berufen sind.

Die Bewohner von Kroatien und Slavonien haben während jener verhängnißvollen Ereignisse der jüngsten Vergangenheit Unserem Throne die angestammte Treue bewahrt, und sind nicht nur auf ihrem Landtage mit aller Entschiedenheit für die höchsten Interessen des Reiches in die Schranken getreten, sondern sie haben auch mit begeisterter Hingebung in den Provinzial- und Grenzgebieten die Waffen ergriffen, um die Integrität des Gesammtstaates und die Rechte Unseres Kaiserhauses gegen äußere und innere Feinde und Gefahren zu vertheidigen und zu schirmen. Wir erfüllen eine, Unserem Herzen wohlthuende Regentenpflicht, indem Wir diesen Völkern für ihre so glänzend bewährte Treue und Anhänglichkeit, für ihre muthvolle Ausdauer, und für die außerordentlichen zum Wohle des Reiches bereitwillig dargebrachten Opfer und Leistungen, Unseren kaiserlichen Dank, und nicht minder ihrem gefeierten Ban, so wie den übrigen verdienten Männern, die im Rathe und im Felde thätig mitwirkten, für die an den Tag gelegte Tapferkeit, Einsicht und Vaterlandsliebe Unsere gerechte Anerkennung aussprechen.

Es gereicht Uns daher auch zur besonderen Befriedigung, daß Wir nach dem Antrage Unseres Ministerrathes in der Lage sind, die Vorlagen des kroatisch-slavonischen Landtages vom Jahre 1848 in einer dem Gesammtwohle Unseres Reiches, wie den Bedürfnissen jener Königreiche entsprechenden Weise zu erledigen.

Die wichtigsten jener Beschlüsse beziehen sich auf die in den Artikeln XI, XVII und XX ausgesprochenen Grundsätze der Einheit Oesterreichs und der Gleichberechtigung aller Nationalitäten. Im Sinne eben dieser, die Grundpfeiler Unseres Reiches bildenden Prinzipien haben auch die Wünsche und Bitten, welche von dem kroatisch-slavonischen Landtage zufolge des XI. Artikels in einer besonderen Repräsentation Unserer landesherrlichen Genehmigung unterbreitet worden sind, durch die von Uns verliehene Reichsverfassung eine im Wesentlichen zustimmende Erledigung erhalten.

Die Königreiche Kroatien und Slavonien mit Einschluß des kroatischen Küstenlandes und der Stadt Fiume sammt ihrem Gebiete haben Wir durch die §§. 1 und 73 der Reichsverfassung in völliger Unabhängigkeit von Ungarn unter die Kronländer Unseres Kaiserreiches eingereiht, und ihnen eben dadurch eine eigene, unmittelbar Unserem Reichsministerium untergeordnete Landesverwaltung, ihre eigene Landesvertretung und die auf der Gleichstellung mit den übrigen Kronländern beruhende Theilnahme an dem allgemeinen Reichstage gewährleistet. Damit wurde Unsere ausdrückliche Willenserklärung verbunden, daß die eigenthümlichen Institutionen von Kroatien und Slavonien innerhalb der Grenzen der Reichsverfassung aufrecht erhalten werden; und wenn Wir auch bei dem dringenden Bedürfnisse, dem Lande baldmöglichst einen geordneten Rechtszustand und eine geregelte Besorgung der öffentlichen Angelegenheiten zu gewähren, Unser Ministerium zur provisorischen Durchführung organischer Einrichtungen und Reformen im Grunde der §§. 87 und 120 der Reichsverfassung ermächtigen, so wollen Wir doch die definitive Regelung derselben nach den §§. 68 und 104 der Mitwirkung der Landesgesetzgebung vorbehalten haben.

Für die mit dem Vorbehalte unserer Genehmigung in den Landtagsartikeln XI, XVIII und XXI unter dem Drange der damaligen Zeitumstände eingeleiteten außerordentlichen Verwaltungsmaßregeln entfällt mit der Rückkehr geordneter Verhältnisse der Grund ihrer Fortdauer, und es sind fernerhin für das Wechselverhältniß und den Wirkungskreis der Organe der vollziehenden Gewalt die Bestimmungen der Reichsverfassung und namentlich die im X. Abschnitte derselben ausgesprochenen Grundsätze als maßgebend anzusehen, innerhalb deren Wir auch die altherkömmliche Würde und Autorität des Banus von Kroatien und Slavonien in allen Angelegenheiten des Landes im Sinne des §. 73 der Reichsverfassung aufrecht erhalten wollen.

Indem Wir verordnen, daß in Kroatien und Slavonien auch fernerhin die Nationalsprache als die Geschäftssprache bei den dortigen Landesbehörden zu gelten habe, müssen Wir zugleich auch wünschen, und versehen Uns dessen von dem gesunden Sinne Unserer treuen Kroaten und Slavonier, daß der Geschäftsverkehr der dortigen Landesbehörden mit den Behörden in den übrigen Kronländern und der Centralgewalt jederzeit auf eine den Bedürfnissen des öffentlichen Dienstes entsprechende Weise stattfinde.

Die Stellung und Einrichtung der Wojwodschaft Serbien, von welcher die Artikel VII, XI und XXIV des Landtagsprotokolls handeln, wurde in Uebereinstimmung mit dem §. 72 der Reichsverfassung in Unserem Patente vom

18. November 1849 proviſoriſch feſtgeſtellt, und die definitive Regelung ihrer Verhältniſſe und namentlich die Schlußfaſſung über die Vereinigung dieſes Gebietes mit einem anderen Kronlande dem verfaſſungsmäßigen Wege vorbehalten.

Das Inſtitut der Militärgrenze iſt innerhalb ſeiner dermaligen territorialen Ausdehnung durch die Reichsverfaſſung aufrecht erhalten, und Wir behalten Uns vor, daſſelbe nach Maßgabe des §. 75 der Reichsverfaſſung und Unſeres Handſchreibens vom 31. März 1849 durch ein beſonderes Statut demnächſt in der Art zu regeln, daß das kroatiſch-ſlavoniſche Militär-Grenzgebiet wie bisher im Verbande mit ſeinem Stammlande Kroatien und Slavonien zu bleiben und vereint Ein Territorialgebiet, jedoch mit geſonderter Provinzial- und Militärverwaltung und mit geſonderter Vertretung zu bilden habe.

Ueber den Anſchluß Dalmatiens an die Königreiche Kroatien und Slavonien und über die Bedingungen deſſelben wollen Wir, daß dem §. 73 der Reichsverfaſſung zufolge, von den Abgeordneten Dalmatiens und von der Landeskongregation von Kroatien und Slavonien unter Vermittlung der vollziehenden Reichsgewalt verhandelt und das Ergebniß Unſerer kaiſerlichen Sanktion unterzogen werde.

Was die, Artikel XXVII, XXVIII und XXX enthaltenen Anträge bezüglich der Urbarial- und Servituts-Verhältniſſe betrifft, ſo behalten Wir Uns vor, die Erledigung darüber in beſonderen Verordnungen zu erlaſſen.

Die Beſtimmungen über die Preiſe und den Verkehr des Salzes werden mittelſt einer eigenen Verfügung erfolgen.

Die im Landtagsartikel XXIX ausgeſprochene allgemeine Steuerpflichtigkeit entſpricht dem in der Verfaſſung enthaltenen Grundſatze der gleichmäßigen Vertheilung der öffentlichen Laſten auf alle Reichsbürger, und Wir haben demſelben bereits in dem für Kroatien und Slavonien erlaſſenen Steuerpatente vom 31. Oktober 1849 Folge gegeben.

Die übrigen Artikel des Landtagsprotokolls finden Wir nicht ausdrücklich zu erwähnen, weil ſie entweder nur geſchichtliche Thatſachen und vorübergehende Beſtimmungen enthalten, oder Gegenſtände betreffen, die theils mit der organiſchen Entwicklung der Reichsverfaſſung verwirklicht werden, theils auf das Bedürfniß der damaligen Sachlage berechnet, unter den gegenwärtig geänderten Verhältniſſen der praktiſchen Bedeutung entbehren.

Zugleich erklären Wir den im Jahre 1848 verſammelt geweſenen kroatiſch-ſlavoniſchen Landtag nebſt den von demſelben eingeſetzten Kommiſſionen für aufgelöst, und behalten Uns vor, nach einer demnächſt zu erlaſſenden proviſoriſchen Wahlordnung den neuen Landtag einzuberufen.

Wir entbieten ſchließlich Unſeren lieben und getreuen Bewohnern der Königreiche Kroatien und Slavonien Unseren kaiserlichen Gruß, und die erneuerte Versicherung Unserer Huld und Gnade.

So gegeben in Unserer kaiserlichen Haupt- und Residenzstadt Wien, am siebenten April im Jahre Eintausend achthundert und fünfzig, Unserer Reiche im zweiten.

Franz Joseph (L. S.)

Schwarzenberg. Krauss. Bach. Schmerling. Gyulai. Bruck. Thinnfeld. Thun. Kulmer.

XLII.

Verordnung des Ministeriums des Innern vom 12. Juni 1850,

betreffend die Organisirung der politischen Verwaltungsbehörden im Königreiche Kroatien und Slavonien.

(Reichsgesetzblatt Stück LXXVIII, Nr. 245.)

In Gemäßheit der Allerhöchsten Entschließung vom 7. April 1850 werden nachstehende Bestimmungen über die Einrichtung der politischen Verwaltung in dem Kronlande Kroatien und Slavonien erlassen und zur allgemeinen Kenntniß gebracht.

I. An der Spitze der Verwaltung der Königreiche Kroatien und Slavonien steht der Banus. Unter dessen Vorsitze und Leitung steht die Banalregierung aus einem Banalrathe erster Klasse, der den Titel eines Vice-Ban zu führen hat, aus zwei Banalräthen zweiter Klasse, aus drei Banalkonzipisten, einem Expeditor und einem Translator.

II. Behufs der politischen Verwaltung wird Kroatien in die Gespanschaften von Agram, Varasdin, Kreutz und Fiume; und Slavonien in die Gespanschaften von Esseg und Požega getheilt.

Die Komitatsbehörden werden gebildet unter dem Vorsitze und der Leitung der Obergespäne von den ihnen beigegebenen Komitatsräthen, Komitats-Konzipisten und Expeditoren.

Die Komitatsbehörden sind unmittelbar der Banalregierung untergeordnet.

III. Die unterste Eintheilung des Landes in politisch-administrativer Beziehung bilden die Bezirke.

Die Agramer Gespanschaft theilt sich in sechs Bezirke mit den Hauptorten Agram, Samobor, St. Ivan, Sisek, Jaska und Karlstadt.

Der Agramer Bezirk umfaßt die Bezirksgerichte von Agram, Stubica und Vèrbovec.

Der Samoborer Bezirk die Gerichte von Samobor und Brezovica; der St. Ivaner Bezirk die Gerichte von St. Ivan und Dugasela; der Siseker Bezirk die Gerichte von Sisek, Gorica, Pokupsko und Topolovec; der Jaskaer Bezirk die Gerichte von Jaska, Krašić und Kupčina; und der Karlstädter Bezirk die Gerichte von Karlstadt und Bosiljevo.

Die Fiumaner Gespanschaft theilt sich in zwei Bezirke mit den Hauptorten Buccari und Delnice.

Der Bezirk von Buccari umfaßt die Bezirksgerichtssprengel von Fiume, Buccari und Cirkvenica; der von Delnice die Gerichtssprengel von Brod, Mèrkopalj und Čubar.

Die Varasdiner Gespanschaft, zu welcher auch die Murinsel gehört, mit Ausnahme der dem Kreutzer Komitate einverleibten Legrader Gemeinde, theilt sich in vier Bezirke mit den Hauptorten Varasdin, Klanjec, Krapina und Čakaturn.

Der Varasdiner Bezirk umfaßt die Gerichtssprengel von Varasdin, Lepoglava, Vinica und Toplica; der Bezirk von Klanjec die Gerichte von Klanjec und Pregrada; der Bezirk von Krapina die Gerichte von Krapina und Zlatar; und der Bezirk von Čakaturn die Gerichte von Čakaturn, Štridovo und Prelog.

Die Kreutzer Gespanschaft theilt sich in zwei Bezirke mit den Hauptorten Kreutz und Kopreinitz.

Der Bezirk Kreutz umfaßt die Gerichtssprengel von Kreutz, Novimarof, Vèrbovec, Poljana, Osekovo; und der Bezirk von Kopreinitz die Gerichtssprengel von Kopreinitz und Ludbreg.

Die Požeganer Gespanschaft theilt sich in zwei Bezirke mit den Hauptorten Požega und Pakrac.

Der Bezirk van Požega umfaßt die Gerichte von Požega, Pleternica und Bektež; und der Bezirk von Pakrac die Gerichte von Pakrac, Kutina und Daruvar.

Die Esseker Gespanschaft mit dem aus dem Syrmier Komitate zugewiesenen Gebietstheile wird in vier Bezirke mit den Hauptorten Essek, Verovitica, Diakovar und Vukovar getheilt.

Der Esseker Bezirk umfaßt die Bezirksgerichtssprengel von Essek, Valpovo und Šokac-Miholjac; der Veroviticer Bezirk die Gerichte von Verovitica, Vučin, Slatina und Orahovica; der Diakovarer Bezirk die Gerichte von Diakovar und Našice; und der Vukovarer Bezirk die Gerichte von Vukovar und Tovarnik.

IV. Die Verwaltung der politischen Bezirke leiten und besorgen die Vice-Gespäne mit den ihnen beigegebenen Bezirkskonzipisten und Expeditoren.

Die Bezirksbehörden sind unmittelbar den Komitatsbehörden untergeordnet, und bilden für ihr Verwaltungsgebiet die erste Instanz in politischen Geschäftsangelegenheiten.

V. Der Banalregierung, den Komitats- und Bezirksbehörden wird die nöthige Dienerschaft beigegeben, dann als Vergütung für ämtliche Reisen innerhalb des Verwaltungsgebietes ein Reisepauschale, und endlich für die Besorgung der Manipulations- und Schreibgeschäfte, in soweit nicht durch Zuweisung von vorhandenen Arbeitskräften gesorgt wird, und für die Kanzlei-Erfordernisse ein Kanzleipauschale angewiesen.

VI. Die Banalregierung, die Komitats- und Bezirksbehörden haben die Anordnungen und Aufträge der vorgesetzten Stellen genau und schleunig zu vollziehen.

Die Vorsteher dieser Behörden sind für die gesammte Geschäftsführung verantwortlich, haben durch wiederholte Bereisungen sich von dem Zustande und der geregelten Verwaltung des ihnen anvertrauten Amtsgebietes zu überzeugen, und über alle wichtigeren Vorkommnisse an ihre Vorgesetzten Bericht zu erstatten.

Das unterstehende Amtspersonale, worüber ihnen die gesetzliche Disziplinargewalt zusteht, ist strengstens verpflichtet, die dienstlichen Anordnungen und Aufträge pünktlich und ungesäumt zu vollziehen, und die ihnen anvertrauten Geschäfte nach der Andeutung der Amtsvorsteher zu behandeln.

VII. In Verhinderungsfällen wird, in solange nicht von der höheren Behörde eine andere Verfügung erfolgt, die Stelle des Banus von dem Vice-Ban, die Stelle des Obergespans von dem Komitatsrathe, die Stelle des Vicegespans von dem im Range ersten, im Amtssitze befindlichen Konzipisten versehen.

VIII. Die politische Administration gehört zu oberst in den Bereich des Ministeriums des Innern.

Der Wirkungskreis der politischen Organe umfaßt alle Angelegenheiten, welche in den Geschäftsbereich des Ministeriums des Innern einschlagen. In den zum Wirkungskreise anderer Ministerien gehörigen Zweigen des öffentlichen Dienstes haben die politischen Organe in soweit einzuschreiten und mitzuwirken, als es ihre allgemeine Verpflichtung für die Kundmachung und Vollziehung der gesetzlichen Anordnungen und für die Aufrechthaltung der öffentlichen Ordnung, Ruhe und Sicherheit mit sich bringt, oder ihnen von den betreffenden Ministerien, im Einvernehmen mit dem Ministerium des Innern, durch besondere Weisungen oder Instruktionen auferlegt oder zugestanden wird.

IX. Die Organe der politischen Verwaltung haben bei ihrer Geschäftsführung die Gesetze und Verordnungen, welche hinsichtlich der, ihrer Kompetenz zugewiesenen Verwaltungsgegenstände bestehen, in soweit sie nicht durch die Reichsverfassung, durch neuere Gesetze oder durch diese Organisirungsnormen

abgeändert find, und in folange zu beobachten, bis ihnen andere gefetzliche Anordnungen vorgezeichnet werden.

X. Die Durchführung der Organifation der politifchen Verwaltung in
Kroatien und Slavonien, und die Einfetzung der neuen Behörden dafelbft, wird
einer befonderen, dem Minifterium des Innern unmittelbar unterftehenden und
unter dem Vorfitze des Banus zufammengefetzten Organifirungs-Kom-
miffion anvertraut.

Bach m/p.

XLIII.

Proklamation des Ban Jellačić an die kroatifch-flavo-
nifche Nation,

aus Anlaß des die Vorlagen des kroatifch-flavonifchen Landtages vom Jahre 1848 erledigenden Patentes vom 7. April 1850.

Als vor zwei Jahren unferem Vaterlande und dem kaiferlichen Throne
von allen Seiten her fchwere Gefahren drohten, haft Du, wackeres Volk, Dich
erhoben zum Kampfe für Deine Rettung, für die Erhaltung des großen Kaiferreiches, in deffen weiten Grenzen viele Millionen Deiner ftammverwandten
Brüder leben, des Kaiferreiches, in deffen Beftande Du mit richtigem Gefühle
die alleinige fefte Bürgfchaft Deines Glückes, Deiner Zukunft erkannteft.

Laß mich fchweigen von den fchweren Drangfalen, von den blutigen
Opfern des darauf erfolgten Krieges, — Du haft ruhmvoll mitgeftritten —
tapferes Volk, haft mitgefiegt für die gerechte Sache, haft Deinem Namen einen
ehrenvollen Platz errungen unter den Völkern der Erde.

Nach glücklicher Beendigung des unheilvollen Krieges war es die erfte
Sorge unferes allerdurchlauchtigften Monarchen, durch eine zeitgemäße Regelung der Zuftände feines großen Reiches demfelben jene Kräftigung zu geben,
welche ihm eben fo fehr eine würdevolle Stellung gegen das Ausland als eine
gedeihliche Entwickelung im Innern für alle Zukunft zu fichern im Stande wäre.

Zu diefem Behufe wurden aus allen Theilen der Monarchie Männer in
die Refidenzftadt einberufen, welche, genau bekannt mit den Verhältniffen und Bedürfniffen der einzelnen Länder, Se. Majeftät in dem hochwichtigen Gefchäfte der
Reorganifirung mit ihren Erfahrungen zu unterftützen die Aufgabe hatten; der
eben fo fchwere als ehrenvolle Auftrag über die Angelegenheiten der Königreiche
Kroatien und Slavonien zu verhandeln, wurde mir mit noch einigen durch

warme Vaterlandsliebe und Dein Vertrauen gleich ausgezeichneten Männern zu Theil.

Die Grundlage für den Neubau der Monarchie ist in der von Sr. Majestät unserm allergnädigsten Kaiser und König durch die unterm 4. März 1849 den Völkern Oesterreichs gegebene Verfassung klar bezeichnet. Die zwei Hauptpunkte derselben sind: Einheit des Kaiserreiches, und Gleichberechtigung aller Nationalitäten, — sie sind gleichlautend mit den beiden Hauptbeschlüssen, welche der denkwürdige kroatisch-slavonische Landtag des Jahres 1848 vor der Welt ausgesprochen, und uns dadurch die doppelte Pflicht auferlegt hat, mit aller Kraft des Willens dafür einzustehen.

Da ich nun, theueres Volk, nach langer Abwesenheit in Deine Mitte zurückkehre, halte ich es für meine Pflicht, Dich in kurzen Umrissen mit dem Erfolge unserer Arbeiten bekannt zu machen.

Vor allem andern überbringe ich Dir in dem mitfolgenden Allerhöchsten Manifeste die von Sr. Majestät dem Allerdurchlauchtigsten Kaiser und König herabgelangte Allerhöchste Entschließung über die Landtagsartikel des Jahres 1848 — zugleich mit den huldreichsten Ausdrücken dankbarer Anerkennung Deines Monarchen für Deine in der letztvergangenen sturmbewegten Zeit bewährte felsenfeste Treue, für Deine mit so viel Muth und Hingebung dargebrachten Opfer. Wie Dich vor der Welt schon jetzt der Dank Deines ritterlichen Monarchen ehrt, wird er auch fort und fort der Stolz Deiner spätesten Enkeln sein.

Es ist die höchste Zeit, daß der schwankenden Bewegung unseres, theils durch die Ereignisse der letzten Zeit erschütterten, theils seiner inneren Mangelhaftigkeit wegen unwirksam gewordenen Verwaltungswesens ein Ende gemacht, der Gang der Geschäfte geordnet, dem Volke die Wohlthat eines gesicherten Zustandes und dadurch einer lebenskräftigen Entwickelung verbürgt werde.

Se. Majestät unser allergnädigster Kaiser und König haben daher, um den aus einer solchen Lage der Dinge unvermeidlich gewordenen traurigen Folgen bei Zeiten zu begegnen, kraft der in den §§. 87 und 120 der Reichsverfassung enthaltenen Bestimmungen, den unerläßlich nöthigen provisorischen Verfügungen auch für Kroatien und Slavonien Allerhöchst Ihre Genehmigung zu ertheilen und zugleich deren ungesäumte Durchführung anzuordnen geruht. Die definitive Regelung derselben bleibt jedoch zu Folge der §§. 68 und 104 der Reichsverfassung der Mitwirkung der gesetzlichen Landesvertretung vorbehalten.

Die Organisation der politischen Behörden und des Gerichtswesens ist vollendet, die Einführungs-Kommission bereits ernannt, und mit den nöthigen Weisungen zur unaufgehaltenen Durchführung derselben versehen. Durch die Trennung dieser beiden bisher zum großen Nachtheile des Geschäftsbetriebes vereint gewesenen Zweige wird ein energisches Verfahren in beiden möglich, und schon binnen Kurzem die wohlthätige Einwirkung einer schnellen und geregelten Gerichtspflege jedem Einzelnen fühlbar machen.

Die Landes-Finanz-Direktion hat ihre Arbeiten in Bezug auf ein geordnetes Steuerwesen bereits begonnen, — die Einheit des Staates, bedingt durch die Ausübung gleicher Rechte und gleicher Pflichten, macht auch ein auf gleichen Grundsätzen fußendes Abgaben-System unerläßlich, soll nicht unbilligerweise ein Land gegen das andere im Nachtheile stehen. — Nur so wurde es möglich, die drückenden Zollschranken bereits am 1. Okt. d. J. fallen zu machen, und so die bisher gespaltene Monarchie mittelst des freien Verkehrs zu einem durch vervielfachte gemeinschaftliche Interessen eng verbundenen Ganzen zu vereinen.

Es versteht sich hiebei von selbst, daß die Durchführung der neuen Organisation nur allmälig und nach Maßgabe, als die betreffenden Einführungs-Kommissionen in ihren Arbeiten fortschreiten werden, Platz greifen könne, — bis dahin bleiben die bisherigen Behörden in voller Wirksamkeit, und ich werde eben so sehr pünktliche Pflichterfüllung von ihnen, als von der Bevölkerung achtungsvollen Gehorsam gegen die obrigkeitlichen Anordnungen zu fordern wissen.

Von besonderer Wichtigkeit ist die Lösung der Grundentlastungsfrage; — alle hiezu nöthigen mit Sachkenntniß und Fleiß bearbeiteten Anträge sind der Regierung vorgelegt, so wie die erschöpfendsten mündlichen Erörterungen über diesen Gegenstand gepflogen worden; in kurzer Zeit wird hierüber die Allerhöchste Verfügung herabgelangen, und unverzüglich die hiezu ernannte Kommission ihre Thätigkeit beginnen, während mittlerweile der aus dem Staatsschatze Allerhöchst bewilligte Vorschuß unter Mitwirkung eines von mir für dieses Geschäft bereits bestimmten Ausschusses den hiezu Berechtigten geleistet wird.

Die Landesverfassung, das Wahl-, Gemeinde- und Preßgesetz werden nach erfolgter Vorlage an Se. Majestät in ununterbrochener Reihenfolge bekannt gegeben werden, und provisorisch in Wirksamkeit treten, wo sonach der Landtag der vereinigten Königreiche in Bezug auf die definitive Annahme oder die nöthigen Modifikationen dieser Gesetze sein verfassungsmäßiges Recht zu üben haben wird.

Die Entwickelung unseres nationalen Lebens ist gesichert; unsere theuere Muttersprache behält ihre volle Geltung in dem Geschäftsbetriebe der Landesbehörden, und es wird nur von unserer eigenen geistigen Thätigkeit abhängen, ihr jenen würdigen Platz unter den ausgebildetsten der Welt zu erringen, zu dem sie durch unerschöpflichen Reichthum, durch ihre Verbreitung, und durch die Urwürde ihres Alters so befähigt und berechtigt ist.

Die Pflege der nationalen Sitte und Sprache erfordert aber keineswegs, daß man sich von dem Nachbar feindlich abschließe; — willst Du, theueres Volk, daß man Dich ehre und liebe, so ehre und liebe auch jedes andere Volk, — und der einzig erlaubte Stolz, den Du hegen magst, sei der, Deine Nachbarschaft in geistiger Ausbildung zu übertreffen; der einzige Kampf, den Du kämpfen magst, sei der Wettkampf der Civilisation.

Dazu gehört aber Friede nach Innen und Außen. denn nur wo Ruhe und Gesetzlichkeit herrscht, kann dieses Streben gelingen; Ihr habt des Krieges und der Aufregung, des Hasses und der Leidenschaften genug gehabt, — laßt Euch das Vergangene zur Lehre für die Zukunft dienen, — reicht dem Gegner brüderlich und versöhnend die Hand, — und geht von nun an mit festem Schritte dem schönen Ziele allgemeiner Wohlfahrt zu.

Darum, theueres Volk, höre nicht auf die Stimme der Bosheit und Unvernunft, die den heiligen Namen der Nationalität mißbrauchend, überall Haß und Mißtrauen erregt. Haß kennt nur der Schlechte, und mißtrauisch ist nur der Feige. — Du aber, mein wackeres Volk, bist gut und tapfer!

Darum sehe ich mit Zuversicht der Zukunft entgegen; Du wirst Deinem Ban mit Deinen edelsten Kräften redlich zur Seite stehen, und nach dem Wahlspruche unseres ritterlichen Monarchen „mit vereinten Kräften" zu dem großen Werke des Friedens redlich und rüstig das Deinige beitragen.

Gott erhalte unseren allerdurchlauchtigsten Kaiser und König Franz Joseph I.

Agram, den 26. Juni 1850.

Jellačić m/p.
Ban.

XLIV.
Kaiserliches Patent vom 7. Mai 1850,

womit ein neues Grundgesetz für die kroatisch-slavonische und banatisch-serbische Militärgrenze genehmigt wird.

(Reichs-Gesetzblatt LXXVII. Stück, Nr. 243.)

Wir Franz Joseph der Erste, von Gottes Gnaden Kaiser von Oesterreich; König von Hungarn und Böhmen, König der Lombardei und Venedigs, von Dalmatien, Kroatien, Slavonien ꝛc., Großwojwod der Wojwodschaft Serbien ꝛc.

Entbieten euch tapfern und treuen Grenzern Unseren kaiserlichen Gruß.

Ihr habt im Verlaufe der jüngstverflossenen bedrängnißvollen Zeit, werth Euerer Voreltern, neuerdings Beweise Euerc unerschütterlichen Muthes, Euerer aufopfernden Hingebung für die Sache des Rechtes und der Ordnung, für Thron und Vaterland derart an den Tag gelegt, daß Euch die Bewunderung der Mit- und Nachwelt für immer gesichert bleibt.

Mit festem Sinne habt Ihr den Verlockungen Unserer Feinde widerstanden, mit begeisterter Treue unermeßliche Opfer dargebracht, mit bewährter Tapferkeit gegen innere und äußere Feinde gekämpft und gesiegt unter den altgewohnten ruhmgekrönten Fahnen Oesterreichs.

Nehmt hin dafür den ehrenden Dank Eueres Kaisers!

Indem Wir Euch in gerechter Anerkennung dieser Verdienste bereits mit Unserem kaiserlichen Erlasse vom 31. März v. J. der für erhaltene Vorschüsse auf Euch lastenden Verbindlichkeit enthoben haben, war es nach hergestellter Waffenruhe Unsere wesentliche Sorge, die möglichst baldige Verwirklichung der, vermöge §. 75 der Reichsverfassung Euch in Bezug auf Euere eigenthümlichen Besitzverhältnisse zugesicherten Erleichterungen herbeizuführen.

Wir haben zu diesem Behufe Unseren Ministerrath angewiesen, Uns unter Mitwirkung Unseres lieben und getreuen Ban's und wohlerfahrener, mit Eueren Wünschen und Bedürfnissen genau bekannter, Euer Vertrauen genießender Männer, solche Anträge zu stellen, welche der Militärgrenze auch fernerhin ebensowohl die ihr zum Schutze der Integrität des Reiches anvertraute wichtige und ehrenvolle Stellung, als deren ferneres Gedeihen und steigende Wohlfahrt zu verbürgen geeignet wären.

Die Aufhebung des bis nun bestandenen Lehensverhältnisses und der aus demselben hergeleiteten unentgeltlichen Aerarial-Arbeitsleistungen; die Uebernahme der Bekleidung, dann der Verpflegung des im Dienste stehenden Grenzsoldaten von Seite des Staatsschatzes; eine durch billig geregelte Einreihung in den Feldstand erzielte Abkürzung der Dienstzeit; die mit Rücksicht auf die besonderen örtlichen Verhältnisse und volksthümlichen Gewohnheiten gewährleistete freie Bewegung des Gemeindelebens bilden die Hauptgegenstände des durch Unseren Ministerrath Uns vorgelegten Statuts für die kroatisch-slavonischen und serbisch-banatischen Militärgrenzen.

Wir ertheilen demselben in Anerkennung der von Unserem wackern Grenzvolke unter der Führung seines heldenmüthigen Ban's um Krone und Vaterland erworbenen Verdienste Unsere Genehmigung, und erwarten mit voller Zuversicht von Euch, daß Ihr wie bisher, so auch fernerhin mit Euerer bewährten Tapferkeit und Treue die festen Stützen Unseres Thrones und des Reiches sein und bleiben werdet, dagegen Wir Euch fortan Unserer kaiserlichen Huld und Gnade versichern.

So gegeben in Unferer kaiferlichen Haupt- und Refidenzftadt Wien den fiebenten Mai im Jahre 1850, Unferer Reiche im zweiten.

Franz Joseph (L. S.)

Schwarzenberg, Krauss, Bach, Bruck, Thinnfeld, Schmerling, Thun, Kulmer.

Grundgefetz für die kroatifch-flavonifche und banatifch-ferbifche Militärgrenze.

Erfter Abfchnitt.
Allgemeine Beftimmungen.

§. 1. Die Militärgrenze ift ein untrennbarer Beftandtheil der öfterreichifchen Erb-monarchie.

§. 2. Die Militärgrenze und das gleichnamige Provinziale bilden zufammen ein Lan-desgebiet, haben jedoch ihre gefonderte Verwaltung und Vertretung.

§. 3. Das Inftitut der Militärgrenze wird in feiner bisherigen militärifchen Organifa-tion aufrecht erhalten, und bleibt in Anfehung des Waffen- und Militär-Adminiftrationsdien-ftes als ein integrirender Beftandtheil des Reichsheeres der vollziehenden Reichsgewalt unterftellt.

§. 4. Die Bewohner der Militärgrenze erhalten eine freie Gemeindeverfaffung, und nehmen überhaupt an allen, den Angehörigen der übrigen Kronländer durch die Reichsverfaf-fung vom 4. März 1849 verliehenen Rechten in foferne Theil, als felbe mit den Zwecken und Bedürfniffen des Militärgrenz-Inftitutes vereinbarlich find.

§. 5. Die militärifche Eintheilung der Grenzbezirke bleibt unverändert und bildet die Grundlage ihrer politifch-adminiftrativen Einrichtung.

§. 6. Die Befitzverhältniffe und die aus denfelben hergeleiteten, fowie die perfönlichen Verpflichtungen der Grenzer werden durch das gegenwärtige Statut geregelt.

§. 7. In der Militärgrenze ift die Sprache des Militärdienftes jene des Reichsheeres.

§. 8. Den Landesfprachen wird in den politifch-adminiftrativen Grenzgefchäften, bei den Gerichten, dann in den höheren und niederen Schulen ihre Geltung gewahrt.

§. 9. Die Grenzer unterftehen für Militärvergehen und Verbrechen den Gefetzen des k. k. Heeres, in allen übrigen Fällen den allgemeinen Gefetzen. Im Sinne diefes Grundfatzes wird die Gerichtsverfaffung in der Militärgrenze durch befondere Verordnungen geregelt.

Zweiter Abfchnitt.
Rechte und Pflichten der Grenzbewohner überhaupt.

§. 10. Die fämmtlichen Militärgrenzprovinzen behalten ihre bisherige Beftimmung zu dem inneren und äußeren Waffendienfte unverändert bei.

Die Grenzer find diefer Beftimmung gemäß verpflichtet, Seiner Majeftät dem Kaifer und Könige im Frieden und im Kriege, in und außer dem Lande nach Vorfchrift der Aller-höchften Anordnungen alle Militärdienfte zu leiften, und zur Unterhaltung der inneren Grenz-anftalten beizutragen.

16

Dafür erhalten die Grenzkommunionen alle ihre rechtmäßigen Besitzungen für sich und ihre Nachkommen als wahres beständiges Eigenthum.

Erstes Hauptſtück.
Von dem Rechte auf unbewegliche Güter insbeſondere.

§. 11. Alle liegenden Güter der Grenzbewohner ſind gegen Erfüllung der geſammten Grenzobliegenheiten vollſtändiges Eigenthum der Grenzkommunionen, welches in ſoferne Beſchränkungen unterliegt, als ſolche durch die nachfolgenden Paragraphe feſtgeſetzt ſind. Das nach dem §. 1 der Grenzgrundgeſetze vom Jahre 1807 bisher beſtandene, aus dem grundherrlichen Lehensverbande abgeleitete Nutzungseigenthums-Verhältniß wird hiermit aufgehoben.

§. 12. Mit dem Beſitze liegender Güter in der Grenze iſt die Waffenpflicht verbunden; es wird daher von Jedermann dieſe Verpflichtung durch den Erwerb eines ſolchen Beſitzes übernommen.

Diejenigen, welche mit ihren Familien in den Militärgrenzverband einzutreten beabſichtigen, haben vor Allem die Einwilligung der Regiments-Kommanden einzuholen, welche nur dann ertheilt werden kann, wenn der Lebensunterhalt und die Erfüllung der Militärpflicht von Seite der Aufzunehmenden durch den wirklichen Erwerb einer Realität oder Beziehung einer bereits beſtehenden Grenzwirthſchaft ſichergeſtellt iſt.

§. 13. Ausnahmsweise kann von den Grenzlandes-Militär-Kommanden auch Perſonen die nicht Grenzer ſind, und welche das Handels- oder Fabriksrecht in der Grenze beſitzen oder erwerben, geſtattet werden, Bauplätze für Magazine oder Fabriken oder derlei ſchon vorhandene Gebäude, ohne für ihre Perſon die Waffenpflicht zu übernehmen, an ſich zu bringen.

§. 14. Offiziere und Beamte, dann Geiſtliche, welche ſich nicht im Kommunionsverbande befinden, können in der Grenze nur Wohnhäuſer und höchſtens drei Joch, Handels- und Gewerbsleute aber, welche abgeſondert von einem Grenzhauſe für ſich leben, höchſtens ſechs Joch Grundſtücke mit Inbegriff der Haus- und Hofſtelle eigenthümlich erwerben.

Dieſe Beſchränkung hört von dem Zeitpunkte auf, wo ſie und ihre Familien ſich dem Grenzſtande unterziehen.

§. 15. In der Grenze iſt jeder Grundbeſitzer gleich jedem anderen Staatsbürger gehalten, ſeinen Grund zu öffentlichen Zwecken gegen eine angemeſſene Entſchädigung abzutreten.

§. 16. Der Grundbeſitz der Grenzhäuſer theilt ſich in Stammgut und Ueberland.

Zu dem Stammgute eines Grenzhauſes gehören alle jene Grundſtücke, welche dermalen in den Grundbüchern als Stammgut eingetragen ſind. Dieſelben bilden nebſt den Wohn- und Wirthſchaftsgebäuden die Grenzanſäſſigkeit.

Das Stammgut iſt in der Regel unveräußerlich. Nur in beſonderen Fällen darf daſſelbe auf ein Drittheil ſeines Schätzungswerthes als Hypothek verpfändet werden, und der Gemeindeausſchuß hat darauf zu ſehen, daß der Schuldner außer den Intereſſen jährlich noch einen verhältnißmäßigen Theil am Kapital abtrage.

Erſt dann, wenn keine andere Hilfe verſchafft werden kann, und wenn der Unterhalt der Familie durch Erwerbung einer anderen Anſäſſigkeit oder Aufnahme in ein anderes Grenzhaus geſichert iſt, darf auch das Stammgut an Beſitzfähige veräußert werden.

Unter welchen Bedingungen eine Theilung zuläſſig iſt, beſtimmt der §. 39.

Das Ueberland umfaßt alle übrigen Beſitzungen der Grenzhäuſer, welche nach den beſtehenden Vorſchriften veräußerlich ſind.

In den Grundbüchern hat es bis zur neuen Anlegung und Regelung derſelben bei der bisherigen Eintheilung der Grundanſäſſigkeit zu verbleiben.

§. 17. Die bisher von den Gemeinden benützten Hutweiden sind Eigenthum derselben. Es bleibt ihnen vorbehalten, bei einzelnen Ansiedlungen und Familientheilungen in erforderlichen Fällen die unumgänglich nöthigen Haus-, Hof- und Gartengründe gegen oder ohne Entgelt aus den Hutweiden anzuweisen.

Die gänzliche Vertheilung oder Veräußerung der Hutweiden einer Gemeinde kann über Antrag derselben nur im gesetzlichen Wege stattfinden.

Die von der Steuer als öde abgeschriebenen Gründe fallen den betreffenden Gemeinden zu, in soferne sie nicht innerhalb zwei Jahren vom Tage der Kundmachung dieses Statuts durch die vormaligen Besitzer oder deren Rechtsnachfolger in die Steuer übernommen werden wollen.

§. 18. Die Grenzwaldungen sind ein Staatsgut. Aus diesen ist nach vorläufiger Deckung des Aerarialbedarfes für die Grenze den Grenzern nach ihren alten Rechten und mit Vorzug vor allem übrigen Holzbezug das Bau- und Brennholz zu den häuslichen Bedürfnissen unentgeltlich anzuweisen. Sie sind ferner berechtiget, ihren eigenen Viehstand nach vorausgehender Beschreibung außer den Schonungen ohne Lösung der Weide- und Mastzettel unentgeltlich zu weiden und zu mästen; dann das Abraumholz an drei Tagen in der Woche, welche der Gemeindevorstand in Einvernehmen mit der Waldaufsicht zu bestimmen hat, auszuführen.

Das Fällen der kleinen Nutzholzbedürfnisse von buchenem und Unterholze gegen Anweisung des Regimentes kann auch außer der Schlagzeit mit Beobachtung der Forstgesetze gestattet werden.

Die außerhalb der Waldmarken gelegenen Waldaussprungswinkel können den grundbedürftigen Grenzhäusern zu Aeckern und Wiesen oder Obst- und Weingärten ins Eigenthum überlassen werden.

Es ist ihnen auch gestattet, nach den durch die Forstgesetze zu bestimmenden Normen in den offenen Waldungen die Eicheln und Bucheln für den Bedarf des eigenen Viehstandes, sowie die Kastanien unentgeltlich zu sammeln, dann außer den Schonungen das Farrenkraut zu mähen und die Farrenwurzeln als Erdmast zu benützen.

Wegen Waldfrevel sollen die Waldaufseher ohne der von Fall zu Fall bei der Behörde einzuholenden Ermächtigung keine Hausdurchsuchungen vornehmen dürfen, den Fall der Verfolgung auf frischer That ausgenommen. Diese Bestimmungen finden auch auf die sogenannten Riede in der Banater-Grenze und im Csaikisten-Bataillon ihre Anwendung.

§. 19. Für das Holz zum Handels- und Gewerbsbetriebe, dann zur Erbauung von Fabriksgebäuden, abgesonderten Werkstätten u. s. w. kommt auch fernerhin die vorgeschriebene Waldtaxe zu bezahlen, und auf die genaue Ermittlung des häuslichen Bedarfes insbesondere auch in der Beziehung zu sehen, daß die Holzung, Waldweide und Mastung nicht ungebührlich über den Hausbedarf oder etwa auf Individuen, die nicht zum Grenzstande gehören, ausgedehnt werde.

§. 20. Die Bewirthschaftung der Waldungen wird mit gehöriger Wahrung der obigen Rechte der Grenzer durch eine eigene Waldordnung festgestellt.

§. 21. Privatwaldungen anzulegen und zu besitzen ist gestattet. Neue Waldanlagen auf besteuerten Gründen sind der Behörde anzuzeigen.

§. 22. So lange eine Hauskommunion aus mehreren Männern besteht, haben sie alle ohne Unterschied, ob sie von dem ursprünglichen Besitzer herstammen, in das Haus eingeheirathet haben, oder auf eine andere Art als wirkliche Hausgenossen und nicht als bloße Dienstboten aufgenommen wurden, gleiche Rechte auf das unbewegliche Vermögen des Hauses.

Wenn aber Einer aus dem Hause tritt oder sonst in Abgang kömmt, so verliert er die-

16*

ses Recht, und dasselbe wächst von selbst und ohne Abtheilung den übrigen Männern zu, so lange noch einer im Hause bleibt. Ist kein Mann mehr im Hause, so geht dieses Recht auf die nämliche Art auf die zu dem Hause gehörigen Weiber über, denen es frei steht, die Hauswirthschaft in Gemeinschaft fortzuführen, oder solche Männer, die die Grenzobliegenheiten auf sich haben oder übernehmen, einzuheirathen oder in die Hauskommunion aufnehmen zu lassen.

§. 23. Bleibt nur ein einziges Weib im Hause und heirathet dasselbe einen Mann, der sich nicht den Grenzobliegenheiten unterzieht, so muß sie ihr unbewegliches Vermögen innerhalb zweier Jahre an Grenzer veräußern.

§. 24. Wenn endlich eine Hauskommunion ganz ausstirbt und kein Testament vorhanden ist, so tritt ohne Unterschied des Geschlechtes das allgemeine Erbfolgerecht ein.

Die Erben können das unbewegliche Vermögen nur unter der Bedingung des §. 12 behalten, im Gegentheile haben sie dasselbe von der Zeit des Anfalles binnen zwei Jahren zu veräußern. Das bewegliche Vermögen fällt ihrer völlig freien Verfügung anheim.

§. 25. Nur der letzte Sproße einer Hausfamilie kann über das unbewegliche Vermögen letztwillig verfügen, in soferne nicht Individuen vorhanden sind, denen der Rücktritt ins Grenzhaus vorbehalten wurde.

§. 26. Wenn keine erbfähigen Personen und auch keine letztwillige Anordnung vorhanden ist, so fällt das Vermögen dem Grenzinstitute anheim. Dasselbe ist zu öffentlichen Zwecken zur Dotirung der grundbedürftigen Familien oder zu neuen Ansiedlungen zu verwenden.

§. 27. Die Grundstreitigkeiten sind durch die ordentlichen Gerichte nach diesem Statute, und wo dieses keine Bestimmungen enthält, nach dem allgemeinen bürgerlichen Rechte zu schlichten.

Zweites Hauptstück.
Von den Rechten der Grenzer, sich auf Gewerbe, Handel, Künste und Wissenschaften zu verlegen.

§. 28. Das Gewerbwesen wird nach den im Reiche giltigen Normen zu behandeln sein, soweit die Beschaffenheit und die Zwecke des Militärgrenz-Institutes nicht abweichende Anordnungen nothwendig machen.

§. 29. Die Beschränkungen der Grenzbewohner in Erlernung des Handels, der Gewerbe und Künste, dann in der Pflege der Wissenschaften werden außer Wirksamkeit gesetzt.

§. 30. Der Hausirhandel in der Grenze bleibt verboten.

Drittes Hauptstück.
Von der Hauskommunion.

§. 31. Das patriarchalische Leben des Grenzvolkes als Nationalsitte wird unter den Schutz der Gesetze gestellt.

§. 32. Als Familie eines Hauses werden alle Personen betrachtet, welche bei dem Hause konskribirt und nicht Dienstboten sind; diese Personen mögen sich verwandt oder in die Kommunion aufgenommen worden sein.

§. 33. Um Ruhe, Ordnung, Eintracht, Religiosität und Sittlichkeit unter der Hausfamilie zu erhalten, hat in der Regel der älteste fähige und dienstfreie Mann die Hausvaterstelle zu führen, und das Hausvermögen zu verwalten.

Sein oder ein anderes hiezu geeignetes Weib hat Hausmutter zu sein.

Die Wahl muß durch die Familie geschehen, und der Behörde angezeigt werden. Können sich die Familienglieder in der Wahl nicht vereinigen, so entscheidet der Gemeinde-Ausschuß.

§. 34. Was die Hauskommunion mit gemeinsamen Kräften erwirbt, ist gemeinsames Hausgut, welches zur Bestreitung der Auslagen des Hauses und des Unterhaltes aller Familienglieder dient.

§. 35. Die Hausgenossen können von dem Hausvater über die Gebarung mit dem gemeinsamen Vermögen Rechenschaft verlangen, und einem aus ihrer Mitte die Mitsperre der Vorräthe und der Kasse übertragen.

§. 36. Beim Kauf, Verkauf, bei der Verpachtung, Verpfändung oder Belastung der Gründe, sowie bei jedem wichtigen Geschäfte, welches die ganze Familie oder das häusliche Vermögen betrifft, muß der Hausvater die geschehene Einvernehmung jedes Familiengliedes, welches das 18. Lebensjahr zurückgelegt hat, und die Zustimmung der Mehrheit derselben zu dem Geschäfte nachweisen.

Ueber Einwendungen einzelner Familienglieder entscheidet der Gemeinde-Ausschuß mit Vorbehalt weiterer Berufung.

§. 37. Die Familienglieder sind befugt, die Zeit, welche ihnen nach Erfüllung ihrer häuslichen Obliegenheiten erübrigt, dazu zu verwenden, um sich etwas zu erwerben. Sie können mit Bewilligung des Hausvaters zu diesem Zwecke selbst außer dem Hause auf Arbeit gehen. Von demjenigen, was ein Hausgenosse auf die eben angeführte Art für sich erwirbt, muß er einen Theil an die gemeinschaftliche Hauskasse abgeben.

Kann er sich über die Summe nicht mit dem Hausvater vereinigen und kömmt es deßhalb zur Klage, so entscheidet der Gemeinde-Ausschuß.

Geht ein Grenzer ohne Einwilligung des Hausvaters auf besondern Erwerb aus, so muß er seinen ganzen Verdienst an die Hauskasse abgeben.

§. 38. Alles bewegliche Vermögen, das einzelne Hausgenossen für sich rechtlich erwerben, ist ihr besonderes Eigenthum.

§. 39. Die Theilung einer Kommunion ist unter folgenden Bedingungen zu gestatten:

1. Ein jeder Theil muß nebst dem Wohnhause mindestens eine Ansässigkeit von sechs Joch Grundstücken als Stammgut nachweisen. An der Seeküste, und wo ähnlicher Mangel an Grundstücken besteht, werden unumgängliche Ausnahmen über Vortrag des Gemeinde-Ausschusses vom Regiments-Kommando gestattet.

2. Die Mehrzahl der Familienglieder beiderlei Geschlechtes, vom zurückgelegten 18. Lebensjahre an, muß zu der Theilung ihre Zustimmung gegeben haben.

3. Die Vermögensantheile müssen nach dem eigenen Uebereinkommen der Hausgenossen in Voraus bestimmt, abgetheilt, und die Grundstücke in Gegenwart der Behörde abgemarkt worden sein.

Hierbei sind die Personen, welchen vermöge des §. 48 der Rücktritt in ihr Grenzhaus vorbehalten ist, mit in Anschlag zu bringen, und einem Hause zuzutheilen, welchem auf den Fall des wirklichen Rücktrittes in Voraus der betreffende Antheil zugewiesen wird.

4. Die Familientheile müssen sich über die gegenseitigen Forderungen und Zahlungstermine verglichen, über die gemeinschaftlichen Schulden mit den Gläubigern abgefunden, die etwa erforderliche Hypothek festgesetzt und die haftenden Kautionen oder Witwenunterhalte gesichert haben.

5. Der Bau der neuen Wohnhäuser muß auf die hierfür bestimmten Plätze sichergestellt worden sein.

6. Die durch Theilung einzeln austretenden Männer müssen bei sonst vorhandener Felddiensttauglichkeit der Militärpflicht beim Feldstande bereits entsprochen haben.

7. Durch den Austritt eines Hausgenossen darf die aktive Militärdienstpflicht der Rückbleibenden nicht umgangen werden.

8. Treten mehrere Männer zugleich aus, welchen die aktive Militärdienstpflicht obliegt, so muß der Hausvater sowohl des zurückbleibenden als auch des austretenden Theiles dieser Militärpflicht entsprochen haben.

§. 40. Wenn bei der Theilung gegen die Aufnahme eines Familiengliedes zu einem oder dem anderen Theile Einsprache erhoben wird, so ist der näher verwandte Zweig zu dessen Aufnahme verpflichtet.

Wenn über die Vermögensantheile zwischen den sich theilenden Familien keine gütliche Uebereinkunft zu Stande kommt, so ist die Vertheilung des ganzen gemeinschaftlichen Vermögens vom Gemeindeausschusse über vorläufig gepflogene Erhebung nach der Anzahl der männlichen Köpfe vorzunehmen.

§. 41. Alle vorbesagten Erfordernisse zur Theilung müssen überhaupt vor dem Gemeindeausschusse nachgewiesen werden, für deren Erfüllung er verantwortlich ist. Demselben steht auch zu, über vorkommende Ausnahmen jeder Art mit Vorbehalt des vorgeschriebenen Instanzenzuges zu erkennen.

§. 42. Ueber jede Theilung ist ein Vertrag vor der Gemeindebehörde schriftlich zu verfassen, von allen stimmberechtigten Gliedern zu fertigen, von der Kompagnie zu prüfen, zu bestätigen und in den Grundbüchern einzutragen.

§. 43. Die bisher mit Subnummern konskribirten Grenzhäuser sind als gesetzlich getheilt anzusehen, und es sind die Subnummern als selbstständige Grenzhäuser zu konskribiren.

§. 44. Einzelne Personen und Familien können in ein Grenzhaus aufgenommen werden, wenn sie die Grenzobliegenheiten übernehmen, und von ihren bisherigen Behörden die Entlassung beigebracht haben.

§. 45. Wenn die beiderseitigen Hausgenossen einwilligen, kann jeder Grenzer mit Bewilligung der Behörde aus seiner Kommunion in eine andere übertreten.

§. 46. Die Absiedlung aus der Grenze kann gestattet werden, wenn der Bewerber der Militärpflicht beim Feldstande entsprochen hat.

§. 47. Die Grenzer, welche sich von ihrem Hause trennen und in ein anderes begeben, oder aus dem pflichtigen Grenzstande treten, und dadurch von selbst aufhören Mitglieder der Hauskommunion zu sein, haben kein Recht auf das unbewegliche Hausvermögen.

§. 48. Individuen des Grenzstandes, welche wie z. B. Offiziere, Geistliche, Beamte, Gensd'armen u. s. w. in öffentlichen Diensten stehen, daher der im §. 34 ausgesprochenen Bedingung gemeinschaftlichen Erwerbes nicht nachkommen, haben keinen Anspruch auf die Nutznießung des Hausvermögens; es bleibt ihnen jedoch das Recht des Rücktrittes in ihre Hauskommunion, und von dem Zeitpunkte an, wo derselbe erfolgt, die Theilnahme an dem Vermögen der Kommunion gegen Uebernahme der damit verbundenen Pflichten gleich jedem andern Familiengliede vorbehalten.

§. 49. Bei welchen immer Verfügungen mit dem unbeweglichen Gute der Pupillen ist vorher die Einwilligung der Vormundschaft beizubringen.

Die Aufnahme in die Kommunion eines Grenzhauses, welches Pupillen gehört, kann nur mit Zustimmung des Vormundes und der Vormundschaftsbehörde dann geschehen, wenn hieraus für die Pupillen Vortheile erwachsen.

§. 50. Die im Dienste erkrankten Grenzer haben das Recht der freien Aufnahme in die vorhandenen Militär-Spitäler, und erhalten die Heilmittel auf Staatskosten.

Die badebedürftigen Grenzer haben das Recht, die in der Militärgrenze befindlichen Mineralbäder unentgeltlich zu benützen.

Viertes Hauptstück.

Von der Wehrpflicht.

§. 51. Der Wehrpflicht unterliegen alle männlichen Grenzbewohner, welche in der Grenze ein unbewegliches Vermögen besitzen, und die Waffen zu tragen im Stande sind; die Ausnahmen hievon werden durch ein eigenes Gesetz bestimmt werden.

§. 52. Diese Wehrpflicht besteht in der Bewachung und Vertheidigung der Landesgrenze, Aufrechthaltung der innern Sicherheit und in der Pflicht, auch außer Landes zum Dienste Seiner Majestät in das Feld zu rücken.

§. 53. Jedes Grenzregiment stellt in der Regel:

a) zwei Feld-Bataillone mit 12 Kompagnien;

b) ein Reserve-Bataillon mit 4 Kompagnien;

c) außerdem gibt jedes der vier Karlstädter und zwei Banal-Regimenter, dann das Romanen-Banater Regiment zwei Kompagnien Serezaner, und jedes der Warasdiner, slavonischen, deutsch- und illirischbanater Grenzregimenter eine Division leichter Reiterei. Das Csaikisten-Bataillon stellt ein Feld-Bataillon mit 6 und ein Reserve-Bataillon mit 4 Kompagnien.

Der dienende Stand der Feld- und Reserve-Bataillone wird auf Grundlage der nach dem Bevölkerungsverhältnisse jedes Regiments zu bewirkenden Regulirung nach jeder periodischen Hauptkonscription bestimmt werden.

§. 54. Zur Erfüllung dieser Militärpflicht ist die gesammte waffenfähige Mannschaft vom vollendeten 20. Lebensjahre an berufen.

§. 55. Die Kompletirung der im §. 53 bezeichneten Truppenkörper wird nach folgenden Grundsätzen bewirkt. Einzureihen sind auf den Abgang bei den Feld-Bataillons, Serezanern und der leichten Reiterei:

a) die freiwillig Eintretenden, sobald sie feldkriegsdiensttauglich sind, ohne Unterschied des Alters;

b) Jene, welche das 20. Lebensjahr vollstreckt haben, dann die in den nächst höheren Altersklassen stehenden feldbiensttauglichen und militärpflichtigen Individuen in der Art, daß, in solange eine jüngere Altersklasse nicht erschöpft ist, die höhere nicht in Anspruch genommen werden dürfe;

c) das Reserve-Bataillon wird durch Transferirung jener Leute aus den zwei Feld-Bataillons, welche die meisten Dienstjahre zählen, formirt;

d) nach denselben Grundsätzen geschieht die Entlassung derjenigen Mannschaft vom Reservebataillon, welche durch den jährlichen Zuwachs aus den Feld-Bataillons über den vorgeschriebenen kompleten Stand des Reserve-Bataillons entfällt.

§. 56. Die Modalitäten, unter welchen die Bildung der Feld- und Reserve-Bataillone stattzufinden haben wird, sowie die näheren Bestimmungen über die Militärpflicht und die Ausnahmen von derselben, mit Rücksicht auf dieses Statut, werden durch besondere Vorschriften geregelt.

§. 57. Am Kordon, bei Waffenübungen und in jedem inneren und äußeren Regimentsdienste gebührt den Grenzsoldaten die Löhnung und das Brot-Relutum nach dem jährlich zu bestimmenden Ausmaße; dagegen ist derselbe im eigenen Kompagniebezirke zum inneren Polizei- und Disciplinardienste unentgeltlich verbunden.

§. 58. Ebenso tritt die Reserve und unenrollirte Mannschaft bei allgemeinen Vorrückungen auf den Kordon des eigenen Regimentsbezirkes, wenn solche über vier Tage dauert, in die Löhnung und in den Bezug des Brotgeldes. Zu Räubertrieben und inneren Allarmen müssen die Grenzer unentgeltlich zu den Waffen greifen.

§. 59. Der Grenzsoldat erhält vom Staate die vollständige Bekleidung, Bewaffnung, Rüstung und Munition. In Bezug auf die Entschädigung der Serezaner und der Reiterei werden nähere Bestimmungen erfolgen, wo hingegen das bisher bemessene Dienst-Konstitutivum allgemein aufhört. Grenzsoldaten, welche durch vor dem Feinde oder sonst im Dienste erhaltene Gebrechen ganz erwerbsunfähig geworden sind, sollen in Absicht auf die Invalidenversorgung nach den für die Armee bestehenden Vorschriften behandelt werden.

§. 60. Obgleich die Grenzhäuser durch die Aufhebung der unentgeltlichen Arbeit und der Hutweide-Taxe schon an sich eine wesentliche Erleichterung in ihren bisherigen Lasten erlangen (§. 62), so sollen dieselben doch auch fernerhin in Berücksichtigung ihres stärkeren Waffendienstes und ihrer großen Verdienste in den letzten Kriegen aus besonderer Gnade und in solange dießfalls nichts Anderes im Wege der Gesetzgebung bestimmt werden wird: für jeden enrollirten Dienstmann der Feld-Bataillone einen jährlichen Beitrag, und zwar für einen Feldwebel von 2 fl. 40 kr., für einen Führer, Korporal und Regimentstambour von 2 fl. 8 kr., für einen Gefreiten und Spielmann von 1 fl. 36 kr., für die Zimmerleute, Fourierschützen, Gemeine und Privatdiener von 1 fl. 20 kr. erhalten.

Im Felde und im Garnisonsdienste außerhalb des Grenzgebietes haben sie das Doppelte dieses Beitrages und außerdem noch dazu einen Zuschuß von jährlichen 6 fl. für jeden ausmarschirten Dienstmann zu genießen.

Ersterer Beitrag ist vom Tage der Enrollirung, letzterer aber vom Tage der Abrückung ins Feld oder in Garnisonsdienste bis zu Ende des Monats, in welchem der Mann in Abgang kommt oder wieder nach Hause zurückkehrt, den betreffenden Grenzhäusern jährlich zur Gebühr zu stellen. Das Reserve-Bataillon tritt in diese Gebühr vom Tage der aktiven Dienstleistung.

§. 61. Die Kommandirung der Manuschaft in den Regiments- und Kordonsdienst wird im Interesse der Landwirthschaft, und wo es die Lokalumstände erfordern, auch über acht Tage gestattet.

Fünftes Hauptstück.
Von der Arbeit.

§. 62. Die Verpflichtung zur entgeltlichen oder unentgeltlichen Aerarial-Arbeitsleistung, sowie die in der Banater-Grenze bisher bestandene Hutweide-Taxe wird aufgehoben.

Dabei bleiben besondere Anordnungen für die Fälle vorbehalten, in denen wegen Elementar-Ereignissen die dringende Nothwendigkeit von Arbeitsleistungen eintritt, welche nach Maß des Bedarfes von den Gemeinden gegen Taglohn beizustellen sind.

§. 63. Die Bestreitung der Arbeiten, welche im Interesse der Gemeinden liegen, bleibt eine Verpflichtung derselben.

§. 64. Zur Beistellung der landesüblichen Vorspann gegen die systemmäßige Bezahlung sind die Grenzbewohner verpflichtet.

Sechstes Hauptstück.
Von der Besteuerung.

§. 65. Die Regelung des Steuerwesens in der Grenze wird besonderen Verfügungen vorbehalten. Bis dahin bleibt das gegenwärtige Steuersystem in Wirksamkeit.

Siebentes Hauptstück.
Von den Militärgrenz-Kommunitäten.

§. 66. Die unter dem Namen der Militärgrenz-Kommunitäten in der Militärgrenze bestehenden Städte und Märkte erhalten ihre eigene Gemeindeverfassung auf Grundlage des allgemeinen Gemeindegesetzes mit Beachtung ihrer eigenthümlichen Verhältnisse, und bleiben wie bisher als integrirende Theile der Militärgrenze mit dieser im Verbande.

Eine besondere Vorschrift wird diesen Verband sowie die Stellung der Kommunitäten zu den Landes-Militärbehörden regeln.

In den Militärgrenz-Kommunitäten kömmt die allgemeine österreichische Konskriptions- und Rekrutirungs-Norm in Anwendung.

Dritter Abschnitt.
Politische Eintheilung der Militärgrenze.

§. 67. Die kroatisch-slavonische und banatisch-serbische Militärgrenze bleibt ohne Verrückung ihrer bisherigen Territorial-Abmarkung nach örtlichen Verhältnissen in Divisionen, Brigaden, Regiments- und Kompagnie-Bezirke eingetheilt.

§. 68. Die unterste Eintheilung der Militärgrenze zerfällt in die Ortsgemeinden, deren eine oder mehrere eine Kompagnie bilden.

§. 69. Bei der vorzunehmenden Organisirung der Gemeinden dient zur Richtschnur, daß keine Ortsgemeinde über die Grenzen des Kompagnie-Bezirkes hinausgehe.

Eine den Verhältnissen der Militärgrenze anpassende Gemeindeverfassung wird durch eine besondere Verordnung festgestellt werden.

§. 70. Die Vertretungen dieser beiden Militärgrenz-Gebiete werden durch besondere Verordnungen geregelt werden.

So gegeben in Unserer kaiserlichen Haupt- und Residenzstadt Wien, den 7. Mai 1850.

Franz Joseph.   (L. S.)
**Schwarzenberg. Krauss. Bach. Bruck. Kulmer. Thinnfeld.
Schmerling. Thun.**

XLV.
Proklamation des Ban Jellačić an die Grenzer,
aus Anlaß des mit dem Patente vom 7. Mai 1850 erlassenen Grenzgrundgesetzes.

Grenzer!

Nach langer Abwesenheit kehre ich in Euere Mitte zurück; wo ich aber immer weilte, war mein Herz bei Euch, war die ganze volle Thätigkeit meines Lebens den großen Interessen des braven Grenzvolkes geweiht. Freudig habe ich die Mühen und Gefahren des Krieges mit Eueren Soldaten getheilt, war Augenzeuge ihrer aufopfernden Hingebung, ihrer heldenmüthigen Tapferkeit. Siegreich traten die Fahnen Oesterreichs aus dem bedauernswerthen Kampfe

der vergangenen Jahre hervor, und mit stolzem Selbstbewußtsein könnt Ihr
auf Eueren glorreichen Antheil an dem Ruhme blicken, den sich die Armeen
unseres Kaisers und Herrn auf allen Schlachtfeldern mit dem Blute ihrer
Tapfern errungen haben. —

Schwer war die Arbeit des Krieges, schwer und von nachhaltiger Wichtigkeit mußte auch die Arbeit des Friedens sein, sollte soviel Drangsal nicht
ohne Zweck erlitten, so viel Blut nicht leichtsinnig vergossen, so vieler Tausen-
der Leben nicht nutzlos hingeopfert sein.

Seine Majestät unser allergnädigster Kaiser, der Euch seit dem Antritte
seiner glorreichen Regierung bereits durch die allerhöchsten Erlässe vom 31.
März v. J. den glänzendsten Beweis seiner väterlichen Sorgfalt gegeben hat,
ertheilte mir sonach den Auftrag, mit Zuziehung würdiger und erfahrener Männer aus Euerer Mitte allerhöchst demselben in Bezug auf die künftige Reorganisirung der Militärgrenze Anträge zu stellen, welche geeignet wären, das um
die Gesammtmonarchie ebenso hochverdiente als für dieselbe so wichtige Grenz-
Institut zu erhalten, dem wackeren Grenzvolke schon jetzt die gedeihliche Entwicklung seiner Zustände zu ermöglichen, und mit Erfolg für die Zukunft anzubahnen.

Das schwierige Werk ist vollendet, und heimgekehrt in mein theueres
Vaterland überbringe ich Euch mit dem neuen Grenzstatute in dem allerhöchsten
Manifeste den Dank, die Versicherungen der Huld und Gnade Eueres ritterlichen Kaisers. Aus diesem a. h. Manifeste hebe ich hier nur das Wichtigste hervor, welches Ihr um so dankbarer anerkennen werdet, als Ihr das Schwierige
der bisherigen Zustände empfunden habt.

Der Lehensverband ist aufgelöst, und Grund und Boden ist von nun an
Euer volles Eigenthum, die Verpflegung des im Dienste stehenden Grenzsoldaten, sowie dessen Bekleidung wird vom Staatsschatze übernommen, die gedeihliche Entwicklung des Gemeindelebens wird durch eine neue Gemeindeordnung,
und die Wahrung Euerer höheren Interessen durch eine Landesvertretung
gesichert.

Wo mein Kaiser so väterlich zu Euch gesprochen, da habe ich nichts weiter beizufügen, als die Versicherung, daß ich mit der angestrengtesten Thätigkeit bemüht sein werde, alle jene einzelnen Verfügungen, welche im Geiste des
nunmehrigen Grenzstatuts unerläßlich sind, in fortwährender schneller Reihenfolge ins Leben treten zu lassen, wo sodann nach Maßgabe ihres Erscheinens
die bis dahin noch aufrechtstehenden gesetzlichen Anordnungen außer Wirksamkeit kommen werden.

Grenzer! Tapfer und treu seid Ihr, aber Ihr seid auch besonnen, Ihr
wißt, daß ein Blitzstrahl, daß die boshafte Mühe weniger Stunden hinreicht

ein Haus zu zerstören, daß es aber einer ausdauernden vernünftigen Thätigkeit bedarf ein Haus neu zu erbauen, oder gründlich herzustellen. Ihr habt im Verlaufe der letzten Jahre gesehen, was Bosheit und Unvernunft zu zerstören im Stande ist — ein blutiger Krieg hat Euch Tausende von Brüdern gekostet — Ihr habt den Frieden mit schweren Opfern erkauft, Ihr habt — wenn irgend ein Volk — das Recht ihn zu genießen, die Pflicht ihn zu bewahren. Das könnt und werdet Ihr nur durch männliches festes Halten an gesetzliche Ordnung, — ich rechne bei diesem heiligen Friedenswerke mit aller Zuversicht auf Eueren guten redlichen Willen, und auf die thätigste Pflichterfüllung Euerer Behörden ohne Unterschied des Ranges.

So werdet Ihr das Glück unseres Vaterlandes, unserer spätesten Enkeln begründet und gesichert, so das ehrende Vertrauen unseres allerdurchlauchtigsten Kaisers und Herrn in sein wackeres Grenzvolk gerechtfertigt haben.

Gott erhalte unsern ritterlichen Kaiser Franz Joseph I.!

Wien, am 20. Juni 1850.

Jellačić, FZM. Ban.

Anhang.

Anhang.

Die wichtigsten Akten des kroatisch-slavonischen Landtages vom Jahre 1861.

1.

Adresse des kroatisch-slavonischen Landtages,

als Antwort auf die a. h. königlichen Propositionen.

Euere kaiserlich = königliche apostolische Majestät!
Allergnädigster König und Herr!

Im tiefen Schmerz über den traurigen und in jeder Hinsicht unheilvollen Zustand der letzten zwölf Jahre, während welcher der Nation des dreieinigen Königreiches Dalmatien, Kroatien und Slavonien die Ausübung der tausendjährigen verfassungsmäßigen Rechte entzogen wurde, war es ihr endlich vergönnt, ein Wort des Trostes durch das Allerhöchste Handschreiben zu vernehmen, welches Euere Majestät unterm 23. Februar l. J. an den Ban der genannten Königreiche allergnädigst zu richten, und mit demselben die Einberufung des Landtages hauptsächlich zu dem Ende anzuordnen geruht haben, damit derselbe die staatsrechtlichen Beziehungen des dreieinigen Königreiches dem Königreiche Ungarn und Oesterreich gegenüber feststelle.

Vor der Beantwortung der Allerhöchsten Propositionen, und der mit denselben in Verbindung stehenden, an den Landtag gelangten königl. Reskripte erlauben sich die, durch das Vertrauen der Nation seit 13. April 1861 in der Hauptstadt Agram tagenden Vertreter derselben jene Grundlagen und Gesichtspunkte zu berühren, welche gleichsam den Kernpunkt des national-politischen Lebens der Nation bilden, und somit den Standpunkt bezeichnen, den der Landtag, als getreues Organ der Nation, bei Lösung der ihm gewordenen Aufgabe unverrückt im Auge behalten mußte.

1*

4

Diese Kardinal-Grundlagen unseres staatlichen Lebens, welche das theuerste Vermächtniß der Nation bilden, und nach deren Erhaltung und Befestigung all' ihr Streben stets gerichtet war und ist, sind einerseits die Konstitution und die auf derselben beruhende staatliche Selbstständigkeit und Unabhängigkeit, andererseits die Integrität des Territoriums des dreieinigen Königreiches.

Euere Majestät! Die Konstitution des dreieinigen Königreiches, entsprossen in uralter Zeit dem öffentlichen Nationalleben, wurde, nachdem sie die nationalen Herrscher überlebt, in Folge des freien Nationalwillens unter das Szepter der ungarischen Könige und des Allerdurchlauchtigsten Hauses Euerer Majestät gestellt.

Als nämlich die Nation im Anfange des 12. Jahrhundertes nach dem Ableben der heimathlichen Herrscherstämme der Tĕrpimiroviće und Dĕržislaviće auf den erledigten königlichen Thron einen Sprößling Arpads, den König Koloman und dessen gesetzliche Nachfolger zu berufen fand, hat das dreieinige Königreich weder von den Grundrechten seiner Konstitution, noch von seiner staatlichen Integrität und Unabhängigkeit etwas geopfert, denn das neue mit Ungarn geschlossene Band bestand ausschließlich in der Person des gemeinschaftlichen Herrschers.

In der ersten Zeit dieser Vereinigung der beiden Nationen gab es nicht einmal eine gemeinschaftliche Krone als Symbol jener Personal-Union, indem die zu Königen von Ungarn mit der Krone des heil. Stephan gekrönten Nachkommen Arpads zu Königen von Dalmatien, Kroatien und Slavonien nach dem Eide und dem Vorgange des Königs Koloman mit der vom Papste Gregor VII. überschickten Krone Zvonimirs gekrönt wurden.

Ueberdieß bestand jene Vereinigung auch nicht in einer gemeinschaftlichen Legislation und Verwaltung, denn einerseits behielt das dreieinige Königreich seinen eigenen vollkommen unabhängigen Landtag, auf welchen in Person zu erscheinen die Herrscher Ungarns als Könige des dreieinigen Königreiches verpflichtet waren, und ausdrücklich angeloben mußten: „quum ad vos coronandus, aut vobiscum regni negotia tractaturus venero“, andererseits hatte dasselbe an der Spitze der Regierung seinen eigenen Wojwoden oder Ban als königl. Stellvertreter (Prorex), welcher ganz unabhängig von dem Palatin, dem Landeschef Ungarns, das dreieinige Königreich mit königlicher Machtvollkommenheit verwaltete.

Diese staatliche Unabhängigkeit und Selbstständigkeit haben dem dreieinigen Königreiche nicht nur die Nachkommen Arpads, sondern auch die übrigen ungarischen Könige während der Wahlperiode verbürgt, was, um nur einige Belege anzuführen, die Dekrete II. des Königs Mathias vom Jahre

1464, Art. 13, und des Königs Wladislaus II. vom Jahre 1492, Art. 1, sowie der erste Artikel nobilium Regni Slavoniæ vom Jahre 1492 klar beweisen.

Als unsere Väter nach dem Ableben ihres Königs Ludwig II. in dem zu Cetinj am 1. Jänner 1527 abgehaltenen Landtage mit den Bevollmächtigten Ferdinands I. Königs von Ungarn und Böhmen und Erzherzogs von Oesterreich den Vertrag abschlossen, und auf Grund desselben die Krone des dreieinigen Königreiches an König Ferdinand I. und dessen gesetzliche Nachfolger übertrugen, wurde durch diesen Akt das Geschick, die Verfassung, die Integrität, die Unabhängigkeit und Selbstständigkeit des dreieinigen Königreiches an das erlauchte Haus Euerer Majestät geknüpft, Allerhöchstwelches sich mit jenem bilateralen Vertrage in der erlauchten Person des ruhmreichen Vorfahrers Euerer Majestät verpflichtet hatte: „quod omnia et singula præfati regni privilegia, jura, libertates et decreta salva et illæsa confirmabit, conservabit et manutenebit."

Als in der weiteren Folge unsere Vorfahren auf dem im Monate April 1712 zu Agram abgehaltenen Landtage den Beschluß faßten, das Recht der Nachfolge auf dem Throne des dreieinigen Königreiches auf den weiblichen Stamm des durchlauchtigsten Hauses auszudehnen, thaten sie dieß aus freiem Willen und in der festen Ueberzeugung von dem Rechte auf ihre staatliche Selbstständigkeit und Unabhängigkeit, welcher sie in ihrer an den König Karl III. unterm 15. März 1712 gerichteten Repräsentation in nachstehenden denkwürdigen Worten Ausdruck gaben: „nulla vis, nulla captivitas nos Hungaris addixit, sed spontanea nostra ultronea voluntate non quidem regno, verum eorundem regi nosmet subjecimus," und verlangten vor allem andern durch ihre Vertreter die Ausfertigung des: „Diploma securitatis perpetuæ super universis omnium dd. S. S. et O. O. horum regnorum juribus, privilegiis, prærogativis et receptis consuetudinibus inviolabili conservatione et manutentione per modernam quoque S. et R. Majestatem ejusdemque Augustissimos hæredes et successores utriusque sexus manutenendis, protegendis et conservandis;" und in der That nahm der hochberühmte Herrscher diese glänzenden Beweise der unterthänigen Anhänglichkeit unserer Nation an das durchlauchtigste Haus wohlwollend auf, indem er mit dem Allerhöchsten Sendschreiben vom 16. Mai 1712 dem dreieinigen Königreiche das gewünschte „Diploma securitatis perpetuæ" in seinem und im Namen seiner gesetzlichen Nachfolger ausfertigte, und in demselben das feierliche Gelöbniß ablegte:

„Vobis vicissim firmissime spondemus, non solum vestra vobis jura, privilegia et immunitates a Nobis successoribusque nostris inviolabiliter semper conservatum, sed nec præterea quidquam omis-

6

sum iri, quod ad ingenitam Austriaci sanguinis benignitatem et
clementiam demonstrandam, regnorumque optime meritorum com-
moda ulterius provehenda facere queat."

Euere Majeſtät wollen hieraus allergnädigſt entnehmen, durch welch'
rechtskräftige, zwiſchen unſerer Nation und deren ruhmvollen Herrſchern geſchloſſene Verträge das ſtaatliche Leben des dreieinigen Königreiches geheiligt,
und deſſen vollſtändige ſtaatliche Selbſtſtändigkeit und Unabhängigkeit gewährleiſtet iſt.

Die Grundlage alſo, auf welcher die Verfaſſung des dreieinigen Königreiches beruht, ſind einzig und allein die ſtaatsrechtlichen Verträge, welche beiden
Theilen Rechte verleihen, zugleich aber auch Pflichten auferlegen.

Dieſe Grundlage, ſchüßend im gleichen Maße die Macht des Herrſchers,
und die Freiheit der Nation, war es, an welcher die Landtage des dreieinigen
Königreiches ſowohl in Hinſicht auf den Umfang als die Kraft ihrer legislativen
Thätigkeit derart feſthielten, daß ſich deren Wirkungskreis auf alle Zweige des
Staatslebens, ſei es der politiſchen und Juſtizverwaltung, ſei es der Finanz-
und Militärverwaltung, ſei es endlich welch' immer anderer ſtaatlichen Aufga-
ben erſtreckte, wie denn auch die genannten Landtage kraft der zwiſchen der
Nation und dem Könige getheilten ſouveränen Gewalt über alle jene Angele-
genheiten ſtets rechtskräftige Beſchlüſſe gefaßt haben.

Es ſei uns hier geſtattet, in Kürze die Ergebniſſe der Thätigkeit anzuführen, welche dieſe unſere Landtage namentlich während der Regierung des
durchlauchtigſten Hauſes Habsburg-Lothringen auf allen Gebieten des ſtaatlichen Lebens entwickelt haben.

Die Landtage des dreieinigen Königreiches übten auch während der be-
zeichneten Epoche nicht nur das Recht der Steuerbewilligung aus, indem ſie
die Steuern erhöhten, verminderten oder auch verweigerten, ſondern ſie ſchufen
auch Geſeße über die Art und Weiſe der Repartirung und Einhebung der
Steuern u. ſ. w., wie dieß aus den zahlreichen Beſchlüſſen der genannten, in
Kreuz, Agram und Warasdin abgehaltenen Landtage, namentlich aus dem
Art. 1 des Jahres 1538 und 1567, Art. 2 des Jahres 1748, Art. 28 des
Jahres 1749, Art. 25 des Jahres 1755, Art. 9 des Jahres 1757, Art. 5 des
Jahres 1762, Art. 4 des Jahres 1767, Art. 1 des Jahres 1770 u. ſ. w. klar
hervorgeht.

Die genannten Landtage kontrahirten Anlehen zu Zwecken des dreieinigen
Königreiches, und ohne deren Einwilligung konnte der König kein Anlehen im
Namen des dreieinigen Königreiches aufnehmen, wie dieß der Art. 1 vom Jahre
1762 des in Warasdin im Monate Februar, und der Art. 1 des in Agram im
Monate März abgehaltenen Landtages beweiſen.

Laut der Art. 6 und 22: 1609, 15: 1660 u. f. w. schufen die Landtage überdieß Gesetze in Betreff der im Lande befindlichen Mauth-, Zoll- und
Dreißigstämter.

In gleicher Weise gehörten in den Wirkungskreis des Landtages die
Militärangelegenheiten, und zwar die Aufstellung des Aufgebotes und der Na-
tionalarmee nach hiefür eigens bestehenden Gesetzen und nach altherkömmlichem
Gebrauche, die Bewilligung oder Verweigerung der postulirten Rekrutenaushe-
bung, die Gesetzgebung in Betreff der Art und Weise dieser Aushebung, die
Anordnung wegen des Schutzes der Festungen u. f. w. Hiefür dienen zum Belege
vorsonderlich die Beschlüsse des Landtages in Kreuz vom Jahre 1537 und
1538, Art. 2, 15; jenes in Agram vom Jahre 1567; Dekr. XII. Rudolphs
vom Jahre 1601, Art. 12; Dekr. III. Leopolds I. vom Jahre 1681, Art. 66;
Dekr. I. Mariä vom Jahre 1741, Art. 59; dann die Art. 1: 1757; 1: 1758
und 2 und 3: 1759 der in Agram und Warasdin abgehaltenen Landtage.

Die Landtage haben ferner auch das Recht ausgeübt, Bündnisse mit
anderen Ländern einzugehen und abzuschließen, wie dieß die im Monate September 1608 und im August 1620 in Agram gefaßten Landtagsbeschlüsse
darthun.

Endlich übten die Landtage des dreieinigen Königreiches namentlich im
Sinne des Dekr. III. Leopolds I. vom Jahre 1681: 4 ihren Einfluß auch auf
die auswärtige Politik aus, insofern diese die Interessen und Rechte unseres
Vaterlandes berührte. Diesen Einfluß machte namentlich der in Glina versammelte Landtag geltend, indem derselbe laut Art. 11: 1737 darauf bestand, daß
bei den jedesmaligen Stipulationen des Friedens zwischen dem König von
Ungarn und dem König von Dalmatien, Kroatien und Slavonien und der otto-
manischen Pforte stets ein Vertreter des dreieinigen Königreiches beizuziehen
sei und mitzuwirken habe.

Dieser Umfang der legislativen Thätigkeit des dreieinigen Königreiches
wurde jedoch allmälig eingeengt, ja es wurden fast alle obangeführten Zweige
des Staatslebens in den Wirkungskreis der gemeinschaftlichen ungarisch-kroatischen Landtage hauptsächlich aus dem Grunde einbezogen, weil die Stände des
dreieinigen Königreiches, gebeugt von der zehnjährigen Alleinherrschaft Joseph II.
eine größere Bürgschaft für die Erhaltung ihrer altherkömmlichen Verfassung
in einem je engeren Verbande mit dem Königreiche Ungarn zu finden hofften,
zumal sie der Ueberzeugung waren, mit vereinten Kräften leichter und erfolg-
reicher den Angriffen der absolutistischen österreichischen Politik widerstehen
zu können.

Allein selbst Angesichts jener schweren Prüfungen verloren unsere Väter
ihre Unabhängigkeit nicht aus dem Auge, denn außer dem Vorbehalte des Rechtes,

die am gemeinschaftlichen Landtage geschaffenen Gesetze zu Hause zu publiziren, und nur dann als geltend anzuerkennen, wenn denselben im Landtage des drei-einigen Königreiches ohne Widerrede die Annahme ertheilt wurde, war ihr be-ständiges Streben überdieß dahin gerichtet, dem dreieinigen Königreiche auch auf dem gemeinschaftlichen Landtage die selbstständige Entscheidung über die das-selbe betreffenden wichtigsten Angelegenheiten zu wahren und zu sichern. Beweis dieses steten Strebens ist unter Anderem der Umstand, daß das dreieinige Kö-nigreich der Bestimmung, es soll in Hinkunft in Betreff der Steuer desselben am gemeinschaftlichen ungarisch-kroatischen Landtage verhandelt werden, nur mit dem Vorbehalte der separirten Behandlung der Steuer des dreieinigen König-reiches von jener Ungarns (Art. 59: 1790/1) die Zustimmung ertheilte, woraus folgt, daß das dreieinige Königreich seinem altherkömmlichen Selbstbesteuerungs-rechte nicht entsagt, sondern nur den Willen kundgegeben hat, dasselbe auf dem gemeinschaftlichen Landtage auszuüben. Als jedoch die Stände des Königreiches Ungarn Anstand nahmen, das Recht des dreieinigen Königreiches auf die Hälfte der für Ungarn festgesetzten Steuer anzuerkennen, hat der in Agram im Monate Juni 1791 versammelte Landtag sofort angeordnet, daß die Deputirten des dreieinigen Königreiches am ungarischen Landtage in Betreff der auf die gedach-ten Königreiche entfallenden Steuerschuldigkeit unmittelbar mit dem Könige in Verhandlung zu treten haben.

Derselbe oben erwähnte Landtag des dreieinigen Königreiches vom 12. und den folgenden des Monats Mai 1790 fand es aus Rücksicht für die Soli-darität der Interessen für angemessen, mit dem Königreiche Ungarn in eine nähere Gemeinschaft auch hinsichtlich der höheren Landesverwaltung zu treten. Ohne die Wiedereinsetzung des am 30. Juli 1779 aufgehobenen königl. Statt-halterirathes zu verlangen, begnügte sich der genannte Landtag mit der seinen Deputirten ertheilten Instruktion, dahin zu wirken, daß für Ungarn und das dreieinige Königreich ein „Staatsrath," zusammengesetzt aus ungarischen und kroatischen, den betreffenden Landtagen verantwortlichen, und von diesen zu wählenden Räthen, konstituirt werde. Da jedoch dieser Vorschlag am ungarischen Landtage keine Unterstützung fand, stimmten unsere Deputirten dem einstweili-gen Fortbestehen des königl. ungarischen Statthalterirathes unter der ausdrück-lichen Bedingung bei, daß bei demselben eine entsprechende Anzahl Söhne des dreieinigen Königreiches angestellt werde (Art. 58: 1790/1).

Euere Majestät! Während das dreieinige Königreich, ohne von seinen uralten Rechten etwas zu vergeben, in dem engeren staatsrechtlichen Verbande mit dem Königreiche Ungarn die Garantie für die Erhaltung der gemeinschaftli-chen Verfassung und der eigenen nationalen Freiheit suchte, drohte demselben eine große Gefahr von den in Ungarn gerade damals zu Tage getretenen cen-

tralistischen Bestrebungen. Diese Bestrebungen waren für dasselbe um so ge-
fahrvoller, als sich daraus allmälig und in steter Zunahme die Idee der magyarischen Nationalitäts-Suprematie entwickelte. Diese Erscheinung führte zu Rei-
bungen zwischen dem Königreiche Ungarn und dem dreieinigen Königreiche,
welches, um seinen Bestand besorgt, nunmehr das ganze Bestreben dahin richtete, seine ehemaligen staatsrechtlichen Beziehungen zu dem Bruderlande wieder
herzustellen.

Eben deßhalb hat schon der Landtag des dreieinigen Königreiches vom
Jahre 1845, Art. 10 beschlossen, wegen Wiedereinsetzung des königl. Statthaltereirathes, und somit der eigenen Landesverwaltung, sowie dafür zu petitio-
niren, daß für die Königreiche Dalmatien, Kroatien und Slavonien eine eigene
Sektion bei der königl. ungarischen Hofkanzlei kreirt, bei den übrigen gemeinschaftlichen Dikasterien und obersten Gerichts-Instanzen aber eine entsprechende
Anzahl der der Nationalsprache kundigen Landessöhne angestellt werde, während der darauf folgende Landtag vom Jahre 1847, Art. 6, auf Koordinirung
des dalmatinisch-kroatisch-slavonischen Landtages drang.

Allein gerade diese ebenso gerechten als gesetzlichen Ansprüche des dreieinigen Königreiches fanden entschiedenen Widerstand in der magyarischen Centralisation, welche endlich ihre, der Selbstständigkeit und Nationalität des dreieinigen Königreiches gefährlichen Pläne durch die Gesetze vom Jahre 1847/8
verwirklichte. Eben deßhalb hat die Nation des dreieinigen Königreiches jene
Gesetze niemals publizirt, noch dieselben für sich bindend anerkannt, sondern
vielmehr, gestützt auf ihr, unter dem erquickenden Hauche der allgemeinen europäischen Freiheit auferstandenes staatliches Recht sich in ihrem staatlichen Leben
nach weit freisinnigeren Prinzipien eingerichtet.

Die nach den verhängnißvollen, die Staaten und Throne erschütternden
Ereignissen des Jahres 1848 im österreichischen Kaiserstaate eingetretene Willkürherrschaft hat die staatsrechtlichen Verhältnisse und Grundlagen des dreieinigen Königreiches so gewaltig zerstört, alle konstitutionellen, mit der Nation des
dreieinigen Königreiches von uralter Zeit her, so zu sagen, verwachsenen Institutionen so untergraben, die auf den angeführten Grundlagen angestrebte und bereits aufgerichtete Wiedergeburt des dreieinigen Königreiches in einer solchen Weise
niedergehalten, daß es uns an Worten gebricht, die Trauer und die Betrübniß
treu zu schildern, welche unsere Nation empfand, als sie in Folge eines Macht-
spruches verlustig ward ihrer uralten, von so vielen Königen beschworenen und
bestätigten und durch bilaterale Staatsverträge sichergestellten Verfassung, als
sie, gebeugt unter das eingeführte unheilvolle System, wahrnahm, wie ihr das
Theuerste und Liebste schonungslos entrissen, wie ihre Heiligthümer mit Füßen
getreten, wie sie selbst in materieller und moralischer Beziehung dem Tode

geweiht und endlich durch diese herben Schläge dahin gebracht wurde, daß beinahe der letzte Funke des Vertrauens erlosch, mit welchem sie stets ihrem Könige zur Seite stand.

Indem wir daher feierlich Protest erheben gegen die eigenmächtige durchaus unverschuldete Suspendirung unserer Verfassung, und hinsichtlich aller Konsequenzen Verwahrung einlegen, welche aus diesem illegalen Zustande hervorgetreten sind oder welche hieraus zum Nachtheile unserer Rechte, sei es wann und wie immer gezogen würden oder gezogen werden könnten: würden wir in diesem Augenblicke, in welchem uns nach so langer Unterbrechung des konstitutionellen Wirkens vergönnt ist, vor die Stufen des durchlauchtigsten Thrones Euerer Majestät zu treten, gerne abstehen von dem Aufreißen anderer schwerer Wunden, aus welchen unsere Nation blutet, wenn uns nicht zugleich die Pflicht geböte, auch das der Nation nächst der Verfassung theuerste Kleinod, die Territorial-Integrität der Besprechung zu unterziehen.

Euere Majestät! Getreu dem Beispiele der früheren Landtage hat auch der gegenwärtige, vom Beginne seiner Thätigkeit an, sein Hauptaugenmerk der Frage über die Territorial-Integrität des dreieinigen Königreiches zugewendet, allein all' sein Bestreben in dieser Beziehung, so gerecht es auch war, blieb ohne Erfolg.

Dalmatien bildet seit dem 17. Oktober 1797, an welchem es in Folge des Art. VI des Friedensvertrages von Campo-Formio unter das Szepter des durchlauchtigsten Hauses Euerer Majestät gelangte, den Gegenstand unaufhörlicher Beschwerden aller Landtage des dreieinigen Königreiches, sowie der gemeinschaftlichen ungarisch-kroatischen Landtage, welche unter wiederholter Anführung ihrer uralten Rechtsansprüche auf jenes Königreich, dessen Einverleibung mit den Königreichen Kroatien und Slavonien forderten. So hat der im Monate April 1802 in Agram versammelte Landtag in der seinen Ablegaten zum ungarischen gemeinschaftlichen Landtage ertheilten Instruktion denselben aufgetragen: „Quoniam sub glorioso Suæ Majestatis regimine Dalmatia, per rempublicam prius Venetam possessa, revindicata foret, et nunc ad. s. regni Hungariæ coronam pro tenore juramenti inaugurationalis a Sua Majestate S. S. nuncupati redire deberet: domini Ablegati omni adhibito conatu agent, ut integrans hæc regnorum pars iisdem jure postliminio sub legali ab authoritate Banali dependentia reapplicetur." Diese staatsrechtliche Zugehörigkeit hat König Franz I. unvergeßlichen Andenkens anerkannt, und mit seinem Allerhöchsten Schreiben vom 17. Oktober 1802 nur die Ausführung dieser Einverleibung auf ruhigere Zeiten vertagt. Auch die späteren Landtage des dreieinigen Königsreiches, namentlich die vom Jahre 1807 : 5, 1840 : 15, 1845 : 9, 1848 : 5 haben die Forderung wegen Einverleibung Dalmatiens wiederholt.

Diese Forderung der Landtage des dreieinigen Königreiches fand eine lebhafte Unterstützung am gemeinschaftlichen ungarischen Landtage. So hat der Landtag vom Jahre 1802 die Einverleibung von Dalmatien in seine „gravamina" als dritten Beschwerdepunkt aufgenommen. Der Landtag vom Jahre 1825—1827 stellte denselben Gegenstand an die Spitze der 14 „præferentialia gravamina". Dieselbe Beschwerde erneuerten die Stände am Landtage von 1830 mittelst einer besonderen, unterm 17. Oktober überreichten Repräsentation, auf welche mit königl. Reskripte erwiedert wurde: „Gleichwie Seine Majestät durch die Wiedervereinigung und Einverleibung der jenseits der Save gelegenen Gebietstheile Ihre Bereitwilligkeit, dem 3. Punkte des Inaugural-Diploms nachzukommen, bekundet haben, ebenso geruhten Allerhöchstdieselben mit Rücksicht auf die Repräsentation vom 17. Oktober d. J. das feste Versprechen zu ertheilen, daß die Einverleibung Dalmatiens seiner Zeit erfolgen werde." Getreu seinem Versprechen hat König Franz I. laut Art. 5 : 1830 eine Deputation ad hoc eingesetzt, welcher die Aufgabe zu Theil wurde, über die Art und Weise, in welcher die Einverleibung Dalmatiens und einiger anderen Theile mit der heil. Krone zu vollziehen wäre, einen Entwurf auszuarbeiten.

Euere Majestät haben auch, indem Allerhöchstdieselben nach dem Beispiele Ihrer unvergeßlichen Vorfahren den staatsrechtlichen Verband des Königreiches Dalmatien, von Ragusa, Cattaro, und den quarnerischen Inseln anerkannten, diesem Landtage mit der Allerhöchsten Proposition vom 26. Februar l. J. zu wissen zu geben geruht, daß die dalmatinische Vertretung aufgefordert wurde, aus ihrer Mitte Abgeordnete zu dem Landtage des dreieinigen Königreiches zu dem Ende abzusenden, damit gemeinschaftlich über die Art und Weise der Durchführung der gedachten Einverleibung Berathung gepflogen werde. Allein jene Vertretung ging hervor aus einer für die kroatische Bevölkerung Dalmatiens so ungerechten Wahlordnung, daß schon im Vorhinein die Vermuthung nahe lag, und in der That auch in Erfüllung ging, daß in der gedachten Vertretung die gegen die Einverleibung eingenommene Partei die Oberhand behalten, und die nationale Partei, die legitime Vertreterin der Wünsche und Interessen von 400.000 Seelen der rein slavischen Bevölkerung, verdrängen werde, ohne hiebei mehr als nur berühren zu wollen, daß die gegnerische Partei in diesem ihrem Bestreben von der allmächtigen Bureaukratie unterstützt wurde.

Obgleich wir um Erhörung unserer dießfälligen gerechten Wünsche in einer unterm 1. Mai l. J. überreichten besonderen Repräsentation erneuert baten, erwarten wir seither vergeblich, daß auch in dieser Beziehung sowohl

dem altherkömmlichen Rechte und den steten Hoffnungen des dreieinigen Königreiches als auch den dießfälligen königlichen Eiden und Gelöbnissen entsprochen werde.

In derselben Weise ist auch die kroatisch-slavonische Militärgrenze bis auf
den heutigen Tag von ihrem Mutterlande getrennt, und bildet nur dem Namen
nach einen integrirenden Theil desselben. Jene gegenwärtig unter der Militär-
verwaltung stehenden Gebiete, einst freie Komitate, wurden in der Folge zum
Arsenal und zum Vorposten der christlichen Civilisation gegen die muhameda-
nische Barbarei. Im Namen des heil. Kreuzes und ihrer eigenen Freiheit
wegen stand gerne unsere Nation Jahrhunderte hindurch dort Wache, und war
bereit für den Zweck dieses Wachens ihr Blut zu verspritzen. Allein mit dem
Aufhören der Gründe, welche die Entstehung der Militärgrenze veranlaßten,
und beim Eintritte der Nothwendigkeit, welche dem türkischen Reiche auferlegt,
nunmehr auf seine Selbsterhaltung bedacht zu sein, wurde auch in unserer Nation in jenen blutgetränkten Gegenden der Wunsch nach den Segnungen des
Friedens und nach einem freien bürgerlichen Leben rege.

Kaum war die Fluth der türkischen Verheerung in Folge des Karlowitzer
Friedens in ihr engeres Bett zurückgetreten, als König Leopold I. mit seinem
Allerhöchsten Sendschreiben vom 10. Juli 1703 der am Landtage versammelten kroatischen Nation die erfreuliche Mittheilung machte, daß er zum Zeichen
der Belohnung für ihre Verdienste und Opfer die ganze Banal-, Karlstädter-
und Kreuzer-Militärgrenze ihrem Territorialgebiete einzuverleiben befunden habe.

Ebenso versprach auch die Königin Maria Theresia im Jahre 1741 : 49,
die Grenzgebiete von Lika und Kèrbava Kroatien einzuverleiben, und ein
gleiches Versprechen ertheilten bezüglich der Warasdiner Grenze und des zwischen der Josephiner und Karoliner Straße gelegenen Grenzgebietes Leopold II. mittelst Entschließung vom 13. Jänner 1791, und Franz I. laut
Art. 18 : 1792.

Allein ungeachtet all' dieser Versprechungen steht die kroatisch-slavonische
Militärgrenze noch heute in Europa als ein Denkmal der Militärherrschaft und
als eine unkonstitutionelle Oase in dem konstitutionellen Staate. Ohne jedoch hier
in eine nähere Besprechung des trostlosen Zustandes unserer Militärgrenze eingehen zu wollen, erlauben wir uns nur anzuführen, daß sich der gegenwärtige
Landtag in seiner 42. am 15. Juli l. J. abgehaltenen Sitzung die Petition der
Militärgrenze vom 5. Juli l. J. einstimmig angeeignet hat, sowie daß er
dieselbe in seinem und im Namen der ganzen Nation im vollsten Bewußtsein
des Rechtes und der Gerechtigkeit dem ganzen Inhalte nach auf das Wärmste
unterstützt, wie dieß die besondere Repräsentation beweist, welche wir mit dem
über die Umgestaltung der Militärgrenze auf konstitutioneller Grundlage entworfenen Gesetzartikel an Euere Majestät zu richten beschlossen haben.

Gestützt auf die Gesetze, die bilateralen staatsrechtlichen Verträge, und auf die königlichen Eide, womit das unveräußerliche Recht des dreieinigen König- reiches auf seine Konstitution, auf seine staatliche Selbstständigkeit und Territo- rial-Integrität klar bewiesen wurde, und im festen Vertrauen auf die Gerechtig- keitsliebe seines Allergnädigsten Königs und Herrn, Allerhöchstwelcher so ge- rechte Wünsche und legale Rechtsansprüche seiner stets getreuen Nation des dreieinigen Königreiches nicht unerhört lassen kann: beanspruchen wir im Namen der Nation und mit aller ihr innewohnenden Kraft, vor Gott und der Welt, und werden nicht aufhören, darauf zu bestehen, daß des dreieinigen Königreiches Dal- matien, Kroatien und Slavonien tausendjährige Konstitution und Territorial-In- tegrität endlich einmal anerkannt, beziehungsweise demselben wiedergegeben werde.

Dieß ist der Wunsch, dieß das Verlangen der ganzen Nation, dieß ihre dringlichsten Forderungen, von welchen sie weder abstehen kann noch will, so lange ihr treue Vaterlandssöhne zur Seite stehen.

Festhaltend an diesen unumstößlichen konstitutionellen Prinzipien können wir nicht umhin, auf die Allerhöchsten Propositionen und Reskripte, welche Euere Majestät an diesen Landtag zu richten geruhet haben, mit jener Aufrich- tigkeit und Männlichkeit zu antworten, welche sowohl den konstitutionellen An- sprüchen der Nation, als den wohlverstandenen Interessen des durchlauchtigsten Herrscherhauses am besten entsprechen.

Das Allerhöchste Sendschreiben vom 26. Februar l. J., Z. 152, mit welchem Euere Majestät diesen Landtag einzuberufen geruhten, beginnt mit den Worten: „daß Euere Majestät auf Grund des Diploms vom 20. Oktober 1860 die konstitutionellen Institutionen der Königreiche Kroatien und Slavonien wie- der in's Leben gerufen haben."

Euere Majestät! Indem wir mit Freude anerkennen, daß diesen Königreichen in der That einige konstitutionelle Institutionen wenigstens halb und halb wiedergegeben wurden, müssen wir dennoch tief betrübt die Bemer- kung hinzufügen, daß den genannten Königreichen ihre konstitutionellen Kardi- nalrechte, welche sowohl die heimathlichen als auch die ungarischen Landtage stets ausgeübt haben, nämlich die Steuer- und Rekrutenbewilligung, nicht nur nicht zurückerstattet, sondern daß sie, mit schwerer Verletzung der uralten Rechts- ansprüche der genannten Königreiche, denselben geradezu vorenthalten werden, und dem in neuerer Zeit kreirten Reichsrathe zugewiesen worden sind.

Wir haben bereits oben bewiesen, daß das dreieinige Königreich auf Grund seiner uralten Konstitution das Recht habe auf die volle Gesetz- gebung und die derselben entsprechende autonome Verwaltung, und mit Be- rufung auf die betreffenden von den Königen bestätigten Gesetze und Beschlüsse zugleich begründet, daß die Landtage des dreieinigen Königreiches über das Mi-

14

litär- und Finanzwesen, über auswärtige Angelegenheiten, und über die Verwaltung des Landes, mit einem Worte, über Alles und Jedes selbstständig verhandelt und Beschlüsse gefaßt haben, was nur zum staatlichen Leben einer freien
Nation und eines freien Volkes gehört.

Zum größeren Beleg dessen könnten wir eine Unzahl von Gesetzen anfüh-
ren, welche theils auf unseren Landtagen, wie die von 1396, 1434, 1492, 1527,
1538, 1567, 1571, 1604, 1609, 1635, 1643, 1681, 1700, 1712, 1717,
1723, 1725, 1733, 1737, 1739, 1741, 1749, 1755, 1757, 1759 und 1770,
theils auf den gemeinschaftlichen ungarisch-kroatischen Landtagen, wie die von
1504, 1537, 1542, 1601, 1622, 1625, 1630, 1635, 1638, 1647, 1649,
1655, 1659, 1681, 1715, 1723 u. s. w. geschaffen wurden, und welchen
insgesammt dem Inhalte nach ein und dasselbe Bestreben und ein Gedanke
innewohnt, nämlich die Verwirklichung jenes unter allen Wechselfällen unseres
öffentlichen Lebens bewahrten und thatsächlich ausgeübten Axioms „nihil de
nobis sine nobis." Es genüge hier jedoch die Berufung auf den Art.
12:1790/1 des ungarisch-kroatischen Landtages, mit welchem jenes Axiom,
welches der Hauptgrundsatz unserer uralten Konstitution und zugleich deren
Hauptgarantie war, zum besonderen positiven Gesetze, wie folgt, erhoben wurde:
„legum ferendarum, abrogandarum et interpretandarum potestatem
legitime coronato Principi etc. S. S. et O. O. ad Comitia legitime
confluentibus, communem esse, nec extra illa exerceri posse."
Mit Rücksicht auf diese Gesetzbestimmung kann daher über die Grundhältigkeit
unserer obangeführten Beschwerde füglich kein Zweifel obwalten.

Hieraus ist mithin zu entnehmen, daß das wesentlichste konstitutionelle
Recht, nämlich das Verfügungsrecht über Gut und Blut, dem dreieinigen Königreiche nicht zurückerstattet wurde, ohne hiebei dessen zu gedenken, daß auch
den Komitaten, diesen Grundpfeilern der Konstitution und des konstitutionellen
Lebens, sowie den übrigen freien Distrikten und Städten die ihnen gesetzlich zustehende Autonomie vollständig nicht zurückgegeben wurde, daß ferner Angesichts des, der Konstitution gemäß versammelten und berathenden Landtages die,
unserer Nation unbekannten und ungesetzlich auferlegten Steuern und Abgaben
mittelst Militärexekution eingetrieben werden, daß endlich in diesen Königreichen
jener abnormale Zustand, nämlich das Bestehen der konstitutionellen Behörden
neben den inkonstitutionellen, welche die konstitutionelle Thätigkeit jener lähmen,
wo nicht ganz unmöglich machen, noch heutigen Tags fortdauert.

Bei diesem Stande der Dinge vermögen wir es nicht einzusehen, daß diesen Königreichen ihre konstitutionellen Einrichtungen zurückgegeben worden sind,
ja wir können vielmehr in dem von Euerer Majestät in der Proposition angeführten Diplome vom 20. Oktober 1860 nichts anderes als den Aus- und

Uebergang vom Absolutismus zum Konstitutionalismus, und zugleich den Weg erblicken, durch welchen die Königreiche Dalmatien, Kroatien und Slavonien auf das ihnen während der verflossenen 12 Jahre verschlossen gewesene Feld des Konstitutionalismus dem Principe nach gelangt sind.

Wenn wir jedoch eingehender erwägen, daß in jenem Diplome der zwölfjährige inkonstitutionelle Zustand als eine faktische und ausnahmsweise Unterbrechung des konstitutionellen Lebens hingestellt und dafür Uebergangszwecke als Rechtfertigung angeführt werden; wenn wir weiters erwägen, daß sich in jenem Diplom auf die pragmatische Sanktion als auf das Grundrecht der erlauchten Dynastie und der ihr untergebenen Länder berufen wird, und daß dasselbe auf letzterer beruht, vermögen wir in Anbetracht der daraus folgenden Konsequenzen gar nicht zu begreifen, wie gerade mit diesem Diplome die mehrhundertjährige Verfassung des dreieinigen Königreiches beschränkt werden konnte.

Eben deßhalb kann auch in diesen Königreichen das konstitutionelle Leben nur dann beginnen, wenn denselben ihre ehemaligen konstitutionellen Rechte ungeschmälert zurückgegeben werden.

Jede andere wie immer geartete Zurückgabe der konstitutionellen Rechte ist keine Zurückgabe der Konstitution, sondern nur die Fortsetzung des auch von Euerer Majestät verurtheilten Ausnahmszustandes neben einigen willkürlich ertheilten Konzessionen.

Eine solche Verdrehung unseres öffentlichen Rechtes steht aber im offenen Widerspruche mit den oft erwähnten, durch so viele ruhmvolle Herrscher feierlich beschworenen und bestätigten Verträgen, und eben deßhalb sind wir nothgedrungen zu erklären, daß ebenso wie unsere Vorfahren alle durch diese Verträge ihnen auferlegten Pflichten genau erfüllt haben, auch wir aus allen unseren Kräften bestrebt sein werden, dieselben auch in der Folge je eifriger und je genauer zu erfüllen, sowie daß wir andererseits auch die Rechte, welche kraft jener Verträge diesen Königreichen zustehen, dem Beispiele unserer Väter gleich, zu bewahren und zu vertheidigen verpflichtet und bereit sind.

Mit derselben Allerhöchsten königlichen Proposition geruhten Euere Majestät uns bekannt zu geben, daß Allerhöchstdieselben auf Grund des Art. 58:1790/1 die Einberufung dieses Landtages anzuordnen befunden haben.

Auch diese Anordnung Euerer Majestät ist eine Verletzung unserer uralten Konstitution, was Euere Majestät aus dem Sendschreiben des Königs Maximilian vom 29. November 1567, mit welchem die Landtagsartikel dieser Königreiche von demselben Jahre 1567 bestätigt wurden, allergnädigst zu ersehen geruhen werden. Dieses Sendschreiben lautet: „Intellexerunt S. S. et O. O. indictionem et publicationem Diætæ seu Conventus horum regnorum instar regni Hungariæ Suam cæsaream Majestatem sibi reservasse. Cum

autem id libertati S. S. et O. O. apertissime derogare videatur. . . . .
Quemadmodum Sacra Majestas Cæsarea ipsos Banos in veteri consue-
tudine, indicendae regnicolaris Regnorum suorum Diætæ clementer
conservare velle sese benigne obtulit, dummodo semper a Banis ipsis
hac de re prius admoneatur, et quarumnam rerum tractandarum cau-
sa Generalis ipsa Diæta indicenda sit, edoceatur." Diese Gesetzesbe-
stimmung wurde durch den Art. 58: 1790/1 des ungarisch-kroatischen Landtages keineswegs aufgehoben, denn aus dem Inhalte des letzteren: „Generales
regnorum Dalmatiæ, Croatiæ et Slavoniæ Congregationes cum prae-
vio annutu regio celebrandae veniunt" geht klar hervor, daß das Recht,
den Landtag anzusagen und einzuberufen, dem Ban reservirt war, welcher dieß
dem Könige vorläufig nur anzuzeigen hatte.

Ueberdieß müssen wir nicht ohne tiefen Schmerz bemerken, daß selbst gegen die Bestimmung dieses Landtagsartikels 58: 1790/1 nur der kroatisch-slavonische Landtag einberufen wurde, während darin zu demselben Zwecke
auch Dalmatien ausdrücklich angeführt wird.

Als eifrige Wächter unseres staatlichen Rechtes können wir daher nicht
umhin, gegen den Sinn der gedachten Stellen in der bezogenen königl. Proposition hiemit insofern feierlich Verwahrung einzulegen, inwiefern dieselben auf
einer Voraussetzung beruhen sollten, welche der Selbstständigkeit und Integrität
des dreieinigen Königreiches Dalmatien, Kroatien und Slavonien, sowie dem mit
der Würde des Ban verbundenen Rechte widerstreitet.

Es entging aber unserer Aufmerksamkeit auch der Umstand nicht, ja es
berührte uns vielmehr höchst unangenehm, daß in der gedachten königl. Proposition die diplomatische Bezeichnung „dreieiniges Königreich Dalmatien, Kroatien und Slavonien" nicht gebraucht, und daß die Konstitution dieser Königreiche
auf Dalmatien, Ragusa und Cattaro, in Gemäßheit der angeführten staatsrechtlichen Verträge und Gesetzartikel von 1527, 1712 und 1790/1, nicht ausgedehnt wird.

Indem wir zum Schutze unserer konstitutionellen sowohl als staatlichen
Rechte in dieser Beziehung feierlich Protest erheben, bitten wir allerunterthänigst, Euere Majestät wollen geruhen, den gerechten Wünschen und legalen
Ansprüchen der stets getreuen Nation des dreieinigen Königreiches in beiden Beziehungen, insbesondere aber in Betreff der Vereinigung Dalmatiens, um welche
wir bereits mit unserer allerunterthänigsten obangeführten Repräsentation vom
1. Mai l. J. baten, allergnädigst zu willfahren. Die in jener Repräsentation
umständlicher begründeten Wünsche und Ansprüche wiederholen wir auch hier
in der innigsten Ueberzeugung, daß durch die Kräftigung des dreieinigen Königsreiches auch der Allerhöchste Thron Euerer Majestät gekräftiget wird.

Mit demselben Allerhöchſten königl. Reſkripte vom 26. Februar l. J. wurden wir aufgefordert, nach Vornahme der Inſtallation des Ban, und nach in geſetzlicher Weiſe erfolgter Wahl des Protonotärs und Landes-Kapitäns dieſer Königreiche, vor Allem die Frage über die ſtaatsrechtlichen Beziehungen des dreieinigen Königreiches dem Königreiche Ungarn gegenüber in Verhandlung zu nehmen.

In dieſer Beziehung zeigen wir in tiefſter Unterthänigkeit an, daß dieſer Landtag darauf zwar eingegangen iſt, daß der von Euerer Majeſtät ernannte Ban Joſeph Baron Šokčević nach altherkömmlichem konſtitutionellen Gebrauche in die Banalwürde eingeſetzt werde, daß ſich jedoch derſelbe zugleich vorbehalten habe, ſchon bei der nächſten Gelegenheit jenes, dieſen Königreichen zuſtehende Recht ins Leben zu rufen, kraft welchem dieſer Landtag berechtigt iſt, einige zur Bekleidung der Banalwürde geeignete Perſonen Euerer Majeſtät zur Ernennung vorzuſchlagen, welches Recht unter anderen in dem Sendſchreiben Königs Ferdinand I. von 1527, und in den Artikeln des Landtages des dreieinigen Königreiches 6: 1741 und 61: 1756 begründet iſt.

Die Wahl des Landes-Kapitäns oder Wojwoden haben wir nach altherkömmlichem Rechte und Gebrauche vorgenommen, und in der 20. Landtagsſitzung vom 15. Juni l. J. den Ban Baron Šokčević einſtimmig zum Landes-Kapitän gewählt, welcher wieder ſeinerſeits nach dem ihm als Landes-Kapitän zuſtehenden Rechte zum Vice-Kapitän dieſer Königreiche den Feldmarſchall-Lieutenant Georg Grafen Jellačić, und zum Vice-Ban Johann v. Zidarić ernannt hat, welche Beide vor der Nation den vorgeſchriebenen Eid abgelegt haben.

Was aber die Wahl des Protonotärs des dreieinigen Königreiches betrifft, ſo hat ſich der Landtag das Recht vorbehalten, denſelben ſeiner Zeit, in ſo weit ſich dießfalls die Nothwendigkeit ergeben ſollte, zu wählen.

Welchen Beſchluß wir aber in Betreff der Beziehungen des dreieinigen Königreiches Dalmatien, Kroatien und Slavonien der ungariſchen Krone und Ungarn gegenüber gefaßt haben, werden Euere Majeſtät aus dem Inhalte der beſonderen Repräſentation allergnädigſt zu entnehmen geruhen, welche wir über den gedachten Beſchluß unter Einem unterbreiten, wobei wir offen erklären, daß alle Anſprüche und Bedingungen, welche in jenem Beſchluſſe enthalten ſind, in logiſcher Folgerung aus dem öffentlichen Staatsrechte des dreieinigen Königreiches fließen, an welchem wir auch bei dieſer Gelegenheit feſtzuhalten als unſere heiligſte Pflicht hielten.

Mit Rückſicht auf den Inhalt des Allerhöchſten an den Ban Baron Šokčević unterm 20. Oktober 1860 gerichteten Handſchreibens, ſowie auf unſeren ſiebenhundertjährigen gemeinſchaftlichen Verband beſchloſſen wir zugleich, daß der gedachte Beſchluß dem ungariſchen Landtage mitgetheilt, Euere Majeſtät

18

aber allerunterthänigst gebeten werde, denselben in Form einer königl. Proposition an den ungarischen Landtag zur Berathung leiten, oder falls dieser nach
dem ihm zustehenden Rechte die Initiative ergreifen sollte, dessen Vorstellung
zur weitern Verhandlung an diesen Landtag allergnädigst gelangen lassen
zu wollen.

Nachdem aber zu unserer großen Betrübniß Euere Majestät den ungarischen Landtag aufgelöst haben, so können wir nicht umhin, Euere Majestät
allerunterthänigst zu bitten, denselben auch aus Rücksicht dessen und zwar ehe-
stens einberufen zu wollen, damit wir mit ihm in die dießfälligen Verhandlungen treten können.

Mit dem Allerhöchsten Reskripte vom 11. Mai l. J. wurden diesem
Landtage in Folge seiner allerunterthänigsten Repräsentation vom 29. April
l. J. die Abdikations-Urkunden Seiner Majestät des Königs Ferdinand V. vom
2. Dezember 1848, und des durchlauchtigsten Erzherzogs Franz Karl vom 1.
Dezember 1848 mitgetheilt.

Nach dem Ergebnisse der hierüber gepflogenen Verhandlung hat der Landtag zwar anerkannt, daß nach erfolgter Abdikation Sr. Majestät des Königs
Ferdinand V., und der Verzichtleistung des durchlauchtigsten Erzherzogs Franz
Karl, im Sinne der pragmatischen Sanktion, welche, wie oben ausgeführt, das
dreieinige Königreich selbstständig angenommen hat, das Recht der Sukzession
in den deutsch-slavischen Erbländern und in dem mit denselben im Personalver-
bande stehenden dreieinigen Königreiche Euerer Majestät zustehe; jedoch kann
derselbe sich nicht enthalten, die Bemerkung beizufügen, daß die gedachten Abdikations-Urkunden nach altherkömmlichem Gebrauche laut Art. 28: 1740 des
Landtages des dreieinigen Königreiches, und nach Anordnung des Art. 3:
1790/1 den Landtagen des Königreiches Ungarn und des dreieinigen Königreiches
sechs Monate nach dem Regierungsantritte vorzulegen, und in dieser Zeit auch
die Krönung zu vollziehen gewesen wäre, denn gerade durch die Unterlassung
dessen ward der Grund gelegt zu dem unheilvollen Regierungssysteme, welches
den Staat dem Untergange nahe brachte. Unlieb war es uns überdieß in den
Abdikations-Urkunden Stellen vorzufinden wie: „die Krone des Kaiserreiches und
der gesammten unter ihr vereinigten Königreiche" und befürchtend, daß daraus
eine gewisse Unterordnung des dreieinigen Königreiches gefolgert werden könnte,
bedauern wir sehr, daß in denselben nicht besonders angeführt erscheinen die
Krone und der Thron des Königreiches Ungarn, sowie der Königreiche Dalmatien, Kroatien und Slavonien, welche Königreiche nach ausdrücklichem Wortlaute
unserer sowohl als der ungarischen pragmatischen Sanktion mit den österr.
Erbländern bloß in eine Personal-Union getreten sind, und welche durch die im
Sinne des a. h. Aktes des Königs und Kaisers Franz I. am 17. August 1804 in

unkonstitutioneller Weise ohne Einwilligung unseres und des ungarischen Landtages erfolgte Erhebung der österreichischen Königreiche und Länder zum Kaiserstaate, in ihren Titeln, Immunitäten, Privilegien, Verbindungen und Rechten
nicht im geringsten berührt worden sind.

Der Landtag muß daher aus diesem Anlasse nicht nur gegen alle Konsequenzen, welche daraus gezogen werden könnten, sondern auch gegen ähnliche
Vorgänge für die Folge hiemit feierlich Verwahrung einlegen, und Euere Majestät treugehorsamst bitten, die gesetzlichen Rechte des dreieinigen Königreiches
auch in dieser Beziehung in ihrer vollen Kraft allergnädigst erhalten zu wollen.

Die mit der ofterwähnten königl. Proposition an uns gerichtete Aufforderung, Ablegaten zur bevorstehenden Krönung Euerer Majestät zu wählen, und
nach Ofen zu entsenden, erfreute den Landtag des dreieinigen Königreiches namet-
lich in der Richtung, daß Euere Majestät hiebei zu erklären geruhten, allergnädigst beschlossen zu haben, sich im Sinne der konstitutionellen Gesetze zum König
von Ungarn und zugleich von Dalmatien, Kroatien und Slavonien krönen zu
lassen, und zu diesem Ende vor Allem das Inaugural-Diplom, und zwar
für das dreieinige Königreich im Sinne des Art. 49: 1622 im verfassungsmäßigen Wege besonders vereinbaren und ausfertigen zu wollen. Nachdem aber
die Krönung Euerer Majestät nur über vorläufige Ausfertigung dieses Inaugural-Diploms vor sich gehen, und diese Ausfertigung erst nach vollständiger
Zurückgabe der Konstitution des dreieinigen Königreiches und nach Herstellung
der Territorial-Integrität desselben vorgenommen werden kann, so können wir
nur wiederholt Euere Majestät allerunterthänigst bitten, diese gerechten Ansprüche des dreieinigen Königreiches erfüllen, und auf diese Art die Hindernisse
allergnädigst beseitigen zu wollen, welche die Vornahme des so sehr ersehnten
Krönungsaktes bisher unmöglich gemacht haben. Für den Fall jedoch, daß die
Krönung, sei es aus welchem immer Grunde, mit Ungarn nicht gemeinschaftlich
vorgenommen werden könnte, behält sich das dreieinige Königreich vor, Euere
Majestät auf Grund seiner staatsrechtlichen Verträge und seiner eigenen pragmatischen Sanktion zu seinem Könige gegen Erfüllung der obigen Bedingungen
besonders zu krönen.

Mit den Allerhöchsten Handschreiben vom 14. und 27. März l. J. geruhten Euere Majestät diesem Landtage allergnädigst zu eröffnen, daß Allerhöchstdieselben, um den Königreichen Dalmatien, Kroatien und Slavonien ihr
ehemaliges Ansehen wiederzugeben, befunden haben, für dieselben ein nach Art
des königl. ungarischen Statthaltereirathes zusammengesetztes politisches Dika-
sterium mit der Benennung „königl. Statthaltereirath der Königreiche Dalmatien, Kroatien und Slavonien" einzusetzen, und zugleich die Banaltafel der genannten Königreiche wieder ins Leben zu rufen.

Entgegennehmend diese allergnädigsten Entschließungen Euerer Majestät als einen Beweis dafür, daß diesen Königreichen nach althertömmlichem Rechte ihre eigene politisch-juridische Landes- und oberste Verwaltung zukomme, halten wir es für unsere heilige Pflicht, vor Allem zu bemerken, daß wir den Statthaltereirath, wie derselbe gegenwärtig konstituirt ist, nur als eine provisorische, jedoch der Nation, beziehungsweise dem Landtage des dreieinigen Königreiches laut Art. 14 und 18 §. 1 vom Jahre 1790/1 verantwortliche Landesbehörde ansehen, welche auf Grund des Art. 1 und 2 unseres Landtages vom Jahre 1767 noch einzurichten ist, und sich nach den für die ungarische Statthalterei im konstitutionellen Wege erflossenen Anordnungen zu benehmen hat.

Ebenso können wir in dem provisorischen dalmatinisch-kroatisch-slavonischen Hofdikasterium nur eine zeitweilig aufgestellte Behörde erblicken, welche in ihrer gegenwärtigen Zusammensetzung nur so lange verbleiben kann, bis nicht dießfalls im konstitutionellen Wege etwas anderes beschlossen werden wird.

Obgleich der Landtag des dreieinigen Königreiches im Grunde des Rechtes, welches demselben laut Art. 18, §. 1: 1790/1, und Art. 1 und 2 des heimathlichen Landtages vom Jahre 1767 zusteht, beschlossen hat, in Betreff der Einrichtung der eigenen Landes- und obersten Verwaltungsbehörde, welche dem Landtage des dreieinigen Königreiches verantwortlich wären, noch in dieser Landtagszusammentretung einen Gesetzartikel auszuarbeiten und denselben Euerer Majestät zur Sanktion vorzulegen, so hat derselbe dennoch für gut befunden, mittlerweile Euere Majestät in einer besonderen Repräsentation allerunterthänigst zu bitten, daß das genannte Hofdikasterium als Hofkanzlei der Königreiche Dalmatien, Kroatien und Slavonien konstituirt werde, und den königl. Centralstellen gegenüber in jenes unabhängige Verhältniß zu treten habe, welches gesetzmäßig die königl. ungarische Hofkanzlei bis zum Jahre 1848 einzunehmen hatte, sowie daß demselben neben der im Art. 18: 1790/1 bestimmten Verantwortlichkeit, der Wirkungskreis, den die ungarische Hofkanzlei bis zum Jahre 1848 inne hatte, eingeräumt, und zugleich die oberste Administration der gegenwärtig unter der Verwaltung der Triester Central-Seebehörde stehenden Häfen des kroatischen Küstenlandes sowie des See-Pensionsfondes übertragen werde.

In derselben Weise betrachten wir auch die Banaltafel der Königreiche Dalmatien, Kroatien und Slavonien so lange als eine provisorische Einrichtung, bis nicht die Gerichte in konstitutioneller Weise eine Aenderung erfahren. Bei dieser Gelegenheit können wir nicht umhin, Euere Majestät mittelst einer besondern Repräsentation allerunterthänigst zu bitten, daß Allerhöchstdieselben mit Rücksicht auf die Vergangenheit, in welcher das dreieinige Königreich, wie oben ausgeführt, seine eigenen Gerichtsorgane in allen Instanzen hatte, sowie mit allergnädigster Bedachtnahme auf den hinsichtlich der Beziehungen des dreieinigen Königreiches zu Ungarn gefaßten Beschluß, laut welchem wir uns die gesammte Justizverwaltung vorbehielten, allergnädigst geruhen mögen, bis zur vollständigen Regelung des Gerichtswesens im konstitutionellen Wege, in Agram eine königl. Septemviraltafel als oberste Gerichtsinstanz für die Königreiche Dalmatien, Kroatien und Slavonien einzusetzen.

Noch einen Umstand können wir hier mit Stillschweigen nicht übergehen.

Es werden nämlich in den gedachten Allerhöchsten Handschreiben diese Königreiche einfach Erb-Königreiche genannt, welcher Umstand uns die Bemerkung aufbringt, daß das dreieinige Königreich nach Annahme der pragmatischen Sanktion im Jahre 1712 in gewisser Hinsicht zwar ein Erbstaat wurde, jedoch daß dieß durchaus nicht in dem Sinne der andern österr. Provinzen, welche unter der Benennung „Erbländer" einen integrirenden Theil des deutschen Bundes bilden, gedeutet werden kann, indem das dreieinige Königreich zu diesem Bunde weder je gehört hat noch gegenwärtig gehört, daher auch in jenem Sinne nicht als Erbland betrachtet werden kann.

Auf die in der a. h. königl. Proposition vom 12. März l. J. enthaltene Aufforderung, aus unserer Mitte neun befähigte und friedliebende Vertreter von Seite Kroatiens und Slavoniens zum Reichsrathe in Wien zu wählen, und zugleich die Frage in Verhandlung zu nehmen, wie die Reichsrathswahlen für die Folge im konstitutionellen Wege definitiv zu regeln wären, haben die Vertreter dieser Königreiche, nach reiflicher Berathung und allseitiger Erwägung der hier in Betracht zu ziehenden staatsrechtlichen und politischen Gründe, in der am 3. August abgehaltenen Sitzung einstimmig den Beschluß gefaßt, „daß das Königreich Kroatien und Slavonien am Reichsrathe nicht Theil nehme."

Euere Majestät! Allergnädigster König!

Fest überzeugt, daß das dreieinige Königreich laut staatsrechtlichen Verträgen vom Jahre 1527 und 1712, dann der Gesetze von 1790/1 von jedem anderen Königreiche und jeder anderen Provinz sowohl in Bezug auf die Gesetzgebung als auch auf die Verwaltung vollkommen unabhängig ist; ferner festhaltend daran, daß die uralte Konstitution des dreieinigen Königreiches, welches mit den übrigen Königreichen und Ländern nur durch die Personal-Union verbunden ist, rechtlich niemals aufgehoben wurde; erwägend endlich, daß auf jener Konstitution, welche, stünden auch gewisse darauf abzielende verderbliche Grundsätze, wenigstens die Nation des dreieinigen Königreiches niemals verwirkt hat, die Rechte nicht nur der Nation sondern auch des Thrones beruhen: konnten wir nicht anders als erklären, daß wir den oktroyrten und schon deßhalb dem konstitutionellen Leben so sehr widerstreitenden, ja für dasselbe verderblichen, Reichsrath nicht beschicken können.

22

Dieser unser Beschluß steht in keinem Widerspruche mit unserer so oft und so glänzend bewährten Treue und Loyalität, denn als eine, der Konstitution und dem Könige gleich treue Nation hielten und halten wir es für unsere heiligste Pflicht, die durch die Konstitution und Gesetze verliehenen Rechte zu schützen, und sie dem Könige sowohl als auch der Nation zu bewahren, wohl wissend, daß jede der Konstitution drohende Gefahr auch eine Gefahr für die Rechte der Nation und des Thrones ist. Unerschütterlich an unserer Konstitution festhaltend, stehen wir nur unserem Herrscher zur Seite, und vertheidigend unser Recht und unsere Gesetze, vertheidigen wir zugleich die Rechte Euerer Majestät unseres Königs.

So haben wir stets gehandelt, und handeln auch nun in dieser unterwühlten Zeit, in welcher jenes so sehr mißbrauchte Axiom „salus reipublicæ suprema lex esto" von Staatsmännern in Versammlungen ausgesprochen, Wiederhall findet, und die Theorie der vollbrachten Thatsachen in Europa zur Geltung gelangt.

Es sei uns gestattet, von jenem Standpunkte aus, von welchem wir vor dem Gewissen und der Nation verpflichtet sind alle Erscheinungen im Staatsleben zu betrachten, in Kürze die Ansichten zu erörtern, nach welchen wir das Allerhöchste Diplom vom 20. Oktober 1860 beurtheilen, auf welches sich auch in der gedachten königl. Proposition bezogen wird. Gerne würden wir dieses Diplom als einen Staatsakt ansehen, mit welchem der Nation des dreieinigen Königreiches ihre Konstitution und alle auf derselben beruhenden staatlichen Rechte zurückgegeben werden, denn wenn es irgend eine Nation gibt, welche ihrer Konstitution ohne eigenes Verschulden verlustig, mit vollem Rechte verlangen kann, daß ihr mit der Rückkehr des Konstitutionalismus im Allgemeinen, auch ihre Konstitution und zwar dem vollen Umfange nach und in der ganzen Wirksamkeit zurückgegeben werde, so ist es sicherlich die Nation des dreieinigen Königreiches, welche zur Vertheidigung ihrer staatlichen Unabhängigkeit und ihrer Nationalität im Jahre 1848 zu den Waffen greifend, dadurch auch den Thron Euerer Majestät vertheidigt hat; allein der Inhalt des Allerhöchsten Diploms belehrt uns eines Anderen, und wir können darin nur einen Akt der Regentenpflicht erblicken, welcher das Aufhören des zwölfjährigen Absolutismus zur Folge haben sollte, und mit welchem die Kontinuität des konstitutionellen Rechtes dieser Königreiche anerkannt wurde. Mit eigener Machtvollkommenheit ordnen nämlich Euere Majestät an, daß das fragliche Diplom als Staatsgrundgesetz zu gelten habe, während doch unsere wesentlichsten Rechte, das Verfügungsrecht über Gut und Blut, sowie andere eben so wichtige Staatsaufgaben ohne unser Wissen und unsere Einwilligung an eine ganz fremde gesetzgebende Körperschaft übertragen werden. —

Eine solche einseitige und eigenmächtige Anordnung aber widerstreitet ganz und gar den, zwischen dem durchlauchtigsten Herrscherhause und der Nation des dreieinigen Königreiches im J. 1527 und 1712 geschlossenen Staatsverträgen, es widerstreitet dem oftangeführten Gesetzartikel 12: 1790/1, laut welchem dem gesetzlichen Herrscher nur in Gemeinschaft mit der auf dem Landtage versammelten Nation das Recht zusteht, Gesetze auszulegen, abzuändern und aufzuheben. Das Diplom beruft sich zwar auch auf die pragmatische Sanktion; allein da sich dasselbe zugleich auf die Machtvollkommenheit beruft, enthält es in sich selbst einen offenen Widerspruch, weil unsere pragmatische Sanktion als bilateraler Grundvertrag jede Machtvollkommenheit ausschließt.

Hieraus folgt, daß jede wie immer geartete Bestimmung für das dreieinige Königreich ungesetzlich und kraftlos ist, welche nicht am Landtage des dreieinigen Königreiches beschlossen, und vom legitimen konstitutionellen Könige sanktionirt wird.

Die Gesetzgebung, welche wir kraft unserer Konstitution ausgeübt haben, ist keineswegs bloß auf einige Gegenstände beschränkt, sondern dieselbe umfaßt alles, was zum öffentlichen Rechte im Allgemeinen gehört, sowie alle sonstigen wichtigsten Staatsaufgaben, wie wir dies bereits oben bewiesen haben.

Wir haben auch erwähnt, daß im Sinne unseres öffentlichen Rechtes das dreieinige Königreich mit den nicht ungarischen Ländern niemals in einer Realunion gestanden ist, sondern daß sich unsere Beziehungen bloß in dem gemeinschaftlichen Herrscher und der gemeinschaftlichen Dynastie berühren. Die unwiderleglichen Beweise hiefür sind die Staatsverträge, welche unsere Vorfahren mit dem glücklich regierenden Herrscherhause, und zwar einzig und allein mit demselben im J. 1527 und 1712 aus freiem Willen als unabhängige Nation geschlossen haben. Sie thaten dieß unter ausdrücklichem Vorbehalte aller bishin genossenen Rechte und ihrer unabhängigen staatlichen Stellung, die sie zur Zeit jener Vertragsschlüsse einnahmen, und es gibt in der That nicht eine staatsrechtliche Bestimmung, kraft welcher jene staatsrechtliche Stellung und Beziehung dieser Königreiche zu den gedachten Provinzen rechtlich geändert worden wäre, während entgegengesetzt die Selbstständigkeit und Unabhängigkeit des dreieinigen Königreiches auch in neuerer Zeit namentlich mit dem Fundamental-Artikel 12 des Königreiches Ungarn und des dreieinigen Königreiches vom Jahre 1790 klar und feierlich anerkannt und bestätigt wurde.

Endlich wurde auch die uralte, noch zu Zeiten der nationalen Könige bestandene Konstitution der Königreiche Dalmatien, Kroatien und Slavonien rechtlich niemals unterbrochen, sondern stets den Bedürfnissen dieser Königreiche und den Anforderungen der Zeit im Wege unserer eigenen Gesetzgebung unabhängig angepaßt.

Deßhalb können wir Gegenstände, welche in den Wirkungskreis un-

ferer Geſetzgebung gehören, einer ſolchen geſetzgebenden Körperſchaft nicht abtreten, welche, in Folge einer Oktroirung entſtanden, uns jene Garantien nicht bieten kann, die wir in unſerer auf Verträgen beruhenden Konſtitution haben, weßhalb wir überdieß im Diplome vom 20. Oktober 1860 nur eine Verletzung des
öffentlichen Rechtes und der Konſtitution des dreieinigen Königreiches zu erblicken vermögen.

Dieſen zum größeren Theile vom Rechtsſtandpunkte aus beleuchteten
Gründen wollen wir auch einige Gründe politiſcher Natur anreihen.

Es ſind deſſen beinahe 200 Jahre, ſeit welchen in Wien die Tendenzen einer
gewiſſen Regierungspolitik zum Vorſchein getreten ſind, welche, durch unbedeu-
tende Urſachen erzeugt, ſich die Bahn durch alle Stadien bricht, und je nach den
Umſtänden bald offen, bald insgeheim ihr Ziel verfolgt.

Wir können dieſe Politik nicht anders bezeichnen, als wenn wir ſie den
Ausdruck des Staatsgedankens nennen, deſſen geheime Tendenz die iſt, die verſchiedenen Königreiche, Länder und Völker der öſterreichiſchen Monarchie in eine
Form zu zwängen, und deren ſo konzentrirte Kräfte ſolchen Zwecken und Intereſſen zu unterordnen, welche weder ſind noch ſein können die der Mehrheit der
gedachten Königreiche, Länder und Völker.

Eine unmittelbare Folge dieſes Staatsgedankens war die Aufſuchung eines
Schwerpunktes außerhalb der Monarchie, und zwar dort, wo noch heute die
Minorität der öſterreichiſchen Länder an ein politiſches Band geknüpft iſt. —

Dieſe, der ſtaatlichen Einrichtung und der naturgemäßen Beſtimmung der
Königreiche und Länder der Monarchie ganz zuwiderlaufende Politik hat iden-
tiſche Inſtitutionen für alle Königreiche und Länder geſchaffen, ohne Rückſicht
darauf, daß dieſe Inſtitutionen das ſelbſtſtändige Leben der verſchiedenen Völker verletzt haben, und daher für ſie nur verderblich ſein können.

Dieſe Politik hat ihren Höhepunkt in jenem unheilvollen abſolutiſtiſchen
Regierungsſyſteme der letzten 12 Jahre erreicht, welches von allen Völkern ein-
ſtimmig verurtheilt, ungeachtet aller Anſtrengungen keinen Segen, ſondern nur
Verderben der Monarchie gebracht hat. —

Dieſe Politik haben wir nicht nur niemals anerkannt, ſondern haben ſtets
gegen dieſelbe proteſtirt, und es iſt auch gegenwärtig unſere Pflicht, gegen dieſelbe,
möge ſie in welcher immer Form hervortreten, unſere Stimme zu erheben.

Nachdem wir alſo den Reichsrath nur als eine Metamorphoſe der abſolutiſtiſchen Staatszentraliſation, und der damit eng verbundenen obgeſchilderten
Politik anſehen, konnten wir aus allen obangeführten Gründen, ſowie mit Rückſicht auf das Bündniß, welches wir im Intereſſe der gemeinſamen Vertheidigung
unſerer Konſtitution mit dem Königreiche Ungarn einzugehen beſchloſſen haben,
nicht anders als den Beſchluß auszuſprechen, daß wir den Reichsrath nicht be-

schicken können, und zugleich zu erklären, daß die bereits geschaffenen, oder in der Folge zu schaffenden Anordnungen und Bestimmungen des Reichsrathes weder jetzt noch in Zukunft für dieses dreieinige Königreich bindende Kraft haben können.

Euere Majestät! Obgleich die Nation des dreieinigen Königreiches immer bereit ist, nach den Grundsätzen ihrer Konstitution alle wie immer gearteten internationalen Fragen, welche zwischen dem dreieinigen Königreiche und den übrigen Provinzen und Königreichen bestehen würden, oder bestehen könnten, einzig und allein mit Euerer Majestät als ihrem Könige und zwar im Wege ihres in gesetzlicher Weise versammelten Landtages zu verhandeln und zu erledigen, so ist sie doch überzeugt, daß sie nur ein schwaches Verdienst sich und dem Allerhöchsten Throne erweisen würde, wenn dieselbe einigen, nicht einmal dem Scheine nach gerechtfertigten Ansprüchen des Kaiserstaates, welche jene obgeschilderte, seiner natürlichen Entwicklung verderbliche Politik stellt, ihre Unabhängigkeit und Selbstständigkeit, dieses heilige und kostbare Vermächtniß ihrer Väter, zum Opfer bringen würde.

Wir bitten daher, Euere Majestät wollen allergnädigst geruhen, die Nichtbeschickung des Reichsrathes, sowie unsere übrigen Beschlüsse, welche wir unter Einem mittelst besonderen Repräsentationen Euerer Majestät mit der alleruntertänigsten Bitte um deren provisorische Genehmigung bis zur Krönung unterbreiten, als einen Ausdruck der unerschütterlichen Treue anzusehen, die wir für unsere Konstitution bewahrt haben, und an welcher wir, um nicht auf uns das Verdammungsurtheil der Mit- und Nachwelt zu laden, stets und überall gewissenhaft festhalten mußten.

Euerer k. k. apostolischen Majestät

gehorsamste Unterthanen.

Agram, den 24. September 1861.

Der Landtag des dreieinigen Königreiches
Dalmatien, Kroatien und Slavonien.

Joseph Briglević m/p.
erster Vice-Präsident.

Thaller m/p.
Schriftführer.

2.

Repräsentation des kroatisch-slavonischen Landtages,

betreffend: die Militärgrenze; das Verhältniß des dreieinigen Königreiches zum Königreiche Ungarn; und die National-Sprache.

Euere k. k. apostolische Majestät!
Allergnädigster Herr und König!

Die an den Verhandlungen unseres Landtages theilnehmenden Vertreter
der Militärgrenze haben nach dem Wunsche ihrer Vollmachtgeber eine Petition um Ertheilung der Verfassung und Aufhebung des Militärgrenz-Institutes
an Euere Majestät gerichtet, und den Landtag angegangen, diese Petition
bei Euerer Majestät zu unterstützen. Der Landtag hat sich diese Bitte seiner
stammverwandten Brüder in der 42. Sitzung den 15. Juli 1861 angeeignet,
und den Beschluß gefaßt, dieselbe Euerer Majestät mittelst einer unterthänigsten
Adresse zu unterbreiten.

Euere k. k. apostolische Majestät! Das Ungemach und Elend, welches
unsere stammverwandten Brüder in der Militärgrenze im steten Kampfe für
den erlauchten Thron Euerer Majestät schon durch mehrere Jahrhunderte erleiden, hat bereits die äußersten Grenzen erreicht; außer Stande gesetzt, die Leiden
und Drangsale des harten Militärsystems zu ertragen, und gestützt auf unzählige Gesetze und Zusicherungen ihrer durchlauchtigsten Herrscher, der Vorgänger
Euerer Majestät, bitten daher die Vertreter der Militärgrenze, daß bei ihnen
die Strenge der Militärherrschaft endlich einmal aufgehoben, und der Genuß
konstitutioneller Wohlthaten auch der kroatisch-slavonischen Militärgrenze zu
Theil werde, damit die Militärgrenze auf diese Weise mit ihren Brüdern im
dreieinigen Königreiche in einen Körper vereinigt, und auf dieselbe die Verfassung ausgedehnt werde.

Diese sub /. anverwahrte Petition unserer Brüder in der Militärgrenze befürwortet der Landtag, und bittet unterthänigst, geruhen Euere k. k.
apostolische Majestät den Wünschen und Bitten unserer stammverwandten Brüder, welche auch die unsrigen sind, a. g. zu gewähren, das Militärsystem in der
kroatisch-slavonischen Militärgrenze aufzuheben, dieselbe in einen Körper mit
uns zu vereinigen, und die Verfassung auf dieselbe allergnädigst auszudehnen.

Um die Reorganisirung der kroatisch-slavonischen Militärgrenze auf verfassungsmäßigen Grundlagen zu erleichtern, hat der Landtag in der 65. und 67.
Sitzung den 22. und 24. August 1861 den sub 2/. ehrerbiethigst beigeschlossenen

Gesetzartikel über die Aufhebung und konstitutionelle Organisirung der Militärgrenze ausgearbeitet, und gleichzeitig bestimmt, welchen Komitaten einzelne
Theile des gegenwärtigen Grenz-Gebietes einzuverleiben, und welche neuen Komitate aus den bisherigen Grenz-Gebieten zu errichten wären.

Ferner wurden in diesem Gesetzartikel viele Theile von einigen der
gegenwärtigen Komitate losgetrennt, und im Interesse einer leichteren Verwaltung und ihrer Lage wegen anderen Komitaten zugeschlagen.

Entsprechend der a. g. Proposition Euerer k. k. ap. Majestät hat der Landtag in Bezug auf die künftigen Beziehungen zu dem Königreiche Ungarn in der
47. Sitzung am 23. Juli 1861 den Beschluß gefaßt, welcher hier sub 3·/. **3 ·/.**
in Ehrfurcht mit der Bitte unterbreitet wird, geruhen Euere k. k. apostolische Majestät diesen Beschluß unseres Landtages dem ungarischen Landtage mittheilen
zu lassen, damit derselbe hinsichtlich unserer künftigen Beziehungen zu dem Königreiche Ungarn in Gemäßheit dieses Beschlusses mit uns in weitere Unterhandlung trete.

Von dem Wunsche beseelt, die Ausbildung des Volkes auf die wo möglich
höchste Stufe zu heben, und überzeugt, daß diese Ausbildung einzig und allein
in der Nationalsprache erzielt werden kann, hat der Landtag in der Sitzung
vom 10. August 1861 die Einführung der südslavischen Sprache als einzige
und ausschließliche Amtssprache in allen Zweigen des öffentlichen Lebens für
den gesammten Umfang des dreieinigen Königreiches beschlossen.

Den Gesetzartikel über die Einführung der Nationalsprache als Amts-
sprache schließen wir sub 4·/. mit der Bitte bei, geruhen Euere k. k. apostolische **4 ·/.**
Majestät diesem Gesetzartikel die Sanktion allergnädigst zu ertheilen.

Indem wir die obgedachten Gesetzartikel und die Petition unserer stammverwandten Brüder, der Grenzer, der allergnädigsten Sanktion Euerer k. k.
apostolischen Majestät unterbreiten, erlauben wir uns zur Begründung derselben auf die in unserer unterthänigsten Adresse ausführlich erörterten Gründe
und Gesetze hinzuweisen.

Euerer k. k. apostolischen Majestät

Agram den 27. September 1861.

gehorsamste und treueste Unterthanen.
Der Landtag des dreieinigen Königreiches Dalmatien,
Kroatien und Slavonien.

Joseph Briglević m/ p.   **Andreas Lhernik** m/ p.
erster Vice-Präsident.   Schriftführer.

Beilage ⸫.
Petition

der Militärgrenz-Deputirten am kroatisch-slavonischen Landtage
an Se. Majestät den Kaiser und König.

Euere k. k. apost. Majestät!

Mit dem Diplome vom 20. Oktober 1860 ergoß Ew. Majestät die Fülle Ihrer Gnade über alle Länder der weiten Monarchie und namentlich auch über die Länder der ungarischen Krone, indem Ew. Majestät ihnen ihre alte Verfassung wiedergaben, und den übrigen Ländern konstitutionelle Rechte neu verliehen. Ausdrücklich wird in demselben ausgesprochen, daß wir von nun an Alle vor dem Gesetze gleich sein, daß wir Alle in gleicher Weise militärdienst- und steuerpflichtig sein, daß alle Länder bei der Schaffung, Aenderung und Abschaffung von Gesetzen mitwirken werden.

Alle Völker erfreuten sich an diesem Rufe der Gnade und Gerechtigkeit; mit Entzücken jedoch erfüllte sich das Herz der treuen Grenze, da dies allerh. Diplom sich auf alle Völker erstreckte, und in Hinsicht auf die Grenze gar keine Ausnahme gemacht wurde.

Die Grenze glaubte daher, daß auch sie von der Gnade ihres geheiligten Herrschers beleuchtet worden sei; die Grenze glaubte, daß für die unerschütterliche Treue, für dreihundertjährige Opfer, für die beispiellose Blutsteuer auch ihr wenigstens so viel von den konstitutionellen Wohlthaten zu Theil werden würde, als jene Länder davon erhielten, welche die Treue brachen, und eben durch die Hilfe der Grenze zum Gehorsam zurückgeführt wurden.

Die Grenze glaubte, daß auch ihr durch das a. h. Diplom die Sonne ihrer alten Rechte aufging, da durch dasselbe ausdrücklich auch dem dreieinigen Königreiche Dalmatien, Kroatien und Slavonien seine alten gesetzlichen Einrichtungen zurückgegeben wurden, Ew. Majestät aber mehrmals, namentlich im Grenz-Grundgesetze vom Jahre 1850 allergnädigst auszusprechen geruhten, daß die Grenze mit dem Provinziale Ein Land bilde, was in dem a. h. Handschreiben an den Ban Baron Šokčević vom 21. Februar 1861 wiederholt wurde, daß nämlich die Grenze mit ihrem Stammvaterlande Kroatien und Slavonien vereinigt bleiben, und mit diesem gemeinsam Ein Territorium bilden, das heißt, daß die Militärgrenze auch in Zukunft ein integrirender Theil des dreieinigen Königreiches bleiben werde. Die Grenze glaubte, daß die milden Strahlen des Oktoberdiploms auch sie bescheinen werden, da sich Ew. Majestät schon im Jahre 1849 väterlich dahin auszusprechen geruhten, daß die Grenze aller Rechte theilhaft werden wird, welche den übrigen Völkern verliehen werden.

Euere Majestät geruhten mit diesen gnädigen Worten der Grenze nur ihre althergebrachten Rechte zurückzugeben, da diese in der That seit undenklichen Zeiten ein integrirender Theil des kroatisch-slavonischen Vaterlandes war, und mit letzterem alle Wohlthaten konstitutioneller Freiheit genoß. Euere Majestät geruhten durch diese a. h. Anerkennung nur die unzähligen, auf den ungarisch-kroatischen Landtagen gegebenen, und von Ihren durchlauchtigsten Ahnen sanktionirten Gesetze zu bestätigen, welche sämmtlich das unzweifelhafte territoriale Recht der Königreiche Dalmatien, Kroatien und Slavonien auf die Militärgrenze, und das ausdrückliche Recht der Grenze auf die Wohlthaten der Verfassung konstatiren, welche ihr Stammvaterland genießt. Schon im Jahre 1593 wurde mittelst des 20. Artikels am ungarisch-kroatischen Landtage festgesetzt, daß dem Ban der Oberbefehl über alle Befehlshaber in der Grenze zurückgegeben wird, und mittelſt des 11. Artikels vom J. 1608 wurde beſtimmt, daß alle Militärwürden in ganz Kroatien und Slavonien nur an Eingeborne verliehen werden. Mit dem königlichen Diplome vom J. 1622 verbürgt ſich König Ferdinand II. dem dreieinigen Königreiche, die Banalgrenze der Banalgewalt zurückzuerſtatten. Mittelſt des 39. Artikels vom J. 1635 werden alle Militärwürdenträger den Geſetzen des dreieinigen Königreiches, mittelſt des 56. Artikels vom J. 1647 noch insbeſondere dem Komitatsgerichte untergeordnet. König Leopold I. hat mit der an den Landtag des dreieinigen Königreiches gerichteten Entſchließung vom 10. Juli 1703 die Warasdiner Grenze ausdrücklich aufgehoben, und ihr Gebiet ſowie die ganze übrige Grenze der Banalgewalt unterworfen, was auch die Königin Maria Thereſia nach dem Art. 116 vom Jahre 1715 durch eine beſondere an den Landtag dieſer Königreiche gerichtete Entſchließung vom 17 Jänner 1750 beſtätigte.

Dasſelbe that ſeligen Andenkens der Urgroßvater Euerer Majeſtät, König Leopold II., mit der Entſchließung vom 18. Jänner 1791, und Großvater König Franz II. in dem Artikel 18 vom Jahre 1792. Beide legten das Verſprechen ab, die Warasdiner Grenze mit Provinzial-Kroatien zu vereinigen, ſobald der franzöſiſche Krieg beendigt ſein würde; ſo wurden die Anſprüche der Grenze auf die Verfaſſung des Stammvaterlandes in ununterbrochener Reihe von Geſetzen bis auf die Regierung Sr. Majeſtät des Kaiſers Ferdinand V. wenn auch nicht erfüllt, doch anerkannt. Im Jahre 1848 fing die Grenze an, wenigſtens zum Theile den Segen der Verfaſſung zu genießen, indem ſie, auf den Landtag des dreieinigen Königreiches berufen, nicht nur für Provinzial-Kroatien, ſondern auch für die Grenze Geſetze zu ſchaffen mithalf. Jenes Syſtem alſo, welches bis dahin geherrſcht hatte, verletzte augenſcheinlich unſere alten konſtitutionellen Rechte, verletzte Geſetze, welche von den berühmten Vorfahren Euerer Majeſtät beſtätigt wurden, und verletzte namentlich den §. 3 des Inauguraldiploms.

Für dieſe dreihundertjährigen Wunden brachte Heilung das Jahr 1848, indem es uns zurückerſtattete, was von Altersher unſer war: die Verfaſſung.

Da nun das allerhöchſte Diplom vom 20. Oktober 1860 allen öſterreichiſchen Völkern, und namentlich den Königreichen Dalmatien, Kroatien und Slavonien ihre urſprüngliche Verfaſſung wieder verlieh, hatte auch die Grenze Grund, ſich der neuen Sonne der Freiheit zu freuen, weil ſie berechtigt war, nach den Worten des allerh. Diploms zu verhoffen, daß auch ſie dieſe Sonne beſcheinen werde, indem ſie der goldenen Worte gedachte, die Euere Majeſtät vom erlauchten Throne ſprachen, als ſich der Reichsrath im verfloſſenen Jahre um denſelben verſammelt hatte, daß nämlich von da an alle Stämme des altehrwürdigen Oeſterreichs gleiche Rechte genießen und gleiche Pflichten tragen werden.

In dieſer Dafürhaltung befeſtigte uns der voreinjährige einſtimmige Beſchluß der Banalkonferenz, daß die noch im Jahre 1848 der Grenze wiederverliehenen konſtitutionellen Rechte auch jetzt auf dieſelbe ausgedehnt werden, und ſie wie damals auf den Landtag einzuberufen ſei.

Unfreundliche Wächter ließen es nicht zu, daß dieſer einſtimmige Wunſch der ganzen Nation des dreieinigen Königreiches zum geheiligten Throne Euerer Majeſtät vordringe, ja ſie hinterbrachten Euerer Majeſtät, daß dieſer Wunſch mit dem Intereſſe der Monarchie ſich nicht vertrage, und ſo erging das Allerh. Schreiben an Se. Exzellenz den Ban Baron Šokčević vom 21. Februar 1861, worin die Unmöglichkeit einer Vertretung der Grenze auf dem dalmatiniſch-kroatiſch-ſlavoniſchen Landtage wegen ihrer beſonderen Verwaltung ausgeſprochen wird.

Allein eben die Administration der Grenze, welche, wie oben dargelegt wurde, allen von den Vorfahren Euerer Majeſtät beſtätigten Geſetzen widerſpricht, iſt die Hauptquelle unſerer Leiden und Uebel, die uns zu Grunde richtet, und die wir doch nicht anderswo, als auf dem Landtage aufzudecken vermögen und dürfen, um Abhilfe zu ſuchen.

Es brachen deswegen, als das Gerücht von der Nichtvertretung der Grenze auf dem

Landtage erscholl, alle ihre Söhne in Klagen aus, und hüllten sich in Trauer. Die strengen Verordnungen, welche jede Aeußerung des von dieser Nachricht uns verursachten Schmerzes verbaten, bewirkten, daß Alles ruhig blieb. Nur unsere glücklicheren Brüder in Provinzial-Kroatien hörten die heimlichen Seufzer, sahen unsere bitteren Thränen, und auf dem Landtage versammelt, erhoben sie die Bitte zu Euerer Majestät, und erwirkten die allergnädigste Bewilligung, daß wir sammt unseren Provinzial-Brüdern über das Schicksal unseres Vaterlandes entscheiden.

Vor Allem aber erfüllen wir die angenehme Pflicht unseres Herzens, indem wir unseren und der ganzen Grenze tiefsten Dank aussprechen, daß Euere Majestät den heißen Wunsch der treuen Grenzer, und die warme Fürbitte des Landtages des dreieinigen Königreiches zu erhören geruhten. Die kaiserliche Milde labt uns mit der süßen Hoffnung, daß Euere Majestät auch die übrigen Lasten der immerdar treuen und loyalen Grenze gnädig beheben werden.

Die Aufgabe unserer Vertretung ist allerdings auf die Berathung der staatsrechtlichen, von dem Landtage dieser Königreiche zu lösenden Fragen beschränkt; allein dieser Landtag kann die Fragen nicht genügend lösen, ohne seinen Wirkungskreis zu bestimmen, ohne die Grenzen des dreieinigen Königreiches zu ziehen, und die Frage über seine Integrität zu entscheiden. Wie soll er, um dies zu erwähnen, einen neuen Vertrag mit Ungarn abschließen, wenn er über die zum Königreiche Dalmatien, Kroatien und Slavonien gehörigen Theile nicht im Klaren ist, ob auch die Grenze nicht blos virtuell (worüber kein Zweifel obwaltet), sondern auch faktisch dazu gehört. Allerdings wird zugegeben, daß sie mit dem dreieinigen Königreiche verbunden ist, daß sie Ein Territorium mit demselben bildet; allein die Verbindung ist in Wahrheit blos nominell.

Die Grenze unterscheidet sich durch ihre Staatseinrichtungen und durch ihre ganze Organisation mehr als irgend eine österreichische Provinz von dem dreieinigen Königreiche; wir stehen unter der Spißruthe des militärischen Absolutismus, und unsere Brüder in Civil-Kroatien freuen sich der Sonne der konstitutionellen Freiheit. Da kann also von der staatlichen Integrität, von einer Verbindung keine Rede sein, so lange Berge von Staatssystemen uns von einander trennen, deren immensen Unterschied wir nun besonders scharf einsehen, indem wir mit eigenen Augen die segensreichen Folgen der Konstitution überblicken, und sie mit jenem blinden Gehorsam vergleichen, der nur dem Krieger unter Waffen wohl ansteht, sonst aber jedem Fortschritte und jeglicher Entwicklung feind ist.

Die Integrität des Königreiches Dalmatien, Kroatien und Slavonien fordert nicht nur ein territoriales Ganze, sondern auch die Gemeinsamkeit des staatlichen Lebens, wie sie ehemals bestand, und im Jahre 1848 wiedererneuert ward; diese Integrität jedoch, diese Einheit zwischen der Grenze und ihrem Stammvaterlande ist nicht vorhanden; man verbietet uns darüber sogar zu berathen, geschweige denn thätig einzugreifen. Deßhalb befinden wir uns in großer Verlegenheit unseren Brüdern in Civil-Kroatien gegenüber. In Folge des gnädigen Reskriptes Euerer Majestät vom 9. Mai 1861 sollen wir uns der Berathungen über jene Gegenstände, wodurch die Militär-Institution der Grenze beeinträchtiget würde, enthalten, demnach sogar auf dem Landtage unseren Grenzgesetzen strenge Folge leisten. Wenn dem so, werden wir auch bei den Berathungen über das Verhältniß unseres Königreichs zu Ungarn und zu Gesammt-Oesterreich, gemäß der staatlichen Organisation der Grenze stimmen, und unsere Brüder in Civil-Kroatien in die Fessel des Absolutismus schlagen müssen, der auch uns das finstere Grab bereitet hat. Der ausdrückliche Wille Euerer Majestät jedoch lautet dahin, daß die staatsrechtlichen Fragen verfassungsgemäß entschieden werden. Andererseits geruhten Euere Majestät in Höchstihrem gnädigen Reskripte vom 9. Mai 1861 zu erklären, daß wir weder etwas berathen noch darüber Beschlüsse fassen dürfen, was nicht in der Grenze Geltung hätte, — sondern daß wir die staatsrechtlichen Beziehungen dieser Königreiche zu Ungarn und der Gesammtmonarchie in jedem Falle festzustellen helfen.

Zu diesem Zwecke sind wir berufen einen neuen Verband mit Ungarn anzuknüpfen. der das verfassungsmäßige Verhältniß zwischen uns und diesem letztern, die gemeinsamen Rechte und Pflichten festsetzen soll. Selbstverständlich ist dieser Verband, den wir anzuknüpfen helfen, auch auf uns dann auszudehnen, denn das Gegentheil würde weder mit den gnädigen Worten des oberwähnten Restriptes, noch mit den Prinzipien des Staatsrechtes im Einklange stehen. Sobald Jemand Verträge abschließt, muß er dazu berechtigt sein, und die Verträge auch halten. Darnach würde der Grundsatz der Konstitution auch auf die Grenze auszudehnen sein, allein da stockt es wieder, weil die militärische Organisation dort zu verbleiben hätte, die mit der Konstitution durchaus nichts gemein hat, und wir also weder Rechte noch Pflichten, die aus diesem Vertrage fließen, erfüllen dürften.

Noch sollten wir auf dem Landtage das Verhältniß unseres Vaterlandes zur Gesammtmonarchie, die ebenfalls durch das allerhöchste Diplom vom 20. Oktober 1860 konstitutionell reorganisirt ist, feststellen. Da gerathen wir in eine gleiche Kollision: entweder werden die Entscheidungen des Reichsrathes für uns keine Geltung haben, und ist sodann unsere Beeinflussung der betreffenden Beschlüsse widerrechtlich, oder werden dieselben auch auf uns ihre Anwendung finden, und dann werden wir nicht wissen, ob wir den Anordnungen des konstitutionellen Reichsrathes oder den Befehlen der absoluten Militärgewalt Folge leisten sollen. Wir sind berufen, die Landesvertreter mit dem übrigen Landtage in den Reichsrath zu wählen. In diesem Falle werden diese Vertreter auch die Grenze zu vertreten haben; wenn anders diese Wahlen einen Sinn haben sollen, so würden auch die Grenzer im Reichsrathe sitzen und die Wohlthaten der Konstitution genießen. Doch all' dem widerstreitet das faktisch bestehende Militärsystem, das alle Berathungen ausschließt: »Die Armee debattirt nicht.« —

Aus diesem Wirrsaal der sich selbst bekämpfenden Staatsgrundsätze gibt es für uns keinen anderen Weg, als uns der Reihe anderer glücklicher Völker anzuschließen, die in munterem Schritte auf konstitutionellem Wege einer schöneren Zukunft in die Arme eilen, oder auf alle Wohlthaten der Konstitution zu verzichten, und vereinzelt unter der schweren Last des absolutistischen Joches zu Grunde zu gehen. Mit kindlichem Vertrauen blicken wir zu Euerer Majestät, und sind der festen Ueberzeugung, daß das väterliche Herz Euerer Majestät, welches mit gleicher Liebe allen seinen Ländern die Sorgfalt widmet, die schwere, allen übrigen Völkern Oesterreichs abgenommene Last dem beklagenswerthen Grenzer, Allerhöchstihrem treuesten Unterthan allein nicht aufbürden werde; wir sind der festen Ueberzeugung, daß Euere Majestät aus der Reihe der glücklichen Völker der gesammten österreichischen Monarchie nicht jenes einzige Volk verstoßen werden, welches für diese Monarchie und ihre Integrität zu jeder Zeit die meisten Opfer brachte, welches bereits dreihundert Jahre mit seiner Brust jeden Angriff von ihr zurückschlägt, welches für sie jedes Uebel ertrug, Ströme Blutes vergoß, und sogar sein Leben für ihren Wohlstand einsetzte. Der Grenzer hat also (kühn behaupten wir es) für seine Opfer mehr als irgend Jemand belohnt zu werden verdient. Doch wir verlangen keine besondere Belohnung, kein ausschließliches Privilegium, wir stellen nur die demüthige Bitte an Euere Majestät, daß wir, um nicht Stiefsöhne zu bleiben, mit eben der Gnade betheilt werden, welche die übrigen Völker Oesterreichs, und namentlich unsere Brüder in Civil-Kroatien genießen, auf daß wir glücklich, überglücklich werden.

Denn auffallend groß ist in dieser Hinsicht der Unterschied zwischen der Militärgrenze und den übrigen, dem mächtigen Szepter Euerer Majestät unterworfenen Ländern; wie uns aber aus dem an unsern Landtag erlassenen a. h. Restripte vom 9. Mai 1861 klar wird, ist Euere Majestät von unsern Mühsalen und Lasten nicht einmal genau unterrichtet, Lasten, die kein anderes österreichisches Land außer der Grenze trägt. Und damit auch jetzt unsere Beschwerden zu Euerer Majestät nicht gelangen, können wir offenbar dieselben auch auf unserm Landtag nicht besprechen, geschweige denn heilsame Gesetze für uns beantragen, obwohl Euere Majestät in dem allerh. Handschreiben an Se. Excellenz unsern Ban vom 20. October 1860 zu erklären geruhten, daß von da an alle Länder ausnahmslos bei der Schaffung der Gesetze betheiligt sein werden. Da wir also jedes andern Mittels, wodurch die Grenze ihre traurige, schon übermäßig drückende Lage zur Kenntniß Euerer Majestät bringen könnte, entbehren, betraute das Grenzvolk uns, seine Vertreter auf dem Landtage der Königreiche Dalmatien, Kroatien und Slavonien, mit dem Rechte, alle seine Beschwerden unmittelbar vor den glorreichen Thron Euerer Majestät in aller Unterthanendemuth zu bringen; und wir thun dieß mit Bescheidenheit und ruhigem Herzen, da wir überzeugt sind, daß es unsere Unterthanenpflicht erheischt, unsere verborgenen Wunden aufzudecken, damit sie von Euerer Majestät mit väterlicher, alle Länder umfassender Sorgfalt geheilt werden.

Indem wir alle einzelnen Uebel, die uns drücken, aufzuzählen gedenken, wissen wir in der That nicht, wo den Anfang zu machen, da wir nicht etwa blos an diesem oder jenem Gliede leiden, sondern überall, wohin wir uns nur wenden, schweres Elend erblicken; unser ganzer Staatskörper ist leidend, und bedarf der Genesung.

Vor Allem Gesetzgebung. Wir leiden nicht an Mangel, sondern an Ueberfluß von Gesetzen. Und wie sollte es deren nicht eine Unzahl geben, nachdem erwiesenermaßen die Militärgrenze vom J. 1703 bis 1850 zweiunddreißigmal reorganisirt worden ist. Schon diese übermäßige Zahl von Reorganisationen beweist, daß die gegebenen, und jeden Augenblick durch andere ersetzten Gesetze den Bedürfnissen der Grenze nicht entsprachen. Wie könnte es auch anders kommen, da sie insgesammt theils von Leuten verfaßt wurden, die nach ihrer eigenen Auffassung die Bedürfnisse der Grenze bemaßen, theils von solchen, die den Blick nur auf ihr eigenes Interesse und auf die Herrschaft richtend, dem Volke möglichst viele Pflichten auferlegten, sich selbst aber möglichst viele Rechte vorzubehalten bestrebt waren. So verblieb es bis zum Jahre 1848, wo das Grenzvolk selbst mit Bewilligung des gütigen Herrschers Ferdinand V. auf dem Agramer Landtage die Reorganisation der Grenze durch die Schaffung einer neuen Grenzverfassung vornahm, die zum ersten Male unseren Bedürfnissen Rechnung trug, und deshalb mit Freuden von der Militärgrenze begrüßt wurde. Wäre nun diese Verfassung realisirt worden, so würde sich heutzutage die Grenze glücklich und das Kaiserthum kräftiger fühlen; — allein sie erblickte unglücklicher Weise nicht das Licht der Welt, sondern statt derselben bekamen wir im Jahre 1850 das neue »Grenz-Grundgesetz«, welches unsere früheren Beschwerlichkeiten nicht nur nicht behob, sondern sogar in mehrfacher Hinsicht vermehrte.

Der ursprüngliche Beruf der Grenzer war blos die Vertheidigung ihres Landes vor den Türken; der §. 3 jedoch des Grenz-Grundgesetzes besagt, daß von nun an die gesammte Militärgrenze einen integrirenden Theil des Reichsheeres bildet, also daß Klein und Groß, Weiber und Kinder, Lahme und Alte bei uns dem Heere beigezählt werden, und den Militärgesetzen unterstehen. Auf diese Weise leben wir im beständigen Belagerungszustande, und was man anderswo als Strafe für Ruhestörung und Aufruhr auferlegt, ist bei uns zur Friedenszeit normaler Zustand.

Der §. 7 desselben Gesetzes bestimmt die deutsche Sprache als die amtliche bei allen Militärgeschäften. Da nun nach dem früher zitirten Paragraphe in der Grenze alles dem Militär beigezählt wird, so werden auch alle Geschäfte in den militärischen Wirkungskreis hineinbezogen, und von unserer nationalen Sprache findet sich auch nicht eine Spur in der Oeffentlichkeit.

Nach §. 11 werden uns Häuser und Grundstücke als wahres und vollständiges Eigenthum zugewiesen; allein diese Wohlthat ist eine blos nominelle, weil mit dem Bodenbesitze die beständige Pflicht des Militärdienstes verbunden ist, die vom 20. Jahre an beginnt, und (da es keine

Kapitulation gibt) bis zum Tode währt; weil ferner der Grenzer dieses angebliche Eigenthum weder beliebig veräußern, noch mit Schulden belasten darf.

Wir sind daher in der That, was wir vor dem Jahre 1848 waren, erbliche Nußnießer unserer Wohnsitze, während ein jeder Bauer im Provinziale vollständiger Eigenthümer seiner Habe ist, wenngleich er sie nicht mit so viel Blut erkauft hat, wie wir.

Durch den §. 62 ist die Aerarial-Robot aufgehoben; doch welcher Nußen entspringt daraus für uns, wenn statt derselben die Gemeinde-Robot in einem so ausgedehnten Maßstabe eingeführt ist, daß wir fast alles, was wir früher im Namen des Aerars verrichteten, nun im Namen der Gemeinde verrichten müssen. Im Namen der Gemeinde bauen wir Exerzierscheuern, bauen wir Straßen, welche wir in der That nicht nöthig haben.

So kommt es, daß wir jetzt an mehreren Orten weit größere Frohndienste leisten, als vor dem Jahre 1848, mit dem einzigen Unterschiede, daß sie nicht mehr Aerarial-, sondern Gemeinde-Robot heißen.

Doch wäre dieß nicht die Hälfte unseres Kummers, wenn man die Gesetze wenigstens beobachten würde; allein durch tägliche Verordnungen werden dieselben dergestalt verändert, daß man wahrlich nicht weiß, woran festzuhalten, und was zu unterlassen ist. So wurde z. B. die im Jahre 1851 aufgehobene Verwaltung im Jahre 1858 wieder eingeführt.

Die unaufhörlichen Veränderungen bestehender Gesetze sind der Grund, daß zuletzt Jedermann das Recht des Auslegens und des Umänderns nach seinem Interesse für sich in Anspruch nimmt; so viel Officiere, so viel Gesetzbücher; und da beim Militär blinder Gehorsam herrscht, darf Niemand den kleinsten Einwand machen, sondern man kann nur leiden und stillschweigen. Auf diese Weise ist in der Grenze wegen der Ueberzahl der verschiedenen Verordnungen und Gesetze die Gesetzlosigkeit eingerissen.

Neben all' den Lasten aber, die uns dieses Grundgesetz aufbürdete, hat es nicht nur die früheren beibehalten, sondern noch mit einer Masse von bisher unerhörten Abgaben und Auflagen, die wir weiter unten genauer angeben wollen, uns belastet.

Gegen alle diese Uebel gibt es nur ein Heilmittel: die Mitwirkung der Grenze bei der Schaffung der für sie bestimmten Gesetze. Diese im Diplome vom 20. Oktober 1860 allen österreichischen Ländern gnädig verliehene Mitwirkung wurde uns auch im §. 2 des Grenz-Grundgesetzes vom J. 1850 versprochen, aber niemals realisirt, obgleich die göttliche Wahrheit und die Vernunft lehrt, daß die Grenzer, die unter dem Gesetze stehen, d. h. dieselben ausführen sollen, ihre Bequemlichkeit und Beschwerlichkeit besser einsehen müssen, als jene, die über dem Gesetze stehen.

Nicht besser steht es mit der Grenzverwaltung aus. Die ganze Grenze ist ein minderjähriges Waisenkind, das unter der unbeschränkten Tutel der Militärgewalt steht. In dieser Hinsicht steht es auch mit den Militär-Kommunitäten nicht besser als mit den übrigen Orten; Alles wird verordnet und befohlen, so daß man vor lauter Verordnungen zu keiner Arbeit kommt. Durch dieses beständige Kommandiren ist in der Grenze jede Thätigkeit, jede Spontaneität erdrückt.

Bei all' dem allseitigen Kommandiren können wir uns wahrlich nicht berühmen, daß unser Gemeindegut zu unserem Nutzen verwaltet, geschweige denn vermehrt wird. Unser Getreide, das wir in die Getreidemagazine liefern müssen, verdirbt gewöhnlich. Die Gemeinden müssen auf eigene Kosten Aerarialstraßen, wie z. B. die nach Dalmatien führende Staatsstraße bauen, und im Namen der Gemeinden werden kaiserliche Monturmagazine, Spitäler und Kanzleien gebaut. Im Namen der Belowarer und Petrinjaner Gemeinde werden die dortigen Realschulen für die ganze Warasdiner-, St. Georger- und Banalgrenze unterhalten. Der Lan des-Proventenfond wird als Staatsgut angesehen. Die Gemeinde allein darf darüber nichts verfügen. An einigen Orten sammelt der Gemeinde-Magistrat seit mehreren Jahren Gelder für die Gemeinderobot; wozu aber die Gelder benützt werden, ist den Gemeinde-Mitgliedern unbekannt, da sie eine Rechnung darüber niemals zu Gesicht bekommen; eben so wenig werden uns auch über andere Einnahmen und Ausgaben Rechnungen vorgelegt.

Es gibt keinen materiellen Wohlstand im Lande ohne gute Verwaltung, und keine gute Verwaltung ohne Gemeindeautonomie, ohne freie Gemeinde. Deßhalb hat der berühmte Minister Stadion ein sehr weises Wort gesprochen, daß eine freie Gemeinde den Grund zum freien Staate bildet. Auch uns ward im Grenzgrundgesetze vom Jahr 1850 im §. 4 eine freie Organisirung unserer Gemeinden versprochen, dadurch also ausdrücklich anerkannt, daß die Grenze zu ihrem Wohlstande freier Gemeinden bedarf; das Gemeindegesetz jedoch, das wir nach zehnjähriger Erwartung erhielten, ist nichts Anderes als die Organisation der Bureaukratie; von der Autonomie, ohne welche die freie Gemeinde nicht denkbar ist, findet sich keine Spur darin. Zur Bestätigung unserer Worte wollen wir es mit dem vom Herrn Staatsminister Schmerling dem Reichsrathe zur Diskussion vorgelegten Gemeindegesetze nicht vergleichen, sondern berufen uns lediglich auf §. 43. dieses unseres Gemeindegesetzes, welches besagt: Das Kriegsministerium, das Landes-Militär-Kommando, die Grenz-Brigaden, die Grenz-Regiments-Kommanden, die Kompagnie- und Stations-Kommanden haben sämmtlich die Aufsicht über die Gemeinde, über die Verrichtung der für die Ortsgemeinden bestimmten öffentlichen und Gemeinde-Arbeiten zu führen.

Im Allgemeinen ist die Centralisation aller Formen des Staatslebens in den Obristen vereinigt, und ihre Allmacht ist eine reiche Quelle vieler Unzukömmlichkeiten. Diese Herren können unter dem Wuste ihrer verschiedensten Arbeiten fürwahr bei ihrem größten Eifer und Fleiße nicht Alles und Jedes in Ordnung bringen, und eben diese Unmöglichkeit wird von den ihnen unterstehenden Organen zu ihrem eigenen Nutzen und zum Schaden des Volkes ausgebeutet.

Die Folge davon und die übermäßigen Abgaben jeder Art ist der Verfall des Wohlstandes der Grenze. Während anderwärts der Werth des Grund und Bodens im Steigen begriffen ist, sinkt derselbe in der Grenze fortwährend im Preise; während anderwärts die Ziffer des Hausviehstandes höher steigt, sind in der Grenze die Heerden von Schafen und Rindern, mit denen sich die Grenze vormals berühmen konnte, fast ganz verschwunden; verschwunden sind die reichen Häuser und kostbaren Kleider, und nun irren ganze Haufen von hungrigen und entblößten Waisen aus der oberen Grenze im Provinziale als Bettler herum. Die Landwirthschaft liegt in Folge dessen (da man ohne Hausvieh keinen Ackerbau treiben kann) überall, wo das Land nicht an und für sich fruchtbar ist, gänzlich darnieder, und doch ist die Grenze vorzugsweise ein Ackerbau treibendes Land.

Noch mißlicher sieht es in der Grenze mit den anderen Nährständen aus. Die Gewerbe- und die Handelsthätigkeit kann bei uns nicht aufblühen, nicht blos aus dem Grunde, weil es kein Ansiedlungsrecht gibt, sondern weil es dem Grenzer nicht freisteht, in irgend einen andern Stand als den des Vaters einzutreten, nämlich als Ackerbauer oder Krieger. In dieser Hinsicht steht er also mit den Chinesen auf gleicher Stufe. Dieses hindert auch die Entwickelung eines Mittelstandes in der Grenze, des Bürgerthums, ohne welchem sich heutzutage der Staat materiell nicht entwickeln kann.

Unsere materielle Lage in der Grenze macht augenscheinliche Rückschritte, und um wie viel schlechter sind unsere geistigen Interessen vertreten! In der ganzen Grenze von 1 Million Einwohner besitzen wir nur zwei Gymnasien und vier Unterrealschulen, wo überall die Gegenstände in deutscher Sprache vorgetragen werden; ja die deutsche Sprache ist der hauptsächlichste und fast der einzige Gegenstand selbst der Normalschule. Unsere nationale Sprache ist von dem öffentlichen Leben, von den Kanzleien, Aemtern und Schulen ausgeschlossen. Selten erlernt ein Kind die lateinische Schrift in etwas lesen und schreiben, die cyrillische gar nicht. Da unsere nationale Sprache, das einzige Bildungsmittel des Volkes, überall ausgeschlossen und verstoßen wird, so ist es kein Wunder, daß es bei uns keine Gelehrten und Literaten, keine einzige Zeitschrift oder Zeitung, keine größere Bibliothek, ja sogar keine ordentliche Buchhandlung, sondern kaum eine unansehnliche Buchdruckerei in Semlin für ämtliche Tabellen und Kundmachungen gibt.

Was die Justizpflege anbelangt, so steht sie bei uns weit zurück in Vergleich mit den übrigen Provinzen Oesterreichs. Nicht nur, daß unsere Richter Fremde sind, welche die eigenthümlichen Grenzverhältnisse nicht kennen, sondern sie sind nicht einmal unserer Sprache kundig, so daß wir entweder mit theuerem Gelde und in den einfachsten Angelegenheiten einen Advokaten bezahlen müssen, der das Deutsche versteht, ohne auf den Auditor zu vertrauen, oder das Urtheil wird durch einen Dolmetsch gesprochen, welcher, mit der Rechtskunde nicht vertraut, den Wortlaut gewöhnlich schlecht übersetzt, so daß der Urtheilsspruch anstatt auf dem festen Grunde des offenen Rechts zu fußen, auf der seichten Resumtion der gedolmetschten Worte wankt.

Doch alles dies hält keinen Vergleich aus mit dem Strafverfahren, wo ein und derselbe Richter als Kläger, Vertheidiger und Urtheilssprecher fungirt. In der Grenze steht Alles vom Kinde in den Windeln bis zum halb dem Grabe verfallenen Greise unter strengem Militärgesetze. Während nun das Civil-Stafgesetz die körperliche Züchtigung nur ausnahmsweise als außerordentliche Strafe zuläßt, verordnet der §. 30 des Militär-Strafgesetzes vom Jahre 1855, daß die körperliche Züchtigung dem Grenzer als selbstständige Strafe ertheilt werden könne. Noch weiter geht das Zirkulare des Armee-Oberkommando's vom 10. März 1855, wornach die Grenzer de regula für alle Vergehen und Uebertretungen nicht zu Gefängniß- sondern Körperstrafe, d. i. Stockstreichen verurtheilt werden sollen. Damit ist nicht Alles gesagt, da den Offizieren noch außerdem die Gewalt, für Disziplinarvergehen Stockstreiche zu ertheilen, zukommt, und sie dieselbe ohne Maß handhaben, so zwar, daß selten eine Woche vergeht, wo nicht fast in jeder Kompagnie Stockstreiche nach Hunderten ertheilt worden wären, und dieß nicht allein Soldaten, sondern auch Greisen und selbst Hausvätern. Ein solcher Uebergriff besteht weder in einem österreichischen Zuchthause, noch in einem europäischen Staate, die übelberüchtigte Türkei allein ausgenommen.

Dennoch lehrt uns die offizielle Statistik, daß in der Grenze nicht mehr Verbrechen als anderwärts verübt werden, weshalb also kein Grund vorhanden ist, warum gerade wir unter den Stockschlägen stünden. Und schwer sind die moralischen Folgen, wenn die Leute für jede Kleinigkeit mit dem Stocke zurechtgewiesen werden.

Nicht nur, daß die so beschämten Hausväter ihr Ansehen und ihre Achtung verlieren, ohne welche sie in ihrer Stellung nicht gedeihlich wirken können, sondern auch in den Uebrigen wird durch diese schmähliche und grausame Züchtigung jedes moralische Gefühl geknickt, und werden gerade auf diese Weise die Leute auf Abwege getrieben, von denen sie abgehalten werden sollten. Wenn eine solche Strafe beim Heere zur Aufrechthaltung der unumgänglich nothwendigen Diszipln unerläßlich ist, so ist sie am allerwenigsten für den ruhigen Ackersmann und die harmlose Jugend. Ja, die körperliche Züchtigung ist die wahre Quelle der Indolenz, derentwegen der Grenzer so oft getadelt wird: wenn in dem Menschen die edelsten Gefühle, die Scham und Ehrbarkeit erdrückt werden, so wird er sich freilich an nichts mehr in der Welt kehren; allein das hat er nicht selbst, sondern jener verschuldet, der ihn bis zu dieser Bewußtlosigkeit gebracht.

3*

Alles dies bezeugt, welche stiefmütterliche Behandlung wir gegenüber anderen österrei-chischen Provinzen, wo die Grundsätze der Humanität zur Geltung gelangt sind, erleiden. Unser größter Kummer jedoch ist der übermäßige Militärdienst.

Die Militärgrenze, mit ihren 1.082,000 Einwohnern, stellt im Durchschnitte 60,000 Soldaten. Demnach ist jede 18. Person militärdienstpflichtig. Werden von der Bevölkerungs-ziffer die Weiber und Kinder, Krüppel und Greise abgezogen, so gelangen wir zum Resultat, daß in den Kriegszeiten höchstens je ein Mann beim Hause verbleibt.

Stünde die Rekrutenstellung der übrigen Theile der Monarchie in einem Verhältniß dazu, so hätte der österreichische Staat ein Heer von mehr als 2 Millionen. Allein in den übrigen öster-reichischen Ländern wird kaum jeder 140. Einwohner zum Militär abgestellt, deßhalb hat unser Staat ein Heer in runder Summe nur von einer halben Million. Im Vergleich mit an-deren österreichischen Ländern hätte also die Grenze nur 10—15,000 Soldaten zu stellen, liefert jedoch in Wirklichkeit ein sechsfach größeres Heereskontingent als die übrigen österreichischen Län-der; deßhalb fallen im Kriege auch jedesmal sechsmal so viele Grenzer als von den übrigen Oesterreichern. Und dies ist kein leeres Wort, da erwiesenermaßen der magyarische und italie-nische Krieg im Jahre 1848 bei 30,000 Witwen in Trauer gehüllt, und 50—60,000 Waisen betrübt hat; auf diese Weise wird durch die übermäßige Militäraushebung nicht nur die Kraft der Familien zerstört, sondern da im Kriege immer die Blüthe der Nation dem Tode verfällt, auch unser Stamm gegenüber den anderen Völkern dezimirt, unsere nationale Macht gebrochen, und so geschieht es, daß sich dann andere Stämme auf unsere Kosten mehren und kräftigen.

Darin liegt der Grund, daß die Grenzbevölkerung sich nicht vermehrt, ja sogar täglich an Zahl abnimmt. Im Jahre 1847 belief sich unsere Einwohnerzahl auf 1.100,000 Seelen. Nach den Regeln der Statistik sollte sie gegenwärtig über 1.244.000 betragen, allein die Ge-sammtzahl der Grenzbewohner ist 1.074,000, also 170.000 Menschen weniger. Dies ist für-wahr eine furchtbare Blutsteuer, die wir nicht etwa seit gestern, sondern bereits seit 300 Jahren entrichten.

Man sagt, daß dieses vergossene Blut durch andere materielle Begünstigungen genügend aufgewogen werde. Wir wollen es dahingestellt sein lassen, ob das Menschenleben durch Gold aufzuwiegen wäre, allein für unser Blut erhalten wir nicht nur keine materielle Belohnung, sondern außer der gräßlichen Blutsteuer tragen wir noch verhältnißmäßig mehr öffentliche Lasten als die übrigen österreichischen Völker.

Der Grenzsoldat erhält Montur und Besoldung nur für die Zeit, als er auf dem Kor-don oder beim Stabe dient, und versieht den Kompagniedienst unentgeltlich. Sobald er gethan, was seines Dienstes war, muß er sich in's Magazin begeben, und fast das letzte Kleidungsstück ablegen, um barfuß und barhaupt nach Hause abzureisen. Das Haus muß ihn so lange kleiden und nähren, bis die Reihe des Schildwachstehens wieder auf ihn kommt. Jedermann weiß auch, daß für den gemeinen Soldaten der gewöhnliche Sold nicht ausreicht, am wenigsten am Kordone, wo die Lebensmittel theurer sind als irgendwo.

So kommt es, daß der gemeine reguläre Soldat dem Staat 161$\frac{1}{2}$ fl., der Grenzer aber blos 40$\frac{1}{2}$ fl. kostet.

Nehmen wir an, es gebe nur 40,000 Mann Grenzmilitär, so erspart die Staatskasse dadurch jährlich bei 4 Millionen Gulden, ohne die Gelder für's Quartier, Beleuchtung und Heizung miteinzurechnen. Das heißt so viel, daß die österreichischen Völker um 4 Millio-nen gegenwärtig an Steuern weniger entrichten, als sie entrichten würden, wenn der Grenzer gleich dem regulären Soldaten verpflegt und in der Kaserne gehalten werden möchte.

Wer zahlt nun diese 4 Millionen zur Verpflegung des Grenzmilitärs? Wer ernährt und kleidet den Grenzer, wenn er nicht auf dem Wachposten steht? Wer gibt ihm Lebensmittel mit, wenn er auf den Kordon geht? Wer befriedigt seine kleineren Bedürfnisse, für welche sein geringer Sold nicht ausreicht? Dies alles thut die Grenze allein. Sie trägt also schon in dieser Hinsicht mehr Lasten als die übrigen Länder, die jeder Sorge für ihr eigenes Militär überhoben sind.

Die übermäßige Anzahl unserer Soldaten verursacht uns aber noch eine andere Wunde, indem uns dadurch die kräftigsten Arme entzogen werden, und wir den Feldarbeiten nicht nachkommen können.

Setzen wir den Fall, daß die Grenze 40,000 Mann über ihr Kontingent stellt, welcher Schaden muß da für unsere Oekonomie erwachsen!? Wenn jeder Mann nur 300 Tage die Arbeiten zu Hause verrichten, und täglich nur 20 kr. verdienen würde, so stellt sich der große Verlust von 2,400.000 Gulden im Laufe eines Jahres heraus. Aber auch während jener Zeit, als das Grenzmilitär zu Hause verweilt, muß es so vielen militärischen Obliegenheiten nachkommen, daß der Soldat nur selten zu Hause mitarbeiten hilft, und wenn er es auch könnte, so fehlt Lust dazu, da er glaubt, nun sei es ihm vergönnt, von den militärischen Strapazen auszuruhen. Wie leicht fallen gegen einen so großen Schaden unsere Begünstigungen in die Schale, der um etliche Kreuzer erniedrigte Salzpreis ... Und an einem solchen alljährlichen Abgange an Arbeitern leidet die Grenze schon über 300 Jahre! Braucht man sich also zu wundern, daß die Grenze durchschnittlich arm, daß sie mit jedem Jahre ärmer sein muß?

Vieles trugen dazu auch andere öffentliche Lasten bei. Wir beschweren uns nicht über die Steuern, die wir vor dem Jahre 1850 entrichteten, obschon wir ursprünglich von jeder Art Steuer befreit waren, allein es schmerzt uns, daß unsere Lasten gleichmäßig mit denen im Provinziale wachsen, ohne daß wir uns auch gleicher Rechte erfreuen; ja nicht einmal das in dem Grundgesetze vom Jahre 1850 Versprochene ist uns je erfüllt worden. Abgesehen von der vorgespiegelten Vertretung und freien Einrichtung der Gemeinde, besagt der §. 8 desselben Gesetzes, daß den Landessprachen in den politisch-administrativen Grenzgeschäften, bei den Gerichten, dann in den höheren und niederen Schulen ihre Geltung gewahrt wird. Im §. 9 wird ausgesprochen, daß der Grenzer nur im Falle von Militärverbrechen und Vergehen den Gesetzen des k. k. Heeres unterliegen werde. Im §. 17 wird uns die Abschreibung des kulturunfähigen Landes versprochen. Von alledem ist auch das Kleinste nicht erfüllt worden, sondern statt dessen wurde uns im Jahre 1850 die Stempelsteuer, das Tabakmonopol, dann die Einkommen- und Verzehrungssteuer, und aller Art Gebühren auferlegt, der Salzpreis erhöht, und die Freipässe für die Freihäfen und die Türkei aufgehoben. Außerdem wurde uns noch eine besondere Abgabe von gemeinschaftlichen Mühlen, die früher nicht bestand, auferlegt. Bis zum Jahre 1858 wurde an der türkischen Grenze von je einem Rinde 1 fl. 20 kr. Zoll entrichtet; während jetzt 6 fl., und zwar in Silber, gefordert werden, dessen Mangel insbesondere in der oberen, ärmlichen Grenze eine fühlbare Noth verursacht.

Die anstrengenden Vorspänne richten unser Hausvieh zu Grunde. Dieselben müssen nicht nur von den Landkommunionen, sondern auch von den Kaufleuten in den Kommunitäten besorgt werden, wodurch der Handel einen großen Nachtheil erleidet. Außerdem müssen wir zahlreiche, offenbar ärarial- statt Gemeindearbeiten verrichten. Vom Jahre 1859 zahlen wir zu alledem noch den Kriegszuschlag bei allen Abgaben. Während wir nun so drückende Steuern tragen, wird uns auch unser Eigenthum benommen, wir meinen die Wälder. Nach §. 18 des Grenzgrundgesetzes sind alle Wälder in der Grenze Staatsgut, während sie früher Grenzeigenthum waren. Es werden jetzt zahlreiche Förster gehalten, um dem Grenzer die Holzung zu erschweren, so daß er nur dann und wann seine Noth befriedigen kann; von den Kommunitäten aber wird seit etlichen Jahren eine besondere Taxe vom Brennholze gefordert, und die Eichelung und Weide ihnen gänzlich verweigert. Alles dies würde uns nicht schwer zu ertragen sein, wenn unsere

Wälder bei so großen Auslagen für die Förster wohl erhalten und verjüngt würden; allein sie werden im Namen des Aerars rücksichtslos geplündert, und die gefällten Bäume selten durch andere ersetzt. Wo früher schöne Wälder wuchsen, schwinden sie jetzt immer mehr; eine solche Verwüstung ist in der Petrova Gora und an mehreren Orten zu finden.

Meistentheils wird unser ehemaliges Gut nicht an Grenzer, damit es ihnen nicht zu Gute komme, sondern an Spekulanten zu Spottpreisen verkauft, wie z. B. an Scarpa, den Schwiegersohn des verstorbenen Ministers Bruck.

Euere Majestät!

Eine so große Ungleichheit und Willkür, die vielen von uns seit jeher erlittenen Unbilden berechtigen uns in einem Rechtsstaate, wie es Oesterreich ist, in einem Staate, welcher den Grundsatz der Gleichberechtigung zu dem seinigen gemacht hat, wie unsere verjüngte Monarchie ist, zu dem Anspruche, daß jede rechtliche und staatliche Ungleichheit abgeschafft, und das Militärgrenzinstitut aufgehoben werde.

Man wendet ein, daß wir in diesem Falle unsere Bestimmung, unsere Mission nicht erfüllen könnten. Allein die Geschichte bezeugt das Gegentheil, und erzählt, daß wir eben dann die größte Freiheit genossen, als wir unsere Bestimmung am erfolgreichsten erfüllten.

Was war nun die Bestimmung der Militärgrenze? Die Angriffe der Türken zurückzuschlagen, unser Vaterland, ja das gesammte Oesterreich vor dem physischen und moralischen Verfall, vor der Pest und dem Koran zu schützen. Diesen Beruf haben wir im vollkommenen Genusse der konstitutionellen Freiheit erfüllt, indem wir alle Gesetze und Befehle von dem Landtage des dreieinigen Königreiches erhielten, und immerdar unter dem Ban desselben standen. Die ungarisch-kroatischen und dalmatinisch-kroatisch-slavonischen Gesetzbücher sind voll von den auf die Grenze bezüglichen Anordnungen. Daß namentlich auch in unserer Grenze (gleichwie seit jeher in der ehemaligen siebenbürgischen) Civilrichter das Recht sprachen, beweist deutlich der Artikel 56 vom Jahre 1647.

König Leopold I. seligen Andenkens verlieh mit dem Patente vom 6. April 1690 den Grenzern so viele Privilegien, wie sie nicht einmal das konstitutionelle Provinziale genoß, wo es damals einen Adel und Unterthanen gab.

König Leopold versprach uns vollständige Glaubensfreiheit, Befreiung von allen Steuern, außer einem freiwilligen Beitrage zur Vertheidigung des Vaterlandes; er ertheilte uns das Recht, unsere Hauptleute selbst zu wählen, so wie auch das Eigenthumsrecht auf alles Land, das wir von den Türken erobern würden. Wir haben auch in der That diese Rechte genossen, und unsere Deputirten auf den dalmatinisch-kroatisch-slavonischen Landtag bis zum Jahre 1754 geschickt, in welchem die »Gränizrechte« in durchaus unkonstitutioneller Weise der Grenze als Grundgesetz aufgedrungen wurden, die königliche freie Stadt Zeng aber schickte ihre Deputirten seit jeher bis zum heutigen Tage. Dieses oktroyirte Gesetz jedoch hat uns weder ausdrücklich unsere Verfassung benommen, noch uns insgesammt unter das Militärgesetz gestellt. Ja der Artikel I. §. 3 besagt ausdrücklich, daß nur die eigentlichen Soldaten dem Militärgesetze unterstehen, nicht aber die übrigen im Militärdienste nicht befindlichen Einwohner. Im §. 4 wird weiter gesagt, daß auch die Soldaten nur in so lange unter dem Militärgesetze stehen sollen, als sie den Militärdienst versehen.

Bei all' den Privilegien haben die Grenzer mit unerhörter Aufopferung und klassischem Heldenmuth gegen die Türken gekämpft, und endlich ihre Macht glücklich gebrochen und für alle Zeiten zerstört. Die Grenze hat also ihre historische Aufgabe vollendet, und somit hört in Hinkunft die Nothwendigkeit einer so großen Grenzarmee um so mehr auf, als, wie es oben dargethan wurde, genügende Kräfte für eine noch so zahlreiche Armee im Kaiserthume vorhanden sind, deren Loyalität und Tapferkeit für die Sicherstellung des Thrones und des Kaiserreiches genügende Bürgschaft leistet, was anzuzweifeln sich Niemand erdreisten darf.

Gegenwärtig kann aber in der Bestimmung der Grenze nur noch die Verbreitung des Christenthums und der Bildung, die Befreiung unserer unter türkischem Joche seufzenden Brüder liegen. In der Erfüllung dieser Aufgabe nun kann uns die Wiedererstattung der konstitutionellen Freiheit kein Hinderniß sein, sie wird uns vielmehr mit jenem Geiste der Tapferkeit und Aufopferung beseelen, der auch unsere Vorfahren auszeichnete, mit jenem Geiste der Loyalität, mit welchem wir im J. 1848 unter dem Banner der konstitutionellen Freiheit für die Integrität der Monarchie einstanden. Auf den Ruf Euerer Majestät werden wir insgesammt zu den Waffen greifen, und mit dem Ruhme unserer Vorfahren wetteifern, um unsere jetzige Mission zu erfüllen.

Ursprünglich haben wir uns zum Kampfe gegen die Türken verpflichtet, doch sind wir gerne bereit, für die Integrität der Monarchie in gleichem Maße mit den anderen österreichischen Ländern jedes Opfer zu bringen. Nicht blos gleiche Rechte verlangen wir mit ihnen, wir sind bereit, auch gleiche Lasten zu tragen. Doch mehr Lasten zu tragen sind wir außer Stande, soll es anders uns nicht beschieden sein, elend unterzugehen. Ist also die übermäßige Last, unter welcher wir nun seufzen, für die Gesammtmonarchie jedenfalls nothwendig, so bitten wir gehorsamst, es möge unsere allzuschwere Bürde, nachdem wir sie so viele Jahrhunderte hindurch ruhig und geduldig ertragen haben, irgend welchem andern Kronlande auferlegt werden. Liegen ja doch das ärmliche Sichelburg und Marindol nicht an der türkischen Grenze, sondern an der krainerischen, und die Warasdiner-Kreuzer-Grenze an der ungarischen, weshalb dieselbe eben so wenig Kordonsdienste versieht als die Militär-Kommunitäten, deren Bevölkerung nicht Soldaten sind, und die dennoch unter dem Militär-Reglement stehen. Es ist somit kein Grund vorhanden, warum nicht auch die übrigen Provinzen diese Militärlast tragen sollten, wenn sie für das Kaiserthum nothwendig ist.

Euere Majestät geruhten in allerhöchstihrer Thronrede am 1. Mai d. J. großherzig folgende Worte auszusprechen:

»Ich halte fest an der Ueberzeugung, daß freie Institutionen unter gewissenhafter Wahrung und Durchführung der Grundsätze der Gleichberechtigung aller Völker des Reiches, der Gleichheit aller Staatsbürger vor dem Gesetze, und der Theilnahme der Volksvertreter an der Gesetzgebung, zu einer heilbringenden Umgestaltung der Gesammtmonarchie führen werden.«

Diese gnädigen Worte Euerer Majestät haben die Seele eines jeden Grenzers tief ergriffen, und erweckten die Hoffnung eines längst ersehnten besseren Geschickes.

Alle unsere Wünsche würden erfüllt werden, wenn Euere Majestät geruhen möchten, diese offenbar an alle Völker Oesterreichs gerichteten Worte auch auf die arme Grenze vollständig auszudehnen; denn mit einigen Erleichterungen wird uns nicht geholfen sein, und doch erreichen wir den Gipfel des Glückes, wenn auch bei uns freie Institutionen, namentlich aber freie Gemeinden eingeführt werden, wenn auch auf uns das Prinzip der Gleichberechtigung ausgedehnt wird, und durch diese das Grenzvolk gleiche Rechte und gleiche Pflichten mit den anderen Völkern Oesterreichs erhält, und wenn nämlich auch bei uns die Militär-Verwaltung von der Civil-Verwaltung getrennt, eine angemessene Kapitulation und ein angemessenes Kontingent festgestellt werden, wenn wir gleicher Institutionen mit unseren Brüdern im Provinziale theilhaftig, mit ihnen gemeinschaftlich an der Gesetzgebung mitwirken, und unser gemeinsames Vaterland einrichten werden, mit einem Worte: wenn uns unsere alte Konstitution wieder gegeben wird. Euerer Majestät

allerunterthänigste und stets getreue Vertreter der Grenze auf dem
Landtage der Königreiche Dalmatien, Kroatien und Slavonien.
(Folgen die Unterschriften sämmtlicher 52 Grenzdeputirten.)

Agram, am 5. Juli 1861.

Beilage 2./.

Geſetz-Artikel

über die Aufhebung der kroatiſch-ſlavoniſchen Militärgrenze und deren konſtitutionelle Organiſirung.*)

Da die kroatiſch-ſlavoniſche Militärgrenze einen integrirenden Beſtandtheil des dreieinigen Königreiches bildet, und als ſolcher daſſelbe Recht auf die alte und vollſtändige Verfaſſung des dreieinigen Königreiches Dalmatien, Kroatien und Slavonien wie die übrigen Theile dieſes Königreiches hat, und da die kroatiſch-ſlavoniſche Grenze auf unkonſtitutionelle Weiſe, und ſogar trotz der Proteſte unſerer Landtage von dem übrigen Körper des dreieinigen dalmatiniſch-kroatiſch-ſlavoniſchen Königreiches getrennt wurde; da ferner auch die Vorfahren Seiner Majeſtät unſeres jetzt regierenden Königs die ungeſetzliche Trennung der Militärgrenze von den übrigen Beſtandtheilen des dalmatiniſch-kroatiſch-ſlavoniſchen Königreiches, und die Entziehung der geſetzlich ihr zukommenden Verfaſſung anerkannt, und die Aufhebung des ungeſetzlichen Zuſtandes der Militärgrenze nach dem Wortlaute des Geſ. Art. 11, 12: 1608, G. A. 39: 1635, G. A. 56 und 63: 1647, G. A. 16 und 113: 1715, G. A. 18: 1792 und der königl. Entſchließung vom 10. Juli 1703 und 24. Jänner 1704 öfter verſprochen haben, ſo beſchließt der Landtag dieſes dreieinigen Königreiches:

§. 1. Das Inſtitut der Militärgrenze wird für immer aufgehoben.

§. 2. Die alte und vollſtändige Verfaſſung des dreieinigen dalmatiniſch-kroatiſch-ſlavoniſchen Königreiches wird hiemit auf jenes Territorium ausgedehnt, welches die kroatiſch-ſlavoniſche Militärgrenze bildet.

§. 3. Die Organiſation der Komitate iſt ſogleich einzuführen. Der Umfang des bisherigen Likaner und Otočaner Regiments, und die Kèrmpoter, Bründler und Jezeraner Kompagnie des Oguliner Regiments werden ein Komitat unter dem Namen „Kèrbaver Komitat" bilden.

Der übrige Umfang des Oguliner Regiments, mit Ausnahme der dem Flumaner Komitate zufallenden Dörfer Luk und Begovo Razdolje, dann das Gebiet des bisherigen Sluiner Regiments, mit Ausnahme des dem Agramer Komitate zufallenden Sichelburg, endlich der Ribniker und Boſiljevoer Bezirk des Agramer Komitates werden ein Komitat unter dem Namen „Sluiner Komitat" bilden.

Der Umfang des 1. Banal-Regiments, mit Ausnahme der in das Sluiner Komitat einzubeziehenden Laſinjer Kompagnie, dann das Gebiet des dermaligen 2. Banal-Regiments, mit Ausnahme der dem Poẑeganer Komitate zufallenden Orte Jaſenovac, Drenbola, Krapje und Puſta, und des mit Provinzial-Siſſek zu vereinigenden und in das Agramer Komitat einzubeziehenden Militär-Siſſek, werden ein Komitat unter der Benennung „Petrinjaner Komitat" bilden.

Der Bereich des dermaligen Gradiškaner Regiments wird mit dem Poẑeganer Komitate, das Gebiet des bisherigen Broder Regiments mit dem Komitate Verovitica, und jener des Peterwardeiner Regiments mit dem Syrmier Komitate vereiniget.

---

*) Ueber die Möglichkeit angemeſſener konſtitutioneller Reformen in der Militärgrenze ohne Auflöſung ihrer Militärorganiſation, ſiehe das Werk von Og. M. Utieſenović, betitelt: „Die Militärgrenze und die Verfaſſung. Wien 1861, F. Manz & Comp.

(Anm. des Herausgebers.)

Das Gebiet des Kreutzer- und St. Georger-Regiments wird mit dem Kreutzer Komitate verbunden, mit Ausschluß jedoch der Kreutzer- und Kloster-Ivaniéer-Kompagnie, welche mit den Bezirken Moslavina und Preéec dem Agramer Komitate zufallen werden.

Endlich werden die an der Drau gelegenen Bezirke des Kreutzer Komitates, nemlich die Bezirke Ludbreg und Kopreinitz vom Kreutzer Komitate losgetrennt und dem Varasdiner Komitate zugeschlagen.

Den neuerrichteten, beziehungsweise reorganisirten Komitaten wird das Recht ertheilt, in der ersten Komitats-Versammlung den Sitz des Komitates zu bestimmen, und die Komitats-grenzen zu verifiziren, oder wenn es nothwendig sein sollte, zu berichtigen. Die betreffenden Obergespäne werden jedoch die erste Versammlung des Komitates in jenen Ort einberufen, welcher ihnen als der hiezu geeignetste erscheinen wird.

§. 4. Für die neuerrichteten Komitate werden Seine Majestät die Obergespäne sogleich ernennen, und zwar ausschließlich Söhne des dreieinigen Königreiches, welche die neuerrichteten Komitate bis zur Erlassung einer Instruktion durch den Landtag, nach Art der dermaligen Komitate organisiren werden.

§. 5. Alle bisherigen politischen oder administrativen und gerichtlichen, in der Grenze bestehenden Vorschriften, bleiben so lange in Kraft, bis der Landtag des dreieinigen Königreiches die betreffenden Gesetze ausarbeitet. Das Militär-Strafgesetz wird aber sogleich außer Wirksamkeit gesetzt, und an dessen Stelle provisorisch jenes eingeführt, welches im croatisch-slavonischen Provinzialgebiete Geltung hat; eben so werden alle jene Vorschriften und Verord-nungen in der Militärgrenze gleich abgeschafft, die mit der eingeführten Verfassung nicht im Einklange stehen.

§. 6. Von der gegenwärtig unter den Waffen stehenden Grenzmannschaft ist ein, im Verhältnisse zu der verfassungsmäßig festgesetzten Zahl der im Provinzialgebiete des drei-einigen Königreiches dienenden Mannschaft stehendes Kontingent abzusondern.

Mit dieser Truppe wird in gleicher Weise wie mit dem andern Militär aus dem croa-tisch-slavonischen Provinziale verfahren.

Die übrige Grenzmannschaft soll alsogleich der Militärdienstpflicht entbunden und nach Hause entlassen werden.

Ein neues Rekrutirungsgesetz für das gesammte Königreich wird noch dieser Landtag ausarbeiten.

§. 7. Alle Gemeindehutweiden werden unbeschränktes Eigenthum der betreffenden Gemeinden.

Von den bisherigen Staatswaldungen wird ein, den Bedürfnissen entsprechendes Quan-tum unter die Gemeinden vertheilt, und der übrige Rest das Staatsgut des dreieinigen König-reiches bilden.

§. 8. Alle öffentlichen Gebäude, die gegenwärtig unter der Leitung des Staates stehen, werden ein Eigenthum des betreffenden Komitates, beziehungsweise der Gemeinde sein, inso-fern sie auf Regiments- oder Gemeindekosten erbaut worden sind.

§. 9. Der sogenannte Grenzproventen- oder »Approvisionirungsfond« wird in einen Landesfond umgewandelt.

§. 10. Jedes Grenzhaus wird zum unbeschränkten Eigenthümer seiner Mobilien und Immobilien.

§. 11. Die Steuer, welche im Provinzialgebiete für die Grundentlastungs-Entschädi-gung entrichtet wird, darf auf die dermalige Militärgrenze niemals ausgedehnt werden.

Beilage 3./.

Landtags-Beschluß

über das Verhältniß des dreieinigen Königreiches Dalmatien, Kroatien und Slavonien zur Krone und zum Königreiche Ungarn.

§. 1. Das dreieinige Königreich Dalmatien, Kroatien und Slavonien in seinem heutigen Territorialumfange, nemlich: die Komitate Fiume mit der Stadt und deren Gebiete und dem übrigen Litorale, Agram, Warasdin, Kreuz, Požega, Verovitic und Syrmien, ferner die jetzige Militärgrenze, das ist acht kroatische und drei slavonische Regimenter: das Likaner, Otočaner, Oguliner, Sluiner, das I. und II. Banal, Kreuzer und St. Georger, ferner das Broder, Gradiskaner und Peterwardeiner; mit Einschluß des Rechtes auf die Murinsel und der übrigen virtuellen Territorialrechte dieses Königreiches, erklärt durch seine in der Hauptstadt Agram tagende Landtagsversammlung, daß in Folge der Ereignisse des Jahres 1848 jedes andere, wie immer beschaffene, sei es legislative oder administrative, sei es justicielle Band zwischen dem dreieinigen Königreiche Dalmatien, Kroatien und Slavonien und dem Königreiche Ungarn rechtlich aufgehört hat, außer daß Seine Majestät, ihr gemeinsamer König, nach ihren bis zum Jahre 1848 gemeinsamen Gesetzen auch zum Könige von Dalmatien, Kroatien und Slavonien, und zwar nach dem freien Willen des Volkes des dreieinigen Königreiches mit einer und derselben Krone, und einem und demselben Krönungsakte, wie zum Könige von Ungarn gekrönt werden soll, und daß diesem Königreiche außer seinen besonderen Staats- und konstitutionellen Grundrechten noch alle jene öffentlichen Rechte zustehen, in deren Besitze das Königreich Ungarn bis zu dem Ende des Jahres 1847 sich befand, in so fern dieselben seine obgedachte Selbständigkeit und Unabhängigkeit mittelbar oder unmittelbar nicht angreifen.

§. 2. In Anbetracht jedoch seiner mit dem Königreiche Ungarn gemeinsamen Vergangenheit und des früher mit ihm gemeinsamen konstitutionellen Lebens, wie nicht minder der gemeinsamen Interessen in Hinsicht der Erhaltung und Entwickelung konstitutioneller Freiheit, erklärt das dreieinige Königreich Dalmatien, Kroatien und Slavonien, nach der Diskussion der Allerhöchsten königlichen Proposition vom 26. Februar 1861, Z. 152, mittelst welcher es berufen wurde, seine Wünsche und Gedanken hinsichtlich seines Verhältnisses zum Königreiche Ungarn zu eröffnen: daß es bereit ist, nach Maßgabe der gemeinsamen Interessen und Bedürfnisse mit dem Königreiche Ungarn in noch engern Staatsverband zu treten, sobald von Seite des Königreiches Ungarn die vorgedachte Unabhängigkeit und Selbständigkeit, so wie auch der vorbezeichnete reale und virtuelle Territorialumfang des dreieinigen Königreiches rechtsgiltig anerkannt wird.

§. 3. Der bezeichnete staatsrechtliche Verband zwischen dem dreieinigen Königreiche Dalmatien, Kroatien und Slavonien und dem Königreiche Ungarn sollte auf Grund ihrer vollen alten Verfassung, so wie der oberwähnten Unabhängigkeit des dreieinigen Königreiches und seiner staatlichen Gleichberechtigung auf der gemeinsamen Legislatur und einer gemäß dieser letztern organisirten obersten Verwaltung beruhen, welche sich auf jene Staatsangelegenheiten beschränken wird, die im Bundesvertrage näher bestimmt werden.

§. 4. Die Gesetzgebung und die oberste Leitung in politischen, Kultus- und Unterrichts- und Justizangelegenheiten, so wie die Gerichtsbarkeit in allen Instanzen können kein Objekt eines engern Verbandes zwischen dem dreieinigen Königreiche und dem Königreiche Ungarn bilden, und kommen bei der Frage über das gegenseitige Verhältniß dieser Königreiche gar nicht in Betracht.

§. 5. Sobald der Landtag des Königreiches Ungarn die Grundsätze dieses Beschlusses angenommen haben wird, wird sowohl von der einen als der andern Seite eine gleichmäßige Anzahl von Landtagsmitgliedern in Komité gewählt, welche auf einem vertragsmäßig bestimmten Orte zusammenkommen, einen genaueren Vertrag über diesen Staatsverband eingehen, und dieß dem betreffenden Landtage zur Gutheißung vorlegen werden.

Beilage 4/.
Landtags-Beschluß
über die Nationalsprache.

§. 1. Die südslavische Sprache des dreieinigen Königreiches wird im ganzen Bereiche des dreieinigen Königreiches als die einzige und ausschließliche Amtssprache in allen Zweigen des öffentlichen Lebens erklärt.

§. 2. Alle Behörden ohne Ausnahme im Bereiche des dreieinigen Königreiches, so wie jene höheren Behörden, welche ihren Standort außerhalb dieses Königreiches haben werden, dann alle Versammlungen und Landtage des dreieinigen Königreiches haben sich bei allen ihren Zuschriften, Erlässen, Entscheidungen, Erledigungen und andern öffentlichen Schriftstücken, wie auch in allen ihren ämtlichen Beziehungen ausschließlich der südslavischen Sprache des dreieinigen Königreiches zu bedienen.

§. 3. Alle Schulanstalten, männliche und weibliche, höhere und niedere, öffentliche und private, und alle gesetzlich bestätigten Gesellschaften des Landes ohne Ausnahme haben sich in allen Amtshandlungen, Vorträgen und schriftlichen Werken ausschließlich der südslavischen Sprache des dreieinigen Königreiches zu bedienen.

§. 4. Alle im Bereiche des dreieinigen Königreiches befindlichen Kirchenbehörden, welche immer Glaubensbekenntnisses, sind gehalten, im dienstlichen Verkehre unter einander, und mit den übrigen hierländigen Behörden einzig und allein der südslavischen Sprache des dreieinigen Königreiches sich zu bedienen. Dasselbe gilt auch von den Matrikelbüchern.

§. 5. Es ist Jedermann freigestellt, in allen Aktenstücken sich der lateinischen oder cyrillischen Lettern zu bedienen.

§. 6. In der Stadt Fiume ist mit Rücksicht auf die außerordentlichen Verhältnisse in dem wechselseitigen Verkehre in politischen, Gerichts- und Handelsangelegenheiten, mit Ausschluß der Angelegenheiten des Unterrichtes, im Allgemeinen auf die italienische Sprache Bedacht zu nehmen; es wird daher den Bürgern und Korporationen dieser Stadt, welche der südslavischen Sprache nicht mächtig sind, gestattet, sich dermal noch der italienischen Sprache zu bedienen.

Im dienstlichen Verkehre mit den Landesbehörden hat sich jedoch die Stadt Fiume und alle Korporationen daselbst einzig und allein der südslavischen Sprache des dreieinigen Königreiches zu bedienen.

———————

3.

Antrag

der Minorität des kroatisch-slavonischen Landtagsausschusses über das Verhältniß der Königreiche Dalmatien, Kroatien und Slavonien zur Gesammtmonarchie.

(Ausgearbeitet vom Landtagsabgeordneten Mag. Prica).

Se. k. k. apost. Majestät haben bei der Mittheilung, daß Allerhöchstdieselben mit Entschließung vom 26. Februar 1861 die nöthigen Anordnungen getroffen haben, wie die im a. h. Diplome vom 20. Oktober 1860 ausgesprochenen Grundsätze verwirklicht werden sollen, und daß zugleich die Frage, wie die Art und Weise endgiltig festzustellen sei, auf welche in den Königreichen Kroatien und Slavonien die Wahl der Reichsrathsvertreter vorzunehmen wäre, an den Landtag gewiesen worden sei, um selbe im konstitutionellen Wege zu lösen, mit a. h. Reskripte vom 12. März 1861 Z. 201 diesen Landtag aufzufordern geruht, zu dem auf den 29. April d. J. nach Wien zur Lösung bringender Fragen, welche im Sinne des 2. Art. des a. h. Diploms vom 20. Oktober in gleicher Weise das Wohl aller Länder der Gesammtmonarchie betreffen, einberufenen Reichsrathe 9 aus seiner Mitte durch freie Wahl gewählte Vertreter von Seite der Königreiche Kroatien und Slavonien zu entsenden, und eben so in reife Landtagsverhandlung bei Erwägung aller Umstände auch die Frage über die schließliche konstitutionelle Feststellung der Art und Weise zu nehmen, wie künftighin die Vertreter der Königreiche Kroatien und Slavonien zum Reichsrathe zu wählen und zu entsenden wären, und die diesfalls getroffenen Beschlüsse der a. h. königl. Genehmigung zu unterbreiten.

Aus diesem Anlasse hat der Landtag der genannten Königreiche in Erwägung aller Umstände und mit besonderer Rücksicht auf die durch hundertjährigen Bestand bekräftigte und geheiligte staatsrechtliche Stellung und Verfassung der Königreiche Dalmatien, Kroatien und Slavonien beschlossen, folgende Erklärung abzugeben, die in einer Adresse Sr. k. k. apost. Majestät zu unterbreiten wäre.

Die Königreiche Dalmatien, Kroatien und Slavonien setzen durch ihr gesetzliches Organ, den konstitutionell versammelten Landtag, voraus, zu welcher Voraussetzung sie sich für berechtigt halten, daß es Niemanden gebe, der es wagen könnte, die Stimme auch des geringsten Zweifels über ihre so oft und so klar und glänzend durch die That bezeugte und bewiesene Loyalität und Treue gegen den gesetzlichen Monarchen zu erheben. So unerschütterlich und tiefgewurzelt aber ihr Loyalitätsgefühl ist, eben so mächtig und unwiderstehlich fühlen sie sich bestimmt, aufrichtig zu sein, und aufrichtig, ohne Hintergedanken

in dieser Zeit sich auszusprechen, welche auch ihnen als der wichtigste Wende-
punkt des Geschickes erscheint.

Die Loyalität ist die wahre bürgerliche Tugend, die wahre Zierde des
Mannes, wenn sie mit gleicher Liebe und Ergebenheit alles Das umfaßt und
hütet, was durch Verfassung und Gesetz geheiligt ist, was daher im Stande ist,
den regelmäßigen und ununterbrochenen Lauf und die Entwickelung des staatlichen und nationalen Lebens zu verbürgen. Sobald die Loyalität von dieser
Richtschnur nach rechts oder links abweicht, und nach welch' immer einer Richtung über das entsprechende Maß hinwegschreitet, setzt sie sich der Gefahr aus,
und es kann sich ihr moralischer Kern auflösen, wodurch sie zur Dienerin der
ungesetzlichen Willkür, sei es von unten oder oben, herabsinkt.

Eine solche Loyalität hört auf Loyalität, und somit auch die Stütze des
Thrones zu sein, und dies gerade deshalb, weil sie ihrer wahren Natur und Wesenheit untreu geworden, welcher zufolge sie, wie wir gesagt, berufen ist, in gleicher Weise alle durch die Verfassung geheiligten Institutionen zu vertreten und
zu schützen, auf welchen, als höchster Spitze, der Thron ruht.

Die Königreiche Dalmatien, Kroatien und Slavonien sind von dem erhabenen Bewußtsein durchdrungen: daß ihre Loyalität, so oft angespornt, sich durch
die That zu bewähren, niemals in Einseitigkeiten ausgeartet sei. Hatten sie Grund,
sich zum Schutze und zur Vertheidigung des von den Wogen politischer Stürme
umbrausten Thrones zu erheben, so schirmten sie den konstitutionellen
Thron, für welchen sie ihr Blut, ihr Hab und Gut opferten. Mit einem Worte:
mit ihrem Schilde den in Gefahr gesunkenen Thron schützend, schirmten sie hiemit stets auch ihre eigene Freiheit und ihre uralte Verfassung, welche die Bedingung und Bürgschaft dieser Freiheit ist.

So wie daher die dalmatinisch-kroatisch-slavonische Nation einerseits seine
Pflicht tief empfindend, und sein eigenes Interesse und seinen Fortschritt scharf
erfassend, — bereit ist, mit ihrer bisherigen Ergebenheit den a. h. Thron und das
Recht der mit ihrem freien Willen und durch freie Wahl auf den Thron dieser
Königreiche berufenen Allerdurchl. königl. Dynastie zu schützen: eben so kann andererseits die Vernunft dieser Nation sich dem Bewußtsein und der Ueberzeugung
nicht verschließen, daß ihre Loyalität in gefährliche Einseitigkeit gerathen
würde, das ist: ein weites Feld öffnend dem Schwanken unruhiger Gemüther
und dem Zerfalle der gesunden politischen Prinzipien, — wenn sie nicht eben
so die von ihren Vätern ererbten Institutionen in ihren schützenden Arm nehmen
würde. Es besteht daher zwischen den Pflichten dem gesetzlichen Herrscher gegenüber und zwischen den Rechten und Pflichten, jene Verfassung als unverbrüchli-
ches Heiligthum zu wahren und zu schützen, ein so unlösbares Band, mit welchem
sich diese Rechte und Pflichten gegenseitig durchbringen, ergänzen und bedingen:

Von diesem Bewußtsein und von dieser Ueberzeugung tief durchdrungen, können wir nicht umhin, zu erklären, daß jenes Gefühl der Pietät, mit welcher wir eben so dem gesetzlichen Throne wie unserer uralten Verfassung unerschütterlich anhängig und ergeben sind, es durchaus nicht gestatte, daß wir Theil nehmen am Reichsrathe, in welchen wir durch das im Eingange berührte a. h. k. Restript berufen werden.

Dies erklärend, müssen wir in vorhinein uns gegen jeden unfreundlichen Einwurf verwahren, als ob diese Erklärung aus unlauteren und überhaupt aus solchen Gründen und Absichten hervorginge, welche mit der Unterthanstreue und dem Unterthansgehorsam, die wir der apost. Majestät des gesetzlichen Monarchen schuldig sind, im Widerspruche wäre. So wie die dalmatinisch-kroatisch-slavonische Nation derartigen Beweggründen und Absichten niemals Gehör geliehen, eben so waren solche Gründe und Absichten ferne von uns, als wir diese Erklärung abzugeben beschlossen hatten. — Wenn auch die Königreiche Dalmatien, Kroatien und Slavonien mit dieser Erklärung ihren Willen verfassungsmäßig in einer Art und Weise kundgeben, welcher zufolge diese Erklärung noch nicht mit dem a. h. Willen im Einklange steht, so anerkennen sie dennoch gerne die väterlichen Absichten, von welchen Se. Majestät im Hinblick auf alle seine Königreiche, Länder und Völker geleitet wurden, als Allerhöchstdieselben beschlossen, die Anfangs erwähnte politische Institution des Reichsrathes zu schaffen.

So sehr aber auch die dalmatinisch-kroatisch-slavonische Nation im Allgemeinen stets bereit ist, die, das allgemeine Wohl bezweckenden Absichten Sr. Majestät vertrauensvoll und opferwillig zu unterstützen, eben so ist sie sich selbst schuldig, nie und keineswegs von jenen Bedingungen abzulassen, von welchen ihre Existenz, ihre staatsrechtliche Selbstständigkeit, und konstitutionelle Freiheit abhängt.

Mit dem a. h. Diplome vom 20. Oktober 1860 haben die Königreiche Dalmatien, Kroatien und Slavonien wieder das Feld der Konstitution betreten, das ihnen seit 10 Jahren entzogen war. — Diese Königreiche halten dafür, daß sie die Intentionen und Absichten Sr. Majestät, aus welchen das erwähnte a. h. Diplom, so wie das, dieses Diplom begleitende a. h. Manifest, und die unter Einem erlassenen a. h. Entschließungen hervorgegangen, nicht unrichtig auffassen werden, wenn sie dem a. h. Diplome vom 20. Okt. 1860 eine solche Tragweite zuschreiben und beilegen, welche, insofern es sich um den Umfang handelt, in welchem diesen Königreichen die verfassungsmäßigen Einrichtungen wieder ertheilt werden, so weit reicht, wie weit auch der volle und ganze Umfang ihrer Verfassung in allen ihren wesentlichen Grundumrissen im Allgemeinen reicht.

Wir können aus dem Sinne und Geiste des erwähnten Diploms nichts anderes folgern, als daß durch dasselbe die Kontinuität der konstitutionellen Entwickelung und des konstitutionellen Lebens, und damit auch die Kontinuität des konstitutionellen Rechtes dieser Königreiche im Allgemeinen anerkannt wird. Und wie könnten wir dasselbe anders deuten, wenn wir Rücksicht nehmen auf den Sinn des a. h. Manifestes vom 20. Okt. 1860, in welchem die bisherige faktische Suspendirung unseres konstitutionellen Rechtes als ein, blos transitorischer Zwecke halber eingeführter Ausnahmszustand bezeichnet wird? Wenn nun aber nach der a. h. Entschließung dieser, dem konstitutionellen Rechte, und der auf diesen Grundsatz basirten Entwickelung dieser Königreiche widerstreitende Ausnahmszustand jetzt aufhören soll, so kann konsequent und dem Rechte nach der Idee des konstitutionellen Lebens und der Entwickelung dieser Königreiche nirgends anders und an keiner andern Stelle wieder angeknüpft werden als dort, wo er faktisch und ohne Einwilligung dieser Königreiche abgerissen wurde; und derart kann diese Anknüpfung an die konstitutionelle Vergangenheit, diese Auferstehung des konstitutionellen Lebens in der That nicht anders erfolgen, als daß das frühere Maß und die frühere Tragweite der Konstitution wieder zurückgegeben werde, d. i.: daß das konstitutionelle Recht dieser Königreiche in allen seinen wesentlichen Theilen als organisches Ganze in's Leben zurückkehre. — Eine theilweise, d. i. irgend einen wesentlichen Theil unseres konstitutionellen Rechtes umgehende Rückkehr in den früheren Stand wäre keine wahre Rückkehr, sondern blos eine Fortsetzung des faktischen Ausnahmszustandes, nur gemildert durch einige Erleichterungen oder Konzessionen. — In der That gestattet uns unser Loyalitätsgefühl nicht, daran zu denken, daß eine mit solchen Beschränkungen und Ausnahmen umgrenzte Restitution in der Absicht des a. h. Diploms vom 20. Oktober 1860 gelegen wäre.

Wenn je eine unter den, dem Szepter Sr. Majestät unterworfenen Nationen berechtigt ist, das fragliche a. h. Diplom so zu betrachten, daß durch dasselbe gar kein neues konstitutionelles Recht begründet, sondern blos die faktischen Hindernisse der Thätigkeit und Entwickelung des früher bestandenen konstitutionellen Rechtes beseitigt wurden, so ist dies gewiß die dalmatinisch-kroatisch-slavonische Nation, in so weit dies ihr Recht betrifft; denn es gibt in der That keinen rechtlichen und politischen Grund, aus welchem das konstitutionelle Recht der fraglichen Königreiche Dalmatien, Kroatien und Slavonien als erloschen betrachtet werden könnte.

Wir erachten uns als nicht berufen, hier ein Urtheil über jene von Einigen vertretene staatsrechtliche Theorie zu fällen, nach welcher das öffentliche Recht irgend einer Nation aus Anlaß und zufolge innerer, Entzweiung oder Abfall bezweckender Aufstände und der hiedurch gestörten innern Ruhe und gesetzlichen Ord-

nung unbedingt verfallen sollte, — eine Theorie, welche der, einen solchen
innern Aufstand überwältigenden Regierung das unbedingte Recht einräumt, nach
eigenem Willen und einseitig die bestehende konstitutionelle Ordnung umzustos-
sen und abzuändern; möge aber diese Theorie begründet sein oder nicht, so
sind wir jedenfalls überzeugt, daß selbst unter Jenen, welche dieselbe vertreten,
nicht ein Einziger sich vorfinden wird, dem das Gewissen gestatten würde, diese
Theorie auf die dalmatinisch-kroatisch-slavonische Nation und deren öffentliches
Recht anzuwenden. Wir haben uns im J. 1848 erhoben; diese unsere Bewegung aber war nicht die eines Abtrünnigen, sondern die Bewegung eines Käm-
pen, der die Ordnung, den Thron, und dadurch auch seine in Gefahr schwebende Freiheit vertheidigt. In uns und in unseren Handlungen gab es somit
keinen Punkt, auf welchen man jene Theorie stützen und anwenden könnte;
vielmehr würde, wenn wir selbe auf uns anwendend, aus ihr etwas ableiten
wollten oder sollten, das Gegentheil sich herausstellen, nämlich: daß Jenes,
was nach dem J. 1848 im Bereiche unseres politischen Lebens nobis invitis
erfolgte, nicht auf Recht und Gerechtigkeit gegründet, somit nach dieser Theorie
selbst ungiltig sei.

Kann man uns etwa mit Recht verargen, wenn wir jetzt, nachdem die
faktische Gewalt aufgehört, durch welche unser gedrücktes konstitutionelles Recht
gesunken, und nachdem uns wieder das Feld des Konstitutionalismus und der
verfassungsmäßigen Entwickelung sich eröffnet, zu glauben uns erkühnen, daß
abermals alle jene Rechte in's Leben getreten sind, welche organische Theile unserer
durch Jahrhunderte geheiligten und durch so viele Gelöbnisse und Eide bestätigten Verfassung in jenem Augenblicke waren, wo wir uns als Verfechter dieser
Verfassung und des darauf gegründeten legitimen Thrones erhoben?

Wenn daher das konstitutionelle Recht der Königreiche Dalmatien, Kroatien und Slavonien in seinem vollen Umfange wieder in's Leben getreten ist, was
zu bezweifeln eine Sünde gegen den Geist der ewigen Gerechtigkeit und Wahrheit wäre, — so ist auch darüber kein Zweifel, daß damit auch jenes wesentliche
Prinzip dieses Staatsrechtes neuerdings in Kraft getreten ist, nach welchem der
legitime Monarch nur in Gemeinschaft und im Einvernehmen mit der am Landtage
versammelten Nation Gesetze für diese Königreiche schaffen, auslegen, umändern
oder aufheben kann. Dieses durch den Gesetzartikel 12 : 1790/1 verbürgte
Prinzip ist nicht nur ein wesentlicher Theil, sondern gerade die Seele und der
Kern unserer Verfassung. Es ist somit klar und augenscheinlich, daß — so wie
nach dem Grundsatze der Rechts-Kontinuität niemals, am wenigsten aber von
jener Zeit angefangen, seit welcher unsere uralte Verfassung in's Leben getreten,
und hiemit auch das der Nation zustehende Recht der Theilnahme an der Gesetzgebung wiederhergestellt wurde, der konstitutionelle Zustand der fraglichen König-

reiche im Allgemeinen, und eben so weder die Grund-, noch andere im Bereiche dieser Königreiche bestehenden Gesetze einseitig, den Weg der konstitutionellen Gesetzgebung umgehend, abgeändert oder aufgehoben werden können.

Aus diesem Gesichtspunkte erscheint uns als unkonstitutionell jede außerhalb des konstitutionellen gesetzgebenden Weges getroffene Anordnung, welche in unseren bestehenden konstitutionell-rechtlichen Zustand und konstitutionelle Fundamente eingreift, — und wir würden untreu werden jenem Loyalitätsgefühle, von welchem wir eben so für den a. h. Thron wie für unsere uralte Verfassung begeistert sind, — wollten wir darauf eingehen, und die unkonstitutionellen Anordnungen und Verfügungen mit unserer freien Einwilligung sanktioniren.

Der Wirkungskreis der gesetzgebenden Macht, an welcher wir kraft unserer Verfassung Theil zu nehmen berechtigt sind, ist nicht blos auf einige Angelegenheiten beschränkt; dieser Wirkungskreis unserer gesetzgebenden Macht erstreckt sich auf die Anordnungen des öffentlichen Rechtes im Allgemeinen, sowie auch auf die höchsten Staats-Aufgaben. Deshalb erachten wir, daß es keine Gattung des staatsrechtlichen Lebens gebe, in welcher für die erwähnten Königreiche mit bindender Gesetzkraft irgend Etwas, sei es im Grund- oder gewöhnlichen Gesetze, verfügt oder angeordnet werden könnte, wenn eine solche Anordnung nicht in sich die Eigenschaften eines konstitutionellen, d. i. durch den legitimen Monarchen im Einvernehmen mit der Nation oder ihrem gesetzlichen Organe, dem Landtage, geschaffenen Gesetzes enthält.

Schon aus diesen formellen, jedoch mit Rücksicht auf die große, ja unendliche Bedeutung dieser Form, äußerst wichtigen Gründen gestattet uns unser Rechtsbewußtsein nicht, eine Staats-Institution anzunehmen, welche bei uns im außerkonstitutionellen Wege eingeführt werden soll, wenn wir auch nicht berücksichtigen, daß diese Institution ihrer inneren Natur nach unser klares und mit so vielen königl. Eiden bestätigtes öffentliches Recht in seinen wesentlichsten integrirenden Theilen vom Grunde aus abzuändern und uns dadurch den Genuß und Gebrauch unserer wesentlichen konstitutionellen Rechte zu entziehen bezweckt.

Indem wir uns derart auf den Standpunkt unseres öffentlichen Rechtes stellen, können wir das Verhältniß unserer Königreiche zu den übrigen Provinzen und Völkern der Gesammtmonarchie nicht anders auffassen, als nach dem Maßstabe und der Wirksamkeit unseres öffentlichen Rechtes. Demnach meinen wir, nicht gegen den Geist der historischen Wahrheit zu sündigen, wenn wir uns erlauben auszusprechen: daß wir niemals rechtlich mit jenen Provinzen und Völkern, die Länder der ungarischen Krone ausgenommen, durch das Band der Realunion verbunden waren, sondern daß das einzige wahre Band, welches uns mit ihnen verbunden und auch jetzt verbindet, in dem Bande der Identität des Monarchen und der Herrscherfamilie besteht. Wenn im Laufe von Jahrhunderten zwischen

4

50

uns und den übrigen, nicht zur ungarischen Krone gehörenden Ländern andere
Beziehungen und Berührungen sich entwickelten, und für die Leitung dieser gegenseitigen Berührungen am Sitze des gemeinschaftlichen Herrschers gewisse Cen-
tral-Regierungsorgane entstanden, so geschah dies Alles faktisch, ohne je die
wahre konstitutionelle Sanktion für diese Königreiche erlangt zu haben.

Mit einem Worte: dies ist eine Thatsache, welcher die konstitutionelle
rechtliche Anerkennung in Hinsicht dieser Königreiche mangelt.

Dieser unser rechtliche Gesichtspunkt in Rücksicht unserer Beziehungen zu
den übrigen Ländern der Gesammtmonarchie gründet sich auf die unerschütterliche Grundlage der geschichtlichen Akten und Präzedenzen. Als unsere Vorfahren an ihrem zu Cetinj gehaltenen Landtage am 1. Jänner 1527 Ferdinand
I. seligen Andenkens aus freiem vom Niemanden abhängigen Willen zum kroatischen König zu wählen befunden, und als sie später im J. 1712 die pragmatische Sanktion angenommen und gutgeheißen, und das Erbfolgerecht der männlichen und weiblichen Linie der erlauchten in diesem Königreiche regierenden Dynastie anerkannt haben, thaten sie das Eine und das Andere gegen dem, daß
die betreffenden erlauchten Herrscher und beziehungsweise ihre Könige aus dem
erlauchten regierenden Hause angelobt und ausdrücklich für sich und ihre Nachfolger zugesagt haben, daß sie die Rechte, Freiheiten, Befugnisse und Vorrechte
dieser Königreiche nicht nur unberührt und unverletzt erhalten und beschützen,
sondern auch, wo es nur möglich sein und die Gelegenheit sich ergeben
wird, selbe vergrößern und erweitern werden. (Nos totos in eo fore: ut
quæ a nostris Prædecessoribus, istorum Regnorum olim Regibus,
pro avorum vestrorum meritis, concessa unquam iis fuere privilegia,
libertates, prærogativæ ac jura, ea omnia et singula vobis non modo
sarta, tecta, illibata manuteneantur ac conserventur, verum quandoque
id res postulat, etiam in magis augeantur et amplificentur, id ipsum
pro heredibus iisque successoribus Nostris Regibus aut Reginis
austriacis promittentes: Diploma Caroli III. ddo Viennæ anno 1712
ad Status Regni Croatiæ, Dalmatiæ, Slavoniæ.)

Diese Angelobung und Zusage haben alle königlichen Nachfolger aus dem
erlauchten regierenden Hause bei jener Gelegenheit, wo sie zugleich als ungarische und kroatische Könige gekrönt wurden, — bis auf die neuesten Zeiten, —
erneuert, und durch den Eid bekräftigt; mit einem Worte: jeder einzelne Krö-
nungsakt war gerade eine feierliche Erneuerung des beiderseitigen Vertrags,
auf dem die wechselseitigen Rechte des erlauchten regierenden Hauses und der
Nation beruhen.

Diese beiderseitigen Rechte bilden eben das organische Ganze unseres

Staatsrechtes, der Art, daß mit Rücksicht auf diesen Organismus die einen ohne den andern nicht einmal denkbar sind.

Darum glauben wir, daß kraft dieses unseres vom Anbeginn bis jetzt ununterbrochen erhaltenen öffentlichen Rechtes auch unser staatsrechtliches Verhältniß zu den anderen, dem Szepter Sr. Majestät unterworfenen Ländern, kein anderes sein könne, als jenes und solches, welches und wie es zu jener Zeit war, wo unser Staatsrecht beim Antritt des kroatischen Thrones durch die regierende durchlauchtigste Dynastie begonnen und begründet wurde. — Und da es zweifellos ist, daß, indem wir durch die nationalen Akte vom Jahre 1527 und 1712 die glorreich regierende Dynastie mit dem Vorbehalte des früheren selbstständigen staatsrechtlichen Verhältnisses als unsere königliche anerkannt haben, wir, mit Ausnahme des Bandes der Identität des Regenten, rechtlich in keinen anderen engeren Verband mit den übrigen Ländern der Gesammtmonarchie getreten sind; und da von irgend einer staatsrechtlichen Bestimmung oder Konvention, durch welche jenes im J. 1527 und 1712 bestandene staatsrechtliche Verhältniß dieser Königreiche zu den anderen Ländern der Gesammtmonarchie in der Folge geändert worden wäre, keine Spur vorhanden ist, so besteht auch heute noch rechtlich zwischen den Königreichen Dalmatien, Kroatien und Slavonien und den übrigen nichtungarischen Ländern kein anderes, als das auf der Identität des Regenten aus dem erlauchten regierenden Hause begründete staatsrechtliche Verhältniß.

So wie also aus formellen, konstitutionell-legislativen Gründen im Allgemeinen, eben so können wir insbesondere mit Rücksicht auf unsere staatsrechtliche Selbstständigkeit in keine, ohne unserem Einflusse und Einwilligung geschaffene Staats-Institution oder staatsrechtliche Organisation einwilligen, durch welche wir unter oktroyirten Bestimmungen und Bedingungen in einen Real-verband mit solchen Ländern gelangen würden, mit welchen wir bisher in keinen rechtlich-realen Beziehungen gestanden.

Neben diesen Gründen und Muthmaßungen, deren wesentlicher Theil in das Bereich des Rechtes selbst einschlägt, entstehen auch andere, der Natur nach mehr politische Muthmaßungen, die wir offen und ohne Vorurtheil auseinandersetzen wollen, weil wir die Nothwendigkeit fühlen, aufrichtig zu sein.

Es sind dessen beiläufig hundert Jahre, daß in Oesterreich Spuren einer gewissen Regierungs-Politik sich zeigen, die aus unmerklichen Anfängen entstanden, sich ununterbrochen durch alle Entwicklungsstadien Bahn bricht, und nach Umständen bald offen, bald insgeheim ihr Ziel und ihre Zwecke verfolgt. Wir können diese Politik nicht besser und deutlicher bezeichnen, als wenn wir sagen, daß sie der Ausdruck der Staatsidee ist, deren innere geheime Tendenz die ist, allen der Natur nach verschiedenen Königreichen, Ländern und Völkern der Gesammtmonarchie eine gleichmäßige Form aufzudringen und ihre koncentrirten Kräfte sol chen Zwecken und Interessen zu unterordnen, welche weder sind, noch sein können die der Mehrzahl dieser Königreiche, Länder und Völker.

Die unmittelbare Folge dieser allbeherrschenden Staats-Idee war, daß die von diesem Gedanken durchdrungene Regierungs-Politik, nachdem sie den natürlichen Schwerpunkt des Verbandes der zur Gesammtmonarchie gehörenden Königreiche und Länder aus den Augen gelassen, es für nöthig erachtete, den Stütz- oder Schwerpunkt der Monarchie außer derselben zu suchen, und zwar dort, wo die dynastischen Titel, gegründet auf historischen Erinnerungen des Ruhmes und der Größe, sich stützen, und woselbst die Minderheit der österreichischen Länder noch jetzt durch ein politisches Band verbunden ist. — Indem man diese, dem staatsrechtlichen Organismus und Berufe der Königreiche und Länder der Gesammtmonarchie nicht entsprechende Politik durchführte, mußte ja das Bindemittel zwischen diesen verschiedenen Königreichen und Ländern gleichfalls in dem, diesen Ländern und Völkern fremden Elemente gesucht werden, und dies in einem Elemente, welches dort herrscht, wo man den Stütz- und Schwerpunkt der Monarchie gesucht hatte. Auf diese Art war diese Politik unabläßig bemüht, die wichtigsten Königreiche und Länder, die nach ihrer Lage und nach der Natur ihrer Bevölkerung berufen sind, den Kern und den Stützpunkt für die Monarchie zu bilden, zu Nebensachen und Anhängseln zu machen, und so aus ihnen ein willkommenes Material zu einer politischen Fabrik zu bilden, in deren Absicht lag, die Größe der Monarchie auf einer Abstraktion zu begründen, welche den Stützpunkt der Monarchie außerhalb derselben sucht.

Wenn aus jeder schwunghafteren politischen Bewegung, welche die Monarchie erfaßt, stets für die Monarchie die größte Gefahr und eine solche Krisis entsteht, die nicht nur in den Staatsorganismus der Monarchie eingreift, sondern sogar die Frage über den Bestand derselben aufwirft, so ist dies zumeist jenem unharmonischen Verhältnisse zuzuschreiben, in welchem die Monarchie, den Stützpunkt in sich selbst nicht habend, zu Deutschland steht.

Die hauptsächlich durch dieses Verhältniß geleitete Politik, welche dahin zielte, das Leben der verschiedenen Königreiche und Völker in ein der Natur dieses verschiedenartigen Lebens widerstrebendes Strombett zu leiten, in ein Strombett, in welchem jedes einzelne Leben, seines eigenen Kompasses beraubt, untersinken und zu Grunde gehen müßte, zog stets die wichtigsten Elemente des selbstständigen Lebens der verschiedenen Königreiche und Länder auf geheimen Krummwegen in ihren Kreis, und zwar um so gefährlicher, weil sie selbst auf die durch feierlich verbürgte Rechte und Verträge aufgestellte Schutzwehr keine Rücksicht nahm.

Wir glauben, den Nerv dieser Politik errathen zu haben, wenn wir erklären, daß sie so zu sagen, ihren Gipfelpunkt und den wahrsten Ausdruck in jenem verhängnißvollen Regierungssysteme erreichte, welches, vor nicht langem durch den einstimmigen Schrei der Länder und Völker verurtheilt, gefallen ist.

So wie wir niemals in Folge unseres freien Willens, somit rechtskräftig diese Politik anerkannt haben, welche dahin zielte, uns mit unserem Leben an ein solches Centrum anzuschmieden, wo wir blos als abhängige Planeten, ohne Selbstständigkeit, um eine fremde Sonne uns bewegen würden, — so wie wir immer gegen dieselbe unsere Klagen und Proteste erhoben, eben so erschallte aus unserer Brust ein einstimmiger, donnernder Protest, als diese Politik in jenem Augenblicke, wo wir das blutgetränkte Schwert, das wir für die Rettung der Monarchie gezogen, kaum weggelegt, — sich nicht abhalten ließ, auch die letzte Schutzmauer unserer staatsrechtlichen Selbstständigkeit und konstitutionellen Freiheit niederzureißen, und unsere durch Verträge und Eide verbürgten Rechte zu konfisziren, sie als für nicht bestehend zu erklären, in der Absicht, unser Leben in solche Formen zu schmieden, in welchen es keinen Lebens-Lichtstrahl hätte, und früher oder später dahinsiechend spurlos zu Grunde ginge.

Ist wohl der Nerv dieser Politik durch die neuesten Ereignisse durchschnitten worden?

Wenn uns das Allh. Diplom vom 20. Oktober 1860 auch gerechten Anlaß gab, anzunehmen, daß diese Politik unbedingt verurtheilt, und daß es anerkannt sei, daß man dieselbe gegen eine Politik und das Interesse der ganzen Monarchie umtauschen müsse, und somit auch gegen das Interesse, das Recht und die Lebensberührungen der Königreiche und Länder, mit einem Worte: gegen eine der Natur, der Lage und der Zusammensetzung der Monarchie angemessene und entsprechende Politik, — und wenn wir demnach auch Ursache hatten, jenes Allh. Diplom als die Morgenröthe einer besseren Zukunft, einer auf Recht, Wahrheit und auf der Natur der Dinge gegründeten Zukunft, und als Bürgschaft der Umkehr vom Abwege auf den wahren und allein heilbringenden Weg zu begrüßen, — kamen doch später solche politische Erscheinungen zum Vorschein, welche nicht zuließen, daß dieser erfreuliche und beruhigende Gedanke in unseren Herzen Wurzel fasse.

Wir meinen, daß die großartige Idee, welche das a. h. Diplom vom 20. Oktober geschaffen, eine auf die Neugeburt der Gesammtmonarchie auf historischen und natürlichen Grundlagen, somit auf die Wiedererweckung der vollen uralten Autonomie der einzelnen zur Gesammtmonarchie gehörenden Königreiche und Länder abzielenden Idee, wenn auch nicht in allem, so doch wenigstens in den wesentlichen Bestandtheilen verwischt und zerronnen sei durch jenen Gedanken, aus welchem die mit dem a. h. Patente vom 26. Februar 1861 errichtete Staatsinstitution für die Gesammtmonarchie unter dem Namen des „Reichsrathes" erwuchs.

Was diese Institutionen betrifft, können wir nicht umhin, freimüthig und aufrichtig zu erklären, daß wir in denselben nichts anders als eine Meta- morphose jener Politik erblicken können, welche wir oben ausführlicher darge- stellt haben, der sogenannten zentralisirenden Politik, d. i. solcher, die auf den Trüm- mern der Selbstständigkeit und des selbstständigen Lebens der Königreiche und Länder einen gleichmäßigen Staatsbau aufführen will, dessen Schwerpunkt außer seinem Bereiche läge, und welcher sich somit nicht auf sich und auf seine Grundlagen stützen, sondern auf auswärtige Elemente anlehnen würde.

Wenn wir aus unserem freien Willen an dieser Institution Theil nehmen würden, — einer Institution, von welcher uns sowohl Verstand als auch Gefühl sagen, daß sie nichts anders, als dieselbe, jedoch in ein neues und zwar konsti- tutionelles Gewand gehüllte politische Idee sei, — so würden wir uns selbst untreu werden, und uns freiwillig demjenigen unterwerfen, dem wir und unsere Väter und Vorfahren stets männlich und kräftig widerstanden, und wogegen un- sere Vorfahren, und wir, ihre Nachkommen, stets laut protestirt haben.

Wir sind hier nicht berufen, in eine Beurtheilung der innern Natur und der innern Verfassung dieser Staats-Institution einzugehen. Doch wollen wir hier nur dieß erwähnen: daß uns diese Institution nach ihrer komplizirten Beschaf- fenheit als kein geeignetes Organ zur Handhabung der gemeinsamen Interessen und zur Förderung des wahren Fortschrittes erscheint, ohne dessen zu geden- ken: daß nach der Einrichtung dieses Organs wir auch nicht von weitem jene konstitutionellen Rechte verbürgt erblicken, welche wir bisher stets ausübten, — Rechte, welche wir als die wesentlichsten Verfassungsrechte und die kräftigste Bürgschaft der konstitutionellen Freiheit im Allgemeinen betrachten, das ist, das Recht: von Zeit zu Zeit die Staatssteuer und die Heeresergänzung zu bewilli- gen. — Würden wir uns daher entschließen, an dieser neuen Institution Theil zu nehmen, so würden wir nicht nur an ein solches Centrum gelangen, an wel- ches wir die Fäden unseres konstitutionellen Lebens niemals anknüpften, son- dern uns auch zum Nachtheil unserer bis jetzt genossenen wesentlichsten Rechte gerade einem partiellen Absolutismus unterwerfen.

Wenn nun diese politischen Gründe schwer, ja sehr schwer auf der Wage unserer Entschließungen wägen, so ist gleichfalls schwer ein anderer aus unserem Verhältnisse zum Königreiche Ungarn entspringender Grund. — Obgleich wir jetzt eine selbstständige, von dem Königreiche Ungarn ganz unabhängige Nation sind, so erlaubt es uns doch nicht unser Interesse, daß wir dort, wo es sich um die Begründung neuer politischer Bande handelt, die gemeinschaftliche, lang- jährige, mit dem Königreiche Ungarn verlebte konstitutionelle Vergangen- heit und die tief eingreifenden Fäden der Wechselseitigkeit aus den Augen lassen, welche diese Vergangenheit zwischen uns und jenem Königreiche gesponnen, —

Fäden, aus welchen zwischen der einen und der andern Seite in Bezug auf konstitutionelle Freiheit und nationale Selbstständigkeit eine solche und so große Solidarität sich herausgebildet hat, welche selbst die Zerreißung des engeren staatsrechtlichen Verbandes zu beseitigen oder zu verwischen nicht vermochte. Wenn wir daher auch könnten und berechtigt wären, nach unserem Willen einen staatsrechtlichen Verband mit diesem oder jenem Lande ohne Rücksicht auf das Königreich Ungarn anzuknüpfen, so erlaubt uns doch nicht die lebhafte Erinnerung an jene Solidarität, dort wo es sich um Aufstellung neuer staatsrechtlichen Kombinationen handelt, sich jeder Rücksicht auf das Königreich Ungarn zu entziehen, weil es uns nicht gleichgültig ist, noch sein kann, solche staatsrechtliche Kombinationen einzugehen, an welchen vielleicht das Königreich Ungarn nicht Theil nehmen würde.

Wir haben getheilt und theilen noch jetzt eine Konstitution und ein konstitutionelles Recht im Allgemeinen, so weit man darunter das bis zum J. 1848 entwickelte konstitutionelle Recht versteht, — mit dem Königreiche Ungarn, und zwar nicht in dem Sinne, als ob wir von diesem Königreiche abhängig wären, und als ob schon darauf sich ein engerer staatsrechtlicher Verband zwischen uns und dem Königreiche Ungarn gründen würde, sondern in dem Sinne, daß dieses Recht sich auf den früheren gemeinschaftlichen Genuß, und auf die früher gemeinsamen Gesetze stützt; diese Gemeinschaftlichkeit in Bezug auf das konst. Recht erweckt und nährt in uns das Bewußtsein, daß die stärkste Schutzwehr dieses unseres konst. Rechtes darin besteht, wenn wir entweder einen engeren staatsrechtlichen Bund mit dem Königreiche Ungarn erneuern, oder zugleich mit demselben, so zu sagen, blos Hand in Hand, wenn dem schon so sein muß, staatsrechtliche Kombinationen mit Dritten eingehen. — Wenn wir eine so große Wichtigkeit unserer gemeinsamen Solidarität mit dem Königreiche Ungarn beilegen, sei es, was unseren neuen gegenseitigen staatsrechtlichen Verband, sei es, was unseren gemeinschaftlichen staatsrechtlichen Verband mit Dritten betrifft, so geschieht dies deshalb, weil wir glauben, daß unsere gemeinschaftliche Freiheit am besten erhalten und gefördert werden wird, wenn jener rege und freie Geist, welcher bei uns und den Völkern des ung. Königreiches Jahrhunderte lang durch gemeinsame Institutionen sich erhalten und gekräftigt hat, in allen politischen Kombinationen, welche in der Gesammtmonarchie und in dem gegenseitigen Verbande der betreffenden Länder und Völker sich ergeben könnten, — unzertrennlich bleibt, und wenn er unzertrennlich auf dem Felde der politischen Thätigkeit und der politischen Entwickelung, sei es wo es immer wolle, und in welch' immer Verhältnissen, eifrig mitwirken wird.

Wenn wir aber uns selbst es auch schuldig sind, in jedem Falle, wo es sich um die Anknüpfung neuer staatsrechtlicher Beziehungen handelt, vor Allem

unfere ftaatsrechtliche Selbftftändigkeit zu betonen, und fo über die unumgängli-
chen Bedingungen unferes nationalen Beftandes zu wachen, — fo find wir doch
nicht Willens, uns dadurch in irgend eine ifolirte Stellung zu verfetzen, und uns
jeder Rückficht auf die Interefjen der übrigen Nationen und Länder zu entziehen,
mit welchen uns das Gefchick in einer Monarchie vereinigt hat. Niemand kann bil-
ligerweife läugnen, was wir fchon oben vorläufig angedeutet, es feien dadurch,
daß wir durch mehr als 300 Jahre mit den übrigen zur Monarchie gehörenden
Völkern und Ländern unter dem Szepter eines und deffelben Monarchen
leben, — zwifchen uns und diefen Ländern gemeinfchaftliche ökonomifche und
finanzielle Interefjen und Berührungen, und ebenfo aus der gemeinfamen Vertheidigung gegen auswärtige Gewalt refultirende Interefjen faktifch entftanden,
und daß diefe gemeinfchaftlichen Interefjen zwifchen uns und den übrigen Völkern und Ländern der Monarchie beftimmte Bande begründet, welche, obfchon
fie noch nicht rechtlich auf jenem Wege regulirt find, auf welchem allein fie regulirt werden können, d. i. auf dem Wege internationaler Konvention, dennoch
ohne großen Nachtheil für uns und die übrigen Länder und Völker der Monarchie nicht aufgehoben werden können.—Außerdem erlauben uns die Rückfichten auf
Wahrheit und Gerechtigkeit nicht, auch das nicht zu läugnen, daß die Gefammtmonarchie bis jetzt ftets ununterbrochen gegenüber den auswärtigen Staaten,
d. i. in den internationalen Beziehungen und Berührungen ein einziges Ganzes
vorftellte, und daß fomit die auswärtige Politik der Gefammtmonarchie ein-
heitlich und nach einer Richtung ausgeübt wurde.

Hieraus haben fich befondere Berührungen zwifchen uns und den
übrigen Völkern und Ländern der Monarchie gemeinfam, d. i. in concreto,
einerfeits, und zwifchen den fremden Staaten andererfeits, nach den Grundfätzen
internationalen Rechtes entwickelt, in welchen Berührungen wieder ein weiteres
Verhältniß zwifchen uns und jenen übrigen Ländern und Völkern der Gefammtmonarchie dadurch begründet wurde, daß durch jene internationalen Verhältniffe
der Gefammtmonarchie uns in Gemeinfchaft mit den übrigen Ländern und Völkern manche Verpflichtungen auferlegt wurden, welchen wir uns fchon aus
Rückficht für das Heiligthum des internationalen Rechtes nicht entziehen können,
und dies zu thun auch nicht beabfichtigen.

Jetzt entfteht aber die Frage, wie diefe gemeinfchaftlichen Interefjen für
die Zukunft ausgeglichen und in wechfelfeitigen Einklang gebracht, und wie dadurch
ihre weitere ruhige Entwickelung, ohne Verletzung unferes feit Jahrhunderten
beftehenden Staatsrechtes, verbürgt werden könnte?

So fehr wir bereit find, diefen gemeinfchaftlichen Interefjen unfererfeits
genügende Rückficht zu widmen, und diefelben fo auszugleichen, daß die Monarchie
vor Zerfall bewahrt werde, eben fo fehr fühlen wir uns gedrängt, zu erklären,

daß diese Ausgleichung der uns und den übrigen Ländern und Völkern der Gesammtmonarchie gemeinschaftlichen Interessen und die Sicherstellung derselben
für die Zukunft ohne Beeinträchtigung unseres Staats- und konstitutionellen
Rechtes nicht anders erfolgen kann, als auf dem Wege, der diesem unserem
Rechte entspricht, das ist, im Wege einer Konvention, als dem, durch historische
Präzedenzien und durch den Verlauf der historischen Entwickelung unseres staatsrechtlichen Verhältnisses zu den übrigen Ländern und Völkern der Monarchie
vorgezeichneten Wege.

So wie wir dadurch, daß wir durch unsere freie Wahl dem erlauchten re-
gierenden Hause das Szepter dieser Königreiche unter der Bedingung übergaben,
daß die staatsrechtliche Selbstständigkeit dieser Königreiche unverletzt bleibe,
somit im Wege des mit dem gemeinschaftlichen Regenten abgeschlossenen
Vertrages in ein Verhältniß mit den übrigen Ländern und Völkern der
Monarchie traten, ebenso glauben wir, daß schon die historische und rechtliche
Konsequenz es mit sich bringen sollte, daß jetzt, nachdem sich aus diesem, auf der
Identität des Monarchen beruhenden Verhältnisse im Laufe von Jahrhunderten
andere gemeinsame Berührungen und Interessen zwischen uns und den übrigen
Ländern und Völkern der Monarchie herausgebildet haben, und nachdem die gesammte Monarchie in eine konstitutionelle umgestaltet wurde, und nachdem diesem
zu Folge auch die übrigen Völker und Länder berufen sind, über ihre Geschicke zu
entscheiden, — daß, wie gesagt, jetzt diese gemeinsamen Verhältnisse und Beziehungen, welche sich im Laufe von Jahrhunderten zwischen uns und den übrigen Völkern und Ländern der Monarchie entwickelten, im Wege freier wechselseitiger Besprechung und gegenseitiger Konvention auseinandergesetzt und geordnet werden,
und daß auf diesem Wege die Art und Weise festgestellt werde, wie künftighin
diese gemeinschaftlichen Interessen, ohne Nachtheil für die staatsrechtliche Autonomie der einzelnen Königreiche und Länder, zu handhaben und zu ordnen
seien.

Dies ist der einzige Weg, welchen wir, in der Absicht, unser staatsrechtliches Verhältniß zur Gesammtmonarchie festzusetzen, zu betreten bereit wären,
und es auch sein könnten bei jenem Gefühle der Pietät, von welchem wir für
das heilige und kostbare Erbe begeistert sind, welches uns unsere Väter hin-
terließen, und das wir leichtsinnig nicht fahren lassen können, wenn wir nicht
wollen, daß uns eine strenge Rüge unserer Nachkommenschaft treffe, — das
ist für unser konstitutionelles Recht und unsere staatsrechtliche Selbstständigkeit;
das ist, sagen wir, der einzige Weg, auf welchem sich nach unserer Meinung das
Interesse unserer staatsrechtlichen Selbstständigkeit mit dem Interesse der Gesammtmonarchie vereinigen läßt; und indem wir denselben hiemit aufrichtig und
rückhaltslos bezeichnen, erwarten wir vertrauensvoll, es werde uns jeder Rechtliche das Zeugniß geben, daß wir uns hiedurch ebenso als treue Hüter der

uralten, von unseren Vätern überkommenen Erbschaft, wie auch als treue Unterthanen Sr. Majestät erwiesen haben.

Königliches Reskript

auf die Adresse des kroatisch-slavonischen Landtages vom 24.
September 1861, sowie auf die Repräsentation desselben Landtages vom 27. September 1861.

Wir Franz Joseph I. 2c. 2c.

Ehrwürdige 2c. Liebe, Getreue!

Mittelst Euerer Deputation, bestehend aus dem zweiten Vicepräsidenten
des Landtages, Obernotär des Agramer Komitates, Freiherrn Karl von Kuślan,
und dem Vertreter Unserer königl. Freistadt Požega, zweiten Vizegespan des
Požeganer Komitates, Friedrich von Kraljević, wurde am 9. Oktober d. J. die
alleruntherthänigste Repräsentation Euerer Getreuen ddo. Agram 24. September
1861 Unserer Majestät ehrfurchtsvoll überreicht, und ist Uns überdies kurz vorher
von Eueren Getreuen eine zweite alleruntherthänigste Repräsentation ddo. Agram
27. September d. J. im gewöhnlichen Wege zugekommen.

In beiden diesen Schriftstücken haben Euere Getreuen es für nothwendig
erachtet, theils das Staatsrecht Unserer geliebtesten Königreiche Dalmatien,
Kroatien und Slavonien, wie solches nach Euerer Auffassung geschichtlich sich
herausgebildet hat, auseinander zu setzen, und damit zugleich rechtlich den Standpunkt zu bezeichnen, welchen Euere Getreuen den von Uns seit dem 20. Oktober v. J. aufgestellten Staatsprinzipien gegenüber einnehmen zu müssen glauben; theils aber Euere, auf die öffentliche Verwaltung, auf die Selbstständigkeit
und Integrität Unserer gedachten Königreiche, sowie auf deren Nationalsprache
bezüglichen Wünsche und Beschlüsse Uns zu eröffnen und beziehungsweise Unserer allergnädigsten königlichen Sanktion zu unterbreiten.

Indem Wir nun, nach eingehender allseitiger und gewissenhafter Prüfung
der gedachten Schriftstücke, Uns gerne der Mühe unterziehen, Euch hiemit Unsere
allergnädigste königliche Antwort zu ertheilen, glauben Wir vor Allem auf den
Umstand hinweisen und Euere Getreuen, sowie alle Unsere treuen Unterthanen
in Unseren gedachten Königreichen mit Unserem königlichen Worte allergnädigst
versichern zu müssen, daß es in Unserer Absicht weder gelegen war noch auch
jetzt liegt, vermittelst der Aufstellung und Ausführung der im Diplome vom 20.
Oktober v. J. ausgesprochenen Grundsätze altbegründete und noch lebensfähige
Rechte zu entziehen, oder bezüglich der Art ihrer Ausübung weiter gehende

Aenderungen, als welche durch die Einheit und Machtstellung Unserer Monarchie unerläßlich geboten waren, festzusetzen.

Wir hielten es, und mußten es für eine Unserer heiligsten Regentenpflichten halten, mit Hinblick auf den seit einiger Zeit mächtig fortgeschrittenen Geist der öffentlichen Verwaltung in Europa, sowie mit Hinblick auf die innere materielle Lage des Gesammtreiches, welchem Wir durch Gottes Gnaden als Kaiser vorstehen, sowie endlich mit Hinblick auf den durch die jahrhundertlange, und insbesondere in neuester Zeit in Folge ehedem unbekannter Kommunikationsmittel noch fester geknüpfte Gemeinsamkeit der wichtigsten staatlichen Interessen aller Uns von der Vorsehung anvertrauten Völker hervorgebrachten Umschwung in den Anschauungen und moralischen Bedürfnissen derselben, in allen Unseren Königreichen und Ländern freiheitliche Institutionen theils neu einzuführen, theils wieder in Thätigkeit zu setzen; wobei Wir jedoch, gestützt auf den gesunden Sinn Unserer Völker, mit Zuversicht erwarten durften, daß sie, in Anbetracht der auf die Einheit der Dynastie und des Gesammtreiches abzielenden unverbrüchlichen Verträge und Bestimmungen, jene Prinzipien bereitwillig anerkennen werden, welche Wir zur Wahrung eben jener Einheit des Gesammtreiches mit Unserem Diplome vom 20. Oktober v. J. aufzustellen für unumgänglich befunden haben.

Durften Wir überhaupt hiebei zuversichtlich erwarten, daß Unsere Völker, und zwar nicht nur jene, denen aus Unserem gedachten Allerhöchsten Entschlusse neue politische Vortheile und Wohlthaten zu Theil wurden, sondern auch jene, welche dadurch prinzipiell in den Besitz ihrer altherkömmlichen Institutionen wiedereingesetzt wurden, die politische Zweckmäßigkeit und Weisheit, ja geradezu die politische Nothwendigkeit jener Unserer Staatsprinzipien einsehen und anerkennen werden: so konnten und durften Wir keinen Augenblick daran zweifeln, daß der Landtag eines Volkes, welches zu allen Zeiten durch die Festigkeit seines Charakters und durch seine unverbrüchliche Treue und Anhänglichkeit sowohl an Unsere glorreichen Vorfahren als auch an Unsere Majestät vortheilhaft geglänzt hat, und welches überdieß durch seine im Jahre 1848 landtäglich ausgesprochenen Wünsche und gefaßten Beschlüsse sich im Wesentlichen zu denselben politischen Grundsätzen, wie die in Unserem Allerhöchsten Diplome vom 20. Oktober vorigen Jahrs enthaltenen, bekannte, und dadurch, wenn auch nur mittelbar, den Grundgedanken Unseres gedachten Diploms anregte; Wir wiederholen es, Wir konnten und durften keinen Augenblick daran zweifeln, daß der Landtag eines an den Tugenden seiner Ahnen und den Traditionen seiner Vergangenheit so treu hängenden Volkes jenen Unseren, durch Zeit und Umstände gebotenen Staatsprinzipien seine billigende Anerkennung zollen wird.

Und in der That ist es, vorurtheilsfrei aufgefaßt, die bisherige politische Zwitterstellung gerade dieses Unseres Königreiches, welche im oftgedachten
Staatsgrundgesetze endlich einen Abschluß und dadurch in sich selbst das im politischen Leben der Völker so sehr nöthige Gleichgewicht fand, und welche daher
bei ruhiger und objektiver Beurtheilung, wie es zu erwarten stand, den Landtag
desselben zu seinen Beschlüssen vom Jahre 1848, beziehungsweise zu Unseren
Prinzipien vom 20. Oktober vorigen Jahres, nothwendigerweise zurückführen
mußte.

Denn, wie sehr Wir auch der publizistischen Geschichtsforschung Unsere
lobende Anerkennung zollen, so ist es doch nicht zu bestreiten, daß das öffentliche
Recht Unseres gedachten Königreiches, wie es sich durch die verschiedenartigsten
Wechselfälle der Geschichte bis zum Eintritte der Ereignisse des Jahres 1848
gestaltet hatte, mit dem öffentlichen Rechte desselben, wie solches nach vollständiger Entwicklung Unserer oftermähnten Staatsprinzipien sich gestalten soll, sei es
in Hinsicht auf die politische und gerichtliche Selbstverwaltung desselben, sei es
in Absicht auf den Umfang seiner Gesetzgebung und die dadurch gebotenen Garantien seines Fortbestandes als ein in sich abgeschlossenes politisch bestehendes
Land und Volk mit seiner eigenen Sprache, seinen staatsrechtlich anerkannten
Territorialgrenzen, seinen Sitten und Gewohnheiten, gar keinen Vergleich auszu-
halten vermag.

Kurz, Wir gaben Uns vertrauensvoll der Hoffnung hin, daß Unsere getreuen Unterthanen in Unserem gedachten Königreiche, welche eben in jenen
Staatsprinzipien die sicherste Garantie für ihre nationale Entwicklung und ihre
schönere und gedeihlichere Zukunft finden sollten, in Unserem Diplome
nicht eine dürre und lebenslose Rechtsformel, sondern das, worauf es
zunächst Anspruch macht, nämlich ein Postulat der politischen Nothwendigkeit
und zugleich auch für Unser dreieiniges Königreich die prinzipielle Gewährung
der bereits im Jahre 1848 landtäglich geäußerten Wünsche und Anträge erblicken werden.

Es hat daher Unserem väterlichen Herzen wehe gethan, Unsere gegrün-
detsten Hoffnungen in dieser Beziehung bisher nicht in Erfüllung gegangen zu
sehen.

Denn nur mit Schmerz mußten Wir aus den von Eueren Getreuen Unserer Majestät vorgelegten Schriftstücken ersehen, daß der Landtag eines sonst so
biederen, so klugen und so treuen Volkes, wie das Unseres geliebtesten dreieinigen Königreiches, die für es selbst sowohl als auch für den Gesammtstaat so
wichtige Frage seiner staatsrechtlichen Stellung zur Gesammtmonarchie auf dem
ausschließlichen und daher unfruchtbaren Felde des von Euch ohne Rücksicht auf
die Ereignisse des Jahres 1848 und die damaligen Landtagsbeschlüsse zitirten

positiven Rechtes, statt auf dem hier vorzugsweise maßgebenden, jenem nämlich der eigenen politischen Vortheile und Bedürfnisse zu lösen getrachtet hat.

Eine derartige Behandlung allgemeiner staatsrechtlicher Fragen kann überhaupt nie und nirgends zu einem gedeihlichen Resultate führen, wenn in einem Staate die wichtigsten Interessen dabei auf dem Spiele stehen; wenn das Wohl und Wehe von Millionen an dem glücklichen und gedeihlichen Fortbestande einer Staatsbildung hängt; wenn das Glück und die Zukunft vieler edlen, lebens- weil kulturfähigen Völkerstämme, ja sogar der Friede und die ungehemmte Entwicklung des Welttheiles mit der Erhaltung eines tief in das Mark der Völker eingelebten großartigen Staatsorganismus verknüpft ist; und wenn endlich ein solcher Staatsorganismus gewisser Vorbedingungen und staatsrechtlicher Umgestaltungen zur Behauptung seiner Stellung, ja zu seiner Existenz selbst, durchaus nicht entbehren kann.

Ohne daher über die Giltigkeit oder Ungiltigkeit der von Euer Getreuen angeführten vielen, mitunter schon an sich durch ihr graues Alterthum ehrwürdigen Rechtsdenkmäler an dieser Stelle ein Urtheil auszusprechen, halten Wir Uns doch für überzeugt, daß, falls Euere Getreuen die politischen und nationalen Interessen Unseres geliebtesten dreieinigen Königreiches ruhig und ohne Leidenschaft in Betracht gezogen hätten, Euere Entscheidung über die mehrgedachten wichtigen Staatsfragen eine ganz gegentheilige gewesen wäre.

Statt dessen haben es Euere Getreuen vorgezogen, dem Gesammtstaate gegenüber eine rein negative Haltung einzunehmen und an die Stelle der wirklichen Landes-Interessen eine trockene Rechtsfrage zu setzen, ganz verkennend, daß eben auch jedes materielle Recht nach den Postulaten der mit der Zeit wechselnden politischen und nationalen Interessen der Staaten und Völker naturgemäß manchen progressiven Aenderungen unterworfen ist.

In Anerkennung dieses Standpunktes geschah es ja auch, eben weil das politische und nationale Interesse Unserer geliebtesten Königreiche Dalmatien, Kroatien und Slavonien es erheischte, daß die bis dahin geltenden öffentlichen Rechte des Landes von den nicht weniger klugen als tapferen Vorfahren Euerer Getreuen zu Gunsten Unseres allerdurchlauchtigsten Herrscherhauses, sowie zum Wohle des Landes selbst, in den Jahren 1527 und 1712 modifizirt wurden.

Und diesem lobenswerthen und erhebenden Beispiele Euerer ritterlichen Vorfahren ist auch der im Jahre 1848 versammelte Landtag gefolgt, indem er mit muthvoller und aufopfernder Loyalität für die Einheit der Gesammtmonarchie einstand, und zur Garantie derselben und für die nationale Selbstständigkeit des Landes die unmittelbare Verbindung mit der Regierung des Kaiserreiches und die Theilnahme an der Reichsvertretung in den wichtigsten, dem

62

ganzen Reiche gemeinjamen Angelegenheiten durch mehrere Gejeßartifel und Repräjentationen ausdrücklich als nothwendig anerfannte.

Das von jolchen jtaatsflugen und loyalen Vorgängen abweichende Verfahren des jeßigen Landtages mag zwar einigermaßen die Erflärung finden theils in den noch immer erregten Zeitläuften, theils aber darin, daß Wir, troß Unjerer reinjten Abjichten und zu großem Leidwejen Unjeres väterlichen Herzens, durch die, gleich im Anfange Unjerer Regierung allenthalben wüthenden politijchen Stürme gezwungen wurden, zur Rettung des Staates die Vollgewalt der Regierung in Unjeren Allerhöchjten Händen zu vereinigen, woraus dann weiter die unverjöhnlichen Feinde des Staates Anlaß nahmen, ihre, im offenen Felde, eben durch die ritterliche Mithilfe diejes Unjeres geliebtejten Königreiches gebrochene Feindjeligfeit durch Ausftreuung von Mißtrauen im Dunflen fortzujeßen.

Allein, nachdem Wir nun bereits vor einem Jahre das Uns von der Vorjehung anvertraute Reich auf freiheitliche Grundjäße bajirten, glauben Wir von den ernjten und loyalen Männern Unjeres dreieinigen Königreiches erwarten zu dürfen, daß jie, mit Hinblick auf ihre eigenen politijchen und nationalen Interejjen, nicht minder mit Hinblick auf Unjere allerdurchlauchtigjte Dynajtie und die Gejammtinterejjen der Monarchie, an die Stelle der erregten Gefühle die ruhige und objektive Beurtheilung, an die Stelle des alles hemmenden und vergiftenden Mißtrauens das allein heilbringende Vertrauen jeßen werden.

Bei einer vertrauensvollen und unbefangenen Prüfung der rechtlichen und thatjächlichen Verhältnijje können Wir mit Zuverjicht erwarten, niemals wieder der ganz unrichtigen Behauptung zu begegnen, daß das dreieinige Königreich mit Unjeren übrigen Königreichen und Ländern durch feinerlei gemeinjchaftliche Interejjen und Angelegenheiten, jondern lediglich durch Unjere allerhöchjte Perjon, als deren gemeinjchaftlichen Regenten verfnüpft jei.

War denn in der That Unjer dreieiniges Königreich im Auslande nicht von jeher mit Unjeren übrigen Königreichen und Ländern gemeinjchaftlich vertreten? Vergoß es nicht, Wir jagen es mit Befriedigung und mit lobender Anerkennung, jein Herzblut gemeinjchaftlich mit ihnen auf allen Schlachtfeldern des Gejammtjtaates, jowohl innerhalb als außerhalb der Grenzen desjelben? Wurde es nicht zu allen Zeiten gemeinjchaftlich mit ihnen von den finanziellen Zujtänden des Gejammtjtaates jowohl im wohlthätigen als im nachtheiligen Sinne getroffen? Und hat nicht diejes jahrhundertlange Zujammenleben in Leid und Freud, die wechjeljeitige Hilfe der Länder und Völfer untereinander, ihr gemeinjames Leijten von Gut und Blut für die Gejammtheit ein inniges Band um alle Theile Unjeres Reiches gejchlungen, welches, befejtigt noch überdies durch taujend und taujend Fäden der verjchiedenjten Privat-Interejjen, eine reelle und unlösbare Verbindung begründen würde, selbst wenn es, — was doch zweifellos der Fall ist, — in dem Geiste und Wortlaute der pragmatischen Sanktion nicht gelegen gewesen wäre, aus allen unter Unserem durchlauchtigsten Herrscherhause vereinten Königreichen und Ländern ein untheilbares und unzertrennbares Reich aufzubauen.

Indem weiters Euere Getreuen die unbedingte Wiederherstellung der alten Verfassung beanspruchen, scheint es Euerer Aufmerksamkeit entgangen zu sein, daß eine solche Rückkehr zu der alten, bekanntlich ausschließlich feudalen Verfassung gar nicht mehr thunlich ist.

Denn nicht nur entspricht es nicht mehr der Zeit, sondern es ist auch ganz gewiß nicht im Interesse des Königreiches gelegen, daß das Volk wieder, so wie ehedem, den bereits abgeschafften Feudallasten unterworfen und von der Ausübung der politischen Rechte, sowie von der erworbenen Besitz- und Aemterfähigkeit ausgeschlossen, dagegen aber die feudalen Stände, ebenso wie ehemals, mit Steuer- und Militär-Freiheit, sowie mit den übrigen historischen Vorrechten ausgestattet, wiederhergestellt und auf dieselben ausschließlich alle Funktionen des politischen Lebens des Königreiches abermals übertragen werden.

Eben so wurde auch jene Seite der alten Verfassung des dreieinigen Königreiches, welche sich auf die gegenseitigen Verhältnisse zwischen diesem Unseren Königreiche und Unserem Königreiche Ungarn bezieht, theils durch Euere eigenen Beschlüsse, theils aber durch die Ereignisse des vorigen Jahrzehents so tief modifizirt, daß auch in dieser Hinsicht eine Rückkehr zum Alten gänzlich unmöglich geworden ist.

Wenn Wir daher Euere Aufmerksamkeit auf diese von der alten Verfassung unzertrennlichen Seiten hinlenken, so geschieht dies nicht darum, als ob Wir der Besorgniß Raum geben würden, daß Ihr Euch, im Widerspruche mit dem Geiste der Zeit, sowie im Widerspruche mit den bereits im Jahre 1848 in's Werk gesetzten Reformen des Königreiches, nach den ehemaligen Verfassungszuständen etwa zurücksehnet oder auch nur die Möglichkeit derselben wirklich in Schutz nehmen wolltet. Unser Zweck hiebei ist nur der, Eueren Getreuen an diesen augenfälligen Beispielen zu zeigen, wie sehr man mit den Forderungen der Zeit und den heiligsten Interessen des Königreiches, ja wie sehr man mit seinen eigenen, anderswo mehrfach kundgegebenen Wünschen und Ansichten im Widerspruch kommt, wenn man ohne Rücksicht auf den im Jahre 1848 hervorgebrachten gänzlichen Umschwung in dem öffentlichen Rechte des Landes immer nur das unmöglich gewordene alte Recht betont und geltend machen will.

Bei dieser offenbaren Unmöglichkeit einer unbedingten Rückkehr zum Alten glauben Wir Uns den Dank Unseres geliebten Volkes in dem mehrgedachten Königreiche zu erwerben, wenn Wir Uns redlich und nach Pflicht bestreben, jeder

wie immer gearteten Versuchung zur Wiederherstellung der alten Verfassungszu-
stände, unter welchen, nach allen Rechtstheorien, nur die unmittelbar vor dem
Jahre 1848 bestandenen verstanden werden können, standhaft zu widerstehen
und auch hinfort an Unseren Staatsgrundgesetzen vom 20. Oktober 1860 und
26. Februar d. J. mit aller Kraft festzuhalten.

Nur mit Bedauern sehen Wir Uns daher genöthigt, Euch hiemit zu erklären, daß dadurch, weil Ihr auf jene Gegenstände, welche Wir im Sinne des
Art. II. Unseres Diploms vom 20. Oktober v. J. fernerhin nur mit der zweckmäßig geregelten gemeinschaftlichen Theilnahme Unserer Völker behandeln und
entscheiden wollen, den, Unserem dreieinigen Königreiche gebührenden Einfluß zu
nehmen unterlassen habet, Wir die volle Giltigkeit jener Staatsgrundgesetze für
Unser gedachtes Königreich, mit allen ihren Folgen und Wirkungen, in keiner
Weise für gehemmt ansehen.

Indem Wir nun auf die speziellen Punkte der Uns vorgelegten a. u. Repräsentationen übergehen, glauben Wir Euere Getreuen vor Allem auch diesmal mit Unserem königlichen Worte versichern zu müssen, daß Wir das gegenwärtige kroatische und slavonische Militärgrenzgebiet, nach dem Vorgang Unserer Vorfahren, sowie nach Unseren eigenen wiederholten Versicherungen
immer als einen integrirenden Bestandtheil Unseres dreieinigen Königreiches
angesehen haben, und als solchen auch weiterhin ansehen werden.

Das in jenem Gebiete gegenwärtig bestehende Militärgrenzsystem, in
Folge dessen es administrativ von dem Komplexe des Stammlandes getrennt ist,
ist jedoch nicht nur für die Machtstellung des Gesammtstaates, sondern auch insbesondere für die politische Bedeutung und die nationale Zukunft eben jenes
Unseres geliebtesten Königreiches noch immer von einer solchen Wichtigkeit, daß
Wir blos darauf hinzudeuten brauchen, um es Eueren Getreuen sofort begreiflich zu machen, wie wenig es die politischen Verhältnisse und die Interessen des
Stammlandes selbst räthlich erscheinen lassen, an jenem Systeme jetzt irgendwie
wesentlich zu rütteln.

So wie Wir jedoch jenem wichtigen Gebiete Unsere väterliche Sorgfalt
nie versagt haben, so haben Wir auch unlängst, aus Anlaß der auch von Eueren
Getreuen bevorworteten a. u. Repräsentation der Grenzdeputirten, im Schoße
Unseres Kriegsministeriums über die dem wohlverdienten Grenzlande zu gewäh-
renden Erleichterungen Berathungen pflegen lassen, deren Resultate, wie Wir
hoffen, die billigen Wünsche Unserer Grenzbewohner, so weit als es unter den
gegenwärtigen Verhältnissen nur irgend thunlich ist, befriedigen werden.

Auch ist es Unser fester Wille, hiebei keineswegs stehen zu bleiben, sondern, je nach dem Bedürfnisse der Zeit und nach den allmälig zu einer bestimmten und ausgesprochenen Form sich klärenden Verhältnissen des Stamm-

landes, noch weitere Analogien und Berührungspunkte in der Verwaltung und Gesetzgebung der Militärgrenze und ihres Stammlandes aufzufinden und ins Leben zu führen.

Was das Verhältniß Unseres Königreiches Dalmatien zu Unseren Königreichen Kroatien und Slavonien anbelangt, so haben Wir bereits in Unseren Erlässen vom 5. Dezember 1860 und 26. Februar 1861 Unsere Geneigtheit auf die Uns dießfalls aus den letztgenannten Königreichen vorgebrachten Wünsche einzugehen und zugleich den Weg angedeutet, auf welchem die Frage der Vereinigung Dalmatiens mit Kroatien und Slavonien durch freie Verständigung der Vertreter dieser Unserer Königreiche eine allseitig befriedigende Regelung erhalten könnte.

Wie es Euer Getreuen bekannt ist, hat aber der Landtag Unseres Königreiches Dalmatien es bisher abgelehnt, zu diesem Zwecke Abgeordnete an den Landtag von Kroatien und Slavonien zu entsenden, und wenn Wir auch das Gewicht und die Berechtigung jener Einflüsse und Motive, welche der gewünschten Annäherung Dalmatiens an Kroatien und Slavonien entgegentreten, dermalen nicht näher untersuchen wollen, so können Wir doch, da einen Zwang auszuüben Unserem Willen fremd ist, nur neuerlich auf den schon früher von Uns bezeichneten Weg der Behandlung dieses Gegenstandes hinweisen. Wir sind jedoch gerne bereit, sobald die staatsrechtliche Stellung von Kroatien und Slavonien zu der Gesammtmonarchie in einer den Interessen dieser Monarchie sowohl, als jenen des ganzen dreieinigen Königreiches selbst zusagenden Weise bestimmt geregelt sein wird, den Landtag von Dalmatien nochmals aufzufordern, mit dem Landtage von Kroatien und Slavonien durch an denselben entsendete Abgeordnete über die nähere Verbindung aller Theile Unseres dreieinigen Königreiches zu berathen und den Erfolg Unserer Allerhöchsten Entscheidung vorzulegen.

. Wir sehen Uns aber schon jetzt im Interesse Unserer geliebtesten Königreiche Dalmatien, Kroatien und Slavonien selbst genöthigt, daran zu erinnern, daß die Verbindung dieser stammverwandten Königreiche nur dadurch bewerkstelligt, nur dadurch von segensreichen Folgen sowohl für jene Königreiche selbst, als auch für den Gesammtstaat werden kann, wenn hiebei nicht die nationale Abstammung allein, sondern auch die durch eine jahrhundertlange Trennung gebildete, vielfach divergirende politische Anschauungsweise der beiderseitigen Länder in Rechnung gezogen und in einer höheren Einheit ausgeglichen wird.

An dem künftigen Landtage Kroatiens und Slavoniens wird es daher liegen, den Anschluß Dalmatiens und durch denselben die territoriale Integrirung Unserer oftgedachten Königreiche nicht so sehr von Uns zu verlangen, als

5

vielmehr durch eigene weise Maßnahmen und durch Berücksichtigung der eigenthümlichen Interessen und Wünsche der Bewohner Dalmatiens selbst anzubahnen.

Jene Bemerkung Euerer Getreuen, wornach die Behauptung aufgestellt wird, daß die Anordnung des Gesetzes des Königs Maximilian vom 29. November 1567 durch den 58. Gesetzartikel des Landtages von 1790/1 rücksichtlich der Einberufung des Landtages nicht modifizirt sei, scheint offenbar auf einem Irrthume zu beruhen, denn sie widerspricht nicht nur der bekannten Regel „lex posterior derogat priori", sondern auch dem klaren Inhalte jenes neueren Gesetzes, wornach der Ban, wie überhaupt in allen monarchischen Staaten „cum prævio annutu regio" d. h. „mit vorläufiger Bewilligung des Königs", den Landtag einzuberufen ermächtigt ist.

Die vollzogene Installation des Banus, Unseres Feldmarschallieutenants Joseph Freiherrn von Šokčević, ebenso die Wahl desselben zum Landeskapitän, ferner die vom Banus vollführten Ernennungen des Viceban, Johann Zidarić von Sudovec, und des Vicelandeskapitäns, Unseres Feldmarschallieutenants, Georg Grafen Jellačić von Buzim, sowie endlich die Beeidigung dieser Landeswürdenträger, nehmen Wir genehmigend zur Kenntniß.

Anlangend den Wunsch Euerer Getreuen, nach dem Vorgange der älteren Landtage im vorkommenden Falle geeignete Persönlichkeiten zur Banuswürde der Krone vorschlagen zu dürfen, so sind Wir nicht in der Lage, diesen Wunsch zu gewähren; jedoch finden Wir, in jenen Fällen, wenn der Landtag zur Zeit einer Erledigung dieser Würde gerade versammelt sein wird, nichts dagegen einzuwenden, daß es ihm freistehen soll, dazu geeignete Persönlichkeiten der Krone, ebenso wie ehemals, blos anzuempfehlen (commendare).

Auch haben Wir nichts dagegen zu erinnern, daß dem Landtage das Recht vorbehalten bleibe, seinerzeit nach Maßgabe des Bedürfnisses einen Protonotär zu wählen.

Ebenso ertheilen Wir dem Beschlusse, welchen Euere Getreuen in Bezug des gegenwärtigen Verhältnisses Unserer Königreiche Dalmatien, Kroatien und Slavonien Unserem Königreiche Ungarn gegenüber, sowie hinsichtlich der Basis für die künftige Verhandlung mit diesem Königreiche gefaßt und Uns vorgelegt haben, Unsere Allerhöchste königliche Genehmigung, und es wird Unsere Sorge sein, denselben dem nächsten ungarischen Landtage, dessen Zustandekommen Wir mit allen Uns zu Gebothe stehenden Mitteln befördern werden, in der Form Unserer königlichen Proposition zur Verhandlung vorzulegen.

Auch vernahmen Wir mit Freuden die Bereitwilligkeit Euerer Getreuen an Unserer königlichen Krönung sich zu betheiligen, und es ist Unser sehnlichster Wunsch, daß die Hindernisse, welche leider gegen Unsere Allerhöchste Absicht diesen feierlichen und heiligen Akt bisher vereitelt haben, zu Unserer Befriedi-

gung ſowohl, als auch zum Wohle Unſerer geliebteſten Unterthanen, baldmög-
lichſt gehoben werden.

So lange die Verhältniſſe zwiſchen Unſerem Königreiche Ungarn und
Unſeren Königreichen Dalmatien, Kroatien und Slavonien nicht geregelt ſind,
iſt es Uns, wie freudig auch Euer Wunſch Uns berührt, nicht möglich, zu der
von Eueren Getreuen erbetenen ſeparaten Krönung als König Unſerer letztge-
dachten Königreiche Unſere Zuſtimmung zu geben.

Nachdem Euere Getreuen die von Uns wiederhergeſtellte Banaltafel und
den von Uns wiedereingeſetzten königlichen Statthaltereirath anerkannt haben,
ſo ſind dieſe Behörden nunmehr als geſetzliche Landesſtellen für den Umfang
von Kroatien und Slavonien ſo lange zu betrachten, als darüber weiterhin im
verfaſſungsmäßigen Wege nicht anders verfügt wird.

Um übrigens Unſerem dreieinigen Königreiche noch einen weitern Beweis
Unſerer väterlichen Sorgfalt zu geben, und daſſelbe über ſeine autonome Stel-
lung für die Zukunft ganz zu beruhigen, iſt es Uns ein Vergnügen, Eueren
Getreuen hiemit zu eröffnen, daß Wir ſchon demnächſt dazu ſchreiten werden,
Unſer proviſoriſches königliches kroatiſch-ſlavoniſches Hofdikaſterium definitiv
in eine königlich kroatiſch-ſlavoniſche Hofkanzlei umzuwandeln und eben ſo für
die in Kroatien und Slavonien verhandelten Rechtsſachen eine eigene oberſte
Juſtizinſtanz einzuſetzen.

Wir müſſen es nur einer, vielleicht durch die Erregung der Zeit entſchuld-
baren Aengſtlichkeit zuſchreiben, wenn Euere Getreuen an der von Uns in
einem Unſerer königlichen Reſkripte gebrauchten Bezeichnung Unſerer oftgedachten Königreiche als „Erbkönigreiche" (regna hereditaria) Anſtoß genommen
haben. Denn einerſeits ſind die gedachten Königreiche ſeit dem Jahre 1527,
und insbeſondere ſeit dem Jahre 1712 doch offenbar nichts als im eigentlichſten
Sinne Erbkönigreiche, als welche ſie, nämlich als regna hereditaria, zugleich
mit dem Königreiche Ungarn, an mehreren Stellen des ungariſchen Geſetzbuches
(corpus juris) ganz richtig genannt werden; andererſeits aber iſt es an ſich
klar, und wurde das Gegentheil in jenem Reſkripte auch nirgends behauptet,
daß nicht alle und jede, ſondern nur einige, und zwar geſetzlich beſtimmte Erbländer Unſeres Reiches, Glieder des deutſchen Bundes ſind.

Was endlich den Uns vorgelegten Landtagsbeſchluß hinſichtlich der Na-
tional- als ausſchließlichen Geſchäfts-, Amts-, und Unterrichtsſprache anbelangt,
ſo ſind Wir, wie ſehr es auch Unſer feſter Wille iſt, der Nationalſprache im
Amte, in der Kirche und in der Schule ihre wohlberechtigte Stellung zu wahren
und ihr die größtmöglichſte Entwickelung zu ſichern, doch nicht der Anſicht, daß
alle Behörden im Lande, daher auch Unſere Militär- und Finanzbehörden, in
ihren Amtsangelegenheiten, ſo wie daß alle dortigen öffentlichen Geſellſchaften

Programm

zur Konstituirung des österreichischen Kaiserstaates nach dem Prinzipe der konstitutionellen Freiheit und der nationalen Gleichberechtigung.

(Aus dem Jahre 1848)

Von

Og. Ostrožinski.

Niemand flicket ein altes Kleid mit einem Lappen von neuem Tuche, denn der Lappe reißt doch wieder, und der Riß wird ärger.

Man fasset auch nicht Most in alte Schläuche, anders die Schläuche zerreißen, und der Most wird verschüttet, und die Schläuche kommen um. Sondern man fasset Most in neue Schläuche, so werden beide mit einander behalten.

(Ev. Matth. IX. Kap. 16. u. 17. V.)

Das alte morsche Gebäude des Absolutismus in Oesterreich auf Basis antiquirter historischer Zustände, im Moraste des Feudalismus aufgerichtet, ist also zusammengerissen, und wie eine durch Erdbeben zertrümmerte Stadt thürmt sich der Schutthaufen des alten Systems als ein Chaos der buntesten Art, der ordnenden, organisirenden Hand gewärtig, welche mit Liebe die formlose Masse zu organischen Gestalten formen, sie mit dem Hauche des Lebens erfüllen soll.

Der Mangel an organisirenden Talenten ist es vorzüglich, was die Verlegenheiten Oesterreichs mehrt, denn zum Schaffen von etwas Lebensfähigem aus diesen Trümmern gehört geniale Konzeption, und Unbefangenheit in Bezug auf historische Prämissen, die sich theilweise so sehr überlebt haben, daß ihre Galvanisirung als summum jus für den Einzelnen, zur summa injuria für das Ganze wird.

Mit heiliger Scheu vor der Größe der Aufgabe wagen wir es, dasjenige, was sich uns bei Betrachtung aller Wirrnisse, in welchen sich Oesterreich, somit das Geschick von 36 Millionen Menschen befindet, mit Macht als unabweisbare Ueberzeugung aufbringt, anspruchslos dem Forum der Oeffentlichkeit zu übergeben.

Um Licht in dieses Chaos zu bringen, um den Faden der Ariadne in diesem Labyrinth zu finden, müssen wir uns vorerst nach einem Krystallisationskern für die in Fluß gerathenen politischen Zustände des Gesammtstaates umsehen, und feststellen, nach welchem Princip wir das neue Staatsgebäude aufbauen wollen?

Hier besteht die Aufgabe darin „einen allgemein giltigen Satz, zu finden, „der auch allgemein gilt!"

Der Sturz unseres alten politischen Systems ist nur der Beweis, daß dasselbe nicht auf fester Basis stand. Es fiel, weil es nicht durch die ihm innewohnende, allen Theilen gemeinsame Kohäsionskraft, sondern durch künstliche Mittel gestützt wurde.

Es unterliegt aber keinem Zweifel, daß es so wie in der physischen, eben so auch in der politisch-sozialen Welt gewisse Kohäsionsmittel gibt, welche die menschliche Gesellschaft zu einem gemeinschaftlichen Ziele vereinigen. Es muß

1*

ein solches Kohäsionsmittel auch in Oesterreich geben, unter so vielen nach der geographischen Lage, den materiellen Interessen, der ganzen Vergangenheit und Zukunft unter allen Umständen an einander angewiesenen Völkerschaften.

Es gab eine Zeit, wo man von dem Gesetze keine Ahnung hatte, welches die so verschiedenartigen Planeten unseres Sonnensystems im Gleichgewichte hält und in feste Bahnen um ein höheres Ziel lenkt, unbeschadet der Erfüllung ihrer individuellen Lebenszwecke durch die Drehung um die eigene Achse. Die alten Astronomen zerbrachen sich die Köpfe über die vermeintliche Unregelmäßigkeit der Planetenbahnen. Als aber das Gesetz der Schwere entdeckt wurde, da ward es allen klar, daß die Einheit in der Mannigfaltigkeit möglich ist.

In gleicher Lage befinden sich unsere Staatsmänner beim Anblick der Exzentrizitäten der zum nationalen Leben erwachten Völkerschaften dieses großen Reiches. Statt aber deren individuelles Leben zum Tode zu verurtheilen, und sie im Wege der anorganischen Krystallisation zu einem starren geistlosen Konglomerate zu verschmelzen, sollte man eher versuchen, die Nationalitäten als lebendige Organismen zu einem höheren, lebendigen politischen Organismus zu vereinigen.

Es gilt das Gesetz der Schwere unter den nationalen Organismen des österreichischen Staates aufzufinden und in seinem Zwecke anzuwenden.

Dieses Gesetz muß so wie jenes in der physischen Welt, ein allen Theilen des Staatsgebäudes gemeinsames sein, und der Schwerpunkt des letzteren darf nicht außer, sondern muß in dem Fundamente des politischen Baues selbst liegen.

Es muß etwas vorhanden sein, was der ganzen österreichischen Völkerfamilie gemeinsam, wahrhaft nützlich, daher lieb und theuer ist.

Dieses Etwas ist es nun, was zum Fundamente des neuen politischen Baues zu dienen hat, wenn er von Bestand sein soll.

Nun wo ist dieser Stein der Weisen?

Ist es eine geistig-moralische, eine materialistische, eine religiöse, soziale, politische oder nationale Idee, und welche?

Ist es der Absolutismus, der Konstitutionalismus, der Republikanismus?

Ist es die Staatsraison, oder das alte Staatsrecht der verschiedenen historischen Individualitäten in Oesterreich? Die deutsche Centralisation oder der ungarische Dualismus? Der Imperialismus des heiligen römischen Reiches? Oder die abschüssige Bahn der Politik des deutschen Bundes, deren Weisheit in Brüche geht?

Ist es der Germanismus, der Slavismus, Magjarismus, oder der Romanismus?

Ist es der Katholizismus, der Protestantismus, oder welche religiöse Idee?

Welche Idee soll dem Plane zu Grunde gelegt werden? Was soll

Oesterreich aus diesen Wirrnissen erretten? Was ist es, was diese Völkerfamilie von 36 Millionen Seelen für die Dauer befriedigen kann?

Es gibt wohl einige unter den obigen Mitteln, welche gleichsam als Kitt für eine Zeit bei dem Neubaue dienen können.

Der Absolutismus befriedigt eine Klasse unserer Gesellschaft, der Konstitutionalismus eine andere, vielleicht gibt es auch Menschen, die von platonischen Republiken träumen.

Es gibt welche, die in der Rechtskontinuität, in den staatsrechtlichen, politisch-historischen Individualitäten, andere in der unbedingten Centralisation, in ausschließlich deutscher, germanisirender, in slavischer, magyarischer, ultramontan-katholischer Politik das Heilmittel für unsere politischen Zustände suchen.

Allein keines von allen diesen Mitteln spricht das Prinzip aus, welches für alle diese Völkermassen gleichmäßig paßt. Keines dieser Mittel finden wir geeignet, alle Völker und Länder des Reiches zu einem gemeinsamen Ziele zu vereinigen und sie zu dessen konstanter Verfolgung anzueifern.

Wenn uns hienieden die irdische Weisheit verläßt, was bleibt übrig, als zu der himmlischen zu greifen, so wie dieß in jeder Noth des Leibes und der Seele zu geschehen pflegt, daher auch in der politischen Noth zu thun angezeigt ist.

Wir schlagen also das Evangelium auf, und da finden wir Stellen, die so lauten, als wenn sie gerade für die Völker Oesterreichs geschrieben wären:

„Liebe Gott über alles und deinen Nächsten wie dich selbst.“

. . . .

„Thue einem andern nicht, was du nicht willst, daß man dir thue.“

. . . .

und weiter die weise Lehre für die Staatsmänner Oesterreichs:
„Niemand flicket ein altes Kleid mit einem Lappen von neuem Tuche, denn der Lappe reißt doch wieder, und der Riß wird ärger.“

„Man fasset auch nicht Most in alte Schläuche, anders die Schläuche zerreißen, und der Most wird verschüttet, und die Schläuche kommen um. Sondern man fasset Most in neue Schläuche, so werden beide erhalten.“ (Ev. Math. IX. Kap, 16. und 17. B.)

Diese evangelischen Stellen in die Sprache unserer Staatskunst übersetzt, reduziren sich auf die Inschrift auf dem Felsblock oberhalb eines Thores von Wien, bei welchem schon so mancher Abderite gedankenlos vorübergegangen ist.

Diese Inschrift lautet:

„Justitia regnorum fundamentum.“

Dieß ist, ihr Herren, jener allgemeingiltige Satz für Oesterreich, der aber bisher daselbst nicht allgemein galt.

Er ift, das Schlagwort unferer Zeit, in Aller Munde als „Gleichberechtigung."

Dieß ift der Fels, auf dem wir, um unfere Allegorie fortzufeßen, unferen
politifchen Neubau aufführen müffen, wenn er dauern, wenn er uns vor den
Stürmen der Zeiten fchüßen foll.

Gleichberechtigung ift gleichfam die algäbraifche Formel für das ge-
fuchte Gefeß der politifchen Schwere des Reiches. Auf unfere politifchen Zuftände angewendet, zeigt fie uns den Schwerpunkt des künftigen Staatsgebäudes, der ohne Unterlaß im Auge behalten werden muß, wenn der Einfturz
nicht wieder über kurz oder lang erfolgen foll, er zeigt uns, wo der Bau von der
lothrechten Richtung abweicht.

Wie foll alfo das Prinzip der Gleichberechtigung in unferem neuen
Staatsgebäude durchgeführt werden?

Stehen diefem Prinzipe nicht unüberwindliche rechtliche oder thatfächliche
Schwierigkeiten im Wege?

Wir glauben, daß dieß keineswegs der Fall ift.

Wenn es gilt, im Staate ein fo heiliges Prinzip ins Leben zu rufen, wenn
es gilt, das Wohl von fo vielen Millionen Menfchen zu begründen, wenn es fich
um das Sein oder Nichtfein eines Staates handelt, fo muß jede untergeordnete
Rückficht weichen. Der Form darf nicht das Wefen geopfert werden.

Die Staatsraifon muß über Reminiszenzen antiquirter Traditionen, fo
gut wie über §§. antediluvianifcher Rechtspoftulate, im Bewußtfein ihres hohen
Zweckes kühn hinüberfchreiten.

Aber indem fie dieß thut, muß fie bedacht fein, durch die Realifirung
eines neuen Prinzipes die öffentliche Meinung für ihren Zweck vollftändig zu
gewinnen. Sie muß herausfühlen, was die Majorität für das Aufgeben der altgewohnten Rechtsbafis entfchädiget. Sie muß fich hüten, im Gewiffen des Vol-
fes den Stachel unverdienter Kränkung, oder Zurückfeßung zu hinterlaffen. Die
Staatsraifon muß eher Allen ein Plus an politifchen Rechten zutheilen, als daß
fie irgend einen Theil des Gefammtftaates fühlen läßt, daß fie ihm etwas am
angeftammten Eigenthume an politifchen Berechtigungen vorenthalten hat. Der
Berluft einer Sonderftellung in Ungarn und deffen ehemaligen Nebenländern zumal, wird nur dann zu verfchmerzen fein, wenn die Summe der politifchen
Rechte, die jene Völkerfchaften im einheitlichen Gefammtftaate genießen werden,
im Wefentlichen der Summe der früheren Berechtigungen gleichkommt. Jedes
Minus würde tief empfunden, doppelt berechnet werden.

Was das Staatsoberhaupt anbelangt, fo kann darüber kein Zweifel obwalten, daß Gerechtigkeit gegen alle in den erhabenen Abfichten des Herrfchers
über 36 Millionen Menfchen liegt. Es ift das fo felbftverftändlich an folcher

Stelle, daß man das Gegentheil in der gesammten zivilisirten Welt mit den Attributen der Majestät gar nicht vereinigen könnte.

In welcher Richtung soll nun die Gleichberechtigung durchgeführt werden?

Das Objekt derselben ist in Oesterreich das Individuum, der Staatsbürger, die Religion und Nationalität.

Durch die Aufhebung der Feudal-Lasten und durch die Einführung der konstitutionellen Regierungsform ist die Emanzipation des Individuums und des Staatsbürgers prinzipiell sichergestellt.

Man kann aber ein politisch-freier Staatsbürger sein, bei alledem aber in Bezug auf die Gewissensfreiheit und Nationalität in seiner Freiheitssphäre sehr beschränkt bleiben, was insbesondere in einem Staate, wo so viele Religionsgenossenschaften und Nationalitäten sich nicht nur sporadisch, sondern in Massen nebeneinander befinden, sehr drückend und lästig ist. In Oesterreich kann die politische von der nationalen Freiheit nicht getrennt werden, und es würde daselbst die nicht herrschenden Nationalitäten die freieste politische Staatsverfassung nicht befriedigen, wenn sie dieselben zur nationalen Leibeigenschaft verurtheilt.

Die Zwecke der großen Revolution in Frankreich sind mit der Emanzipation der Person und der Stände erreicht, weil da nach der aufgehobenen übermäßigen Beschränkung der persönlichen Freiheitssphäre, keine sonstigen Beschränkungen in höherer Potenz zurückblieben.

Anders ist es in Oesterreich, wo neben der persönlichen und Kasten-Aristokratie noch eine kirchliche Suprematie, eine „herrschende“ Kirche, so wie eine National-Aristokratie des deutschen, des magyarischen, und des italienischen Elementes faktisch besteht, und sich fortan geltend machen will, und voraus in Ungarn auf die dortigen historischen staatsrechtlichen Traditionen und auf die Gesetze von 1848 basirt erscheint, welche das polyglotte Ungarn zum exklusiven Magyarenreiche umwandeln sollten, und woselbst, sowie theilweise auch anderwärts, die fast überall in Europa gestürzte Aristokratie der Kasten sich faktisch durch Behauptung der National-Aristokratie zu indemnisiren sucht.

Diese religiöse und nationale Botmäßigkeit verschwindet allerdings, und ist nicht in Anschlag zu bringen dort, wo einzelne Individuen oder sporadische Ansiedlungen einer Religionsgenossenschaft oder Nationalität in der Masse der andern vorkommen.

Aber dort, wo wie in Oesterreich, kompakte Massen eines Religionsbekenntnisses oder einer Nationalität unter Beschränkungen ihrer kirchlichen und nationalen Freiheitssphäre leben, da steigert sich jene Unbequemlichkeit zu einem nationalen Unglück, zu einer ägyptischen Sklaverei, denn wo gar eine Nationalität als die herrschende, staatmachende (souveräne!) angesehen wird, da gibt es Pharaonen in Menge, und ein Moses thut wahrlich noth.

Das ganze Dasein der unterdrückten Nationalität ist verkümmert, ihre Kulturentwickelung ist eine gehemmte, zwitterhafte, sie lebt nicht, sondern sie vegetirt nur; das Volk kann seine Individualität nicht entwickeln; es wird demoralisirt, indem es gezwungen wird, einer fremden Kulturströmung zu folgen. Seine Schulen erzeugen nur Bastarde und Renegaten, die ärgsten Feinde ihrer Nation.

Ein solcher Zustand verstößt gegen die Humanität, gegen die Gerechtigkeit, und kann für die Dauer keinem Staatswesen nützlich sein. Das ist potenzirte Sklaverei.

Nun kommen also in Oesterreich die politischen und nationalen Interessen in Widerstreit, und aus deren Kreuzungen folgt dieses bunte Chaos von Prinzipienstreitigkeiten, an denen sich alle Parteien betheiligen, ohne den leitenden Faden der Ariadne finden zu wollen, weil nicht Gerechtigkeitssinn, sondern Egoismus vorwaltend ist.

Bei einer genauen Analyse der gegenwärtigen Wirren handelt es sich offenbar bloß darum, die Frage der politischen und der nationalen Freiheit in Einklang, und zur Manifestation in der staatlichen Einheit zu bringen.

Wie kann das geschehen? —

Die staatsbürgerliche Emanzipation der Individuen, und der Stände in Oesterreich ist offenbar nur der Erfolg der ersten Hälfte der großen politischen Bewegung, die im März 1848 begann. Darin ist die Majorität im ganzen Kaiserstaate einig, daß man eine Reaktion gegen diese politische Emanzipation nicht will, denn die Idee der Gleichberechtigung der Individuen und der Stände, die Idee der konstitutionellen Monarchie ist in Oesterreich schon ins Mark der Völker übergangen, und eine Reaktion dagegen auf die Dauer unmöglich.

Wäre der Kaiserstaat nur aus einem nationalen Elemente, wie etwa Frankreich, zusammengesetzt, so wäre die österreichische Revolution nun schon beendigt; das, keine andere als die politische und soziale Emanzipation verfolgende Eine Volk wäre schon befriedigt, und eine glückliche Zukunft des Staates nicht mehr in Frage gestellt.

Da aber der österreichische Kaiserstaat aus vielen organisch abgeschlossenen und zu Folge der Präponderanz des deutschen, des magyarischen und des italienischen Elementes gegen einander feindlich aufgeregten Völkerschaften besteht, so muß eine zweite Hälfte der österreichischen politischen Bewegung folgen, wenn ihr nicht bei Zeiten durch weise Maßregeln vorgebeugt wird, denn die Völker Oesterreichs stehen auf dem Punkte, wo sie von dem Felde der erreichten allgemeinen bürgerlichen Reform ab-, und zur Wahrung ihrer speziellen nationalen Interessen einlenken wollen und müssen.

Die österreichische Revolution ist daher gegenwärtig (Oktober 1848) in jenes Stadium getreten, wo die politische Emanzipation der Individuen und der Stände allein nicht genügt, sondern auch die nationale Emanzipation als eine unabweisbare Forderung der Zeit erscheint.

So wie die erste Hälfte der österreichischen politischen Bewegung nur durch die politische Emanzipation aller Staatsbürger beschworen wurde, ebenso liegt das Arkanum zur Beschwörung der viel gefährlicheren zweiten Hälfte der österreichischen politischen Bewegung einzig und allein in der nationalen Emanzipation aller Völker Oesterreichs, und der gefahrlose Fortbestand dieses Kaiserstaates hängt ab von ihrer politischen Konföderation, (das Wort Konföderation in unserem Sinne, also nicht als ein förmlicher Staatenbund), nicht nach ausländischen Mustern, sondern auf Grundlage der naturgemäßen Entwickelung aus den vorhandenen Elementen und Rechtsbeständen.

Wenn wir nicht irren, so ist die ganze nationale Bewegung in Oesterreich auf eine nationale Verwaltung und ungehinderte nationale Selbstentwickelung, ohne irgend welcher eigentlich revolutionären Absicht, gerichtet. Es ist gar kein vernünftiger Grund vorhanden, die Nationalitäten darin zu hindern; nur müssen Institutionen gegen Ausschreitungen geschaffen werden.

Nun welches ist denn das Gefäß, wird man fragen, in welches der gährende Wein der nationalen Gleichberechtigung gegossen werden soll?

Soll der österreichische Staat ein nationaler Staatenbund werden, dessen Elemente keine hinreichende Kohäsion an das Centrum haben und jeden Augenblick ihrer eigenen Centrifugalkraft in entgegengesetzter Richtung folgen könnten?

Wir glauben, daß es Mittel gibt, das Ziel ohne diesen Nachtheil zu erreichen.

Die Gefäße, in die wir den neuen Wein der nationalen Freiheit gießen wollen, sind nicht die alten historischen Schläuche mit ihrem antiquirten staatsrechtlichen Schimmel, sondern das blanke Gefäß der österreichischen Kaiserstaatsidee, worin einzig und allein hinreichender Raum zur Klärung des jungen Weines ist, wenn er nicht zu Essig werden, wenn er nicht verderben soll.

Um aber den Widerstreit der nationalen Ideen gegenüber der politischen Einheit des Reiches zu beseitigen, muß man bedacht sein, allen österreichischen Nationalitäten solche Garantien für ihre Existenz und Entwickelung innerhalb des Rahmens der österreichischen Gesammtstaatsidee zu geben, daß sie keine Ursache zu gegenseitiger Eifersucht in Bezug auf nationale Suprematie finden, und daß sie sich alle im österreichischen Staatswesen heimisch, und nicht als Fremdlinge, nicht als Werkzeuge einer ihren speziellen, nationalen Interessen ganz fremden Politik ansehen.

Die verschiedenen nationalen Elemente sollen daher dort, wo sie in Massen vorhanden sind, — als potenzirte Individualitäten, als freie Nationalpersonen höherer Ordnung anerkannt, zur Geltung kommen.

Diese Nationalpersonen wären dann zu einer konstituirenden Vereinbarung in Bezug auf ihre künftige staatsrechtliche Stellung im Kaiserstaate auf Grund vollständiger, nationaler Gleichberechtigung aufzufordern, damit sie in die Lage kommen, durch freigewählte Vertreter sich über die Mittel zur Realisirung eines gemeinschaftlichen Staatszweckes innerhalb der Marken des Kaiserstaates, unter den unantastbaren Bedingungen der pragmatischen Sanktion, zu einigen.

Wenn die Ursache zur nationalen Jalousie unter den Völkern des Kaiserstaates beseitigt ist, so müßten sie nur Rebellen gegen die Vernunft sein, falls sie gegen die Existenz desselben agiren würden.

Der österreichische Staatszweck kann ohne Verhinderung der Nationalitäten in der Entwickelung ihrer Individualität ohne weiters erreicht, gleichwie die Nationalitätsidee ohne Beirrung des Staatszweckes realisirt werden, denn er besteht der Hauptsache nach nur in dem gegenseitigen Schutz- und Trutzbündnisse gegen die Feinde der gemeinschaftlichen individuellen, staatsbürgerlichen und nationalen Existenz.

So wie ein Theil einer verwandten Familie irgend einen Vertrag mit einer fremden Familie oft mit viel mehr materiellem Vortheil realisiren kann, als mit seiner eigenen Verwandtschaft, ebenso kann ein Theil einer Nation im Staatsverbande mit einer fremden Nation oft viel mehr praktische und wirkliche Vortheile finden, als vielleicht in der Abgrenzung und Isolirung seiner eigenen Race; denn im Staatsleben kommt es zumeist auf die politischen Institutionen an, welche durch das gegenseitige Interesse bedingt sind, und welche hauptsächlich von materiellen Faktoren abhängen.

Besonders in Oesterreich kreuzen sich in Folge der geographischen Ausdehnung der Wohnsitze der Nationen die materiellen Interessen mit den nationalen so sehr, daß bei praktischer Ausführung eines vollständigen nationalen und politischen Separatismus der Nationalitäten diese gar zu bald ihren materiellen Ruin beklagen müßten.

Wenn wir aber vom Separatismus reden, so verstehen wir darunter eine wirkliche Losreißung vom Staatsverbande, keineswegs aber die, unserer Ansicht nach ganz gefahrlose, und sehr rathsame Abgrenzung der Nationalitätsmassen als Verwaltungsgebiete, nicht um sie dadurch in eine feindselige Stellung gegeneinander zu bringen, sondern im Gegentheil um den Frieden zwischen ihnen herzustellen.

Was ist nun zu thun?

Wir meinen, daß Alles eine Sisyphusarbeit sein wird, wenn die österreichischen Staatsmänner nicht anfangen, an die neuen Schläuche für den jungen Wein zu denken.

Oesterreichs Staatskomplex enthält sieben kompakte Gruppen organisch abgeschlossener, wesentlich von einander verschiedener, im Nachstehenden annähernd berechneter Völkerschaften, u. z.

Erste Gruppe: Deutsche · · · · · · · · · 8,000.000
Zweite Gruppe: Čechen, Mährer, Schlesier, Slovaken · · 6,500.000
Dritte Gruppe: Magyaren · · · · · · · · 5,200.000
Vierte Gruppe: Südslaven (Serben, Kroaten, Slovenen) · 4,200.000
Fünfte Gruppe: Polen, Ruſſinen · · · · · · · 5,500.000
Sechste Gruppe: Romänen · · · · · · · · 3,000.000
Siebente Gruppe: Italiener (berichtigt nach der Einw. Z. v. 1860) 2,600.000

                               Zusammen · · 35,000.000

Diese sieben, bürgerlich und nationell emanzipirten Völkerschaftsgruppen wären jene freien Nationalpersonen, welche dort, wo sie eine Masse bilden *), als ein Ganzes zu betrachten sind.

Um einen dauernden Frieden zwischen ihnen herzustellen, muß man einer jeden erlauben, eine Heimath, einen Herd ihrer nationalen Entwickelung zu haben.

Dieß kann aber nicht anders geschehen, als daß man sich dazu versteht, die Länder des Kaiserstaates nach Nationalitäten neu abzugrenzen, denn die bisherigen historischen Provinzialeintheilungen sind „die alten Schläuche," in welche der Most der nationalen Freiheit nicht ohne Gefahr zu fassen ist.

Die Majorität der einen oder der andern Völkerschaft soll entscheiden, zu welcher derselben die Landestheile in ihrer räumlichen Ausdehnung gehören, wornach sie auch politisch neu einzutheilen sind, und wobei natürlich auf kleine sporadische Niederlassungen einer Völkerschaft in der Masse der anderen, nach dem Grundsatze: ländlich sittlich, — keine Rücksicht genommen werden kann, weshalb auch hier die im ganzen Reiche sporadisch zerstreuten, schwächeren Nationalitäten überall in die obermähnten größeren Nationalgruppen einbezogen wurden, ohne daß selbst den halbwegs lebensfähigen Minoritäten die nationale Geltung in der Gemeinde, der Bezirks- oder Kreisverwaltung benommen werden sollte. **)

---

*) Siehe ethnographische Karte der österr. Monarchie von Bar. Czoernig.

                       (Anm. d. V. anno 1861.)

**) Die Sachsen in Siebenbürgen rechnen wir ebensowenig als die Magyaren daselbst, dann die Deutschen im Norden und Westen von Böhmen, zu den sporadischen Ansiedlungen, und wünschen ihre Vertretung als Nationen im Kreise ihrer übrigen verwand-

Wir hören wohl das Zetergeschrei über die Idee einer Alterirung der historischen Provinzial-Eintheilung und Begrenzung der Ländergebiete nach Nationalitäten.

Man verkennt noch immer mehrseitig, daß der Neubau der Freiheit in Oesterreich auf der Grundlage von Institutionen des Faustrechts, auf Grund antiquirter staatsrechtlicher Zustände nicht bestehen kann.

Insbesondere ist es das historische Recht, das der nationalen Freiheit fast überall im Reiche entgegensteht, namentlich in den Ländern der ungarischen Krone, was hauptsächlich den Bürgerkrieg in Ungarn hervorrief.

Und das ist die Quelle aller Verlegenheiten, die nicht so sehr in der Revolution von 1848, als in der Unbeholfenheit der reorganisirenden Hände liegt.

Allein wir müssen zu bedenken geben, daß die Zeiten vorüber sind, wo Nationalitäten als Appertinenz vom Grund und Boden angesehen, und gleichsam als Eigenthum einer anderen Nationalität in ihr historisch-staatsrechtliches Grundbuch eingetragen wurden. Es ist nun auch an der Zeit, sich zu der Ansicht zu bequemen, daß dasjenige, was für den ehemaligen Unterthan gegenüber der persönlichen Pivatherrschaft gilt, auch für jede lebensfähige Nationalgruppe gegenüber der bisherigen nationalen Herrschaft (der herrschenden Nationalitäten) zu gelten hat. Wir sind der Ansicht, daß die Ländereien, wo eine Nationalität in Masse ansässig ist, nur innerhalb ihrer Wohnsitze als ihr Eigenthum angesehen werden können, und daß keine Nationalität das Recht hat, eine Herrschaft über eine andere anzusprechen, weil sie zufällig in einer Provinz beisammen leben, welche denselben historisch-geographischen Namen führt. Ungarn insbesondere ist ein Magyarenland (Magyarország) nur in jener räumlichen Ausdehnung, als die magyarische Race in kompakter Masse vorhanden ist.

Dort aber, wo das historische Staatsrecht der Ausführung dieser Emanzipation scheinbar entgegensteht, muß eben das historische Staatsrecht und selbst das internationale Recht modifizirt werden.

Ist nun das Kaiserthum in dieser Art ethnographisch eingetheilt, und sind die Nationalitäten als integrirende gleichberechtigte Theile des Gesammtstaats-Verbandes erklärt worden, so erscheinen unserem Vorschlage gemäß obige

---

ten Brüder. Ueberhaupt können die Einzelnheiten dieser Eintheilung, die den Staatszweck durchaus nicht beirrt, berathen und fixirt werden. — Wie die Provinzialinteressen der Čechen und Deutschen in Böhmen, der Sachsen und Magyaren in Siebenbürgen ꝛc. mit dieser Eintheilung zu vereinbaren wären, das würde ein näheres Eingehen in die Frage von Seite der Betheiligten selbst an die Hand geben.

sieben (oder nach Umständen und Uebereinkunft auch mehr oder weniger) gegenseitig unabhängige, innerhalb der Staatsgrenzen des österreichischen Kaiserthums wohnende Völkerschaften, welche als freie, auf das Beisammenleben unter einer gemeinschaftlichen Dynastie und Staatsgewalt angewiesene Nationen einen gemeinschaftlichen Staatszweck · auf konstitutionell-monarchischer Grundlage realisiren, dabei ohne Aufhebung ihrer potenzirten Individualität (nämlich Nationalität) von ihrer allseitigen Kraft nur so viel an den gemeinschaftlichen Fond abgeben sollen, als es der Staatszweck benöthiget, der nur Humanität im ausgedehntesten Sinne sein kann.

Diese ethnographische Provinzialeintheilung des Kaiserstaates würde für die Folge zugleich die **Haupt-Verwaltungsgebiete, die nationalen Kronländer des Gesammtstaates** bilden.

Wie wir uns die Konstituirung des Kaiserstaates nach dem obigen Prinzipe denken, das wollen wir nun im Nachstehenden entwickeln:

Programm ·

zur Konstituirung des österreichischen Gesammtstaates nach dem Prinzipe der konstitutionellen und der nationalen Gleichberechtigung: *)

„In necessariis unitas, in dubiis libertas, in omnibus charitas.“

(St. Augustinus.)

I. Staatsverband.

§. 1. Diesen bilden folgende innerhalb der Staatsgrenzen des Kaiserthums Oesterreich befindliche Nationen und zwar:

*) Wir ersuchen den geehrten Leser nicht zu vergessen, daß dieses Programm aus dem Oktober 1848 herrührt, und weder vom Standpunkte des 20. Oktober 1860, noch von jenem vom 26. Februar 1861 zu beurtheilen ist. Zur Zeit der Konzeption dieses Programmes war im Reiche so zu sagen eine tabula rasa, und Männer, welche damals solche Anknüpfungspunkte für die Einheit des Gesammtstaates in dieser oder jener Weise suchten, wurden von Freunden desselben mit Beifall überschüttet, von der Revolutionspartei aber als Reaktionäre und absolutistische Centralisten gescholten.

In Bezug auf die Opportunität eines solchen Programmes im Jahre 1861 und dessen Vereinbarung mit dem dermaligen verfassungsmässigen Rechtsboden, wolle man das Urtheil gütigst zurückhalten, bis man von dem Inhalte des Epilogs am Schluße dieser Schrift, aus dem Jahre 1861, Akt genommen hat, da wir keineswegs vom dermaligen positiven Rechtsboden abstrahiren, und recht gut wissen, daß manche Punkte dieses Programmes gegenwärtig ein Anachronismus sind, nichtsdestoweniger aber bei den großen Schwierigkeiten, die sich der Ausführung der Verfassung entgegenstellen, geeignet sein dürften, zum ernstlichen Nachdenken über eine Vereinbarung der Verfassung mit den Anschauungen der Mehrzahl der Nationalitäten aufzufordern.

(A. d. V. anno 1861.)

1) Deutsche,

2) Čechen, Mährer, Schlesier und Slovaken,

3) Magyaren,

4) Südslaven (Serben, Kroaten, Slovenen),

5) Polen, Russinen,

6) Romänen,

7) Italiener.

§. 2. Die politische Eintheilung dieser National-Kronländer, welche mit den ethnographischen Grenzen der Wohnsitze ihrer Einwohner zusammenzufallen hat, wird im Nationalkongresse (§. 9) näher festgesetzt.

II. Staatszweck.

§. 3. Sicherstellung nach Außen und nach Innen sowohl der geistigen, moralischen, als der materiellen Entwickelung, somit Garantie der Freiheit aller, diesen Staat bildenden Nationen, mit dem Endzwecke der Humanität.

III. Staatsgrundsatz.

§. 4. Vollkommene Gleichberechtigung aller Nationalitäten in Bezug auf die Gesetzgebung und nationale Entwickelung.

§. 5. Vollkommene Gleichberechtigung aller Staatsbürger in Bezug auf alle aus dem Gesetze fließenden Rechte.

§. 6. Proportionale Vertheilung aller Lasten und Verbindlichkeiten sowohl zwischen den Nationen als den Staatsbürgern.

IV. Staatsform.

§. 7. Konstitutionelle Monarchie mit erblicher Thronfolge.

V. Staatsoberhaupt.

§. 8. Der Kaiser von Oesterreich aus dem durchlauchtigsten Hause Habsburg-Lothringen mit dem Erbfolgerechte nach der pragmatischen Sanktion.

VI. Staatsgewalten.
Die Legislative.
a) Centrale:

§. 9. Der Nationalkongreß, der aus einer gleichen, aus den National-Landtagen durch sie selbst zu wählenden Anzahl Vertreter jeder Nation (etwa je 25) zu bestehen hat:

als Organ der staatsrechtlichen, konstituirenden Legislatur, auf Basis der Gleichberechtigung der Nationalitäten; zur definitiven Feststellung der politischen Eintheilung der Länder, und der staatsrechtlichen Vereinbarungsakte, dann der Konstitutionsakte, so wie der eigenen Kompetenz und jener des Reichstages

(§. 10) gegenüber den Landtagen, zur Kontrolle der Politik der National-Hof-kanzler (§. 21), und zur Lösung anderer ähnlicher Fragen.

§. 10. Der Reichstag mit aus den National-Landtagen ebenfalls durch sie selbst zu wählenden Vertretern, nach dem Maßstab der Volkszahl (etwa je Einer von 100.000 Seelen), dann mit gehöriger Berücksichtigung des Groß-grundbesitzes, der Industrie und der Intelligenz:

als Organ der Reichs-Legislatur, auf Basis der reichsbürgerlichen Gleich-berechtigung, zur Schaffung allgemeiner Gesetze in Bezug auf Auswärtiges, Krieg, Finanzen und Handel, innerhalb der vom Nationalkongreße aufgestellten, für den Reichstag maßgebenden organischen Verfassungsgesetze.

§. 11. Zur Wahrung der höheren konservativen Interessen wäre statt eines Pairshauses, ein Reichssenat aus lebenslänglichen vom Kaiser ernann-ten Mitgliedern aus den hohen weltlichen und kirchlichen Würdenträgern, dann aus dem großen Grundbesitze, der Intelligenz und der Industrie zu bilden.

b) Nationale.

§. 12. Der National-Landtag bei jeder Nationalgruppe, welcher nach der Volkszahl etwa auf je zwanzig Tausend mit Einem Deputirten eben-falls unter Berücksichtigung des Großgrundbesitzes, der Intelligenz und der In-dustrie, zu beschicken ist:

als Organ der innern Legislatur, wohin Alles gehört, was dem Natio-nalkongreße und dem Reichstage nicht vorbehalten ist.

§. 13. Die gesetzgebenden Körper (Nationalkongreß, Reichstag, Land-tage) sind in ihren Sphären gegenseitig vollkommen unabhängig.

§. 14. Die Sanktion der Beschlüsse hat jeder derselben unmittelbar vom Kaiser einzuholen.

§. 15. Die gesetzgebenden Körper haben sich und zwar die National-Landtage aller Nationalgruppen zu gleicher Zeit, z. B. am ersten Montag des Monats November, der Reichstag am ersten Montag des Monats Februar, und der Nationalkongreß nur nach Bedarf zu versammeln.

§. 16. Der Nationalkongreß wird in der Folge aus hiezu im Voraus von den Landtagen bezeichneten Reichstagsabgeordneten zusammen-gesetzt, so daß sich der Nationalkongreß jederzeit aus dem Reichstage selbst konstituiren kann.

§. 17. Die Verhandlungssprache des Nationalkongresses und des Reichs-tages ist diejenige (als Verständigungssprache), deren die Majorität der Mit-glieder mächtig ist. Das Protokoll ist in allen Sprachen zu führen, und die Gesetze in allen Sprachen des Reiches als Originaltext zu kodifiziren und zu publiziren.

§. 18. Die National-Landtagssprache ist die betreffende National-sprache.

16

§. 19. Der Nationalkongreß und der Reichstag haben sich in der Residenz des Kaisers zu versammeln, die National-Landtage aber im eigenen Lande an den Sitzen der Länder-Chefs.

Die Exekutive.
a) Centrale.

§. 20. In allen Angelegenheiten der beiden Central-Legislaturen hat die vollziehende Gewalt ein diesen beiden, je in ihrem Wirkungskreise, verantwortliches Reichsministerium, bestehend: aus dem Ministerpräsidenten, dem Minister des kaif. Hauses und des Auswärtigen, des Krieges, der Finanzen und des Handels, welch' letzterer nur als Vertreter der allgemeinen handelspolitischen Interessen des Reiches fungirt.

§. 21. Zur Führung der Exekutive in Angelegenheiten der National-Landeslegislatur, daher in Bezug auf die ganze übrige innere Verwaltung der Länder, hat für jede Nationalgruppe je ein Hofkanzler (als Landesminister) mit einer Hofkanzlei am Sitze der Central-Regierung zu bestehen, und ist für seine Verordnungen dem Nationalkongresse und dem betreffenden National-Landtage, je nach dem Wirkungskreise, verantwortlich.

§. 22. Der Wirkungskreis des Hofkanzlers umfaßt gegenüber dem betreffenden National-Kronlande jenen der früheren Minister des Innern, der Justiz, der Polizei, des Kultus, und der Landeskultur.

§. 23. Die Hofkanzler sind auch berufen, in allen Reichsangelegenheiten als Beirath des Reichsministeriums mitzuwirken, gleichwie letzteres in wichtigen, die Interessen des Gesammtreiches berührenden Fällen, als Beirath der Landesministerien in Absicht auf die innere Verwaltung, mitwirken soll.

§. 24. Alle Gesetze und kaiserliche oder Regierungs-Verordnungen müssen von dem betreffenden Reichsminister oder Hofkanzler kontrafignirt sein.

§. 25. Das Reichsministerium übt die Exekutive in Reichsverwaltungs-Angelegenheiten, so wie jeder Hofkanzler als Landesminister in der obersten Landesverwaltung, durch die Länderchefs und die denselben untergeordneten landesfürstlichen Organe aus.

b) Nationale.

§. 26. In den Angelegenheiten der centralen und der National-Kronlands-Legislatur, in Bezug auf die erstere vom Reichsministerium, in Bezug auf die letztere vom betreffenden Hofkanzler abhängig, besorgt die Geschäfte bei jeder Nation der aus den Landessöhnen vom Kaiser ernannte Landeschef, mit den von ihm kandidirten und vom Kaiser ernannten Räthen, nebst den sonst erforderlichen landesfürstlichen Beamten.

§. 27. An der Spitze der Kreise stehen vom Kaiser, an der Spitze der Bezirke aber vom Landesminister ernannte politische Chefs, mit den erforderlichen landesfürstlichen Beamten.

§. 28. An der Spitze der Stadt- und Landgemeinden stehen gewählte, theils vom Kaiser, theils von den Landesbehörden zu bestätigende Bürgermeister.

§. 29. Die Munizipien, d. i. Kreis- (Komitats-), Bezirks- und Gemeinde-Vertretungen haben zur Wahrung ihrer Munizipal-Interessen und zur Ausführung ihrer gesetzmäßigen Beschlüsse, in Hinsicht dieser Interessen ihre eigenen gewählten Munizipal-Ausschüsse und Magistraturen, welche in Landesverwaltungsangelegenheiten einen ihnen vom Staate übertragenen Wirkungskreis ausüben. Auch steht ihnen das unbeschränkte Petitionsrecht zu, ohne daß sie die Befugniß hätten, irgendwie in die Legislative oder Exekutive des Staates einzugreifen. *)

§. 30. Die Justizpflege ist von der Verwaltung getrennt, und wird in jedem National-Kronlande, in allen Instanzen durch eigene landesfürstliche Gerichte, u. z. Bezirksgerichte, Kreiskollegialgerichte, Appellations- und Kassationshöfe im Lande selbst ausgeübt.

§. 31. Es bleibt der Reichsgesetzgebung vorbehalten, ob und in Bezug auf welche Gegenstände ein Reichsgericht aufzustellen ist.

§. 32. Die Nationalsprache jeder Nationalgruppe hat als Unterrichts-, Gerichts- und Amtssprache im Lande und im Verkehr mit den Centralstellen zu

----

*) Man bezeichnet zwar die Komitatsmunizipien mit ihrem alten Wirkungskreise als Bollwerke der Landeskonstitution. Allein wir können uns durchaus nicht dazu entschließen, ihnen diese, unserer Ansicht nach bloß dem Landtage zukommende Aufgabe zuzuerkennen, und wünschen sie aller legislativen und wichtigeren administrativen Wirksamkeit enthoben zu sehen, weil die Munizipal-Exekutive die allerunwirksamste und unzuverlässigste, ihre Opposition aber die unfruchtbarste ist. In jedem konstitutionellen Staate soll eine Opposition vorhanden sein, aber ihr Platz ist im gesetzgebenden Körper, nicht in der Exekutive. Die Opposition der Komitate kommt uns vor wie ein endloser Guerillaskrieg, der nicht auf Sieg, sondern auf Ausrottung des Gegners losgeht. Der Kampf mit der Opposition am Landtage dagegen ist der große Krieg zwischen regulären Armeen. Nach der Schlacht weiß man, wo der Sieg, daher wo das Recht ist. Hier wird eine Parthei aufgerieben, dort reiben sie sich beide auf. Dort wo jedermann den Gesetzgeber spielen, niemand aber arbeiten will, wie dieß bei unseren Munizipalversammlungen und ihren Magistraturen der Fall ist, da ist das Regieren, gleichviel ob konstitutionell oder nicht, rein unmöglich, und eine gemüthliche Anarchie, die Unordnung, an der Tagesordnung.

2

18

gelten. Die Reichsministerien und die Hoflanzleien verkehren daher mit den Landesbehörden in der betreffenden Nationalsprache, die Centralstellen untereinander
und mit dem Kaiser, so wie die Landesstellen verschiedener Kronländer mit einander, in deutscher Sprache.

§. 33. Zur Ermöglichung der Anwendung der betreffenden Nationalspra-
chen bei den Reichsministerien sollen aus jeder Nationalgruppe der Nationalsprache kundige Individuen in genügender Anzahl zur Dienstleistung berufen
werden.

Auf solche Weise wäre das Gleichgewicht zwischen den nationalen
und den gesammtstaatlichen Interessen hergestellt, und der Friede dauernd gesichert.

Auf diese Art würde die nationale Minorität nie in die Lage kommen, in
einer nationalen Majorität aufzugehen, der ewige Zankapfel der nationalen Eifersucht wäre auf immer beseitigt, und im Staatsleben keine Nationalität domi-
nirend.

Dieses wäre besonders für die kleineren Nationalitäten eine sichere Garantie gegen jeden nationalen Despotismus. Das Deutsch- und Magyarenthum
wäre von dem Alp der slavischen Majorität erlöst, gleichwie das Slaventhum
ꝛc. von dem Despotismus der ersteren nichts zu besorgen hätte.

Dieß ist der einzige Weg des Friedens, der einzige Weg der Gerechtigkeit,
der Weg zur Sicherstellung der ausgesprochenen Gleichberechtigung aller Nationalitäten. Wer diesen Weg nicht will, der will keine Gleichberechtigung, sondern
fortan Herrschaft der bevorzugten Nationalitäten, der will das Faustrecht zwischen den Nationen, das zwischen den Individuen und den Klassen der Gesellschaft abgeschafft ist.

Ja was noch mehr ist, wenn dieses Prinzip zu einem großen europäischen
Konföderativ-System gediehen sein wird, so ist dann, und nur dann der Welt-
friede gesichert, und das Menschengeschlecht macht Riesenschritte zur
Humanität.

Was ist die Ursache der wilden Kriegsfurie aller Zeiten und Völker, als
hauptsächlich die Sucht dieser oder jener Nationalität oder Religionssekte über
eine andere zu herrschen? Seit neunzehn Jahrhunderten bestrebt man sich, das
Heidenthum unter den Menschen auszurotten, und kein Mensch dachte daran,

das potenzirte Heidenthum, jenes zwischen den Nationalitäten zu beseitigen. Die Einheit der großen, unseren Planeten umfassenden Völkerfamilie darf nicht auf anorganischem, sondern auf organischem Wege angestrebt werden. Von dem Augenblicke an, als die Völker diese Idee begreifen, sind so schaubererregende Verbrechen, wie es die Todsünde des Krieges ist, nicht mehr so leicht möglich wie bisher.

Ein großösterreichischer Staatsverband ist möglich, der in seiner naturgemäßen Nationalorganisation, weit entfernt den Zerfall Oesterreichs herbeizuführen, im Gegentheile diesem Staate ein ganz neues, ehedem unbekanntes, intensives Leben verleihen und ihn zum Centralpunkte einer großen mitteleuropäischen Konföderation machen würde. Denn was sich im absolutistischen Sinne nie und nimmermehr realisiren läßt, würde sich im Wege der Vereinbarung realisiren lassen, wenn Oesterreich freisinnig national regiert würde, und wir könnten noch bald das Wunder sehen, wie aus den Trümmern des alten österreichischen Staatssystems, sich ein neues Ganzes voll Geist und Leben entwickelt, mächtiger als es jemals war.

Und mag man sagen was man will, die Antipathien der österreichischen Völker werden sich gewiß heben, sobald Letztere nicht bloß am Papier, sondern auch durch staatliche Institutionen sich gegenseitig gleich gestellt, nur dem allgemeinen Staatszwecke, auf der Basis wirklicher, nicht scheinbarer Gleichheit als Nationen, untergeordnet werden, und wenn sie sehen, daß endlich eine wahre ausschließlich österreichische, von allen Neben- und Hintergedanken gegenüber einzelnen Nationalitäten freie Politik in Aufnahme kommt.

Auch ist nur in einem föderativen Sinne ein Anschluß des ganzen österreichischen Staates an Deutschland, als ein Schutz- und Trutzbündniß denkbar. Die Idee des einigen Deutschlands für die deutschösterreichischen Theile der konstitutionellen Monarchie wäre in einem solchen Falle bis auf das politisch-sociale österreichische Staats-Interesse, das, wie natürlich, eine Scheidewand zwischen Oesterreich und Deutschland bildet, — für den deutschen Oesterreicher erreicht, eben so wie dies für andere Nationalitäten Oesterreichs, bei einem Bündniß des Gesammtstaates mit einem andern der benachbarten Staaten, der Fall sein könnte.

So würde das, in offener See nun allen Stürmen preisgegebene Staatsschiff Oesterreichs plötzlich im sichern Port und obendrein der Ballast zum politischen Gleichgewicht Europa's werden.

Hiernach würde sich die österreichische Staats-Verfassung nach dem Prin-

zipe der konſtitutionellen Freiheit und der nationalen Gleichberechtigung orga-
niſch geſtalten, wie es die nachfolgende bildliche Darſtellung zeigt:

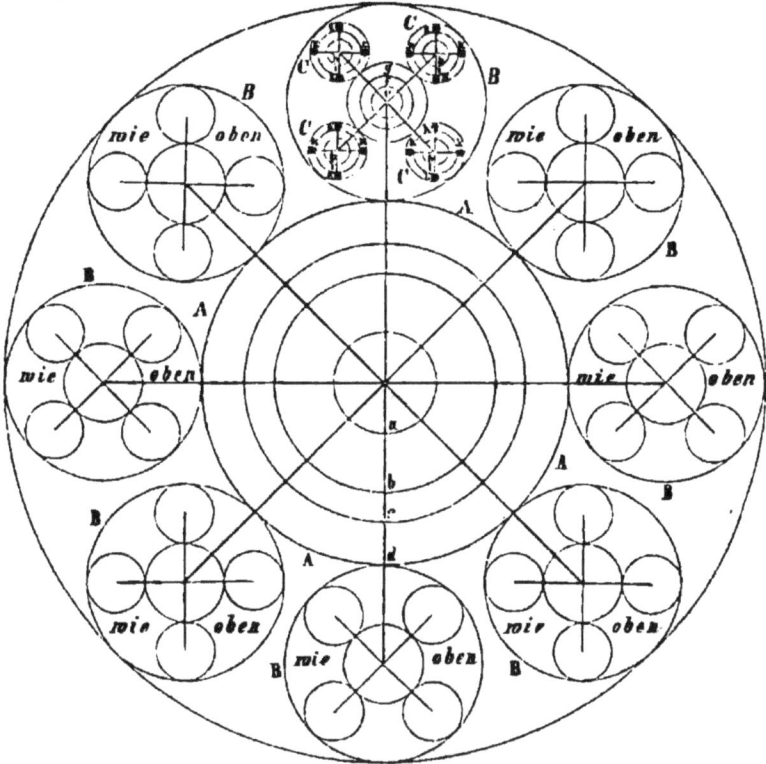

Erklärung:

I. Das Hauptſyſtem A verſinnlicht die Centralgewalten, u. z.: die Kreisfläche
a den konſtitutionellen Thron; die Ringfläche b das Reichsminiſterium und die
Länderminiſterien (Hofkanzleien); c den National-Kongreß; und d den Reichstag.

II. Die erſten Nebenſyſteme B, deren Anzahl von der Gruppirung der Nationalitäten (von 7 bis höchſtens 10 Gruppen) abhängt, verſinnlichen die einzelnen National-Kronländer, identiſch mit den Reichsverwaltungs-Gebieten, u. z.: e die Länder-Chefs; f die
Landesregierungen (Statthaltereien); und g die National-Landtage.

III. Die zweiten Nebenſyſteme C, deren Anzahl von der Größe der Nationalgruppen
und ihrer innern Eintheilung abhängt, verſinnlichen die Adminiſtrations-Kreiſe (Komitate), u. z.:
h die Kreis-(Komitats-)Chefs mit der landesfürſtlichen Kreis- (Komitats-) und Bezirks-
Magiſtratur; i die Kreis- (Komitats-) und Bezirks-Vertretung und Magiſtratur; und k die Gemeinden mit ihrer Vertretung und Magiſtratur.

IV. Die Radien, welche die Centralpunkte verbinden, verſinnlichen die Abhängigkeit der
ſämmtlichen Regierungsgewalten vom Haupt-Centrum mittelſt der Centraliſirung des Kriegs-,
Finanz- und Handelsweſens, der auswärtigen Angelegenheiten, und die wirkliche Vertretung der Länder-Intereſſen durch die Länder-Miniſterien bei der
Central-Regierung.

Hiebei hat man zweierlei Rücksichten zu beachten: 1) daß der politische Verband der National-Kronländer gegenüber dem Centrum nicht zu locker sei; 2) daß die Länder unter sich das Gleichgewicht behalten.

Zur Herstellung dieses politischen und nationalen Gleichgewichtes des Staates ergeben sich folgende Grundsätze der inneren Politik:

a) Die Summe der dem Centrum, also dem konstitutionellen Throne zukommenden exekutiven Staatsgewalt muß gleich sein der Exekutiv-Kraft aller verbundenen Länder des Reiches, und besteht in der gesetzlichen Disposition mit allen Finanz- und Kriegsmitteln.

b) Die innere so wie die äußere österreichische Politik darf nur eine ausschließlich österreichische sein, daher weder eine slavische, noch deutsche, noch magyarische, noch italienische, noch romänische.

c) Das Reichsministerium muß in Betreff der Nationalitäten vollkommen neutral sein; es soll eben so wie der Central-Reichstag von aller Nationalität ex principio abstrahiren

So lange man in Oesterreich, bei Einem Fünftheil Deutscher, gegenüber von vier Fünftheilen nichtdeutscher Bevölkerung, von einem „vorzugsweise deutschen" österreichischen Gesammtstaate, in Ungarn aber, bei Einem Drittheil magyarischer ohne Rücksicht auf zwei Drittheile nichtmagyarischer Bevölkerung, von einem „magyarischen Staate (Magyarország)" hören wird, kann es kein Glück, keinen Frieden und keinen Segen im Reiche geben.

Oesterreich soll sein Centrum in sich selbst suchen, und es wird sich und seine Völker wiederfinden. Es muß die Scheininteressen seinen wahren Interessen opfern.

Selbst die Benennung „Kaiserthum Oesterreich" ist eine unwillkürliche Protestation gegen die unglückselige Politik, welche überall, nur nicht in sich selbst, den Stützpunkt zum Bestande des Staates suchte. Was war denn die Absicht Kaiser Franz des I. da er die deutsche Kaiserwürde niederlegte, als diesen Stützpunkt für den Thron im Herzen des Kaiserstaates Oesterreich zu finden, den er in der deutschen Kaiserkrone nicht finden konnte.

Und dennoch nahm Oesterreich 1815 wieder das alte Janusgesicht an, und trieb in anderer Form, mit andern Mitteln, die alte Politik fort, die ihm in entscheidenden Momenten niemals von Nutzen war, noch jemals sein wird, die ihm vielmehr nur immer Verlegenheiten und Kosten bereitete, wo sonst gar keine vorhanden wären.

Darum war aber auch der Janustempel Oesterreichs stets offen, und es ist fraglich, ob ihm der offene Krieg mit Kanonen gegen Kanonen, oder jener scheinbare Metternichische Friede gefährlicher war, während dessen der Krieg mit den Waffen des Geistes von Innen und Außen gegen den Staat geführt wurde, an dessen Organismus er gleich einem schleichenden Fieber zehrte.

Mit Hinblick auf obige Prinzipien würde es auch ganz gleichgültig sein: 1) ob die Minister Deutsche, Slaven, Magyaren oder Romanen sind; — 2) welche Sprache sie im Ministerrath anwenden, da sie bei wahrhaft konstitutioneller Entwickelung unserer Zustände nicht anders in das Ministerium treten könnten, als wenn sie sich zu den Prinzipien bekennen, welche für sich die Majorität in den beiden Central-Legislativen haben; 3) in welcher Sprache das Kommando der Armee geführt wird.

Die Garantie gegen alle Ausschreitungen wäre die Verantwortlichkeit der Minister vor den gesetzgebenden Körpern.

Aus denselben Prinzipien folgt auch, daß die Sprache am National-Kongresse und Reichstage ebenfalls ganz gleichgültig ist, und daß es sich dann um nichts mehr als um eine „Verständigungs-Sprache" handelt, und wir können daselbst der deutschen Sprache aus zweierlei Gründen ohne weiters den Vorzug geben, weil: 1) die deutsche Sprache für lange Zeit noch im Osten von Europa die Trägerin der europäischen Kultur sein wird; 2) weil die deutsche Sprache auch im gewöhnlichen Leben in unserer Berührung mit Deutschland unumgänglich nöthig ist, und ohnehin gelernt wird.

Es ist übrigens ein sehr irriger Begriff, wenn man glaubt, daß ein solcher Staatsverband nur ein loses Band wäre, das keine lange Dauer verspricht. Denn alle Fäden, die einen Staat überhaupt zusammenhalten, die ihm eine centrale Kraft verleihen, sind hier im Centrum vereinigt, und dasjenige, was den im Innern autonomen Provinzen erübriget, ist nichts zum allgemeinen Staatszweck wesentlich Erforderliches, wohl aber zu ihrer ungehinderten nationalen und provinziellen Entwickelung, und zu der so sehr nothwendigen Befriedigung der Nationalitäten. Wo kein nationaler und politischer Druck vorhanden ist, da kann es auch nicht im Interesse der einzelnen Theilnehmer eines Staatswesens sein, sich dessen Verbande zu entziehen.

Die Magyaren werden allem Anscheine nach selbst für die allgemeinen Reichsangelegenheiten von einer gemeinschaftlichen Central-Legislatur nichts wissen wollen. Allein ist denn eine solche Weigerung gerechtfertigt? Damals als noch die eherne Scheidewand des Absolutismus die deutsch-erbländischen von den zur ungarischen Krone gehörigen Provinzen theilte, war es für die letzteren unumgänglich nöthig, ihr historisches Staatsrecht zu behaupten. Aber gegenwärtig, wo die Freiheit Gemeingut geworden, sind in allgemein reichsbürgerlichen Beziehungen keine Schranken zwischen den Landestheilen, kein Staat im Staate möglich. Sollen wir denn die Zollschranken, diese alten chinesischen Mauern zwischen Oesterreich und Ungarn mit seinen ehemaligen Rebenländern ewig bestehen lassen, damit ihre historisch-politische Größe im eigenen Fette ersticke?

Die Ungerechtigkeit des Magyarenthums in seinen Tendenzen ist um so auffallender, wenn man alle magyarisch-österreichischen Verwicklungen in ihrer Totalität überblickt und sieht, wie der Magyarismus mit seiner kühnen Anmaßung dem österreichischen Gesammtstaate gegenüber, alle historischen Berechtigungen Oesterreichs auf das zu demselben faktisch seit Jahrhunderten gehörige Ungarn auf Grundlage der, (1848) wenn auch unter dem Deckmantel der Loyalität, doch durch unverhüllte Drohungen gewaltsam und mit einer in der Geschichte der Parlamente unerhörten Ueberstürzung errungenen, daher revolutionären Erfolge abspricht; während derselbe Magyarismus sich nicht entblödet, gegenüber den nichtmagyarischen, zur Krone Ungarns und daher auch zum Gesammtstaate Oesterreich gehörigen Landestheilen nur den angeblich legitimen, in der That aber nach seinem Geschmacke willkürlich zugeschnittenen, und darum ganz unhaltbaren historischen Rechtsboden behaupten zu wollen.

Wenn es gestattet werden kann, sich auf das historische Staatsrecht der ungarischen Krone zu stützen, so ist es nicht minder gestattet, sich auf das durch den Usus in Rechtskraft erwachsene Staatsrecht der österreichischen Kaiser-Krone zu berufen, wornach Ungarn seit Jahrhunderten faktisch ein Theil Oesterreichs ist, denn Gut und Blut wurde, wenn gleich unter verschiedenen Formen, aber thatsächlich doch immer zu einem und demselben, den Gesammtstaat betreffenden Zwecke gemeinschaftlich verwendet. Und am Ende dürfen wir uns mit Argumenten aus der historischen Rüstkammer nicht so sehr brüsten, denn wir dürfen nicht vergessen, daß auch das absolutistische System, wovon ein guter Theil auch vor 1848 auf Ungarn kam, troß Konstitution und historischem Recht, in derselben Rüstkammer steckte.

Hat man die feudalen und absolutistischen Beschränkungen der individuellen und der staatsbürgerlichen Freiheitssphäre aufgehoben, wie kann man an der provinziellen Begrenzung der nationalen Freiheitssphäre mit solcher reaktionären Angst halten? Das heißt aus den Blüthen der Freiheit für sich Honig saugen, andern aber das Gift überlassen.

Der nationale Despotismus ist ein weit größeres Joch als der absolut-monarchische; denn hier hat der Unterdrückte von Rechtswegen nur Einen, dort aber Millionen Herren. — Und hat man den monarchischen Absolutismus stürzen dürfen, so muß und wird der viel verhaßtere nationale Absolutismus der naturrechtlich unbefugten Dränger gestürzt werden.

Dies wäre nun der auf dem Leben gegründete Neubau der österreichischen Freiheit, dieß der Grund zur wahren Größe Oesterreichs, zur Realisirung der christlichen Staatsidee, zur Begründung eines dauernden Friedens im Reiche.

Rein nach fremden, für fremde Zustände nur passenden Mustern nachgeäfftes Machwerk, sondern ein aus den vorhandenen lebensfähigen Faktoren sich natur- gemäß entwickelndes, organisches System, das eine große Zukunft haben muß. Wenn die Politiker der antinationalen Schule noch so sehr die Opportunität und Lebensfähigkeit der Nationalitätsidee bezweifeln, so müssen wir dennoch, Angesichts des totalen Bankerotts ihrer eigenen Staatsweisheit, aus diesem po- litischen Jammerthale nach der Sonne der nationalen Politik aufblickend, ge- trost mit Galiläi ausrufen: „Eppur si muove!"

Im Namen der Gerechtigkeit, im Namen der Humanität, fordern wir alle Völker Oesterreichs, vorzüglich aber diejenigen, welche, selbst auf dem Boden der Revolution gegen das österreichische Gesammtvaterland fußend, sich gegen andere Mitbrüder auf dem historischen Rechtsboden mühsam erhalten wollen, — hiemit brüderlich auf, über der Eitelkeit ihrer auf Ungerechtigkeit und Herrschsucht basirten Tendenzen das höchste Ziel der Menschheit, den Geist des Christenthums, die Humanität, nicht zu vergessen, denn eine Schmach ist es, sich auf die Schultern der Brüder zu stellen, und in die Welt zu rufen: „Ei wie groß, wie frei sind wir!".

Epilog.

Das vorstehende Programm, in den wesentlichsten Umrissen im Ok- tober 1848 in Agram veröffentlicht, wurde ungeachtet des entschiedenen Bei- falls bei Freunden der Dynastie und des österreichischen Gesammtstaates, bei allen Freunden der politischen und nationalen Freiheit, aus Anlaß der einge- tretenen Ereignisse, der Promulgirung der oktroyirten Verfassung vom 4. März 1849, — zur Makulatur.

Von wahren Freunden der südslavischen Nation und des österreichischen Gesammtstaates veranlaßt, dieses, eine konkrete Formulirung der Tendenzen, und eine geistige Synthese der südslavischen Bewegung des Jahres 1848 ent- haltende Programm, einer Sammlung von Aktenstücken aus dem Jahre 1848 einverleiben zu lassen, sind wir der Meinung, hiedurch einen willkommenen An- haltspunkt zur Orientirung über die Ereignisse jener Zeit zu geben, insbesondere mit Rücksicht auf eine entgegengesetzte Richtung, die im Jahre 1861 eine Par- thei in Kroatien einschlagen zu müssen erachtet hat.

Wenn wir nun nach Verlauf von dreizehn lehrreichen Jahren, im Okto- ber 1861, mit prüfendem Auge die Tendenzen der südslavischen Bewegung vom Jahre 1848 überblicken, wie sie sich in den Aktenstücken des kroatisch-slavo- nischen Landtages, und jenen des serbischen Nationalkongresses von 1848, sowie in der damaligen öffentlichen Meinung jener Länder ausgesprochen, und wie wir sie in diesem Programme formulirt haben, so müssen wir gestehen, daß uns aus jener Zeit noch immer eine lebensfrische, sonnige Luft entgegenweht, deren Balsam gegen den staubigen Modergeruch der historisch-politischen Individualitäten-Theorien von 1860 und 1861 höchst vortheilhaft absticht.

Was ist denn geschehen, daß der Sinn für das Programm der Kroaten von 1848, für dessen Realisirung sie damals mit Gut und Blut eingestanden waren, im Jahre 1861 bis zu dem Grade in ihren Herzen erloschen erscheint, daß sie nun ihre Zukunft nicht anders sicherzustellen vermeinen, als indem sie solche hinter den §§. derselben moderigen Pergamente zu bergen suchen, in denen die Quelle ihrer nationalen Sklaverei, die Abhängigkeit von einer anderen „herrschenden" Nationalität zu finden ist?

Die Aufklärung ist nicht schwer. Dem mit dem Blute von Tausenden besiegelten serbisch-kroatischen Programme von 1848 zur Konstituirung des Kaiserstaates nach Prototypen grünen Lebens, dem Bestreben zur Entwickelung der gesammtstaatlichen Einheit auf Basis nationaler, lebensfähiger Organismen, setzte Fürst Schwarzenberg das Programm der Einheit im Wege einer germanisirenden Centralisation entgegen.

Er und die Männer seiner Schule verlegten gerade dadurch den Schwerpunkt des Staatsgebäudes aus dem Centrum auf einen einzigen Punkt der Peripherie des Reiches, aus der Mitte der Majorität in den Schoß der herrschenden deutschen Minorität, und wollten ernstlich eine Idee todtschlagen, welche anno 1848 einzig und allein den Staat vom Untergange rettete, und deren lebenstrohende Wurzel, im Boden des Evangeliums entsprossen, endlich nach mehr als achtzehn Jahrhunderten allmähligen Wachsthums die Zwingburgen des nationalen Faustrechts in Europa zu sprengen begann, gleichwie sie jene des feudalen und des staatsbürgerlichen Faustrechts bezüglich der Individuen und der Stände gesprengt hat.

Auch diese Idee hat ihre Propheten, ihre Apostel und Märtyrer. Ihr Wort erfüllt und bewegt bereits die Welt. Es ruft den einzelnen Nationalitäten, in Oesterreich zumal, ohne Unterlaß zu: „Thue einer anderen Nationalität nicht, was Du nicht willst, daß sie Dir thue, denn siehe, sie alle sind von Gott, und sollen als Schwestern sich lieben, so wie die Menschen sich als Brüder lieben sollen."

Diese Idee wird leben und sich nimmer todtschlagen lassen; der Geist ist mächtiger als Kanonen.

Nicht der Absolutismus der letzten Zeit seit dem Jahre 1851 an und für sich, sondern hauptsächlich das Verkennen der hohen Bedeutung dieser Idee, und der Entnationalisirungs-Versuch der Politiker jener

Zeit, hat bei den Südslaven jene Wandlung herbeigeführt, welche in der kroatischen Landtagsabresse von 1861 mit der Aufstellung der Thesis von der Personalunion kulminirt.

In den Augen der Politiker jener Schule war ein Programm, wie das obige, ohne Zweifel albern und unpraktisch. Nun wohlan, so mußte ja das ihrige lautere Staatsklugheit und krystallisirte Weisheit sein!

War es dieß in der That, so mußte der günstige Erfolg dafür zeugen, und dieser — blieb aus!

Es mag sein, daß die Nationalitätspolitiker auch nicht ganz im Rechte sind, und daß es für sie besser wäre, bei den Fleischtöpfen des Materialismus zu sitzen, und das Heimwehe nach dem nationalen Kanaan mit der Befriedigung materieller Interessen zu verwinden. Allein faktisch ist einmal die Majorität der Völker Oesterreichs von Heimwehe ergriffen, und die Aerzte müssen sich dazu bequemen, dieser Art von Patienten das einzige wirksame Heilmittel, die Heimath, wiederzugeben.

In der That, wer kann es den einzelnen Nationalitäten verübeln, wenn sie gegen die Ansprüche anderer auf eine nationale Suprematie ein Veto einlegen, und wenn sie im österreichischen Kaiserstaate auch eine Heimath haben wollen, die nicht bloß den materiellen Interessen, sondern auch dem Geiste nach ihnen gehört?

Wie unheilvoll die Politik der germanisirenden Centralisation der vorhergegangenen Jahre war, da sie den ganzen Staatsorganismus in eine Verstimmung, in eine bedenkliche politische Gährung versetzte, so war sie dennoch kein so eklatanter Beweis politischer Kurzsichtigkeit, als es die Politik der „historisch-politischen Individualitäten“ ist, welche 1860 zum Durchbruch kam. Damals riefen wir mit manchem andern wahren Freunde des Gesammtstaates den Mitgliedern des verstärkten Reichsrathes vergeblich das warnende:

„Hütet Euch vor den falschen Propheten, so in Schafspelzen zu Euch kommen und inwendig reißende Wölfe sind“.

Es war indessen im olympischen Rathe beschlossen, daß Aeolus seine Schläuche auf den ungarischen Pußten öffne. Vielleicht um die Luft von den Miasmen einer zehnjährigen politischen Stagnation zu reinigen.

Allein wir haben zu der Politik der historisch-politischen Individualitäten und Personal-Unionen wo möglich noch weniger Vertrauen als zu jener der Schwarzenbergischen Centralisten; denn die Tendenzen der ersteren gehen, abgesehen von gewissen verschimmelten Hintergedanken, — im Grunde auch auf eine Art Marmelade im kleineren Maßstabe hinaus, und geben keine Garantien für den befriedigenden Stand der Dinge auch nur von einem Tage zum andern.

Wer aber nur auf die ethnographische Karte des Kaiserstaates Oesterreich von Czörnig einen flüchtigen Blick wirft, der wird es begreifen, daß heutigen Tages von einer Verschmelzung so vieler imposanter Nationalitäts-massen, wie sie der Kaiserstaat enthält, nimmermehr die Rede sein kann, und daß es nur Ein Mittel gibt, diese heterogenen Elemente dauernd im Frieden zu-sammenzuhalten, nämlich jenes: ihnen ein, Allen gemeinsames, gleich gerechtes, daher Allen gleich nützliches, gegen Alle gleichmäßig wirkendes Centrum zu geben, dessen Schwerpunkt nicht außer, sondern innerhalb des Gesammtstaates liegt.

Es handelt sich darum, der 1804 aufgestellten Idee eines österreichischen Kaiserstaates endlich eine Inkarnation zu ermöglichen.

Man fasse in das gediegene Gold dieser hohen Idee, mit Beseitigung allen falschen Schmuckes, jenen Stein der Weisen Oesterreichs, den echten Edel-stein wahrer „Gleichberechtigung", umgeben von à jour gefaßten Diamanten jeder Nation des Reiches, deren verschiedenartiger Schliff nur die Pracht und Mannigfaltigkeit des Ganzen erhöht, und sehe zu, wie harmonisch sich ihre Strahlen gegenseitig begegnen und ergänzen.

Das Mittel zur Herstellung dieses Zauberringes ist in unsern Augen noch immer jene Idee der wirklichen nationalen Gleichberechtigung, welche im obigen Programme entwickelt wurde, dessen Gegner seit 1848 ein besseres, die Majo-rität der Völker des Kaiserstaates befriedigendes aufzustellen und zu realisiren, nicht so glücklich waren.

Ein ähnliches Regierungsprogramm, welches sich die Befreundung und Versöhnung des deutschen politischen Liberalismus mit der Idee einer aufrichti-gen slavisch-romanischen nationalen Emanzipation in Oesterreich zur Aufgabe machen würde, müßte gleich dem Oehle auf sturmgepeitschter Meeresfluth wir-ken, und die Feinde des Gesammtstaates stünden eine Weile noch grollend, aber vollständig isolirt, um bald als wahrhaft gleichberechtigte Theile eines glückliche-ren Staatswesens in den allgemeinen Kreis einzutreten.

Ob nun nach den Experimenten seit 1851 dieses Programm anno 1861 soviel Aussicht auf Erfolg hätte, als ehemals, das steht dahin. Indessen müssen wir denn doch soviel gesunden Sinn bei den Völkern des Reiches voraussetzen, daß sie der Majorität nach hiezu die Hand bieten würden, wenn sie sehen, daß sie in der That gleichberechtigte Mitglieder einer auf freiheitlicher und nationa-ler Basis konstituirten politischen Familie sein werden, und daß der Wille der Majorität nicht fortan jenem der Minorität untergeordnet wird.

Wer nicht so herz- und sinnlos ist, daß er lieber unberechenbaren Even-tualitäten entgegenrennen will, welche bei einer neuen Erschütterung des Rei-ches, oder auch nur beim zeitlichen Fortbestande der gegenwärtigen namenlosen Begriffsverwirrungen, so viele Existenzen bedrohen, der muß auf Mittel sin-nen, auf gesetzlichem Wege die Befriedigung der Majorität der österreichischen

Völker zu erwirken, und deshalb den eben vorhandenen gesetzlichen Boden, allenfalls mit Vorbehalten und Bedingungen benützen, um die Möglichkeit eines Ausgleiches der schwebenden Differenzen herbeizuführen.

„Wenn Oesterreich nicht wäre, müßten wir es schaffen" — sagte Palacký, und zu diesem Schluße würden sehr bald alle unsere „historisch-politischen Individualitäten" kommen, wenn es ihnen heute vergönnt würde, die Idee der Personalunion auf breitester Basis oder darüber hinaus durchzuführen. Hiezu würden sie, wenn nichts anderes, so doch die geographische Lage, die materiellen Interessen zwingen, welche sie auch mehr als irgend etwas anderes ehemals gezwungen haben, einen gemeinsamen Halt- und Krystallisationspunkt in der einen und derselben Dynastie zu suchen.

Es handelt sich daher nicht um das ob, sondern um das wie, einer die Nationalitätsideen befriedigenden, jedenfalls im allseitigen Interesse erforderlichen Konstituirung eines Großstaates, der Oesterreich heißt. Und diese Konstituirung kann nur dann glückbringend sein, wenn sie zwischen der Politik der unbedingten Centralisation und jener der „historisch-politischen Individualitäten" die richtige Mitte hält, d. i. wenn sie eine liberale, nationalorganische Entwickelung des Gesammtstaates ermöglicht, welche, indem sie die zur Realisirung des Staatszweckes nothwendigen Zügel des Staatswagens in starker Hand vereinigt, den einzelnen nationalen Landesorganismen die hinreichende Autonomie übrig läßt, damit sie sich nicht nur in einem großen Kreise um das gemeinschaftliche Centrum, sondern auch um die Axe ihrer nationalprovinziellen Individualität ungehindert bewegen und entwickeln können.

Der kluge praktische Staatsmann rechnet mit Faktoren des realen Lebens, nicht mit dem Staub vergilbter Pergamente, welche der Zahn der Zeit zernagt hat.

In der Zeit der Eisenbahnen, der Telegraphen, wo der Weltgeist mit der unerbittlichen Logik der Thatsachen ganze Heere von §§. des historischen Rechtes niederschmettert, und ohne Halt seinem Ziele weiterhin entgegeneilt, kann es für ein Volk von Advokaten keine Zukunft geben, das, unbekümmert um das praktische Leben, sich nur an die todten §§. des historischen Rechtes hält, am wenigsten aber dann, wenn es damit sein Recht auf die Unterthänigkeit einer anderen Nationalität beweisen will. Es kann allerdings in ängstlicher Wahrung der „Rechtskontinuität" den Prozeß im Rechtswege in den Augen der Welt gewinnen, in der Wirklichkeit aber das Rechtsobjekt nur zu leicht verlieren.

Die besten Advokaten sind zumeist schlechte Diplomaten!

Wehe den Schriftgelehrten und Pharisäern, welche das Gemeingut des natürlichen Menschen- und Völkerrechtes monopolisiren, und im neunzehnten Jahrhunderte nach Christus beweisen wollen, daß im aufgeklärten Europa noch immer Heloten bestehen müssen, um den auserwählten, den „herrschenden" Nationalitäten dienstbar zu sein.

Aber eben so sollen sich Staatsmänner unserer Zeit hüten, nationale Ansprüche der Völker nur von Standpunkten einer um das praktische Leben unbekümmerten Juristik zu beurtheilen.

Die Ideen, die wir im obigen Programme auseinander gesetzt haben, sind Eigenthum der serbisch-kroatischen Nation. Sie ist für diese Ideen im Jahre 1848 mit genialer Begeisterung, mit Gut und Blut eingestanden. Diese weltgeschichtliche That war eine spontane, durch das plötzliche Erwachen des nationalen Selbstbewußtseins gegenüber einer unerhörten Anmaßung herbeigeführt.

Ihr Ziel war gleich weit von einer Lossagungstendenz vom österreichischen Staatsverbande, wie man dieß in der Periode der Reaktion aufzubringen versuchte, als von einer sklavischen Unterordnung der eigenen unter die absolutistischen, deutsch-österreichischen Interessen, wie man ihr dieß früher in der Periode der Revolution von Seite der radikalen Partheien aller Länder mit großem Unrecht unterstellte.

Wir begriffen und fühlten mit das bittere Gefühl der Enttäuschung, das eine den Erwartungen und Anschauungen der nichtdeutschen Völker des Reiches entgegengesetzte Politik während der Zeit vom Jahre 1851 bis 20. Oktober 1860 in den Gemüthern erzeugte.

Allein dieses Gefühl sollte denn doch nicht zur blinden Leidenschaft werden, die, unbekümmert um die Lehren der Klugheit, in die Wolfsgrube der historisch-politischen Individualitäten-Theorien rennt, aus denen 1848 ein mitleidiger Gott die Nation errettete.

Wir begreifen die Magyaren, wenn sie als in Ungarn herrschen wollende Nation, das Staatsrecht ihrer historisch-politischen Individualität so sehr in den Vordergrund stellen.

Allein nie und nimmer würden wir es begreifen, wenn der kroatisch-slavonische Landtag von 1861 den vom Landtage 1848 aufgestellten hochsinnigen, sowohl die Interessen des Gesammtstaates, als des eigenen Landes, und die nationale und politische Freiheit aller Völker des Kaiserstaates berücksichtigenden Prinzipien untreu, die Garantie seiner Autonomie und Zukunft auf demselben, vom Unkraut einer nationalen Abhängigkeit bewachsenen ungarischen politisch-historischen Wege suchen würde, ohne zu besorgen, daß das Land auf diese Weise von Rechtswegen den magyarischen Ansprüchen verfällt.

Kroatien insbesondere muß den ungarischen §§. die Staatsraison, die Idee der nationalen Freiheit, dem Knochengerippe eines Verböczy das blühende, pulsirende Leben seiner Kraft und Zukunft, die zermalmende Logik der Thatsache des Jahres 1848 entgegenhalten.

Die Geschichte des Jahres 1848 und 1849 hat denn doch auch ein An-recht auf Beachtung im Jahre 1861, denn dieser Abschnitt der Geschichte Oester-reichs ist mit dem Blute von Tausenden besiegelt.

War es etwa nur Wahnwitz, der damals in den Köpfen spukte, oder denen das Banner flatterte mit der Devise „Ein einiges, freies, starkes Oesterreich!"? — Wäre es dieß gewesen, so müßte zugegeben werden, daß der damalige Krieg in Ungarn eine Komödie, ein Spiel von Verrückten war, die in einer Umnachtung des Geistes, wie ein Narr im Heu, einen Brand veranlaßt haben, der minde-stens hunderttausend Menschen um Hab und Gut und Leben brachte. Der 20. Oktober 1860 darf also nie und nimmer so ausgelegt werden, als wenn er ein Désaveu des Jahres 1848 und 1849 bezüglich der damals aufgestellten Idee eines Gesammtstaates wäre.

Man wird uns freilich sagen: „Illiacos peccatur muros intra et extra! Man gibt uns nicht jenes Oesterreich, das wir uns damals als eine Mutter freier gleichberechtigter Kinder dachten." — Wenn aber dem so ist, so gilt es auf jede gesetzlich mögliche Weise die Regierung von ihrem etwaigen Unrecht zu überzeugen, und sie zu einem Vorgehen zu bestimmen, das die Erwartungen der Majorität der Völker befriediget, ohne daß deshalb das schöpferische Viribus unitis verleugnet werden müßte. That is the question!

Nicht mit seiner retrospektiven Politik im ungarischen Sinne, sondern mit einer liberalen, aufgeklärten Politik des Fortschrittes, wird es seine nationa-len Wünsche erreichen, sich um alle Nationen des Reiches ein unsterbliches Verdienst erringen.

Sollte es aber statt der angebahnten zeitgemäßen Gesetzgebung sich ver-leiten lassen, die antiquirten ungarisch-kroatischen Gesetze und die Verböczyani-schen Kompilationen eines im Mittelalter bestandenen Usus, als den Koran des Konstitutionalismus hinzustellen, und die alte Komitatsverfassung, deren viel-redendes, aber niemals erfolgreiches, tumultuarisches Getriebe seit Kresimir's Zeiten an dem Siechthum des Landes großentheils die Schuld trägt, — als das non plus ultra einer weisen Staatsverwaltungs-Organisation anzuprei-sen; dann kann Kroatien versichert sein, daß es nie im Stande sein wird, Dal-matien, die Militärgrenze, geschweige die Slovenen für sich zu begeistern.

Was das Verhältniß des Landes zum Gesammtstaate anbelangt, so schei-nen uns die herrschenden Befürchtungen übertrieben, die Garantien einer nega-tiven Stellung ganz ungenügend.

Ein Bedenken könnte hier nur in so fern obwalten, als die Summe der angestammten verfassungsmäßigen, positiven und virtuellen Rechte des Landes, in der Summe der gesammtstaatlichen Verfassungs-Ergebnisse nicht sichergestellt ist, und in wiefern hierin die Nationalitätsidee nicht zur vollen Anerkennung gelangt ist. Zeigt sich dießfalls kein Minus im Nationalvermögen politischer und nationaler Rechte des Landes, dann ist alles andere eine Nebensache.

Ist aber ein Minus in den Rechten oder in den Erwartungen des Landes, sodann möge der Landtag mit positiven Vorschlägen hervortreten, und seine Bereitwilligkeit zu Transaktionen von Garantien abhängig machen, die er glaubt fordern zu können, und Anknüpfungspunkte zur befriedigenden Lösung der schwebenden Fragen dürften sich beiderseits finden.

Wir müssen jedoch, nur um zum besseren Verständniß der kroatisch-serbischen Frage beizutragen, hier den herrschenden Irrthum berichtigen, als wenn das Verlangen der Kroaten und der Serben anno 1848 nur darauf hinausgegangen wäre, unbedingt „im österreichischen Reichstage mitzutagen, und nur ihre innere munizipale Ordnung im Lande zu behalten," — wie dieß nun behauptet wird. Denn damals stand im Lande die Ueberzeugung fest, daß es demselben gestattet werden wird, die Bedingungen seiner künftigen staatsrechtlichen Stellung im Gesammtstaate mit der Centralregierung und der Centrallegislative zu vereinbaren; es stand die Ueberzeugung fest, daß die Centralregierung sich die Reichsorganisirung im Sinne der Nationalitätsidee aneignen werde, und daß ein Majorisiren der Nationalitäten am Reichstage durch eine nationale Minorität nicht zu besorgen sei. Denn dieses Majorisiren der nichtungarischen Völkerschaften am ungarischen Landtage war ja eben die Ursache, daß die Kroaten und die Serben sich von Ungarn lossagten, ohne daß sie beabsichtigen konnten, vom Regen in die Traufe zu gehen.

Nur in dieser Voraussetzung, hat sich das Land für die Centralisirung der finanziellen, militärischen, nationalökonomischen und diplomatischen Angelegenheiten ausgesprochen, ohne irgendwie zu zweifeln, daß ihm am Reichstage, auf Grund der Gesammtstaatsverfassung, der frühere, durch die Landesverfassung gesicherte Einfluß auf diese Angelegenheiten, insbesondere das Steuer- und Rekrutenbewilligungsrecht fortan gewahrt bleiben wird, wogegen es sich in Absicht auf die übrige innere (nicht aber bloß die munizipale), dann in Absicht auf die Justizverwaltung, die volle Autonomie vorbehielt.

Nur in diesen Voraussetzungen fand das Land keinen Anstand, seinen alten Standpunkt auf Basis des ungarisch-kroatischen Staatsrechtes aufzugeben, und im verjüngten Gesammtstaate Oesterreich Stellung zu nehmen. Der Beweis hiezu ist in den Landtagsakten von 1848 enthalten, und es wäre ein gewaltiger Mißgriff, die Prämissen ignoriren zu wollen, von denen die damaligen Beschlüsse ausgegangen waren.

Wir kommen auf die Frage der gegenwärtigen Opportunität der dem obigen Programme zu Grunde liegenden Ideen, und deren Vereinbarung mit dem dermaligen positiven Rechtsboden zurück, und glauben, daß letzterer auch für eine den jetzigen Umständen angemessene Anwenduug und Entwickelung jener Ideen den erforderlichen Raum bietet.

Nur ist es natürlich, daß bei dem Rechtsbestande von 1861 diejenige Aufgabe, welche wir oben dem Nationalkongresse als Konstituante zugedacht haben, mit Zuhilfenahme der bereits zu Recht bestehenden Grundgesetze der Verfassung, zu lösen wäre. Die Durchführung der nun bestehenden Verfassung stößt in der That nur gerade in so fern auf die größten Schwierigkeiten, als sie sich das Prinzip einer nationalen Gruppirung und Organisation der Kronländer nicht angeeignet hat, welcher Mangel immerhin im verfassungsmäßigen Wege bei einer entsprechenden Initiative der Regierug beseitigt werden könnte, damit die nothwendigen Abänderungen der Reichsverfassung nach den Anschauungen der Nationalitäten im Vereinbarungswege erzielt werden.

Dieß, glauben wir, ist der Weg, um die andere Hälfte des Reiches in der Centrallegislative zu vereinigen, wenngleich die Nothwendigkeit zeitweiliger Kontumazirung eines oder des andern widerspenstigen, eine, andere Nationalitäten beherrschende Suprematie ansprechenden Theiles, nicht außer dem Bereich der Möglichkeit liegt; wogegen aber die sichere Garantie in Aussicht stünde, daß die national-gruppirten, im Innern thunlichst autonom-organisirten und allenfalls auf einer den berechtigten Wünschen der Völker entsprechend vereinbarten neuen Grundlage zu vertretenden Nationalitäten stets bereit sein würden, die Regierung zu unterstützen, damit sie die Opponenten zur Erfüllung ihrer Pflichten gegen das Reich, d. i. gegen alle übrigen Nationalkronländer mit Nachdruck verhalte.

Dieß das Mittel die Völker des Reiches als nationale Organismen um den kaiserlichen Thron zu vereinigen, sie zu vermögen, in Bezug auf ihre heiligsten Gefühle und Anschauungen zufriedengestellt, den bedeutungsvollen, aus demselben Jahre wie unser Programm herstammenden kaiserlichen Wahlspruch zur lebendigen Wahrheit zu machen, der nimmer zu Schanden werden soll, und der da heißt:

Viribus unitis.

„Ich preise Dich, Vater und Herr des Himmels und der Erde, daß Du solches den Weisen und Klugen verborgen, und hast es den Unmündigen geoffenbaret.“
(Ev. Matth. 11. Kap. 25. V.)

Wien im Oktober 1861. Og. Ostroslaskl.